PRIVATE WEALTH

私人财富管理实务操作

综合财富规划

贾明军 蓝 艳 主编

法律出版社 LAW PRESS·CHINA
北京

图书在版编目（CIP）数据

私人财富管理实务操作. 综合财富规划 / 贾明军，蓝艳主编. -- 北京 : 法律出版社, 2022
ISBN 978 -7 -5197 -5991 -9

Ⅰ. ①私… Ⅱ. ①贾… ②蓝… Ⅲ. ①个人财产－所有权－研究－中国 Ⅳ. ①D923.24

中国版本图书馆 CIP 数据核字(2022)第 012091 号

私人财富管理实务操作
——综合财富规划
SIREN CAIFU GUANLI SHIWU CAOZUO
—ZONGHE CAIFU GUIHUA

贾明军　蓝　艳 主编

策划编辑 冯雨春　李沂蔚
责任编辑 李沂蔚
装帧设计 马　帅

出版发行 法律出版社
编辑统筹 法律应用出版分社
责任校对 朱海波
责任印制 刘晓伟
经　　销 新华书店

开本 710 毫米×1000 毫米　1/16
印张 42.75　　字数 720 千
版本 2022 年 2 月第 1 版
印次 2022 年 2 月第 1 次印刷
印刷 北京盛通印刷股份有限公司

地址:北京市丰台区莲花池西里 7 号(100073)
网址:www. lawpress. com. cn
投稿邮箱:info@ lawpress. com. cn
举报盗版邮箱:jbwq@ lawpress. com. cn
销售电话:010 - 83938349
客服电话:010 - 83938350
咨询电话:010 - 63939796

书号:ISBN 978 - 7 - 5197 - 5991 - 9
定价:168.00 元
凡购买本社图书,如有印装错误,我社负责退换。电话:010 - 83938349

编 委 会

主　编：贾明军　蓝　艳

副主编：袁　芳　张心仪　郝丹阳

编委会成员：贾明军　蓝　艳　袁　芳

张心仪　郝丹阳　秦卓瑜

主编简介

贾明军

贾明军律师是中伦律师事务所合伙人。在加入中伦前，他是上海沪家律师事务所创始人兼管理合伙人。在那之前，他是上海申浩律师事务所联合创始人。贾律师是华东政法大学特聘教授以及中国人民大学律师学院的客座教授。贾律师还曾被评选为第三届上海市优秀青年律师。

贾律师有超过20年向私人客户提供法律服务的经验。因为具有扎实的法律功底和丰富的诉讼实务经验，贾律师能够更好地结合诉讼实务和财富管理需求为客户提供全面的维权策略和防范建议。贾律师2012年—2021年连续十年被钱伯斯评价为亚太地区领先的“私人客户/财富管理”律师，2017年—2019年连续三年获得《中国法律商务》（China Law &Practice，CLP）年度“最佳私人客户律师”称号。

贾律师的著作包括《上市公司股权分割与传承》《大额保单操作实务》《婚姻家庭纠纷案件律师业务》等。贾律师同时也是全国律协《律师执业基本技能》婚姻法律业务撰稿人。贾律师还经常接受著名媒体包括中央电视台、第一财经、新华社和中国企业家杂志的采访。

贾律师经常受邀在国内知名的院校，比如中欧管理学院、清华五道口、交大EMBA等发表演讲或授课。同时，贾律师也经常为全国各地律协的律师进行培训。近两年也受各大金融机构及家族办公室的邀请，为其高净值客户及客户经理演讲或授课。

蓝 艳

蓝艳律师是中伦律师事务所私人财富规划业务团队的合伙人。在加入中伦前，她是中国国内首家婚姻、继承诉讼专业律师事务所的合伙人兼律所副主任。

蓝律师有超过10年以上婚姻、继承诉讼案件的争议解决的经验，对于高净值客人的婚姻、继承及关联案件的争议解决以及私人财富综合规划具有丰富的理论和实践经验。蓝律师擅长处理涉及多部门法交叉、跨境因素等综合性的婚姻、继承案件的争议解决及财富综合规划项目。蓝律师处理了多起境内外上市公司股权分割与继承案件，所服务的客人包括境内外上市公司控股股东、实际控制人、大型国企及跨国企业的高级管理人及知名民营企业家等。

蓝律师著有《上市公司股权分割与传承》《中国私人财富法律管理最前沿》《法院审理股权转让案件观点集成》等专著。蓝律师曾经获得上海市律师协会第一届学术大赛优秀奖，同时也曾担任上海市律师协会公司与商事业务研究会委员以及上海市浦东新区专业人民调解中心调委会特邀调解员。同时，蓝律师还为各类政府机构、金融机构以及各大院校进行法律专业类的授课、演讲。

副主编简介

袁　芳

袁芳律师是中伦律师事务所上海办公室执业律师，贾明军律师团队的成员，执业领域为私人财富管理。

袁芳律师有多年向私人客户提供法律服务的经验，具有扎实的法律功底和丰富的诉讼实务经验，并且能够用中、英双语为客户提供全方位服务，受到国内外客户的一致好评。

袁律师提供的法律服务主要包括婚姻、继承等家事案件的诉讼和非诉讼服务，同时还为私人客户提供财富传承的规划建议。袁律师尤其擅长处理有涉外因素和涉及股权分割的婚姻与继承案件。袁律师的客户多为中国排名前500的高净值人士和超级富豪，上市公司的主要股东、跨国企业及大型国企的高级管理人员、大型私企的股东等。

张心仪

张心仪女士为华东政法大学国际金融法律学院财富管理法律研究中心特聘研究员。

张心仪在私人财富管理领域具有丰富的理论和实践经验。同时为国内诸多金融机构的财富管理部门提供专业支持，如为平安银行、建设银行、诺亚财富、太平保险、汇丰银行等二十余家金融机构提供法商支持并获得良好口碑。

郝丹阳

郝丹阳律师就职于中伦律师事务所，执业领域为私人财富管理。郝律师有多年向私人客户提供法律服务的经验。因为具有扎实的法律功底和丰富的诉讼实务经验，并且能够熟练运用普通话、英文和粤语为客户提供全方位法律服务，受到国内外客户的好评。郝律师的服务范围主要包括婚姻、继承等家事案件的诉讼和非诉讼服务，同时也为私人客户提供财富传承的规划建议。郝律师处理了多起境内外上市公司股权分割与继承案件，客户多为中国境内的高净值人士，包括境内外上市公司实际控制人、大型国企及跨国企业的高级管理人及知名民营企业家。

序言一

中伦律师事务所一直深耕于私人财富法律管理业务领域，也是中国律所中提供私人财富法律管理律师业务的领军律所。本套书的主编贾明军、蓝艳是我们中伦律师事务所的合伙人，同时也是中伦税法与财富规划小组的成员，多年来在私人财富法律管理业务方面积累了深厚的实务经验。

本套书从私人财富法律管理律师业务的三个不同板块切入，将财富管理工具、婚姻继承争议解决以及综合财富规划等内容紧密结合起来。其出版填补了该业务领域缺乏系统性、专业性、实务性书籍的空白。

对于私人财富法律管理有极大需求的民营企业家来说，无论是企业的初创阶段，还是高速发展时期，抑或是向“二代”传承的关键节点，都需要高度关注私人财富法律管理的问题。尤其是涉及私人财富安全、传承等事宜，一旦处理不慎，甚至会牵连整个“企业王国”的命运。

从本套书的体例上看，通过将私人财富法律管理律师业务分割为三个相对独立但又丝丝相扣的部分，从单一的法律管理工具，到具有对抗性的争议解决，再到综合运用的规划方案，深入浅出地剖析私人财富法律管理业务的全部内容，可供有需求的读者，尤其是企业家或致力于从事该业务领域的律师借鉴与参考。

从本套书的内容上看，结合作者们在私人财富法律管理领域多年的“实战”经验，以及真实、公开的案例分析，带领读者们获得沉浸式的阅读体验。在学习完整套书籍后可以将相应的知识进行充分的运用与实践。

希望本套书能够成为私人财富法律管理业务领域教科书级别的著作，也相信本套书能够成为致力于从事该业务领域的律师在为客户提供专业服务时可供参考的重要依据。

中华全国律师协会　副会长
北京市中伦律师事务所　创始合伙人

序言二

改革开放40余年来，中国的经济社会发生了翻天覆地的变化，日臻完善的市场经济机制和日渐成熟的营商环境造就了一大批新时代民营企业家，他们在华夏神州缔造了无数“财富神话”。民营资本的蓬勃发展也促使私人财富管理业务方兴未艾。

私人财富管理是一个非常专业的领域，具有专业化、跨境化和综合化等特点。而法律是私人财富规划的基石，完备的财富管理方案应秉承系统性思维和基于法律逻辑的顶层设计。律师在私人财富法律管理业务中具有天然的优势，其本身拥有丰富的法律专业知识，同时结合各类私人财富法律管理工具以及综合财富规划方案设计，使私人财富法律管理方案更能经受时空的考验。

中国私人财富管理业务也正在步入市场需求扩张、服务面临升级的“黄金”发展阶段。因为，未来20年将有近40万亿的财富规模从中国民企“一代”创始人传承给民企“二代”；同时，新经济和新行业的快速发展亦使新财富群体不断涌现，从而催生新的市场需求。新时代下，企业家在筹备财富法律管理规划时，往往希望兼顾个人、家族、企业和社会公益各个方面，需要更为专业和可靠的综合性解决方案。

然而，目前该业务领域的系统性研究成果仍非常稀缺。华东政法大学财富管理法律研究中心也始终关注财富管理前沿法治问题，深感该领域进行跨部门法、理论结合实务的系统性研究的必要。本套书正是借由这个契机推出问世。本套书凝聚了作者们数十年丰硕的研究成果和卓越的实务经验，其对于各类私人财富法律管理需求提供了系统性的解决方案，囊括了律师从事私人财富法律管理业务所需要掌握的各类技能。因此，本套书将成为私人财富法律管理领域的一个重要引导。

在此，衷心祝贺本套书出版！也希望其能够成为企业家们在私人财富法律管理方面的可靠参考资料，同时也为更多愿意投身于该业务领域的律师们提供有益的指引与帮助。

华东政法大学国际金融法律学院副教授、
财富管理法律研究中心主任

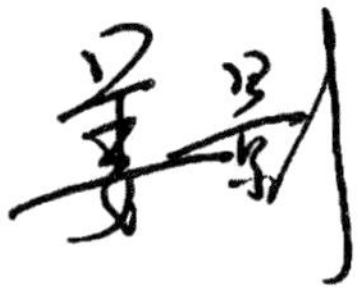

自序

2020年是财富管理与传承领域面临新风险、新挑战、新契机的一年。一场始料不及的“黑天鹅”事件——新型冠状病毒疫情的暴发，让全球的高净值人群都处于一种非常紧张的状态，“现有资产的安全与传承”成为他们最为关心的话题。

情势的变化发展使高净值人群需要面对的风险越来越多，其中既有“外患”，更有“内忧”。家族财富的安全、家族成员的身份管理、家族财富传承与跨境投资风险的不确定性会更强，这种不确定因素对家族财富的影响是巨大的，容易导致家族财富规划的分崩离析。因为疫情的影响，高净值人群及其家族内部也更加容易达成财富管理的共识。

2021年是“十四五”规划的开局之年，是开启全面建设社会主义现代化国家新征程的第一个五年，也是中国共产党建党100周年的重要时期，更是全球经济逐渐复苏的一年，对高净值人群来说也将会是私人财富继续增长的一年。私人财富的增长对于推动私人财富法律管理律师业务也是重要的时间节点。根据我们在私人财富法律管理领域深耕多年的经验看来，经济的蓬勃发展会使私人财富法律管理律师业务出现一个质的飞跃。

目前，专门针对私人财富法律管理律师业务的专著相对不多。本套书将私人财富法律管理业务按照不同的种类分成三大类，包括财富管理工具、婚姻继承争议解决以及综合财富规划。涵盖了私人财富法律管理业务领域中最常用的五类法律管理工具、个人婚姻继承纠纷的争议解决方案以及各类综合性的财富规划方案。

本套书的所有内容集合了我们团队在私人财富法律管理领域近20年的

实践经验，同时汇聚了最高人民法院、各地方法院的司法观点与审判思路，对私人财富法律管理业务领域中可能会出现的各类问题进行了归纳和总结。通过本套书，读者可以在快速了解某一个私人财富法律管理焦点问题的前提下，迅速掌握相对应的解决方案，同时也能够了解到法院的观点和态度，以及裁判的思路。本套书不仅适合从事或打算从事私人财富法律管理业务的律师阅读，也适合所有对私人财富法律管理有需求的高净值人群以及私人银行、信托公司、第三方机构等。

除本套书特别注明外，书中案例均来源于截稿前公开出版物、法律数据库或互联网。考虑到隐私权，书中当事人姓名、案件部分情节在不影响书籍内容的情况下作了必要的改动。书中的部分内容系我们根据实践经验总结而成，如有不足或错漏之处，请予以见谅。

感谢法律出版社的冯雨春女士对于本书出版给予的大力支持与帮助。感谢中伦律师事务所张学兵、赵靖、乔文骏、倪勇军律师等各位领导、同仁以及业界各位良师益友的鼎力支持。感谢团队助手张心仪、秦卓瑜对本书作出的贡献。感谢我们的家人对于我们工作的大力支持。再次衷心感谢在我们发展道路上帮助过我们的所有人！

贾明军　蓝　艳

2021 年 5 月 1 日

缩略语表

本书中法律、行政法规、司法解释名称中的“中华人民共和国”省略，如《中华人民共和国民法典》简称为《民法典》，具体如下：

文件名称	发文日期	简称
《中华人民共和国民法典》	2020. 05. 28	《民法典》
《最高人民法院关于适用〈中华人民共和国民法典〉婚姻家庭编的解释（一）》	2020. 12. 29	《〈民法典〉婚姻家庭编解释（一）》
《最高人民法院关于适用〈中华人民共和国民法典〉继承编的解释（一）》	2020. 12. 29	《〈民法典〉继承编解释（一）》
《最高人民法院关于适用〈中华人民共和国民法典〉物权编的解释（一）》	2020. 12. 29	《〈民法典〉物权编解释（一）》
《最高人民法院关于适用〈中华人民共和国民法典〉有关担保制度的解释》	2020. 12. 31	《〈民法典〉担保制度的解释》
《中华人民共和国民事诉讼法》	2021. 12. 24	《民事诉讼法》
《最高人民法院关于适用〈中华人民共和国民事诉讼法〉的解释》	2020. 12. 29	《民事诉讼法司法解释》
《中华人民共和国人民调解法》	2010. 08. 28	《人民调解法》
《中华人民共和国仲裁法》	2017. 09. 01	《仲裁法》
《中华人民共和国公司法》	2018. 10. 26	《公司法》
《最高人民法院关于适用〈中华人民共和国公司法〉若干问题的规定（二）》	2020. 12. 29	《公司法司法解释（二）》
《最高人民法院关于适用〈中华人民共和国公司法〉若干问题的规定（三）》	2020. 12. 29	《公司法司法解释（三）》

续表

文件名称	发文日期	简称
《最高人民法院关于适用〈中华人民共和国公司法〉若干问题的规定（四）》	2020. 12. 29	《公司法司法解释（四）》
《中华人民共和国公司登记管理条例》	2016. 02. 06	《公司登记管理条例》
《中华人民共和国刑法》	2020. 12. 26	《刑法》
《中华人民共和国刑事诉讼法》	2018. 10. 26	《刑事诉讼法》
《中华人民共和国律师法》	2017. 09. 01	《律师法》
《中华人民共和国国籍法》	1980. 09. 10	《国籍法》
《中华人民共和国户口登记条例》	1958. 01. 09	《户口登记条例》
《中华人民共和国契税法》	2020. 08. 11	《契税法》
《中华人民共和国涉外民事关系法律适用法》	2010. 10. 28	《涉外民事关系法律适用法》
《最高人民法院关于适用〈中华人民共和国涉外民事关系法律适用法〉若干问题的解释（一）》	2020. 12. 29	《涉外民事关系法律适用法司法解释（一）》
《中华人民共和国证券法》	2019. 12. 28	《证券法》
《中华人民共和国证券投资基金法》	2015. 04. 24	《证券投资基金法》
《中华人民共和国信托法》	2001. 04. 28	《信托法》
《中华人民共和国保险法》	2015. 04. 24	《保险法》
《最高人民法院关于适用〈中华人民共和国保险法〉若干问题的解释（三）》	2020. 12. 29	《保险法司法解释（三）》
《中华人民共和国慈善法》	2016. 03. 16	《慈善法》
《中华人民共和国个人所得税法》	2018. 08. 31	《个人所得税法》
《中华人民共和国个人所得税法实施条例》	2018. 12. 18	《个人所得税法实施条例》
《中华人民共和国企业所得税法》	2018. 12. 29	《企业所得税法》
《中华人民共和国土地增值税暂行条例》	2011. 01. 08	《土地增值税暂行条例》
《中华人民共和国未成年人保护法》	2020. 10. 17	《未成年人保护法》

续表

文件名称	发文日期	简称
《中华人民共和国老年人权益保障法》	2018. 12. 29	《老年人权益保障法》
《中华人民共和国母婴保健法》	2017. 11. 04	《母婴保健法》
《中华人民共和国反家庭暴力法》	2015. 12. 27	《反家庭暴力法》
《中华人民共和国收养法》	1998. 11. 04	《收养法》
《中华人民共和国土地管理法》	2019. 08. 26	《土地管理法》
《中华人民共和国城市房地产管理法》	2019. 08. 26	《城市房地产管理法》
《中华人民共和国外汇管理条例》	2008. 08. 05	《外汇管理条例》
《中华人民共和国反洗钱法》	2006. 10. 31	《反洗钱法》
《中华人民共和国会计法》	2017. 11. 04	《会计法》
《中华人民共和国发票管理办法》	2019. 03. 02	《发票管理办法》
《全国法院民商事审判工作会议纪要》	2019. 11. 08	《九民纪要》
《中华人民共和国人民警察法》	2012. 10. 26	《人民警察法》
《中华人民共和国监察法》	2018. 03. 20	《监察法》
《中华人民共和国治安管理处罚法》	2012. 10. 26	《治安管理处罚法》
《中华人民共和国房产税暂行条例》	2011. 01. 08	《房产税暂行条例》
《中华人民共和国企业破产法》	2006. 08. 27	《企业破产法》
《中华人民共和国公务员法》	2018. 12. 29	《公务员法》

简目

第一章 经营风险防控

第二章 债权追索

第三章 刑事合规

第七章 私人财富综合规划

详目

第一章 经营风险防控

第二章 债权追索

第三章 刑事合规

第四章 应急安排

第五章 公益慈善

第六章 投资理财

第七章 私人财富综合规划

第一章

经营风险防控

综 述

我国《民法典》明确规定法定代表人以公司名义从事民事活动，其法律后果由公司承受。因此，对法定代表人的权利义务、特别是对法定代表人责任与风险的认知，对于民营企业主来说格外重要。大部分的民营企业主可能都会重视公司公章的作用与保管，但法定代表人签名的效力在很大程度上要高于公章的效力，这或许会让很多经营企业多年的民营企业主颇感意外。因此，民营企业主不仅要管理好公司公章、处理好公章与法定代表人意志的关系，而且法定代表人还要注意经营中的职务风险和法律责任，包括民事责任、行政责任和刑事责任。无论是民营企业的法定代表人，还是公司股东，都需要格外注意“家企不分”带来的风险。一旦经营出现危机，则个人毕生积累的财富可能瞬间化为乌有。虽然有限责任公司的股东在对外承担债务时，一般是以股东出资为限承担“有限责任”。但在“刺破法人面纱”、股东为公司提供无限连带担保以及股东个人账户与企业账户混同等情况下，公司的债务完全可能殃及股东家庭财产的安全。

本章主要介绍法定代表人在经营风险防控过程中需要注意的各类问题，也强调民营企业家对个人资产、配偶权利的保护以及债务、担保责任的承担等。同时还通过对部分企业家经营风险案例的分析，揭示企业家在企业经营过程中需要避免和注意的各类风险。

第一节 法定代表人的责任与风险

一、法定代表人概述

（一）法人与法定代表人的法律起源

1900 年施行的《德国民法典》第一次对法人制度作了系统规定，随后，各国民法纷纷仿效，在其民法典中对法人制度作了明确规定。法人首次在我国法律中出现是在 1982 年的《经济合同法》（现已失效）中。

在 1986 年的《民法通则》（现已失效）中，首次对法定代表人进行定义，第三十八条规定，依照法律或者法人组织章程规定，代表法人行使职权的负责人，是法人的法定代表人。

随着“法定代表人”的出现，“法定代表人证明书”于 1983 年 12 月 7 日第一次出现在最高人民法院向上海市高级人民法院作出的〔1983〕法经字第 6 号《最高人民法院关于立案后有关涉外诉讼文书及送达问题的批复》（已失效）中，该批复规定了提交《法定代表人身份证明书》的要求。

随着公司经营活动范围的不断增加，无论是向金融机构办理业务，还是向行政机关提出申请，无论是向法院提起诉讼，还是参与民商事的招投标或与他人签订各类合同，公司都必须向有关单位或机构提交《法定代表人身份证明书》，并在相应位置签字或盖章。

（二）法人与法定代表人及法人代表的区别

1. 法人的概念

“法人”即法律上拟制的人，是与自然人相对的一个概念。根据《民法典》第五十七条的规定，法人是具有民事权利和民事行为能力，依法独立享有民事权利和承担民事义务的组织。法人具有自身独立的法律人格，可以以自己的名义起诉与应诉、拥有财产、进行交易、承担责任。法人制度是近现代民法上极为重要的法律制度之一。最常见的法人如“有限责任公司”“股份有限公司”等。法人不是“人”，而是公司，因此，大家常听到的“这个单位的法人是某某”的说法是不严谨的。

2. 法定代表人的概念

《民法典》第六十一条规定，依照法律或者法人章程的规定，代表法人从事民事活动的负责人，为法人的法定代表人。法定代表人必须是该法人的负责人，能够代表法人行使职权、从事相关的民事活动。法定代表人以法人名义从事的民事活动，其法律后果由法人承受。法人章程或者法人权力机构对法定代表人代表权的限制，不得对抗善意相对人。根据《公司法》第十三条的规定，公司法定代表人应当由公司章程规定，可以由董事长、执行董事或者经理担任。

法定代表人代表企业法人的利益，按照法人的意志行使法人权利。法定代表人在企业内部负责组织和领导生产经营活动；对外代表企业，全权处理一切民事活动。法定代表人的权利，是由法人赋予的，法人对法定代表人的正常活动承担民事责任。根据《民法典》第五百零四条的规定，法人的法定代表人或者非法人组织的负责人超越权限订立的合同，除相对人知道或者应当知道其超越权限外，该代表行为有效，订立的合同对法人或者非法人组织发生效力。一般认为，法定代表人的意志高于单位公章。之所以频繁发生公司控制权“抢夺公章”的行为，除一般人认为公章加盖行为代表公司的意志之外，还有一个很重要的原因，就是对法定代表人的救济与“代表”作用没有得到充分的认识。

3. 法人代表的概念

法人代表即为法人授权的可以对外代表公司为一定行为的代表。这个代表可以是单位的管理人员，也可以是单位的营销人员，甚至可以是本单位人员之外的其他自然人。法人代表不是固定的，而是取决于法人的授权，这个授权可以“一事一授权”，也可以是“一揽子”事项的授权。

（三）法定代表人的法律地位

1. 法定代表人需依法登记

（1）法定代表人具有法定性

1993 年的《公司法》规定董事长为公司的法定代表人。而 2005 年《公司法》对此进行修改并规定："公司法定代表人依照公司章程的规定，由董事长、执行董事或者经理担任，并依法登记。"虽然修订后的《公司法》将法定代表人的选择权赋予公司，并规定由公司章程规定。但法条还是通过列举的方式将法定代表人的选择对象限制在一个特定的范围内，且规定法定代表人是明确且唯一的人选。

（2）法定代表人经登记取得资格

现行《公司法》第十三条规定："公司法定代表人依照公司章程的规定，由董事长、执行董事或者经理担任，并依法登记。公司法定代表人变更，应当办理变更登记。"而《公司登记管理条例》[①] 第九条将"法定代表人姓名"作为必须登记的法定事项。《企业法人法定代表人登记管理规定》[②] 第三条规定："企业法人的法定代表人（以下简称法定代表人）经企业登记机关核准登记，取得法定代表人资格。"

2. 法定代表人登记即是公示

《民法典》第六十六条规定："登记机关应当依法及时公示法人登记的有关信息。"而《企业法人法定代表人登记管理规定》《公司登记管理条例》《企业信息公示暂行条例》[③] 等行政规章制度进一步确认公司的企业法人资格，规范企业法人法定代表人的登记管理以及企业信息公示等内容。

3. 法定代表人地位高于公章

公司在没有特别约定公章管理人的情况下，通常公章是由法定代表人管理和控制。根据上述分析，法定代表人可以直接代表法人从事民事活动。因此，在法定代表人直接作出意思表示的情况下，其行为本身就代表法人行为，即使没有加盖公司公章，也应被认定为法人行为。

---

① 1994 年 6 月 24 日中华人民共和国国务院令第 156 号公布，根据 2005 年 12 月 18 日《国务院关于修改〈中华人民共和国公司登记管理条例〉的决定》第一次修订，根据 2014 年 2 月 19 日《国务院关于废止和修改部分行政法规的决定》第二次修订，根据 2016 年 2 月 6 日《国务院关于修改部分行政法规的决定》第三次修订。

② 1998 年 2 月 22 日国务院批准，1998 年 4 月 7 日国家工商行政管理局令第 85 号令发布；1999 年 6 月 12 日国务院批准修订，1999 年 6 月 23 日国家工商行政管理局令第 90 号发布。

③ 2014 年 7 月 23 日国务院第 57 次常务会议通过，自 2014 年 10 月 1 日起施行。

（四）法定代表人的任职资格

1. 可以成为法定代表人的人选

《公司法》第十三条规定，可以担任法定代表人的是董事长、执行董事或者经理。因为法定代表人只能由一人担任，具体人选由公司章程规定。

2. 法定代表人是否必须为股东

法定代表人并不一定是股东。法定代表人的人选一般由股东（大）会或董事会/执行董事选举并决定。

3. 法定代表人是否有“特殊”要求

法定代表人应当是具有完全民事行为能力的公民，也就是说担任法定代表人的应当年满18周岁，且精神智力状况完全正常。在学历、工作经历、工作年限等方面法律并没有强制的要求。

4. 能否担任多家公司的法定代表人

现行的《公司法》中对于一人同时担任多家公司的法定代表人的相关问题并没有禁止性规定。但如果法定代表人同时也是公司的董事或经理的，则还需要遵守《公司法》中关于董事、高级管理人员的任职要求。比如，不能违反竞业禁止而同时担任两个具有竞争关系的公司的法定代表人。

5. 不能成为法定代表人的情形

《企业法定代表人登记管理规定》第四条规定：“有下列情形之一的，不得担任法定代表人，企业登记机关不予核准登记：

（一）无民事行为能力或者限制民事行为能力的；

（二）正在被执行刑罚或者正在被执行刑事强制措施的；

（三）正在被公安机关或者国家安全机关通缉的；

（四）因犯有贪污贿赂罪、侵犯财产罪或者破坏社会主义市场经济秩序罪被判处刑罚，执行期满未逾三年的；或者因犯罪被判处剥夺政治权利，执行期满未逾五年的；

（五）担任因经营不善破产清算的企业的法定代表人或者董事、经理，并对该企业的破产负有个人责任，自该企业破产清算完结之日起未逾三年的；

（六）担任因违法被吊销营业执照的企业的法定代表人，并对该企业违法行为负有个人责任，自该企业被吊销营业执照之日起未逾三年的；

（七）个人负债数额较大，到期未清偿的；

（八）有法律和国务院规定不得担任法定代表人的其他情形的。”

6. 公务员能否担任法定代表人

《公务员法》① 第四十四条规定：“公务员因工作需要在机关外兼职，应当经有关机关批准，并不得领取兼职报酬。”第五十九条规定：“公务员应当遵守纪律，不得有下列行为：……（十六）违反有关规定从事或者参与营利性活动，在企业或者其他营利性组织中兼任职务；……”根据前述规定，公务员原则上应不能兼任公司法定代表人。

（五）法定代表人的法律责任

1. 挂名法定代表人的法律责任

“挂名”法定代表人虽然不是公司“真正”的法定代表人。但从法律规定的角度，只要被登记为法定代表人，那么公司从事法律所禁止的行为，法定代表人也要承担相应的法律责任。在《刑法》规定的部分罪名中，除了对单位进行处罚外，还可能会追究法定代表人等负责人的刑事责任。

如果是公司实际控制人利用公司实施经济犯罪行为的。虽然“挂名”法定代表人并没有实际参与该犯罪行为，但如果其系明知该行为却没有进行任何的阻止或实际上是采取放任实际控制人的态度，即使是“挂名”法定代表人，也可能需要承担相应的刑事责任。通常来说，“挂名”法定代表人可能会与实际控制人订立书面约定，以表明“挂名法定代表人既不参与经营和管理，也不承担相应的责任”。但根据合同相对性的原则，该类规定只能在约定双方内部有效，对外并不具备对抗的效力。

2. 法定代表人造成损失的救济

如果法定代表人同时也是公司的董事或经理，则依照《公司法》第一百四

① 《公务员法》已由中华人民共和国第十三届全国人民代表大会常务委员会第七次会议于2018年12月29日修订通过，修订后的《公务员法》自2019年6月1日起施行。

十九条的规定："董事、监事、高级管理人员执行公司职务时违反法律、行政法规或者公司章程的规定，给公司造成损失的，应当承担赔偿责任。"第一百五十二条规定："董事、高级管理人员违反法律、行政法规或者公司章程的规定，损害股东利益的，股东可以向人民法院提起诉讼。"

（六）法定代表人签字瑕疵与合同效力

1. 法定代表人身份不明的认定

法定代表人可能会由于更换、辞任或与公司股东之间存在矛盾等各种原因导致法定代表人的登记信息与实际状况不符的情况，从而导致法定代表人身份不明。在此情形下，各方都会有所谓的"证据"表示自己可以对外代表公司。法定代表人一般会以工商登记的身份为依据。股东则可能会以股东会决议载明的法定代表人身份或以公司公章作为身份依据。由此所产生的纠纷，法院必须对各种身份依据作出准确的认定。上海市高级人民法院民二庭针对此问题认为："此类纠纷当事人双方往往情绪对立，法院为调和矛盾推进诉讼，需要对各种形式标志作出辨别认定，以确定真正代表公司的主体。此类纠纷主要有三种类型：'人章争夺'、'人人争夺'、'章章争夺'。在发生'人人冲突'的情况下，应以股东会决议为准，法定代表人的变更属于公司意志的变更，股东会决议新产生的法定代表人是公司诉讼意志代表人。"①

江苏省高级人民法院在（2016）苏民申6368号判决中认为："某医院在提起本案诉讼时虽提交加盖公章的起诉状，但公章仅为法人对外作出意思表示的常用形式，而非绝对的、唯一的形式。法人系依法通过其组织机构或授权人员对外作出意思表示，在对加盖印章行为是否系法人的真实意思表示发生争议时，应当进一步审查该行为的作出是否经过该法人组织机构的意思形成程序。"

江苏省宿迁市中级人民法院在（2013）宿中商终字第0042号判决中认为："在现有的法律框架下，公司的诉讼代表权专属于公司法定代表人，而本案实质即为解决公司法定代表人问题。根据《公司法》及JY公司章程规定，董事长为公司的法定代表人。在名义上法定代表人与实质法定代表人发生冲突时，应以实质的法定代表人作为公司的诉讼代表人。王某军通过合法有效的2006年10

---

① 上海市高级人民法院民二庭课题组：《公司意志代表权争议的现状与问题解决思路》，载《法律适用》2013年第5期。

月 14 日的董事会决议被选举为 JY 公司的董事长，即为公司实质的法定代表人。”

2. 公章真假不明时的合同效力

最高人民法院在（2014）民一终字第 109 号判决中认为：“在某信托作为大股东进入 LR 公司前，LR 公司为开发房地产提高行政审批效率的需要已持有两枚公章，且在《信托合作协议》签署之前，这两枚公章就处于同时使用状态。在《信托合作协议》签署之后，所谓的‘真实’印章交付于某信托后，邹某某作为 LR 公司的法定代表人依然存在使用另一枚公章的事实。无论邹某某所持的这枚公章是作废还是私刻，邹某某作为 LR 公司法定代表人对外使用公章的行为即使构成越权，也属于公司内部问题。法定代表人有权使用公司公章，其对外行为能够代表公司。特别是在公司同时使用多枚公章时，作为法定代表人对外使用任何一枚公章都会产生法律后果。本案中，李某某的审查义务在于审查邹某某为 LR 公司法定代表人的身份是否真实，不在于审查邹某某加盖的公章是否真实。因此，本案中，邹某某作为公司法定代表人使用公章的行为对于相对人李某某来说是有效的。”

根据最高人民法院的上述审判意见可知，在公司公章无法辨认真假的情况下，合同相对人仅需要审查法定代表人的身份是否真实，该法定代表人使用的公章是否真实并不必然导致合同无效。

3. 法定代表人签署合同的效力

根据《民法典》第六十一条的规定，法定代表人以法人名义从事的民事活动，其法律后果由法人承受。因此，法定代表人以法人的名义签署合同的，即使并未加盖法人的公章，除非双方另有约定，否则该合同对法人产生法律效力。

最高人民法院主编的《公司案件审判指导》一书中曾指出：“公司的意思表示并非只能通过公司印鉴形式表征出来，法定代表人也不是只有凭印鉴才能行使代表权，并不能认为欠缺印鉴，公司就无法做出意思表示。由于法定代表人本身即代表公司，在没有特别约定时，法定代表人以公司名义作出的意思表示（如签名），即可视为公司的意思表示。”

《最高人民法院公报》2011 年第 2 期（总第 172 期）刊载的《ZJC 公司诉 YD 公司等进出口代理合同纠纷案》中一审法院北京市第二中级人民法院指出：

"2006 年 10 月 19 日的《承诺书》出具时，何某某系被告 YD 公司法定代表人，其在加盖有 YD 公司印鉴的《承诺书》复印件上签字的行为，表示其对该《承诺书》复印件真实性予以认可。江苏 YD 科技有限公司与 YD 公司仅系公司名称变更的关系，两个名称所指向的为同一公司，YD 公司虽对该《承诺书》上'江苏 YD 科技有限公司'印鉴的真实性和效力提出质疑，但庭审时表示不申请鉴定，且在 YD 公司名称变更后，原名称'江苏 YD 科技有限公司'的印鉴并未销毁而是由其自行保存，YD 公司未能提交有效证据证明其原名称的公章不再使用，故 YD 公司应承担相应不利的法律后果，对其关于《承诺书》在形式要件上不能成立的主张，不予采信。YD 公司主张何某某无权签署《承诺书》，但未能提交有效证据证明 YD 公司在内部权限划分上，对法定代表人对外担保、订立担保合同进行明确限制。故本案现有证据不能证明何某某系超越权限签署《承诺书》，因此《承诺书》对 YD 公司有效，YD 公司应对被告 HT 公司的债务本息向原告 ZJC 公司承担连带清偿责任。"

北京市高级人民法院在二审判决中不但认可一审法院的判决结果，而且还认为"公司的法定代表人违反公司章程的规定对外提供担保应认定为有效。可见，对于公司法定代表人越权对外提供担保的情形，公司对外仍应对善意第三人承担民事责任，故本案 YD 公司的担保责任不能免除。被上诉人 ZJC 公司应为善意第三人。有限责任公司的公司章程不具有对世效力，有限责任公司的公司章程作为公司内部决议的书面载体，它的公开行为不构成第三人应当知道的证据。强加给第三人对公司章程的审查义务不具有可操作性和合理性，第三人对公司章程不负有审查义务。第三人的善意是由法律所推定的，第三人无须举证自己善意；如果公司主张第三人恶意，应对此负举证责任。因此，不能仅凭公司章程的记载和备案就认定第三人应当知道公司的法定代表人超越权限，进而断定第三人恶意。故在上诉人 YD 公司不能举证证明 ZJC 公司存在恶意的情形下，应当认定 ZJC 公司为善意第三人，ZJC 公司已经尽到合理的审查义务"。

《〈民法典〉担保制度的解释》第七条规定："公司的法定代表人违反公司法关于公司对外担保决议程序的规定，超越权限代表公司与相对人订立担保合同，人民法院应当依照民法典第六十一条和第五百零四条等规定处理：

（一）相对人善意的，担保合同对公司发生效力；相对人请求公司承担担保责任的，人民法院应予支持。

（二）相对人非善意的，担保合同对公司不发生效力；相对人请求公司承担赔偿责任的，参照适用本解释第十七条的有关规定。

法定代表人超越权限提供担保造成公司损失，公司请求法定代表人承担赔偿责任的，人民法院应予支持。

第一款所称善意，是指相对人在订立担保合同时不知道且不应当知道法定代表人超越权限。相对人有证据证明已对公司决议进行了合理审查，人民法院应当认定其构成善意，但是公司有证据证明相对人知道或者应当知道决议系伪造、变造的除外。”

但是如果是上市公司，则根据《〈民法典〉担保制度的解释》第九条的规定，只有在“相对人根据上市公司公开披露的关于担保事项已经董事会或者股东大会决议通过的信息，与上市公司订立担保合同”的情况下，该担保合同才对上市公司有效，并由上市公司承担责任。

4. 仅加盖法人公章的合同效力

根据《民法典》第五百零二条的规定，当事人可以约定合同生效的时间。如果当事人约定合同自双方加盖公章并经法定代表人签字后生效的，则合同的生效要件必须满足“公章＋法定代表人签字”的双重要求。如果当事人仅约定合同经双方加盖公章后生效的，则合同只要满足加盖公章的要求即生效。如果当事人并未约定合同生效的时间，则按照《民法典》第五百零二条的规定，除法律另有规定外，只要合同系依法成立的，则自成立时即生效。

5. 法定代表人越权所签订的合同效力

《民法典》第六十一条第三款规定：“法人章程或者法人权力机构对法定代表人代表权的限制，不得对抗善意相对人。”第五百零四条则进一步规定：“法人的法定代表人或者非法人组织的负责人超越权限订立的合同，除相对人知道或者应当知道其超越权限外，该代表行为有效，订立的合同对法人或者非法人组织发生效力。”

根据上述法律规定可知，判断法定代表人超越权限订立合同的行为是否具有法律效力主要在于合同相对人是否知道或应当知道法定代表人“越权”的事实。如果相对人是非善意的，则合同不发生效力；如果相对人既不知道该事实也不存在任何过失的，则作为善意第三人，该合同应当发生效力。

6. 法定代表人变更但未登记时签订合同的效力

根据《企业法人法定代表人登记管理规定》第三条的规定，法定代表人必须经企业登记机关核准登记，方能取得资格。如果公司仅在公司内部停止法定代表人的职务，但未及时前往企业登记机关办理相关的变更登记的，则原法定代表人对外签订的合同依然可能对公司发生效力。

最高人民法院在（2009）民提字第76号[①]案件中总结并指出："公司的法定代表人依法代表公司对外进行民事活动。法定代表人发生变更的，应当在工商管理部门办理变更登记。公司的法定代表人在对外签订合同时已经被上级单位决定停止职务，但未办理变更登记，公司以此主张合同无效的，人民法院不予支持。"

最高人民法院在（2012）民提字第122号判决中认为："在2008年12月24日CX公司法定代表人核准变更登记为李某之前，麦某某虽然仍是登记的CX公司法定代表人，但其已授权李某代为履行其CX公司法定代表人的职权，其法定代表人的权力本已受到限制。然而，LC公司、BY公司与麦某某在2008年3月26日签订《转让合同书》时，有理由相信麦某某有权代表CX公司订立合同，而且CX公司的《收据》《银行进账单》《银行还款凭证》等证据证明，LC公司按照合同约定向CX公司支付的6000万元项目转让款，全部归还CX公司所有的欠款，并赎回CX公司抵押的2块涉案土地，已部分履行合同。综上，麦某某以CX公司法定代表人的名义代表CX公司与LC公司、BY公司签订的《转让合同书》应为有效。"

7. 公司对法定代表人限制授权的效力

最高人民法院在（2013）民申字第1714号判决中认为："《赔偿协议》签订时，张某某系ML公司的法定代表人，其代表ML公司对外签订协议的行为系履行职务行为，由此产生的法律后果应由ML公司承担。虽然ML公司举证称，在张某某签订《赔偿协议》之前，公司股东会已对张某某的授权作出限制。但是，ML公司未将该股东会决议内容告知合同相对人。甘某某、胡某某基于ML公司的公司章程及登记事项，有合理理由相信张某某有权代表ML公司对外签

① 《最高人民法院公报》2010年第11期（总第169期）。

订合同。因此，ML公司股东会内部决议对其法定代表人张某某所作的授权限制，对公司之外的第三人并不产生法律效力。”

根据最高人民法院的判决可知，如果法定代表人与第三人签订合同时，第三人对于法定代表人的授权已被公司限制一事不知情或不应当知情的，则第三人是有合理的理由相信法定代表人系有权代表公司签订合同的。在这样的情况下，公司对法定代表人授权的限制不应对第三人产生法律效力，不得对抗第三人。

（七）法定代表人签字瑕疵的风险防范

1. “公章＋签字”为生效要件

双方在约定合同生效要件时宜采用“公章＋签字”的“双保险”模式。即在有加盖法人印章的情况下，再要求法定代表人签字或其授权的人进行签字。这样，以便在日后对公章真伪有争议时，可以凭借签字对效力进行认定。

2. 核实法定代表人身份

在与法定代表人签署文件时，合同缔约方应当核实法定代表人的身份信息，确保签署文件的人确实为工商登记公示的法定代表人。

3. 确保授权过程有效

如果法定代表人授权他人签署，可以考虑通过面签或公证的方式进行授权，确保授权过程真实有效。

4. 法定代表人需签字

法定代表人签字应亲自手书，而不是以加盖法定代表人“手章”的方式确认。

二、法定代表人的法律风险

（一）民事责任的法律风险

1. 因职务行为而引发的民事责任

《民法典》第六十二条规定：“法定代表人因执行职务造成他人损害的，由法人承担民事责任。法人承担民事责任后，依照法律或者法人章程的规定，可以向有过错的法定代表人追偿。”

2. 作为股东或者实际控制人的民事责任

《公司法》第二十条第二款规定：“公司股东滥用股东权利给公司或者其他股东造成损失的，应当依法承担赔偿责任。”第三款则规定：“公司股东滥用公司法人独立地位和股东有限责任，逃避债务，严重损害公司债权人利益的，应当对公司债务承担连带责任。”第二十一条规定：“公司的控股股东、实际控制人、董事、监事、高级管理人员不得利用其关联关系损害公司利益。违反前款规定，给公司造成损失的，应当承担赔偿责任。”

3. 作为公司高级管理人员的民事责任

《公司法》第一百四十九条规定：“董事、监事、高级管理人员执行公司职务时违反法律、行政法规或者公司章程的规定，给公司造成损失的，应当承担赔偿责任。”第一百五十二条还规定：“董事、高级管理人员违反法律、行政法规或者公司章程的规定，损害股东利益的，股东可以向人民法院提起诉讼。”

（二）行政责任的法律风险

1. 作为公司财务主管负责人员的行政责任

《公司法》第二百零二条规定：“公司在依法向有关主管部门提供的财务会计报告等材料上作虚假记载或者隐瞒重要事实的，由有关主管部门对直接负责的主管人员和其他直接责任人员处以三万元以上三十万元以下的罚款。”

2. 作为公司清算主管负责人员的行政责任

《公司法》第二百零四条第二款规定：“公司在进行清算时，隐匿财产，对资产负债表或者财产清单作虚假记载或者在未清偿债务前分配公司财产的，由公司登记机关责令改正，对公司处以隐匿财产或者未清偿债务前分配公司财产金额百分之五以上百分之十以下的罚款；对直接负责的主管人员和其他直接责任人员处以一万元以上十万元以下的罚款。”

（三）刑事责任的法律风险

根据《刑法》的相关规定，因单位犯罪而需要一并对其直接负责的主管人员和其他直接责任人员判处刑事责任的罪名主要集中在经济类犯罪中。其中比较常见的罪名具体如下：

1. 妨害对公司企业的管理秩序罪

本类罪包括欺诈发行证券罪；违规披露、不披露重要信息罪；妨害清算罪；虚假破产罪；非国家工作人员受贿罪；对非国家工作人员行贿罪；背信损害上市公司利益罪。

2. 破坏金融管理秩序罪

本类罪包括高利转贷罪；骗取贷款、票据承兑、金融票证罪；非法吸收公众存款罪；擅自发行股票、公司、企业债券罪；内部交易、泄露内幕信息罪；利用未公开信息交易罪；诱骗投资者买卖证券、期货合约罪；操纵证券、期货市场罪；背信运用受托财产罪；逃汇罪；洗钱罪。

3. 金融诈骗罪

本类罪包括集资诈骗罪；票据诈骗罪；信用证诈骗罪；保险诈骗罪。

（四）公司法定代表人法律风险防范

1. 提高风险意识，加强法律培训

法定代表人应当认识到这一职务的权力与责任，注意防范法律风险，加强法律教育与培训。法定代表人在公司日常的生产、经营活动，特别是对重大事件进行决策时，应当就相关事项咨询法律专业人员，特别是律师的意见和建议，以避免违法风险及权益受损。

2. 制定合法的公司管理规范

由专业律师个性化分析具体公司的详细情况后，制定各类规范与管理职责，做到管理流程有法有据，内控合规到位。

3. 完善公司法律风险防控制度

完善和健全的公司法律风险防控制度，是防止法定代表人产生法律风险最根本、有效的方法。公司应当在法律专业人士的指导下，根据公司本身所处的市场环境，对于涉及法律风险的事务，通过合法、完善的规章制度，对风险的事前防范、事中管控、事后弥补等内容作出明确规定，使法定代表人风险可控、公司经营合乎规范。

（五）法院关于法定代表人责任的意见

为贯彻落实《中共中央、国务院关于完善产权保护制度依法保护产权的意见》《中共中央、国务院关于营造更好发展环境支持民营企业改革发展的意见》等文件精神，进一步提升人民法院严格规范公正文明执行水平，推动执行工作持续健康高水平运行，为经济社会发展提供更加优质司法服务和保障，最高人民法院在2019年12月16日针对案件的执行提出新的意见，即《最高人民法院关于在执行工作中进一步强化善意文明执行理念的意见》（法发〔2019〕35号）。该意见第十六条规定不采取惩戒措施的几类情形，其中提到“单位是失信被执行人的，人民法院不得将其法定代表人、主要负责人、影响债务履行的直接责任人员、实际控制人等纳入失信名单”。

该意见第十七条规定，解除限制消费措施的几类情形，其中提到单位被执行人被限制消费后，其法定代表人、主要负责人可以申请解除或暂时解除的情形是经审查属实的“以因私消费为由提出以个人财产从事消费行为”以及“确因经营管理需要发生变更，原法定代表人、主要负责人申请解除对其本人的限制消费措施的”。

《江苏省高级人民法院关于加大公司为被执行人的案件财产调查力度的通知》（苏高法电〔2018〕179号）中规定：“对于诉讼中未保全财产的案件，执行法院在向被执行人公司发出申报财产令的同时，应当在第一时间通知公司的法定代表人、实际控制人、高管进行谈话，主要是责令其向法院报告公司名下的具体详细财产，执行法院形成详细财产清单，之后逐一开展调查，尤其是本案债务形成时法定代表人，必须到法院接受财产调查。如果这一些了解掌握公司财产状况的人员，拒不提供或者不能完整提供公司名下的财产，依据民事诉讼法的有关规定，应当采取搜查、罚款、拘留等强制执行措施。”

三、法定代表人与强制执行

（一）因与公司账户混同而导致的风险

担任公司的法定代表人，不仅仅意味着掌握大量的权力，同样需要承担巨大的责任。一般来说，公司的资产、账户与法定代表人个人的资产、账户是相互独立的，即便公司成为被执行人，也不会影响法定代表人的账户。但是，在特定情况下，如果出现公司与法定代表人账户混同，或者法定代表人转移公司资金到个人账户构成抽逃注册资金的，根据最高人民法院的意见，可以裁定变更或追加其法定代表人为被执行人，从而对其个人账户采取冻结措施。

《最高人民法院关于限制被执行人高消费的若干规定》① 中明确规定，被执行人未按执行通知书指定的期间履行生效法律文书确定的给付义务的，人民法院可以限制其高消费。一旦被执行人被限制高消费，则不能从事各种类型的高消费行为，包括：禁止乘坐飞机、列车软卧、轮船二等以上舱位；禁止在星级以上宾馆、酒店、夜总会、高尔夫球场等场所进行高消费；禁止购买不动产或者新建、扩建、高档装修房屋；禁止租赁高档写字楼、宾馆、公寓等场所办公；禁止购买非经营必需车辆；禁止旅游、度假；子女禁止就读高收费私立学校；禁止支付高额保费购买保险理财产品；禁止乘坐 G 字头动车组列车全部座位、其他动车组列车一等以上座位等其他非生活和工作必需的消费行为。

同时，被执行人为单位的，被采取限制消费措施后，被执行人及其法定代表人、主要负责人、影响债务履行的直接责任人员、实际控制人不得实施前款规定的行为。因私消费以个人财产实施前款规定行为的，可以向执行法院提出申请。执行法院审查属实的，应予准许。

为促使被执行人自觉履行生效法律文书确定的义务，推进社会信用体系建设，最高人民法院出台《关于公布失信被执行人名单信息的若干规定》,② 其中明确规定，人民法院可以根据各地实际情况，将失信被执行人名单通过报纸、

---

① 2010 年 5 月 17 日最高人民法院审判委员会第 1487 次会议通过，根据 2015 年 7 月 6 日最高人民法院审判委员会第 1657 次会议通过的《最高人民法院关于修改〈最高人民法院关于限制被执行人高消费的若干规定〉的决定》修正，该修正自 2015 年 7 月 22 日起施行，法释〔2015〕17 号。

② 2013 年 7 月 1 日最高人民法院审判委员会第 1582 次会议通过，根据 2017 年 1 月 16 日最高人民法院审判委员会第 1707 次会议通过的《最高人民法院关于修改〈最高人民法院关于公布失信被执行人名单信息的若干规定〉的决定》修正。

广播、电视、网络、法院公告栏等其他方式予以公布，并可以采取新闻发布会或者其他方式对本院及辖区法院实施失信被执行人名单制度的情况定期向社会公布。

为确保公布信息的准确性，对失信被执行人法人或其他组织应公布名称、统一社会信用代码（或组织机构代码）、法定代表人或者负责人姓名。

（二）因公司被注销而导致的风险

如果公司未注销前，法院已对法定代表人限制高消费，则在公司注销后，法院一般不会解除对注销后的公司原法定代表人的限制消费令。如江苏省泰州市中级人民法院在（2019）苏12执复39号判决中认为："某航运公司虽已办理注销手续，但该公司清算组向T市J区市场监督管理局出具的清算报告不实，本案所涉债务尚未履行完毕。而案外人系某航运公司法定代表人，对本案债务的履行负有直接责任。"山东省青岛市中级人民法院在（2019）鲁02执异405号判决中认为："本院（2019）鲁02执555号案件的被执行人青岛某某酒店管理有限公司在执行依据即（2018）沪仲案字第2522号裁决书作出前已经在公司登记机关完成注销登记，但本院作出的（2019）鲁02执555号限制消费令仍然指向青岛某某酒店管理有限公司，因此对该执行行为提出异议的主体应当是青岛某某酒店管理有限公司权利义务的承继者或者其他责任主体。异议人宫某勇以青岛某某酒店管理有限公司存续期间的法定代表人身份针对限制消费令提出执行异议，主体不适格，应当驳回。"

但是，当公司法定代表人不是公司股东或者被冒名登记为公司的法定代表人时，法院可能会解除限制消费令。如湖南省衡阳市珠晖区人民法院在（2019）湘0405执异7号判决中认为："衡阳某化工有限公司在2014年5月19日已登记注销，刘某某作为该公司的法定代表人身份随之注销，刘某某亦不是该公司股东，故本院在执行任某某与衡阳某化工有限公司劳动争议纠纷一案中，对刘某某采取相应执行措施存在不当，应予解除。"

四、法定代表人的法律权利

（一）法定代表人法律权利概述

根据我国相关法律的规定，法定代表人的一般权利如下：

（1）根据《民法典》第六十一条的规定，法定代表人可以在法律、行政法规、公司章程或公司权力机构对法定代表人代表权的授权范围内，代表公司从事民事活动，其法律后果由公司承担。法定代表人超越章程或代表权限制的情况下与第三人进行的民事活动，只要第三人是善意且对于法定代表人超越职权范围不知情且无过失，则法定代表人的民事法律行为依然有效，公司也必须承担相应的法律结果。

（2）根据《民法典》第一百六十一条的规定，法定代表人也可以通过代理人代为履行职责，但该种委托一般应当采取书面方式。另外，如果依照法律、行政法规规定必须由法定代表人行使的职责则一般不得委托他人代行。

（二）公章与法定代表人意思表示的争议

法定代表人是公司意志的代表主体，在公司章程或者公司权力机构对法定代表人代表权没有作出限制的情况下，法定代表人以公司名义从事的民事活动，一般即应视为公司的行为，其法律后果由公司承受。

如果法定代表人的意志与公章的表达不一致时，应以哪个为准呢？最高人民法院在（2017）最高法执监412号判决中认为："公章是公司对外作出意思表示的重要外在表现形式，一般情况下，公章持有者具有公司授权，盖有公章的文书反映公司的意思。但文书盖有公章，仅使该文书具有代表公司意思的外在形式要素，在公章持有者非基于公司意思持有公章等情况下，盖有公章的文书并不当然代表公司意思。同时，法定代表人是公司的诉讼意志代表主体，在公司章程或者公司权力机构对法定代表人代表权没有作出限制的情况下，法定代表人以公司名义从事的民事诉讼活动，一般即应视为公司的诉讼行为，其法律后果由公司承受。在盖有公章的文书与法定代表人意思表示不一致情况下，如果公司章程或者权力机构对究竟是法定代表人还是盖有公司公章的文书代表公司意志做出过明确意思表示的，应是公司意思自治的范畴，宜按公司意思认定。"

由上述最高人民法院的审判意见可知，在盖有公司公章的文件与法定代表人真实意思表示不相一致的情况下，如果公司章程或权力机构有过明确的意思表示的，则应当尊重公司自治的意见，由公司确认按照哪种方式认定。如果公司章程或权力机构对于该问题并没有明确的意思表示的，则一般应当按照法定代表人的意思认定，即"认人不认章"。法定代表人以公司名义从事的民事诉讼活动，一般应认定为公司的诉讼行为，其法律后果由公司承受。

《九民纪要》也对“认人”还是“认章”这一问题进行了解答。最高人民法院在“人章之争”中，倾向“认人不认章”。第四十一条规定：“司法实践中，有些公司有意刻制两套甚至多套公章，有的法定代表人或者代理人甚至私刻公章，订立合同时恶意加盖非备案的公章或者假公章，发生纠纷后法人以加盖的是假公章为由否定合同效力的情形并不鲜见。人民法院在审理案件时，应当主要审查签约人于盖章之时有无代表权或者代理权，从而根据代表或者代理的相关规则来确定合同的效力。

法定代表人或者其授权之人在合同上加盖法人公章的行为，表明其是以法人名义签订合同，除《公司法》第 16 条等法律对其职权有特别规定的情形外，应当由法人承担相应的法律后果。法人以法定代表人事后已无代表权、加盖的是假章、所盖之章与备案公章不一致等为由否定合同效力的，人民法院不予支持。

代理人以被代理人名义签订合同，要取得合法授权。代理人取得合法授权后，以被代理人名义签订的合同，应当由被代理人承担责任。被代理人以代理人事后已无代理权、加盖的是假章、所盖之章与备案公章不一致等为由否定合同效力的，人民法院不予支持。”

（三）个人借款交付公司使用而引发的争议

在许多中小型有限责任公司中，股东和公司之间的关系非常紧密。因此，为了使公司更容易获得资金，一般情况下会由法定代表人以个人名义与他人签订借款合同，但款项却实际用于公司的生产经营。如果借款合同相对人直接主张公司还款的，公司应承担怎样的债务责任？最高人民法院在《关于审理民间借贷案件适用法律若干问题的规定》第二十二条第二款规定：“法人的法定代表人或者非法人组织的负责人以个人名义与出借人订立民间借贷合同，所借款项用于单位生产经营，出借人请求单位与个人共同承担责任的，人民法院应予支持。”适用该条规定时，一般应注意以下几个问题：

1. 借贷合同由法定代表人以个人名义签署

根据《民法典》第六十一条的规定，如果借贷合同既有法定代表人的签名，同时也加盖了公司公章，则应当认定为代表公司借款。如果借贷合同上仅有法定代表人的签名，则只有所借款项实际用于公司生产经营的情况下，公司才应当一并承担法律责任。当然，除非构成表见代理外，公司其他人签署的借贷合同，不应适用该条规定。

2. 法定代表人与公司共同承担还款责任

虽然法定代表人拥有“特殊”的法律身份，即使其以个人名义签订借贷合同，但最终是由公司使用借款。由于公司实际上享有借贷合同的权利且参与借贷合同的履行，因此公司也可能成为事实上的借贷合同的当事人。因此，在法定代表人签署借贷合同时并未明确向借贷人告知，且借款确实被公司使用的情况下，法院认定公司和法定代表人为借贷合同的当事人，并共同对债权人承担还款义务。

3. 债权人须承担必要的举证责任

在借贷合同系法定代表人以个人名义签订的情况下，如果债权人要求公司和法定代表人共同承担还款义务的，则必须证明“所借款项用于企业生产经营”。如果债权人无法证明的，则不能向公司主张权利，只能向法定代表人个人主张。法定代表人自己也可以提供证据证明其签订借贷合同的行为是代表公司的，借款也全部用于企业生产经营，债权人对此明知且同意的，则法定代表人有可能不承担合同责任。

五、法定代表人的变更问题

根据《民法典》的相关规定可知，法定代表人在其职权范围内从事的行为直接代表公司，其法律责任也由公司承担。因此法定代表人是公司治理中非常重要的职位，公司应当谨慎选择法定代表人的人选并及时调整不合适的法定代表人。实践中究竟如何变更公司法定代表人，法律有哪些要求和限制呢？

（一）法定代表人变更中的常见问题

1. 变更是否需要征得原法定代表人同意

《企业法定代表人登记管理规定》第七条规定，有限责任公司或者股份有限公司更换法定代表人需要由股东会、股东大会或者董事会召开会议作出决议，原法定代表人不能或者不履行职责，致使股东会、股东大会或者董事会不能依照法定程序召开的，可以由半数以上的董事推选一名董事或者由出资最多或者持有最大股份表决权的股东或其委派的代表召集和主持会议，依法作出决议。因此，公司只需依照法定程序变更法定代表人即可，并不需要征求原法定代表人的同意。

2. 哪些机构有权决定变更法定代表人

根据《公司法》第十三条的规定，依照公司章程的规定，董事长、执行董事或者经理都可以成为公司的法定代表人。由于选任董事长、执行董事以及经理的权力机构并不相同，究竟是由公司股东（大）会还是董事会形成决议变更法定代表人，应当由公司章程具体决定。

3. 变更是否需经 2/3 以上股东表决

根据《公司法》第四十三条的规定，股东会会议作出修改公司章程、增加或者减少注册资本的决议，以及公司合并、分立、解散或者变更公司形式的决议，必须经代表 2/3 以上表决权的股东通过。其他议事方式和表决程序，均可由公司章程规定。因此，《公司法》并未对法定代表人变更事项的决议程序进行明确规定，公司可以在公司章程中具体约定。

4. 法定代表人可否自行辞去职务

根据《企业法人法定代表人登记管理规定》第六条的规定，企业法人申请办理法定代表人变更登记，应当向原企业登记机关提交对企业原法定代表人的免职文件。因此，如果原法定代表人辞任职务的，一般公司会就变更法定代表人事项作出有效的变更决议或决定，并由公司出具免职文件，向企业登记机关申请变更。

如果法定代表人向公司辞任职务后，公司并未配合办理法定代表人变更登记的，法定代表人是否有权向法院申请要求强制变更呢？实践中法院对此种情况有两种截然不同的判决结果。

有些法院认为，法定代表人的选任属于公司内部事务，原法定代表人要求公司办理变更登记没有事实和法律的依据。如北京市第二中级人民法院在（2018）京 02 民终 6292 号判决中认为："田某文请求 LT 公司办理公司法定代表人工商变更登记，应当举证证明 LT 公司已经就法定代表人变更事项作出有效变更决议或决定。ZTTX 公司于 2014 年 10 月 28 日作出的股东会决议仅载明同意在田某文离职离任审计通过后，辞去LT公司法定代表人身份，其中并未包含关于变更LT公司法定代表人的有效决议内容，也未明确LT公司法定代表人的具体人选。公司法定代表人的选任属于公司内部事务，由公司依据相关法律规定及公司章程作出决定，田某文未能举证证明LT公司已经作出变更法定代表人的决议或决定，其要求LT公司办理公司法定代表人工商变更登记没有事实和法律依据，本院不予支持。”

但另一些法院却认为，在法定代表人辞任职务的行为有效的情况下，公司应当办理相关的变更登记手续。如广东省深圳前海合作区人民法院在（2018）粤0391民初1234号判决中认为：“按照公司章程以及法律规定，原告的任期仅为三年，按照2016年7月15日公司章程备案，至今已满三年。在此情况下，被告理当在此之前召开股东会，改选公司董事、执行董事和法定代表人。被告既不改选公司法定代表人，又不允许公司法定代表人辞任，明显违背法律、法规的规定。被告要求原告在任期届满后继续担任法定代表人，没有事实和法律依据，本院不予支持。”最终该法院认定“原告辞任被告法定代表人行为有效，被告应依法变更其公司法定代表人”。

5. 法定代表人的身份资格能否被继承

根据《企业法定代表人登记管理规定》第七条的规定，更换法定代表人，必须履行法定程序，依法作出决议。由此可见，一旦法定代表人因死亡不能履行职责的，应当由公司依法作出决议并重新选举新的法定代表人，而不能由原法定代表人的继承人继承身份资格。如福建省福州市中级人民法院在（2017）闽01行终339号判决中指出：“我国亦不承认身份继承，原法定代表人去世后其遗产管理人并不当然继任法定代表人或取得法定代表人的相应权利。”

6. 变更是否必须办理变更登记

《企业法定代表人登记管理规定》第十二条规定：“违反本规定，应当申请办理法定代表人变更登记而未办理的，由企业登记机关责令限期办理；逾期未办理的，处1万元以上10万元以下的罚款；情节严重的，撤销企业登记，吊销企业法人营业执照。”因此，公司需在法定代表人变更后，及时办理工商变更登记手续。

7. 变更法定代表人的具体办理手续

根据《企业法定代表人登记管理规定》第六条的规定："企业法人申请办理法定代表人变更登记，应当向原企业登记机关提交下列文件：

（一）对企业原法定代表人的免职文件；

（二）对企业新任法定代表人的任职文件；

（三）由原法定代表人或者拟任法定代表人签署的变更登记申请书。"

（二）法定代表人辞任被拒的解决方法

法定代表人自己主动辞去职务，但公司其他股东不同意时如何处理呢？可以考虑采用以下方式循序渐进地进行处理。

1. 通过媒体等公开渠道发表声明

广东省深圳前海合作区人民法院在（2018）粤 0391 民初 1234 号判决中认为："原告在《南方都市报》刊登一份'声明'，其内容是原告在 2016 年 7 月 15 日至 8 月 12 日期间担任公司法人代表，自 8 月 12 日原告辞去这一职务，并告知和督促全体股东立即进行法人代表变更，并强调在担任法人期间，没有企业经营、管理和对外决策权，也没有财务审批和公章使用权，也没有以法人或股东身份签署任何文件，原告不承担由此引起的法律责任。任何因不及时变更法人代表、假冒本人签名、使用企业公章引起的违法、违规和非法经营活动将与原告无关。"

2. 向相关部门及合作方发函

原法定代表人可以通过发函的方式向公司以及其他主要股东表示希望辞去法定代表人职务的要求，并要求公司在合理的期限内配合办理变更登记手续。建议通过公证的方式办理并保留快递单据原件，并及时收回个人的印章等。另外，在正式辞职后可以发函到相关部门和重要业务合作方，提醒并告之预防冒签签名。

3. 符合条件的可要求依法解散公司

《公司法》第一百八十二条规定："公司经营管理发生严重困难，继续存续会使股东利益受到重大损失，通过其他途径不能解决的，持有公司全部股东表决权百分之十以上的股东，可以请求人民法院解散公司。”如果公司其他股东对法定代表人的辞任要求并没有作出任何形式的表决，且该法定代表人客观上也确实无法履行相应的职责，若法定代表人同时也是公司股东的，则可以按照上述法定条件，向法院申请强制解散公司。

4. 通过诉讼方式要求强制变更

若法定代表人并非公司股东，也可依法通过诉讼要求股东配合办理变更手续。最高人民法院在（2020）最高法民再88号判决中认为：“关于王某廷提出的判令SR公司、曹某刚办理变更公司法定代表人工商登记的诉讼请求应否受理的问题。王某廷该项诉讼请求系基于其已离职之事实，请求终止其与SR公司之间法定代表人的委任关系并办理法定代表人变更登记，该纠纷属平等主体之间的民事争议。根据王某廷所称其自2011年5月30日即已从SR公司离职，至今已近9年，足见SR公司并无自行办理法定代表人变更登记的意愿。因王某廷并非SR公司股东，其亦无法通过召集股东会等公司自治途径，就法定代表人的变更事项进行协商后作出决议。若人民法院不予受理王某廷的起诉，则王某廷因此所承受的法律风险将持续存在，而无任何救济途径。故，本院认为，王某廷对SR公司办理法定代表人变更登记的诉讼请求具有诉的利益，该纠纷系平等主体之间的民事争议，属于人民法院受理民事诉讼的范围。一、二审法院裁定不予受理王某廷该项诉讼请求，适用法律错误，本院予以纠正。需要明确的是，王某廷该项诉讼请求是否具有事实和法律依据，是否应予支持，应通过实体审理予以判断。”

（三）限制变更法定代表人的特殊情形

1. 申请禁止公司变更法定代表人

虽然变更法定代表人是公司自治管理的行为，应当由公司自主决定，法院原则上也不会干涉。但是如果公司变更法定代表人的行为实质上已经影响到法院生效判决的执行，根据《民事诉讼法》第一百条第一款的规定，“人民法院对于可能因当事人一方的行为或者其他原因，使判决难以执行或者造成当事人其他损害的案件，根据对方当事人的申请，可以裁定对其财产进行保全、责令其作出一定行为或者禁止其作出一定行为”，则当事人可以依据前款法律规定申请禁止公司变更法定代表人。

2. 申请禁止在执行期间变更法定代表人

山东省青岛市中级人民法院在（2019）鲁02执异580号判决中认为："尽管变更法定代表人系法人内部管理行为，可由法人自由决定，并由工商部门核准登记即可，但是，当法人内部管理行为对外产生利害关系时，理应受到一定的限制。本案中，某公司明知自己未履行生效法律文书确定的给付义务，在执行期间擅自变更法定代表人的行为显属不当。"

2019年7月14日，中央全面依法治国委员会发布中法委发〔2019〕1号《中央全面依法治国委员会关于印发〈关于加强综合治理从源头切实解决执行难问题的意见〉的通知》。该通知第四章"强化执行难源头治理制度建设"第（五）节"完善相关法律制度"中规定："健全完善民事法律制度，加快推进制定民事强制执行法，为民事执行提供有力法律保障。依法明确法定代表人和高级管理人员任职条件和对公司资产的监管责任，限制随意变更法定代表人和高级管理人员。依法强化公司账簿管理，建立健全公司交易全程留痕制度，防止随意抽逃公司资产。健全完善行政强制执行和刑罚财产刑执行相关法律法规。"

六、法定代表人与实际控制人

（一）实际控制人的概念

根据《公司法》第二百一十六条的规定，实际控制人是指虽不是公司的股东，但通过投资关系、协议或者其他安排，能够实际支配公司行为的人。

关于上市公司控制权的归属。根据《上市公司收购管理办法》[①] 第八十四条的规定，投资者可以实际支配上市公司股份表决权超过30%，或投资者通过实际支配上市公司股份表决权能够决定公司董事会半数以上成员选任，或投资者依其可实际支配的上市公司股份表决权足以对公司股东大会的决议产生重大影响；都可以被认为"拥有上市公司控制权"。

---

① 2006年5月17日中国证券监督管理委员会第180次主席办公会议审议通过，根据2008年8月27日中国证券监督管理委员会《关于修改〈上市公司收购管理办法〉第六十三条的决定》、2012年2月14日中国证券监督管理委员会《关于修改〈上市公司收购管理办法〉第六十二条及第六十三条的决定》、2014年10月23日中国证券监督管理委员会《关于修改〈上市公司收购管理办法〉的决定》、2020年3月20日中国证券监督管理委员会《关于修改部分证券期货规章的决定》修正。

（二）法定代表人与实际控制人的区别

1. 职务法律依据不同

法定代表人是代表公司从事民事活动的负责人，是一个法定的职务。实际控制人是能够实际支配公司行为的人，但并不属于法定的职务。

2. 权利行使依据不同

法定代表人依照法律的规定代表公司行使民事权利、履行民事义务。实际控制人则是依照投资关系、协议或者其他安排对公司进行实际控制，并实际支配公司行为。

3. 两者的身份可以并存

公司的实际控制人身份与法定代表人身份并不排斥，实际控制人可以是公司的法定代表人，但法律并无要求实际控制人必须同时担任公司法定代表人职务。

（三）实际控制人的行为效力

如果实际控制人并非法定代表人，那么实际控制人是否有权代表公司对外签署合同呢？通常而言，实际控制人在不是法定代表人的前提下，不能直接代表公司对外签署合同。但在某些情形下，实际控制人对外签署的合同可视为有权代表，公司需承担责任。

最高人民法院在（2018）最高法民再361号判决中认为："根据本案已经查明的事实，A公司持有B大酒店60%的股权，为B大酒店的控制股东，朱某是A公司的法定代表人，由此可以认定，朱某通过投资关系，能够实际支配B大酒店的行为，系B大酒店的实际控制人。关于朱某与C公司的关系问题，在上海市第二中级人民法院审理的D公司与A公司、B大酒店、C公司买卖合同纠纷一案中，A公司、C公司、B大酒店在该案中自认该三家公司是同一实际控制人控制的关联公司，但并未明确指明该实际控制人的身份。本院责成C公司和B大酒店向本院如实说明朱某是否系C公司和B大酒店的实际控制人，被申请人C公司和B大酒店虽然称两公司的实际控制人另有其人，但并未提供相应的证据加以证明。基于朱某是A公司的控制股东及其通过投资关系实际控制B大酒店的事实，本院认定，朱某系通过协议或其他安排能够实际支配C公司行为的实际控制人。由于朱某系C公司、B大酒店的实际控制人，其能够实际支配该两家公司的行为，故朱某代表C公司、B大酒店签订案涉《协议书》的行为，系有权代表行为。”

根据上述最高人民法院的审判观点，如果实际控制人能够实际支配其控制的企业的行为，即使实际控制人并非公司的法定代表人，则实际控制人也有权代表公司签署合同，公司应按照合同约定的内容履行责任。

第二节 民营企业家资产的保护

一、个人财产与企业财产的混同

创业不易，就像培育子女，一路呕心沥血、苦乐相伴。正因为视企业为己出，很多企业主认为企业的财产，就是自己的财产。虽然企业是法人，但是没有企业法人财产独立性的意识。现实中，“家、企”财产混同的现象较为普遍。在这种情况下，个人往往会僭越兴办公司的“责任有限”的边界，使“有限责任”被击穿，给企业家的个人财产带来巨大的隐患。

很多民营企业的股东，正是由于缺少上述风险意识，在企业的经营管理过程中，忽视“家庭财产”与“企业财产”防火墙的建设。一旦企业出现困难，多年积累的家庭财产也可能会被连带牵涉用于还债，最后连最基本的家庭财富都失去了保障。

（一）“刺破公司面纱”制度概述

《公司法》第二十条第三款规定：“公司股东滥用公司法人独立地位和股东有限责任，逃避债务，严重损害公司债权人利益的，应当对公司债务承担连带责任。”《九民纪要》指出：“公司人格独立和股东有限责任是公司法的基本原则。否认公司独立人格，由滥用公司法人独立地位和股东有限责任的股东对公司债务承担连带责任，是股东有限责任的例外情形，旨在矫正有限责任制度在特定法律事实发生时对债权人保护的失衡现象。

在审判实践中，一是只有在股东实施滥用公司法人独立地位及股东有限责任的行为，且该行为严重损害公司债权人利益的情况下，才能适用。损害债权人利益，主要是指股东滥用权利使公司财产不足以清偿公司债权人的债权。二是只有实施滥用法人独立地位和股东有限责任行为的股东才对公司债务承担连带清偿责任，而其他股东不应承担此责任。三是公司人格否认不是全面、彻底、永久地否定公司的法人资格，而只是在具体案件中依据特定的法律事实、法律关系，突破股东对公司债务不承担责任的一般规则，例外地判令其承担连带责任。人民法院在个案中否认公司人格的判决的既判力仅仅约束该诉讼的各方当事人，不当然适用于涉及该公司的其他诉讼，不影响公司独立法人资格的存续。如果其他债权人提起公司人格否认诉讼，已生效判决认定的事实可以作为证据使用。四是《公司法》第二十条第三款规定的滥用行为，实践中常见的情形有人格混同、过度支配与控制、资本显著不足等。在审理案件时，需要根据查明的案件事实进行综合判断，既审慎适用，又当用则用。”

（二）引发“刺破公司面纱”的情形

根据《九民纪要》的规定，如果民营企业家有以下几种行为，则很可能需要对公司的债务承担连带责任。

1. 以股东个人账户收取公司资产

在企业的经营过程中，股东可能出于逃避企业所得税的目的，也可能主观上将公司的钱等同于股东个人的钱，会发生直接将公司资金汇入股东个人账户的行为，同时也没有在公司账务上做任何的记载和说明。这样一来，如果相关的情况被公司债权人知晓并在诉讼中向法院提交相关的证据，将会使法院认为股东个人账务与公司财务产生混同，则股东可能需要对公司所欠债务承担连带责任。

2. 股东个人无偿使用公司资金

许多民营企业家“朴素”地将公司的钱与股东个人或股东所在家庭的财产视为一体。于是股东个人或家庭购置不动产、车辆、对外消费、偿还债务等都直接使用公司的资金，同时也不会在公司的账务上进行记载或说明。另外，如果该股东名下有多家关联公司，还可能会将 A 公司的资金任意调拨给 B 公司使用。这些客观行为即反映出股东把公司资产当作个人资产的主观思想，从而体现公司人格不能独立于股东的本质，最终将会使股东个人与公司一起承担债务的连带责任。

3. 公私账簿不分导致公私财产不分

一般情况下，股东利用个人独资企业或个人合伙企业间接持有公司股权时，由于这两种企业没有独立的法人地位及独立的财产，如果公司账簿与股东所持有的个人独资企业或个人合伙企业的账簿不做明确的区分并产生混同，则公司债务将通过个人独资企业或个人合伙企业直接转移至股东个人。

4. 股东与公司的利益区分不清

正是由于股东错误地将公司资产当作个人资产，一旦公司在经营过程中获得盈利，股东也就“顺理成章”地将该盈利直接认定为股东个人的收益。同样，一旦这样的行为被公司债权人发现并掌握相关的证据，则股东必须连带承担公司债务以及相关的重大风险。

5. 股东直接占有属于公司的财产

如果股东直接将公司的财产登记在自己的名下，并由其个人或家庭占有、使用，且并未有特殊的说明，则也会造成公司和股东个人财产混同的实质情况，最终导致股东承担连带责任。

一旦股东发生上述情形且由债权人掌握相关证据，债权人可以同时要求股东作为共同被告，和公司一起就债务清偿承担责任，同时还可以一并提出公司人格否认之诉。如果债权人已经完成对公司债务的确认，则债权人可另行以股东为被告、以公司为第三人提起公司人格否认诉讼，要求股东承担连带责任。

当然，根据《九民纪要》的精神，公司人格否认之诉的认定以及运用都需要法院进行谨慎的审查。一旦股东的连带责任被确认，则股东的债务风险必然会大大增加，因此需要引起足够的重视与防范。

（三）法院认定“刺破公司面纱”的案例

案例1－1 A教育公司、田某某等与李某某间借贷纠纷案

二审法院：山东省高级人民法院（2016）鲁民终67号

再审法院：最高人民法院（2017）最高法民申2646号

案例主旨：对于公司财产与股东财产混淆、无法区分的情景，法院倾向于认定这种情况下公司失去财产独立承担责任的基础，判决股东连带承担责任。

最高人民法院认为，我国实行银行账户实名制，原则上账户名义人即是账户资金的权利人。同时，根据《会计法》《税收征收管理法》《企业会计基本准则》等相关规定，公司应当使用单位账户对外开展经营行为，公司账户与管理人员、股东账户之间不得进行非法的资金往来，以保证公司财产的独立性和正常的经济秩序。根据本案认定的事实，李某出借的款项均汇入A教育公司股东肖某某账户（大部分款项又汇入宋某某账户，小部分款项汇入A教育公司账户），A教育公司亦通过肖某某、宋某某等股东账户向李某偿还借款。同时，A教育公司的账户与肖某某、宋某某等股东的账户之间存在大量、频繁的资金往来，且资金用途复杂，导致公司财产与股东财产无法进行区分。A教育公司与股东之间构成财产混同，公司已经失去独立承担债务的基础，有事实和法律依据。同时，肖某某、宋某某在本案诉讼期间又退出A教育公司，致使公司变为一人有限责任公司（田某某一人股东）。以上情形严重损害公司债权人的利益，根据《公司法》第二十条的规定，公司股东滥用公司法人独立地位和股东有限责任，逃避债务，严重损害公司债权人利益的，应当对公司债务承担连带责任。

（四）一人有限责任公司的严格责任

1. 法律规定与认定标准

根据《公司法》第三条的规定，有限责任公司的股东以其认缴的出资额为限对公司承担责任，而公司则以其全部财产对公司的债务承担责任。《公司法》所定义的一人有限责任公司，是指只有一个自然人股东或者一个法人股东的有限责任公司，其股东人数仅为一人。

根据《公司法》第六十一条的规定，一人有限责任公司不设股东会。一人有限责任公司的股东在作出应当由股东会所决定的事宜时，只需要采用书面形式，并由股东签名后置备于公司即可。这样一来，一人有限责任公司一般情况下无法形成有效的公司治理和监督约束机制，股东很容易利用其控制地位，将公司财产和股东个人财产混为一谈，从而损害债权人的利益。为了避免一人有限责任公司股东利用公司有限责任规避合同义务，我国现行《公司法》对一人有限责任公司采取更为严格的规范限制。

《公司法》第六十二条规定："一人有限责任公司应当在每一会计年度终了时编制财务会计报告，并经会计师事务所审计。"第六十三条规定："一人有限责任公司的股东不能证明公司财产独立于股东自己的财产的，应当对公司债务承担连带责任。"

但一人有限责任公司毕竟也是特殊的有限责任公司，根据《公司法》的规定，有限责任公司股东本身就应承担与其出资额相对应的有限责任。所以一人有限责任公司的股东并不必然应对公司债务承担连带责任，而是需要考虑股东是否存在滥用公司法人独立地位和股东有限责任、逃避债务、严重损害公司债权人利益的行为。

2. 公司人格混同的审判案例

（1）确认一人有限责任公司人格混同

案例1-2 杨某某与王某某、A商贸公司股东损害公司债权人利益责任纠纷案

审理法院：北京市门头沟区人民法院（2017）京0109民初559号（本判决入选人民法院系统100篇优秀民商事判决选集）

案例主旨：股东将公司财产转至个人账户的行为，充分说明其未尽到严明将个人财产和公司财产分离的法定义务，滥用公司法人人格，故股东应当对公司所负债务承担连带清偿责任。

法院认为，王某某作为A商贸公司的唯一全资股东，有将个人财产与公司财产严格区分的责任和义务，同时也负有证明其个人财产独立于A商贸公司财产的举证责任。根据《公司法》第六十二条之规定，一人有限责任公司应当在每一会计年度终了时编制财务会计报告，并经会计师事务所审计。虽然，王某某及A商贸公司提供记账凭单、财税报表及明细账等财务记录，但是这些资料均系其单方制作，未按照法律规定编制年度财务会计报告，并经会计师事务所审计，因此并不能证明个人财产与公司财产已严格区分，并独立于公司财产。另外，王某某在应当且亦能够将A商贸公司的拆迁补偿款转入公司账户时未转入公司账户，而是转至其个人指定的其他账户，该行为充分说明其未尽到严明将个人财产和公司财产分离的法定义务，滥用公司法人人格，故应当对公司所负债务承担连带清偿责任。

（2）否认一人有限责任公司人格混同

案例1-3 C公司与湖北B公司、宜昌A公司等执行异议之诉案

二审法院：新疆维吾尔自治区高级人民法院（2018）新民终69号

再审法院：最高人民法院（2018）最高法民申3219号

案例主旨：一人有限责任公司的股东有证据证明公司财产独立于自己的财产，不应对公司债务承担连带责任。

最高人民法院认为，依据《公司法》第六十三条的规定，一人有限责任公司的股东不能证明公司财产独立于股东自己财产，应当对公司债务承担连带责任。反之，股东如能证明公司财产独立于自己财产，则不应当对公司债务承担连带责任。本案中，宜昌A公司为一人公司，湖北B公司作为宜昌A公司的股东，所提交的年度财务审计报告、会计师事务所出具的财务报告说明、公司年度报告等证据能够证明宜昌A公司的财产独立于自己的财产，故湖北B公司不应当对宜昌A公司的债务承担连带责任。

3. 一人有限责任公司的风险防范

（1）股东的风险防范

一人有限责任公司中的唯一股东，应该严格按照《公司法》第六十二条的规定，建立独立规范的财务制度，保证在每一会计年度终了时编制财务会计报告，并聘请有资质的会计师事务所进行审计，务求做到企业财务账目的清晰。一旦债权人企图通过公司人格否认制度要求股东承担连带责任时，股东只要能够提供完整、清晰的证据证明公司财产确实独立于股东自己的财产，则无须承担连带责任。

（2）债权人的风险防范

如果遇到一人有限责任公司无法清偿债务的情况，则可以积极主张该公司的股东承担连带清偿责任。根据《公司法》第六十三条的规定，一人有限责任公司的股东必须自己承担证明个人财产与公司财产不存在混同的举证责任。

（五）个人账户和体外公司的经营风险

根据最高人民法院与国家税务总局、中国人民银行对十三届全国人大三次会议第6354号建议，即《关于对债务人利用体外公司及个人账户进行非法经营活动、恶意逃避债务的建议》的答复，如果企业主在经营公司的过程中习惯于利用以体外公司或个人名义与客户进行业务往来、收支业务款项，则可能会存在巨大的经营风险。

最高人民法院在针对关于“对债务人及其业务客户的账目进行调查，查明业务所涉及物资及资金的走向，以便于执行”的建议中指出，在执行程序中，通过对被执行人会计账簿等财务资料的审计及对资金流向的调查等，能够发现其是否存在转移、隐匿财产等规避执行行为，也能为人民法院采取下一步执行措施打下良好基础。

《最高人民法院关于民事执行中财产调查若干问题的规定》[①] 首次明确将强制财务审计引入民事执行程序，执行审计也正式成为执行财产调查的一大利器。该规定第十七条规定，作为被执行人的法人或非法人组织不履行生效法律文书确定的义务，申请执行人认为其有拒绝报告、虚假报告财产情况，隐匿、转移财产等逃避债务情形或者其股东、出资人有出资不实、抽逃出资等情形的，可以书面申请人民法院委托审计机构对该被执行人进行审计。该规定可以使人民法院通过掌握被执行人的财务资料，委托专业机构对被执行人的财务状况进行审计，有效查明被执行人的资金去向及责任财产的真实情况等，具有极为重要的意义。

实践中，有些地方法院充分利用执行审计这一利器，取得了良好的执行效果。如浙江省高级人民法院在2018年就决定在温州法院全面开展“执行审计综合配套改革”试点工作，[②] 温州全市法院将被执行人拒不申报或申报不实、申请

---

① 2017年1月25日最高人民法院审判委员会第1708次会议通过，根据2020年12月23日最高人民法院审判委员会第1823次会议通过的《最高人民法院关于修改〈最高人民法院关于人民法院扣押铁路运输货物若干问题的规定〉等十八件执行类司法解释的决定》修正。

② 《温州市人民政府：全省法院打击逃废债有了“温州经验”》，载http：//www. wenzhou. gov. cn/art/2020/4/21/art_ 1217832_ 42622396. html，最后访问时间：2021年4月19日。

执行人强烈质疑被执行人转移财产、被执行人以注销公司的手段逃避执行等案件，作为执行审计的重点，通过对62个案件启动执行审计程序，既发现非法转移资金等一般执行手段难以查明的财产线索，还对不诚信和不积极履行生效判决的被执行人形成强大的执行威慑和制裁效果，有近一半案件得到自动履行。

实践中，作为被执行人的公司等将公司财产恶意转移给股东、高管或其近亲属以逃废债务、规避执行的情况时有发生。最高人民法院在针对“对债务人的股东、高管及其近亲属的个人银行账户进行调查，要求其对大额资金的来源、定期资金流水的情况进行说明”的建议中指出，虽然该种措施对于发现和打击上述规避执行行为具有相当的必要性，但为保障公司股东、高管及其近亲属的合法权益，合理区分作为被执行人的企业责任财产与企业家个人合法财产，防止因法院随意查控导致股东有限责任落空，上述调查行为应当在经过适当程序，并且应当有一定的证据予以佐证的情况下才能启动。如《最高人民法院关于民事执行中财产调查若干问题的规定》第十七条就规定，申请执行人认为被执行人的股东、出资人有出资不实、抽逃出资等情形的，可以书面申请人民法院委托审计机构对该被执行人进行审计，由人民法院决定是否准许，即人民法院根据案情，结合相关证明材料作出是否进行审计的决定。

另外，《最高人民法院关于民事执行中变更、追加当事人若干问题的规定》[①] 对于追加被执行人的股东、出资人、发起人、董事等人员作为被执行人的情形作出较为详细的规定，即在股东、出资人、发起人等虚假出资、抽逃出资、未经清算即办理注销登记、滥用股东权利导致公司财产不能清偿债务等特定情形下，申请执行人提出申请，并提交相关证明材料的，执行程序有权进行审查，并有权在股东应负责任的法定情形下追加股东等为被执行人，由此实现对滥用有限责任规避执行的股东直接采取执行措施。最高人民法院也正在不断摸索，尤其对何种情况下可以启动对债务人的股东、高管及其近亲属的个人银行账户进行审计调查，启动调查的具体程序及规则等作进一步研究，细化相关规则，做到既有效防范和打击利用有限责任和特殊身份等规避执行的行为，又避免侵害个人的合法财产权益。因此，企业主们也需要高度关注这类违规行为的风险。

---

① 2016年8月29日最高人民法院审判委员会第1691次会议通过，根据2020年12月23日最高人民法院审判委员会第1823次会议通过的《最高人民法院关于修改〈最高人民法院关于人民法院扣押铁路运输货物若干问题的规定〉等十八件执行类司法解释的决定》修正。

二、对民营企业发展的保护措施

改革开放40多年来，我国民营经济从小到大、从弱到强，贡献50%以上的税收，60%以上的国内生产总值，70%以上的技术创新成果，80%以上的城镇劳动就业，90%以上的企业数量。[①] 习近平总书记在主持召开民营企业座谈会时强调："民营经济是社会主义市场经济发展的重要成果，是推动社会主义市场经济发展的重要力量，是推进供给侧结构性改革、推动高质量发展、建设现代化经济体系的重要主体，也是我们党长期执政、团结带领全国人民实现'两个一百年'奋斗目标和中华民族伟大复兴中国梦的重要力量。"

然而，创造巨大辉煌的民营企业和民营企业家，背后的艰辛是常人难以想象的。民营企业家可能是社会最累的群体之一。对绝大多数的创业者来说，他们的生活几乎被工作所包围。由于思想压力重，很少睡到自然醒，生活中没有假日和工作日的区别。由于工作时间长、作息不规律，身体也被慢慢拖垮。随着国际形势、经济发展阶段的变化，民营企业和民营企业家也将会面临更多的困难和挑战。

为了缓解民营企业和民营企业家面临的困难，近年来，国家不断出台新的政策措施，司法机关也积极出台许多意见和举措，依法保障民营企业的发展和民营企业家的人身、财产安全，取得了良好的效果。

法学家江平教授曾在接受媒体采访时指出，保护民营企业家利益分清三个界限非常重要，这三个界限分别是合法财产和非法财产的分别，家庭财产和私人财产的分别，公司财产和私人财产的分别。[②]

（一）习总书记在民营企业座谈会上的讲话

2018年11月1日，习总书记主持召开民营企业座谈会并发表重要讲话，对坚持基本经济制度的一系列重大理论和实践问题作出深刻阐释，提出支持民营经济发展壮大的6个方面政策举措，包括减轻企业税费负担、解决民营企业融

---

① 参见习近平：《在民营企业座谈会上的讲话》，载新华网，http：//www.xinhuanet.com/politics/leaders/2018－11/01/c_1123649488.htm，最后访问时间：2021年4月19日。

② 参见《保护民营企业家利益 分清三个界限非常重要》，载新浪财经，http：//finance.sina.com.cn/chanjing/cyxw/2018－12－02/doc－ihpevhcm7084167.shtml，最后访问时间：2021年4月19日。

资难融资贵问题、营造公平竞争环境、完善政策执行方式、构建清新型政商关系，也特别指出要保护企业家人身和财产安全。这是民营企业家最为关注的核心焦点话题，民营企业和民营企业家对这些举措反响强烈、对未来发展更充满信心。

（二）中央明确保护民企和企业家的合法财产

2019年12月4日，中共中央、国务院印发《关于营造更好发展环境支持民营企业改革发展的意见》,[①] 其中第四部分为健全平等保护的法治环境，对司法工作提出意见，具体为：“（十二）健全执法司法对民营企业的平等保护机制。加大对民营企业的刑事保护力度，依法惩治侵犯民营企业投资者、管理者和从业人员合法权益的违法犯罪行为。提高司法审判和执行效率，防止因诉讼拖延影响企业生产经营。保障民营企业家在协助纪检监察机关审查调查时的人身和财产合法权益。健全知识产权侵权惩罚性赔偿制度，完善诉讼证据规则、证据披露以及证据妨碍排除规则。（十三）保护民营企业和企业家合法财产。严格按照法定程序采取查封、扣押、冻结等措施，依法严格区分违法所得、其他涉案财产与合法财产，严格区分企业法人财产与股东个人财产，严格区分涉案人员个人财产与家庭成员财产。持续甄别纠正侵犯民营企业和企业家人身财产权的冤错案件。建立涉政府产权纠纷治理长效机制。”

（三）保护民企和民营企业家的人身财产安全

最高人民法院党组召开会议，传达学习贯彻习近平总书记在民营企业座谈会上的重要讲话精神，研究部署贯彻落实措施时强调：[②] “要深刻领会习近平总书记重要讲话的精神实质和实践要求，切实转变司法理念，依法平等保护民营企业合法权益。要坚持各类市场主体诉讼地位平等、法律适用平等、法律责任平等，依法保护诚实守信、公平竞争，严格落实罪刑法定、疑罪从无等法律原则和制度，坚决防止将经济纠纷当作犯罪处理，坚决防止将民事责任变为刑事

---

① 参见《中共中央 国务院关于营造更好发展环境支持民营企业改革发展的意见》，载新华社，http://www.gov.cn/xinwen/2019-12/22/content_5463137.htm，最后访问时间：2021年4月19日。

② 参见《最高法：坚决防止将经济纠纷当作犯罪处理 让民营企业家专心创业放心投资》，载人民日报海外版，http://m.haiwainet.cn/middle/3541083/2018/1105/content_31430331_1.html，最后访问时间：2021年4月19日。

责任，让民营企业家专心创业、放心投资、安心经营，让财产更加安全，让权利更有保障。要全面清理、完善司法政策和司法解释，凡是有悖于平等保护民营经济的条款，要及时废止或调整完善。要加强调查研究，高度关注民营企业股权质押、三角债、互联互保等所涉法律问题，合理和准确把握资金借贷的裁判尺度，立足司法职能促进解决民营企业融资难融资贵问题。”

2019 年 5 月 30 日上午，最高人民法院举行民营企业家座谈会，最高人民法院院长周强在讲话中强调：[①]“要加强刑事司法保护，严格落实罪刑法定、疑罪从无原则，坚决防止利用刑事手段干预经济纠纷，坚决依法保护企业家人身财产安全。要加强民商事司法保护，深化对经济新业态的研究，进一步加大知识产权司法保护力度，服务创新驱动发展。要巩固‘基本解决执行难’成果，保持执行工作高水平运行，切实保障胜诉当事人及时实现权益，同时依法审慎适用强制措施，最大限度地减少对企业生产经营活动的不利影响。要继续深入推进甄别纠正涉产权冤错案件工作，发现一起、纠正一起。要进一步畅通司法救济渠道，健全完善多元化纠纷解决机制，为民营企业提供更加优质、高效、便捷的诉讼服务。要充分挖掘运用司法大数据资源，为民营企业防范化解风险提供参考。要进一步加强与工商联等部门沟通协调，形成强大合力，共同助力民营经济健康发展。”

（四）建立企业家合法权益保护制度体系

为了不断加大产权司法保护力度，全方位、立体式构筑加强产权和企业家合法权益保护制度体系。最高人民法院先后在 2014 年发布《关于依法平等保护非公有制经济促进非公有制经济健康发展意见》，2016 年发布《关于充分发挥审判职能作用切实加强产权司法保护的意见》以及《关于依法审理和执行民事商事案件保障民间投资健康发展的通知》，2017 年发布《关于为改善营商环境提供司法保障的若干意见》，2018 年发布《关于充分发挥审判职能作用为企业家创新创业营造良好法治环境的通知》，2019 年发布《依法平等保护民营企业家人身财产安全十大典型案例》、2020 年发布《关于在执行工作中进一步强化善意文明执行理念的意见》等。这些连续、密集的意见与通知的出台，充分表

---

① 参见《这场高规格民营企业家座谈会，释放保护民企的强力信号》，载搜狐网，https：//www. sohu. com/a/318604170_ 120024740，最后访问时间：2021 年 4 月 19 日。

明国家重视民企主的个人财产保护，同时，也说明在改善和保护民企主产权问题上，确实还有很多工作需要充实与完善。

（五）妥善审理权益纠纷保护合法投资利益

为了促进民间投资的健康发展，深入贯彻落实党中央关于促进非公有制经济和民间投资健康发展的重要指示精神，最高人民法院于2016年9月2日发布《关于依法审理和执行民事商事案件保障民间投资健康发展的通知》（法〔2016〕334号）。该通知主要围绕各级法院在审理涉及民间投资民事商事审判工作时，应根据相关法律和国家政策规定所注意的问题。其中与民营企业利益保护较为紧密关联的内容如下：

第一，各级人民法院要深入贯彻落实中央精神，充分发挥民事商事审判职能作用，坚持保护产权、契约自由、平等保护、权利义务责任相统一、诚实守信、程序公正与实体公正相统一六大原则，依法化解民间投资中的各类矛盾纠纷，保障民间投资健康发展，服务“创新、协调、绿色、开放、共享”五大理念。

第二，各级人民法院审理民事商事案件时，要依法平等保护非公有制经济的合法权益，坚持各类市场主体的诉讼地位平等、法律适用平等、法律责任平等，为各种所有制经济提供平等的司法保障。坚持诉讼地位平等，公有制经济主体与非公有制经济主体享有相同的诉讼权利，承担相同的诉讼义务。坚持法律适用平等，公有制经济主体与非公有制经济主体适用相同的交易规则，平等使用生产要素、公平参与市场竞争。坚持法律责任平等，公有制经济主体和非公有制经济主体都必须遵守法律，违反法律应依法承担法律责任。

第三，及时审理与民间投资相关的合同纠纷案件，正确划分当事人的合同责任，保护各类投资主体的合法权利。正确处理意思自治与行政审批的关系，对法律、行政法规规定应当办理批准、登记等手续生效的合同，应当根据法律尽量促使合同合法有效。要正确理解、识别并注意区分效力性强制规定和管理性强制规定，严格限制认定无效的范围。当事人一方要求解除合同的，应当审查合同是否具备解除条件，防止不诚信一方当事人通过解除合同逃避债务。

第四，妥善审理各类股东资格纠纷案件，依法维护实际出资的非公有制经济股东的合法权益。依法审理股东的知情权、利润分配请求权、请求确认董事会、股东会或者股东大会决议无效或撤销董事会、股东会或者股东大会决议等纠纷案件，维护各类投资主体的股东权益。通过股权转让纠纷案件的审理，畅通股权转让渠道，依法保障各类投资主体退出公司的权利。在审理公司债权人请求公司偿还债务的纠纷案件时，依法区分公司财产与股东个人财产、家庭共有财产，正确认定公司的责任财产，防止在没有法律依据的情况下将股东个人财产和家庭共有财产用于偿还公司债务，切实维护非公有制经济股东的合法权益。

第五，在统一规范的金融体制改革范围内，依法保护民间金融创新，促进民间资本的市场化有序流动，缓解中小微企业融资困难的问题。要区分正常的借贷行为与利用借贷资金从事违法犯罪的行为，既要依法打击和处理非法集资犯罪，又要保护合法的借贷行为，依法维护合同当事人的合法权益。

第六，在采取财产保全和查封、扣押、冻结、拘留等强制执行措施时，要注意考量非公有制经济主体规模相对较小、抗风险能力相对较低的客观实际，对因宏观经济形势变化、产业政策调整所引起的涉诉纠纷或者因生产经营出现暂时性困难无法及时履行债务的被执行人，严格把握财产保全、证据保全的适用条件，依法慎用拘留、查封、冻结等强制措施，尽量减少对企业正常生产经营活动可能造成的不当影响，维持非公有制经济主体的经营稳定。确需采取查封、扣押、冻结等强制措施的，要严格按照法定程序进行，尽可能为企业预留必要的流动资产和往来账户，最大限度降低对企业正常生产经营活动的不利影响。

（六）区分涉民营企业案件个人犯罪和单位犯罪

最高人民检察院在明确规范办理涉民营企业案件执法司法标准的文件中针对“关于如何准确区分涉民营企业案件个人犯罪和单位犯罪”强调：[①]“一是民营企业实施犯罪行为，但刑法分则和其他法律未规定追究单位刑事责任的，不得以单位犯罪追究民营企业的刑事责任。二是民营企业单位犯罪的，还要准确区分民营企业和民营企业分支机构的责任。民营企业分支机构具备独立法人资格，不符合单位犯罪特征的，不能作为单位犯罪追究刑事责任；不具备独立法人资格，违法所得完全归分支机构的上级企业所有并支配的，分支机构不能作

---

① 参见《最高检明确规范办理涉民营企业案件执法司法标准》，载中华人民共和国最高人民检察院官网，http：//www. spp. gov. cn/tt/201811/t20181115_ 399230. shtml，最后访问时间：2021 年 2 月 6 日。

为单位犯罪追究刑事责任。三是民营企业单位犯罪的，还要严格区分企业财产和民营企业经营者个人财产的界限，不能将企业财产和个人财产相混淆，不能将对企业判处罚金和对民营企业直接负责的主管人员和其他直接责任人员判处的罚金相混淆。”

（七）通过立案监督防止以刑事手段插手经济纠纷

检察机关将在办理产权案件时进一步加强立案监督和侦查活动监督，重点监督侦查机关以刑事手段插手经济纠纷、选择性执法等妨害产权平等保护的问题。

最高人民检察院在针对“关于如何通过立案监督防止以刑事手段插手经济纠纷”的问题时强调：①“检察机关负有立案监督职责，有权监督纠正公安机关不应当立案而立案的行为。民营企业认为公安机关不应当立案而立案向人民检察院提出的，人民检察院应当受理并进行审查。有证据证明公安机关可能存在违法动用刑事手段插手民事、经济纠纷，或者利用立案实施报复陷害、敲诈勒索以及谋取其他非法利益等违法立案情形的，应当要求公安机关书面说明立案理由。人民检察院认为公安机关立案理由不能成立的，应当通知公安机关撤销案件。”

（八）慎重使用查封扣押冻结等强制性措施

最高人民检察院在针对“关于怎样慎重使用查封、扣押、冻结等强制性措施”问题时强调：“办理涉民营企业案件，能够采取较为轻缓、宽和的措施，就尽量不采用限制人身、财产权利的强制性措施。在自行补充侦查过程中，需要查封、扣押、冻结的，一般应当为民营企业预留必要的流动资金和往来账户；对于涉案民营企业正在投入生产运营和正在用于科技创新、产品研发的设备、资金和技术资料等，原则上不予查封、扣押、冻结，确需提取犯罪证据的，可以采取拍照、复制等方式提取。对公安机关违反有关规定查封、扣押、冻结涉案财物的，应当依法提出纠正意见。”

---

① 参见《最高检：重点监督侦查机关以刑事手段插手经济纠纷》，载新华每日电讯，http://www.xinhuanet.com/mrdx/2017-01/10/c_135968566.htm，最后访问时间：2021 年 2 月 6 日。

（九）严格审查可以不批准逮捕的情形

最高人民检察院在针对“关于可以不批准逮捕的情形”问题时强调：“检察机关办理涉民营企业案件，要严格审查是否符合法律规定的逮捕条件，防止‘构罪即捕’、‘一捕了之’。对不符合逮捕条件，或者具有刑事诉讼法第十六条规定情形之一的民营企业经营者，应当依法不批准逮捕；对有自首、立功表现，认罪态度好，没有社会危险性的民营企业经营者，一般不批准逮捕；对符合监视居住条件，不羁押不致发生社会危险性的民营企业经营者，可以不批准逮捕。对已经批准逮捕的民营企业经营者，应当依法履行羁押必要性审查职责。对不需要继续羁押的，应当及时建议公安机关予以释放或者变更强制措施。对已作出的批准逮捕决定发现确有错误的，人民检察院应当撤销原批准逮捕决定，送达公安机关执行。”

（十）最高人民法院保护民营企业家典型案例（节选）

1. 虚报注册资本违规不披露重要信息挪用资金案

该案件再审改判的意义在于：“向全社会释放了产权司法保护的积极信号，把党中央关于加强产权司法保护的精神落到了实处，对于激发企业家创业创新动力，营造良好营商环境，促进经济社会持续健康发展，都具有十分重要的意义。本案中三个罪名的认定都体现程序法治和证据裁判的基本要求，就是认定案件事实必须以证据为根据，认定事实的证据必须是合法收集的，必须是客观真实的。该案的再审促使社会各界更加关注产权的保护制度，关注良好的营商环境，关注企业的合法合规制度。同时为司法机关办理类似案件要坚持谦抑原则，要慎重启动程序，慎重采取强制措施在罪与非罪的把握边界上要更加严格，严格贯彻罪刑法定、疑罪从无、非法证据排除这些基本的原则，树立了典范。”

2. 骗取出口退税无罪案

该案件的积极意义在于：“依法坚守罪与非罪的边界，加大民营企业家的人身和财产保护力度，增强民营企业家的安全感。切实保护民营企业家的合法权益，将习近平总书记的指示和《中共中央、国务院关于完善产权保护制度依法保护产权的意见》关于‘以发展眼光客观看待和依法妥善处理改革开放以来各类企业特别是民营企业经营过程中存在的不规范问题’的要求落到实处。本案对于指导全国各级法院在司法审判中按照罪刑法定、疑罪从无原则以发展的眼光看待民营企业发展中的不规范问题，具有重要的指导意义。”①

三、企业主“家企不分”的常见错误

民营企业家大多白手起家，经历了艰难的创业历程，投入了大量精力和心血。在民营企业的经营实践中，很多行为可能引发法律风险，而实务中企业家时常会因为自身缺乏法律知识而导致发生致命错误。

（一）公司财产与个人财产的“边界”模糊不清

1. 混淆合伙企业与有限责任公司的法律概念

民营企业家实际是投资合伙企业，但自己却误认为设立和经营的是有限责任公司，从而导致企业家完全不知晓其作为普通合伙人的身份需要对企业债务承担无限连带责任，最终可能会赔上自己的全部家业。

2. 混淆有限责任公司与个人独资企业的法律概念

民营企业家自以为设立和经营的是有限责任公司，但实际上是个人独资企业。另外，“夫妻公司”、一人有限责任公司是实践中常见的中小企业组织形式，民营企业家常会误以为“公司是我的，公司财产也当然就是我的”。因此就“顺理成章”地将公司财产与家庭或个人财产混为一体。一旦发生纠纷就可能导致公司人格的丧失，失去“有限责任”的保护。

（二）对公司出资存在瑕疵导致的法律风险

公司设立时，有些企业家为了体现“实力”，往往希望放大注册资本。但实际上却因为资金不足或考虑公司业务一时不需要那么多资金，于是采用虚报注册资本或注册后抽逃出资的手段。所面临的法律风险可能是，填补出资、公司人格否定、股东权利受限、构成刑事犯罪等。

（三）公司章程套用模板导致约定事项不明确

公司章程是股东共同一致的意思表示，载明公司组织和活动的基本准则，

---

① 《依法平等保护民营企业家人身财产安全十大典型案例》，载中国法院网，https：//www. chinacourt. org/article/detail/2019/05/id/3942016. shtml，最后访问时间：2021 年 2 月 6 日。

是公司的“宪法”。公司在建立之初就应该在公司章程中明确经营管理制度等重大事项。但实践中，许多企业往往并不重视公司章程的设计，通常会使用工商局提供的格式模板或在网络上下载一份标准文本。根据《公司法》的规定，公司章程中除了必须载明一些法定事项以外，还可以按照股东的意志进行自主约定。如小股东可以通过提前设定合理的权益保护机制，来保障自己的合法权益；股东可以事先就股权转让、股权继承以及公司对外担保等重要决策内容提前在公司章程中进行约定，以免在相关问题发生时无法通过股东会或董事会作出有效决策，从而导致相关公司重要决议无法实施。

（四）人才流失导致优质资源流失或商业秘密泄露

有的民营企业不愿意在人才培养上花费太多的时间成本和金钱成本，通过“引进”优秀人才的“便捷”方式，实现迅速开展新项目的目的。有的企业还希望这些“引进”的人才可以提供其他企业的技术资料、客户信息等，此类做法可能会遭到其他企业关于其商业秘密、专利等被侵权的指控。当然，也有可能是自己的企业人才被他人挖走，同样也会存在人才流失或客户资源流失、商业秘密被泄露的风险。

（五）公司对外融资法律知识欠缺导致的法律风险

大多数民营企业曾经或正在遇到资金不足的现象，解决资金短缺的方法主要是通过各种对外融资，包括银行贷款、民间借款、老股东向公司增资、引进新股东或投资者增资扩股、发行公司债券、企业 IPO 或定向增发等。

如果事先不了解这些融资工具的法律知识，很有可能会面临巨大的风险。如在银行贷款过程中可能会陷入“高利转贷”，“违法发放贷款”，“贷款诈骗”及其他金融诈骗的“陷阱”；而民间借贷很容易被认定为“非法吸收公众存款”“集资诈骗”。因此，民营企业家务必要了解每个融资工具的法律知识，并在融资之前做好相关的法律风险管控。

（六）企业不注重书面合同的法律风险

企业的快速发展离不开市场交易，市场交易的频繁程度代表了该企业的活跃度。不同类型的交易，所对应的就是不一样的合同关系。一旦对于合同关系把握不慎则可能会遭遇巨大的法律风险。当然，企业对外进行交易过程中所涉及的法律风险并不仅限于合同纠纷，从签约开始的谈判阶段，合约履行阶段甚至是合同履行后的一系列过程均存在着法律风险。

在中国这种注重“人情味”的社会，有不少企业家认为人与人之间的“交情”有时比法律管理更加重要。尤其是在一些“熟人文化”盛行的区域，做生意的人一般都非常习惯于朋友圈的交易，时常利用个人信用进行交易。如果双方都可以依照“君子协议”履行自己的义务固然不会有什么问题，但是如果企业家们对于人性的判断发生错误或者对方的信用因自身陷入困境而发生变化，又或者双方对于口头沟通的问题产生不同的认知和理解，没有书面的合同作为对照，最终不但可能无法获得利益，甚至连本来关系友好的朋友也会一并失去。

（七）企业在发生对外担保时的法律风险

当民营企业发生资金问题时，大多数的企业会优先想到通过商业银行贷款来解决。而企业向这些金融机构贷款时，不仅需要提供资产进行抵押或质押，有时金融机构还会要求企业的大股东、实际控制人以及其配偶共同签署合同，并就该债务承担连带担保责任。一旦企业到期无法偿还贷款，则企业家们必须使用个人甚至是家庭所有的资产偿还债务。

民营企业之间的互相担保也十分常见，尤其在一些“宗族意识”很强的地区，企业家之间的互保基本成为一种常态。如果其中一家企业出现问题，就会牵连出一连串的企业跟着一起“崩塌”。2012 年 7 月，浙江某地区 600 家知名民营企业联名上书，向浙江省政府紧急求助，恳请政府帮助它们渡过因银行催贷、抽贷而面临的难关。该事件是因各大银行对浙江民企集中催收贷款引发的，而催贷的压力源于“联保”引发的企业资金链危机，“联保”，就是三家或三家以上企业组成担保联合体，所有成员为其中任何一家的贷款承担连带责任。[①]

（八）企业忽视知识产权管理的法律风险

近年来，我国企业对知识产权的保护意识越来越强，但除了部分有实力的民营企业对知识产权建立了较为系统的管理规范以外，大部分企业并未意识到知识产权管理的重要性。毕竟知识产权作为一种无形资产，还是比厂房、土地、

---

① 参见《浙江信贷联保引发危机：600 家民企求助政府》，载腾讯网，https：//news. qq. com/a/20120717/000982. htm，最后访问时间：2021 年 4 月 19 日。

库存等有形资产显得更“虚无缥缈”一些。

由于缺乏对知识产权的合理规划以及国际化视野，许多民营企业只在中国申请相关的专利，使成熟的专利技术在境外没有取得专利权。有的企业即使申请专利，利用率也相对较低，没有将其转化为产业，也没有利用专利获得更好的经济效益。而且，如果不小心侵犯别人的专利权，企业不仅要支付高昂的赔偿费，甚至可能导致企业破产。

（九）企业家“家企不分”引发的法律风险

许多中小民营企业家，尤其是家族企业，都会有这样一种“朴素”的观念：由于企业的资产都是通过企业家或整个家族的资产投入的，所以企业的钱也就是股东个人或整个家族的钱。这样的观念就会导致如通过股东个人账户收取公司账款、个人通过公司报销日常消费款、利用公司的钱款为个人购买房产车辆等情况。这样的观念蕴含着极大的法律风险，甚至可能使股东个人或者整个家族的资产都面临极大的损失。

我国《公司法》第三条规定：“公司是企业法人，有独立的法人财产，享有法人财产权。公司以其全部财产对公司的债务承担责任。”而股东则以其认缴的出资额为限对公司承担有限责任，但这个前提在于公司必须具有独立的人格且公司的资产也是独立于股东个人的。如果企业家以及他们的家族资产与公司的财产发生混同，则公司的独立人格也会因此被“穿破”，而公司股东也就不再受到有限责任的保护，公司的债务、风险将直接转嫁到股东乃至其家族，使个人及家族的资产都可能遭受“灭顶之灾”，最终将会导致公司倒闭、人财尽失的尴尬局面。

（十）企业整合并购过程中的法律风险

民营企业在发展的过程中可能会因为公司经营的需要而建立许多子公司或其他经济实体，但当企业发展到一定的规模并日趋规范化，甚至考虑未来上市的规划时，则需要对这些公司进行妥善的清理，将分散的资源整合起来。然而，企业整合绝对是一门“技术活”，并不是简单的清算、注销公司就可以一劳永逸，其中蕴含着非常复杂的法律风险。

以最重要的股权架构调整为例，如果把企业比喻成一棵不断生长的大树，那么股权架构就是树干，把控着企业的控制权和决策权等最主要的权力。如果事先不对股权架构的调整方案进行系统的设计、规划和论证，并对随之而来的法律风险进行提前的评估与化解，则最终将导致整个企业陷入危机之中。另外，公司的资产整合同样充满法律风险，包括财产的权属、处分、交易、过户、税务等多重复杂的法律关系，同样需要谨慎处理。

（十一）民营企业家因税务引发的法律风险

现实中有部分民营企业家为了躲避因股东分红需要缴纳的个人所得税，选择采用向企业借款、构建往来款、提取备用金等多种形式从公司领取资金。其中，股东向企业借款的方式是最为常见的行为。《公司法》第一百一十五条明确规定："公司不得直接或者通过子公司向董事、监事、高级管理人员提供借款。"

首先，如果股东是假借借款之名，实际是希望通过该方式获得股东分红，从而避免缴纳个人所得税，一旦该行为被税务机关查出，则不但需要补缴税款和滞纳金，可能还会面临罚款。一旦股东拒不缴纳，还可能面临刑事责任。

其次，如果企业产生负债，则股东必须要先偿还企业的债务，甚至可能会对企业债务承担连带责任。

最后，这种方式可能还会涉及抽逃出资的问题。由于股东在借款时一般不会和公司约定支付利息，也不会向企业提供担保，有时甚至都没有通过股东会或董事会的正式决议。该笔借款很可能长期"挂"在公司的账上，这些行为都可能会触发抽逃出资罪等刑事责任。

（十二）企业清算解散引发的法律风险

企业作为一种拟制的"人"，在企业设立时它就"出生"了。遇到风险、负债、经营不善等问题时，企业就是"生病"了。企业的经营期限届满，经营不善破产或股东解散公司，企业就是"死亡"了。"死亡"的企业都是需要进行清算的，但部分民营企业家由于对相关法律、行政法规不了解，往往会忽视企业清算的重要性，把企业资产草草分配了事。根据法律规定，公司清算必须通过严格的法律程序，否则将存在巨大的法律隐患。

《最高人民法院关于民事执行中变更、追加当事人若干问题的规定》第二十一条至第二十三条明确规定，公司未经清算即办理注销登记，导致公司无法进行清算，申请执行人申请变更、追加有限责任公司的股东、股份有限公司的董事和控股股东为被执行人，对公司债务承担连带清偿责任的，人民法院应予支持。公司被注销或出现被吊销营业执照、被撤销、被责令关闭、歇业等解散事由后，其股东、出资人或主管部门无偿接受其财产，致使该被执行人无遗留财产或遗留财产不足以清偿债务，申请执行人申请变更、追加该股东、出资人或主管部门为被执行人，在接受的财产范围内承担责任的，人民法院应予支持。公司未经依法清算即办理注销登记，在登记机关办理注销登记时，第三人书面承诺对被执行人的债务承担清偿责任，申请执行人申请变更、追加该第三人为被执行人，在承诺范围内承担清偿责任的，人民法院应予支持。

根据《公司登记管理条例》第六十九条的规定，公司进行清算时，不按照规定通知或者公告债权人的，由公司登记机关责令改正，处以 1 万元以上 10 万元以下的罚款。公司在进行清算时，隐匿财产，对资产负债表或者财产清单作虚假记载或者在未清偿债务前分配公司财产的，由公司登记机关责令改正，对公司处以隐匿财产或者未清偿债务前分配公司财产金额 5% 以上 10% 以下的罚款；对直接负责的主管人员和其他直接责任人员处以 1 万元以上 10 万元以下的罚款。公司在清算期间开展与清算无关的经营活动的，由公司登记机关予以警告，没收违法所得。根据第七十条的规定，清算组不按照规定向公司登记机关报送清算报告，或者报送清算报告隐瞒重要事实或者有重大遗漏的，由公司登记机关责令改正。清算组成员利用职权徇私舞弊、谋取非法收入或者侵占公司财产的，由公司登记机关责令退还公司财产，没收违法所得，并可以处以违法所得 1 倍以上 5 倍以下的罚款。

四、家族企业对企业声誉的保护

（一）家族企业声誉的重要性

对于一个家族企业来说，声誉是企业的形象体现，更是企业最重要的无形资产。良好的企业声誉不仅能让公司在经营过程中收获更多的商业伙伴，同时还能依靠声誉吸引更多的资本投入，降低企业资金成本、增加隐性杠杆；企业良好的声誉同时也可以激发员工士气，提升企业运作的效力；同时还能借此吸引和汇聚全世界各地的人才，从而提升企业的生产力；声誉更是增强金融机构贷款额的有效砝码。总之，声誉对于家族企业来说是至关重要的，能够使公司基业长期稳固。良好的声誉不但来自企业长久、良好的运营状态，更来自时间的沉淀。

（二）移动互联时代的新挑战

身处移动互联网时代，所有人都可以随时将自己的名字以及观点传播出去。由于信息传播几乎没有障碍，一条消息一夜之间，甚至几个小时之内，就完全可以传播给几千万，甚至是数亿人。当然，这也成为监管机构甚至是信息运营平台机构在管理和运营中，都要正视和解决的核心问题。如何建立和保障一个有序、良性的信息传播机制，是对他们的考验。不仅如此，任何一家企业，特别是知名企业的媒体应对机制，在新媒体时代下亦显得更为重要。

对于家族企业而言，一旦出现“突发事件”，几乎所有的信息都会出现“一边倒”的局面，鲜有另一面的声音。理不辩不清，对于犯罪嫌疑人，尚有在法庭上自我辩护的环节，然而在网络媒体的“审判”中，在一段时间内，往往很难给家族企业辩解的机会。百年家族企业，可能由于一朝声誉冲击而陷入危机甚至消亡。

应对声誉危机，行业及企业都要有所作为。比如曾经爆发的“某某系”医疗机构事件，事件爆发之初，媒体可能仅针对个别医疗机构提出了质疑。但随着事件的不断发酵，民间的不满情绪可能会蔓延对整个民营医疗体系的负面情绪，以及降低对整个国有医疗体系的进一步期待。从行业主管单位的角度来说，特别是相应的行业协会，或许可以考虑尝试采取一些更为适当的方式，协助企业回应充斥在民间的不满和质疑情绪，同时也继续加强对存在问题企业的查处，并随时向社会公布，这样或许能帮助整个行业度过危机。同时，行业协会在日常的工作中或许可以适时地宣传一下自己行业的作用，以及发现行业会员问题后的整治与预防，从行业管理与行业利益的角度，让民众对客观事实有更多的了解，接触更多的客观信息。从医疗企业的角度来说，即使是“某某系”的医疗机构，也需要通过合适的方式与渠道发出声音，对于媒体几乎一边倒的指责和质疑进行反馈。

（三）家庭企业声誉维护的方式

1. 从制度上建立舆情巡查防范与处理机制

现在大部分上市公司设立了具有此项功能的公关机构，但绝大多数民营企业、特别是非公众公司，可能没有进行此类的规划和布置。对于有一定发展规模且与老百姓衣、食、住、行紧密相关的企业，应当建立舆情巡查防范制度，及时发现问题的预防，也需要注意合法合规的问题。

2. 从思想上高度重视舆情管理与应对

很多民营企业家可能会非常重视与政府或监督管理机构的联系，但对于企业因发生舆情而可能产生的声誉损失，相关执法机构或行业监管机构可能难以介入处理。这就要求企业在合法守规经营的同时，从思想上高度重视和珍惜企业声誉。

3. 根据事态发展的具体情况灵活处理

针对不同的舆情问题，企业应当抓住重点灵活应对。对于那些偶发的、描述家族企业不客观、不真实的负面消息，企业可以主动联络发布方以及发布平台消除影响。如果发布方及发布平台消极懈怠，可以请律师出具律师函，走法律程序。对于那些高密度、批量的质疑信息，则企业应当先自行归纳总结指责或质疑的要点，第一时间自查归纳数据或信息，选择正规的、权威的信息平台澄清或说明。如果这些舆情的内容分别涉及不同的家族企业之间，每个企业不可“各扫门前雪”，需要整合共同的数据、信息与资源，迅速形成统一的应对方案，向社会反馈和澄清质疑内容。对于上市公司而言，如果出现了针对企业的不实消息，可通过公告的形式进行披露或说明，以消除影响、引导正确的意识观。

第三节 民营企业家的担保责任

企业的生产经营需要资金的投入，民营企业家为了企业发展，往往需要对外融资。有的民营企业家选择以个人名义举债，然后将借款作为投资款注入企业。现在这种情况已比较少见，更多的民营企业家会选择以企业名义对外融资。企业对外融资时，贷款提供方往往除了考察企业本身的盈利情况外，还会关注民营企业家的资信情况，作为一种增信手段，其会要求民营企业家对企业的借款承担连带保证责任或者要求民营企业家以其名下财产提供抵、质押担保。民营企业家承担连带保证责任后，其名下财产自然而然地会被列入贷款提供方的监管范畴，在进入强制执行阶段后，相关财产线索也会被提交给法院。

一、民营企业家应谨慎提供连带担保

由于民营企业在发展过程中需要极大的资金投入，因此，民间借贷或者金融借贷成为企业最常用的资金获取方式。随之而来的由于借贷纠纷所引发的民事诉讼也在不断增多。民营企业家为了帮助企业获得来之不易的资金，往往甘愿作为企业借贷的担保人。民营企业家作为担保人一定要慎之又慎，尤其是在为其他人或关联企业提供担保的情况下。如果不注重担保的风险，很有可能会给自己带来不必要的麻烦，甚至可能拖累自己的企业和家人。因此，民营企业家应当从以下几个方面谨慎考虑并预防担保可能带来的风险。

（一）尽量杜绝“无限授权”

无论是借款人还是担保人，在签署借贷合同、借条或担保合同等法律文件时都需要仔细审阅合同内容是否体现自己的真实意思表示，尤其是关于借款金额、借款利息、还款时间以及担保内容、担保范围、担保时间和担保方式等细节问题。另外，民营企业家切记不可在空白合同或空白纸张上提前签字，否则该行为将被认定为给予对方“无限授权”。在最高人民法院（2018）最高法民申3112号案件中“雷某某主张其与福田某某公司签订的《保证合同》是伪造的。其曾在一份空白合同上签字，福田某某公司在《保证合同》关键处的改动及单方擅自添加妻子吴某某签字，并未征得雷某某的书面同意，因此《保证合同》是伪造的”。但最高人民法院在审理该案件时认为：“雷某某将留有空白内容的合同交于合同相对方，应视为对合同内容包括《保证合同》中保证事项的无限授权，合同相对方在空白部分可以填写相应内容”。

（二）应该妥善保管借贷相关凭据

根据《民法典》第六百七十九条的规定，自然人之间的借款合同，自贷款人提供借款时成立。《最高人民法院关于审理民间借贷案件适用法律若干问题的规定》第十六条规定：“原告仅依据借据、收据、欠条等债权凭证提起民间借贷诉讼，被告抗辩转账系偿还双方之前借款或者其他债务的，被告应当对其主张提供证据证明。被告提供相应证据证明其主张后，原告仍应就借贷关系的成立承担举证证明责任”。

出借人如果向法院起诉，不但需要提供书面的债权凭证，同时也需要提供自己已经提供借款的证据，即银行汇款凭证、现金交付凭证等。如果借款人主张与出借人之间实际并没有发生借款关系，且已经作出合理说明，则人民法院将结合借贷金额、款项交付、当事人的经济能力、当地或者当事人之间的交易方式、交易习惯、当事人财产变动情况以及证人证言等事实和因素，综合判断查证借贷事实是否发生。因此妥善保管借款的相关证据是非常重要且必要的。

为了避免虚假诉讼，法院在处理民间借贷纠纷时都会非常谨慎。根据《最高人民法院关于审理民间借贷案件适用法律若干问题的规定》第十八条的规定，人民法院在审理民间借贷纠纷案件时如果发现出借人明显不具备出借能力、出借人起诉所依据的事实和理由明显不符合常理、出借人不能提交债权凭证或者提交的债权凭证存在伪造的可能、当事人双方在一定期间内多次参加民间借贷诉讼、当事人无正当理由拒不到庭参加诉讼且委托代理人对借贷事实陈述不清或者陈述前后矛盾、当事人双方对借贷事实的发生没有任何争议或者诉辩明显不符合常理、借款人的配偶或合伙人以及案外人的其他债权人提出有事实依据的异议、当事人在其他纠纷中存在低价转让财产的情形、当事人不正当放弃权利以及其他可能存在虚假民间借贷诉讼的情形时，应当严格审查借贷发生的原因、时间、地点、款项来源、交付方式、款项流向以及借贷双方的关系、经济状况等事实，综合判断是否属于虚假民事诉讼。

（三）时刻注意担保债权债务的状况

民营企业家提供担保之后，除了要保存好相关的担保文件，更重要的是需要关注借款人是否已经如期收到借款以及借款的偿还情况。另外，为了避免借贷双方进行串通，还应当要求提供相关的身份证件复印件，而且最好能让提供者在复印件上签署自己的姓名，保证复印件是真实的。同时，还要留意借款人的资产状况，防止其为了逃避债务而采取转移财产的行为。

（四）借款后及时办理抵押担保手续

如果民营企业家作为出借人向他人提供借款，则也需要注意他人的担保事宜。民营企业家虽然也有需要借款方或担保人提供抵押物的意识，但是对于实质的法律程序还是不甚清楚。有部分企业家误以为设立财产担保只要将对方名下相关财产的产权证书原件进行“扣押”就完成了抵押担保的手续，更有甚者仅因为办理登记手续太麻烦而放弃自己的合法权益。一旦民间借贷案件进入诉讼程序，没有办理登记手续的抵押担保将不产生担保的法律效力，债权人最终可能对担保财产丧失优先受偿权。因此，民营企业家一定要督促借款人或担保人到不动产管理机关、车辆管理部门、市场监督管理部门等及时办理抵押登记手续，以保障自己的合法权益。《民法典》第四百零六条第一款规定：“抵押期间，抵押人可以转让抵押财产。当事人另有约定的，按照其约定。抵押财产转让的，抵押权不受影响。”因此，在订立抵押合同时还应当就抵押财产的转让问题进行特别的约定。

（五）了解一般保证与连带保证的区别

《民法典》第六百八十六条规定：“保证的方式包括一般保证和连带责任保证。当事人在保证合同中对保证方式没有约定或者约定不明确的，按照一般保证承担保证责任。”同时，《〈民法典〉担保制度的解释》第二十五条还进一步明确规定：“当事人在保证合同中约定了保证人在债务人不能履行债务或者无力偿还债务时才承担保证责任等类似内容，具有债务人应当先承担责任的意思表示的，人民法院应当将其认定为一般保证。

当事人在保证合同中约定了保证人在债务人不履行债务或者未偿还债务时即承担保证责任、无条件承担保证责任等类似内容，不具有债务人应当先承担责任的意思表示的，人民法院应当将其认定为连带责任保证。”

也就是说，在一般保证中，保证人是主债务人的“替补”，只有主债务人经法院强制执行无法清偿债务时，保证人才在债务余额范围内根据自己的保证范围补充清偿。如果债权人直接向保证人请求，则保证人可以拒绝，这在民法理论上称为一般保证人的“先诉抗辩权”。可见在企业家被“道德绑架”的情形下，即使不情愿做保证人，但选择一般保证，则相较于连带保证来说责任更轻。

二、民营企业家承担的担保责任范围

一般来说，担保具有从属于主债务的属性，只有在法律、行政法规明确例外的情况下才能被排除，否则不能通过当事人的约定进行排除。但实践中，民营企业家在对外进行担保时可能出于各种原因或根本就没有仔细审阅担保合同，一般会出现当事人约定的担保责任远远大于主债务的情况。

例如，有些债权人为了督促担保人履行担保义务，在主合同中不但约定保证人与债务人一并承担连带责任，而且还会在担保合同中约定担保人逾期履行担保责任时必须支付违约金，这样一来担保人不但需要承担债务人的违约责任，同时还要承担自己的违约责任，这样无疑使担保人的责任被人为加重了。

实际上担保范围超过主债务范围的情况还有很多，如担保责任的实际数额高于主债务、担保责任的履行期早于主债务履行期等。关于该类问题，司法实践曾经有两种观点。第一种观点认为，只要担保人的意思表示真实，即使担保人的责任范围确实超过主债务，但仍应在其确认承担担保的范围内履行责任；第二种观点则认为，鉴于担保的从属性是法定要求，不能通过自行约定的方式扩大担保人承担担保责任的范围，即担保责任范围大于主债务部分的约定因违反担保的从属性而无效。

这个问题在《九民纪要》第五十五条中得到了答复："担保人承担的担保责任范围不应当大于主债务，是担保从属性的必然要求。当事人约定的担保责任的范围大于主债务的，如针对担保责任约定专门的违约责任、担保责任的数额高于主债务、担保责任约定的利息高于主债务利息、担保责任的履行期先于主债务履行期届满，等等，均应当认定大于主债务部分的约定无效，从而使担保责任缩减至主债务的范围。"

《〈民法典〉担保制度的解释》第三条规定："当事人对担保责任的承担约定专门的违约责任，或者约定的担保责任范围超出债务人应当承担的责任范围，担保人主张仅在债务人应当承担的责任范围内承担责任的，人民法院应予支持。

担保人承担的责任超出债务人应当承担的责任范围，担保人向债务人追偿，债务人主张仅在其应当承担的责任范围内承担责任的，人民法院应予支持；担保人请求债权人返还超出部分的，人民法院依法予以支持。"

三、民营企业家承担担保责任后的追偿

（一）向债务人追偿

《民法典》第三百九十二条规定，提供担保的第三人承担担保责任后，有权向债务人追偿。《民法典》第七百条规定："保证人承担保证责任后，除当事人另有约定外，有权在其承担保证责任的范围内向债务人追偿，享有债权人对债务人的权利，但是不得损害债权人的利益。"

上述法律规定为担保人向债务人追偿提供了法律依据，即民营企业家作为

保证人或为他人提供抵押、质押的担保人，都可以在其承担担保责任之后向债务人追偿。

最高人民法院在1992年7月29日发布的《关于生效判决的连带责任人代偿债务后应以何种诉讼程序向债务人追偿问题的复函》、1996年3月20日发布的《关于判决中已确定承担连带责任的一方向其他连带责任人追偿数额的可直接执行问题的复函》，以及2009年5月8日发布的《关于判决书主文已经判明担保人承担担保责任后有权向被担保人追偿，该追偿权是否须另行诉讼问题请示的答复》中均对人民法院已经生效的判决书中明确担保人承担担保责任后，可向主债务人行使追偿权的案件中，担保人无须再另外提起诉讼，而是可以直接向人民法院申请执行，但行使追偿权的范围应当限定在抵押担保责任范围内。

另外，《人民法院办理执行案件规范》也进一步明确了上述问题。该规范第十九条规定："生效法律文书已确认担保人承担担保责任后可以向主债务人行使追偿权，担保人承担责任后直接向人民法院申请执行主债务人的，人民法院应当受理。"同时第二十条还规定："生效法律文书已确认连带责任人有权追偿的数额，连带责任人承担连带责任后直接向人民法院申请执行其他连带责任人的，人民法院应当受理。"也就是说，不但是保证人，如果民营企业家作为连带责任人，只要已生效的法律文书对连带责任人的追偿数额予以确认，且连带责任人实际上也已经承担连带责任的，则其行使追偿权可以不经诉讼而直接向人民法院申请强制执行，省去了另行起诉追偿的麻烦。

案例1-4 王某某与某保险股份有限公司宜宾中心支公司追偿权纠纷案

一审法院：四川省珙县人民法院（2016）川1526民初572号

二审法院：四川省宜宾市中级人民法院（2017）川15民终851号

案例主旨：生效判决文书主文中已经明确保证人享有追偿权的，保证人无须再通过另行起诉的方式就该权利再次进行确认。

法院认为，关于某保险公司宜宾支公司在本案中主张其可以行使追偿权，由王某某支付垫付款的问题。根据查明的事实，已生效的（2015）宜珙民初字第1469号民事判决书在判决主文中明确载明某保险公司宜宾支公司在机动车交通事故强制保险限额内赔偿袁某某84,790.23元后，就该笔款项对王某某享有追偿权。就担保追偿纠纷案件而言，判决书主文中已经明确保证人享有追偿权的，保证人无须再通过另行起诉的方式就该权利再次进行确认。《最高人民法院关于判决书主文已经判明担保人承担担保责任后有权向被担保人追偿，该追偿权是否须另行诉讼问题请示的答复》（〔2009〕执他字第4号）也明确对人民法院的生效判决书已经确定担保人承担担保责任后，可向主债务人行使追偿权的案件，担保人无需另行诉讼，可以直接向人民法院申请执行。虽然保险公司承担交强险赔偿责任后行使追偿权与担保人承担担保责任后行使追偿权的基础法律关系不同，但基于追偿权行使的法定原则和上述司法解释体现出的生效文书既判力原则，保险公司因生效判决主文赋予的追偿权同样无须通过另行诉讼的方式再次进行确认。（2015）宜珙民初字第1469号民事判决书作为生效判决，对某保险公司宜宾支公司在履行判决义务后所享有的权利性质、权利行使对象以及金额的判决内容都是具体而明确的。某保险公司宜宾支公司在履行该判决义务后行使追偿权应通过执行程序解决。某保险公司宜宾支公司另行起诉主张追偿权、要求王某某给付相应款项不符合民事案件受理条件，其起诉应通过裁定的形式予以驳回。

（二）混合担保的追偿

在实践中，有些民营企业家作为担保人为他人的债务进行担保，同时也会有其他人提供如不动产、车辆等担保物，该种保证则被称为混合担保。如果民营企业家在混合担保的情况下承担担保责任，是否有权利向其他担保人进行追偿呢？

《民法典》第三百九十二条规定，在混合担保的情况下“提供担保的第三人承担担保责任后，有权向债务人追偿”。《〈民法典〉担保制度的解释》第十八条规定：“承担了担保责任或者赔偿责任的担保人，在其承担责任的范围内向债务人追偿的，人民法院应予支持。

同一债权既有债务人自己提供的物的担保，又有第三人提供的担保，承担了担保责任或者赔偿责任的第三人，主张行使债权人对债务人享有的担保物权的，人民法院应予支持。”

还有一种情况，如果两个以上企业家对同一债务提供了担保，对此《〈民法典〉担保制度的解释》第十三条规定：“同一债务有两个以上第三人提供担保，担保人之间约定相互追偿及分担份额，承担了担保责任的担保人请求其他担保人按照约定分担份额的，人民法院应予支持；担保人之间约定承担连带共同担保，或者约定相互追偿但是未约定分担份额的，各担保人按照比例分担向债务人不能追偿的部分。

同一债务有两个以上第三人提供担保，担保人之间未对相互追偿作出约定且未约定承担连带共同担保，但是各担保人在同一份合同书上签字、盖章或者按指印，承担了担保责任的担保人请求其他担保人按照比例分担向债务人不能追偿部分的，人民法院应予支持。

除前两款规定的情形外，承担了担保责任的担保人请求其他担保人分担向债务人不能追偿部分的，人民法院不予支持。”

第四节 民营企业家负债与强制执行

“欠债还钱，天经地义”，这是国人一直秉承的固有观念。有时还会延伸至“父母债子女偿”的家庭连带关系上。我国民营企业中有很大一部分属于家族企业。站在经营一线“冲锋陷阵”的大部分是“一家之主”“经济支柱”，整个企业的兴衰直接联系着整个家族的财富。一旦民营企业家身负巨额债务从而导致其成为法院强制执行的对象，最终可能造成整个企业的破产以及整个家族的衰败。

一、民营企业家债务危机的诱因及后果

（一）债务危机的诱因类型

企业家无论是处理个人事务还是在公司经营过程中都会引发各式各样的债务危机，从而导致企业及企业家本人陷入资金困境，而企业的债务危机最终会祸及企业家个人及其家庭财富。导致民营企业家负债的原因主要有以下几个方面：

1. 企业家的个人行为

如企业家盲目对外投资导致企业资不抵债；企业家本人沾染恶习如赌博，

随意挥霍资产。

2. 客观市场原因

如2020年新冠疫情导致各个行业的萧条，如2020年6月初，当年房地产企业破产数量已经达208家。①

3. 担保与“对赌”等行为

企业家为企业或他人提供担保或为了融资签署对赌协议等行为也可能引发债务危机。如2020年4月千亿地产集团TH公司发表公告表明，公司以及实际控制人因未履行还款义务被列为失信被执行人;② 知名影视制作公司因“对赌”失败而遭巨额索赔，最后法院判令企业家配偶一同偿还债务。另外，还有股东与公司财产及人格混同、公款私用、虚报注册资本等行为也会导致债务的产生。

（二）债务危机的各种后果

一旦企业家深陷债务危机，个人以及家庭的财富就有可能被用来“抵债”。如果发生“资不抵债”的情况，则企业家还可能被列为失信被执行人。不但企业家本人会受到一系列的消费限制，而且子女的教育、老人的赡养都将失去经济的支持，甚至家人的正常生活以及人身安全都将受到极大的影响。

如果企业家因无法承担债务而选择轻生或遭遇意外不幸身故，将会使得债务危机爆发得更加严重。由于企业家本人是企业的关键人物，其掌握着企业发展的“命脉”，如企业发展战略、营销策略、产品开发、客户资源、社会关系等。一旦其不幸身故，则可能会让整个企业陷入混乱，从而将债务危机再次推向“高峰”。

二、民营企业家的债务承担范围

民营企业家可能是公司大股东、实际控制人等控制企业“命脉”的关键人

---

① 参见《房地产企业破产数量已达208家 大中型房企频“爆雷”》，载新浪财经，http://finance.sina.com.cn/review/jcgc/2020-06-08/doc-iirczymk5797399.shtml，最后访问时间：2021年4月20日。

② 参见《千亿地产大佬被列为失信人，股权质押或引发债务危机》，载搜狐新闻，https://www.sohu.com/a/391692901_756063，最后访问时间：2021年4月20日。

物。如果企业经营得风生水起，民营企业家可以享受优厚的股权收益，从此走上“人生巅峰”。如果企业经营惨淡，甚至负债累累，且民营企业家还曾经为企业融资承担个人连带责任的，不但自己要背上巨额的债务，有时甚至会将家庭资产“付之一炬”。民营企业家作为自然人，一旦负债无法偿还，依据我国现行法律、行政法规等强制性规定，将会对其个人以及其名下的所有财产实施强制执行措施。如冻结名下银行账户存款、公司股权，查封名下不动产、车辆，限制高消费、将其纳入失信被执行人名单等。

三、民营企业家的债务继承范围

按照我国法律的规定，现实中确实存在“父债子还”的情况。《民法典》第一千一百五十九条规定，“分割遗产，应当清偿被继承人依法应当缴纳的税款和债务”。第一千一百六十一条还进一步规定：“继承人以所得遗产实际价值为限清偿被继承人依法应当缴纳的税款和债务。超过遗产实际价值部分，继承人自愿偿还的不在此限。继承人放弃继承的，对被继承人依法应当缴纳的税款和债务可以不负清偿责任。”《最高人民法院关于民事执行中变更、追加当事人若干问题的规定》第十条规定：“作为被执行人的自然人死亡或被宣告死亡，申请执行人申请变更、追加该自然人的遗产管理人、继承人、受遗赠人或其他因该自然人死亡或被宣告死亡取得遗产的主体为被执行人，在遗产范围内承担责任的，人民法院应予支持。

也就是说，如果民营企业家死亡后仍有尚未清偿的债务，一旦子女或其他继承人继承民营企业家的遗产，则他们必须偿还民营企业家生前的债务，当然该债务的范围仅在继承人所继承的遗产范围内，超过遗产范围的，只有继承人自愿才需要继续偿还。那民营企业家死亡后所获得的死亡抚恤金或死亡赔偿金是否也属于遗产的范围，一旦继承就需要一并偿还债务呢？

案例 1-5 崔某甲与崔某乙、崔某丙、崔某丁继承纠纷案

一审法院： 辽宁省黑山县人民法院（2014）黑壕民初字第 01325 号

二审法院： 辽宁省锦州市中级人民法院（2015）锦民终字第 00416 号

案例主旨： 丧葬费不属于遗产范围但可以参照遗产分割原则进行处理。

法院认为，丧葬费是为了处理死者下葬事宜所实际支出的费用，抚恤金是

对死者亲属的一种慰问，抚恤金和丧葬费的产生均在被继承人死亡之后发生，虽符合遗产的法律特征，不属遗产范围，实际办理被继承人丧事后剩余的丧葬费及继承人有经济来源且未丧失劳动能力的抚恤金，可以参照遗产分割的原则进行处理。实际分割时可以参照法律规定由第一顺序人依法分割，没有第一顺序人的，再由第二顺序人依法分割。

案例1-6 张某某与吴某某等继承纠纷案

一审法院：辽宁省西丰县人民法院（2015）西更民三初字第00039号

二审法院：辽宁省铁岭市中级人民法院（2015）铁民三终字第00266号

案例主旨：死亡赔偿金的权利人是死者近亲属，死亡赔偿金并非遗产。

法院认为，死亡赔偿款是对死者家庭整体预期收入损失的赔偿，其性质为财产损害赔偿。死亡赔偿款是基于死者死亡对死者近亲属所支付的赔偿，不属于死者遗产。参考最高人民法院关于空难死亡赔偿金能否作为遗产处理的复函（〔2004〕民一他字第26号）空难死亡赔偿金是基于死者死亡对死者近亲属所支付的赔偿。获得空难死亡赔偿金的权利人是死者近亲属，而非死者。

可见，无论是死亡抚恤金还是死亡赔偿金都不属于个人的遗产，不能作为遗产继承。因此，债权人也不可以在死者的亲人获得死亡抚恤金和死亡赔偿金后，要求其承担死者生前的债务，同时法院也无权强制该款项用于偿还死者生前的债务。

四、民营企业家债务危机的防范

（一）注意债务危机“源头”的防范

根据上述分析，企业家们应注意从债务的“源头”进行全方位的防范。例如，企业家在对外进行金融投资时，应事先委托专业机构对投资项目进行尽职调查，尽可能避免投资陷阱以及法律风险；又如，企业家应杜绝赌博、吸毒等恶习，对自己的行为进行克制并保持自律。

（二）利用法律“武器”进行防范

例如，企业家应在公司章程中对股东以及公司对外担保事宜进行严格的规定，不要轻易地为其他公司或个人提供担保；又如，根据《民法典》确认的夫妻债务“同债同签”“事后追认”等原则，在企业家并非为夫妻共同生活或共同经营借债时，避免共签债务或对企业家借债行为进行任何的意思表示。同时还可以向债权人披露夫妻财产约定的内容，尽可能做到债务隔离。

（三）避免个人与公司“混同”

如家庭在购置大额资产时不能直接从公司支取资金或挪用借款；又如尽量以有限责任公司或有限合伙人身份作为企业经营主体，根据法律制度规范合理控制债务风险。注意个人与公司账户的独立性，防止有限责任公司被“刺穿面纱”。除了确实对注册资金的数额有要求以外，不宜轻易地认缴过高的注册资金，否则在公司对外负债时，股东必须在其认缴的注册资金范围内承担责任。

（四）构筑家庭与企业的“防债墙”

许多企业家为了让自己的企业成功，通常都会“倾其所有”，这其中也包括个人以及家庭的资产。如果企业家没有为家人提前预留出必要的资产并进行合理的安排与保护，一旦遭遇债务危机，则家人也会一起陷入债务的“深渊”。

因此，企业家一定要了解并合法地运用私人财富领域常见的筹划工具，为家庭与企业之间修建一道“防债墙”。当债务危机来临时，至少能让家人得到应有的保障。

例如，企业家可以在个人或企业未有负债前，为父母、子女预留部分资产，避免企业家个人或夫妻债务波及家庭成员。又如，在签署对赌协议时，争取在协议中设置必要的豁免条款，为家庭成员保留必要的生活财产。再如，可以通过购置大额的人寿保险并将父母、子女或其他需要照顾的家庭成员列为身故受益人，一旦发生债务危机，则保单现金价值也可能不会被法院执行（因各地法院并没有明确对保单强制执行的规定）。如果企业家身故，则受益人的身故保险金原则上不属于遗产，而是属于受益人的财产，受益人也无须偿还企业家的债务。另外，企业家还可以考虑在未负债前，利用部分资产设立家族信托，通过信托分配利益的方式保障家庭成员未来在生活、教育、养老、医疗等方面获得必要的资金支持。但所有的筹划应当建立在合法合规的前提，不可侵害第三人的合法权益。

五、个人破产制度

个人破产是指自然人作为债务人到期不能偿还所借债务，最终由法院依法宣告该个人破产。同时，对个人名下的财产进行清算和分配或者进行债务调整，对该个人的债务进行豁免以及确定其在破产过程中的权利义务关系。个人破产制度发端于古罗马时期，在中世纪时的意大利与英国得到较大发展。1978 年，美国破产法将消费者破产纳入其中，此后美国的个人破产在美国的破产法中得以明确规定。除此以外，包括英国、澳大利亚、德国、法国、日本等国家都有个人破产法。而且在很多国家的破产案件中，个人破产占很大一部分比例。

（一）我国个人破产制度的探索

我国现行法律暂时尚未出台专门关于个人破产制度的配套规定，但我国对于个人破产制度的探索与尝试一直没有停止。

2019 年 7 月，国家发改委、最高人民法院等十三个部门联合印发《加快完善市场主体退出制度改革方案》，文件中提出应当“建立健全破产退出渠道”，并“在进一步完善企业破产制度的基础上，研究建立非营利法人、非法人组织、个体工商户、自然人等市场主体的破产制度，扩大破产制度覆盖面，畅通存在债权债务关系的市场主体退出渠道”。同时，该文件还强调应当“分步推进建立自然人破产制度”，表明“研究建立个人破产制度，重点解决企业破产产生的自然人连带责任担保债务问题。明确自然人由于担保等原因而承担与生产经营活动相关的负债可依法合理免责。逐步推进建立自然人符合条件的消费负债可依法合理免责，最终建立全面的个人破产制度”。个人破产制度的建立并不是为了协助债务人“逃债”。而是给那些由于经营不善或其他客观原因而导致企业破产的经营者一次“重新来过”的机会。让这些身负企业债务或担保责任的企业家、创业者们可以重新出发，再次创业。这样既可以有效激发市场经济的活力，也可以达到优化经营环境的目的。

2019 年 9 月，浙江省温州市平阳县人民法院试点审结的个案被媒体誉为“我国个人破产第一案”。在该案中，温州某破产企业股东蔡某，应对该破产企业 214 万余元债务承担连带清偿责任，但是因蔡某月收入 4000 元、资产不到 5 位数，最终与 4 名债权人达成谅解，承诺按 1.5% 的清偿比例在 18 个月内一次性还清，实际最后偿还债务 3.2 万元。① 正如该法院在官方通报中所称，该案是

---

① 参见《直击中国内地个人破产第一案　当小股东成为企业债务人》，载央视网，http://news.cctv.com/2019/11/19/ARTIhwUqF4TuXMPX6R5CSTra191119.shtml，最后访问时间：2021 年 4 月 20 日。

“全国首例具备个人破产实质功能和相当程序的个人债务清理案件”，所依据的《关于个人债务集中清理的实施意见（试行）》也只是将该程序视作执行中的特别程序。所以该案件的本质与真正的个人破产制度有一定的区别。蔡某的案件是在债权人自愿情况下，同意蔡某在一定期限内慢慢偿还债务。但在个人破产制度中，对于债务人剩余债务的免除应当是法律强制规定的。当然，法院对于蔡某发布了相关的《行为限制令》，限制其在个人信用恢复前进行高消费、担任营利性公司的法人等。

2019 年 12 月 28 日，温州破产法庭在浙江省温州市鹿城区正式成立。这是继最高人民法院首批批复设立深圳、北京、上海三个破产法庭后第二批获批设立的 5 个破产法庭之一，也是全国首个地市级破产法庭。温州破产法庭的设立，标志着温州破产审判工作开启了新的篇章，也体现我国破产制度又有了新的发展。①

除此之外，2019 年 4 月浙江省台州市中级人民法院出台了《执行程序转个人债务清理审理规程》，该规程系全国首个具备个人破产制度基本要素的个人债务清理规程。规程规定，财产不足以清偿债务或明显缺乏清偿能力的自然人债务人，以及合伙企业、个体工商户、个人独资企业，可申请个人债务清理。人民法院参照《企业破产法》规定立“破”字号审理，并指定管理人进行债务清理工作，并提供债务清理和债务整理两个程序，在严格把握事实认定的基础上，对诚信的债务人予以退出执行程序，同时下达行为保全令，给予其 4～6 年的诚信考验期；对不诚信债务人恢复强制执行措施。

2019 年 12 月 30 日，浙江省台州市中级人民法院召开专题新闻发布会，介绍台州两级法院在探索个人破产制度和执行不能退出长效机制方面取得的“五个全国首次”的成效。②

2020 年 8 月 26 日，深圳市人民代表大会常务委员会经市第六届人民代表大会常务委员会第四十四次会议通过《深圳经济特区个人破产条例》，自 2021 年 3

---

① 参见《浙江首个破产法庭在温州成立》，载中国法院网，https://www.chinacourt.org/article/detail/2019/12/id/4749831.shtml，最后访问时间：2021 年 4 月 20 日。

② 参见《五个全国首次！台州法院个人破产制度见成效》，载浙报融媒体，https://baijiahao.baidu.com/s?id=1654388886791947511&wfr=spider&for=pc，最后访问时间：2021 年 4 月 20 日。

月1日起施行。[①] 这标志着深圳率先立法建立个人破产制度，最大限度解除创业者的后顾之忧，激发市场主体的创业热情，鼓励创新，宽容失败，让创业创新持续成为深圳经济发展最根本的推动力。《深圳经济特区个人破产条例》的立法宗旨是规范个人破产程序，合理调整债务人、债权人以及其他利害关系人的权利义务关系，促进诚信债务人经济再生，完善社会主义市场经济体制。条例主要包括债务人破产清算、重整、和解的申请与受理、债务人财产、债权申报、破产费用与共益债务、债权人会议、破产清算程序、重整程序、和解程序、破产事务管理等内容。

2020年6月，江苏省高级人民法院出台《开展与个人破产制度功能相当的试点工作实施意见》，明确个人债务清理的适用范围、程序类型、审理流程、债务免除、信用考验等内容。2020年12月30日，江苏省南京市高淳区法院作为试点法院之一，裁定批准谷某个人债务清偿计划并终结个人债务清理程序。这是高淳法院作为南京市唯一一家被江苏省高级人民法院确立为“与个人破产制度功能相当的试点工作”后审结的第一案。[②] 债务人谷某的房产有一半的份额为其妻子所有，为了能够最大限度地偿还债务，获得债权人谅解，谷某的妻子放弃自己的份额，谷某也通过回老家同父母居住的方式进行住房安置，减少唯一住房安置费用支出，提高债务清偿比例。法院和管理人一方面将案件进展及时告知债权人，同时也与债权人沟通谷某清偿方案细节，争取债权人的理解和支持。个人债务清理制度是在我国尚未建立个人破产制度的情况下，人民法院遵循意思自治原则，按照执行和解、参与分配等执行制度和理论，参照《企业破产法》的原则和精神，在司法实践中探索发展出来的一种债务清理方式。

2021年2月3日，浙江省杭州市建德区人民法院主持召开徐某某、殷某个人债务清理案第二次债权人会议。根据第一次债权人会议确认的表决规则，会议通过了徐某某、殷某的债务清偿计划。债务清偿计划执行完毕后，徐某某、殷某5年行为考察期满后的剩余债务将得以豁免，法院也将对徐某某、殷某进行信用修复。杭州地区首例与个人破产制度功能相当的个人债务清理案件，顺

---

① 参见《深圳经济特区个人破产条例（全文）》，载深圳南山法院，https://www.thepaper.cn/newsDetail_forward_9002991，最后访问时间：2021年4月20日。

② 参见《南京首例！高淳法院办结个人债务清理（与个人破产制度功能相当）第一案》，载南京市高淳区人民法院，http://www.njgcfy.gov.cn/njxxweb_publishing/www/gcfy/xwzx_2_mb_a2021010541204.html，最后访问时间：2021年4月20日。

利审结。值得注意的是，若日后债权人发现徐某某、殷某存在隐瞒财产等不诚信行为，不仅免除的债务要全部恢复，还将追究其法律责任。①

上述地方政府以及地方法院在个人破产制度的尝试和突破预示着我国的个人破产制度会在未来有进一步的突破与发展。

（二）深圳个人破产条例的实施

《深圳经济特区个人破产条例》是为规范个人破产程序，合理调整债务人、债权人以及其他利害关系人的权利义务关系，促进诚信债务人的经济再生，完善社会主义市场经济体制，根据法律、行政法规的基本原则，结合深圳经济特区实际制定的法规。2020 年 8 月 31 日，《深圳经济特区个人破产条例》由深圳市人民代表大会常务委员会发布，自 2021 年 3 月 1 日起施行。

1. 个人破产程序的申请人

根据《深圳经济特区个人破产条例》第二条以及第九条的规定，以下两类人可以申请启动个人破产程序。

（1）债务人申请

在深圳经济特区居住，且参加深圳社会保险连续满 3 年的自然人，因生产经营、生活消费导致丧失清偿债务能力或者资产不足以清偿全部债务的，可以进行破产清算、重整或者和解。

（2）债权人申请当债务人不能清偿到期债务时，单独或者共同对债务人持有 50 万元以上到期债权的债权人，可以向人民法院提出破产申请，申请对债务人进行破产清算。

2. 个人破产程序的管理/管辖

个人破产案件由市中级人民法院管辖，但经依法指定由基层人民法院管辖的除外。个人破产事务的行政管理职能由市人民政府确定的工作部门或者机构（以下称破产事务管理部门）行使。

---

① 参见《数百万元个人债务被豁免　杭州首例个人债务清理案件审结》，载腾讯网，https：//new. qq. com/omn/20210205/20210205A054DN00. html，最后访问时间：2021 年 4 月 20 日。

3. 个人破产程序的分类

根据个人破产的具体情况，申请人可以选择破产重整、和解或者清算程序。

（1）破产重整程序

破产重整程序主要适用于债务人未来仍然有一定的预期收入的，在重整计划执行完毕之后，可以申请免除未清偿的债务。

（2）破产和解程序

破产和解程序则主要由人民法院委托人民调解委员会、特邀调解员、特邀调解组织或破产事务管理部门组织调解，一旦达成和解协议的，可以申请法院出具裁定予以认可。

（3）破产清算程序

如果上述两种程序都不太适合债务人，则需要直接申请破产清算程序，债务人以除豁免财产以外的所有财产进行清偿，并需要遵守一定的行为限制和程序义务。自人民法院宣告债务人破产之日起3年，为免除债务人未清偿债务的考察期限。

债务人在考察期内，必须继续履行程序义务并且严格遵守行为限制。如果考察期通过，则法院裁定免责；如果不通过的，则不予免责，债务人仍然需要继续清偿债务。

但如果债务人有欺诈行为，债权人或者其他利害关系人发现债务人通过欺诈手段获得免除未清偿债务的，可以申请人民法院撤销免除未清偿债务的裁定。

4. 豁免财产的范围

为保障债务人及其所扶养人的基本生活及权利，债务人名下的以下财产均可以认定为豁免财产：

（1）生活、学习、医疗的必需品和合理费用；

（2）职业发展需要必须保留的物品和合理费用；

（3）有特殊纪念意义的物品；

（4）没有现金价值的人身保险；

（5）勋章或者其他表彰荣誉的物品；

（6）专属于债务人的人身损害赔偿金、社会保险金以及最低生活保障金；

（7）根据法律规定或者基于公序良俗不应当用于清偿债务的其他财产。

但是，如果上述财产中有价值较大、不用于清偿债务明显违反公平原则的，不认定为豁免财产。同时，除了上述第（5）、（6）项财产以外，豁免财产累计总价值不得超过20万元。豁免财产的具体分项和各分项具体价值上限标准由市中级人民法院另行制定。

5. 债务人的行为限制

自人民法院作出限制债务人行为的决定之日起至作出解除限制债务人行为的决定之日止，除确因生活和工作需要，经人民法院同意外，债务人不得有下列消费行为：

（1）乘坐交通工具时，选择飞机商务舱或者头等舱、列车软卧、轮船二等以上舱位、高铁以及其他动车组列车一等以上座位；

（2）在夜总会、高尔夫球场以及三星级以上宾馆、酒店等场所消费；

（3）购买不动产、机动车辆；

（4）新建、扩建、装修房屋；

（5）供子女就读高收费私立学校；

（6）租赁高档写字楼、宾馆、公寓等场所办公；

（7）支付高额保费购买保险理财产品；

（8）其他非生活或者工作必需的消费行为。

同时，债务人也不得在人民法院受理破产申请后向个别债权人清偿债务。

另外，一旦人民法院宣告债务人破产至法院裁定免除债务人未清偿之日期间，债务人都不可担任上市公司、非上市公众公司和金融机构的董事、监事和高级管理人员职务。

6. 债务人应遵守的义务

（1）债务人本人的义务

债务人应当积极配合人民法院、破产事务管理部门和管理人的调查工作，按照要求提交相关的材料，并列席债权人会议接受询问。如果债务人的个人信息发生变动或者需要离开居住地的，应当及时报告，更不得私自出境。如果债务人产生个人破产的重大事项，应当及时登记申报。债务人在借款或申请授信时，应当如实声明已经破产的情况。

（2）其他人的义务

债务人的配偶、子女、共同生活的近亲属、财产管理人以及其他利害关系人都应当配合人民法院、破产事务管理部门和管理人的相关调查工作，同时还应该协助管理人对债务人的财产进行清查、接管和分配。

7. 申请破产程序的材料

根据深圳市中级人民法院深圳破产法庭公众号的提示，个人破产案件采用全流程网上立案。立案信息需要在“深・破茧”小程序中填写，相关证明材料需要按照小程序要求上传。不同的破产程序需要的材料均有所不同。

（1）债务人申请破产清算程序

债务人需要提供破产清算申请信息，其中包含姓名、身份证号码等基本信息，同时还需要说明选择何种破产程序、破产原因与破产经过。债务人还需要提供主体资格证明文件、在深圳连续3年社保缴费证明、纳税证明、债权债务清册及相关证明材料、个人财产和夫妻共同财产信息及相关证明材料、收入状况说明及凭证。如果债务人已经涉及诉讼、仲裁或执行的情况，则需要提供相关的法律文书和情况说明。另外，如果债务人有需要依法承担扶养义务的未成年人和丧失劳动能力且无其他生活来源的成年近亲属，则需要提供他们的基本情况。如果债务人有合法的雇佣人员，也需要提供他们的基本情况。最后，债务人需要提供诚信承诺书。

（2）债权人申请破产清算程序

债权人在符合规定的情况下也可以启动破产清算程序。债权人需要提交破产清算的申请信息，其中需要载明债权人与债务人的基本信息、申请目的、债权证明、债权清偿情况及其他相关事实和理由。同时还需要分别提交债权人、债务人的主体资格证明文件以及债务人在深圳缴纳3年社保的证明。债权人最重要的是需要提供单独或合计持有50万元以上到期债权的证据，如借款合同、借条、转账凭证等；另外，还包括债务人不能清偿到期债务的证据、债权人向债务人追偿的证明以及诚信承诺书。

（3）债务人申请重整程序

债务人申请启动重整程序的，除了需要按照破产清算程序提交同样的证明材料以外，最重要的是需要提供重整可行性报告或重整计划草案。其中必须详细说明重整的价值和可行性，同时还要附上相关的证据材料。

（4）债务人申请和解程序

债务人申请和解程序的，则最重要的是提供和解可行性报告。其中必须载明债权债务的数额、债务偿还安排、与债权人沟通的情况等内容。当然，如果债务人能够事先草拟好和解协议草案的，则其中应当包括债务人基本信息、财务和收入状况、债权人名册和债权数额、债权清偿方案、债务减免方案以及和解协议执行期限。

（5）委托代理材料

如果申请人需要委托代理破产程序的，则需要提交授权委托书、代理人资格证明材料。代理人可以选择律师、基层法律服务工作者、近亲属或监护人、员工、其他公民。

（三）美国个人破产制度的启示

虽然我国尚未推行个人破产制度，但在中国负债累累的知名企业家G总却让我们对于美国的个人破产制度形成了初步的认识。

2019年10月14日，微博名为“G总债务处理小组”的用户发布《有关G总个人破产重组及成立债权人信托的声明》[①] 一文，并通过该文表示：“G总于10月13日在美国主动申请个人破产重组（Chapter 11）。根据该方案，将同时设立债权人信托，并在条件满足的时候把全部在美国资产转让给债权人。该方案完成后，G总将不再持有任何AAAA的控股母公司股权（以下统称AA）。结合已完成的合伙人制，该方案将为AA的成功并成为一个伟大的公司奠定坚实的基础，从而加速构成债权人信托资产的AA股权资产价值最大化的进程，彻底解决G总的直接、个人担保及间接债务问题。”

2019年12月18日，美国特拉华州破产法院对G总申请个人破产案件举行第一次正式的法庭听证会，庭审的主要议题是债权人包括上海LC资产管理公司、上海QCYM投资合伙企业在内的债权人明确提出对G总个人破产重组的反对，并要求撤销G总依照美国破产法第十一章进行的个人破产重组，或将个人破产重组案从特拉华州法院转到加州法院。最终，美国特拉华州破产法庭法官做出决议，同意将G总个人破产重组案转移至美国加州中区破产法院（United

---

① 参见《有关G先生个人破产重组及成立债权人信托的声明》，载新浪财经，http：//finance.sina.com.cn/chanjing/gsnews/2019－10－14/doc－iicezzrr2177956.shtml，最后访问时间：2021年4月20日。

States Bankruptcy Court for the Central District of California）处理。[①]

通过“G总债务处理小组”微博确认，美国洛杉矶时间2020年5月21日上午9点30分，美国加州中区破产法院举行听证会，审查LS集团创始人G总申请的个人重组方案。最终大法官Zurzolo确认通过该重组方案，这意味着G总的个人破产重组已经进入生效流程。

本次个人破产重组中，G总认可的债权主体所申报的债务总额为61.7亿美元，净债务额为34.4亿美元。在最终版的重组方案中，G总将把所有合法的个人资产（不包括在中国被冻结或没收的资产）全部转入债权人信托，包括AA公司的10%股权、YY的20%股权（间接持有AA的6.16%股权）等。

自方案生效日起，G总在美国的个人债务将直接解除。与此同时，在接下来的4年内，债权人不得在任何美国以外的管辖地直接主张追究G总的个人责任，或衍生性地以G总债权人的名义提起任何新诉因。此外在方案生效后90天内，债权人还要向中国法院申请撤销G总和其配偶的失信被执行人身份、解除出境和高消费的限制，并且在静止期内不再重新提起。[②]

这个破产方案的操作其实就是债转股。若AA在4年内未能成功上市，则4年过后债权人可以继续起诉G总。方案以AA股权、收益权等资产成立债权人信托，债权人变成信托的持有人，间接成为AA的股东，并且在AA上市前后，可以逐步退出，从而使债务得到赔偿。相应地，所有债权人都要解除对G总的债务诉讼，让他可以回国发展AA事业。债权人唯有帮助G总一起把AA做起来，实现盈利并助推其上市，相应的债务才有可能被偿还，甚至是超额偿还。债权人之中，不乏ZX银行、PA银行、MS信托等银行金融机构，也有CQ、SX等地方国资投资平台。[③]

---

① 参见《美国法院将G某某破产重组案转移至加州中区破产法院》，载新浪财经，http：//finance. sina. com. cn/trust/xtplyj/2019－12－19/doc－iihnzahi8595392. shtml，最后访问时间：2021年4月20日。

② 参见《G某某完成个人破产重组 获得四年中国诉讼静止期》，载新浪财经，https：//cj. sina. com. cn/articles/view/6289104432/176dc1e3001900ooa9？from＝finance，最后访问时间：2021年4月20日。

③ 载搜狐新闻，https：//www. sohu. com/a/397148848_ 100191068，最后访问时间：2021年4月20日。

但LS网则于2020年7月3日发布澄清公告（编号：2020－047）。[①] 公告中LS网首先向广大投资者进行投资风险提示："截至本公告日，公司尚未收到任何来自G总或G总债务处理小组的有关公司股东的赔偿计划或者安排；截至本公告日，公司无法判断是否未来LS网股东可以向G总提出补偿申请，亦无法判断索赔池预留信托资产对LS网股东进行补偿的可行性。"同时LS网还披露公司股票将终止上市的消息："截至本公告日（含当日）公司股票在退市整理期内已交易18个交易日，剩余12个交易日。退市整理期届满的次一交易日，深圳证券交易所将对公司股票予以摘牌，公司股票将终止上市。"同时再次提醒广大投资者注意风险，理性投资。

此外，澄清公告中还披露："2019年4月29日，公司披露《关于收到中国证券监督管理委员会调查通知书的公告》（公告编号：2019－064）'公司及第一大股东G总分别于2019年4月26日下午、2019年4月29日收到中国证券监督管理委员会《调查通知书》（稽总调查字191339号、稽总调查字191341号），因公司及G总涉嫌信息披露违法违规等行为，根据《中华人民共和国证券法》的有关规定，决定对公司及G总立案调查'。"

另外，LS网在澄清公告中还表示："根据G总之前公开披露的《Fourth Amended Disclosure Statement With Respect to Debtor's Third Amended Plan of Reorganization（Chinese）》中第66页显示'在生效日当天，受托人应：（i）建立逾期提交索赔池来解决任何逾期提交的索赔主张；以及（ii）把10%的信托资产转至逾期提交索赔池。逾期提交索赔池不开展经营活动，只按照信托协议向获准逾期提交索赔持有人进行分配，并由受托人按照条款基本与信托协议管辖条款相似的单独信托协议管理'。即该部分预留信托资产的收益对象是所有逾期提交索赔主张的G总个人债务的债权人。""目前，LS网股民均不属于G总个人债务的债权人。G总的此次公开信中表示'主要用于LS网股民的或有补偿'，公司目前无法判断是否未来LS网股东可以向G总提出补偿申请，亦无法判断上述预留信托资产对LS网股东进行补偿的可行性，敬请广大投资者注意风险，理性投资。"

因此，即使G总在美国的个人破产重组方案已经生效，LS网以及LS股民

---

① 参见《LS网信息技术（北京）股份有限公司澄清公告》，载巨潮资讯网，http：//www.cninfo.com.cn/new/disclosure/detail？plate＝szse&orgId＝9900013169&stockCode＝300104&announcementId＝1207995643&announcementTime＝2020－07－02%2019：55，最后访问时间：2021年4月20日。

是否会继续在中国法院诉讼G总还是一个未知数。

2020年7月21日起LS网终止上市交易，7月20日成LS网最后一个交易日，最终股价收报0.18元，总市值7.18亿元，较高峰时的1700亿元市值蒸发99%以上。[①]

2021年4月12日，LS网公告，因涉及造假等，北京证监局对LS网处以2.406亿元罚款，对G某某处以2.412亿元罚款。另据证监会网站13日消息，G某某违法情节特别严重，近日证监会决定：对G某某采取终身证券市场禁入措施。[②]

（四）建立具有中国特色的破产制度

随着中国经济的不断发展，2019年中国GDP总量按照年平均汇率折算达到14.4万亿美元，人均GDP达到10,276美元，突破1万美元大关。[③] 即使在新冠疫情肆虐的2020年，中国也是全球唯一实现经济正增长的主要经济体。根据国家统计局于2021年1月18日发布的数据，我国的GDP总量（国内生产总值）实现历史性突破，首次突破百万亿元人民币；同时，中国经济总量也达到美国的70%。有专家预测，中国经济总量有望在2028年左右超越美国，成为全球第一大经济体。[④] 但经济的蓬勃发展也催生如P2P、现金贷等业务的普及，从而导致自然人债务危机的蔓延。

尤其是民营企业家，身上背负整个企业以及所有员工的“身家性命”，稍不留神就有可能踩上巨额债务或担保责任的风险。对于这些“善良却不幸”的民营企业家来说，他们并不是想“欠债不还”，而是需要一个可以“翻身”的机会。所以中国尽快建立个人破产制度就可以给他们一个“重生”的机会。结合我国特有的国情并借鉴国外的先进制度，打造有中国特色的个人破产制度至少要注意以下几个问题：

---

① 参见《LS网退市》，载人民日报网，https://baijiahao.baidu.com/s?id=1672778216080664940&wfr=spider&for=pc，最后访问时间：2021年4月20日。

② 参见《G某某天价罚单再加2.4亿 可该怎么还?》，载新浪科技，https://baijiahao.baidu.com/s?id=1697016310469248270&wfr=spider&for=pc，最后访问时间：2021年4月20日。

③ 参见《中国人均GDP突破1万美元》，载中国新闻网，https://baijiahao.baidu.com/s?id=1655957995628336455&wfr=spider&for=pc，最后访问时间：2021年4月21日。

④ 参见《2020年中国GDP突破100万亿!》，载澎湃新闻，https://www.thepaper.cn/newsDetail_forward_10846821，最后访问时间：2021年4月21日。

（1）在国家发改委、最高人民法院等13个部门发布的《加快完善市场主体退出制度改革方案》中关于个人破产制度所适用的主体具有指导性的意见，即非营利法人、非法人组织、个体工商户、自然人等市场主体。另外，还可以借鉴美国破产法的制度，将消费者也单独作为破产主体。

（2）根据上述改革方案，我国对于个人破产制度可以免除的债务范围也有一定的指导性意见，即由于担保等原因而承担与生产经营活动相关的负债和符合条件的消费负债可依法合理免责，从而最终建立全面的个人破产制度。

（3）个人破产制度适用的对象之一是自然人，则也必须为其适当保留用于生活的财产，如破产人必需的生活品等，同时也不能剥夺自然人的人身权利，如肖像权、名誉权、精神损害赔偿权等。

（4）对破产人的债务免除不能“一刀切”。如税款、政府债务、罚款、罚金、罚没、子女抚养费、教育贷款等债务应当被排除在破产免责范围外，否则对于其他合法纳税公民以及需要依靠破产人抚养的主体来说是不公平的。

（5）在个人破产制度较为发达的国家，如美国、德国等，都比较注重法庭外的债务清理程序。法院会指定专业机构或个人就破产人的债务情况进行咨询和调解工作。同时还会将这些机构或个人指定为破产程序的管理人，一方面这些中介机构因为参与前期的调解和咨询，对于破产人、债权人以及债务的情况比较了解；另一方面可以缓解法院的办案压力，使得债务清理工作的效率更高。

（6）为了防止“恶意”债务人利用个人破产制度逃避债务，法院应当严格审查债务人的诚信以及是否符合申请个人破产的资质。同时，一旦破产人是基于逃避债务而利用个人破产制度的，法院应当向其实施严格的处罚措施，追究其法律责任。

（7）一旦申请破产人在申报破产的过程中出现故意转移、隐藏、毁损财产等不诚信的行为，则应当立刻终止相关的程序，同时将其行为记录在个人征信系统中，使其丧失再次申请破产的权利。

（五）对于个人破产制度的思考

由于经济运行周期的波动（如2008年金融危机）以及无法预知的不可抗力（如2020年新冠疫情），民营企业注定在经营活动中存在许多不确定性的风险。个人破产制度对于因企业经营不善而导致负债或承担连带担保责任的民营企业家来说，是非常宝贵的、从头来过的机会。作为从事私人财富法律管理的律师来说，如何推广和适用势在必行的个人破产制度、规划民营企业家偿债的法律路径，是非常值得思考的问题。

1. 提前建立债务风险控制机制

企业的发展离不开经济的支持，而民营企业本身的融资渠道就比较狭窄。随着企业不断的壮大，其所需要承担的风险就越大，民营企业家的负债以及担保风险也随之而来。因此，在债务风险尚未严重之前，合理利用各种金融工具和法律制度进行合法的债务风险隔离操作是非常有必要的。

比如在企业处于盈利期时，民营企业家暂时还尚未背负较多的债务或担保责任，可以利用境内、外信托方式将资产进行隔离规划。以境外信托为例，可以设立不可撤销信托，将现金、保险、股票等资产交付给信托，以合法的方式将资产剥离。近些年来许多赴境外上市的企业家，在公司上市之前，都会考虑利用信托持有公司股权，正是出于对债务风险预防的考量。

2. 建立跨境思维和国际化的财富筹划观

在资源配置全球化、税务居民国际化的情况下，民营企业家对于财富筹划的观念也需要国际化、跨境化。对于为民营企业主提供私人财富法律管理业务的律师来说，同样应当具备国内法律和跨境法律相互结合的素质，这样才能创设更加专业、优质的财富规划方案，并穷尽国内外各种有利的因素来不断优化方案。

3. 依法进行合法合规的财富筹划

中国人民银行《金融机构大额交易和可疑交易报告管理办法》① 第三条规定："金融机构应当履行大额交易和可疑交易报告义务，向中国反洗钱监测分析中心报送大额交易和可疑交易报告，接受中国人民银行及其分支机构的监督、检查。"但许多民营企业家可能并不知道该规定，在企业实际经营或民营企业家

---

① 中国人民银行制定了《金融机构大额交易和可疑交易报告管理办法》，经 2006 年 11 月 6 日第 25 次行长办公会议通过，自 2007 年 3 月 1 日起施行；中国人民银行对《金融机构大额交易和可疑交易报告管理办法》（中国人民银行令〔2006〕第 2 号发布）进行了修订，经 2016 年 12 月 9 日第 9 次行长办公会议通过，自 2017 年 7 月 1 日起施行；中国人民银行制定了《中国人民银行关于修改〈金融机构大额交易和可疑交易报告管理办法〉的决定》，经 2018 年 7 月 25 日中国人民银行第 4 次行长办公会议通过，自发布之日起施行。

进行私人财富规划的过程中，很有可能会触碰到“红线”。

上述管理办法第五条第一款规定：“金融机构应当报告下列大额交易：

（一）当日单笔或者累计交易人民币 5 万元以上（含 5 万元）、外币等值 1 万美元以上（含 1 万美元）的现金缴存、现金支取、现金结售汇、现钞兑换、现金汇款、现金票据解付及其他形式的现金收支。

（二）非自然人客户银行账户与其他的银行账户发生当日单笔或者累计交易人民币 200 万元以上（含 200 万元）、外币等值 20 万美元以上（含 20 万美元）的款项划转。

（三）自然人客户银行账户与其他的银行账户发生当日单笔或者累计交易人民币 50 万元以上（含 50 万元）、外币等值 10 万美元以上（含 10 万美元）的境内款项划转。

（四）自然人客户银行账户与其他的银行账户发生当日单笔或者累计交易人民币 20 万元以上（含 20 万元）、外币等值 1 万美元以上（含 1 万美元）的跨境款项划转。”

第十一条规定：“金融机构发现或者有合理理由怀疑客户、客户的资金或者其他资产、客户的交易或者试图进行的交易与洗钱、恐怖融资等犯罪活动相关的，不论所涉资金金额或者资产价值大小，应当提交可疑交易报告。”这里提到的“金融机构”除了我们熟知的银行以外，还包括证券公司、期货公司、基金管理公司、保险公司、保险资产管理公司、保险专业代理公司、保险经纪公司、信托公司、金融资产管理公司、企业集团财务公司、金融租赁公司、汽车金融公司、消费金融公司、货币经纪公司、贷款公司。

2017 年 8 月 4 日，上市公司北京某某某电子股份有限公司发布《关于收到行政处罚决定书的公告》[①]（公告编号：2017 - 022），其中内容显示：北京市通州区国家税务局稽查局（以下简称通州国税稽查局）向该上市公司出具《税务行处罚决定书》（通国税稽罚〔2017〕47 号）。通州国税稽查局对公司实际控制人、法定代表人 L 总在 GS 银行和 XY 银行开立的个人账户进行检查，发现以上两个账户合计汇入金额 4, 197, 447. 08 元。通过调查，上述两个账户是用于收取客户汇入的购货款，收取金额共计 4, 197, 447. 08 元（不含税金额为 3, 587, 561. 61

---

① 载巨潮资讯网，http：//www. cninfo. com. cn/new/disclosure/detail? plate = neeq&orgId = 9900033417&stockCode = 838834&announcementId = 1203768629&announcementTime = 2017 - 08 - 04，最后访问时间：2021 年 4 月 21 日。

元），其中：1,368,229.53 元已经在 2013 ~ 2014 年确认了收入纳税申报，剩余 2,219,332.08 元应在 2013 年度应申报而未申报，应追缴增值税税款共计 377,286.46 元。公司 2013 年度应申报而未申报收入 2,219,332.08 元，确认成本 1,813,269.08 元，应调增当年应纳税所得额 406,063 元，应追缴 2013 年度企业所得税 101,515.75 元。通州国税稽查局最终决定对公司少缴增值税 377,286.46 元、企业所得税 101,515.75 元分别处以 0.5 倍的罚款，金额合计 239,401.11 元。

由此可见，通过违反法律、行政法规等强制性规定的方式进行所谓的“财富筹划”，非但不能达到效果，反而最终可能导致“偷鸡不成蚀把米”的尴尬境况。

4. 依法进行合法合规的税收筹划

当前正处于我国税改推进的重要时刻。民营企业家作为高净值人群，一定要高度重视对企业以及个人的税务筹划。尤其是有些公司喜欢利用“阴阳账”的方式隐瞒公司收入，将部分公司收入私自纳入个人账户或利用个人账户收取公司销售款或其他应收款，以达到不开发票、不交税的目的。民营企业家如果不重视依法纳税，则最终可能会造成企业、个人甚至整个家庭的重大财产损失。

《个人所得税法》第二条规定：“下列各项个人所得，应当缴纳个人所得税：（一）工资、薪金所得；（二）劳务报酬所得；（三）稿酬所得；（四）特许权使用费所得；（五）经营所得；（六）利息、股息、红利所得；（七）财产租赁所得；（八）财产转让所得；（九）偶然所得。居民个人取得前款第一项至第四项所得（以下称综合所得），按纳税年度合并计算个人所得税；非居民个人取得前款第一项至第四项所得，按月或者按次分项计算个人所得税。纳税人取得前款第五项至第九项所得，依照本法规定分别计算个人所得税。”

2003 年 7 月 11 日，财政部、国家税务总局下发《关于规范个人投资者个人所得税征收管理的通知》（财税〔2003〕158 号），其中明确了以下两个问题：

第一，关于“个人投资者以企业（包括个人独资企业、合伙企业和其他企业）资金为本人、家庭成员及其相关人员支付消费性支出及购买家庭财产”的处理问题，分为以下两种处理情况：

如果是个人独资企业、合伙企业的个人投资者，视为企业对个人投资者的利润分配，并入投资者个人的生产经营所得，依照“个体工商户的生产经营所得”项目计征个人所得税。

如果是其他企业的个人投资者，则视为企业对个人投资者的红利分配，依照“利息、股息、红利所得”项目计征个人所得税。

同时，企业的上述支出不允许在所得税前扣除。

第二，关于“个人投资者从其投资的企业（个人独资企业、合伙企业除外）借款，在该纳税年度终了后既不归还，又未用于企业生产经营”的问题，则直接将其未归还的借款视为企业对个人投资者的红利分配，依照“利息、股息、红利所得”项目计征个人所得税。

2008 年 6 月 10 日，国家税务总局又在给江苏省财政厅、地方税务局的《关于企业为个人购买房屋或其他财产征收个人所得税问题的批复》中强调，企业出资购买房屋及其他财产，将所有权登记为投资者个人、投资者家庭成员或企业其他人员的，或者企业投资者个人、投资者家庭成员或企业其他人员向企业借款用于购买房屋及其他财产，将所有权登记为投资者、投资者家庭成员或企业其他人员，且借款年度终了后未归还借款的，不论所有权人是否将财产无偿或有偿交付企业使用，其实质均为企业对个人进行实物性质的分配，应依法计征个人所得税。

对个人独资企业、合伙企业的个人投资者或其家庭成员取得的上述所得，视为企业对个人投资者的利润分配，按照“个体工商户的生产、经营所得”项目计征个人所得税；对除个人独资企业、合伙企业以外其他企业的个人投资者或其家庭成员取得的上述所得，视为企业对个人投资者的红利分配，按照“利息、股息、红利所得”项目计征个人所得税。

因此，民营企业家必须妥善地处理自己个人账户中代公司收取账款的行为，应充分重视并立刻采取合理、合法的方式进行处理，切勿存在“侥幸”心理，否则很可能会遭到税务机关的查处和罚款，更严重者可能会引起刑事责任。

5. 注重对配偶财产权益的保障

配偶的财产权益在个人破产程序中很容易受到债权人或管理人的侵犯。我们可以从欧洲中世纪就开始破产立法和实践的英国吸取经验。①

英国 1986 年《破产法》第二百八十三条第二款对不属于破产的财产进行列

---

① 参见高原：《论个人破产程序中配偶财产权益的保障》，载《法制与社会》2020 年第 4 期。

举："（a）破产人受雇工作、从事商务或者职业必要的工具、书籍、交通工具等；（b）满足破产人及其家庭基本生活需要必要的衣物、寝具、家居、家居用品和供给品。"该条主要是保障破产人家庭的生活必要财产。

英国1986年《破产法》第283条3A款规定，破产财产不适用于1988年《住房法》第一部分所指的有保证租赁；1977年《租金法》所指的受保护租赁；1977年《租金法》第127（5）条所述的禁止转让的条款；1985年《M3住房法》第四部分所指的不能转让的保障性租赁。2016年《私人住房（租赁）（苏格兰）法》也规定，私人住宅租赁的租期，如使租客有权使用共用起居处所，则除非租客同意在租赁开始后终止或更改租期，否则不得终止或更改租客在该私人住宅租赁开始时所享有的权利。这些条款主要是为了保障破产者家庭的居住权。

此外，英国破产程序中还设置了司法审查制度、住宅回转制度和优先权替代性处分制度，从而保护破产人及配偶生活性的占有住宅的权利。

首先，司法审查制度。英国1986年《破产法》第三百三十六条第四款第b项、第c项规定，破产管辖权法院作出的处分财产的命令要考虑到配偶或前配偶（或民事伴侣或前民事伴侣）的行为，配偶或前配偶（或民事伴侣或前民事伴侣）的需要和财政资源。2016年《个人破产法（苏格兰)》第一百一十三条第二款第a项规定，债务人配偶或前配偶将家庭住宅用作居所期间，司法常务官可拒绝债权人提出的出售或处置债务人家庭住宅的申请。

其次，住宅回转制度。英国1986年《破产法》第二百八十三A条还规定住宅回转制度：破产托管人对破产人、其配偶或其前配偶的住宅利益将在3年之后自动回转授予破产人。除非破产托管人在3年期间内合法处置该住宅。

最后，优先权替代性处分制度。英国1986年《破产法》第三百一十三条规定，凡由破产人或其配偶或前配偶（或其民事伴侣或前民事伴侣）所占用的住宅的权益构成的任何财产，包括在破产人的产业内，而受托人由于任何理由暂时不能变现该财产，受托人可向法院申请作出命令，为破产人的产业的利益而对该财产设定抵押。英国2002年《企业法》第二百六十一条对抵押权进行限制。该条规定，抵押价值指破产令发出之日的住宅价值及利息。这样就有效地保护了破产人及配偶的不动产增值的利益。

英国1970年《婚姻诉讼和财产法》第三十七条还规定，凡丈夫或妻子以金钱或金钱的价值，为改善他们其中一人或两人拥有或拥有实益权益的不动产或不动产而做出贡献，则如此做出贡献的丈夫或妻子的财产利益应予保护。

六、夫妻股东的债务连带责任

案例1-7　高某霞与孙某星及JJT公司、张某合同纠纷案

二审法院：宁夏回族自治区高级人民法院（2019）宁民终487号

再审法院：最高人民法院（2020）最高法民申1515号

案例主旨：案涉债务纠纷发生在双方婚姻关系存续期间，且因公司设立时未向工商登记部门提交分割财产证明，故股东不能证明其个人财产独立于公司，故法院判决股东双方承担共同付款责任。

最高人民法院认为，本案高某霞与张某于2003年9月25日登记结婚，JJT公司成立于2010年3月12日，股东系高某霞与张某。高某霞与张某在设立有限责任公司时，并未能向工商登记部门提交分割财产证明。鉴于案涉债务纠纷发生在2014年，虽然张某与高某霞于2015年12月1日协议离婚，但股东高某霞不能证明其个人财产独立于JJT公司，即不能证明公司财产独立与股东自己的财产，故原审判决以“高某霞系张某妻子，涉案债务发生于双方婚姻存续期间”为由，判决高某霞承担共同付款责任并无不当。

根据上述案例，当夫妻均为公司股东时，应当注意以下内容：

首先，需要提前签订财产分割协议。夫妻作为公司股东，要保证各自的出资相互独立。如果一家有限责任公司中仅有夫妻两个股东，则在公司设立之时就应当向工商登记部门提交财产分割协议。否则如果公司是利用夫妻共同财产出资的，则有限公司实质上将会被认定为一人公司。

其次，需要严格区分个人与公司的财产。在“夫妻”公司中一定要严格区分家庭财产、个人财产与公司财产。一旦财产产生“混同”，则债权人很容易刺穿公司的“面纱”，将有限责任公司的债务全部由夫妻股东个人承担。

最后，需要明确债务承担的责任主体。“夫妻”公司最常见的误区就是将公司与个人直接画上“等号”。为了交易的便利，夫妻股东经常习惯于以个人或法定代表人的名义对外进行交易。一旦发生债务或争议，就可能让个人被迫承担公司的责任。因此，股东在处理公司业务时必须明确责任承担主体。

第五节 企业家经营风险案例分析

在本章的前述各节中，我们论述了民营企业家和民营企业面临的诸多风险。事实上，这些风险不只发生在中小企业及企业家的身上。许多著名的企业、企业家也因为没有在经营过程中注意防范、提前规划而“马失前蹄”，给自己辛苦创立的企业以及家人都带来极大的影响，值得我们借鉴与深思。

一、因企业经营不善而负债导致家庭资产被冻结

（一）案例背景介绍

G 总曾经是资本市场的风云人物，更有人将其誉为“G 布斯”，他的名字及他控制的 LS 集团被众人熟知。他曾经在 2016 年的胡润百富榜以 420 亿元资产位居排名榜单第 31 位。但是，自 2017 年以来，资金链断裂使 G 总深陷重重困境，无法自拔。2017 年 7 月，G 总前往美国，至今未曾回国。仅 2017 年 7 ~ 8 月短短两个月，G 总持有的 LS 网的 10.24 亿股份相继被司法查封、冻结，其与配偶名下的存款共计人民币 12.36 亿元被法院保全，同时 G 总被多次列入失信被执行人的名单。与此同时，G 总在中国的配偶则向中国法院提起离婚诉讼。[①]

美国洛杉矶时间 2020 年 5 月 21 日上午 9 点 30 分，美国加州中区破产法院确认通过 G 总的个人破产重组方案。最新的破产方案里，G 总和配偶的离婚案件已经达成“和解”。G 总配偶做出妥协，支付 125 万美元现金给债权人信托。作为交换，债权人将解除对 G 总配偶的诉讼，G 总配偶也降低了离婚索赔金额，获得 2.5 亿美元的债权，同其他债权人一样通过债权人信托成为 × × 的股东。[②]

---

① 载 https：//finance. sina. com. cn/trust/xthydt/2020 - 05 - 22/doc - iircuyvi4469502. shtml；https：//www. sohu. com/a/397148848_ 100191068；第一财经，https：//www. yicai. com/news/100621448. html，最后访问时间：2021 年 4 月 21 日。

② 参见《G 某某完成个人破产重组 获得四年中国诉讼静止期》，载新浪财经，https：//cj. sina. com. cn/articles/view/6289104432/176dc1e3001900ooa9？from = finance，最后访问时间：2021 年 4 月 21 日。

（二）法律观点分析

在G总的这起债务事件中，G总配偶名下的财产也被法院直接进行冻结，并作为当事人出现在法院冻结财产的民事裁定书上。

G总深陷债务风波，其配偶也不能幸免。如果最终G总与配偶不能偿还所有债务，则随时都会被法院纳入失信被执行人名单。从此两人将不能拥有超过基本生活需要的财产，也不能实施各种高消费如乘坐飞机、高铁、出国等，生活将受到巨大的影响。另外，两人的子女可能也会受波及，无法再享受私立学校的教育等。

那么，如果G总的配偶并没有作为担保人签署个人连带担保责任协议，那么她还需要偿还G总的债务吗？

《民法典》第一千零六十四条规定了夫妻共同债务的认定标准，着重强调夫妻一方在婚姻关系存续期间以个人名义超出家庭日常生活需要所负的债务，债权人以属于夫妻共同债务为由主张权利的，人民法院不予支持，但债权人能够证明该债务用于夫妻共同生活、共同生产经营或者基于夫妻双方共同意思表示的除外。该条款从举证责任的分配入手，将“超出家庭日常生活需要所负的债务”的举证责任分配给债权人。因此也引发不少社会的争议，尤其是债权人认为该条款实质上加重了自己的举证责任。

根据《民事诉讼法》第二百二十七条的规定，在执行过程中，如果配偶作为案外人对执行标的提出书面异议的，人民法院应当自收到书面异议之日起15日内审查，理由成立的，裁定中止对该标的的执行；理由不成立的，裁定驳回。如果配偶对裁定不服，认为原判决、裁定错误的，依照审判监督程序办理；与原判决、裁定无关的，可以自裁定送达之日起15日内向人民法院提起诉讼。

2016年，最高人民法院公布（2015）执申字第111号执行裁定书。最高人民法院认为：“从现行法律和司法解释的规定看，并无关于在执行程序中可以追加被执行人的配偶或原配偶为共同被执行人的规定，申请执行人上海某某公司以王某某前妻吴某某应当承担其二人婚姻关系存续期间之共同债务为由，请求追加吴某某为被执行人，甘肃高院因现行法律或司法解释并未明确规定而裁定不予追加，并无不当，上海某某公司的申诉请求应予驳回。但是，本院驳回上海某某公司的追加请求，并非对王某某所负债务是否属于夫妻共同债务或者吴某某是否应承担该项债务进行认定，上海某某公司仍可以通过其他法定程序进行救济。”

通过上述法律法规、司法解释以及最高人民法院发布的案例可以看出，在执行过程不能任意追加债务人的配偶作为被执行人。但这并非意味着强制执行就不会波及家庭财产。如果夫妻一方作为被执行人，其名下的个人财产不足以清偿债务，则夫妻共同财产也可能会面临被强制执行的风险。即使该财产仅登记在配偶名下，也不能认为和另一方没有关系，也有可能被直接认定为夫妻共同财产而被强制执行。若法院在执行过程中先将夫妻共同财产进行了执行，配偶一方对此产生异议的，可以通过案外人执行异议进行救济。但是诉讼毕竟需要耗费金钱和时间，最终的结果也不是百分之百有利，其中蕴含的风险不言而喻。

二、实控人意外离世导致配偶承担巨额债务

（一）案件背景介绍

作为曾红极一时的影视文化公司，XM 公司曾制作过多部脍炙人口的影视作品，更是资本圈竞相追捧的对象，并长期有上市的计划。然而，2014 年 1 月 2 日，因其创始人、实际控制人 L 总突然离世，这家民营传媒公司开始陷入混乱。

追溯至 2011 年，XM 公司获投资人 4.5 亿元融资，投资人拿到 XM 公司 15% 股权。投资人与 L 总等相关方签订对赌协议。协议约定：若 XM 公司未能在 2013 年 12 月 31 日之前实现合格上市，则投资方有权在 2013 年 12 月 31 日后的任何时间，要求其任何一方一次性收购投资人所持有的 XM 公司的股权。2014 年 1 月 2 日 L 总离世，XM 公司未能完成上市。投资人随之将 L 总的遗孀告上法庭，要求其为夫还债。

北京市第一中级人民法院于 2017 年 10 月判决这笔债务为 L 总与配偶的夫妻共同债务，L 总的遗孀需在 2 亿元范围内承担连带清偿责任。

L 总的遗孀上诉至北京市高级人民法院。二审法院于 2019 年 10 月作出终审判决。二审法院在（2018）京民终 18 号民事判决书中指出，L 总的遗孀对于对赌协议约定的股权回购义务是明知的，其参与公司的共同经营。L 总去世后，其遗孀的一系列行为证实夫妻双方共同经营公司，案涉债务属于二人经营所负共同债务。故二审法院最终驳回 L 总遗孀的上诉请求，维持一审判决。这意味着 L 总的遗孀需为 L 总因对赌协议形成的 2 亿元债务承担清偿责任。

（二）法律观点分析

XM 公司知名度较高，加上该案一审判决出台后不久，最高人民法院便于 2018 年 1 月 18 日发布并实施《最高人民法院关于审理涉及夫妻债务纠纷案件适用法律有关问题的解释》，众人曾对二审是否改判满怀期待，本案自始至终都备受大家关注。

二审法院最终作出维持一审判决的决定，确实引起一定的争论。虽然二审判决书长达 58 页，而且法官对事实论述得非常详细，但是法院在认定债务属于二人经营所负共同债务这一事实所做的论述还是引发一些不同的见解。

我们尊重法院的判决，在此不对判决的结果做任何评论。通过该案，我们提醒企业家及企业家的配偶在企业经营时一定要注意对债务进行隔离，防止类似本案实控人去世、遗孀承担巨额债务的悲剧重演。

三、因经济犯罪导致家庭全部资产被冻结

（一）案例背景介绍

××人称“NB 涨停板敢死队”总舵主、“私募一哥”。从营业部一战成名，到公开发行私募产品，××创造了一个又一个资本市场奇迹，××是中国最受关注也最为神秘的私募人士。

2015 年 11 月 1 日，××涉嫌违法犯罪，被公安机关依法采取刑事强制措施。2016 年 4 月 29 日，××等人涉嫌操纵证券市场、内幕交易犯罪，被青岛市公安机关依法批准逮捕。2016 年 12 月 5 日，××等人涉嫌操纵证券市场案开庭。2017 年 1 月 23 日，青岛市中级人民法院对被告人××等人操纵证券市场案进行一审宣判，被告人××犯操纵证券市场罪，被判处有期徒刑 5 年 6 个月，并处罚金。[①]

2019 年 3 月 22 日，××妻子 Y 女士向法院提交起诉书，要求起诉离婚。2019 年 8 月 29 日，上海市黄浦区人民法院在山东省青岛监狱依法不公开审理 Y 女士诉××离婚纠纷一案。

Y 女士在接受媒体采访时表示：“××案发后，我们家庭名下大概接近 210

---

① 载 https://finance.sina.com.cn/stock/t/2017-01-23/doc-ifxzutkf2388042.shtml，最后访问时间：2021 年 4 月 21 日。

亿元的资产都受到查封，这包括公司的资产、××父母名下以及我们夫妻名下的所有资产。此外，还包括一些关联朋友的资产也一并查封。××的犯罪所得为71亿余元，并处罚金110亿元。”①

（二）法律观点分析

××与Y女士在婚姻关系存续期间积累了大量的财产。然而，在××被立案调查后，××父母以及双方家庭名下所有的银行账户和资产，包括股权和房产等都被查封和冻结。其中也包括Y女士父母的一套住房，至今已数年，所有财产仍在冻结状态。这给Y女士及双方的其他家庭成员的生活带来极大不便，也造成了一定的经济损失。

××离婚案财产分割的关键点在于110亿元罚金是否应该由夫妻双方共同承担，想必这也是××家庭资产被冻结的原因。我们认为，罚金刑的实施应当以犯罪分子的个人财产为限，一般不能牵连配偶及其他家庭成员的合法财产，这也是《刑法》中关于“罪责自负”原则的要求。

四、为避免债务放弃继承濒临破产的企业股份

（一）案例背景介绍

GR公司成立于1989年，是一家生产鞋类产品的家族企业，由L兄弟4人控制。1998～2012年，公司的皮鞋产品多次荣获“中国真皮鞋王”“最具市场竞争力品牌”等称号及奖项。②

2013年12月，GR公司在香港主板挂牌上市。L兄弟4人持股比例为68.9%。这时的GR公司已经拥有包括男女皮鞋、休闲鞋、皮具和服装等多条产品线，员工近万人、全国门店3000家，市值最高达百亿港元。然而，风向很快发生转变，2015年，GR公司的净利润终结多年的连续增长，首次出现下滑，之后，GR公司的净利润就一路下滑，2017年仅半年就亏损1088.73万元。③

---

① 参见《××妻子离婚声明刷屏 家庭名下210亿资产全部查封》，载新浪财经，https://finance.sina.com.cn/money/smjj/smdt/2019-08-08/doc-ihytcitm7726930.shtml?source=cj&dv=1，最后访问时间：2021年4月21日。

② 参见《一代鞋王GR公司倒下，欠债42亿，创始人子女放弃继承亿万财产》，载搜狐网，https://m.sohu.com/a/334139859_100009968，最后访问时间：2021年4月21日。

③ 参见《净利润逐年下滑，A股“鞋王”GR公司转型惨遭滑铁卢》，载搜狐网，https://www.sohu.com/a/362234940_589395，最后访问时间：2021年4月21日。

2018 年 2 月，某券商发布风险性提示，GR 公司至少存在 49. 09 亿元的资产可能无法收回。2018 年 4 月，该券商将 GR 公司董事长告上法庭。作为主承销商，GR 公司并没有按期兑付公司债券，构成实质性违约。

GR 公司董事长曾在接受采访时表示："虽然不会刻意要求子女从事鞋业，但是也希望有子女能够接班。"但从现实情况来看，子女为避免继承庞大的债务，对家族财产的继承早已避而远之。2017 年 6 月，GR 公司的联合创始人 L 某意外去世。当年 12 月，L 某的子女当庭宣布放弃继承父亲所有财产，轰动了商界。L 某在 GR 公司 11 起金融借款合同案件中担任担保人，涉及金额高达 2. 9 亿元。银行提出诉讼请求要求追究其配偶及子女作为第一顺位继承人在继承遗产范围内承担连带清偿责任。

2019 年 8 月 26 日晚间，昔日"鞋王"GR 公司发布公告称，公司于 2019 年 5 月和 7 月由管理人提交的《重整计划草案》先后两次在债权人会议上进行表决，均未获得通过，故重整计划草案被泉州市中级人民法院驳回，公司被宣告破产。此时，GR 公司债权总额高达 30. 82 亿元，债权人多达 349 家。[①]

（二）法律观点分析

GR 公司的"折翼"，不仅是因为主业不振，也是由于公司的违规担保。现有信息显示，GR 公司存在大额违规对外担保及资金拆借事项，公司至少存在 49. 09 亿元资产金额无法收回。[②] 公司在高速发展、快速扩张的时期，一定要注意风险管控，在对外担保时，要严格把关，慎之又慎，避免出现 GR 公司债台高筑的景象。

GR 公司董事长曾经希望家族企业可以长久不衰，在家族后代中获得传承。但由于经营状况出现问题，出现股东去世后，继承人为了避免对债务承担连带清偿责任，而放弃继承公司股权的情形。这样的结果令人不得不叹息，也为其他家族企业敲响了警钟。

---

① 参见《重整计划草案遭法院驳回 GR 公司宣告破产》，载搜狐网，https：//www. sohu. com/a/336552657_ 115362，最后访问时间：2021 年 4 月 21 日。

② 参见《一代名企宣告破产，欠债 40 多亿未还!》，载搜狐网，https：//www. sohu. com/a/336862352_ 185370，最后访问时间：2021 年 4 月 21 日。

五、因政策风险等导致企业破产而被列入失信名单

（一）案例背景介绍

1994 年 HL 公司成立，HL 公司是一家从事果汁饮品制造的企业。1998 年，HL 公司面向全国布局建厂，成为享誉全国的“国民品牌”；2000 年，HL 公司年销售额高达 12 亿元，以 23% 的市场份额稳居行业榜首。截至 2007 年，HL 公司已豪取果汁行业半壁江山。

2007 年，HL 公司成功登陆港股，募资规模超过 24 亿元，一举成为香港当年最大 IPO。2008 年 9 月，美国饮料巨头可口可乐公司宣布将以 24 亿美元（约 168 亿元）的价格收购 HL 公司全部已发行股份。受此消息刺激，HL 公司股价暴涨，市值飙升到 36.36 亿美元。

实控人 Z 总在筹划出售公司股份时，就开始减少 HL 公司的产能，还裁减了大半的销售团队。然而，并购的进展并不顺利。2009 年，商务部未通过本次并购的反垄断审查，否决了可口可乐公司的收购，HL 公司就此由盛转衰。

2009 年 3 月 HL 公司股票复牌后，股价腰斩。惨淡的现实前，Z 总重新投资，布局生产和销售团队，但收效甚微。自此，HL 公司开始走下坡路，至 2018 年，HL 公司对外欠 42.82 亿元违规借款，还从某 P2P 平台借 20 多亿元，总负债超百亿元。

2019 年 12 月 2 日，HL 公司创始人 Z 总被天津法院限制高消费。2019 年 12 月 11 日，Z 总作为有权代理人的 DY 资本被法院查封，41 亿元资产遭冻结。此外，HL 公司近年来已负债 115 亿元，裁员上万人。在港股，HL 公司已停牌 1 年多，市值暴跌 121 亿港元，跌幅近 70%，即将退市。①

（二）法律观点分析

Z 总在企业经营风生水起时，萌生出售公司股份的想法，并且找到收购方，就收购事宜达成共识。然而，由于政策原因，并购案最终以失败告终。Z 总在并购被否决后，因没有提前做好规划，企业经营遭受巨大的影响。最终呈现企

---

① 参见《HL 公司停牌 20 个月面临退市 朱某某 41 亿资产被冻结四收限制消费令》，载新浪财经，http://finance.sina.com.cn/stock/relnews/hk/2020-06-17/doc-iirczymk7549729.shtml，最后访问时间：2021 年 4 月 21 日。

业债务高筑、公司大幅裁员、股价大幅下跌、实控人被列为失信被执行人、相关资产被冻结的景象。

政策风险对于商业运营具有较大的不确定性，因此民营企业在运行过程中，要注意防范，并提前做好规划。

第二章

债权追索

综 述

民营企业主在从事商业经营活动中可能会与他人形成债权债务关系。一旦债权债务发生纠纷，就会产生债权追索与强制执行的问题。企业主在债权追索前需要了解债务人的财产状况，可以通过法院调查令、互联网、公证处、财产信息登记机关等方式对债务人（被执行人）的财产信息进行调查。如果债务人成为被执行人且不愿意履行生效判决，则可以通过将其列为失信被执行人，并利用各类强制执行措施对其进行信用惩戒，促使其自动履行生效法律文书确定的义务。企业主在向债务人进行债权催收时需要采取及时、合法、有效的手段。企业家必须详细了解强制执行的范围以及各类强制措施的具体规定，在债权追索的过程中利用合法的法律武器维护自己的合法权益。另外，在企业主本人成为被执行人的情况下，如果符合法定条件的，应当及时提出执行异议，同时也需要关注对配偶权益的保护。

本章主要介绍查询被执行人财产的各类方式、财产执行的范围、强制措施的相关规定以及各类债权催收的方式、方法，申请执行异议的依据以及配偶权益的保护。

第一节
被执行人财产查询

一、法院调查令

我国《民事诉讼法》以及相关司法解释中都没有直接关于法院调查令的规定。这是全国各级法院在司法审判实践过程中，为了解决当事人因收集证据能力不足，拓展证据收集的手段而进行的司法探索。从全国各级法院实施法院调查令的实际情况来看，法院调查令是指当事人在民事诉讼中由于客观原因无法取得自己需要的证据，经申请并获人民法院批准，由法院签发给当事人的诉讼代理人向有关单位和/或个人收集所需证据的法律文件。当事人在法院诉讼阶段以及执行阶段都可以向人民法院申请法院调查令用以收集审理案件或执行案件所需要的证据。

（一）法律及地方法院规定

1. 法律规定

（1）《民事诉讼法》

第六十四条　当事人对自己提出的主张，有责任提供证据。当事人及其诉讼代理人因客观原因不能自行收集的证据，或者人民法院认为审理案件需要的证据，人民法院应当调查收集。

（2）《最高人民法院关于民事诉讼证据的若干规定》①

第二十条　当事人及其诉讼代理人申请人民法院调查收集证据，应当在举证期限届满前提交书面申请。申请书应当载明被调查人的姓名或者单位名称、住所地等基本情况、所要调查收集的证据名称或者内容、需要由人民法院调查收集证据的原因及其要证明的事实以及明确的线索。

---

① 2019年10月14日，《最高人民法院关于修改〈关于民事诉讼证据的若干规定〉的决定》由最高人民法院审判委员会第1777次会议通过，自2020年5月1日起施行。

（3）《最高人民法院关于民事执行中财产调查若干问题的规定》

第二条 申请执行人确因客观原因无法自行查明财产的，可以申请人民法院调查。

2. 各地方法院规定

为保障当事人在民事审判和执行程序中的合法权益，强化当事人、律师依法调查收集证据的作用，规范调查取证行为，各地方法院根据《民事诉讼法》《律师法》《最高人民法院关于民事执行中财产调查若干问题的规定》等相关法律、司法解释的规定，并结合当地法院民事审判、执行工作实际，制定了关于法院调查令的实施意见或操作规则。

（1）立案调查令

为保障当事人依法行使收集证据的权利，规范调查取证行为，进一步提高立案审查的质量和效率，方便人民群众诉讼，2012 年 7 月 19 日，上海市高级人民法院立案庭在前期部分基层法院先行、先试的基础上进行经验总结，经征求意见，制定《上海市高级人民法院关于立案审查阶段适用调查令的操作规则（试行）》。该规则主要是当事人在立案审查阶段由于客观原因无法取得诉讼所需要的证据，经申请并获法院批准，由法院签发给当事人的诉讼代理律师，由其向有关单位和个人收集所需证据。调查的范围为当事人的诉讼主体资格、法院对涉诉纠纷管辖权情况等。

（2）诉讼调查令

这种调查令主要是在诉讼过程中，当事人由于客观原因无法取得诉讼所需要的证据而向法院申请的调查令，也是司法实践中最为常见的一种调查令的形式。如上海市高级人民法院发布的《上海法院调查令实施细则（试行）》和《上海法院在民事诉讼中正式实施调查令的函》；山东省高级人民法院制定发布的《民事诉讼证据规则（试行）》；北京市高级人民法院制定发布的《关于委托调查制度的若干意见（试行）》。在这些文件中所指的调查令，均为诉讼调查令。

（3）执行调查令

这种形式的调查令主要是为了解决申请人难以自行调查被执行人可供执行

的财产线索设立的,[①] 如《上海市高级人民法院关于在执行程序中使用调查令的若干规定（试行)》规定。执行程序中的调查令是指在执行阶段，因申请执行人无法获取相关证据，履行相应的举证责任，经其向人民法院提出申请，由人民法院批准签发的供指定律师向有关单位调查收集特定证据的法律文书。调查令适用于被执行人有无实际履行能力的证据的调查收集，包括：①被执行人的基本情况；②被执行人的财产情况；③被执行人是否对第三人享有到期债权以及第三人的财产情况；④能够证明被执行人有无实际履行能力的其他情况。不得使用调查令收集的相关证据包括：①涉及国家机密的；②涉及商业秘密的；③与执行案件无关的；④其他不宜持令调查的。

再如,《浙江省高级人民法院关于在民事诉讼和执行程序中试行律师调查令的若干意见》规定，在执行阶段，经申请执行人书面申请，人民法院可以签发调查令，由持令律师在人民法院调查令授权范围内向接受调查人调查收集被执行人财产线索及违反限制高消费令、虚假报告财产的证据。执行阶段，调查令的申请一般在执行终结前提出。不予签发调查令的情形有：①涉及国家秘密的；②涉及个人隐私的；③涉及商业秘密的；④申请直接向对方当事人调查的；⑤证据不为接受调查人所占有、保管、控制的；⑥其他不宜持调查令自行调查收集证据的情形。

又如，《江苏省高级人民法院关于执行案件使用调查令的实施意见（试行)》规定，律师可持令调查被执行人的支付宝、微信、京东、糯米等账户。其中关于调查令适用的内容包括：①调查被执行人的基本情况，包括被执行人户籍登记、工商登记、税务登记、婚姻登记、护照信息、社会保障情况等；②调查被执行人的财产情况，包括房地产登记、机动车登记、机器设备登记、船舶登记、航空器登记、知识产权登记、股权登记，以及股票、债券、基金等有价证券登记情况、拆迁补偿安置情况；③调查被执行人对外债权情况；④调查被执行人隐藏、转移、变卖、损毁财产等证据；⑤调查能够证明被执行人有无履行能力的其他情况。被执行人的银行存款、理财、支付宝、微信、京东、糯米等账户情况，被执行人的手机号码、电话号码以及被执行人作为债权人的其他案件审理、执行情况等，持调查令的律师可以调查。持调查令不能调取的，可

---

① 参见宋春雨、潘华明:《民事诉讼证据司法解释修改——“调查令”问题》，载《民事审判指导与参考》总第67辑。

以申请人民法院调查收集。接受调查的单位或个人认为调查令中指令提供的证据涉及国家秘密、商业秘密或个人隐私而不便提供的，应当在收到调查令时与执行法官沟通说明理由。执行法官认为理由成立的，应当依职权自行调取证据；认为理由不成立的，接受调查的单位或个人应按调查令协助执行。

（二）法院调查令申请书格式

法院调查令申请书

申请人：×××

申请律师：××× ×××律师事务所律师，律师执业证号：×××

接受调查人：×××

请求事项：因×××（原告/申请执行人）与×××（被告/被执行人）×××（案由）一案中存在由于客观原因不能自行收集证据的情形，特请求你院开具调查令，以便能够持调查令前往×××调查收集以下证据材料：

1. ×××

2. ×××

3. ×××

事实和理由：×××

此致

×××人民法院

×××律师事务所

×××律师

年 月 日

（三）法院调查令格式

1. 诉讼阶段

________人民法院调查令

（ ）× 民监 号

（正面）

________单位（个人）：

我院受理原告×××与被告×××（案由）纠纷一案，案号为________。

原告×××因无法取得有关证据，根据《中华人民共和国民事诉讼法》第六十四条的规定，经本院许可，现由原告×××委托代理人前往你处收集、调查诉讼证据。请你们在核对持令人姓名、单位编号无误后，在有效期内向持令人提供调查令所指定的证据。对本调查令指定调查内容以外的证据，你方有权拒绝提供。

本调查令的有效期限自________年____月____日至________年____月____日。

××××××人民法院

年 月 日

（院印）

（反面）

持令人：________律师事务所________律师（律师证号：________）

持令人：________律师事务所________律师（律师证号：________）

来你（单位）处收集、调查以下证据：

1. ×××

2. ×××

3. ×××

请你（单位）在核对持令律师身份证明、单位证明无误后，为持令律师查询并提供上述指定证据。不宜提供原件的，可提供复印件，在提供的证据材料上加盖起证明作用的单位骑缝章或印章，注明材料的总页数并由经办人签章。

不能提供证据或无证据提供，应当在调查令上或以书面形式说明原因，由经办人签名、加盖单位印章后交持令调查的律师。

2. 执行阶段

________人民法院执行调查令

（ ）× 调查令 号

________单位（个人）：

本院立案执行申请执行人×××与被执行人×××（案由）纠纷一案，案号为________，申请执行人因无法取得有关被执行人（婚姻状况、财产状况和履行能力）的证据，于________年____月____日向本院提出调查被执行人有关（婚姻状况、财产状况和履行能力）的申请，根据《中华人民共和国律师法》第三十五条、《最高人民法院关于民事执行中财产调查若干问题的规定》第一条、《最高人民法院关于依法制裁规避执行行为的若干意见》第二条的规定，本院审查决定，现授权________律师事务所________律师（律师证号：________）到你（单位）处收集、调查以下证据：

1. ×××

……

请你（单位）在核对持令律师身份证明、单位证明无误后，为持令律师查询并提供上述指定证据。不宜提供原件的，可提供复印件，在提供的证据材料上加盖起证明作用的单位骑缝章或印章，注明材料的总页数并由经办人签章。

对本调查令指定调查内容以外的证据，你（单位）有权拒绝向持令律师提供。

不能提供证据或无证据提供，应当在调查令上或以书面形式说明原因，由经办人签名、加盖单位印章后交持令调查的律师。

依据法律和司法解释的规定，有义务协助调查令实施的单位或个人，应当积极协助持令人收集、调查证据。无正当理由拒绝或妨碍调查取证的，人民法院将根据情节轻重，依照《民事诉讼法》第一百一十四条的规定以及其他有关规定予以处罚。

对有协助调查义务的单位或公职人员拒不协助的，人民法院可以向监察机关或者有关机关提出予以纪律处分的司法建议。必要时，可以向当地党委、政府及有关部门通报反馈。

本调查令有效期限为：　　年　月　日至　　年　月　日

此令。

法院联系人：　　　　　　联系电话：

××××××人民法院

年　月　日

（院印）

二、被执行人银行账号的查询

（一）完全不知晓银行账号的情形

根据《最高人民法院关于民事执行中财产调查若干问题的规定》第二条第二款的规定，申请执行人确因客观原因无法自行查明财产的，可以申请人民法院调查。

第十二条进一步规定，被执行人未按执行通知履行生效法律文书确定的义务，人民法院有权通过网络执行查控系统、现场调查等方式向被执行人、有关单位或个人调查被执行人的身份信息和财产信息，有关单位和个人应当依法协助办理。人民法院对调查所需资料可以复制、打印、抄录、拍照或以其他方式进行提取、留存。申请执行人申请查询人民法院调查的财产信息的，人民法院可以根据案件需要决定是否准许。申请执行人及其代理人对查询过程中知悉的信息应当保密。

（二）知晓部分省市联网的银行账号

根据《最高人民法院关于网络查询、冻结被执行人存款的规定》，人民法院与金融机构已建立网络执行查控机制的，可以通过网络实施查询、冻结被执行人存款等措施。

（三）查询已故存款人的银行账号

2019 年 4 月 4 日银保监会会同司法部发布《关于简化查询已故存款人存款相关事宜的通知》。已故存款人的配偶、父母、子女凭已故存款人的死亡证明、可表明亲属关系的文件（如居民户口簿、结婚证、出生证明等）以及本人有效身份证件，公证遗嘱指定的继承人或受遗赠人凭已故存款人的死亡证明、公证遗嘱及本人有效身份证件，可单独或共同向存款所在银行业金融机构提交书面申请，办理存款查询业务。

查询范围包括存款余额、银行业金融机构自身发行或管理的非存款类金融资产的余额。银行业金融机构经形式审查符合要求后，应书面告知申请人所查询余额。对代销且无法确定金额的第三方产品，银行业金融机构应告知申请人到相关机构查询。

但值得注意的是，上述继承人以外的其他人要查询已故存款人存款余额的，仍应办理查询公证。即按照《关于在办理继承公证过程中查询被继承人名下存款等事宜的通知》（司发通〔2013〕78 号）的规定，经公证机构审查确认身份的继承人，可凭公证机构出具的《存款查询函》查询作为被继承人的存款人在各银行业金融机构的存款信息。

存款查询情况告知书

（参考样本）

×××（查询申请人）：

根据您（你们）于××××年××月××日提交的关于×××（已故存款

人）名下个人存款余额、非存款类金融资产信息的查询申请以及相关资料，经查询，现将查询情况告知如下：

一、存款余额情况

存款人姓名（户名）：

存款人身份证件类型及号码：

存款基本情况：

账号/卡号	定期存款到期日（活期可不填）	截至查询日余额	币　种	备　注

二、可确定金额的非存款类金融资产余额：

☐理财产品：________________

☐其他：____________________

（可另纸出具）

×××金融机构（印章）

××××年××月××日

注：

1. 本告知书仅适用于已故存款人存款的查询程序，不得用于其他用途。
2. 对于存款余额，应告知查询日可确定的金额；定期存款应当列明到期时间。
3. 存款如处于冻结等权利受限状态的，请在“备注”栏中注明。
4. 对于理财、基金等非存款类金融资产，无法提供当日净值的，可告知上一交易日净值并向申请查询人予以说明；无法提供净值的，可告知资产购入价款并向申请查询人予以说明。非存款类金融资产难以确定金额的，应告知查询申请人到相应机构办理查询。

三、被执行人财产线索的调查方式

（一）企业工商信息查询

1. 全国企业信用信息公示系统

原国家工商总局的“全国企业信用信息公示系统”可以查询全国各地企业的基本信息，网址：http：//www. gsxt. gov. cn/index. html。

目前已经能查询全部范围内任一家企业的工商登记基本信息，具体包括公司统一社会信用代码、法定代表人、类型、注册资本、成立日期、住所地、营业期限、经营范围、登记机关、经营状态、投资人信息、公司主要备案的高管人员名单、分支机构、清算信息、行政处罚信息等。

2. 各省市级企业信用网

如北京市企业信用信息网，网址：http：//qyxy. scjgj. beijing. gov. cn/。

3. 全国组织机构统一社会信用代码数据服务中心

网址：https：//www. cods. org. cn/，该网站可以查询全国范围内依法注册、登记的企业、个体工商户、事业单位、相关、社会组织及其他组织机构的基本信息。

4. 第三方企业信息查询软件

此类软件一般情况下都一站式汇总工商登记、统一社会信用代码、关联公司、涉诉信息、商标专利和新闻招聘等企业信息。增值服务中还涵盖关联企业和高管名下企业信息，企业财务数据、法院开庭公告和判决文书等。

（二）企业涉诉信息查询

1. 中国裁判文书网

根据《最高人民法院关于人民法院在互联网公布裁判文书的规定》,[①] 除涉及国家秘密、未成年人犯罪、以调解方式结案或者确认人民调解协议效力的（但为保护国家利益、社会公共利益、他人合法权益确有必要公开的除外）、离婚诉讼或者涉及未成年子女抚养、监护的以及人民法院认为不宜在互联网公布的案件以外，全国各级人民法院的裁判文书均应在该网站上公布。该网站仅公布已届判决阶段的案件。网址：http：//wenshu. court. gov. cn/。

2. 各省级高级人民法院网站

一般省级高级人民法院都建有自己的网站，部分网站还可以查询 2014 年之

① 《最高人民法院关于人民法院在互联网公布裁判文书的规定》于 2013 年 11 月 13 日由最高人民法院审判委员会第 1595 次会议通过，自 2014 年 1 月 1 日起施行。于 2016 年 7 月 25 日由最高人民法院审判委员会第 1689 次会议通过修订，自 2016 年 10 月 1 日起施行。

前的部分判决书、开庭公告、执行信息、开庭信息等。

3. 被执行人信息查询平台

最高人民法院从2009年3月30日起向社会开通“全国法院被执行人信息查询”平台。社会各界通过该平台可查询全国法院（不包括军事法院）2007年1月1日以后新收及此前未结的执行案件的被执行人信息。网址：http：//zxgk. court. gov. cn/zhixing/。

4. 失信人名单查询平台

最高人民法院2013年10月8日起向社会开通“全国法院失信被执行人名单信息公布与查询”平台，社会各界通过该平台可查询全国法院（不包括军事法院）失信被执行人名单信息。网址：http：//zxgk. court. gov. cn/shixin/。

5. 涉诉公告信息

可以通过该网站查询全国各级法院所公告的法律文书情况，查询个人或企业的涉诉情况，人民法院公告网，网址：https：//rmfygg. court. gov. cn/。

（三）资产信息查询

1. 国土资源部子网站中国土地市场网

网址：http：//www. landchina. com/。

2. 国家知识产权局专利检索及分析系统

网址：http：//pss – system. cnipa. gov. cn/sipopublicsearch/portal/app/home/declare. jsp。

3. 国家知识产权局商标局中国商标网

网址：http：//sbj. cnipa. gov. cn/。

4. 中国版权保护中心

网址：http：//www. ccopyright. com. cn/。

5. 人民法院诉讼资产网

网址：https：//www. rmfysszc. gov. cn/。

6. 各类司法拍卖平台

如某宝司法拍卖，网址：https：//sf. taobao. com/。

（四）投融资信息

1. 巨潮资讯网

中国证监会指定信息披露网站，网址：www. cninfo. com. cn/。

2. 上海证券交易所

网址：www. sse. com. cn/。

3. 深圳证券交易所

网址：www. szse. cn/。

4. 全国中小企业股份转让系统

网址：http：//www. neeq. com. cn/。

5. 中国货币网

网址：www. chinamoney. com. cn/index. html。

6. 中国债券信息网

网址：www. chinabond. com. cn/d2s/index. html。

7. 中国银行间市场交易商协会

网址：www. nafmii. org. cn/。

8. 和讯网

网址：www. hexun. com/。

企业上市的毕竟不多，但为了融资，除了证券市场外还可以寻求其他的方式如发行债券、短期融资券、中期票据、集合票据等非金融企业债务融资工具进行融资。因此，这些网站以及地方股权交易中心网站，如浙江股权交易中心，也可披露一些企业的信息及经营状况、融资方式、融资规模等。

（五）其他财产的信息查询

1. 土地使用权/不动产所有权

可以在当地房管局、土地管理局或不动产登记中心核查被执行人名下的房地产信息。

2. 机动车

可以在当地车管部门调查被执行人名下车辆信息。

3. 银行存款

从银行现有的信贷资料、工商档案、被查询人与第三方签署的合同、其交易相对方掌握的信息、被查询人涉及的其他执行案件的执行法院掌握的信息中，排查对方的账户信息，并可申请法院直接调查并冻结对方的银行存款。

4. 基金份额

中央国债登记结算有限责任公司是债券查询的相关单位。

5. 有价证券

通过中国证券登记结算有限责任公司，可查询被执行人在全国任何一家证券公司证券营业部的开户和账户所持有的股票数量情况。

6. 矿产权益

企业采矿权、探矿权等矿产权益可通过中华人民共和国自然资源部网站以及全国各地方国土资源部门官方网站查询，自然资源部网址：http：//www. mnr. gov. cn/。

7. 境外财产查询

（1）香港公司注册处网上查册中心（香港网站）

网址：www. icris. cr. gov. hk/csci/。

（2）特拉华州（State of Delaware）

网址：https：//corp. delaware. gov/paytaxes. shtml。

（3）新加坡 ACRA Website

网址：https：//www. acra. gov. sg/home/。

（4）英属维尔京群岛 BVI Financial services Commission

网址：http：//www. bvifsc. vg/。

四、失信人制度及强制执行措施

为推进社会信用体系建设，对失信被执行人进行信用惩戒，促使其自动履行生效法律文书确定的义务，根据《民事诉讼法》的相关规定，最高人民法院制定了《关于公布失信被执行人名单信息的若干规定》。

（一）适用范围

被执行人未履行生效法律文书确定的义务，并具有下列情形之一的，人民法院应当将其纳入失信被执行人名单，依法对其进行信用惩戒：

（1）有履行能力而拒不履行生效法律文书确定义务的；

（2）以伪造证据、暴力、威胁等方法妨碍、抗拒执行的；

（3）以虚假诉讼、虚假仲裁或者以隐匿、转移财产等方法规避执行的；

（4）违反财产报告制度的；

（5）违反限制消费令的；

（6）无正当理由拒不履行执行和解协议的。

如果被执行人具有上述第（2）～（6）项规定情形的，纳入失信被执行人名单的期限为2年。被执行人以暴力、威胁方法妨碍、抗拒执行情节严重或具有多项失信行为的，可延长1～3年。

如果失信被执行人积极履行生效法律文书确定义务或主动纠正失信行为的，人民法院可以决定提前删除失信信息。

另外，被执行人为未成年人的，人民法院不得将其纳入失信被执行人名单。被执行人具有下述情形之一的，法院不得依据被执行人符合“有履行能力而拒不履行生效法律文书确定义务”的规定将其纳入失信被执行人名单：

（1）提供了充分有效担保的；

（2）已被采取查封、扣押、冻结等措施的财产足以清偿生效法律文书确定债务的；

（3）被执行人履行顺序在后，对其依法不应强制执行的；

（4）其他不属于有履行能力而拒不履行生效法律文书确定义务的情形。

（二）名单信息公布

记载和公布的失信被执行人名单信息应当包括：

（1）作为被执行人的法人或者其他组织的名称、统一社会信用代码、法定代表人或者负责人姓名；

（2）作为被执行人的自然人的姓名、性别、年龄、身份证号码；

（3）生效法律文书确定的义务和被执行人的履行情况；

（4）被执行人失信行为的具体情形；

（5）执行依据的制作单位和文号、执行案号、立案时间、执行法院；

（6）人民法院认为应当记载和公布的不涉及国家秘密、商业秘密、个人隐私的其他事项。

（三）强制执行措施

1. 限制高消费措施

根据《最高人民法院关于限制被执行人高消费及有关消费的若干规定》,①人民法院可以采取限制消费措施，限制其高消费及非生活或者经营必需的有关消费。限制消费措施的执行有赖于全国各部门的信息共享及相互配合，同时该措施也反向促进了各系统的有效对接。

2016 年 9 月 25 日，中共中央、国务院颁布《关于加快推进失信被执行人信用监督、警示和惩戒机制建设的意见》；2018 年 7 月 9 日，国家发展改革委办公厅、最高人民法院办公厅、民航局综合司、铁路总公司办公厅公布《关于落实在一定期限内适当限制特定严重失信人乘坐火车、民用航空器有关工作的通知》等，对强制执行的信息化建设起到了重要的推动作用。此外，全国各地方法院也出台配套细则，不同程度地对限制消费措施进行了细化。

---

① 2010 年 5 月 17 日最高人民法院审判委员会第 1487 次会议通过，根据 2015 年 7 月 6 日最高人民法院审判委员会第 1657 次会议通过的《最高人民法院关于修改〈最高人民法院关于限制被执行人高消费的若干规定〉的决定》修正，该修正自 2015 年 7 月 22 日起施行，法释〔2015〕17 号。

根据《最高人民法院关于限制被执行人高消费及有关消费的若干规定》第一条至第四条的规定，采取限制消费措施，一般由申请执行人书面申请并由法院审查决定；必要时，也可以由法院主动依职权启动。若被执行人被纳入失信名单，则应当限制高消费。若被执行人未被纳入失信名单，则并非必须限制高消费，但应考虑被执行人是否有消极履行、规避执行或者抗拒执行的行为以及被执行人的履行能力等因素。

被执行人为自然人的，被采取限制消费措施后，不得有以下高消费及非生活和工作必需的消费行为：

（1）乘坐交通工具时，选择飞机、列车软卧、轮船二等以上舱位；

（2）在星级以上宾馆、酒店、夜总会、高尔夫球场等场所进行高消费；

（3）购买不动产或者新建、扩建、高档装修房屋；

（4）租赁高档写字楼、宾馆、公寓等场所办公；

（5）购买非经营必需车辆；

（6）旅游、度假；

（7）子女就读高收费私立学校；

（8）支付高额保费购买保险理财产品；

（9）乘坐G字头动车组列车全部座位、其他动车组列车一等以上座位等其他非生活和工作必需的消费行为。

被执行人为单位的，被采取限制消费措施后，被执行人及其法定代表人、主要负责人、影响债务履行的直接责任人员、实际控制人不得实施前款规定的行为。如果是因私消费以个人财产实施前款规定行为的，可以向执行法院提出申请。执行法院审查属实的，应予准许。

另外，《关于加快推进失信被执行人信用监督、警示和惩戒机制建设的意见》还进一步明确限制高消费措施的具体内容与措施，包括以下几个方面：

（1）乘坐火车、飞机限制

限制失信被执行人及失信被执行人的法定代表人、主要负责人、实际控制人、影响债务履行的直接责任人员乘坐列车软卧、G字头动车组列车全部座位、其他动车组列车一等以上座位、民航飞机等非生活和工作必需的消费行为。

（2）住宿宾馆饭店限制

限制失信被执行人及失信被执行人的法定代表人、主要负责人、实际控制人、影响债务履行的直接责任人员住宿星级以上宾馆饭店、国家一级以上酒店及其他高消费住宿场所；限制其在夜总会、高尔夫球场等高消费场所消费。

（3）高消费旅游限制

限制失信被执行人及失信被执行人的法定代表人、主要负责人、实际控制人、影响债务履行的直接责任人员参加旅行社组织的团队出境旅游，以及享受旅行社提供的与出境旅游相关的其他服务；对失信被执行人在获得旅游等级评定的度假区内或旅游企业内消费实行限额控制。

（4）子女就读高收费学校限制

限制失信被执行人及失信被执行人的法定代表人、主要负责人、实际控制人、影响债务履行的直接责任人员以其财产支付子女入学就读高收费私立学校。

（5）购买具有现金价值的保险产品限制

限制失信被执行人及失信被执行人的法定代表人、主要负责人、实际控制人、影响债务履行的直接责任人员支付高额保费购买具有现金价值的保险产品。

（6）新建、扩建、高档装修房屋等限制

限制失信被执行人及失信被执行人的法定代表人、主要负责人、实际控制人、影响债务履行的直接责任人员新建、扩建、高档装修房屋，购买非经营必需车辆等非生活和工作必需的消费行为。

2. 其他强制措施

根据《民事诉讼法》的相关规定，一旦被执行人有履行能力而拒不履行生效法律文书确定义务的，则法院可以强制执行被申请执行人的存款、收入、股票、车辆、应收账款、土地、房产等所有可执行的财产；强制被申请执行人返还特定的财物；同时还会判令被执行人加倍支付迟延履行期间的债务利息和支付迟延履行金；有严重情形的将会对被执行人采取限制出入境、罚款、拘留等强制措施。

（四）特殊标的物的强制执行

1. 被执行人的退休金

2002年1月30日发布的《最高人民法院研究室关于执行程序中能否扣划离退休人员离休金退休金清偿其债务问题的答复》中，最高人民法院回复，在离退休人员的其他可供执行的财产或者收入不足偿还其债务的情况下，人民法院可以要求其离退休金发放单位或者社会保障机构协助扣划其离休金或退休金，用以偿还该离退休人员的债务。人民法院在执行时应当为离退休人员留出必要的生活费用。生活费用标准可参照当地的有关标准确定。

2. 被执行人的养老金

2014 年 6 月 24 日，《最高人民法院关于能否要求社保机构协助冻结、扣划被执行人的养老金问题的复函》[（2014）执他字第 22 号]，明确被执行人应得的养老金应当视为被执行人在第三人处的固定收入，属于其责任财产的范围。根据《最高人民法院关于人民法院执行工作若干问题的规定（试行）》第二十九条的规定："被执行人在有关单位的收入尚未支取的，人民法院应当作出裁定，向该单位发出协助执行通知书，由其协助扣留或提取。"因此，人民法院有权冻结、扣划被执行人的养老金。但是，在冻结、扣划前，应当预留被执行人及其所抚养家属必需的生活费用。该复函同时确认社会保障机构作为养老金发放机构，有义务协助人民法院冻结、扣划被执行人应得的养老金。

3. 被执行人配偶的财产

根据《最高人民法院关于在执行工作中规范执行行为切实保护各方当事人财产权益的通知》，在执行程序中变更、追加被执行人的，应严格限定于法律、司法解释明确规定的情形。各级人民法院应严格依照《最高人民法院关于民事执行中变更、追加当事人若干问题的规定》，避免随意扩大、变更、追加范围。

《最高人民法院关于民事执行中变更、追加当事人若干问题的规定》中并未规定可直接追加被执行人配偶的情形，故在执行程序中是无法直接追加被执行人配偶为被执行人的，只能通过另诉解决。如果在产生较大金额的借贷关系时，被执行人配偶也作为共同债务人签字或事后追认该债务的，则可以在审判、执行中，以夫妻双方为共同被告、被执行人，可以执行被执行人配偶的财产。

各地方法院对于该问题也有自己的规定，如《江苏省高级人民法院关于执行疑难问题的解答》① 关于对于被执行人与案外人（含配偶）共有的财产如何执行的问题，该法院认为生效法律文书仅载明被执行人个人为债务人，对于被

① 载江苏法院网，http：//www.jsfy.gov.cn/art/2018/08/22/11_94832.html，最后访问时间：2021 年 4 月 22 日。

执行人配偶名下的存款、股权（股份）、金融理财产品等，婚后登记在被执行人配偶单方名下的房产、车辆以及婚后登记在被执行人和其配偶双方名下的房产、车辆等财产，执行法院可以执行。

4. 未成年子女来历不明的巨额财产

关于被执行人未成年子女名下与其收入明显不相称的较大数额存款，登记在被执行人未成年子女单方名下的房产、车辆或者登记在被执行人和其未成年子女名下的房产等财产的强制执行问题，最高人民法院在（2017）最高法民申3404号判决中指出，父母以未成年子女名义签订案涉房屋购房合同时，其属无劳动能力的限制民事行为能力人，如果未成年人亦未举证证明其通过继承、奖励、父母之外第三人的赠与、报酬、收益等有合法经济来源，法院可以通过综合分析房屋购买时间、产权登记时间、父母的负债情况及购房款的支付，认定登记在未成年人名下的房屋应为家庭共有财产。另外，在《江苏省高级人民法院关于执行疑难问题的解答》中指出，对于被执行人未成年子女名下与其收入明显不相称的较大数额存款，登记在被执行人未成年子女单方名下的房产、车辆或者登记在被执行人和其未成年子女名下的房产等，执行法院可以执行。

5. 被执行人有财产价值的其他财产

在河南省焦作市博爱县人民法院作出的（2016）豫0822执1376号之二民事裁定中，因被执行人窦某至今未履行生效法律文书确定的义务。申请执行人于2016年10月9日向法院申请强制执行，查封被执行人窦某名下手机号码15××××88888。依据生效的民事判决书依法裁定“拍卖被执行人窦某名下手机号码15××××88888”。由于号码具有特殊意义，经过评估，该手机号价值6万元，最终在淘宝网司法拍卖，以20万元的最高价成交。

（五）特殊行为的限制与禁止

1. 限制被执行人出入境

1987年3月10日，最高人民法院、最高人民检察院、公安部、国家安全部联合发布《关于依法限制外国人和中国公民出境问题的若干规定》（〔87〕公发16号），其中规定，对于有未了结民事案件（包括经济纠纷案件）的，由人民法院决定限制出境并执行，同时通报公安机关。

在实施限制出入境措施时，需要逐项填写《口岸阻止人员出境通知书》。在外国人姓名一栏，既写中文又写外文。护照号码前如有外文字母，字母应与数字号码一并填入通知书。控制期限在30天以内。超过控制期限仍需控制的，应重新办理审批交控手续。控制期内已无须再控制的，应立即通知撤控。已超过控制期限，未办理续控或撤控手续的，作自行撤控处理。

2. 禁止被执行人进出高速路

被执行人一旦失信除了无法乘坐飞机、高铁等公共交通工具以外，越来越多地方的法院对于被执行人名下的车辆出行也进行限制，进出高速路收费站将被暂扣。

2017年11月21日，贵州省安顺市中级人民法院与贵州高速公路安顺管理营运中心签订“失信被执行人车辆禁止行驶高速公路”的合作协议。①

2018年1月起，贵州省铜仁市碧江区人民法院依法启动“禁止失信被执行人车辆驶入贵州高速公路网”联合惩戒机制。法院将失信被执行人的车辆信息发送至公安交通管理、高速公路管理等部门，对其名下车辆进行“网上布控”，禁止其车辆驶入贵州高速公路网，并对涉案车辆依法实施扣押等强制措施。②

3. 禁止被执行人的驾驶行为

2016年3月，浙江省丽水市云和县人民法院发出一张限制高消费令，首次将被执行人驾驶的小型汽车纳入高消费行为限制范围。根据生效民事判决书，被执行人应向申请执行人章某某履行40万元付款义务。法院已于2015年12月30日向被执行人发出执行通知书，但被执行人至今未履行。法院向其发出限制高消费令，将“不得驾驶小型轿车”纳入限制范围。③

---

① 参见《贵州安顺与4家公司签订协议 禁止失信被执行人开车上高速》，载信用中国，https://www.creditchina.gov.cn/xinyongdongtai/difangdongtai/201711/t20171122_96833.html，最后访问时间：2021年4月22日。

② 参见《碧江区法院执行出新招：失信被执行人车辆禁止上高速》，载当代先锋网，http://www.ddcpc.cn/fz/201803/t20180302_73596.shtml，最后访问时间：2021年4月22日。

③ 参见《限驾令怎样让失信被执行人“寸步难行”》，载中国日报网，https://baijiahao.baidu.com/s?id=1621057259944680711&wfr=spider&for=pc，最后访问时间：2021年4月22日。

4. 冻结限制驾驶证使用及年审

2015 年 7 月，宁夏回族自治区银川市兴庆区人民法院通过对被执行人马某某的驾驶证进行冻结并不予审核，成功执结一起机动车交通事故损害赔偿案件。该法院已通过冻结失信被执行人的机动车驾驶证并不予审核的方法，执结多起执行案件。同时，该法院执行局与辖区多部门协调，拟进一步扩大冻结“老赖”们的资格证及相关证明，让靠“证”吃饭、靠“证”生活的“老赖”寸步难行，迫使其主动现身履行义务。①

河北省沧州市海兴县法院在一起抚养费案件的执行过程中了解到某长期未结案件的被执行人拥有 B 本驾驶证，并从事货运工作，遂于 2017 年 7 月 13 日冻结被执行人驾驶证，不给其驾驶证年检的机会，消除其对抗执行的“本钱”。②

5. 限制网络支付工具的使用和授信

2015 年 7 月 24 日，最高人民法院与芝麻信用签署对失信被执行人信用惩戒合作备忘录。同月，双方通过专线方式实现数据对接，共享失信被执行人信息，开创第三方商业征信机构首次通过最高人民法院官方授权，通过互联网联合信用惩戒的先河。

芝麻信用会同淘宝、天猫、神州租车、趣分期、我爱我家相寓等各应用平台，在消费金融、蚂蚁小贷、信用卡、P2P、酒店、租房、租车等场景通过网络等渠道全面限制失信被执行人，失信被执行人申请贷款、融资，通过淘宝或天猫平台购买机票、列车软卧、保险理财产品及非经营必需车辆、旅游、度假产品等，预定三星级以上宾馆、酒店，在互联网的奢侈品交易等高消费行为等均受到限制。③

---

① 参见《驾照被冻结“老赖”难出行》，载搜狐网，https：//www. sohu. com/a/31481480_142137，最后访问时间：2021 年 4 月 22 日。

② 参见《冻结驾驶证，限制驾驶证年检》，载搜狐网，https：//www. sohu. com/a/297416999_120047091，最后访问时间：2021 年 4 月 22 日。

③ 参见《最高法院联手芝麻信用惩戒失信见成效》，载《人民法院报》，http：//rmfyb. chinacourt. org/paper/html/2015 -12/21/content_ 106211. htm？div = -1，最后访问时间：2021 年 4 月 22 日。

6. 限制被执行人的通信权利

2017 年，山东省高级人民法院协同省通信管理公司通过通信网络对“老赖”施以惩戒。山东省淄博市张店区人民法院由山东省淄博市中级人民法院指定为试点法院，张店区人民法院向移动、联通、电信三大通信公司发出《协助执行通知书》，请通信公司予以协助执行，在全国率先对“老赖”实施通信限制。张店区人民法院执行一庭庭长韩法官介绍：“所谓通信限制，就是失信被执行人在拨打或者接听电话的时候，接通之前会播放一段语音，将该机主的失信信息通过电信网络系统向社会公布，或者通过短信形式向机主及其联系人发送。”①

另外，2017 年 9 月 1 日起，贵州省多个市州法院为失信被执行人的手机定制“失信人彩铃”。② 除此之外，重庆市江津区人民法院、③ 安徽省芜湖市两级人民法院、④ 湖北省襄阳市两级法院⑤等全国各地的法院纷纷采取为失信人设定“失信人彩铃”的措施，这样失信被执行人的“生存”空间将被不断地“压缩”。

最高人民法院院长信箱对该举措也作出积极的肯定，并表示“为失信被执行人设置失信铃声不在上述惩戒范围之内。您的建议非常有价值，我们将会同有关部门研究探索该项惩戒措施”。

7. 对被执行人手机进行定位

2018 年 6 月 4 日，安徽省临泉县人民法院与三大通信公司即中国移动、中国电信、中国联通临泉县分公司联合印发《关于对失信被执行人进行通信限制

---

① 参见《最让“老赖”崩溃的大招终于来了，最高法院都给出了肯定意见!》，载搜狐网，https://www. sohu. com/a/148438362_ 711205，最后访问时间：2021 年 4 月 22 日。

② 参见《贵州多地法院推行“失信彩铃”惩戒失信行为》，载《工人日报》2017 年 9 月 11 日，第 3 版。

③ 参见《失信被执行人的专属彩铃，请查收!》，载全国法院切实解决执行难信息网，http://jszx. court. gov. cn/main/weixinnews/14605. jhtml，最后访问时间：2021 年 4 月 22 日。

④ 参见《安徽芜湖千余名“老赖”被开通失信彩铃，还债后才能取消》，载澎湃新闻网，https://www. thepaper. cn/newsDetail_ forward_ 1784400，最后访问时间：2021 年 4 月 22 日。

⑤ 湖北襄阳：《执行攻坚　步步为“赢”》，载全国法院切实解决执行难信息网，http://jszx. court. gov. cn/main/ExecuteNews/136179. jhtml，最后访问时间：2021 年 4 月 22 日。

和手机定位的实施办法》，[①] 通过三大通信公司对失信被执行人的通信进行限制和手机定位，从而达到加大对失信被执行人惩戒力度，推进联合惩戒机制的高效运行。

8. 被执行人可被强制解除劳动合同

在上海市金山区人民法院（2019）沪0116民初6331号案件中，法院经审理后认为："根据《劳动合同法》第三十九条，劳动者在试用期间被证明不符合录用条件的或者严重违反用人单位的规章制度的，用人单位可以解除劳动合同。根据原、被告之间的劳动合同第十二条第四款：'乙方（即被告）承诺其在录用过程中向甲方（即原告）提供的与本合同直接相关的基本情况与信息真实有效。此类信息如有变化乙方应及时通知甲方，乙方如未及时通知或提供虚假信息的，将自行承担由此产生的法律责任。'根据《松江经济技术开发区人事管理办法》（试行稿）第三十三条第五项，职工违反国家法律法规、后果严重或违法犯罪依法判刑的，予以开除。"而"法律处罚除了行政处罚和刑事处罚外，尚有司法处罚和惩戒。被告涉及民事诉讼是自然人正常的民事活动，但被告拒不主动履行人民法院生效判决被列为被执行人并被限制高消费，其行为已经失信并违法。根据公开信息，被告作为被执行人与申请人达成和解协议后再次无正当理由拒不履行且全部未履行。本次诉讼过程中，被告亦无任何证据证明或通过话语、行动等方式向本院表示其有诚意或已经履行部分给付义务。故人民法院将被告列为失信被执行人并向社会予以公布是因其违反法律并严重失信而对其采取的司法惩戒措施，督促其早日履行法律义务。被告主张的不履行人民法院生效判决、被列为失信被执行人没有违法及只有被行政处罚、刑事处罚才是后果严重的答辩意见，本院难以同意。故被告之行为符合该办法第三十三条，原告可以解除劳动合同"。

9. 被执行人在海外仍无法避免制裁

2014年，石家庄商人颜某某从中信银行贷款5000万元人民币之后举家逃往加拿大。不列颠哥伦比亚最高法院裁决判令颜某某应服从石家庄仲裁委员会支

① 参见《关于印发〈关于对失信被执行人进行通信限制和手机定位的实施办法〉的通知》，载安徽省临泉县人民法院，http：//lqxfy. chinacourt. gov. cn/article/detail/2018/06/id/3335655. shtml，最后访问时间：2021年4月22日。

持银行诉求的判决。女法官谢莉·菲茨帕特里克判令颜某某必须遵守石家庄仲裁委员会2016年3月的裁决：全额偿还贷款，外加217万元人民币的利息。①

10. 通过手机应用软件限制被执行人

2017年8月，北京市朝阳区人民法院针对171名被执行人，向北京奇虎科技有限公司发送协助执行通知书，通过该公司开发运营的“360手机卫士”App，协助法院以电话号码标注的方式对上述被执行人进行公布。凡安装“360手机卫士”App的用户，无论是拨打还是接到被执行人的电话，手机屏幕上均会显示“某某已被纳入失信被执行人名单”的提示字样。这种做法在全国法院系统也属于首次，法院希望借助这样的方式，发挥失信被执行人信用惩戒功能开辟的新路径，将进一步提高执行的威慑力。②

2017年8月18日，河南省高级人民法院与今日头条正式联手打造全国首家省级法院被执行人网络曝光平台，充分利用豫法阳光政务头条号矩阵开展“被执行人曝光”活动，助力解决执行难问题。③

11. 公告悬赏提供执行财产线索

《最高人民法院关于民事执行工作中财产调查若干问题的规定》④ 第二十一条第一款规定：“被执行人不履行生效法律文书确定的义务，申请执行人可以向人民法院书面申请发布悬赏公告查找可供执行的财产。”第二十二条规定：“人民法院决定悬赏查找财产的，应当制作悬赏公告。悬赏公告应当载明悬赏金的数额或计算方法、领取条件等内容。悬赏公告应当在全国法院执行悬赏公告平台、法院微博或微信等媒体平台发布，也可以在执行法院公告栏或被执行人住所地、经常居住地等处张贴。申请执行人申请在其他媒体平台发布，并自愿承

---

① 参见《中国“老赖”跑路加拿大 当地法院冻结其资产》，载参考消息网，http://news.cri.cn/old/20170228/ebae8c99-f86e-fa0e-82bb-ddb8120b3ba4.html，最后访问时间：2021年4月22日。

② 参见《朝阳法院联手360App“老赖”来电号码将被标注》，载搜狐网，https://www.sohu.com/a/167964483_161623，最后访问时间：2021年4月22日。

③ 参见《头条精准曝光 被执行人急报到》，载映象网，http://gov.hnr.cn/fy/20170914/332055/index.html，最后访问时间：2021年4月22日。

④ 2017年1月25日最高人民法院审判委员会第1708次会议通过，根据2020年12月23日最高人民法院审判委员会第1823次会议通过的《最高人民法院关于修改〈最高人民法院关于人民法院扣押铁路运输货物若干问题的规定〉等十八件执行类司法解释的决定》修正。

担发布费用的，人民法院应当准许。”截至本书截稿之日，我们通过公开的某度搜索引擎并输入“执行悬赏公告”的关键字，基本可以搜索到上万条与之相关的资讯，其中全国各地的法院都在以各种方式对外发布执行悬赏公告，其中包括有固定悬赏金额的，也有根据执行到位的金额按照比例支付悬赏金额的。

2017 年 9 月 5 日，广东省清远市中级人民法院与人保财险清远分公司签约，正式启动“执行悬赏保险”合作。申请执行人仅需缴纳悬赏金额的 1/10，即可以 10 倍保费高额悬赏，更有利于举报人积极提供“老赖”财产等线索。[①]

（六）国家层面全面加强联合惩戒

在中共中央办公厅、国务院办公厅印发的《关于加快推进失信被执行人信用监督、警示和惩戒机制建设的意见》中，为加快推进失信被执行人信用监督、警示和惩戒机制建设，提出一系列由全国各地区各部门加强联合惩治的诸多举措，对失信被执行人设立金融类机构、从事民商事行为、享受优惠政策、担任重要职务等方面全面进行限制。

1. 从事特定行业或项目限制

从事特定行业或项目的限制，具体内容如下：

（1）设立金融类公司限制

将失信被执行人相关信息作为设立银行业金融机构及其分支机构，以及参股、收购银行业金融机构审批的审慎性参考，作为设立证券公司、基金管理公司、期货公司审批，私募投资基金管理人登记的审慎性参考。限制失信被执行人设立融资性担保公司、保险公司。

（2）发行债券限制

对失信被执行人在银行间市场发行债券从严审核，限制失信被执行人公开发行公司债券。

（3）合格投资者额度限制

在合格境外机构投资者、合格境内机构投资者额度审批和管理中，将失信情况作为审慎性参考依据。

---

① 参见《“执行悬赏保险”创新执行攻坚》，载中国法院网，https：//www. chinacourt. org/article/detail/2017/09/id/2993257. shtml，最后访问时间：2021 年 4 月 22 日。

（4）股权激励限制

失信被执行人为境内国有控股上市公司的，协助中止其股权激励计划；失信被执行人为境内国有控股上市公司股权激励对象的，协助终止其行权资格。

（5）股票发行或挂牌转让限制

将失信被执行人信息作为股票发行和在全国中小企业股份转让系统挂牌公开转让股票审核的参考。

（6）设立社会组织限制

将失信被执行人信息作为发起设立社会组织审批登记的参考，限制失信被执行人发起设立社会组织。

（7）参与政府投资项目或主要使用财政性资金项目限制

协助人民法院查询政府采购项目信息；依法限制失信被执行人作为供应商参加政府采购活动；依法限制失信被执行人参与政府投资项目或主要使用财政性资金项目。

2. 政府支持或补贴限制

（1）获取政府补贴限制

限制失信被执行人申请政府补贴资金和社会保障资金支持。

（2）获得政策支持限制

在审批投资、进出口、科技等政策支持的申请时，查询相关机构及其法定代表人、实际控制人、董事、监事、高级管理人员是否为失信被执行人，作为其享受该政策的审慎性参考。

3. 任职资格限制

（1）担任国企高管限制

失信被执行人为个人的，限制其担任国有独资公司、国有资本控股公司董事、监事、高级管理人员，以及国有资本参股公司国有股权方派出或推荐的董事、监事、高级管理人员；已担任相关职务的，按照有关程序依法免去其职务。

（2）担任事业单位法定代表人限制

失信被执行人为个人的，限制其登记为事业单位法定代表人。

（3）担任金融机构高管限制

限制失信被执行人担任银行业金融机构、证券公司、基金管理公司、期货公司、保险公司、融资性担保公司的董事、监事、高级管理人员。

（4）担任社会组织负责人限制

失信被执行人为个人的，限制其登记或备案为社会组织负责人。

（5）招录（聘）为公务人员限制

限制招录（聘）失信被执行人为公务员或事业单位工作人员，在职公务员或事业单位工作人员被确定为失信被执行人的，失信情况应作为其评先、评优、晋职晋级的参考。

（6）入党或党员的特别限制

将严格遵守法律、履行生效法律文书确定的义务情况，作为申请加入中国共产党、预备党员转为正式党员以及党员评先、评优、晋职晋级的重要参考。

（7）担任党代表、人大代表和政协委员限制

失信被执行人为个人的，不作为组织推荐的各级党代会代表、各级人大代表和政协委员候选人。

（8）入伍服役限制

失信被执行人为个人的，将其失信情况作为入伍服役和现役、预备役军官评先、评优、晋职晋级的重要参考。

4. 准入资格限制

（1）海关认证限制

限制失信被执行人成为海关认证企业；在失信被执行人办理通关业务时，实施严密监管，加强单证审核或布控查验。

（2）从事药品、食品等行业限制

对失信被执行人从事药品、食品安全行业从严审批；限制失信被执行人从事危险化学品生产经营储存、烟花爆竹生产经营、矿山生产和安全评价、认证、检测、检验等行业；限制失信被执行人担任上述行业单位主要负责人及董事、监事、高级管理人员，已担任相关职务的，按规定程序要求予以变更。

（3）房地产、建筑企业资质限制

将房地产、建筑企业不依法履行生效法律文书确定的义务情况，记入房地产和建筑市场信用档案，向社会披露有关信息，对其企业资质作出限制。

5. 荣誉和授信限制

（1）授予文明城市、文明村镇、文明单位、文明家庭、道德模范、慈善类

奖项限制

将履行人民法院生效裁判情况作为评选文明村镇、文明单位、文明家庭的前置条件，作为文明城市测评的指标内容。有关机构及其法定代表人、实际控制人、董事、监事、高级管理人员为失信被执行人的，不得参加文明单位、慈善类奖项评选，列入失信被执行人后取得的文明单位荣誉称号、慈善类奖项予以撤销。失信被执行人为个人的，不得参加道德模范、慈善类奖项评选，列入失信被执行人后获得的道德模范荣誉称号、慈善类奖项予以撤销。

（2）律师和律师事务所荣誉限制

协助人民法院查询失信被执行人的律师身份信息、律师事务所登记信息；失信被执行人为律师、律师事务所的，在一定期限内限制其参与评先、评优。

（3）授信限制

银行业金融机构在融资授信时要查询拟授信对象及其法定代表人、主要负责人、实际控制人、董事、监事、高级管理人员是否为失信被执行人，对拟授信对象为失信被执行人的，要从严审核。

6. 特殊市场交易限制

从事不动产交易、国有资产交易限制协助人民法院查询不动产登记情况，限制失信被执行人及失信被执行人的法定代表人、主要负责人、实际控制人、影响债务履行的直接责任人员购买或取得房产、土地使用权等不动产；限制失信被执行人从事土地、矿产等不动产资源的开发利用，参与国有企业资产、国家资产等国有产权交易。

（1）使用国有林地限制

限制失信被执行人申报使用国有林地项目；限制其申报重点林业建设项目。

（2）使用草原限制

限制失信被执行人申报草原征占用项目；限制其申报承担国家草原保护建设项目。

（3）其他国有自然资源利用限制

限制失信被执行人申报水流、海域、无居民海岛、山岭、荒地、滩涂等国有自然资源利用项目以及重点自然资源保护建设项目。

7. 协助查询控制及出境限制

协助人民法院依法查询失信被执行人身份、出入境证件信息及车辆信息，协助查封、扣押失信被执行人名下的车辆，协助查找、控制下落不明的失信被执行人，限制失信被执行人出境。

8. 加强日常监管检查

将失信被执行人和以失信被执行人为法定代表人、主要负责人、实际控制人、董事、监事、高级管理人员的单位，作为重点监管对象，加大日常监管力度，提高随机抽查的比例和频次，并可依据相关法律法规对其采取行政监管措施。

9. 加大刑事惩戒力度

公安机关、检察机关和人民法院对拒不执行生效判决、裁定以及其他妨碍执行构成犯罪的行为，要及时依法侦查、提起公诉和审判。

10. 鼓励其他方面限制

鼓励各级党政机关、人民团体、社会组织、企事业单位使用失信被执行人名单信息，结合各自主管领域、业务范围、经营活动，实施对失信被执行人的信用监督、警示和惩戒。

（七）网络信息公开配合执行措施

1. 面向社会公布失信被执行人信息

《最高人民法院关于公布失信被执行人名单信息的若干规定》规定，各级人民法院应当将失信被执行人名单信息录入最高人民法院失信被执行人名单库，并通过该名单库统一向社会公布。各级人民法院可以根据各地实际情况，将失信被执行人名单通过报纸、广播、电视、网络、法院公告栏等其他方式予以公布，并可以采取新闻发布会或者其他方式对本院及辖区法院实施失信被执行人名单制度的情况定期向社会公布。

人民法院应当将失信被执行人名单信息，向政府相关部门、金融监管机构、金融机构、承担行政职能的事业单位及行业协会等通报，供相关单位依照法律、法规和有关规定，在政府采购、招标投标、行政审批、政府扶持、融资信贷、市场准入、资质认定等方面，对失信被执行人予以信用惩戒。人民法院应当将失信被执行人名单信息向征信机构通报，并由征信机构在其征信系统中记录。失信被执行人是国家工作人员的，人民法院应当将其失信情况通报其所在单位。

失信被执行人是国家机关、国有企业的，人民法院应当将其失信情况通报其上级单位或者主管部门。

2. 查询信息共享与网络执行查控

2016 年 1 月 31 日最高人民法院和公安部联合下发《关于建立快速查询信息共享及网络执行查控协作工作机制的意见》，其中包括多项部门合作的内容。

（1）快速查询信息共享协作

最高人民法院提供包括执行案件信息、失信被执行人信息、司法审判信息与公安部共享。公安部则提供被告及被执行人的身份信息、诉讼保全被告的出入境证件信息、被执行人出入境证件及出入境信息、诉讼保全被告及被执行人的车辆登记信息、被执行人旅店住宿信息与最高人民法院实现信息共享。

（2）网络执行查控协作

双方协作的工作内容主要包括协助限制出境、协助查找车辆、协助查找被执行人，并由最高人民法院建立全国执行指挥系统，统一指挥、协调，负责督导各省之间的查控执行工作。

3. 执行终结后定期查询被执行人财产

《最高人民法院关于严格规范终结本次执行程序的规定（试行)》第九条第二款明确规定："终结本次执行程序后的五年内，执行法院应当每六个月通过网络执行查控系统查询一次被执行人的财产，并将查询结果告知申请执行人。符合恢复执行条件的，执行法院应当及时恢复执行。"

（八）追究被执行人的刑事责任

《刑法》第三百一十三条规定："对人民法院的判决、裁定有能力执行而拒不执行，情节严重的，处三年以下有期徒刑、拘役或者罚金；情节特别严重的，处三年以上七年以下有期徒刑，并处罚金。单位犯前款罪的，对单位判处罚金，并对其直接负责的主管人员和其他直接责任人员，依照前款的规定处罚。"

《最高人民法院关于审理拒不执行判决、裁定刑事案件适用法律若干问题的解释》明确以下八种行为应作为《刑法》第三百一十三条的解释中规定的"其他有能力执行而拒不执行，情节严重的情形"，应当以拒不执行判决、裁定罪处罚。

（1）具有拒绝报告或者虚假报告财产情况、违反人民法院限制高消费及有关消费令等拒不执行行为，经采取罚款或者拘留等强制措施后仍拒不执行的；

（2）伪造、毁灭有关被执行人履行能力的重要证据，以暴力、威胁、贿买方法阻止他人作证或者指使、贿买、胁迫他人作伪证，妨碍人民法院查明被执行人财产情况，致使判决、裁定无法执行的；

（3）拒不交付法律文书指定交付的财物、票证或者拒不迁出房屋、退出土地，致使判决、裁定无法执行的；

（4）与他人串通，通过虚假诉讼、虚假仲裁、虚假和解等方式妨害执行，致使判决、裁定无法执行的；

（5）以暴力、威胁方法阻碍执行人员进入执行现场或者聚众哄闹、冲击执行现场，致使执行工作无法进行的；

（6）对执行人员进行侮辱、围攻、扣押、殴打，致使执行工作无法进行的；

（7）毁损、抢夺执行案件材料、执行公务车辆和其他执行器械、执行人员服装以及执行公务证件，致使执行工作无法进行的；

（8）拒不执行法院判决、裁定，致使债权人遭受重大损失的。

如果申请执行人有证据证明负有执行义务的人拒不执行判决、裁定，侵犯申请执行人的人身、财产权利，应当依法追究刑事责任的，但申请执行人曾经提出控告，而公安机关或者人民检察院对负有执行义务的人不予追究刑事责任的，则人民法院认为符合《刑事诉讼法》第二百零四条第（三）项规定的，可以以自诉案件立案审理。

同时对于拒不执行支付赡养费、扶养费、抚育费、抚恤金、医疗费用、劳动报酬等判决、裁定的，可以酌情从重处罚。

五、支付宝与微信调查取证流程指南

随着网络支付的受众群越发庞大，被执行人的财产线索已经不再局限于银行、金融公司等金融机构，更多的人开始使用支付宝、微信等作为个人资产存储以及支付的平台。这些网络支付平台现在已经开始涉足个人理财的业务，购买理财产品操作便利，越来越受到年轻人的青睐。因此，如果被执行人的可执行资产都存储在此类网络平台上，我们就必须了解如何向这些网络平台取证，下面以市面上最为热门的两大网络平台支付宝与微信为例进行说明。

（一）支付宝信息的调查取证

1. 调查方式

支付宝（中国）网络技术有限公司要求必须有两名承办律师持调查令进行调查，其中至少有一名承办律师必须亲自前往杭州实地调查，同时需要携带另一名调查律师的律师执业证原件，或者至少需要提供另外一名律师的律师执业证复印件。如果是法官进行调查的，则还可以选择邮寄协查函的方式。

调查令必须明确需查询的账户及需求，一般包括支付宝账户注册信息即账户开户信息、余额信息以及支付宝账户的资金流水信息，还需要写明律师的联系方式。

如果需要查询的是淘宝店铺的账号，则需要提供店铺的旺旺昵称，不能仅提供店铺名字；如果需要查询的是支付宝资金，同时还需要采取冻结、划扣、解冻等措施的，则虽然调查令或协查函上的调查对象仍应写明支付宝（中国）网络技术有限公司，但相关事宜需要联系蚂蚁金服的安全协作中心进行协查。

2. 调查流程

律师应当出示纸质的调查令及相关证件，并向工作人员提供一个可收到快递的联系地址。一般情况下支付宝公司会在 2 ~ 5 个工作日内将调取的资料快递到指定的地址。所有的资料都会刻在光盘中，光盘上会加盖支付宝的公章。

（二）微信信息的调查取证

1. 调查对象

微信用户、微信公众号、微信小程序的注册信息由深圳市腾讯计算机系统有限公司管理；有关微信钱包的账户转账记录则由财付通支付科技有限公司管理。

2. 调查方式

（1）向腾讯公司申请协助调查的，法院可以通过司法专递邮寄协助调查函的方式，律师个人可以通过法院向律师出具调查令，由律师持调查令前往办理。但需要注意的是，为了保护个人隐私，所有的调查结果都会直接邮寄给承办法官本人。

（2）向财付通公司调取支付账户记录的，律师个人可以通过法院开具的调查令前往调查，但如果需要对涉案支付账号申请冻结的，则只能由两位法院工作人员持工作证件前往腾讯公司法务部办理。

另需指出的是，腾讯公司不保存用户聊天数据，所以无法提供微信聊天记录的查询。

3. 调查流程

律师个人需要持有法院开具的调查令，调查令上的被调查单位需写明“财付通支付科技有限公司”或“深圳市腾讯计算机系统有限公司”，必须使用公司准确的全称。

调查令上的所有内容必须是打印文字，不能有任何手写内容，否则被调查单位一般情况下会拒收。另外，调查令必须注明有效期并在有效期内，同时需要在空白处注明律师的联系方式及地址，方便公司核实信息以及寄送相关材料。

如果律师持有的调查令存在瑕疵，则可以将案件编号信息留给腾讯公司法务部的工作人员，并按照他们的要求由法院重新开具调查令。调查令开具后，律师无须再次亲自前往，可以直接将调查令邮寄给腾讯公司法务部并提供邮寄地址，但需要注意的是，邮寄地址必须是法院的地址，因为腾讯公司只会将调查结果直接邮寄给法院的承办法官。

另外，律师还需要注意一些细节问题，比如提前确认调查令上的两位律师，是否必须一同前往才可以开展调查。

第二节 债权催收

一、公告债权催收的效力认定

案例2－1 陈昭某、陈某民间借贷纠纷案

一审法院： 江苏省淮安市中级人民法院（2015）淮中民初字第00098号

二审法院：江苏省高级人民法院（2016）苏民终261号

再审法院：最高人民法院（2017）最高法民再178号

案例主旨：用公告的方式催收债权或要求保证人承担责任的，必须符合法定条件，否则将不能起到诉讼时效中断的效果。

2013年4月18日，胡秀某因经营需要，向陈某借款450万元，双方签订借款协议一份。同日，陈昭某向陈某出具担保函，对胡秀某的债务承担连带责任。后借款到期，在索款无果的情况下，陈某于2013年10月28日在《淮海商报》上对保证人陈昭某进行公告，内容为：你为淮安HY科技有限公司胡秀某向陈某借款450万元予以担保，现该借款逾期未还，请你履行担保责任，代为偿还借款。

二审法院认为，陈某于2013年10月28日在淮安市《淮海商报》上刊登公告，要求陈昭某承担案涉借款的担保责任，应当认定陈某的行为符合关于"债权人应当在保证期间届满前向保证人主张权利"的要求。陈某于2015年4月24日向法院起诉请求陈昭某承担保证责任，并未超出两年的诉讼时效。陈昭某在二审中提出陈某刊登公告的《淮海商报》系淮安日报社主办的副刊性报纸，不属于法律规定的国家或省级有影响的媒体，且陈昭某并非下落不明，故陈某刊登公告的行为不产生法律效力，陈昭某不应承担担保责任。二审法院认为，连带责任保证的债权人应当在保证期间届满前向保证人主张权利的问题，与诉讼时效中断相关规定所解决的是两个不同的问题，两者之间既不矛盾也不冲突。且法律法规也并未规定债权人必须要在国家级或省级有影响的媒体刊登公告主张权利。因此，二审法院认可一审法院判决陈昭某对案涉450万元借款本金承担连带还款责任的结果。

但最高人民法院撤销了二审法院的上述判决。最高人民法院认为，关于保证期间内债权人向保证人主张权利的方式，在连带责任保证中，债权人必须"要求保证人承担保证责任"。就债权人应当以何种方式"要求保证人承担保证责任"这一问题，学说上一般认为，"要求保证人承担保证责任"的表述与诉讼时效中断情形所使用的"权利人向义务人提出履行请求"的意义相若，可以相互参照。

在既往的司法实践中，最高人民法院民事审判第二庭于2002年11月22日在《关于担保期间债权人向保证人主张权利的方式及程序问题的请示》（〔2002〕民二他字第32号）中就这一问题统一了司法尺度。该答复函明确，债权人向保证人主张权利的方式包括“提起诉讼”和“送达清收通知书”等，其中“送达”既可由债权人本人送达，也可以委托公证机关送达或公告送达（在全国或省级有影响的报纸上刊发清收债权公告）。

根据上述学说和最高人民法院一贯的司法尺度，在连带责任保证中，债权人向保证人主张权利的方式，可以参照《民法典》第一百九十五条的规定：“有下列情形之一的，诉讼时效中断，从中断、有关程序终结时起，诉讼时效期间重新计算：

（一）权利人向义务人提出履行请求；

（二）义务人同意履行义务；

（三）权利人提起诉讼或者申请仲裁；

（四）与提起诉讼或者申请仲裁具有同等效力的其他情形。”

根据上述规定，可以认定债权人在保证期间内以提起诉讼、申请仲裁、采用直接、委托或公告送达清收通知书等方式向保证人主张权利，或者保证人自行认诺愿意承担保证责任的，都可以产生解除保证期间、开始计算诉讼时效的法律效果。

就公告送达方式的适用条件，《最高人民法院关于审理民事案件适用诉讼时效制度若干问题的规定》第八条第（四）项规定，符合“当事人一方下落不明，对方当事人在国家级或者下落不明的当事人一方住所地的省级有影响的媒体上刊登具有主张权利内容的公告的，但法律和司法解释另有特别规定的，适用其规定”的情形，应当认定为《民法典》第一百九十五条规定的“权利人向义务人提出履行请求”，产生诉讼时效中断的效力。

本案中，被申请人陈某和申请人陈昭某均一致认可，在保证期间内，保证人陈昭某一直在其任职的单位正常上班和履职，故本案中并不存在因陈昭某下落不明导致债权人无法在保证期间内向其主张权利的情形，且从陈某选择的公告媒体来看，《淮海商报》亦并非省级有影响力的媒体。故本案中被申请人陈某以在《淮海商报》上刊登公告的方式向保证人主张权利，不符合法律规定，依法不能产生主张权利的法律效果。被申请人陈某关于其在保证期间内亲自、委托他人到陈昭某处要求其承担责任的诉讼主张，事实依据不足，法院不予采信。原审判决关于《最高人民法院关于审理民事案件适用诉讼时效制度若干问题的规定》中关于公告送达的规定不适用于保证期间的认定，系对法律和司法解释规定的错误理解。最终，最高人民法院对此予以纠正。

根据上述案例，我们可以看出，如果需要用公告的方式催收债权或要求保证人承担责任，并能起到诉讼时效中断效果的，必须符合以下条件：

（1）保证人必须处于下落不明状态，且债权人无法采用其他直接送达的方式向其主张权利。这一前提要件表明，债权人要求保证人承担责任的意思表示，原则上必须由保证人实际受领或能够实际受领方能发生法律效力，只有在保证人下落不明时导致无法受领的情况下，才能以公告送达这一拟制受领的方式主张权利。

（2）公告的内容需有主张权利的意思表示。

（3）公告的媒体应当是国家级或者保证人住所地省级有影响的媒体。

二、各种债权催收的方法

（一）不当得利之债

根据《民法典》第一百二十二条的规定，因他人没有法律根据，取得不当利益，受损失的人有权请求其返还不当利益。第九百八十五条进一步规定，得利人没有法律根据取得不当利益的，受损失的人可以请求得利人返还取得的利益。根据这种债务的法律性质，债权人在催收此类债务时需要注意以下问题：

（1）返还的不当利益，应当包括原物和原物所生的孳息。但利用不当得利取得的其他利益扣除劳务管理费用后，应当予以收缴。也就是说，债权人的请求权仅限于请求返还不当利益本身以及基于该利益所产生的孳息（若有），但利用不当得利取得的其他利益是不能要求返还的。

（2）如果债权人向不当得利者要求返还不当得利，不当得利者没有任何正当理由拒不返还的，债权人可以依法在不当得利者住所地的基层人民法院起诉，要求返还不当得利。

（3）一般情况下，不当利益以返还原物为主，如果原物已经无返还的可能性，则应当按照原物的价值折算成金钱予以偿还。

（二）诉讼时效届满之债

根据《民法典》第一百八十八条以及第一百九十二条的规定，债权人向人民法院请求保护债权的诉讼时效期间为 3 年，诉讼时效期间届满，债务人可以提出不履行义务的抗辩，即债权人将无法通过法院诉讼的方式索要债权。但是如果诉讼时效期间届满后，债务人同意返还债务的，则不得以诉讼时效期间届满为由向法院抗辩；债务人已自愿履行的债务，也不得向债权人请求返还。但最高人民法院对于诉讼时效届满后重新确认债权有如下指导意见：

（1）《最高人民法院关于审理民事案件适用诉讼时效制度若干问题的规定》第十九条第一款规定：“诉讼时效期间届满，当事人一方向对方当事人作出同意履行义务的意思表示或者自愿履行义务后，又以诉讼时效期间届满为由进行抗辩的，人民法院不予支持。”例如，诉讼时效期间届满后，债务人在债权人发出的对账单、确认书、欠条等书面文件上签字或盖章，或债权人有其他证据证明债务人同意继续履行债务，则债务人无法再以诉讼时效届满为抗辩理由，人民法院可以继续保护债权。

（2）《最高人民法院关于超过诉讼时效期间借款人在催款通知单上签字或者盖章的法律效力问题的批复》（法释〔1999〕7号）规定：“对于超过诉讼时效期间，信用社向借款人发出催收到期贷款通知单，债务人在该通知单上签字或者盖章的，应当视为对原债务的重新确认，该债权债务关系应受法律保护。”

（3）《最高人民法院关于超过诉讼时效期间后债务人向债权人发出确认债务的询证函的行为是否构成新的债务的请示的答复》（〔2003〕民二他字第59号）指出：“重庆嘉陵企业公司华西国际贸易公司于诉讼时效期间届满后主动向中国农业银行重庆市渝中区支行发出询证函核对贷款本息的行为，与本院法释〔1999〕7号《关于超过诉讼时效期间借款人在催款通知单上签字或盖章的法律效力问题的批复》所规定的超过诉讼时效期间后借款人在信用社发出的催款通知单上签字或盖章的行为类似，因此，对债务人于诉讼时效期间届满后主动向债权人发出询征函核对贷款本息行为的法律后果问题可参照本院上述《关于超过诉讼时效期间借款人在催款通知单上签字或盖章的法律效力问题的批复》的规定进行认定和处理。”

（三）抵押权之债

《民法典》第三百九十四条规定：“为担保债务的履行，债务人或者第三人不转移财产的占有，将该财产抵押给债权人的，债务人不履行到期债务或者发生当事人约定的实现抵押权的情形，债权人有权就该财产优先受偿。前款规定的债务人或者第三人为抵押人，债权人为抵押权人，提供担保的财产为抵押财产。”

抵押权设立的最主要的目的在于以担保财产的交换价值确保债权最终得以

清偿。享有抵押权之债的债权人比一般的债权人具有更多的催债优势。但需要特别注意的是，以不动产设立抵押权的，应当办理抵押登记，抵押权自登记时设立。同时还需要对抵押期间不动产是否可以转让进行特别约定，否则无法限制不动产的转让。

然而，债权人即使取得抵押权，也并不意味着债务的履行就毫无风险了。在催收此类债务时必须时刻关心抵押物的价值。原则上抵押人所担保的债权不得超出其抵押物的价值，这样才能保障抵押物的交换价值可以完全覆盖所有债务。同时，在债务到期后抵押权人应及时主张行使受偿优先权和费用偿还请求权。

另外，《民法典》第四百零一条规定："抵押权人在债务履行期限届满前，与抵押人约定债务人不履行到期债务时抵押财产归债权人所有的，只能依法就抵押财产优先受偿。"也就是说，抵押合同中不能约定，在债务到期后，债权人可以直接获得抵押物。债权人应当依据《民法典》第四百一十条的规定，与抵押人协议以抵押财产折价或者以拍卖、变卖该抵押财产所得的价款优先受偿。但该协议若确实损害其他债权人利益的，其他债权人可以请求人民法院撤销该协议。如果未与抵押人就抵押权实现方式达成协议的，则可以请求人民法院拍卖、变卖抵押财产。抵押财产折价或者变卖的，应当参照市场价格。

（四）保证责任之债

1. 保证的方式

根据《民法典》第六百八十一条的规定，保证人可以和债权人通过合同约定，当债务人不履行到期债务或者发生当事人约定的情形时，保证人履行债务或者承担责任。除机关法人（经国务院批准为使用外国政府或者国际经济组织贷款进行转贷的除外）、学校、幼儿园、医院等以公益为目的的非营利法人、非法人组织以外，具有代为清偿债务能力的法人、其他组织或者公民，都可以作保证人为债务提供担保。

根据《民法典》第六百八十六条的规定，保证的方式有两种，包括一般保证和连带责任保证。在保证合同中对保证方式没有约定或者约定不明确的，按照一般保证承担保证责任。

根据《民法典》第六百八十七条的规定，一般保证就是在债务人确定无法还债的情况下，需要承担还款的义务。只要主合同纠纷未经审判或者仲裁，并就债务人财产依法强制执行仍不能履行债务前，一般保证人都可以拒绝承担保证责任，但以下四种情况除外：债务人下落不明，且无财产可供执行；人民法院已经受理债务人破产案件；债权人有证据证明债务人的财产不足以履行全部债务或者丧失履行债务能力；保证人书面表示放弃本款规定的权利。

根据《民法典》第六百八十八条的规定，作为连带责任保证人，只要债务到期且债务人不还债的或者发生当事人约定的情形时，债权人就可以直接请求保证人在其保证范围内承担保证责任。

因此，催讨担保之债一定要注意保证人所承担的保证方式：一种是代为履行责任，另一种是承担赔偿责任。

2. 保证的期间

根据《民法典》第六百九十二条的规定，债权人与保证人可以约定保证期间。但如果约定的保证期间早于主债务履行期限或者与主债务履行期限同时届满的，视为没有约定。未约定保证期间或者约定不明确的，保证期间为主债务履行期限届满之日起 6 个月。

根据《民法典》第六百九十三条的规定，如果是一般保证，则债权人必须在保证期间内向债务人提起诉讼或者申请仲裁，否则保证人免除保证责任；如果是连带责任保证，则债权人只要在保证期间内向保证人要求承担保证责任即可，若逾期未主张，保证人可以免除责任。因此，在催讨债务时务必要留意这一时间节点。

3. 保证的范围

根据《民法典》第六百九十一条的规定，在合同约定的保证期间和前款规定的保证期间，除保证合同另有约定外，保证的范围一般包括主债权及其利息、违约金、损害赔偿金和实现债权的费用。因此，债权人向保证人催收债务时不能突破这些范围。

4. 保证的效力

根据《民法典》第六百八十二条的规定，保证合同一般情况下从属于主债务合同，除法律另有规定以外，如果主债务合同无效，保证合同也无效。保证合同或被确认无效后，债务人、保证人、债权人有过错的，应当根据其过错各自承担相应的民事责任。

（五）债务人死后遗留的债务

根据《民法典》第一千一百五十九条的规定，分割遗产，应当清偿被继承人依法应当缴纳的税款和债务。第一千一百六十一条进一步规定，继承人以所得遗产实际价值为限清偿被继承人依法应当缴纳的税款和债务。超过遗产实际价值部分，继承人自愿偿还的不在此限。因此，如果债权人需要催收已去世的债务人的债务，则只有在其继承人或受遗赠人接受继承或接受遗赠的前提下，才能向继承人或受遗赠人主张。主张的范围仅限于被继承人的遗产实际价值。继承人或受遗赠人对超过部分并不负有法定的偿还义务。

另外，如果继承人中有无劳动能力且无生活来源的人，一般来说应当为其保留生活必需的费用，剩余的遗产才能进行债务的清偿。

（六）债务人失踪后的债务

根据《民法典》第四十条的规定，自然人下落不明满 2 年的，利害关系人可以向人民法院申请宣告该自然人为失踪人。第四十二条规定，失踪人的财产由其配偶、成年子女、父母或者其他愿意担任财产代管人的人代管。如果无人代管的，则由人民法院指定的人代管。

失踪人所欠税款、债务和应付的其他费用，应由财产代管人从失踪人的财产中支付。在债务人下落不明后，债权人应当按照法律的规定及时向法院申请宣告债务人失踪。在法院宣告债务人失踪后，债权人则可以向债务人的财产代管人要求偿还债务。

在债务人宣告失踪满足一定的时限，债权人可以向法院申请宣告债务人死亡，债务人的财产可以依照《民法典》的相关规定成为遗产，债权人可以向合法的继承人继续要求偿还债务。

（七）犯罪财产被没收前尚欠的债务

根据《刑法》第六十条的规定，没收财产以前犯罪分子所负的正当债务，需要以没收的财产偿还的，经债权人请求，应当偿还。《最高人民法院关于适用财产刑若干问题的规定》第七条则进一步明确“刑法第六十条规定的‘没收财产以前犯罪分子所负的正当债务’，是指犯罪分子在判决生效前所负他人的合法债务”。

如果债权人需要追讨此类债务，首先要明确债务必须是犯罪分子被没收财产之前所负的债务。一旦财产被法院查封后，犯罪分子所负的债务则不能再以没收的财产进行清偿。此外，债务必须是犯罪分子的正当债务，如经营公司、商业交易、借贷、租赁等合法民事法律关系而产生的债务。如果是如赌博、高利贷、其他犯罪等非法或不正当的债务，则不能适用该法条进行主张。最后，债权人需要向人民法院提出请求，这样人民法院就可以裁定该债务可以以没收的财产依法清偿。当然，如果没收的财产本身就是犯罪赃物、赃款，则不能用来偿还债务。

（八）公司合并分立后的债务

根据《公司法》第一百七十四条的规定，公司合并时，合并各方的债权、债务，应当由合并后存续的公司或者新设的公司承继。第一百七十六条规定，公司分立前的债务由分立后的公司承担连带责任。但是，公司在分立前与债权人就债务清偿达成的书面协议另有约定的除外。

公司合并或分立后，债权人应当依据上述法律规定向不同的公司法人主张债权。当然，如果公司仅仅是进行性质、经营范围、名称、住所等变更，则公司实质是没有变化的。变更前后的公司具有连续性，所以债权人只要继续向变更后的法人催讨债务即可。

三、合法有效的债权催收方法

有不少债权人会选择直接前往债务人住所催收债务，这可能会构成私闯民宅。《宪法》第三十九条规定：“中华人民共和国公民的住宅不受侵犯。禁止非法搜查或者非法侵入公民的住宅。”

一旦非法侵入民宅的情形到达较为严重的程度，则可能会构成“非法侵入住宅罪”。根据《刑法》第二百四十五条的规定，非法侵入他人住宅的，处 3 年以下有期徒刑或者拘役。司法工作人员滥用职权，犯前款罪的，从重处罚。即使非法侵入他人住宅的行为尚未构成刑事处罚的程度，则也可以依据《治安管理处罚法》第四十条的规定，处 10 日以上 15 日以下拘留，并处 500 元以上 1000 元以下罚款；情节较轻的，处 5 日以上 10 日以下拘留，并处 200 元以上 500 元以下罚款。

因此，债权人务必使用合理、合法且有效的方式催收债务，以免最终因催收行为不当而面临“牢狱之灾”，从有理方变成了犯罪者。实践中，有如下几种比较合法有效的催收债务方式：

（一）协商和解

在中国人的传统观念里，形成了“以和为贵”的思想。债权人催收债务最终的目的无非获得债务的清偿，而且部分债务人也并非故意不偿还债务，很可能是一时资金周转不开所致。因此，如果债权人与债务人之间能通过协商和解的方式就履行债务的期限、方式、数额等进行适当的协商，并制订合法、有效的还款计划，则有利于债权人以最小的代价实现债务的清偿。当然，如果债权人和债务人之间无法沟通，也可以由共同的朋友、亲属等中间人进行斡旋，这样也可能促成双方矛盾的解决。

（二）人民调解

人民调解委员会是调解民间纠纷的群众性组织。人民调解委员会的任务是通过说服、疏导等方法，促使当事人在平等协商基础上自愿达成调解协议，解决民间纠纷。根据《人民调解法》的规定，当事人可以在人民调解委员会的调解之下，经人民调解委员会调解达成调解协议，制作调解协议书。同时，还可以自调解协议生效之日起30日内共同向人民法院申请司法确认。根据《最高人民法院关于人民调解协议司法确认程序的若干规定》的规定，人民法院经审查认为调解协议符合确认条件的，应当作出确认决定书。人民法院依法作出确认决定后，一方当事人拒绝履行或者未全部履行的，对方当事人可以向作出确认决定的人民法院申请强制执行。

（三）申请仲裁

如果双方在合同中约定仲裁条款的，也可以向仲裁庭申请仲裁解决债务问题。根据《仲裁法》的规定，除了婚姻、收养、监护、扶养、继承纠纷以及依法应当由行政机关处理的行政争议，公民、法人和其他组织之间发生的合同纠纷和其他财产权益纠纷都可以仲裁，这当然也包括债务纠纷。

仲裁实行一裁终局的制度。裁决作出后，当事人就同一纠纷再申请仲裁或者向人民法院起诉的，仲裁委员会或者人民法院均不予受理。只有在裁决被人民法院依法裁定撤销或者不予执行的，当事人才可以就该纠纷根据双方重新达成的仲裁协议申请仲裁，也可以向人民法院起诉。因此，相比向人民法院起诉来说，仲裁的程序更加简便，也可以节省不少诉讼时间。

申请仲裁应当向仲裁委员会递交仲裁协议、仲裁申请书及副本。仲裁申请书中需要明确当事人的姓名、性别、年龄、职业、工作单位和住所，法人或者其他组织的名称、住所和法定代表人或者主要负责人的姓名、职务；仲裁请求和所根据的事实、理由；证据和证据来源、证人姓名和住所。同时，申请人应当确认仲裁事项确实属于仲裁委员会的受理范围。

仲裁委员会收到仲裁申请书之日起 5 日内，认为符合受理条件的，应当受理，并通知当事人；认为不符合受理条件的，应当书面通知当事人不予受理，并说明理由。

仲裁一般不公开进行，除非当事人协议公开，但涉及国家秘密的仲裁依法不公开进行。因此，仲裁与法院诉讼相比私密性更好。而且通常情况下，仲裁的费用也比法院诉讼费更低一些。

（四）法院诉讼

如果上述三种方式都无法有效地解决债务问题，则债权人可以选择向人民法院提起诉讼解决于债务人之间的纠纷。只要债权人依照我国法律法规的规定，提供合法的证据材料，用于证明自己所主张的债权，人民法院就会依法保护债权人的合法权益，切记不可通过任何违法犯罪方式“私下”去处理债务问题。

四、拒不执行判决裁定罪的认定

案例 2－2 最高人民法院 71 号指导案例毛某某拒不执行判决、裁定案①

案例主旨：“有能力执行而拒不执行”的行为起算时间为判决、裁定发生法律效力时。具有执行义务的人实施隐藏、转移财产等拒不执行行为，致使判决、裁定无法执行，情节严重，行为构成拒不执行判决罪。

2017 年 1 月 3 日，最高人民法院第一次将拒不执行判决、裁定被判刑作为指导性案例进行发布，全国各级法院都可以直接援引该判例规则进行裁判。

---

① 载 http：//www. law－lib. com/law/law_ view. asp？ id＝551745，最后访问时间：2021 年 4 月 22 日。

浙江省平阳县人民法院于2012年12月11日作出（2012）温平鳌商初字第595号民事判决，判令被告人毛某某于判决生效之日起15日内返还陈某某挂靠在其名下的温州AA包装制品有限公司投资款200,000元及利息。该判决于2013年1月6日生效。因毛某某未自觉履行生效法律文书确定的义务，陈某某于2013年2月16日向平阳县人民法院申请强制执行。立案后，平阳县人民法院在执行中查明，毛某某于2013年1月17日将其名下的浙CVUXXX小型普通客车以150，000元的价格转卖，并将所得款项用于个人开销，拒不执行生效判决。毛某某于2013年11月30日被抓获归案后如实供述上述事实。

浙江省平阳县人民法院于2014年6月17日作出（2014）温平刑初字第314号刑事判决：被告人毛某某犯拒不执行判决罪，判处有期徒刑10个月。宣判后，毛某某未提起上诉，公诉机关未提出抗诉，判决已发生法律效力。

本案的争议焦点以及指导意义在于，最高人民法院从以下三个方面论述“有能力执行而拒不执行”的行为起算点是否应当为判决、裁定发生法律效力时。首先，从《刑法》的立法原意来看，生效法律文书的强制执行力不是在进入强制执行程序后才产生的，而是自法律文书生效之日起即产生。其次，从《民事诉讼法》及其司法解释的规定来看，根据《民事诉讼法》第一百一十一条以及《民事诉讼法解释》第一百八十八条，法律明确将拒不执行行为限定在法律文书发生法律效力后，并未将拒不执行的主体仅限定为进入强制执行程序后的被执行人或者协助执行义务人等，更未将拒不执行判决、裁定罪的调整范围仅限于生效法律文书进入强制执行程序后发生的行为。最后，从该罪名的立法目的来看，将判决、裁定生效后立案执行前逃避履行义务的行为纳入拒不执行判决、裁定罪的调整范围，是法律设定该罪的本意。

五、执行工作中强化善意文明执行理念

2019年12月16日，最高人民法院出台《关于在执行工作中进一步强化善意文明执行理念的意见》（法发〔2019〕35号），其中第五点明确提到关于“严格规范纳入失信名单和限制消费措施”，并就具体内容进行明确。

（一）适用条件和程序

采取纳入失信名单或限制消费措施，必须严格依照《民事诉讼法》《最高人民法院关于公布失信被执行人名单信息的若干规定》《最高人民法院关于限制被

执行人高消费及有关消费的若干规定》等规定的条件和程序进行。对于不符合法定条件的被执行人，坚决不得采取纳入失信名单或限制消费惩戒措施。对于符合法定条件的被执行人，决定采取惩戒措施的，应当制作决定书或限制消费令，并依法由院长审核后签发。

需要特别指出的是，根据司法解释规定，虽然纳入失信名单决定书由院长签发后即生效，但应当依照《民事诉讼法》规定的送达方式送达当事人，坚决杜绝只签发、不送达等不符合法定程序的现象发生。

（二）适当设置宽限期

各地法院可以根据案件的具体情况，对于决定纳入失信名单或者采取限制消费措施的被执行人，可以给予其1～3个月的宽限期。在宽限期内，暂不发布其失信或者限制消费信息；期限届满，被执行人仍未履行生效法律文书确定义务的，再发布其信息并采取相应惩戒措施。

（三）不予惩戒的例外情形

被执行人虽然存在有履行能力而拒不履行生效法律文书确定义务、无正当理由拒不履行和解协议的情形，但人民法院已经控制其足以清偿债务的财产或者申请执行人申请暂不采取惩戒措施的，不得对被执行人采取纳入失信名单或限制消费措施。单位是失信被执行人的，人民法院不得将其法定代表人、主要负责人、影响债务履行的直接责任人员、实际控制人等纳入失信名单。全日制在校生因“校园贷”纠纷成为被执行人的，一般不得对其采取纳入失信名单或限制消费措施。

（四）解除消费限制的情形

人民法院在对被执行人采取限制消费措施后，被执行人及其有关人员申请解除或暂时解除的，按照下列情形分别处理：

（1）单位被执行人被限制消费后，其法定代表人、主要负责人、影响债务履行的直接责任人员、实际控制人以因私消费为由提出以个人财产从事消费行为，经审查属实的，应予准许。

（2）单位被执行人被限制消费后，其法定代表人、主要负责人确因经营管理需要发生变更，原法定代表人、主要负责人申请解除对其本人的限制消费措施的，应举证证明其并非单位的实际控制人、影响债务履行的直接责任人员。人民法院经审查属实的，应予准许，并对变更后的法定代表人、主要负责人依法采取限制消费措施。

（3）被限制消费的个人因本人或近亲属重大疾病就医，近亲属丧葬，以及本人执行或配合执行公务，参加外事活动或重要考试等紧急情况亟须赴外地，向人民法院申请暂时解除乘坐飞机、高铁限制措施，经严格审查并经本院院长批准，可以给予其最长不超过 1 个月的暂时解除期间。

上述人员在向人民法院提出申请时，应当提交充分有效的证据并按要求作出书面承诺；提供虚假证据或者违反承诺从事消费行为的，人民法院应当及时恢复对其采取的限制消费措施，同时依照《民事诉讼法》第一百一十一条从重处理，并对其再次申请不予批准。

（五）惩戒措施的救济

自然人、法人或其他组织对被纳入失信名单申请纠正的，人民法院应当依照失信名单规定第十二条规定的程序和时限及时审查并作出处理决定。对被采取限制消费措施申请纠正的，参照失信名单规定第十二条规定办理。

人民法院发现纳入失信名单、采取限制消费措施可能存在错误的，应当及时进行自查并作出相应处理；上级法院发现下级法院纳入失信名单、采取限制消费措施存在错误的，应当责令其及时纠正，也可以依法直接纠正。

（六）失信信息的删除

根据《最高人民法院关于公布失信被执行人名单信息的若干规定》第十条的规定，人民法院应当在 3 个工作日内删除失信信息：

（1）被执行人已履行生效法律文书确定的义务或人民法院已执行完毕的；

（2）当事人达成执行和解协议且已履行完毕的；

（3）申请执行人书面申请删除失信信息，人民法院审查同意的；

（4）终结本次执行程序后，通过网络执行查控系统查询被执行人财产两次以上，未发现有可供执行财产，且申请执行人或者其他人未提供有效财产线索的；

（5）因审判监督或破产程序，人民法院依法裁定对失信被执行人中止执行的；

（6）人民法院依法裁定不予执行的；

（7）人民法院依法裁定终结执行的。

失信名单信息依法应当删除（屏蔽）的，应当及时采取删除（屏蔽）措施。超过3个工作日采取删除（屏蔽）措施，或者虽未超过3个工作日但能够立即采取措施却未采取造成严重后果的，依法追究相关人员责任。

被执行人因存在多种失信情形，被同时纳入有固定期限的失信名单和无固定期限的失信名单的，其主动履行完毕生效法律文书确定的义务后，一般应当将有固定期限的名单信息和无固定期限的名单信息同时删除（屏蔽）。

被执行人因“已履行生效法律文书确定的义务或人民法院已执行完毕”而删除失信信息后，被执行人具再次发生前述情况，则人民法院可以重新将其纳入失信被执行人名单。

若申请执行人书面申请删除失信信息且人民法院审查同意并删除失信信息后6个月内，申请执行人申请将该被执行人纳入失信被执行人名单的，人民法院不予支持。

（七）被执行人子女高学费的理解

限制被执行人子女就读高收费学校，是指限制其子女就读超出正常收费标准的学校，虽然是私立学校，但如果其收费未超出正常标准，也不属于限制范围。人民法院在采取此项措施时，应当依法严格审查，不得影响被执行人子女正常接受教育的权利；在新闻媒体对人民法院采取此项措施存在误报误读时，应当及时予以回应和澄清。人民法院经依法审查，决定限制被执行人子女就读高收费学校的，应当做好与被执行人子女、学校的沟通工作，尽量避免给被执行人子女带来不利影响。

（八）惩戒分级守信激励

各地法院可以结合工作实际，积极探索根据案件具体情况对被执行人分级分类采取失信惩戒、限制消费措施，让失信惩戒、限制消费措施更具有精准性，更符合比例原则。

各地法院在依法开展失信惩戒的同时，可以结合工作实际，探索开展出具自动履行生效法律文书证明、将自动履行信息向征信机构推送、对诚信债务人依法酌情降低诉讼保全担保金额等守信激励措施，营造鼓励自动履行、支持诚实守信的良好氛围。

六、不依法清算公司的股东连带责任

案例2-3 张瑛某、李天某股东损害公司债权人利益责任纠纷案

一审法院：广东省广州市天河区人民法院（2016）粤0106民初8758号

二审法院：广东省广州市中级人民法院（2017）粤01民终21248号

案例主旨：公司股东不履行法定清算义务导致债权人无法实现债权的损失，应当由公司股东承担责任，但股东责任承担比例，属于其股东内部责任承担，法院不作调整。同时，债权人应当在法定的诉讼时效期间主张权利，否则公司股东不承担责任。

一审法院认为，AAA公司是有限责任公司，于2007年2月26日被吊销营业执照。陈某、张瑛某、李天某、李雪某、黄少某作为公司解散事由出现时的股东，应根据2005年修订的《公司法》第一百八十一条第（四）项、第一百八十三条的规定履行法定的清算义务。现无证据表明为其股东已经履行法定的清算义务，应当依法承担相应的法律后果。莫志某、朱方某于2003年经生效裁判文书确认对AAA公司享有案涉债权，其主张因AAA公司股东不履行法定清算义务导致其债权无法实现的损失应由清算责任人承担赔偿责任，承担不作为的侵权民事责任，对生效裁判文书所确定的AAA公司的债务承担连带赔偿责任；基于AAA公司已被吊销，不再具有经营资质，对此陈某、张瑛某、李天某、李雪某、黄少某依法应自行或申请强制清算，不能提供符合法律规定形式或程序形成的清算报告，确定公司的资产投入真实和资金流失依据，依法应承担举证不能的民事责任，故张瑛某、李天某、李雪某抗辩无法提供清算资料（属于股东监管义务）的理据不足，不足以推卸其清算义务。由于各股东并未对AAA公司予以清算，其对AAA公司债权人的侵权行为一直延续，据此不存在债权诉讼时效问题。至于AAA公司欠付股东债务，不影响其清理责任的承担。另外，AAA公司各股东间的责任承担比例，属于其股东内部责任承担，法院不作调整。

二审中，李天某、李雪某向二审法院补充提交（2003）天法执字1136、2853号民事裁定书，拟证明李天某、李雪某也是AAA公司债权人，并通过强制执行，已尽其所能查找AAA公司的有效资产。

二审法院认为，张瑛某、李天某、李雪某、黄少某、陈某作为AAA公司股

东，依法负有积极作为的清算义务，其在公司出现解散事由后，未能依据当时有效的《公司法》(2005年修订）在法定期限内履行清算义务，且本案中未能举证证实公司的主要财产、账册、重要文件等的下落或公司尚未至“无法清算”状态，张瑛某、李天某、李雪某、黄少某、陈某应对涉案债务承担连带清偿责任。至于李天某、李雪某与AAA公司之间的债权债务关系，并不足以构成免除其作为公司股东所负清算责任的合理事由。

另外，莫志某、朱方某作为AAA公司的债权人，依法享有提起强制清算的权利，但从涉案债权经生效裁判文书确认、至进入执行程序后因AAA公司无财产可供执行而于2003年12月25日被中止执行，再至本案诉讼前，莫志某、朱方某清楚或应当清楚AAA公司存在怠于履行清算义务的情况，但其既未依法申请人民法院指定有关人员组成清算组进行清算，亦无向AAA公司股东提出过清算要求或主张过相关权利，据此可推定其于《公司法》(2005年修订）开始施行之日就知道或应当知道清算义务人怠于履行清算义务且持续多年，以及很可能导致公司主要财产、账册、重要文件等灭失而无法进行清算。至2008年5月19日《公司法司法解释（二)》[①] 实施，明确规定公司债权人有权向股东主张怠于履行清算义务致无法清算的民事责任。此时，莫志某、朱方某作为AAA公司的债权人，其请求AAA公司股东承担相应民事责任的请求权即已存在，至其提起本案诉讼已长达8年，且无证据显示在此期间存在诉讼时效中止、中断或重新起算的法定事由，故莫志某、朱方提起本案诉讼已超过法定的诉讼时效期间。

根据上述案例我们可以看出《公司法》以及《公司法司法解释（二)》中都对股东的清算义务作出详细的规定，具体如下：

(1)《公司法》第一百八十条、第一百八十三条规定，如上述案例中的，公司因依法被吊销营业执照而解散的情况，公司应当在解散事由出现之日起15日内成立清算组，开始清算。有限责任公司的清算组由股东组成。逾期不成立清算组进行清算的，债权人可以申请人民法院指定有关人员组成清算组进行清算。

(2)《公司法司法解释（二)》第十八条规定，有限责任公司的股东、股份有限公司的董事和控股股东未在法定期限内成立清算组开始清算，导致公司财产贬值、流失、毁损或者灭失，债权人主张其在造成损失范围内对公司债务承

---

① 该司法解释已被最高人民法院法释〔2020〕18号修订。

担赔偿责任的，人民法院应依法予以支持。

有限责任公司的股东、股份有限公司的董事和控股股东因怠于履行义务，导致公司主要财产、账册、重要文件等灭失，无法进行清算，债权人主张其对公司债务承担连带清偿责任的，人民法院应依法予以支持。

上述情形系实际控制人原因造成，债权人主张实际控制人对公司债务承担相应民事责任的，人民法院应依法予以支持。

(3)《公司法司法解释（二）》第十九条规定，有限责任公司的股东、股份有限公司的董事和控股股东，以及公司的实际控制人在公司解散后，恶意处置公司财产给债权人造成损失，或者未经依法清算，以虚假的清算报告骗取公司登记机关办理法人注销登记，债权人主张其对公司债务承担相应赔偿责任的，人民法院应依法予以支持。

(4)《公司法司法解释（二）》第二十条规定，公司解散应当在依法清算完毕后，申请办理注销登记。公司未经清算即办理注销登记，导致公司无法进行清算，债权人主张有限责任公司的股东、股份有限公司的董事和控股股东，以及公司的实际控制人对公司债务承担清偿责任的，人民法院应依法予以支持。

公司未经依法清算即办理注销登记，股东或者第三人在公司登记机关办理注销登记时承诺对公司债务承担责任，债权人主张其对公司债务承担相应民事责任的，人民法院应依法予以支持。

因此，根据《公司法》以及相关的司法解释，如果公司出现了解散事由，公司股东、董事等清算责任义务人应当依法对公司进行清算，同时应当及时对公司资产、债务等情况进行清理和登记，还需要及时通知债权人并清偿债务。如果公司最终出现资不抵债的情况，应当依法向法院申请破产。

债权人发现作为债务人的公司已经失去经营能力，甚至已经被吊销营业执照，但却未办理注销登记的，债权人可以主动要求该公司进行清算。如果公司无法提供关于公司资产的具体情况以及公司账目、账簿，且最终导致公司无法进行清算的，则可以转而要求股东承担责任。如果债权人发现公司已经注销，则需要详细地调查该公司注销的相关情况。一旦发现该公司实际系未依法进行清算，或在隐瞒实际负债情况下进行清算的，原则上可以追究公司股东的责任。另外，也会有公司在注销时虽然没有清算，但明确向工商管理部门承诺对债务承担责任的，债权人也可以直接向股东追究责任。

需要提醒公司方注意的是，《公司法》以及相关司法解释不仅确定股东是清算组成员，同时也确定不正当清算承担责任的主体也可能包括公司的实际控制人。

七、地方法院关于强化强制执行的措施

国家层面出台了一系列关于强化强制执行的措施，旨在解决“执行难”的问题，从而维护司法判决、裁定的强制执行力，各级地方法院也在不断完善自身司法管辖区域内的强制执行问题。

（一）浙江法院强化执行措施的意见

2019 年 4 月 11 日，浙江省高级人民法院审判委员会第 2766 会议通过《浙江省高级人民法院关于进一步强化强制执行措施的若干意见（试行）》，[①] 该意见适用于金钱给付类民事执行案件，其中着重强调关于执行机构受理执行案件后的执行程序以及强制措施、被执行人财产的扣押等多方面内容，具体如下：

1. 执行程序及强制措施

（1）执行机构收到执行案件后，应当立即启动执行程序，并在 10 日内完成以下事项：

①向被执行人发出《执行通知书》；

②向被执行人发出《报告财产令》《限制消费令》；

③财产网上查控以及被执行人户籍、婚姻、持有的证照、出入境记录等信息的调查。

（2）被执行人应当按照《执行通知书》《报告财产令》的要求立即履行债务或者报告财产。拒不报告财产又不履行的，在《执行通知书》和《报告财产令》发出后一个月内采取下列措施：

①纳入失信被执行人名单；

②限制出入境，或者责令交出出入境证照、宣布证照作废等；

③罚款、拘留。单位为被执行人，可视情况同时对该单位的法定代表人、主要负责人、影响债务履行的直接责任人员、实际控制人予以罚款、拘留。

---

① 载全国法院切实解决执行难信息网，http：//jszx. court. gov. cn/main/ExecuteStandard/207259. jhtml，最后访问时间：2021 年 4 月 22 日。

（3）被执行人报告财产不实，应当在查明之日起10日内，对被执行人予以罚款、拘留。

（4）被执行人应当遵守《限制消费令》的规定。被执行人违反《限制消费令》，执行法院应当自查明之日起10日内予以罚款、拘留。

2. 被执行人财产扣押及强制措施

（1）执行法院发出查封、扣押裁定书、责令交付通知书后，被执行人应当按照要求将指定的车辆等动产移交执行法院。拒不移交的，在10日内予以罚款、拘留。

确有正当理由无法移交的，被执行人应当向执行法院书面报告车辆等动产的权属和占有、使用等情况。

（2）被执行人或其他相关人员拒不腾退涉案房屋、土地的，执行人员应当在腾退期限届满之日起一个月内，根据情节轻重予以罚款、拘留、移送公安机关追究刑事责任。

（3）被执行人拒不报告财产、虚假报告财产、违反限制消费令，经采取罚款、拘留等强制执行措施后仍拒不执行的，应当在一个月内移送公安机关追究刑事责任。

（4）被执行人或其他相关人员具有非法处置查封、扣押、冻结的财产、虚假诉讼等抗拒执行行为之一，情节轻微尚不构成犯罪的，应当在10日内作出拘留决定；情节严重涉嫌犯罪的，应当在一个月内移送公安机关追究刑事责任。

（二）上海法院与工商局协助执行机制

为进一步规范人民法院与市场监督管理部门的执行协作，上海市高级人民法院与上海市市场监督管理局在2020年12月14日召开执行工作协作会，并形成《关于进一步规范协助执行机制的会议纪要》，旨在加强人民法院与市场监督管理部门日常协助执行业务的沟通。该纪要已于2021年1月1日起实施。

1. 关于非上市股份公司的股权冻结

人民法院冻结非上市股份公司股权的，应当向该股份公司登记地市场监督管理部门送达协助公示通知书等法律文书，市场监督管理部门应当对人民法院要求冻结的股权予以公示。

2. 关于批量送达协助文书时冻结顺序的确定

人民法院冻结股权的，应当以首先向市场监督管理部门送达协助公示通知书的冻结为生效冻结。

同一法院向同一市场监督管理部门一次送达多份协助公示通知书要求冻结同一股权的，应当向市场监督管理部门明确多份协助公示通知书的顺序，市场监督管理部门依此确定冻结顺序。

3. 关于股权冻结后限制目标公司的股权变更

市场监督管理部门根据人民法院的协助执行要求，对已被冻结全部股权或者控股股权的被执行人所投资的目标公司，应暂停受理目标公司办理出资比例变更、增资、扩股等业务申请。人民法院应在协助执行文书内容上列明具体要求协助的事项。

4. 关于股权的轮候冻结

人民法院轮候冻结股权的，自轮候冻结转为正式冻结之日起计算冻结期限。除轮候冻结列明起止期限的，冻结期限至列明的结束时间为止外，轮候冻结期间不需要办理续行冻结手续。

5. 关于限制公司登记机关的变更

市场监督管理部门根据人民法院的协助执行要求，对于被执行人为公司的，应暂停办理公司登记机关变更的业务。

6. 关于限制随意变更法定代表人和高级管理人员

市场监督管理部门根据人民法院的协助执行要求，对于已被人民法院纳入失信被执行人名单的公司，应暂停办理变更法定代表人和高级管理人员的业务。

7. 关于协助执行前的先行审查

人民法院强制转让被执行人的股权、其他投资权益，要求市场监督管理部门协助公示并办理股东变更登记时，法律、行政法规等对股东资格、持股比例、任职资格等有特殊规定的，人民法院要求市场监督管理部门协助执行前应当进行审查，确认该公司股东变更符合《公司法》第二十四条、第五十八条等的规定。

8. 关于协助办理变更登记（备案）和撤销

市场监督管理部门协助人民法院办理的变更登记（备案）和撤销情形包括：办理公司法定代表人变更登记，以及董事、监事、经理等高级管理人员的变动备案；办理合伙企业合伙人、执行事务合伙人或其委派代表的变更登记；办理撤销公司股东、法定代表人变更登记，以及董事、监事、经理等高级管理人员的变动备案，恢复至变更（动）前的状态；办理撤销合伙企业合伙人、执行事务合伙人或其委派代表的变更登记，恢复至变更前的状态等。

因协助人民法院执行，导致对相关登记申请案以及登记（备案）等事项（如企业类型、注册资本等）造成实质性影响的，由市场监督管理部门依法一并作出变更或撤销的登记决定。

9. 关于协助执行的责任

纪要执行过程中，市场监督管理部门对按人民法院要求协助执行产生的后果，不承担责任。当事人、案外人对市场监督管理部门协助执行的行为不服，向人民法院起诉的，人民法院不予受理。

（三）广东法院关于拒绝执行的规范指引

2018 年 9 月 25 日，广东省高级人民法院召开新闻发布会，通报广东省公检法联合制定的《关于办理拒不执行判决、裁定刑事案件的规范指引》的有关情况。[①]

该指引明确被执行人隐藏、转移、故意毁损财产个人达到 2 万元、单位达到 20 万元以上，或者以低于市场价格 50% 以上转让财产、无偿转让财产，致使法院生效裁判无法执行等 13 种情况，属于《刑法》规定的“有能力执行而拒不执行，情节严重”的情形，将构成犯罪并被处以刑罚。

根据该指引，有证据证明负有执行义务的人涉嫌拒不执行判决、裁定罪的，

---

① 参见《规范拒不执行判决、裁定刑事案件办理工作》，载广东省法院切实解决执行难信息网，http：//jszx. court. gov. cn/2550/ExecuteExperience/117199. jhtml，最后访问时间：2021 年 4 月 22 日。

法院将把案件线索移送公安机关，由公安机关侦查、检察机关审查起诉。对于符合自诉条件的，申请执行人也可以向法院直接提起自诉。通过放宽自诉案件的“入口”，为申请执行人提供更顺畅的救济渠道。

该指引为广东省办理拒执犯罪案件提供了明确、统一的标准和指引，完善了公、检、法三机关的工作联动机制，凝聚起打击拒执犯罪的合力，将进一步提高司法效率。广东省高级人民法院敦促失信被执行人要自觉履行好法院裁判，恢复自己的信用等级，任何规避、妨碍和抗拒执行的人，都将在社会活动中处处受限、寸步难行，甚至可能付出自由的代价。

八、律师在民事执行案件中的作用

2019 年 12 月 25 日最高人民法院、司法部、中华全国律师协会共同研究制定《关于深入推进律师参与人民法院执行工作的意见》（法发〔2019〕34 号），从多方面详细论述人民法院应当充分发挥律师在执行工作中的重要作用。律师确实也可以利用其本身的职业优势在民事执行案件中发挥更重要的作用。

（一）对被执行人的财产进行调查取证

（1）由于法院的调查令可要求有关单位或个人必须接受调查并如实反映情况，拒不接受调查或者不如实反映情况的，按拒不协助法院执行处理。因此，民事执行案件的代理律师可以通过向法院申请调查令的方式，帮助法院获得更多的财产线索。

（2）基于法律赋予律师的调查权，律师可以凭借律师证件前往如车管所、国土房管局、工商局、证券登记机构、知识产权局等单位查询、调查被执行人的车辆、不动产、公司股权、股票账户情况等，并及时提供给法院执行。

（3）律师还可以在执行申请人发起悬赏举报被执行人财产线索的情况下，协助执行申请人与法院进行联系，同时代表当事人向社会公开悬赏举报被执行人的财产线索。

（二）通过法律程序解决执行问题

（1）律师通过调查取证确定财产线索之后，可以通过向法院申请变更、追加被执行人来保证执行程序的进行。另外，律师也可代表当事人对变更、追加执行主体的裁定向上一级法院提出复议，上一级法院应组成合议庭并在公开听证后作出决定。

（2）公司作为被执行人的，若其拒不履行义务的，律师可以请求法院宣告该公司破产还债。一旦获准，公司就要被进入清算程序，若该公司的生产经营都很正常，完全有偿还能力，只要它想继续存续，就只能尽快清偿债务，避免被清算的命运。

（3）如果公司股东故意利用有限责任公司股东的“有限责任”恶意逃避债务的，则律师可以发起公司人格权否定之诉，要求该股东对公司债务承担连带责任，从而保护债权人的合法权益。

（4）如果被执行人故意不如实申报自己的财产或转移、隐匿财产的，律师可以向公安部门请求对被执行人以刑法中“拒不执行判决、裁定罪”进行立案，并要求被执行人承担相应的法律责任。如果情节严重的，律师还可以为申请人提起自诉或提请公诉的代理人，以拒不执行判决、裁定罪追究其刑事责任。

（三）申请对被执行人采取限制措施

根据我们之前所叙述的内容，对于部分具备履行能力，但通过各种手段隐匿财产、拒不履行的被执行人，律师可以向法院申请对其采取一定的限制措施，迫使被执行人履行生效判决文书确定的义务。其中包括限制被执行人高消费及有关消费、限制出入境、纳入失信人名单等，从各方面对被执行人进行各种惩戒，以督促被执行人尽快履行义务。

第三节 不动产的强制执行

一、网络查封不动产

2019 年 9 月 9 日，上海市自然资源确权登记局发布《关于开展网络查封不动产登记工作的若干意见》（沪自然资源登〔2019〕29 号）。该意见由上海市高级人民法院执行局与上海市自然资源确权登记局多次协商后联合制定，参照《最高人民法院关于网络查询、冻结被执行人存款的规定》，旨在为进一步提升上海市各级人民法院执行工作的效率。

根据上述意见的规定，上海市各级人民法院可以通过网上办理模式，以电子数据形式传输相关的查封法律文书、执行人员证件电子扫描件等，发起网络司法查封需求，不动产登记机构在收到上述材料后应当予以协助。

上海市各级人民法院通过网上办理模式实施查封不动产的，应当在法院工作系统中录入并传输生效裁定书（首次查封、线上首次查封后的续封、线上首次查封后的解封）、协助执行通知书以及执行人员的工作证、执行公务证电子扫描件。

上海市各个区不动产登记事务中心在收到法院的材料后应当及时将协助执行事项记载于不动产登记簿上，并通过网络将登记办理结果以及不动产登记簿信息（包括不动产权利人、抵押登记、预告登记、查封登记、异议登记、文件登记等）反馈至人民法院。

上海市各级人民法院通过网上办理模式实施查封不动产的，都应将有关电子数据上传至上海市高级人民法院执行局执行指挥中心，并由上海市高级人民法院执行局执行指挥中心发送至上海市自然资源确权登记局。

上海全市各级法院通过网络查询及网络办理不动产线上查封、线上续封、线上解封等功能，实现不动产查控的全流程在线办理，成为全国率先上线通过网络方式“点对点”查询不动产信息的城市，对于失信惩戒的意义重大。

二、首先查封不动产的移送执行

（一）最高人民法院的批复

1. 批复的具体内容

2015 年 12 月 16 日，最高人民法院审判委员会第 1672 次会议通过《最高人民法院关于首先查封法院与优先债权执行法院处分查封财产有关问题的批复》（法释〔2016〕6 号）并于 2016 年 4 月 14 日起施行。

最高人民法院在针对福建省高级人民法院《关于解决法院首封处分权与债权人行使优先受偿债权冲突问题的请示》（闽高法〔2015〕261 号）中就首先查封法院与优先债权执行法院如何处分查封财产进行明确。

第一，最高人民法院明确处分查封财产的主体为首先查封（包括查封、扣押、冻结）法院。但如果自首先查封之日起已超过 60 日，且首先查封法院就该查封财产尚未发布拍卖公告或者进入变卖程序的，优先债权（对查封财产有顺位在先的担保物权、优先权）执行法院可以要求将该查封财产移送执行。

第二，优先债权执行法院要求首先查封法院将查封财产移送执行的，应当出具商请移送执行函，并附确认优先债权的生效法律文书及案件情况说明。查封法院应当在收到优先债权执行法院商请移送执行函之日起 15 日内出具移送执行函，将查封财产移送优先债权执行法院执行，并告知当事人。移送执行函应当载明将查封财产移送执行及首先查封债权的相关情况等内容。

第三，财产移送执行后，优先债权执行法院在处分或继续查封该财产时，可以持首先查封法院移送执行函办理相关手续。优先债权执行法院对移送的财产变价后，应当按照法律规定的清偿顺序分配，并将相关情况告知首先查封法院。首先查封债权尚未经生效法律文书确认的，应当按照首先查封债权的清偿顺位，预留相应份额。

第四，首先查封法院与优先债权执行法院就移送查封财产发生争议的，可以逐级报请双方共同的上级法院指定该财产的执行法院。共同的上级法院根据首先查封债权所处的诉讼阶段、查封财产的种类及所在地、各债权数额与查封财产价值之间的关系等案件具体情况，认为由首先查封法院执行更为妥当的，也可以决定由首先查封法院继续执行，但应当督促其在指定期限内处分查封财产。

2. 移送执行函样例

（1）商请移送执行函

××××人民法院商请移送执行函

（××××）……号

××××人民法院：

……（写明当事人姓名或名称和案由）一案的……（写明生效法律文书名称）已经发生法律效力。由于……［写明本案债权人依法享有顺位在先的担保物权（优先权）和首先查封法院没有及时对查封财产进行处理的情况，以及商请移送执行的理由］。根据《最高人民法院关于首先查封法院与优先债权执行法院处分查封财产有关问题的批复》之规定，请你院在收到本函之日起 15 日内向我院出具移送执行函，将……（写明具体的查封财产）移送我院执行。

附件：

1. 据以执行的生效法律文书

2. 有关案件情况说明［内容包括本案债权依法享有顺位在先的担保物权（优先权）的具体情况、案件执行情况、执行员姓名及联系电话、申请执行人地址及联系电话等］

3. 其他必要的案件材料

××××年××月××日

（院印）

本院地址： 邮编：

联系人： 联系电话：

（2）移送执行函

××××人民法院移送执行函

（××××）……号

××××人民法院：

你院（××××）……号商请移送执行函收悉。我院于××××年××月××日对……（写明具体查封财产，以下简称查封财产）予以查封（或者扣押、冻结），鉴于你院（××××）……号执行案件债权人对该查封财产享有顺位在先的担保物权（优先权），现根据《最高人民法院关于首先查封法院与优先债权执行法院处分查封财产有关问题的批复》之规定及你院的来函要求，将上述查封财产移送你院执行，对该财产的续封、解封和变价、分配等后续工作，交由你院办理，我院不再负责。请你院在后续执行程序中，对我院执行案件债权人××作为首先查封债权人所享有的各项权利依法予以保护，并将执行结果及时告知我院。

附件：

1. 据以执行的生效法律文书

2. 有关案件情况的材料和说明（内容包括查封财产的查封、调查、异议、评估、处置和剩余债权数额等案件执行情况，执行员姓名及联系电话、申请执行人地址及联系电话等）

3. 其他必要的案件材料

××××年××月××日

（院印）

本院地址： 邮编：

联系人： 联系电话：

（二）地方法院的解答

依据最高人民法院的上述批复以及《最高人民法院关于人民法院办理财产保全案件若干问题的规定》等规定，同时结合上海法院执行工作实际，上海市高级人民法院发布《关于首先查封不动产移送执行有关问题的解答》，更为详细地规定了关于首先查封不动产移送执行的实际操作问题。

1. 是否需要申请执行人或保全人同意

首先查封法院在符合司法解释和本解答规定的情形下将查封不动产移送执行的，无须征得申请执行人、保全申请人的同意，但应当告知其移送执行的情况。

2. 是否必须由申请执行人申请

有关执行法院在符合司法解释和本解答规定的情形下商请移送执行的。移送执行的启动，原则上应当由申请执行人向有关执行法院提出移送执行的书面申请；必要时，有关执行法院也可以依职权商请移送执行。

3. 商请移送执行的各种情形

（1）受偿顺位先于首封法院但后于其他优先债权可否商请移送执行

首先查封法院自查封之日起超过 60 日尚未就查封不动产财产发布拍卖公告或进入变卖程序，受偿顺位在首先查封债权之前但在其他优先债权之后的优先债权执行法院在处置查封不动产不属于无益拍卖的情形下，可以商请首先查封法院将查封不动产移送执行。

首先查封法院在函复商请法院前，又收到受偿顺位在商请法院执行债权之前的其他优先债权执行法院商请移送函的，应当将查封不动产移送给受偿顺位在先的其他优先债权执行法院执行。

（2）受偿顺位在优先受偿的首封法院后可否商请移送执行

首先查封法院自执行查封之日、查封系保全查封并已经进入执行程序的自执行立案之日起超过 6 个月，或者查封系保全查封但尚未进入执行程序的自查封之日起超过 1 年，就查封不动产财产尚未发布拍卖公告或进入变卖程序，受偿顺位在后的其他债权执行法院在处置查封不动产不属于无益拍卖的情形下，可以商请首先查封法院将查封不动产移送执行。

首先查封法院在函复商请法院前，又收到其他执行法院商请移送函的，分别按照下列方式进行处理：

①商请法院执行债权属于同一受偿顺位的，首先查封法院应当将查封不动产移送给轮候查封在先的商请法院执行。

②商请法院执行债权不属于同一受偿顺位的，首先查封法院应当将查封不动产移送给受偿顺位在先的商请法院执行。

（3）同为普通债权可否商请首封法院移送执行

首先查封法院自执行查封之日、查封系保全查封并已经进入执行程序的自执行立案之日起超过6个月，或者查封系保全查封但尚未进入执行程序的自查封之日起超过1年，在查封不动产财产尚未发布拍卖公告或进入变卖程序，其他普通债权执行法院在处置查封不动产不属于无益拍卖的情形下，可以商请首先查封法院将查封不动产移送执行。

首先查封法院在函复商请法院前，又收到轮候查封在先的其他普通债权执行法院商请移送函的，应当将查封不动产移送给轮候查封在先的商请法院执行。

4. 首封法院可不移送执行的情形

（1）首先查封系保全查封，且查封不动产属于争议标的物的；

（2）查封不动产尚在执行异议审查或异议之诉审理过程中的；

（3）查封不动产涉及刑事案件执行，尚在协调处理中的；

（4）首先查封法院认为有其他不宜移送处分的情形。

5. 首封法院能否主动移送执行

由于执行过程中首先查封法院负有处置查封不动产的职责，因此，首先查封法院由于无益拍卖、当事人和解或申请执行人申请暂缓处置等特殊原因而不宜处置查封不动产，在符合司法解释和本解答规定的情形下有关执行法院未商请移送执行的，首先查封法院不应主动将查封不动产移送执行。

6. 首封法院的移送期限

首先查封法院认为符合移送执行条件的，应当自收到有关执行法院商请移送函之日起 15 个工作日内出具移送执行函；首先查封法院认为不符合移送执行条件或存在不予移送执行情形的，应当自收到有关执行法院商请移送函之日起 15 个工作日内函复商请法院，书面说明不予移送的理由。

7. 首封案件未执行时由何部门移送执行

首先查封法院涉及的案件仍在诉讼过程中或尚未申请执行的，商请移送法院应与首先查封法院的审理部门联系，由其办理移送执行手续。如审理部门在收到商请移送函后 15 个工作日内没有回复的，可联系首先查封法院的执行部门出面协商，首先查封法院的执行部门应当予以协助。

8. 查封不动产移送执行的方式

查封不动产移送执行的，原则上采用线上方式进行，通过执行指挥中心平台市内委托系统，以委托送达的形式送达商请移送函、复函等相关材料。但存在情况紧急等特殊情形的，可以采用线下方式移送执行。

9. 首封法院的移送权限

首先查封法院应当将对不动产的续封、变价、分配和解封等权限一并移送给商请移送的执行法院。但距查封期限届满不足一个月的，首先查封法院应当先行办理继续查封手续后再予移送。首先查封法院应当告知当事人，申请对查封不动产进行续封、变价、分配、解封以及提出异议等应当向受移送法院提出。

10. 移送执行函的具体内容

（1）明确将查封不动产的续封、变价、分配、解封等权限移送商请法院处理。

（2）有关查封不动产的查封情况，包括首先查封案件的执行案号（保全案件的案号）、执行标的额（保全标的额）、查封期限等。

（3）有关查封不动产的调查、评估和剩余债权等情况。

（4）首先查封案件当事人的基本信息、联系人及联系方式、承办法官的姓名及联系方式等。

（5）其他必要的案件情况。

11. 不动产处置参考价移送执行后可否沿用

（1）当事人、利害关系人一致同意继续使用的，无须另行启动确定不动产处置参考价的程序。

（2）一方当事人或利害关系人不同意继续使用的，受移送法院应按照有关规定重新确定不动产的处置参考价，但首先查封法院在移送执行前已将有关报告发送当事人、利害关系人，当事人、利害关系人未在规定的期限内提出书面异议且有关报告尚在有效期内的除外。

12. 受移送法院处置不动产的时限

受移送法院应自收到首先查封法院移送执行函之日起 6 个月内发布拍卖公告或进入变卖程序，否则首先查封法院可以要求受移送法院退回查封不动产的处置权。

受移送法院在执行过程中因执行和解、申请执行人申请暂缓处置等情形无法继续处置的，应当通过书面形式将查封不动产的处置权及时退回首先查封法院，说明退回理由并通知当事人。

13. 移送执行后执行款的分配

（1）被执行人为公民或其他组织的，执行所得价款在扣除执行费用及清偿优先受偿的债权后，对于普通债权原则上按照其占全部申请参与分配债权数额的比例受偿。

（2）被执行人为企业法人且未进入破产程序的，执行变价所得财产在扣除执行费用及清偿优先受偿的债权后，对于普通债权按照财产保全和执行中查封、扣押、冻结财产的先后顺序清偿。

14. 移送执行中的争议解决方式

首先查封法院与有关执行法院在以下情形下，可以提请共同的上级法院予以协调处理：

（1）首先查封法院收到商请移送函后逾期未回函的；

（2）商请移送执行法院认为首先查封法院不予移送无正当理由的；

（3）受移送法院无正当理由逾期未处置且未退回处置权的；

（4）其他需要协调的情形。

三、不动产的执行异议

（一）仅签署以房抵债协议不足以排除强制执行

案例2-4 戴某某与解某、丹东A公司执行异议之诉案

二审法院： 辽宁省高级人民法院（2017）辽民终1250号

再审法院： 最高人民法院（2018）最高法民申1382号

案例主旨： 双方签署《以房抵债协议》后未对房产办理过户登记手续，故该房产的转让并未产生物权变动效力，且房产受让人也没有在人民法院查封之前合法占有房产，故不能对抗法院的强制执行程序。

最高人民法院认为，戴某某与A公司签订案涉《以房抵债协议书》后没有对案涉房产办理过户登记手续，故双方关于案涉房产的转让并未产生物权变动效力。解某申请法院强制执行后，法院查封包括案涉房产在内的部分A公司在建楼房。同时，戴某某主张其在人民法院查封之前已合法占有案涉房产，但案涉房产在当时尚处于在建状态，并未取得商品房销售许可证，亦未竣工验收，戴某某在原审期间并未举示充足的证据证明，在法院实际查封包括案涉房产在内的部分A公司在建楼房前，其已经合法占有案涉房产。据此，原审认定戴某某不符合前述法律规定的能够排除人民法院执行行为的情形，认定事实及适用法律并无不当。

本案系戴某某主张其对解某申请执行的案涉房产享有足以排除强制执行的民事权益提起的执行异议之诉，戴某某并未在人民法院查封前合法占有案涉房产，即使其在人民法院查封之前已与A公司订立合法有效的买卖合同，亦不符合《最高人民法院关于人民法院办理执行异议和复议案件若干问题的规定》第二十八条第二项之规定，其对案涉房产仍不享有足以排除强制执行的民事权益。故二审判决对案涉《以房抵债协议书》成立及生效时间的认定存在的瑕疵并不影响本案判决结果，不属于依法应当再审的情形。

根据上述案例，如果案外人希望以“以房抵债”的理由向法院申请执行异议，则必须符合《最高人民法院关于人民法院办理执行异议和复议案件若干问题的规定》第二十八条规定：“金钱债权执行中，买受人对登记在被执行人名下的不动产提出异议，符合下列情形且其权利能够排除执行的，人民法院应予支持：（一）在人民法院查封之前已签订合法有效的书面买卖合同；（二）在人民法院查封之前已合法占有该不动产；（三）已支付全部价款，或者已按照合同约定支付部分价款且将剩余价款按照人民法院的要求交付执行；（四）非因买受人自身原因未办理过户登记。”

广东省高级人民法院在《关于审查处理执行裁决类纠纷案件若干重点问题的解答》中回答“案外人主张涉案房屋是以房抵债取得，请求排除执行，如何处理”的问题时指出：“符合条件的，可以排除执行。案外人有充分证据证明，能够同时满足以房抵债协议真实有效、协议签订于房屋被人民法院查封之前、案外人在查封前已经实际占有涉案房屋，案外人对涉案房屋未能过户不存在过错的，可以排除执行。”

由此可见，司法实践中，最高人民法院以及地方法院均未禁止以房抵债行为。如果案外人确实与被执行人签署了以房抵债的协议，只要法院查明该协议系在法院查封房产前签订，协议确实真实有效，案外人确实在查封前已经实际占有该房产，且案外人对于房产未过户的结果不存在任何的过错，则法院会依法保护房产真实权利人的合法权益，保障债权人实现以房抵债的合法利益。

（二）商品房网签登记不足以排除强制执行

案例2-5 刘某某、邓某与德州AA公司及德州BB公司案外人执行异议之诉案

一审法院：山东省德州市中级人民法院（2016）鲁14民初190号

二审法院：山东省高级人民法院（2017）鲁民终1667号

再审法院：最高人民法院（2018）最高法民申350号

案例主旨：商品房网签登记并不直接产生不动产物权设立或变动的效力，故当事人对涉案房产只是享有债权请求权，而非物权请求权，并不足以排除强制执行。

最高人民法院认为，刘某某、邓某为支持其诉讼请求而提供的主要证据为（2013）德中商初字第43号民事判决确认的涉案的房产由刘某某、邓某自然人购买，并办理网签登记的事实。物权公示原则为法律规定的基本原则。对不动产而言，其设立、变更、转让和消灭，应当依照法律规定登记。结合本案相关事实，案涉房屋并未登记在刘某某、邓某名下，刘某某、邓某仅进行了商品房网签登记，但商品房网签登记是政府部门依托其建立的商品房网上签约备案平台，规范房地产开发企业、房屋中介公司等相关主体进行商品房预售管理的网

上备案登记行为，商品房网签登记并不具有物权变动性质，而是行政机关对于商品房买卖合同进行管理的一项措施，商品房网签登记并不直接产生不动产物权设立或变动的效力。故本案中刘某某、邓某对涉案房产只是享有债权请求权，而非物权请求权。刘某某、邓某向法院提起的执行异议之诉，并未提供相应的证据证明其享有足以排除强制执行的民事权益，依法应承担举证不能的法律后果。最终认定，刘某某、邓某以涉案房产已网签登记在其名下为由，主张对涉案房产享有所有权的再审事由，缺乏事实和法律依据。

（三）已出售但未过户的房产可排除强制执行

案例2-6 刘某某与杜某某案外人执行异议之诉案

一审法院：福建省厦门市中级人民法院（2014）厦民初字第1440号

二审法院：福建省高级人民法院（2015）闽民终字第853号

再审法院：最高人民法院（2017）最高法民再355号

案例主旨：当事人在案涉《房产买卖协议》签订后，已经依约定支付大部房屋价款，并实际占有案涉房屋，其作为合法占有人依法享有向任何人主张房屋所有权人的排他性权利。

最高人民法院认为，刘某某与陈胜某、陈新某签订的《房产买卖协议》的效力经人民法院的生效判决予以确认，刘某某系陈胜某的债权人。刘某某作为债权人，在案涉《房产买卖协议》签订后，已经依约定支付大部房屋价款，并实际占有案涉房屋，虽然并未办理过户登记，但刘某某作为合法占有人有权要求出卖人陈胜某、陈新某为其办理案涉房屋的过户登记手续。刘某某作为债权人的权利内容，以案涉房屋这一特定财产为唯一客体。刘某某作为案涉房屋的买受人，除依法享有要求办理过户登记的物权期待权之外，其作为合法占有人还依法享有向任何人主张房屋的所有人能够主张的排他性权利。在案涉《房产买卖协议》合法成立、且已经实际履行的情况下，查封案涉房屋并将其作为其他债权执行标的的结果，不仅在客观上不当扩张了陈胜某的责任财产范围，亦直接损害了刘某某的合法权利。《最高人民法院关于人民法院民事执行中查封、扣押、冻结财产的规定》第十七条的规定，是执行程序中对案外人的异议进行形式审查的判断标准，并非对案外人权利的最终确认，案外人实体民事权利的内容是执行异议之诉的审理范围。原审法院将该条规定作为审理本案的法律依据，混淆了执行异议的审查与执行异议之诉的审理之间的差别，法院予以纠正。

四、“唯一住房”的执行

（一）最高人民法院的执行标准

1. “唯一住房”执行的法律依据

根据《最高人民法院关于人民法院办理执行异议和复议案件若干问题的规定》第二十条的规定，在符合一定的条件下，“唯一住房”也可以被强制执行。在金钱债权执行中，如果被执行人符合下列情形之一，被执行人以执行标的系本人及所扶养家属维持生活必需的居住房屋为由提出异议的，人民法院不予支持：

（1）对被执行人有扶养义务的人名下有其他能够维持生活必需的居住房屋的；

（2）执行依据生效后，被执行人为逃避债务转让其名下其他房屋的；

（3）申请执行人按照当地廉租住房保障面积标准为被执行人及所扶养家属提供居住房屋，或者同意参照当地房屋租赁市场平均租金标准从该房屋的变价款中扣除 5 ~ 8 年租金的。

执行依据确定被执行人交付居住的房屋，自执行通知送达之日起，已经给予 3 个月的宽限期，被执行人以该房屋系本人及所扶养家属维持生活的必需品为由提出异议的，人民法院不予支持。

根据《最高人民法院关于依法妥善审理涉及夫妻债务案件有关问题的通知》（法〔2017〕48 号）第六条的规定，对夫妻共同债务的执行涉及夫妻双方的工资、住房等财产权益，甚至可能损害其基本生存权益的，应当保留夫妻双方及其所扶养家属的生活必需费用。执行夫妻名下住房时，应保障生活所必需的居住房屋，一般不得拍卖、变卖或抵债被执行人及其所扶养家属生活所必需的居住房屋。

2. 最高人民法院执行局的司法观点

最高人民法院执行局对“唯一住房”执行规定的重点问题进行了详细解读，[①] 具体内容如下：

---

① 参见《最高法：被执行人为躲债转移房产致仅一套房产可执行》，载中国新闻网，https://www.chinanews.com/fz/2015/05-05/7253488.shtml，最后访问时间：2021 年 2 月 8 日。

（1）“唯一住房”执行规定的制定原则

人民法院在执行程序中所保障的是被执行人的居住权，而不是房屋的所有权。被执行人及所抚养的家属的居住权应仅限于生存所必需，但这类保障应当是有期限的。最高人民法院执行局认为：“被执行人最终居住权的保障还是要靠当地政府的各种救济保障机制，就是说应当向当地政府申请社会保障，而不能让本来应当由政府承担的社会保障义务全部转嫁给申请执行人。”

被执行人不能利用法律对生存权的保障逃避执行。最高人民法院执行局经过充分的调研发现，在很多案件中，被执行人可能意识到自己的官司将要败诉，就会提前采取卖房或将名下房屋全部转让给子女或父母的方式逃避执行。等到法院开始强制执行时，则以自己只有一套“唯一住房”的理由规避法院的强制执行。

另外一种情况是，由于房价上涨比较快，卖房者可能在房产交易之后反悔，从而引发诉讼。法院在判决卖房者配合交付居住的房屋时，其却以“唯一住房”逃避执行。最高人民法院执行局认为：“在这类案件中，出卖房屋是当事人能够预料的风险范围，是当事人真实的意思表示。进入执行程序后，被执行人又以这个理由对抗执行，就没有依据。因为这违反任何人都不能因为自己的过错行为而获得利益这样一个法律基本的原则或者原理。”

（2）不同类型债权应适用不同标准

最高人民法院执行局认为，从债权的种类上区分为金钱债权和非金钱债权两种情形，在“唯一住房”的执行规则上应当有所区别。

首先，针对金钱债权类案件，可以执行“唯一住房”的情形有以下三种：

①对被执行人有抚养义务的人名下有其他能够维持生活的必需的居住房屋的，如被执行人的子女名下有住房，足以保障被执行人的居住，这种情况下被执行人名下的“唯一住房”可以执行。

②执行依据生效之后，被执行人为逃避债务而转让自己名下的其他房产的，造成自己名下只剩下“唯一住房”的，由于此类行为是为了达到逃避债务履行的非法目的，因此不应当保护。

③申请执行人按照当地廉租住房保障的面积、标准，为被执行人以及所抚养家属提供可供居住的房屋或者是申请执行人同意按照当地房屋租赁市场平均的租金标准，从该房屋的变价款中扣除5～8年租金的。如果被执行人比较配合法院的执行或者申请人愿意多扣租金的，可以扣除8年的租金。如果被执行人

不配合法院甚至抗拒执行，法院可以酌情扣除 5 年的租金。这实际上也是建立一个激励配合执行的机制。

其次，如果是针对非金钱债权的执行，尤其是执行依据本身就是交付居住的房屋，则人民法院必须按照执行依据所确定的内容执行。但是考虑到被执行人需要另外租房子，可能要有一个周转期，所以可以给予 3 个月的宽限期。如果 3 个月的宽限期过了，被执行人还是拒不搬出，人民法院就可以强制其迁出。

（二）地方法院的执行标准

在最高人民法院的指导下，全国各地法院也对此作出更为详细的规定，下面以浙江、江苏地区为例进行说明。

1. 浙江省高级人民法院的执行标准

（1）“唯一住房”的认定标准

浙江省高级人民法院发布的《关于执行程序中执行“一处住房”相关问题的解答》（浙高法执〔2014〕12 号），其中，人民法院在执行程序中查明有下列情形之一的，不能认定被执行人仅有“一处住房”，应当予以执行：

①一审诉讼、仲裁案件立案受理后，被执行人因转让其他住房而形成一处住房的；

②被执行人在城镇虽只有一处住房，但在当地（县级的市、县、区）农村有宅基地并自建住房的；

③被执行人的一处住房用于出租、出借的；

④被执行人及其所扶养家属连续一年以上未居住的；

⑤一处住房系执行案件债务所指向的标的物的。

另外，对于已经依法设定抵押的“一处住房”，可以执行，且不需为被执行人保留保障费用。在申请执行人提供临时住房确有困难的情况下，如果该抵押由债务人设立，可以要求申请执行人先行垫付不低于半年的租房费用；如该抵押为第三人设立，可以要求申请执行人先行垫付不低于一年的租房费用。

（2）超出“生活所必需”的标准

①住房面积超过 80 平方米，或住房面积虽然不到 80 平方米、但超过被执行人及其所扶养家属维持最低生活标准所必需（按当地廉租住房保障的相关规定）住房面积 50% 以上的；

②被执行人及其所扶养的家属共同居住的住房面积超过60平方米，且房屋单价高于当地住房均价的50%以上的。

（3）对被执行人及家属的保障

执行前宜先解决好临时住房，面积不低于当地廉租住房保障规定所确定的人均标准。地段选择上可尽量满足被执行人根据其生活、工作需要提出的合理要求。解决临时住房可选择采用下列方式：

①申请执行人自愿提供临时住房，使用期不低于6个月；

②由被执行人自行租房，申请执行人先行垫付不低于一年的租房费用。

上述方式产生的租金或费用应从房产拍卖后保留给被执行人的保障费用中据实结算。

如果“一处住房”没有被法院认定并被法院强制执行，则原则上对被执行人及其所扶养的共同居住家属不再提供保障；如果“一处住房”系被认定为超出“生活所必需”而被法院执行的，则应当为被执行人及其所扶养的共同居住家属保留保障最低居住条件所需费用（以下简称保障费用）。保障费用可在拍卖款中先行提留。对于被执行人的保障费用，人民法院不得执行。

（4）执行的注意事项

①申请执行人的申请为前置条件，且申请执行人需要向人民法院出具承诺书，承诺书内容包括同意发放保障费用、提供临时住房或临时住房租金等；

②查清住房状况、常驻人口状况，填写拍卖呈报表，明确拍卖理由和对被执行人及其所扶养亲属的保障措施，执行人员讨论后报执行局长或分管院长批准；

③准予拍卖的，应当向被执行人发出执行裁定书和迁出告知书；

④拍卖一般以住房腾空为前提，被执行人拒绝腾空的，执行法院可以作出强制迁出裁定和公告，强制执行；

⑤强制迁出应当作出风险评估和执行预案，可协调利用政府及相关部门、基层组织、社会舆论的力量。执行过程中应注意证据保全，制作财产清单，全程摄像，刻录存档。必要时可以邀请公证处公证、媒体参与报道、当地基层组织见证；

⑥强制迁出过程中出现意外情况或引起矛盾激化、难以实施的，应当及时报告执行局长或分管院长并暂停执行行为。

2. 江苏省高级人民法院的执行标准

（1）“唯一住房”的认定标准

江苏省高级人民法院执行局发布《关于执行“唯一住房”相关问题的解答》（2015 年 11 月 24 日），将“被执行人及其所扶养家属生活所必需的唯一可居住房屋”定义为“唯一住房”，明确在以下条件下人民法院对登记在其名下的“唯一住房”仍可执行。

①对被执行人有赡养、扶养、抚养义务的人名下有其他能够维持生活必需的居住房屋的；

②一审诉讼或仲裁立案后，被执行人为逃避债务转让其名下其他房屋的；

③被执行人在其户籍所在地或拟执行的“唯一住房”所在地农村享有宅基地并自建住房或被执行人享有小产权房等权属上有瑕疵而无法自由流转的住房的；

④被执行人将其“唯一住房”用于出租、出借或虽未出租、出借，但超过一年无人居住的；

⑤被执行人的“唯一住房”系执行依据确定的被执行人应当交付的房屋的；

⑥申请执行人按照当地廉租住房保障面积标准为被执行人及所扶养家属提供居住房屋，或者同意参照当地（县级市、县、区范围）房屋租赁市场平均租金标准从该房屋的变价款中扣除 5～8 年房屋租金的。

（2）超出“生活所必需”的标准

①面积过大。住房建筑面积达到当地住房和城乡建设部门公布的廉租住房保障面积的 150% 的（例如，南京三人以上廉租住房保障面积为 50 平方米，若拟执行的“唯一住房”面积达到 75 平方米，便可认为超过生活所必需）；

②市场价值过高。住房建筑面积达到当地住房和城乡建设部门公布的廉租住房保障面积且房屋单价达到当地（县级市、县、区范围）住房均价的 150% 的（例如，若南京某区拟执行“唯一住房”建筑面积为 65 平方米，其所在区的住房均价为 10,000 元/平方米，但因“唯一住房”为学区房或其他因素，其市场价值达到 15,000 元/平方米，则可认为超过生活所必需）。

对于已经依法设定抵押的“唯一住房”，申请执行人为抵押权人的，人民法院无须审查其是否超过“生活所必需”，可以执行，但被执行人为低保对象且无法自行解决居住问题的除外。

（3）“唯一住房”执行程序

①申请执行人申请执行“唯一住房”，人民法院应当要求申请执行人出具自愿提供临时住房或承担临时住房租金的承诺书，对于需要支付生活保障费用的被执行人，申请执行人需在承诺书中一并承诺同意从变价款中支付此笔费用。

②执行人员对于拟拍卖的“唯一住房”，应当查明住房基本情况、被执行人及其所扶养家属的人数等信息，填写拍卖呈报表，并在呈报表中说明符合唯一住房处置条件的理由和对被执行人及其所扶养家属的生活保障措施。经合议庭讨论后报执行局长或分管院长审批。

③准予拍卖的，应当向被执行人发出执行裁定书和迁出告知书；不符合拍卖条件的，应当及时告知申请执行人并说明理由。

④执行裁定书和迁出告知书送达后，被执行人未在指定的期限内腾空房屋的，执行法院可以作出强制迁出裁定和公告，强制执行。

⑤对拟执行的“唯一住房”依法评估交付拍卖。

⑥拍卖成交扣除相关费用后，其余部分依法分配。

（4）对被执行人及家属的保障

被执行人及其所扶养家属的临时住房的面积标准参照当地廉租住房的面积标准。临时住房的地段可参照被执行人的合理要求，尽量方便其生活、工作。

申请执行人自愿提供临时住房的，使用期限原则上不超过 6 个月。申请执行人提供的临时住房可计收租金，租金标准由申请执行人和被执行人双方协商确定，协商不成的，由人民法院参照当地房屋租赁市场平均租金标准确定。被执行人自行租房的，可由申请执行人先行垫付 6 个月的租金。使用房屋的费用或租金应从保留给被执行人的生活保障费用中予以扣除。被执行人名下属于可执行的“唯一住房”的，则原则上可以不再解决临时住房。

为被执行人及其所扶养家属提供生活保障可采取以下方式：

①保留租金。申请执行人同意参照当地房屋租赁市场平均租金标准从该房屋的变价款中扣除 5 ~8 年租金作为被执行人及其所扶养家属的生活保障费用。此笔款项可在房屋变价款中先行提留。人民法院不得对其强制执行。

②房屋置换。申请执行人自愿通过以小换大、以远换近、以劣换优等方式为被执行人及其所扶养家属提供保障其基本生活的住房，与被执行人的“唯一住房”进行置换，置换房屋的面积、地段可参照本解答关于临时住房的标准。

另外，江苏省高级人民法院于 2017 年 4 月 10 日再次就目前执行程序中

“唯一住房”的执行问题发布了《关于执行唯一住房若干问题的通知》（苏高法电〔2017〕218号），其中明确，最高人民法院下发的《关于依法妥善审理涉及夫妻债务案件有关问题的通知》第六条与《最高人民法院关于人民法院办理执行异议和复议案件若干问题的规定》第二十条与该院发布的《关于执行“唯一住房”相关问题的解答》并不冲突，对于被执行人名下的唯一住房，在满足规定的条件下，可以执行。但执行唯一住房时，需要为被执行人及其所抚养家属提供生活保障的，可优先选择房屋置换的方式。

第四节
未成年子女财产的强制执行

一、因父母债务执行未成年子女名下房产的效力

（一）非父母出资故未成年子女不承担连带责任

案例2-7 程某、王某执行异议之诉案

一审法院：山东省淄博市临淄区人民法院（2018）鲁0305民初4678号

二审法院：山东省淄博市中级人民法院（2019）鲁03民终796号

案例主旨：未成年子女名下房产因祖辈房产拆迁安置所得，不属于父母的共同财产，故其对名下房产享有足以排除强制执行的民事权益。

法院认为，涉案某某路的房产是程某因祖辈的房产拆迁安置所得，并不是其父母购买所得，故其父母在该房产办理登记时所写的具结书中关于该房产“是由程某1、王某夫妻出资购买”与事实不符。从两份具结书的书写模式看，亦具有一致性，可以认为案涉两份具结书为因应登记部门的要求出具，且相关具结书亦未明示相应房产的实际权利归属父母，故据此尚不能确定涉案房产仅是登记在程某名下的意思。不动产以登记显示权利，赠与合同要求对赠与标的应办理登记的应当办理登记。本案中，涉案房产登记的产权人为程某，该结果亦是程某的父母行为所致，且在办理登记时涉案之债并未发生，两父母未有逃债之嫌，可以认为程某的父母以其行为表示对两套房产赠与的意思，不能仅以

对具结书的字面意思理解即确定涉案房产系父母的共同财产。

（二）父母出资故未成年子女应承担连带责任

案例2－8 王雲某与贺珠某、王永某、姚明某案外人执行异议之诉案

一审法院：湖北省宜昌市中级人民法院（2016）鄂05民初152号

二审法院：湖北省高级人民法院（2017）鄂民终105号

再审法院：最高人民法院（2017）最高法民申3404号

案例主旨：未成年子女无法证明有合法经济来源，父母以其名义购买的房产应当属于家庭共有财产，故其对该房产不享有排他性权利，无权请求停止执行。

最高人民法院认为，王永某、姚明某以王雲某名义签订案涉房屋购房合同时，王雲某仅有13岁，属无劳动能力的限制民事行为能力人，王雲某亦未举证证明其通过继承、奖励、父母之外第三人的赠与、报酬、收益等有合法经济来源。王永某、姚明某以王雲某名义签订案涉房屋购买合同的时间是2010年11月2日，王永某与贺珠某签订借款合同的时间是2012年8月24日，王永某、姚明某将案涉房屋登记在王雲某名下的时间是2013年6月4日。王永某、姚明某将涉案18套房屋登记在未成年子女王雲某名下时，王永某、姚明某尚未归还贺珠某借款，因此王雲某认为其取得案涉房屋未损害贺珠某利益的理由不成立。另，案涉房屋一直由王永某、姚明某夫妻用于经营，明显超出王雲某的基本生活需要。因此，原判决综合分析房屋购买时间、产权登记时间、王永某对贺明珠负债情况及购房款的支付，认定案涉18套房屋应为王永某、姚明某、王雲某的家庭共有财产有证据证明。最终最高人民法院认可一、二审法院的判决，即王雲某对涉案执行标的物不享有排他性权利，其请求停止执行的再审请求不成立。

（三）父母为逃避债务向未成年子女转移房产无效

案例2－9 赵某与卢洪某、卢某娇债权人撤销权纠纷案

一审法院：江苏省张家港市人民法院（2019）苏0582民初3401号

案例主旨：债务人将其名下房产赠与子女的行为已对债权人的合法债权实现造成损害，依法应当予以撤销。

卢洪某与第三人陈某原系夫妻关系，两人于2016年7月28日协议离婚，离婚协议约定将某房产赠与两人之女卢某娇。2016年11月14日，卢洪某、陈某

与卢某娇办理房产转移登记手续，此后卢某娇领取相应的不动产权证。由于卢洪某未能按已生效判决向原告赵某履行债务，赵某向灌云县人民法院申请强制执行，但因未查询到卢洪某名下有可供执行的财产，该院于2018年12月30日作出执行裁定书，终结该案的执行。现赵某诉至法院，主张卢洪某在未能偿还其对外债务的情况下，无偿赠与其个人财产给第三人卢某娇，要求撤销相关赠与行为。

法院认为，债务人无偿转让财产，对债权人造成损害的，债权人可以请求人民法院撤销债务人的行为，债权人行使撤销权的必要费用，由债务人负担。本案中，经生效判决认定，卢洪某于2014年向赵某借款20万元一直未还，在此情形下，其将与第三人陈某名下房屋产权份额赠与第三人卢某娇，已对赵某合法债权的实现造成损害，原告赵某要求撤销赠与行为，于法有据，予以支持。

二、因父母债务执行未成年人名下大额存款的效力

案例2-10 王某诉李某夫妇返还借款案[①]

案例主旨：通常情况下未成年人无法依靠自己的能力获得经济来源，如果未成年人无法证明其名下与其年龄不相符的大额财产系来源于除父母以外的第三方的赠与、继承、遗赠等或说明正当来源的，应当认定该未成年人名下的财产为其父母共有，法院可以予以执行。

法院认为，未成年子女作为家庭成员之一，其本身并不具备太多获得经济来源的渠道，除非是通过奖励、继承、报酬等方式。未成年人名下的财产无论来源于夫妻的任何一方，均具有家庭共有财产的性质。如果父母一方成为被执行人对外负债时，其未成年子女名下的银行账户出现不明来源的大额存款，则虽然该财产名义上系登记在该未成年子女名下，但是如果父母并不能解释该笔存款的合法来源，则法院原则上可以推定该存款应当属于其父母所有，系该家庭的共有财产。

如果未成年人的父母作为其监护人向法院提起案外人执行异议的，则应当对于未成年人名下的财产来源提供充分的证据，证明该财产系未成年人接受奖励、继承、报酬等所得。如果未成年人与其父母的财产高度混同以至于完全无

---

① 案例来源于《人民司法·案例》2014年第16期。

法区分，且其父母也无法举证证明该财产的合法来源，则一般法院还是会推定该财产属于父母子女共有的家庭财产，而不是仅属于未成年人个人所有的财产，从而无法排除强制执行。因此，如果父母从事经营活动，其未成年子女名下的存款账户中有大量存款且有与未成年人年龄、智力不相符的大额经济往来记录，同时也不能说明这些钱款的来源与去向；或者未成年子女名下的钱款与父母的钱款高度混合或基本上被父母支配使用的，则该钱款一般都不能被认定为未成年子女的个人财产，可被认定为其父母可被执行的标的财产。

第五节 执行范围与强制措施

一、债权文书公证与执行的规定

2016年8月25日浙江省高级人民法院、浙江省司法厅发布《关于规范债权文书公证和强制执行及公证机构协助执行有关问题的通知》（浙司〔2016〕89号），其中明确公证机构赋予强制执行效力的债权文书以及相关内容。

1. 公证机构赋予强制执行效力的债权文书包括以下范围：

（1）借款合同、借用合同、无财产担保的租赁合同；

（2）赊欠货物的债权文书；

（3）各种借据、欠单；

（4）还款（物）协议；

（5）以给付赡养费、抚养费、抚育费、学费、赔（补）偿金为内容的协议；

（6）符合赋予强制执行效力条件的其他债权文书。

2. 当事人依照《民事诉讼法》的规定申请执行公证债权文书的，应一并提交公证债权文书和执行证书。人民法院经审查，认为符合受理条件的应及时受理。因审查之必要，可以向公证机构调阅公证卷宗或了解相关情况，公证机构应当予以配合。

当事人仅提交公证债权文书或执行证书，已经受理的，通知其限期补齐，无正当理由逾期未补齐的，人民法院可裁定驳回执行申请。

当事人对不予受理或者驳回申请的裁定不服的，可以自裁定送达之日起10日内向上一级人民法院申请复议。

3. 人民法院在执行程序中经审查认定据以执行的公证债权文书和执行证书存在下列情形之一的，应当裁定不予执行，并将裁定书送达当事人和公证机构：

（1）公证债权文书不符合规定的条件和范围的；

（2）公证债权文书或执行证书内容不合法、不真实或有证据表明是债权人、债务人相互串通损害国家、集体或他人利益的；

（3）办理债权文书公证或出具执行证书的程序严重违反《公证法》《公证程序规则》和本通知规定的；

（4）有证据证明公证债权文书或执行证书确有错误的。

无给付内容的公证债权文书或执行证书、未载明一般保证人补充责任数额的执行证书、载明债权人和债务人互负给付义务的执行证书，应裁定不予执行。

4. 公证机构撤销公证债权文书或执行证书的，人民法院终结对该公证债权文书的执行或对不予执行申请的审查。

公证机构更正、补正公证债权文书或执行证书的，执行法院应以更正、补正后的公证债权文书或执行证书为准，继续执行或继续审查不予执行申请。

除了浙江地区以外，北京市法院执行局也于2016年1月21日召开第七次会议北京市法院执行局局长座谈会，并形成《关于公证债权文书执行与不予执行若干问题的意见》。①

二、被执行人被吊销营业执照且无财产执行的处理

（一）申请执行人可直接另案起诉

根据《公司法司法解释（二）》第十八条的规定，如果被执行人已被吊销营业执照且无执行财产的，申请执行人可以另案起诉原被执行人的股东，或者董事、控股股东、或者公司实际控制人，要求上述人员承担相应的民事责任。

---

① 载北京第一中级人民法院网，http：//bj1zy. chinacourt. gov. cn/article/detail/2018/09/id/3490886. shtml，最后访问时间：2021年4月23日。

（二）查找被执行人可供执行财产的线索

1. 被执行人的基本信息

通常情况下，申请执行人都会与被执行人有一定的经济来往。在这个过程中，一定会了解被执行人的住址、办公场所、联系方式、官方网站、是否拥有不动产或土地使用权、是否对外有应收账款等债权、公司是否有分红、公司是否有其他可供执行的动产等信息，这在强制执行程序中都可能成为线索。同时在与被执行人签署的合同、互相来往的邮件、函件、传真等也可能成为财产保全的线索，或是显示被执行人的行踪及隐匿财产的线索。

2. 被执行人的家庭情况

首先，被执行人的配偶可能会直接被追加为被执行人，因此需要了解其姓名、工作单位、收入情况、财产状况等。其次，如果被执行人的未成年子女名下有房产或其他可供执行的不动产，则也有可能被法院认定为被执行人的家庭共同财产，并准予强制执行。最后，如果被执行人与其他第三人共有财产，也需要关注该财产的情况，并注意财产上是否已经设置抵押权等。

3. 被执行人的关联方信息

首先，如果被执行人是公司的，可以多关注公司的员工，尤其是财务人员。在适当的情况下可以留意财务人员经常出入的银行，可能会找到公司隐藏的银行账户。其次，如果被执行人是个人的话，可以留意其经常出入的地址或居住地址附近的银行，可能也会有其个人隐藏的银行账户。最后，可以适当与被执行人的“身边人”进行沟通或“角色扮演”成被执行人的客户或公司职员，通过交易或其他合法的方式获得被执行人的执行信息。

4. 案外人悬赏举报信息

根据最高人民法院发布的《关于民事执行工作中财产调查若干问题的规定》，申请执行人可以向法院申请悬赏执行，尤其是被执行人下落不明或被执行人财产查找不到而使案件不能得以执行时，合理的悬赏奖励可以鼓励知情人员及时提供被执行人的财产状况或其到期债权。

5. 律师依法主动查明

律师可以通过工商档案查询的方式，确认被执行人开户行、账户、账号，股权、子公司、分公司、股东身份证号码、居住地址等信息。同时，也可以确认公司验资报告中股东出资是否虚假、到位、有无抽逃出资，否则可以向出资瑕疵的股东主张执行。另外，还可以查询被执行人缴纳水费、电费、税款的情况以及知识产权、不动产等财产线索。

如果有确实不能核实或由于客观原因不能调查的财产线索，律师可以将相关的财产线索提供给法院，并申请法院调查和执行。

三、追加案外人及执行其名下财产的情形

《最高人民法院关于民事执行中变更、追加当事人若干问题的规定》规定，关于被执行人不能清偿生效法律文书确定的债务时，申请执行人可以直接执行追加案外人或直接执行案外人名下财产的情形具体如下：

（1）作为被执行人的自然人死亡或被宣告死亡，可以申请自然人的遗产管理人、继承人、受遗赠人或其他因该自然人死亡或被宣告死亡取得遗产的主体为被执行人，在遗产范围内承担责任。

（2）作为被执行人的自然人被宣告失踪，可以申请变更该自然人的财产代管人为被执行人，在代管的财产范围内承担责任。

（3）作为被执行人的法人或非法人组织因合并而终止，可以申请变更合并后存续或新设的法人、非法人组织为被执行人。

（4）作为被执行人的法人或非法人组织分立，可以申请变更、追加分立后新设的法人或非法人组织为被执行人，对生效法律文书确定的债务承担连带责任。但被执行人在分立前与申请执行人就债务清偿达成的书面协议另有约定的除外。

（5）作为被执行人的个人独资企业，不能清偿生效法律文书确定的债务，可以申请变更、追加其出资人为被执行人。个人独资企业出资人作为被执行人的，人民法院可以直接执行该个人独资企业的财产。个体工商户的字号为被执行人的，人民法院可以直接执行该字号经营者的财产。

（6）作为被执行人的合伙企业，不能清偿生效法律文书确定的债务，可以申请变更、追加普通合伙人为被执行人。作为被执行人的有限合伙企业，财产

不足以清偿生效法律文书确定的债务，可以申请变更、追加未按期足额缴纳出资的有限合伙人为被执行人，在未足额缴纳出资的范围内承担责任。

（7）作为被执行人的法人分支机构，不能清偿生效法律文书确定的债务，可以申请变更、追加该法人为被执行人。法人直接管理的责任财产仍不能清偿债务的，人民法院可以直接执行该法人其他分支机构的财产。作为被执行人的法人，直接管理的责任财产不能清偿生效法律文书确定债务的，人民法院可以直接执行该法人分支机构的财产。

（8）个人独资企业、合伙企业、法人分支机构以外的非法人组织作为被执行人，不能清偿生效法律文书确定的债务，可以申请变更、追加依法对该非法人组织的债务承担责任的主体为被执行人。

（9）作为被执行人的营利法人，财产不足以清偿生效法律文书确定的债务，可以申请变更、追加未缴纳或未足额缴纳出资的股东、出资人或依公司法规定对该出资承担连带责任的发起人为被执行人，在尚未缴纳出资的范围内依法承担责任。同时也可以申请变更、追加抽逃出资的股东、出资人为被执行人，在抽逃出资的范围内承担责任。

（10）作为被执行人的公司，财产不足以清偿生效法律文书确定的债务，其股东未依法履行出资义务即转让股权，可以申请变更、追加该原股东或依公司法规定对该出资承担连带责任的发起人为被执行人，在未依法出资的范围内承担责任。

（11）作为被执行人的一人有限责任公司，财产不足以清偿生效法律文书确定的债务，股东不能证明公司财产独立于自己的财产，可以申请变更、追加该股东为被执行人，对公司债务承担连带责任。

（12）作为被执行人的公司，未经清算即办理注销登记，导致公司无法进行清算，可以申请变更、追加有限责任公司的股东、股份有限公司的董事和控股股东为被执行人，对公司债务承担连带清偿责任。

（13）作为被执行人的法人或非法人组织，被注销或出现被吊销营业执照、被撤销、被责令关闭、歇业等解散事由后，其股东、出资人或主管部门无偿接受其财产，致使该被执行人无遗留财产或遗留财产不足以清偿债务，可以申请变更、追加该股东、出资人或主管部门为被执行人，在接受的财产范围内承担责任。

（14）作为被执行人的法人或非法人组织，未经依法清算即办理注销登记，在登记机关办理注销登记时，第三人书面承诺对被执行人的债务承担清偿责任，可以申请变更、追加该第三人为被执行人，在承诺范围内承担清偿责任。

（15）执行过程中，第三人向执行法院书面承诺自愿代被执行人履行生效法律文书确定的债务，可以申请变更、追加该第三人为被执行人，在承诺范围内承担责任。

（16）作为被执行人的法人或非法人组织，财产依行政命令被无偿调拨、划转给第三人，致使该被执行人的财产不足以清偿生效法律文书确定的债务，可以申请变更、追加该第三人为被执行人，在接受的财产范围内承担责任。

另外，根据《最高人民法院关于人民法院执行工作若干问题的规定（试行）》的规定，如果被执行人对案外第三人享有到期债权的，则也可以申请强制执行，具体程序如下。

（1）人民法院可以依申请执行人或被执行人的申请，向第三人发出履行到期债务的通知。履行通知必须直接送达第三人。

（2）第三人在履行通知指定的期间内提出异议的，人民法院不得对第三人强制执行，对提出的异议不进行审查。

（3）第三人在履行通知指定的期限内没有提出异议，又不履行的，执行法院有权裁定对其强制执行。

（4）被执行人收到人民法院履行通知后，放弃其对第三人的债权或延缓第三人履行期限的行为无效，人民法院仍可在第三人无异议又不履行的情况下予以强制执行。

（5）第三人收到人民法院要求其履行到期债务的通知后，擅自向被执行人履行，造成已向被执行人履行的财产不能追回的，除在已履行的财产范围内与被执行人承担连带清偿责任外，可以追究其妨害执行的责任。

四、在执行程序中对担保人的强制执行

根据《最高人民法院关于执行担保若干问题的规定》，其中关于担保人依照《民事诉讼法》第二百三十一条规定，为担保被执行人履行生效法律文书确定的全部或者部分义务，向人民法院提供的担保的相关事宜进行规定。

执行担保可以由被执行人提供财产担保，也可以由他人提供财产担保或者保证。如果是公司为被执行人提供执行担保的，应当提交符合《公司法》第十六条规定的公司章程、董事会或者股东会、股东大会决议。

如果担保人在执行程序中提供执行担保后，且暂缓执行期限届满后被执行人仍不履行义务，或者暂缓执行期间担保人有转移、隐藏、变卖、毁损担保财产等行为的，人民法院可以依申请执行人的申请恢复执行，并直接裁定执行担保财产或者保证人的财产，不得将担保人变更、追加为被执行人。

执行担保财产或者保证人的财产，以担保人应当履行义务部分的财产为限。被执行人有便于执行的现金、银行存款的，应当优先执行该现金、银行存款。

五、在执行程序中直接追加股东为被执行人

案例2－11 山东A公司与B公司、郑某某等合同、无因管理、不当得利纠纷执行程序案

审理法院：山东省聊城市阳谷县人民法院（2015）阳恢执字第393号

案例主旨：公司股东一直未对公司资产进行清算，其行为实质是利用公司的独立法人身份逃避债务、规避执行并严重损害债权人合法权益的，应当对公司的债务承担连带清偿责任。

法院认为，在执行过程中，查明被执行人B公司在案件审理时隐瞒该公司已被河南省新密市工商行政管理局吊销营业执照和股东未对公司资产进行清算的事实，山东A公司是在不知情的情况下与B公司达成调解协议。现B公司一直处于歇业状态、公司资产不明去向、连经营场所也不存在了，从2005年5月30日B公司被吊销营业执照至今，B公司的股东郑某某、李某某、张某某一直没有对公司资产进行清算，其行为实质上是利用公司外衣逃避债务、规避执行，严重损害申请执行人山东A公司的合法权益，第三人郑某某、李某某、张某某应当对B公司的债务承担连带清偿责任，故法院于2015年6月30日依法追加B公司的股东郑某某、李某某、张某某为被执行人。

案例2－12 李某某、CF公司等借款合同纠纷执行程序案

审理法院：甘肃省高级人民法院（2013）甘执异字第2号执行裁定

审理法院：最高人民法院（2014）执复字第12号执行裁定

案例主旨：股东接受公司财产用于个人炒股，应追加为被执行人。

最高人民法院认为，CF公司长期歇业，而李某某在看守所向检察院的供述表明，CF公司向某商行贷款的3000万元，被其用于个人炒股，前述事实可以

认定李某某无偿接受被执行人 CF 公司的财产，致使该公司无法清偿案涉债务。执行法院依据上述事实裁定追加其为被执行人，在无偿接受 3000 万元贷款的范围内承担责任，符合法律规定。

六、追加被执行人可作为执行异议进行立案审查

2019 年 8 月 30 日最高人民法院就《关于执行程序中被追被执行人是否应当作为执行异议立案审查的咨询》答复如下：

执行程序中追加被执行人属于执行审查类案件中执行异议案件的一种类型。《最高人民法院关于执行立案结案若干问题的意见》第九条是根据民事诉讼法的相关规定，对执行异议案件的类型予以明确，除了包括《民事诉讼法》第二百二十五条、第二百二十七条规定的执行行为异议、案外人异议外，还包括管辖权异议、变更追加被执行人、债务人异议、不予执行仲裁裁决或者公证债权文书等。《最高人民法院关于人民法院办理执行异议和复议案件若干问题的规定》系对各种执行异议案件办理的规定，并非仅限于执行行为异议和案外人异议，如该司法解释第七条第二款系处理债务人异议的规定、第二十二条系处理某一情形下不予执行公证债权文书的规定。随后颁布施行的《最高人民法院关于民事执行中变更、追加当事人若干问题的规定》是处理民事执行中变更、追加当事人事宜的专门司法解释，以进一步弥补和完善民事诉讼法和原有司法解释对该部分内容规定的不足，特别是为了充分保障当事人的诉权，根据其他法律的相关规定，明确当事人在某些情形下提起异议之诉的权利。因此，《最高人民法院关于人民法院办理执行异议和复议案件若干问题的规定》《最高人民法院关于民事执行中变更、追加当事人若干问题的规定》、《最高人民法院关于执行立案结案若干问题的意见》之间，以及上述司法解释、规范性文件与《民事诉讼法》之间，并不存在矛盾和冲突。追加被执行人依照最高人民法院《关于人民法院案件案号的若干规定》，以案件类型代字“执异”立案审查，符合法律、司法解释和规范性文件的相关规定，并不表示这类案件属于执行行为异议或者案外人异议案件。

七、刑事裁判涉财产部分优先受偿权人的执行

根据 2014 年 11 月 6 日起施行的《最高人民法院关于刑事裁判涉财产部分执行的若干规定》（法释〔2014〕13 号）第十三条的规定，被执行人在执行中

同时承担刑事责任、民事责任，其财产不足以支付的，应按照一定的顺序执行：首先是人身损害赔偿中的医疗费用，之后依次为退赔被害人的损失、其他民事债务、罚金、没收财产。如果债权人对执行标的依法享有优先受偿权，其主张优先受偿的，人民法院应当在人身损害赔偿中的医疗费用受偿后，予以支持。

根据上述规定，对于有优先受偿权的债权人来说，只要刑事案件的执行内容并不涉及受害人的人身损害赔偿医疗费用，法院一般会支持该债权人实现优先受偿权。

前已述及，2016 年 4 月 14 日起施行的《最高人民法院关于首先查封法院与优先债权执行法院处分查封财产有关问题的批复》规定："已进入其他法院执行程序的债权对查封财产有顺位在先的担保物权、优先权（该债权以下简称优先债权），自首先查封之日起已超过 60 日，且首先查封法院就该查封财产尚未发布拍卖公告或者进入变卖程序的，优先债权执行法院可以要求将该查封财产移送执行。"

案例 2－13 刘某合同诈骗其他执行程序案

审理法院： 上海市第二中级人民法院（2016）沪 02 执异 87 号

案例主旨： 存在关于涉案财产的优先债权，且已有优先债权的执行法院做出有效生效文书，优先债权的执行法院与刑事审判法院可以协商进行移送执行。

法院认为，依据法律规定，人民法院执行刑事裁判涉财产部分，可以委托财产所在地的同级人民法院执行，同时优先债权执行法院可以要求首先查封法院将查封财产移送执行。涉案 14 套房产在马鞍山中院辖区，该院也是上述涉案房产的优先受偿债权的执行法院，故依法应将涉案 14 套房产移送马鞍山中院执行。

案例 2－14 罗某某与某银行宁波分行刑事执行案

审理法院： 浙江省宁波市中级人民法院（2017）浙 02 执异 6 号

案例主旨： 依法享有优先受偿权的债权人，其受偿顺序优先于退赔被害人的损失。

法院认为，根据《最高人民法院关于刑事裁判涉财产部分执行的若干规定》第十三条的规定，某银行宁波分行对案涉房地产依法享有优先受偿权，其受偿顺序优先于退赔被害人的损失。异议人提出某银行宁波分行不应当优先于张某某诈骗案的被害人受偿的意见与宁波市江东区人民法院作出（2015）甬东商初字第2851号民事判决及法律规定不符。另外，根据法律规定，债务人自己提供物的担保的，债权人应当先就该物的担保实现债权。因此，异议人提出某银行宁波分行应当向担保人张永某追讨的意见亦与法律规定不符。

最终浙江省宁波市中级人民法院指定宁波市江东区人民法院处置案涉房地产。房产拍卖后，在扣除担保债权及实现担保债权的本金、罚息、律师费等费用后，尚有余款。浙江省宁波市中级人民法院于2016年12月26日作出《关于被执行人张某某诈骗罪财产刑执行一案房屋拍卖余款分配方案》，根据各被害人的债权数额，按比例分配。

八、非上市股份有限公司股权查封机构的确认

案例2－15 YF公司与李某、MD公司等案外人执行异议之诉案

二审法院：辽宁省高级人民法院（2017）辽民终221号

再审法院：最高人民法院（2017）最高法民申3150号

案例主旨：我国法律、行政法规明确工商行政管理机关是公司登记机构，并未明确将非上市股份有限公司的股权登记事宜排除在工商行政管理机关的职权范畴之外，现行法律、行政法规对非上市股份有限公司股权登记机构也并未另行作出其他规定，因此，工商局可以协助执行案涉股权查封事宜。

最高人民法院认为，对于YF公司主张的抚顺市工商局不是案涉股权变更登记机构的问题，《公司登记管理条例》（2005年修订）第二条第一款“有限责任公司和股份有限公司（以下统称公司）设立、变更、终止，应当依照本条例办理公司登记”，第四条第一款“工商行政管理机关是公司登记机关”，第三十四条第三款“有限责任公司的股东或者股份有限公司的发起人改变姓名或者名称的，应当自改变姓名或者名称之日起30日内申请变更登记”等相关规定，均明确工商行政管理机关是公司登记机构，并未明确将非上市股份有限公司的股权登记事宜排除在工商行政管理机关职权的范畴之外。现行法律法规对非上市股份有限公司股权登记机构也并未另行作出其他规定。法院审查期间，各方当事人均认可案涉股权被查封时，辽宁省当地并没有另行设立负责非上市股份有限公司股权变更的登记的部门。且在一审法院于2012年1月、2013年12月两次

裁定查封冻结案涉股权时，抚顺市工商局并未对其负有协助履行查封冻结案涉股权义务提出异议。虽然抚顺市工商局曾拒绝就2014年12月26日的查封裁定继续履行协助义务，但之后亦出具协助执行的回执，履行协助义务。另外，MD公司与YF公司签订的《股权转让协议》第三条交割中“本协议生效后，YF公司支付完毕股权转让价款后即可办理本次股权转让的工商过户手续，MD公司应积极配合”的约定内容表明，YF公司在受让案涉股权时亦认为受让案涉股权后应到工商行政管理机关办理变更登记。据此，YF公司主张抚顺市工商局不是非上市股份有限公司股权变更的登记机构，不具有协助执行案涉股权查封事宜的权限，缺乏充分的事实和法律依据。

九、最高人民法院关于上市公司质押股票的冻结规范

2021年3月，最高人民法院、最高人民检察院、公安部、中国证券监督管理委员会联合印发《关于进一步规范人民法院冻结上市公司质押股票工作的意见》（法发〔2021〕9号），自2021年7月1日起实施。

四单位相关负责人在答记者问时指出，① 资本市场在金融运行中具有牵一发而动全身的重要作用。随着我国经济社会发展和资本市场制度的日益完善，人民法院执行被执行人上市公司股票的情形愈发多见。进一步规范人民法院冻结质押股票相关工作，完善质押股票处置变价流程，对于维护当事人、质权人合法权益，保障证券市场健康有序发展具有重要意义。在保全和执行案件中，人民法院冻结债务人持有的上市公司股票，如果该股票已质押给他人，为保障案件债权人的合法权益，执行法院往往会尽量多地冻结债务人持有的质押股票，以在实现质押债权的基础上尽可能清偿案件债权，存在超标的额冻结的风险。与此同时，质押股票被司法冻结后，质权人无法按照协议自行对质押股票进行变价，也容易使其错失商业良机，不利于质权人实现其合法权益。为此，最高人民法院在2019年12月底印发的《关于在执行工作中进一步强化善意文明执行理念的意见》第七条中提出构建质押股票新型冻结方式的思路。

因质押股票新型冻结方式涉及协助机关冻结系统的改造，最高人民法院执

① 参见《四单位相关部门负责人就〈最高人民法院 最高人民检察院 公安部 中国证券监督管理委员会关于进一步规范人民法院冻结上市公司质押股票工作的意见〉答记者问》，载中国证监会网站，http：//www. csrc. gov. cn/pub/newsite/zjhxwfb/xwdd/202103/t20210306_ 393715. html，最后访问时间：2021年4月23日。

行局即与中国证监会、中国结算公司及其分公司的法律、技术等部门就新型冻结方式的技术实现路径进行反复研究，并最终确定上述规定的方案。同时，虽然该规定仅规范人民法院冻结质押股票的相关工作，但为避免在实践中人民法院与其他冻结质押股票的有权机关产生争议，最高人民法院、中国证监会又与最高人民检察院、公安部等冻结质押股票的主要部门进行会商，并以联合会签的方式印发上述规定。对实践中人民法院和协助机关更好把握适用质押股票新型冻结方式具有重要意义。

上述规定主要为了解决实践中存在的质押股票超标的额冻结、被冻结股票披露信息不完整以及质权人无法自行变价等问题，在现有法律框架下，提出明确具体的解决方案。

1. 保障质押股票在法院监督下合理流通

根据第六条的规定，质权人可以向人民法院申请以证券交易所集中竞价、大宗交易方式在质押债权范围内变价股票。人民法院在冻结已经质押的股票后，应当及时书面通知证券登记结算机构或证券公司在系统中将相应的质押股票调整为可售状态。如果质权人希望通过协议转让的方式变价股票，则只要在不损害案件当事人利益、国家利益、社会公共利益且在能够控制相应价款的前提下，人民法院可以准许。

之所以允许质权人自行变价股票实现质押债权，一方面，因为上市公司股票行情是不断波动的，法院将其冻结后，如果质权人不能按照协议自行变价，不仅会损害其合法权益，而且也会因错失变价良机而最终损害债务人和案件债权人的合法权益；另一方面，与其他财产不同，上市公司股票一般通过二级市场进行交易，有公开的交易价格，在人民法院监督下由质权人自行变卖股票，一般也不会存在恶意串通低价转移财产损害案件债权人权益的问题。

当然，根据第八条的规定，在执行程序中，人民法院同样也可以对在系统中被标记的质押股票采取强制变价措施。

2. 需要冻结的质押股票必须被“标记”

根据第三条的规定，协助机关受理人民法院的冻结要求后，需要在系统中对质押股票进行标记。相关部门负责人在回答记者提问时指出，区分“标记”和“冻结”主要是基于两个方面的考虑。

一方面，第二条规定，人民法院在冻结质押股票时，只要按照冻结非质押股票的计算方式在协助执行通知书中载明需要冻结的股票数量即可。股票冻结后，任意一部分质押股票解除质押的，协助机关即在系统中将该部分股票调整为冻结状态，并可以通过邮寄、电话等方式及时通知人民法院，直至满足人民法院需要冻结的数量为止。

另一方面，为防止债务人与质权人恶意串通，擅自转让股票规避执行，人民法院也需要对质押股票进行一定程度的控制，由协助机关在系统中对这些股票进行标记。这不仅可以防止债务人、质权人任意处置股票，而且上市公司在披露冻结情况时，也可以全面、准确地描述质押股票的冻结现状，给市场主体更加清晰、准确的预期。

3. 债权人与债务人的救济保护

如果质权人依据上述规定并在人民法院的准许下自行变价质押股票，案件债权人、债务人是否有合理的救济途径呢?

相关部门负责人在回答记者提问时指出，在制定上述规定时已经充分考量这个因素。首先，依照《民事诉讼法》第二百二十五条的规定，当事人、利害关系人认为执行行为违反法律规定的，可以向负责执行的人民法院提出异议。据此，债权人、债务人对人民法院准许质权人自行变价的行为有异议的，可以提出异议。其次，在人民法院向质权人发放变价款时，债权人、债务人有异议的，可以按照司法解释关于案款分配方案异议和异议之诉的程序进行处理。各地法院在具体适用上述规定的过程中，要严格按照法律、司法解释的相关规定，充分保障债权人、债务人的救济权利，依法公正保障当事人、质权人的合法权益。

十、法院强制执行应尽量选择方便执行的财产

最高人民法院执行局于 2020 年 1 月 10 日作出关于对《最高人民法院关于人民法院办理财产保全案件若干问题的规定》建议的回复中指出：

抵押权的设立并不意味着债务人仅在抵押财产范围内对债权人负清偿义务，债务人的全部财产除依据法律、司法解释的规定应当豁免执行之外，都应当是清偿债务的责任财产。申请执行人既可以申请执行已抵押财产，也有权申请执行被执行人的未抵押财产。因此，债权人取得生效法律文书并申请强制执行的，

执行机构根据债权人提供或依职权查明的财产线索，对债务人的一般责任财产采取控制性执行措施，只要基本与执行债权及其执行费用相当，就符合《民事诉讼法》及其相关司法解释的规定。

执行程序不仅要依法及时实现生效法律文书确定的权利，也应当保障债务人与被执行人的合法权益。《最高人民法院关于人民法院办理财产保全案件若干问题的规定》（法释〔2016〕22号）第十三条第一款明确规定："被保全人有多项财产可供保全的，在能够实现保全目的的情况下，人民法院应当选择对其生产经营活动影响较小的财产进行保全。"《最高人民法院关于在执行工作中进一步强化善意文明执行理念的意见》第三条再次重申："被执行人有多项财产可供执行的，人民法院应选择对被执行人生产生活影响较小且方便执行的财产执行。在不影响执行效率和效果的前提下，被执行人请求人民法院先执行某项财产的，应当准许；未准许的，应当有合理正当理由。"因此，司法解释与司法文件均对保障债务人与被执行人的合法权益作出比较充分的考虑。

十一、私下达成和解协议并履行后仍可恢复执行

案例2－16 RA公司与某银行广州黄埔大道支行金融借款合同纠纷执行异议案

审理法院：最高人民法院（2016）最高法执监445号

案例主旨：当事人私下达成和解协议并履行完毕的，也不能视为形成具备执行和解的法律效力，债权人可以继续申请恢复强制执行。

最高人民法院认为，根据《最高人民法院关于人民法院执行工作若干问题的规定（试行）》第八十六条的规定，在执行中，双方当事人可以自愿达成和解协议，变更生效法律文书确定的履行义务主体、标的物及其数额、履行期限和履行方式。和解协议一般应采取书面形式，执行人员应将和解协议副本附卷；无书面协议的，执行人员应将和解协议的内容记入笔录，并由双方当事人签名或盖章。

本案中，RA公司虽主张已与某银行黄埔大道支行达成和解协议并履行完毕，但双方并未按上述规定向执行法院提交书面和解协议副本附卷，也未请求执行法院的执行人员将和解协议的内容记入笔录并盖章。因此，双方当事人私下达成的和解协议，并不符合执行和解协议的形式要件。广州中院根据某银行黄埔大道支行的申请恢复执行，并无不妥。

十二、法院关于确定财产处置参考价的规定

为公平、公正、高效地确定财产处置参考价，维护当事人、利害关系人的合法权益，最高人民法院于2018年8月28日发布《最高人民法院关于人民法院确定财产处置参考价若干问题的规定》，已于2018年9月1日起施行。

（一）确定财产处置参考价的程序

法院在确定财产处置参考价前，应当查明财产的权属、权利负担、占有使用、欠缴税费、质量瑕疵等。人民法院查封、扣押、冻结财产后，对需要拍卖、变卖的财产，应当在30日内启动确定财产处置参考价程序。另外，还规范了人民法院确定财产处置参考价的适用条件、办理流程、结果的发送、异议的处理等各个环节。

（二）确定财产处置参考价的方式

1. 当事人议价

采取当事人议价方式确定参考价的，除一方当事人拒绝议价或者下落不明外，人民法院应当以适当的方式通知或者组织当事人进行协商，当事人应当在指定期限内提交议价结果。双方当事人提交的议价结果一致，且不损害他人合法权益的，议价结果为参考价。

当事人议价不能或者不成，且财产有计税基准价、政府定价或者政府指导价的，人民法院应当向确定参考价时财产所在地的有关机构进行定向询价。

双方当事人一致要求直接进行定向询价，且财产有计税基准价、政府定价或者政府指导价的，人民法院应当准许。

2. 定向询价

采取定向询价方式确定参考价的，人民法院应当向有关机构出具询价函，询价函应当载明询价要求、完成期限等内容。接受定向询价的机构在指定期限内出具的询价结果为参考价。

3. 网络询价

定向询价不能或者不成，财产无须由专业人员现场勘验或者鉴定，且具备

网络询价条件的，人民法院应当通过司法网络询价平台进行网络询价。

双方当事人一致要求或者同意直接进行网络询价，财产无须由专业人员现场勘验或者鉴定，且具备网络询价条件的，人民法院应当准许。

4. 委托评估

采取委托评估方式确定参考价的，人民法院应当通知双方当事人在指定期限内从名单分库中协商确定三家评估机构以及顺序；双方当事人在指定期限内协商不成或者一方当事人下落不明的，采取摇号方式在名单分库或者财产所在地的名单子库中随机确定三家评估机构以及顺序。双方当事人一致要求在同一名单子库中随机确定的，人民法院应当准许。

人民法院应当向顺序在先的评估机构出具评估委托书，评估委托书应当载明财产名称、物理特征、规格数量、目的要求、完成期限以及其他需要明确的内容等，同时应当将查明的财产情况及相关材料一并移交给评估机构。

评估机构应当出具评估报告，评估报告应当载明评估财产的基本情况、评估方法、评估标准、评估结果及有效期等内容。

评估需要进行现场勘验的，人民法院应当通知当事人到场；当事人不到场的，不影响勘验的进行，但应当有见证人见证。现场勘验需要当事人、协助义务人配合的，人民法院依法责令其配合；不予配合的，可以依法强制进行。

评估机构应当在30日内出具评估报告。人民法院决定暂缓或者裁定中止执行的期间，应当从前述期限中扣除。评估机构不能在期限内出具评估报告的，应当在期限届满5日前书面向人民法院申请延长期限。人民法院决定延长期限的，延期次数不超过两次，每次不超过15日。评估机构未在期限内出具评估报告、补正说明，且未按照规定申请延长期限的，人民法院应当通知该评估机构3日内将人民法院委托评估时移交的材料退回，另行委托下一顺序的评估机构重新进行评估。人民法院未在评估结果有效期内发布一拍拍卖公告或者直接进入变卖程序的，应当通知原评估机构在15日内重新出具评估报告。

（三）建立全国性司法网络询价平台名单库

由最高人民法院按照法定的条件建立全国性司法网络询价平台名单库，同时最高人民法院组成专门的评审委员会，负责司法网络询价平台的选定、评审和除名。每年引入权威第三方对已纳入和新申请纳入名单库的司法网络询价平台予以评审并公布结果。

（四）建立人民法院司法评估机构名单库

最高人民法院根据全国性评估行业协会推荐的评估机构名单建立人民法院司法评估机构名单库。按评估专业领域和评估机构的执业范围建立名单分库，在分库下根据行政区划设省、市两级名单子库。评估机构无正当理由拒绝进行司法评估或者存在弄虚作假等情形的，最高人民法院可以商全国性评估行业协会将其从名单库中除名；除名后5年内不得被纳入名单库。

（五）建设全国法院询价评估系统

最高人民法院建设全国法院询价评估系统。询价评估系统与定向询价机构、司法网络询价平台、全国性评估行业协会的系统对接，实现数据共享。询价评估系统应当具有记载当事人议价、定向询价、网络询价、委托评估、摇号过程等功能，并形成固化数据，长期保存、随案备查。

（六）可用保险垫付相关费用

申请执行人通过签订保险合同的方式垫付网络询价费或者委托评估费的，保险人应当向人民法院出具担保书。担保书应当载明因申请执行人未垫付网络询价费或者委托评估费由保险人支付等内容，并附相关证据材料。

十三、执行阶段加速股东认缴出资到期

（一）不申请破产而直接要求股东提前履行出资义务

案例2-17 伍某等与孙某、广州YD公司执行异议之诉案

一审法院：广东省广州市天河区人民法院（2018）粤0106民初22号

案例主旨：经过强制执行后仍不能清偿到期债务的，债权人可以直接在执行阶段要求尚未届出资期的股东提前履行出资义务。

关于经过强制执行后仍不能清偿到期债务的，债权人是否可以不申请破产等程序，而直接在执行阶段要求尚未届出资期的股东提前履行出资义务问题。

法院认为，第一，公司法将实缴资本制改为认缴资本制的立法目的，只是降低股东投资门槛，有利于创业；而绝不是降低对债权人的合法利益的保护，

更不是允许股东滥用认缴制损害债权人的合法利益。且股东的认缴承诺，既有对内效力：公司和股东都应受该认缴承诺的约束，尊重对认缴数额和缴纳期限的约定；也有对外效力：该认缴承诺构成对公司债务的担保，在公司财产不足以清偿债务时，债权人可以要求未实缴出资的认缴股东承担连带清偿责任。

第二，诚实信用原则是民事活动最基本的行为准则，要求市场主体讲究信用，恪守诺言，应当在不损害他人利益和社会公共利益的前提下追求自身利益。因此，在保护股东享受自由出资期限权利与维护公司债权人的合法权益发生冲突时，股东内部的约定不能对抗公司外部的债权人。

第三，《最高人民法院关于民事执行中变更、追加当事人若干问题的规定》第十七条规定，作为被执行人的营利法人，财产不足以清偿生效法律文书确定的债务，申请执行人申请变更、追加未缴纳或未足额缴纳出资的股东、出资人或依公司法规定对该出资承担连带责任的发起人为被执行人，在尚未缴纳出资的范围内依法承担责任的，人民法院应予支持。第十九条规定，作为被执行人的公司，财产不足以清偿生效法律文书确定的债务，其股东未依法履行出资义务即转让股权，申请执行人申请变更、追加该原股东或依公司法规定对该出资承担连带责任的发起人为被执行人，在未依法出资的范围内承担责任的，人民法院应予支持。这些规定中的“尚未缴纳出资的范围”或“未依法出资的范围”，并未明确排除未届出资期的出资，且未设定以解散清算、破产程序作为追加未缴纳或未足额缴纳出资的股东的前提条件。

第四，《最高人民法院关于人民法院执行工作若干问题的规定（试行）》第八十条规定，被执行人无财产清偿债务，如果其开办单位对其开办时投入的注册资金不实或抽逃注册资金，可以裁定变更或追加其开办单位为被执行人，在注册资金不实或抽逃注册资金的范围内，对申请执行人承担责任。股东是否已届出资期对审判和执行认定“注册资金不实”的影响，应该是不同的。在审判阶段，如果公司尚未经清算、破产或执行程序，就认定未届出资期的股东是出资不实而加速到期，势必消解认缴资本制鼓励创新创业的作用，明显不符合公司法修改的目的。但是，在执行阶段，很多程序与强制清算程序、破产程序具有极大的相似性，对于虽未届出资期限的未缴出资股东，参照相关清算、破产的规定精神，要求经强制执行后仍不能清偿债务的未届出资期的股东提前出资，追加其为被执行人，在已认缴但未实际缴纳的出资范围内承担公司债务，完全是正当的，而且也是公司法保护债权人合法权益的要求。因此，在执行阶段，可以认定未届出资期限而未足额出资的为“注册资金不实”。

第五，在执行过程中，应当坚持生道执行的理念，尽可能维持公司的生命力，避免不必要的解散清算或破产，维护社会经济秩序。本案中，注册资本1000万元的第三人因为56万余元的债务而终结，显然是不必要的。如果那样，于原告而言，只能暂时顺延加速到期的时间，但迟延履行期间的加倍债务利息则依法应该予以支付，其结局反而可能得不偿失；于司法资源和社会效果而言，既不符合程序经济原则，也与执行程序重效率的价值相违背，而且不利于社会的和谐。因此，在执行过程中要求尚未届出资期的股东提前履行出资义务的，应予以支持。

综上所述，作为第三人股东的原告，在公司章程中约定全部注册资本的认缴期限为30年，明显过长，而且实际出资一直为0元。第三人出现债务却无法清偿后，原告在执行过程中均以0元转让第三人股权。根据权利义务对等性的内在要求，原告和受让股东对转股前发生的第三人债务，均应当承担清偿责任。被告选择追加原告而放弃追加受让股东，属于对自己民事权利的处分，依法可以准许。

（二）认缴期未到时转让股权的可追加为被执行人

案例2-18 郭某某与FS轮胎公司、青岛ZDR公司执行异议之诉案

一审法院：河南省焦作市山阳区人民法院（2018）豫0811民初963号

案例主旨：股东在认缴期尚未届满时转让股权的，仍对公司负有出资义务，不能因股权受让而转移或免除。债权人可以要求其在未依法出资的范围内承担责任。

法院认为，本案中，原告郭某某作为被告青岛ZDR公司的原股东，其认缴的出资额为1,000,000元，已实际缴纳250,000元，尚余750,000元未缴纳。原告郭某某在公司章程中承诺认缴期限至2044年10月9日，该出资承诺的认缴期限为存续的时间段，在此期间其均有出资义务，故虽其认缴期尚未届满，但其转让股权时对青岛ZDR公司仍负有出资义务。另，根据《公司法》第二十八条的规定可知，股东的出资义务系法律规定的法定义务，不能因原告与股权受让人的约定而予以转移或免除，故原告郭某某虽将其在被告青岛ZDR公司的股权全部转让，但其对被告青岛ZDR公司所负的出资责任并不能随之转移或免除。综上，原告郭某某在未完全履行出资义务的情况下即转让股权，FS轮胎公司在青岛ZDR公司财产不足以清偿生效法律文书确定的债务时，申请追加其为被执行人并要求其在未依法出资的范围内承担责任，符合法律规定，应予支持。

从上述两个案例中可以看出，根据《公司法》第三条的规定，有限责任公司的股东对公司债务的承担以其认缴的出资额为限，但该出资并不应当区分是否已经实际缴纳出资。一旦股东在公司章程中承担认缴出资的，即使认缴出资期限再长，也不影响股东以该认缴出资额为限对公司的债务承担责任。另外，《公司法司法解释（三）》第十三条第二款规定，“公司债权人请求未履行或者未全面履行出资义务的股东在未出资本息范围内对公司债务不能清偿的部分承担补充赔偿责任的，人民法院应予支持”。因此，一旦公司出现债务不能或不足以清偿的情况，股东就应当履行缴纳注册资本的义务。

（三）债权人申请未出资股东为被执行人的注意事项

《最高人民法院关于民事执行中变更、追加当事人若干问题的规定》第十七条规定，债权人可以“申请变更、追加未缴纳或未足额缴纳出资的股东、出资人或依公司法规定对该出资承担连带责任的发起人为被执行人，在尚未缴纳出资的范围内依法承担责任”。第十九条规定，若“股东未依法履行出资义务即转让股权”的，则债权人可以“申请变更、追加该原股东或依公司法规定对该出资承担连带责任的发起人为被执行人，在未依法出资的范围内承担责任”。

根据上述规定，如果债权人希望适用上述条款，则必须证明“作为被执行人的营利法人，财产不足以清偿生效法律文书确定的债务”。故债权人一定需要搜集充足的证据证明被执行人确实资不抵债，否则将无法进一步追加未履行出资义务的股东成为被执行人。

十四、公司不能清偿债务时直接执行股东财产

（一）股东出资不实的可以直接申请执行股东财产

案例2－19　重庆HJ公司与云南HY公司、云南ZYHQ公司等合同纠纷、申请承认与执行法院判决、仲裁裁决案件执行之诉案

审理法院：最高人民法院（2015）执复字第49号

案例主旨：被执行人无财产清偿债务，可追加开办单位为被执行人并由其在注册资金不实的范围内承担清偿责任。

最高人民法院认为，《最高人民法院关于人民法院执行工作若干问题的规定

(试行)》第八十条规定,“被执行人无财产清偿债务,如果其开办单位对其开办时投入的注册资金不实或抽逃注册资金,可以裁定变更或追加其开办单位为被执行人,在注册资金不实或抽逃注册资金的范围内,对申请执行人承担责任”。该规定是执行程序中追加出资不实股东的法律依据,《民事诉讼法》及《民诉法解释》并未对上述法条予以废止或取代,故该规定中关于追加出资不实股东的条文仍然有效。被执行人 ZYHQ 公司的开办单位 HY 公司在注册成立 ZYHQ 公司的过程中出资不实,金额为 2200 万元。法院依法裁定追加 HY 公司为被执行人并由 HY 公司在注册资金不实的范围内向申请执行人 HJ 公司承担清偿责任,并无不当。

(二)无法证明股东出资不实的不可执行股东财产

案例 2-20 辽宁 MS 公司申请追加被执行人案

审理法院: 辽宁省沈阳市中级人民法院(2016)辽 01 执异 948 号

案例主旨: 申请执行人不能证明公司股东出资不实的,不能追加其为被执行人。

法院认为,在执行程序中直接追加案件之外的第三人为被执行人应当具有充分的事实根据和法律依据。本案中申请执行人未能举证证明第三人马承某、黄晓某存在对被执行人出资不实的情形,且有限责任公司的法定代表人的变更并不等同于股权的转让。法院最终判决申请执行人不能追加第三人为被执行人。

案例 2-21 刘某某、高某申请追加张某某、田某为被执行人案

审理法院: 山东省大连市中级人民法院(2016)辽 02 执异 211 号

案例主旨: 验资报告所记载的账户与银行进账单账户记载不一致不足以证明虚假出资,因此无法追加公司股东为被执行人。

法院认为,被执行主体的追加,是指人民法院在民事执行程序中由于出现法定原因,将与直接被执行人有义务关联的案外人,依法增加为被执行人的一项法律制度。被执行主体的追加必须严格依照法律规定,经法定程序进行。本案中,据广东某银行进账单记载张某某、田某分别向持票人 LT 公司缴存 40 万元、960 万元。现申请执行人仅以验资报告所记载的账户与银行进账单账户记载不一致,而主张企业实收资本与在工商机关登记注册的资本金有差额,第三人

为虚假出资，证据不足，法院不予支持。

案例 2－22 某银行与 HW 贸易公司等变更追加执行当事人异议案

审理法院：北京市第一中级人民法院（2016）京01执异255号

案例主旨：被执行人提供在工商部门登记的资信证明确认不存在出资不实情形，申请执行人不能追加案外人为被执行人。

法院认为，被执行人HW贸易公司增加注册资金至1.3亿元，该项变更申请已经国有资产管理部门核准的《国有资产产权登记表》作为资信证明，并在工商行政管理部门办理登记，故应当认定HW贸易公司的注册资金已经全部到位，不存在注册资金不实的情形，故本案不符合可在执行程序中追加案外人为被执行人的法定情形。

第六节 执行异议与配偶权益保护

一、关于执行异议案件的司法观点

（一）承租人提起执行异议之诉

《最高人民法院关于人民法院办理执行异议和复议案件若干问题的规定》第三十一条规定："承租人请求在租赁期内阻止向受让人移交占有被执行的不动产，在人民法院查封之前已签订合法有效的书面租赁合同并占有使用该不动产的，人民法院应予支持。承租人与被执行人恶意串通，以明显不合理的低价承租被执行的不动产或者伪造交付租金证据的，对其提出的阻止移交占有的请求，人民法院不予支持。"

根据上述规定，承租人执行异议成立需符合两个条件：一是查封之前要签订合法有效的书面合同，二是查封之前合法占有使用该不动产。否则承租人无权提出停止执行的诉讼请求。

案例2-23 白某龙、白某与HR公司、JC公司案外人执行异议之诉案

一审法院： 黑龙江省双鸭山市人民法院（2019）黑0521民初2940号

案例主旨： 承租人无法证明在法院查封前已经签订合法有效的租赁合同并合法占有适用的，则承租人不享有足以排除执行的民事权益。

法院于2017年3月查封JNH商场多处商铺，而白某龙、白某举示的其与JNH公司签订的《幸福JNH商业综合体经营管理租赁合同书》的日期为2016年10月15日，在查封时间之前。故本案的焦点集中在《幸福JNH商业综合体经营管理租赁合同书》的合同效力及白某龙、白某是否在查封前实际占有使用。

法院认为，《幸福JNH商业综合体经营管理租赁合同书》中约定：JNH公司将JNH商场整体租赁给白某龙、白某24年，租金抵顶工程款欠款。此种以工程款欠款冲抵租金签订租赁合同的做法并不违反法律规定，判断合同效力的关键在于JNH公司是否具有JNH商场的处分权。JNH公司确实实施了对外出租部分商铺的行为，JC公司亦在其中部分租赁合同上签字盖章，可认定JC公司明知并认可JNH公司实施JNH商场部分商铺出租给商户的行为。但将JNH商场长期整体出租，涉及产权人JC公司的重大利益，且超出正常运营管理的范畴，故不能推定JNH公司出租JNH部分商铺，其就当然享有对JNH商场长期整体出租的权利，在无JC公司授权的情况下，JNH公司无该项处分权。白某龙、白某于2016年10月13日与JC公司签订《幸福JNH室内装修工程施工合同补充协议》明确JC公司通过委托经营的方式清偿工程款，其不与JC公司变更或补充约定，而是在短时间内再次与JNH公司签约，亦与常理不符。因此，在白某龙、白某未举证证明JC公司授权JNH公司签约的情况下，应认定JNH公司与白某龙、白某签订《幸福JNH商业综合体经营管理租赁合同书》为无权处分。现JC公司拒绝追认，该租赁合同对JC公司不产生法律效力。

"在人民法院查封之前已签订合法有效的书面租赁合同并占有使用该不动产的"，此处的"占有使用"应结合前文理解为基于"合法有效书面租赁合同"的占有使用，此前因其他法律关系产生的占有不在此列。《幸福JNH商业综合体经营管理租赁合同书》载明的租期开始时间为2017年9月30日，即白某龙、白某基于租赁合同占有使用JNH商场的时间为2017年9月30日，晚于查封时间。

综上，白某龙、白某所提异议不符合《最高人民法院关于人民法院办理执行异议和复议案件若干问题的规定》第三十一条第一款规定的阻止向受让人移

交占有被执行的不动产的条件，其不享有足以排除执行的民事权益。

（二）以另案生效判决/裁决提起执行异议

根据《最高人民法院关于人民法院办理执行异议和复议案件若干问题的规定》第二十六条规定，在金钱的债权执行中，案外人依据执行标的被查封、扣押、冻结前作出的另案生效法律文书提出排除执行异议，人民法院应当按照下列情形，分别处理：

（1）该法律文书系就案外人与被执行人之间的权属纠纷以及租赁、借用、保管等不以转移财产权属为目的的合同纠纷，判决、裁决执行标的归属于案外人或者向其返还执行标的且其权利能够排除执行的，应予支持。

举例：案外人甲通过已生效的判决确认对乙名下的某房产享有物权，而申请执行人丙因涉及金钱的债权纠纷已经向法院申请查封乙名下的房产，由于案外人甲对该房产享有的物权优先于丙对乙的债权，且该房产在被查封之前就已经有生效的裁判文书。因此，案外人甲如果向法院提出排除执行异议，则法院应当按照前述规定予以支持。

（2）该法律文书系就案外人与被执行人之间除前项所列合同之外的债权纠纷，判决、裁决执行标的归属于案外人或者向其交付、返还执行标的的，不予支持。

举例：张三向李四借款未还，李四向法院申请扣押张三名下的一辆车。但实际上该车是张三向案外人王五购买，但张三没有向王五支付购车款，且法院也在李四申请扣押车辆之前已经作出判决确认张三应当向王五返还该车辆。此时，案外人王五如果向法院提出排除执行异议的，法院将不会支持。这其中的原因就在于王五对于张三享有的是普通债权，李四对于张三享有的也是普通债权，两种权利之间是没有任何优先以及区别的，因此案外人王五提出排除执行异议是不会被法院支持的。

（3）该法律文书系案外人受让执行标的的拍卖、变卖成交裁定或者以物抵债裁定且其权利能够排除执行的，应予支持。

这是一种比较特殊的情况，在理论上，因拍卖、变卖、以物抵债形成的债权也属于一般债权，并不具有优先受偿的权利。但上述规定列明该种拍卖、变卖是由法院的法律文书确定的，因此为使法院出具的法律文书具有执行的权威性，通过法律的拟制让此类债权人享有类似物权的优先权利。

（4）在金钱债权执行中，案外人依据执行标的被查封、扣押、冻结后作出的另案生效法律文书提出排除执行异议的，人民法院不予支持。非金钱债权执行中，案外人依据另案生效法律文书提出排除执行异议，该法律文书对执行标的权属作出不同认定的，人民法院应当告知案外人依法申请再审或者通过其他程序解决。

（三）执行异议与另案起诉

最高人民法院认为，[①] 案外人提起执行异议之诉时，必须提出明确的排除对执行标的执行的诉讼请求，也可以同时提出对执行标的进行确权或者给付的诉讼请求。案外人也可以不提出排除对执行标的执行的诉讼请求，仅就执行标的确权或者给付进行起诉，这种情况就属于案外人另行提起一个新的普通诉讼，而非执行异议之诉。

如果案外人在提出排除对执行标的执行的诉讼请求的同时，又提出对执行标的进行确权的诉讼请求，人民法院作出裁判后，案外人就不能再对执行标的确权另行起诉。否则就违反一事不再理原则。当事人在另行起诉和执行异议之诉中有选择权。

曾有地方法院在指导意见中规定："法院针对执行标的物的强制执行过程中，案外人以被执行人为被告就执行标的物另行提起确权之诉的，不予受理，已经受理的，裁定驳回起诉，并告知其可依据民事诉讼法第二百零四条（2012年民事诉讼法第二百二十七条）的规定主张权利。"最高人民法院认为这种做法在一定程度上限制了当事人的诉权，值得商榷。

即便在执行程序中，案外人也有权不提出执行异议，而是另行提起诉讼，对执行标的主张确权。如果其诉讼请求得到支持，可再以该案中的生效法律文书为证据，向原执行法院提起执行异议，或者申请执行回转。这是案外人的权利。但这种方法不利于对案外人权益的保护，人民法院在审查案外人另行提起的新的诉讼时，应予适当释明。

案外人在提起执行异议之诉后，一审判决作出前，又向执行法院就相同执行标的提起确权之诉的，应当合并审理。案外人在提起执行异议之诉且同时对

---

① 参见沈德咏主编：《最高人民法院民事诉讼法司法解释理解与适用》（下），人民法院出版社2015年版，第821页。

执行标的提起确权之诉后，又就相同执行标的向其他法院提起确权之诉的，受理确权之诉的人民法院应当将案件移送执行法院一并审理，执行异议之诉已经作出裁判的，则应当驳回起诉。

二、离婚协议对强制执行的影响

（一）子女受赠离婚财产可对抗强制执行

案例2－24 唐某生与李甲、李乙、李丙、第三人李某仔执行异议之诉案

一审法院：湖南省嘉禾县人民法院（2018）湘1024民初1501号

二审法院：湖南省郴州市中级人民法院（2019）湘10民终2108号

案例主旨：实际权利人享有的物权期待权应当优先于普通金钱债权，对案涉房产享有足以阻却执行的实体权利。

二审法院认为，本案二审的争议焦点问题是：李甲、李乙、李丙对案涉房屋是否享有足以排除执行的民事权益。

李甲、李乙、李丙请求停止执行的理由为李某仔和其前妻王某女的离婚协议书已将案涉房产赠与李甲、李乙、李丙所有，其为案涉房产的实际权利人，而唐某生要求继续执行的理由是案涉房产的所有权人是李某仔，并未依法过户登记在李甲、李乙、李丙名下，不发生物权效力。关于离婚协议书对房屋产权的约定能否对抗申请执行人的问题，主要是由于不动产登记所有权人与实际权利人不一致的情况下，当事人之间的权利发生冲突，此时应根据案件的具体情况和不同主体享有的权利的性质与内容进行甄别，同时进行价值考量，确定权利的顺位，综合作出判断，从而确定案外人的权利是否能够排除执行。

首先，一审、二审法院均认定李某仔与王某女之间不存在恶意串通逃避债务的主观故意、赠与行为应属有效的认定。其次，一审法院重点分析李甲、李乙、李丙的请求权与唐某生的请求权存在不同，并因此具有排除执行的效力，且二审法院也予以确认，具体如下：

一是从成立时间上看，李甲、李乙、李丙的请求权要远远早于李某仔与唐某生因民间借贷所形成的金钱债权。二是从内容上看，李甲、李乙、李丙的请求权系针对讼争房屋的请求权，而唐某生的债权为金钱债权，并未指向特定的财产。在李甲、李乙、李丙已实际占有讼争房屋的前提下，李甲、李乙、李丙的请求权，优于唐某生的金钱债权。三是从性质上看，在唐某生与李某仔形成金钱债权的过程中，讼争房产都未影响到李某仔的责任财产，李甲、李乙、李丙的请求权即使排除唐某生债权的执行，也并未对唐某生债权的实现形成不利影响。四是从发生的根源上看，讼争房产系李某仔与王某女婚姻关系存续期间因合法建造而产生的夫妻共同财产，在李某仔与王某女婚姻关系解除之时约定讼争房产归李甲、李乙、李丙所有。五是从功能上看，该房产具有为李甲、李乙、李丙提供生活保障的功能，与唐某生的金钱债权相比，李甲、李乙、李丙享有的请求权在伦理上具有一定的优先性。

二审法院认为，李甲、李乙、李丙已实际占有案涉房屋多年，且对于未办理房屋产权变更登记没有过错，其距离完整的法律意义的所有权人只有一步之遥，其享有的权利的性质为物权期待权，而唐某生仅仅是在寻找李某仔的责任财产时发现案涉房屋，将案涉房屋作为一般责任财产以获得债务清偿，故实际权利人李甲、李乙、李丙享有的物权期待权应当优先于唐某生的普通金钱债权，对案涉房产享有足以阻却执行的实体权利。

（二）负债时以子女名义购房不能对抗强制执行

案例2-25 周某宏、周某传、周某定、韩某书申请执行人执行异议之诉案

二审法院：贵州省高级人民法院（2018）黔民终1091号

再审法院：最高人民法院（2019）最高法民申2508号

案例主旨：出资购买房屋并转移到子女名下严重影响到被执行人责任财产，且对债权的实现构成重大不利影响的，该房产应作为家庭共有财产，应对家庭对外债务承担责任。

最高人民法院认为，本案为执行异议之诉，审理的是异议人是否享有足以排除强制执行的权利，不动产登记虽然是法律规定的权属证明文件，但在执行异议之诉案件审理中，仍要根据当事人的权利来源、权利性质以及权利对债权实现的影响等确定异议人的权利是否足以排除执行，二审法院根据本案的具体情况确定涉案房屋的权利人符合法律规定。

周某传以其女周某宏名义购房以及周某宏取得不动产权证的时间均要晚于周某定基于民间借贷所形成金钱债权的时间。周某传、韩某书在明知尚有欠债未予偿还的情况下，仍以其女周某宏的名义购买涉案房屋，且在法院判决周某

传、韩某书承担还款责任并申请强制执行后一直未能履行，其行为显然已构成对债权人的损害。因此，周某传、韩某书关于其经济宽裕、出资为子女购房未损害周某传债权的主张亦不能成立。二审法院认定在周某定与周某传借贷以及最终形成金钱债权的过程中，出资购买涉案房屋并转移到子女名下严重影响到周某传与韩某书的责任财产，对周某定债权的实现构成重大不利影响，亦不缺乏事实依据。应据实认定周某传系《商品房买卖合同》的实际权利义务人，涉案房屋作为家庭共有财产，应对家庭对外债务承担责任。

三、强制执行与配偶权益保护

（一）离婚协议排除强制执行的效力

1. 离婚协议能够排除强制执行

案例 2-26 王某为与钟某玉、林某达案外人执行异议纠纷案

一审法院：福建省高级人民法院（2014）闽民初字第 7 号

二审法院：最高人民法院（2015）民一终字第 150 号

案例主旨：法院根据案件的具体情况和异议人所主张的权利、申请执行人债权实现的效力以及被执行人对执行标的权利作出比较并综合判断，从而确定异议人的权利是否能够排除执行。

最高人民法院认为，钟某玉对诉争房产享有足以阻却执行的权利。主要理由如下。

第一，现有证据不能证明钟某玉与林某达之间存在恶意串通逃避债务的主观故意，钟某玉与林某达解除婚姻关系及有关财产约定的意思表示真实。双方签订《离婚协议书》的时间（1996 年 7 月）在先，法院对讼争房产的执行查封（2013 年 6 月）在后，时间上前后相隔长达十几年之久，林某达与钟某玉不存在借离婚协议处分财产逃避债务的主观恶意。据此，钟某玉与林某达在离婚协议中对于夫妻共同财产的处分行为亦属有效。

第二，关于钟某玉对讼争房产的请求权的内容问题。由于钟某玉与林某达签订《离婚协议书》时，讼争房产尚未办理门牌号码也未测量其实际面积，因此，钟某玉与林某达在《离婚协议书》中约定，“……建在上杭县城关和平路的面积一百七十三平方米（尚未办理门牌号码）的房屋归女方及女方所生子女所有”，该约定的内容即应解释为诉争房屋的全部而非其中的173平方米归钟某玉及其所生子女所有。尤其是，在《离婚协议书》签订之后，钟某玉及其所生子女也一直实际占有、使用诉争房屋。因此，王某上诉以钟某玉仅对诉争房屋的173平方米部分享有请求权、人民法院不应停止对该房屋其他部分执行的主张不能成立。

第三，由于《离婚协议书》并不存在恶意串通逃避债务的问题，且钟某玉对案涉全部房产享有请求权，因此，需要进一步讨论的问题是，钟某玉依据《离婚协议书》对讼争房产享有的权利是否足以排除执行。

在本案中，钟某玉与林某达于1996年7月22日签订《离婚协议书》，约定讼争房产归钟某玉及其所生子女所有，该约定是就婚姻关系解除时财产分配的约定，在诉争房产办理过户登记之前，钟某玉及其所生子女享有的是将讼争房产的所有权变更登记至其名下的请求权。该请求权与王某的请求权在若干方面存在不同，并因此具有排除执行的效力。

第一，从成立时间上看，该请求权要远远早于王某因与林某达股权转让纠纷所形成的金钱债权。债权的成立时间尽管并不影响债权的平等性，但是在若干情形下对于该债权能否继续履行以及继续履行的顺序产生影响。

第二，从内容上看，钟某玉的请求权系针对诉争房屋的请求权，而王某的债权为金钱债权，并未指向特定的财产，诉争房屋只是作为林某达的责任财产成为王某的债权的一般担保。在钟某玉占有诉争房屋的前提下，其要求将讼争房产的所有权变更登记至其名下的请求权，也应当优于王某的金钱债权。

第三，从性质上看，王某与林某达之间的金钱债权，系林某达与钟某玉的婚姻关系解除后发生的，属于林某达的个人债务。在该债权债务发生之时，诉争房屋实质上已经因钟某玉与林某达之间的约定而不再成为林某达的责任财产。因此，在王某与林某达交易时以及最终形成金钱债权的过程中，诉争房产都未影响到林某达的责任财产。在此意义上，钟某玉的请求权即使排除王某债权的执行，也并未对王某债权的实现形成不利影响。

第四，从发生的根源上看，讼争房产系钟某玉与林某达婚姻关系存续期间因合法建造而产生的夫妻共同财产，在钟某玉与林某达婚姻关系解除之时约定讼争房产归钟某玉及其所生子女所有。从功能上看，该房产具有为钟某玉及其所生子女提供生活保障的功能。与王某的金钱债权相比，钟某玉及其子女享有的请求权在伦理上具有一定的优先性。

综上所述，最高人民法院认为，从钟某玉与王某各自债权产生的时间、内容、性质以及根源等方面来看，钟某玉对诉争房产所享有的权利应当能够阻却对本案讼争房产的执行，钟某玉提起执行异议请求阻却对本案讼争房产执行的理由成立，一审法院判决停止对讼争房产的执行正确，应予维持。

案例 2－27 何某芬诉金某贵案外人执行异议之诉案

一审法院：浙江省湖州市吴兴区人民法院（2017）浙 0502 民初 8184 号

案例主旨：法院应根据被执行人与债权人之间的债权情况以及被执行人所签离婚协议的情况进行综合判断可否阻却强制执行。

法院认为，执行异议之诉中，应坚持以实质审查为原则，故原告何某芬的异议请求能否排除执行，并不仅以讼争房产的权利外观表征来判断，应当从第三人陈某与被告金某贵之间的债权产生的时间、内容、性质以及第三人陈某与原告何某芬离婚协议的签订时间、内容等方面进行综合判断。

首先，原告何某芬与第三人陈某离婚的时间早于第三人陈某债务的发生时间，债务系第三人陈某的个人债务；其次，原告何某芬与第三人陈某因感情不和离婚，离婚协议中的财产分割约定系双方平等自愿协商下对家庭财产分配的结果，对双方具有约束力。且离婚协议约定中原告何某芬与第三人陈某所分到的财产的份额较为均等，第三人陈某的个人财产并未因此明显减少，故离婚协议中关于财产分割的约定未侵害第三人的利益，无恶意逃债的嫌疑，法律应当予以保护；最后，原告何某芬一直居住于讼争房产，又无其他住房，讼争房产为其提供生活保障，对其生存权益的保护应当优先于对第三人陈某的一般债权人对讼争房产的信赖利益的保护。因此，原告何某芬因离婚分割财产享有对讼争房产的所有权，可阻却对讼争房产的执行。

案例 2－28 张某英、万某辉案外人执行异议之诉案

一审法院：江西省高级人民法院（2016）赣民初 18 号

二审法院：最高人民法院（2017）最高法民终 42 号

再审法院：最高人民法院（2018）最高法民申 2777 号

案例主旨：夫妻一方因离婚协议所取得的房产权利，即使未及时办理变更登记手续的，但其对该房产享有变更登记为所有权人的请求权具有优先性，该

请求权可以排除人民法院对该房产的强制执行。

最高人民法院认为，关于张某英对案涉房产是否享有足以排除强制执行的民事权益问题。张某英虽不能直接确认为案涉房产所有权人，但其对该房产享有变更登记为所有权人的请求权，该请求权可以排除人民法院根据万某辉的申请对案涉房产的强制执行。理由是：一方面，从两种请求权产生的时间来看，张某英对案涉房产享有的请求权是基于2008年其与成某波签订的离婚协议产生，而万某辉享有的请求权是基于2011年成某波出具的担保《承诺书》产生。张某英的请求权成立在前，其与成某波不存在通过离婚协议预定转移、逃废此后成某波可能发生的担保债务。万某辉的请求权与张某英的请求权相比较，在时间上不具有优先性。另一方面，从两种请求权的性质和内容来看，张某英享有的是针对案涉房产要求变更登记为所有权人的请求权，而万某辉享有的是针对成某波的一般金钱债权，该金钱债权并非基于对案涉房产公示的信赖而产生。

具体而言，成某波为FY贸易公司向万某辉借款提供连带责任担保时，未将案涉房产设定为抵押担保物，万某辉亦并非基于成某波名下登记有案涉房产而同意其为借款人FY贸易公司提供保证担保。因而，万某辉的金钱债权请求权与张某英的所有权变更登记请求权比较，在性质和内容上亦不具有优先性。故张某英关于停止对案涉房产强制执行的上诉请求成立，法院予以支持。

2. 离婚协议不能排除强制执行

案例2-29 周某珠与BW公司、周某海案外人执行异议之诉案

二审法院：山东省高级人民法院（2017）鲁民终717号

再审法院：最高人民法院（2017）最高法民申3915号

案例主旨：离婚协议中对房产归属的约定并不直接导致物权发生变动，一方仅可向对方主张履行房屋产权变更登记的义务。在房产未依法变更产权的情况下，一方对于该房产不享有足以排除强制执行的民事权益。

最高人民法院认为，本案再审审查的核心问题是：周某珠对于作为执行标的物的涉案房产，是否具有足以排除强制执行的民事权益。

第一，山东省日照市中级人民法院于2015年11月19日作出（2015）日商初字第215号民事调解书，周某海对江苏某镍业有限公司应向山东某国际贸易有限公司支付回购货款及收益50,591,600元的本金和利息承担连带担保责任，

属于对外担保之债，根据最高人民法院相关复函的规定，涉案债务不应认定为夫妻共同债务。

第二，周某珠与周某海于1991年9月27日结婚，于2015年7月28日自愿离婚；2012年10月，周某海购买位于上海市的房产。该房产购买于周某珠与周某海夫妻关系存续期间，虽然只登记在周某海一人名下，但是在周某珠、周某海未举证证明归个人所有的情况下，应为夫妻共同财产。虽然周某珠与周某海于2015年7月28日签订《自愿离婚协议书》，约定涉案房产归周某珠所有，但是双方未进行不动产物权的转让登记，物权的转让不发生效力，涉案房产仍归周某珠与周某海夫妻共同所有。

第三，《最高人民法院关于人民法院民事执行中查封、扣押、冻结财产的规定》第十二条规定，对被执行人与其他人共有的财产，人民法院可以查封、扣押、冻结。本案涉案债务虽然属于周某海个人债务，但是涉案房产归周某珠与周某海夫妻共同所有，人民法院可以执行。因此，一审法院驳回周某珠关于排除对涉案房产执行的诉讼请求并无不当，二审法院驳回上诉，维持原判的处理结果亦无不当。

由上述案例可知，最高人民法院认为，通过离婚协议约定房产归一方所有的，若未办理相关的产权变更手续，则物权的转让不发生效力，该房产仍然属于夫妻共同财产。即使是配偶一方的个人债务，但是对与其他人共有的财产即夫妻共有的房产，人民法院可以查封、扣押、冻结。

（二）执行非负债配偶方财产份额的效力

1. 不可解除强制执行但可另案析产解决

案例2-30 张某与高某某、张某某案外人执行异议之诉案

二审法院：内蒙古自治区高级人民法院（2016）内民终154号

再审法院：最高人民法院（2017）最高法民申2083号

案例主旨：非负债配偶一方未就被查封的夫妻共同财产提起析产诉讼的，不应停止对该夫妻共有财产的执行，但在财产拍卖时应对其财产权益进行适当保护。

最高人民法院认为，本案的核心问题是，张某的主张是否足以排除强制执行效力。

《最高人民法院关于人民法院民事执行中查封、扣押、冻结财产的规定》第十二条规定，对被执行人与其他人共有的财产，人民法院可以查封、扣押、冻结，并及时通知共有人。共有人协议分割共有财产，并经债权人认可的，人民法院可以认定有效。查封、扣押、冻结的效力及于协议分割后被执行人享有份额内的财产；对其他共有人享有份额内的财产的查封、扣押、冻结，人民法院应当裁定予以解除。共有人提起析产诉讼或者申请执行人代位提起析产诉讼的，人民法院应当准许。诉讼期间中止对该财产的执行。

本案中，张某某作为生效判决的被执行人，人民法院查封张某某与张某的夫妻共同财产，符合《最高人民法院关于人民法院民事执行中查封、扣押、冻结财产的规定》第十二条第一款的规定，并无不当。该条第二款规定，共有人可以和债权人协议分割共有财产。但张某某、张某并没有与债权人高某某协商一致对共有财产进行分割，故人民法院继续查封张某某、张某夫妻共同财产，并无不当。该条第三款赋予共有人提起析产诉讼或者申请执行人代位提起析产诉讼的权利，而非提起析产诉讼的法定义务，张某认为高某某应该积极提起析产诉讼的主张，缺乏法律依据。同时，本案亦不符合“婚姻关系存续期间，夫妻一方请求分割共同财产的，人民法院不予支持”的例外情形，故内蒙古高级人民法院不支持张某“先析产再执行”的上诉请求，并无不当。《最高人民法院关于人民法院民事执行中查封、扣押、冻结财产的规定》第十二条第一款规定执行法院可以对被执行人与其他人共有的财产进行查封、扣押、冻结，第二款和第三款分别规定在各方当事人协商一致分割共有财产以及提起析产诉讼情况下的执行方式，在不存在第二款和第三款规定的情形时，应适用第一款的规定。张某关于“该条并未对提起析产后以及协商不成又无人提起析产诉讼时是否能够继续查封作出规定”的主张不能成立。内蒙古高级人民法院二审判决认定“在对张某某、张某夫妻共有财产进行拍卖时，应在夫妻共有财产范围内对张某某所享有财产份额进行处分，不得损害张某的财产份额”，可见二审判决已经对张某的财产权益给予适当保护，故张某关于涉案的执行行为对其造成实质性损害的再审事由亦不能成立。

从上述案例可以看出，法院在审查执行异议之诉中被执行标的是否属于夫妻共同财产，且是否会影响强制执行的，主要区分以下三种情况进行处理：

（1）若非负债一方对于该执行标的享有全部的权利，如执行标的是非负债方的婚前个人财产的，则其对于执行标的享有的权益足以阻却强制执行，法院会支持非负债方的异议请求。

（2）若非负债一方仅享有该执行标的部分的权利或份额，则法院会支持申请执行人对该执行标的提出的查封、冻结等保全性执行措施，同时告知非负债方另行主动与申请执行人协商析产或另案提起析产诉讼。若非负债方提起析产诉讼，则法院会在诉讼期间中止对该执行标的物的执行。

（3）若非负债一方对执行标的完全不享有任何权利或份额的，则法院会继续实施处分性执行措施。

2. 共有财产可拍卖但应保留非负债方份额

案例2－31 章某与陈某某、宁某某案外人执行异议之诉案

一审法院：青海省高级人民法院（2019）青民初51号

二审法院：最高人民法院（2019）最高法民终1868号

案例主旨：当事人没有在执行程序规定的期间内提出异议，但其实体权利并未丧失，依然享有夫妻共同财产的相应份额，依法应当保留属于其一半的份额。

关于宁某某与章某共有的房屋拍卖后，是否应当保留章某一半的执行款份额或章某是否需要另行提起不当得利之诉的问题。最高人民法院认为，虽然涉案房屋登记在宁某某名下，但该房屋系在章某与宁某某婚姻存续期间取得，依法应当认定为夫妻共同财产，原审法院执行该房产时，应当保留属于章某的一半份额。根据《最高人民法院关于人民法院办理执行异议和复议案件若干问题规定》第六条第二款的规定，案外人依照《民事诉讼法》第二百二十七条规定提出异议的，应当在异议指向的执行标的执行终结之前提出；执行标的由当事人受让的，应当在执行程序终结之前提出。陈某认为，章某未在执行标的执行终结之前提出，故应当视为章某放弃该部分权利。最高人民法院认为，在执行程序过程中，虽然当事人没有在执行程序规定的期间内提出异议，但其实体权利并未丧失，章某依然享有夫妻共同财产的相应份额，故案涉房屋在执行过程中依法应当保留属于章某的一半份额，原审法院将房屋的拍卖款全部支付给陈某，属于执行错误。原审法院判令章某另行提起不当得利之诉，并驳回章某此部分诉讼请求，不妥，最高人民法院依法予以纠正。

除了上述最高人民法院的司法判例以外，全国各地方法院也出台了相应的规定，如2016年11月23日印发《浙江省高级人民法院执行局关于执行共有财产若干疑难问题的解答》（浙高法执〔2016〕7号），其中浙江省高级人民法院执行局就何种情形下可以执行共有财产以及共有财产是否需要明确共有份额后才能执行的问题进行了答复。

首先，人民法院在执行程序中一般应当执行被执行人个人名下的财产，被执行人无个人名下财产或者该财产难以处置的，可以执行被执行人与他人共有的财产。

其次，根据《最高人民法院关于人民法院民事执行中查封、扣押、冻结财产的规定》第十二条之规定，共有人协议分割共有财产并经债权人认可的，人民法院可以认定有效；共有人提起析产诉讼或者申请执行人代位提起析产诉讼的，人民法院应当准许。因此执行法院在告知共有人有权协议分割共有财产或者提出析产诉讼后，共有人没有协议分割或者诉讼，则执行法院可以继续执行。

四、存款“代持”不能对抗强制执行

案例2－32 谢某某与胡某某、刘某某等案外人执行异议之诉案

一审法院： 江苏省无锡市惠山区人民法院（2018）苏0206民初4013号

二审法院： 无锡市中级人民法院（2019）苏02民终1140号

案例主旨： 案外人以被执行人名下存款系代持为由提出执行异议的，原则上不予支持。

法院认为，对被执行人银行存款的执行，是在被执行人不履行法定义务的情况下，法院采取的最普遍而又行之有效的执行方式之一。货币为特殊的动产，其所有权的确定主要依据占有来确认。根据我国国务院颁布的《个人存款账户实名制规定》及《中国人民银行关于进一步落实个人人民币银行存款账户实名制的通知》中的相关规定，各类个人人民币银行存款账户必须以实名开立。法院在执行存款时，首先要认定存款是否属于被执行人的责任财产。凡存款账户以被执行人名义开立者，该账户内的资金即可视为被执行人的责任财产，法院可对其采取执行措施。因为货币作为一种特殊的商品，具有不特定化的特点，在不能对其特定化，使其从其他货币区分出来的情况下，对他人占有的货币行使请求权，只能是依据债权而非所有权。因此，谢某某的款项在汇入被执行人刘某某账户后，应当认定款项发生所有权转移，刘某某对该款项实际上已具有

充分的占有和支配权。谢某某如主张相关权利的，可依据其与被执行人之间的协议，或者持有该款项为其所有的历史来源和沿续过程的证据，向被执行人（名义存款人）刘某某追讨债权。现谢某某要求确认被执行人刘某某名下的案涉存款归其所有的上诉请求，于法无据，法院不予支持。

五、离婚不影响原夫妻共同债务的承担

案例2-33 LW公司与常某、胡某某买卖合同纠纷执行程序案

执行法院：江苏省盐城市盐都区人民法院（2018）苏0903执异3号执行裁定

复议法院：盐城市中级人民法院（2018）苏09执复50号

案例主旨：即使原夫妻共同财产的形式在离婚后发生变换，但仍然应当用以偿还生效判决所确定的夫妻共同债务。

复议法院认为，（2015）都商初字第00025号民事判决判令胡某某偿还LW公司货款658, 282.12元，并承担自2013年1月29日起至实际付款之日止按中国人民银行同期贷款基准利率计算的利息；常某以其与胡某某婚后共同财产为限对胡某某的上列债务承担连带责任。因此，常某与胡某某的夫妻共同财产应当作为执行标的，偿还生效判决所确定的债务。而常某与胡某某的夫妻共同财产，根据（2013）都潘民调字第0032号民事调解书，包括位于盐城市的房产，因常某已经将相应房产予以处置，故房产的价值形式由不动产转化为其他形式，由特定物转换为种类物，并为其所有。原夫妻共同财产的形式虽然发生变换，但是仍然应当用以偿还生效判决所确定的义务。常某所开立的银行账户，虽然开立时间在常某与胡某某离婚之后，但此银行账户中亦可保存上述财产，银行账户开立的时间与账户中财产的来源并不矛盾。故执行法院对上述账户进行查封并要求常某履行，并无不当。盐都区人民法院仅以银行账户开立时间在常某与胡某某离婚之后即认定该银行账户中的财产非夫妻共同财产，没有事实和法律依据。故裁定撤销盐城市盐都区人民法院（2018）苏0903执异3号执行裁定，并驳回常某的异议请求。

第三章

刑事合规

综　述

对于企业来说，合规管理与业务管理、财务管理三者互为支撑，企业的合规管理至关重要，却往往容易被民营企业主忽视；对于家族来说，做好合规不仅意味着家族企业的合规，还要做好家族成员行为的合规。作为家族企业，由于结合家族和企业两者的关系，更应当重视合规工作。在合规管理中，刑事合规是其中非常重要的一个方面，但遗憾的是，现实中很多民营企业主在家族治理中，重点都在于家族企业的公司化治理，也就是侧重从商业的角度整合资源，但往往忽视刑事合规，存在习惯性思维，过度依赖人脉关系。忽视刑事合规的后果，往往比民事合同责任或商业交易上的失误要严重很多，甚至可能会导致“家破财失”的严重后果。因此，对于家族企业来说，必须重视刑事合规，只有做好商业合规、家事合规和刑事合规三者的有机结合，才能实现家业的百年传承和基业长青！

本章的主要内容涉及刑事合规必要性概述、民营企业主常涉罪名、公检法监的常规办案流程、家族企业内斗案例警示与民营企业主的刑事维权等方面，同时提示民营企业主刑民交叉常见问题及处理方案解析、企业家刑事合规筹划等内容，为律师指导家族企业刑事合规提供一个宏观的思路与方向。

第一节 刑事合规筹划概述

财富越多，需要协调和平衡的利益关系就越多、越复杂。“左边是企业，右边是家庭”，作为民营企业主，不仅要平衡企业与家庭，同时还要平衡各种社会关系和各类大小问题。在民营企业主可能面临的各类问题中，民事责任和经济风险，基本上都是可以通过“金钱”应对和解决的，但刑事责任则不然。民营企业主一旦引发刑事责任，不仅可能导致毕生奋斗和努力的物质成果功亏一篑，甚至还可能影响到自身的自由和生命！因此，刑事合规至关重要，必须进行“未雨绸缪”式的提前预防，而不是在面临刑事责任的紧急关头才加以考虑。作为律师来说，无论是作为企业的法律顾问还是特定诉讼案件的代理律师，都有必要时刻提醒民营企业主，高度重视刑事合规问题，建立“以防为主、以消为辅”的原则。保护客户的生命与自由，其意义要远胜于维护客户的财产权益，这也是做好刑事合规业务的价值所在。

一、高度重视民企刑事合规的现实基础

（一）“牵一发而动全身”的客观状况

改革开放以来，广大民营企业主已经积累不少财富，但现实中存在诸多因素，导致部分民营企业主出现“企业做大后但心里却没底”的心态，也就是对于手中紧握的财富产生了不安全感。对于民营企业主来说，一旦引发刑事责任，不仅会彻底失去毕生奋斗换来的物质成果，甚至还会付出自由和生命的代价。因此，刑事风险对于民营企业家来说可谓“牵一发而动全身”的重大潜在风险。

与此相对应，国家在近年来出台了一系列规定，明确保护民营企业家财产权益的态度。

2016 年 11 月 27 日，《中共中央、国务院关于完善产权保护制度依法保护产权的意见》正式对外公布，明确国家依法保护产权的态度。

2019年5月30日上午，最高人民法院举行民营企业家座谈会，[①] 会议强调要加强刑事司法保护，严格落实罪刑法定、疑罪从无的原则，坚决防止利用刑事手段干预经济纠纷，坚决依法保护企业家人身财产安全。要加强民商事司法保护，深化对经济新业态的研究，进一步加大知识产权司法保护力度，服务创新驱动发展。

2019年10月18日，最高人民检察院检察长在北京大学作"中国特色社会主义司法制度的优越性"专题讲座，[②] 在回答"检察院强调服务大局会不会在司法实务中影响司法公正"这一问题时提到："民营企业在当前形势下，尤其是在国际经济下行压力之下，如果有经济上的违法犯罪，处理的方式是一样的，该捕就捕该诉就诉，该判实刑就判实刑。但还是有个司法政策要作个调整，可捕可不捕的，不捕；可诉可不诉的，不诉；可判实刑可判缓刑的，判个缓刑好不好啊？我们认为是非常需要的。因为民营企业把它捕了，把它诉了，这个企业马上就会垮台，几十个人、几百个人的就业就没了"。[③]

现实中还存在一种现象，民营企业主在开展商事活动交易产生纠纷后，借用刑事手段解决经济纠纷，这使原本属于民事争议范畴的纠纷上升为刑事案件，引发公权力的介入。对此，最高人民检察院检察长也曾透露，最高人民检察院已经部署涉及民营企业案件立案监督和羁押必要性审查专项活动，对于以刑事手段插手民营经济纠纷的案件会坚决纠正；对于涉及民营企业家的羁押，会坚持每案必审，坚决纠正超期羁押或久押不决的问题。

（二）高度重视刑事合规的善意警示

社会上流传着这样一个段子："企业家不是在监狱，就是在通往监狱的路上。"虽然这种说法确实有点夸张，但恰恰说明企业家群体确实面临着较高的刑事风险。作为律师来说，应当对企业家进行善意的警示，让他们充分了解刑事合规的重要性，如果在企业经营的过程中只追求经济效益而忽略了刑事合规的必要性，一旦被"秋后算账"，则很有可能抱憾终身。作为企业家来说，正是因

---

① 载中国法院网，https：//www. chinacourt. org/article/detail/2019/06/id/4105618. shtml，最后访问时间：2021年4月23日。

② 载最高人民检察院，https：//www. spp. gov. cn/tt/201910/t20191022_ 435455. shtml，最后访问时间：2021年4月23日。

③ 《民企可捕可不捕的不捕引热议，中央层面如何对保护民企发声》，载搜狐网，https：//www. sohu. com/a/349491128_ 161795，最后访问时间：2021年4月23日。

为面临着较高的刑事风险，所以由专业律师提供刑事合规建议非常有必要。

（三）民营企业刑事合规重在改变理念

我国市场经济体制下的企业主要可以分为国有企业、民营企业和外资企业，这三类企业的刑事合规存在不同的重点。

对于国有企业来说，基于我国社会主义市场经济以公有制为主的特点，国有企业在我国的经济发展中扮演着重要的角色。我国法律对于国有企业以及国有企业工作人员提出更为严格的要求，国有企业以及工作人员在工作中可能触及的刑事风险往往更加广泛。因此，国有企业应当高度重视刑事合规，以严格的要求规范自身和员工。

对于外资企业来说，刑事合规的重点在于明确遵守中国的法律。外资企业由于企业文化以及自身发展的原因，内部的合规意识往往比较充分，合规的经验也相对更为丰富。但值得注意的是，外资企业来到我国经营，应当在了解我国法律的基础上，熟悉我国的司法实践，立足于本土化的法律环境开展刑事合规实践。

民营企业的合规重点则与上述两类企业完全不同。对于民营企业来说，最关键的要点在于转变传统观念、真正树立刑事合规意识。改革开放 40 多年来，民营企业为我国的经济发展和社会进步做出了重要的贡献。民营企业家锐意进取，不断开拓创新，灵活经营企业，不断把民营企业做大做强。但不能否认的是，目前我国民营企业仍然普遍存在法律意识不足、法治观念淡薄的问题。不少民营企业家仍然保留着注重关系和人脉，而轻视法律和规则的传统观念。在司法实践中，民营企业发生刑事案件的数量可以说是远远高于国有企业和外资企业，究其原因，这和民营企业家法治观念的欠缺是分不开的。因此，民营企业开展刑事合规工作的关键，也是首要任务，是提高民营企业家的法律意识，真正牢固树立起民营企业家的法律意识和法治观念。

二、民营企业主常见风险的多元化

北京师范大学中国企业家犯罪预防研究中心针对在 2014 ~ 2018 的 5 个统计年度进行统计，企业家犯罪案件总计分别为：902 件、793 件、1458 件、2319 件、2222 件；与之相对应的涉案企业家人数分别为：1099 人、921 人、1827 人、2292 人、2773 人，体量上整体呈现递增态势。同时，在企业家涉案范围上，企业家犯罪基本涉及所有产业与企业经营的所有环节。① 由此可见，民营企业家犯罪占整个企业家犯罪的比例日益增高，民营企业主常见的风险是多元化的，这绝不是危言耸听。

（一）家族企业的管理风险

对于民营企业主来说，家族企业的管理风险主要是指家族企业在经营管理的过程中，因家族企业经营者、家族成员、公司职业经理人、公司外部投资人等不同身份主体之间的冲突而导致的风险。通常情况下包括：家族成员之间的冲突，如因夫妻离婚、遗产继承等导致的股权争夺；家族成员与公司职业经理人之间的冲突，如职业经理人利用职权损害家族企业利益等；家族成员与外部投资人的冲突，如家族成员与投资人因发展经营理念不同导致公司僵局等。

除此之外，家族企业在经营管理过程中还需要注意财务、法律等领域的风险，如融资过程中的合规问题、金融投资不当问题、偷逃税款等。这些法律风险在司法实践中具有较高的危险性，足以让一个家族企业陷入致命的危险中。

（二）家族企业的运营风险

家族企业在日常运营中存在的法律风险，包括市场经营、知识产权保护、企业对外宣传以及社会公共关系维护等方面。

1. 市场经营中的法律风险

在以生产经营为主的企业中，生产、销售伪劣产品及违禁品以及安全事故的法律风险最为突出。在其他类型的企业中，因合同管理不当、侵犯信息技术、违反其他生产经营等风险也是不容忽视的。

2. 知识产权的法律风险

我国日益重视对知识产权的保护，有关知识产权保护的立法和规定也逐步完善。企业在经营过程中，往往会涉及著作权、专利和商标，知识产权作为一种无形资产，是企业重要的经济资源之一。企业因违反著作权法、专利法、商

---

① 参见《企业家犯罪的基本态势主要成因与对策思考》，载《法制日报》，http：//epaper. legaldaily. com. cn/fzrb/content/20190508/Articel11003GN. htm，最后访问时间：2021 年 4 月 23 日。

标法和反不正当竞争法等法律法规可能引起知识产权和企业宣传方面的法律风险。

3. 公共关系维护的法律风险

公共关系维护的法律风险可能引发包括贿赂犯罪、串通投标罪、虚假广告罪等，近年来甚至还有一些企业引发“黑恶势力”犯罪。另外，企业在处理与员工之间的劳动关系时容易引发大量的法律问题，该类问题虽然不足以引发刑事责任，但随着社会信息传播速度的加快、传播范围的扩大，这些问题将引起广泛的社会关注，一旦处理不当，很容易对企业造成极大的负面影响，从而影响企业的整体价值，需要引起注意。

（三）家族企业的刑事风险

家族企业的刑事风险，主要指家族的成员和家族企业管理者以及家族企业因涉嫌刑事犯罪而产生的风险，主要包括以下三类情形：

第一类，是家族企业的成员、管理者或者家族企业自身成为犯罪行为的实施者。应当注意的是，这种情况下既包括有组织、有预谋的犯罪，也包括因不了解法律而导致的“被动”犯罪。

第二类，是家族企业成员或者家族企业可能成为犯罪行为的受害者，包括家族成员被害，以及家族企业被外部犯罪伤害和家族企业被内部犯罪伤害的情况。如某游戏公司大股东被高管投毒杀害就是典型的案例。

第三类，因外部“权力”介入导致“被迫”犯罪。近年来，在部分法制化程度相对较为薄弱的地区，仍然可能存在部分“执法漏洞”，民营企业主“被犯罪”的情况仍然时有发生，应当引起注意。

需要特别指出的是，刑事风险对于家族企业来说往往是最致命的风险。刑事风险不仅可能导致家族企业财产的巨大损失，还可能造成家族的成员失去财富，丧失自由甚至生命。

另外，家族企业的刑事风险还包括高管的刑事责任法律风险。许多公司高管认为公司的风险应当由公司或者股东承担，因而自己不存在刑事风险，但法律规定和司法实践中并不是这样。作为企业的高级管理人员，面临的刑事风险可能存在于生产销售、商业贿赂、失职、侵犯公司财产等各个方面，几乎在每个环节都可能面临刑事风险。

（四）家族企业的传承风险

家族企业的传承风险，主要是指家族企业在控制权的传承过程中可能出现的风险，常见的有以下风险：

首先，我国自古以来盛行的“子承父业”的传统，在此情境下，一旦子辈无法妥善地承接父辈所传承下来的家业，则必然导致“富不过三代”的结局。因此，家族企业仅局限在家族成员之间传承就会导致这种“局限性”传承的风险。

其次，如果一个家族拥有众多的成员，且父辈在生前并未就家族企业的传承制订周详的计划，同时也没有明确指定继承人的，则容易导致“争斗性”传承的风险。典型的案例有我国香港特区知名地产集团兄弟因控制权之争，导致兄弟失和等。

再次，即使一个家族的成员都和气融融，父辈也在生前做到了“一碗水端平”，但是“人人分杯羹”的结果就会导致公司股权的分散，最终影响家族企业的经营与运作。典型案例如某家族企业实际控制人将遗产平均分给 4 个女儿后，“家族企业王国”整体实力和影响力便大为分散且日渐式微。

最后，企业家在思考家族企业传承时，如果忽略自己的“个人问题”则也会导致风险。企业家的婚姻，包括结婚和离婚以及其他婚恋纠纷，都会对家族企业产生极大的风险。

三、民营企业应当重视单位犯罪的预防

在我国的司法实践中，单位犯罪是民营企业经常触犯的一类犯罪，应当引起民营企业的重视。随着我国刑事法律制度的不断完善和社会主义市场经济的不断发展，单位犯罪越来越成为民营企业所面临的一类重大刑事风险。

（一）单位犯罪的概念与特点

所谓单位犯罪，是指依据我国刑法的规定，公司、企业、事业单位以及机关、团体等社会组织，出于为本单位牟取非法利益等原因，经单位集体研究或经单位负责人决定而故意实施触犯刑法的行为。我国的刑事法律最早规定单位犯罪的是 1997 年修订的《刑法》。在我国的香港、澳门和台湾地区，这类犯罪一般被称为“法人犯罪”。

我国现行《刑法》第三十条规定：“公司、企业、事业单位、机关、团体实

施的危害社会的行为，法律规定为单位犯罪的，应当负刑事责任”。由此可见，单位犯罪的主体主要包括五类，也就是公司、企业、事业单位、机关和团体。

同时，《刑法》还规定单位犯罪的处罚原则。《刑法》第三十一条规定：“单位犯罪的，对单位判处罚金，并对其直接负责的主管人员和其他直接责任人员判处刑罚。本法分则和其他法律另有规定的，依照规定。”也就是说，我国对单位犯罪实行“双罚制”，对单位判处罚金，同时对相关责任人员判处刑罚。

（二）民营企业常见的单位犯罪及成因

根据我国《刑法》的规定，公司和企业是单位犯罪的两类主体。司法实践中，民营企业处罚单位犯罪的不在少数。

我国《刑法》规定的单位犯罪几乎涵盖民营企业所有可能的市场行为。在司法实践中，民营企业常见的单位犯罪主要有六大类，分别是生产、销售伪劣商品类犯罪，走私类犯罪，商业贿赂类犯罪，侵犯知识产权类犯罪，非法经营类犯罪，以及破坏金融秩序类犯罪。除此之外，民营企业可能触犯的单位犯罪还有危害国防利益犯罪、危害公共安全类犯罪、侵犯公民人身权利类犯罪等。

除了上述的几类常见单位犯罪外，在我们身处的大数据时代，民营企业应当识别和预防与大数据相关的新型犯罪，例如，侵犯公民个人信息罪是目前民营企业在数据合规中应当重点关注的一类犯罪。《刑法》第二百五十三条之一第一款规定：“违反国家有关规定，向他人出售或者提供公民个人信息，情节严重的，处三年以下有期徒刑或者拘役，并处或者单处罚金；情节特别严重的，处三年以上七年以下有期徒刑，并处罚金。”根据最高人民法院、最高人民检察院《关于办理侵犯公民个人信息刑事案件适用法律若干问题的解释》第四条的规定，非法获取公民个人信息的方式包括购买、收受、交换等方式，或者在履行职责、提供服务过程中收集公民个人信息。司法实践中的案例显示，以非法获取的行为方式在侵犯公民个人信息的个案中，单位犯罪中占据绝大多数。部分公司在非法获取信息之后，可能将获取的信息出售。因此，对于掌握诸多数据的民营企业来说，应当重视合规工作，避免触犯单位数据犯罪。

民营企业触犯单位犯罪的原因是多方面的。一方面，民营企业家法治意识淡薄是导致民营企业单位犯罪的一个主要原因。现实生活中，不少民营企业家存在“法不责众”的心理，轻视企业依法合规运营的重要性。有些是由于企业自设立以来，未树立足够的法治观念，但因为侥幸未受到法律的制裁，从而萌生出对法律的轻视。但是，随着我国法治体系的不断健全，民营企业家如果仍然保留原来的心态，将对民营企业的运营造成极大的风险。另一方面，现实中的不少企业内部的合规体系不健全，管理制度不规范，也是导致民营企业单位犯罪法律风险的客观原因。一些民营企业在经营管理过程中始终未建立科学、规范的管理机制，也未构建有效的监督机制，导致民营企业在运营过程中可能产生刑事法律风险。

（三）民营企业如何预防单位犯罪

单位犯罪是民营企业所面临的刑事风险当中比较特别的一类风险，对此，民营企业很有必要进行事先的预防，重视合规工作，提前识别并控制风险，这是民营企业预防单位犯罪刑事风险最有效，也是成本最低的方式。

首先，民营企业应当对运营过程中的单位犯罪风险进行评估和分析。在这一过程中，专业的律师将发挥重要的作用。民营企业应当预先请律师介入，针对企业运行、管理的全过程和方方面面，定期由专业律师以及相关专家进行风险的调查、评估和分析。对于潜在的风险，民营企业应当在专家意见的基础上及时采取措施，有效降低民营企业触发单位犯罪的概率。

其次，民营企业家自身应当树立法律意识，重视企业的合规工作。随着我国市场经济的不断发展和法律体系的不断完善，民营企业家也应当，依法合规运营企业，树立规则意识，自觉遵守法律法规和市场规则。只有守法合规，才能实现企业的长远可持续发展。

最后，民营企业应当在内部构建起有效的合规部门和风险管理机制。在民营企业的运营和管理过程中，刑事风险的预防和规避，最终还是要依靠现实有效的管理机制来实现。作为民营企业家来说，在识别和重视企业单位犯罪刑事风险的基础上，应当把刑事合规机制落到实处，切实建立起行之有效的日常管理机制，才能有效预防企业的刑事风险。

四、中央的政策导向为刑事合规筹划创造机遇

《中共中央、国务院关于完善产权保护制度依法保护产权的意见》（以下简称《产权保护意见》）是中央首次对产权保护做出的顶层设计，从 11 个方面明确完善产权保护制度的思路并建立基本原则，是对社会公众广泛关心的财产安全的问题作出的回应。其中，与民营企业主相关的主要有以下内容。

（一）对民营企业家产权进行平等保护

《产权保护意见》要求健全以公平为核心原则的产权保护制度，赋予非公有制经济财产权和公有制经济财产权同样的法律地位，共同履行社会责任。

（二）完善平等保护产权的法律制度

《产权保护意见》提出要健全以企业组织形式和出资人承担责任方式为主的市场主体法律制度，开展部门规章和规范性文件专项清理，平等保护各类市场主体。

（三）妥善处理历史形成的产权问题

《产权保护意见》中规定要严格遵循法不溯及既往、罪刑法定、在新旧法之间从旧兼从轻等原则，以发展的眼光客观看待和依法妥善处理改革开放以来各类企业特别是民营企业经营过程中存在的不规范问题。

（四）严格规范涉案财产处置的法律程序

《产权保护意见》明确，要按照法定程序采取查封、扣押、冻结等措施，依法严格区分个人财产和企业法人财产。严格区分违法所得和合法财产，区分涉案人员个人财产和家庭成员财产。

（五）审慎把握处理产权和经济纠纷的司法政策

《产权保护意见》进一步明确，要严格区分经济纠纷与经济犯罪的界限、企业正当融资与非法集资的界限、准确认定经济纠纷和经济犯罪的性质，防范刑事执法介入经济纠纷，防止选择性司法，同时，严禁党政干部干预司法活动、介入司法纠纷、插手具体案件的处理。

《产权保护意见》发布后不到一个月内，最高人民法院发布《关于充分发挥审判职能作用切实加强产权司法保护的意见》和《关于依法妥善处理历史形成的产权案件工作实施意见》，最高人民检察院亦发布《关于充分履行检察职能加强产权司法保护的意见》，进一步健全我国对产权的保护机制。

除了中共中央和国务院的上述《产权保护意见》之外，最高人民法院、最高人民检察院等国家司法机关也出台一系列规定，体现国家依法保护民营企业和民营企业家的态度。

最高人民法院于2017年12月29日发布《关于充分发挥审判职能作用为企业家创新创业营造良好法治环境的通知》，明确指出，应当依法平等保护企业家合法权益，为企业家创新创业营造良好法治环境。最高人民法院从10个方面提出了要求，企业家是经济活动的重要主体，各级法院应当深刻认识依法平等保护企业家合法权益的重大意义，依法保护企业家的人身自由和财产权利，依法保护诚实守信企业家的合法权益，依法保护企业家的知识产权，依法保护企业家的自主经营权，努力实现企业家的胜诉权益，切实纠正涉企业家产权冤错案件，不断完善保障企业家合法权益的司法政策，推动形成依法保障企业家合法权益的良好社会氛围，增强企业家依法维护权益、依法经营的意识。

五、《民法典》明确保护民事主体的平等法律地位

2020年5月28日，第十三届全国人大第三次会议表决通过《民法典》，于2021年1月1日起生效。《民法典》在第四条明确规定："民事主体在民事活动中的法律地位一律平等。"

如果在同一个民事活动中有两个或两个以上法律主体，其法律地位依据该条规定应当是平等的。应当注意的是，法律地位不同于实际地位，两个民事主体的实际地位可能相差很大，但在民事活动中的法律地位是相同的，也即民事法律不承认民事主体实际地位的差别，不允许实际地位较高的民事主体把自己的意志强加给实际地位较低的民事主体。具体来说，如果是民企和国企在现实中产生合同纠纷，法院在审理相关案件和处理纠纷的过程中，应平等对待国企和民企，不应对国企和民企进行区别对待。

第二节 识别常见犯罪及新类型犯罪

一、民营企业主常涉的9个罪名

（一）集资诈骗罪

集资诈骗罪（《刑法》第一百九十二条），是指以非法占有为目的，违反有

关金融法律、法规的规定，以诈骗的方式进行非法集资，扰乱国家正常金融秩序，侵犯公私财产所有权，且数额较大的行为。其中，“非法占有目的”通常是指将非法募集的资金的所有权转归自己所有，或任意挥霍，或占有资金后携款潜逃等。“以诈骗的方式”是指行为人以非法占有为目的，通过编造谎言、捏造或者隐瞒事实真相等欺骗的方法，使受害人在基于错误的认识下处分财产，从而骗取受害人资金。

近年来，民营企业主涉嫌集资诈骗罪的案例频发，其中，违法网贷平台便是重灾区。截至2019年2月，各地公安机关已对380多个涉嫌非法集资的网贷平台立案侦查。据不完全统计，查封、扣押、冻结的涉案资产价值逾百亿元。① 在已经宣判的违法P2P平台案例中，相当一部分案例以集资诈骗罪定性。

2014年7月，某P2P平台推出的“某Z宝”产品以“互联网金融+融资租赁”的形式出现，同时以承诺保本保息、高回报等为诱饵，通过电视台、网络、散发传单等途径大肆宣传，先后吸收110万人的760亿元资金。但不到2年，这个曾经风光无限的P2P平台轰然倒塌，留下的是数百亿元的资金缺口和大量血本无归的参与者。值得庆幸的是，2020年1月8日，北京市第一中级人民法院发布“某Z宝”案首次资金清退公告，于2020年1月16日对在“某Z宝”和“某某金融”网络平台参与集资且已经参加信息核实登记的受损集资参与人进行资金清退②

还有一些P2P平台的创业者，不满足于仅提供中介服务获得的有限收入，抱着侥幸心理，从事集资放贷业务，具有非法占有目的，最终构成此罪。

（二）非法吸收公众存款罪

非法吸收公众存款罪（《刑法》第一百七十六条），是指违反国家金融管理法规，非法吸收公众存款或变相吸收公众存款，扰乱金融秩序的行为，具有四个典型特征：一是没有经过依法批准吸收资金，二是公开宣传，三是向社会公众吸收资金，四是通过高额回报引诱投资者。

---

① 参见《公安机关立案侦查380个网贷平台 冻结百亿》，载人民网，https：//www. sohu. com/a/295343344_ 114731，最后访问时间：2021年4月23日。

② 参见《北京市第一中级人民法院关于某某等26人犯集资诈骗罪、非法吸收公众存款罪、走私贵重金属罪、偷越国境罪、非法持有枪支罪一案的资金清退公告》，载北京市第一中级人民法院官方网站，http：//bj1zy. chinacourt. gov. cn/article/detail/2020/01/id/4759882. shtml，最后访问时间：2021年4月23日。

近年来，集中“暴雷”的众多P2P平台，通过推出刚性兑付的理财项目进行集资，就会涉嫌非法吸收公众存款罪。从2017年年底开始，火速发展数年的P2P平台相继开始大规模“暴雷”。在2018~2019年9月，出问题的P2P平台已经达到855家之多![①] 据统计，在224家被警方立案侦查的P2P平台中，有43家被定性为集资诈骗，171家P2P平台最终被警方定性为非法吸收公众存款。[②] 由此可见，P2P公司在违规操作时，可能会触犯非法吸收公众存款罪和上文所述的集资诈骗罪，触犯非法吸收公众存款罪的情形可能更为常见。

2020年1月20日，深圳警方公布10起非法吸收公众存款案件并介绍了案件的进展情况。[③] 其中，“ZRT涉嫌非法吸收公众存款”一案，目前专案资金归集账户共回款1212万元，冻结193万元，冻结及回款共计1405万元。而“SJD涉嫌非吸案中”曝光涉嫌非法集资的行为人，包括业务主管、业务员、业务辅助人员和其他为吸收资金提供帮助的人员，警方也会督促其将任职期间收取的工资、业务提成、年终奖金、佣金等费用退缴至专案待收款专户。

企业如果已经实施非法吸收公众存款行为，应将所吸收的资金用于正常的生产经营活动，确保能够及时清退所吸收的资金，以便争取从宽处理；不可随意挥霍、携款逃匿、用于违法犯罪活动或逃避返还资金，防止行为性质从非法吸收公众存款转化为集资诈骗。

对企业来说，互联网金融的本质仍然是金融，互联网不是法外之地，企业从事互联网金融活动依然要遵守国家有关金融管理方面的法律法规，在法治轨道上开展金融创新活动，不可利用互联网通过网络借贷平台等方式从事非法吸收或者变相非法吸收公众存款活动。[④]

（三）职务侵占罪

职务侵占罪（《刑法》第二百七十一条），是指公司、企业或者其他单位的

---

① 载搜狐网，https：//www. sohu. com/a/340515581_ 712322，最后访问时间：2021年4月23日。

② 载搜狐网，https：//www. sohu. com/a/320894982_ 661283，最后访问时间：2021年4月23日。

③ 载科技金融在线网，http：//www. jrkjaq. com/gongsi/14207. shtml，最后访问时间：2021年4月23日。

④ 参见《江西高院发布〈企业高发犯罪风险防控指引〉》，载江西法院网，http：//jxfy. chinacourt. gov. cn/article/detail/2020/09/id/5440869. shtml，最后访问时间：2021年4月23日。

人员，利用职务上的便利，将本单位财物非法占为己有，且数额较大的行为。

2019 年 9 月 2 日晚间，上海市人民检察院官方微信号“上海检察”发布公告称：“近日，静安区检察院以涉嫌对非国家工作人员行贿罪、职务侵占罪对犯罪嫌疑人 FB 集团股份有限公司法定代表人冯某批准逮捕。该案正在进一步办理中。[①]”冯某涉嫌的职务侵占罪在企业家群体中较为常见，2017 年明星经纪人宋某就曾因涉嫌职务侵占罪被捕，2018 年某保险集团原董事长兼 CEO 吴某入狱，这些都是涉嫌职务侵占罪的案例。

根据 2018 年 4 月 21 日北京师范大学中国企业家犯罪预防研究中心发布的一项《企业家腐败犯罪报告》，[②] 通过对中国裁判文书网上 2014～2017 年公布的所有刑事案件裁判文书的检索和统计发现，涉及企业家腐败犯罪的总人数为 2337，其中民营企业家有 1569 人，国有企业家有 768 人。根据该报告，企业家腐败犯罪共涉及 17 个罪名，包括受贿罪、贪污罪、行贿罪、巨额财产来源不明罪、私分国有资产罪、职务侵占罪、挪用资金罪、非国家工作人员受贿罪等。其中，职务侵占罪与受贿罪，分别为民营企业家和国有企业家的第一大类腐败犯罪。

（四）虚开增值税发票罪

虚开增值税发票罪（《刑法》第二百零五条），是指以“无中生有”或者以少开多为手段，在增值税专用发票上开具虚假税款数额的行为。其表现为没有货物销售或没有提供应税劳务而开具增值税专用发票，或者虽有货物销售或提供应税劳务但开具内容不实的增值税专用发票的行为。“买单配票”成为目前骗取出口退税的主要手段，很多企业家通过买卖未税或不需要退税的产品出口报关信息，匹配虚开的增值税专用发票，骗取出口退税。

企业应当合法诚信经营，按照《发票管理办法》的规定，在购销商品、提供或者接受服务以及从事其他经营活动中，由付款方向收款方收取发票，收取发票时不得变更品名和金额。开具发票应当按照规定的时限、顺序、栏目，全部联次一次性如实开具，并加盖发票专用章。企业应当拒收不符合规定的发票，

---

① 《静安区检察院以涉嫌对非国家工作人员行贿罪、职务侵占罪对冯某批准逮捕》，载 https：//mp. weixin. qq. com/s/YziwXaGCLq7OH40HS4gQVQ，最后访问时间：2021 年 4 月 23 日。

② 参见北京师范大学中国企业家犯罪预防研究中心：《企业家腐败犯罪报告：民企职务侵占罪比重大 国企受贿罪风险高》，载 http：//cecpc. bnu. edu. cn/newsshow－1－89－1. html，最后访问时间：2021 年 4 月 23 日。

不得作为财务报销凭证。企业不得以骗取税款为目的，在无实际生产经营活动的情况下为他人、为自己、让他人为自己、介绍他人开具增值税专用发票，或者虽有实际生产经营活动，但为他人、为自己、让他人为自己、介绍他人开具数量或者金额不符的增值税专用发票，抵扣进项税款或者骗取出口退税，造成国家税款损失。有实际生产经营活动的企业出于非骗取抵扣税款的目的，且没有造成增值税款损失的虚开增值税专用发票行为，不以虚开增值税专用发票罪论处，但使用虚开发票冲减营业额偷逃税额的，属于偷税行为。虚开增值税专用发票入罪、数额较大、数额巨大的标准分别为5万元、50万元和250万元。①

2019年10月17日，国家税务总局、公安部、海关总署和中国人民银行在北京召开打击虚开发票、骗取退税违法犯罪两年专项行动工作推进会议，总结前期工作，交流各地经验，明确任务要求，部署今后工作。据介绍，截至2019年9月底，全国依法查处涉嫌虚开骗税企业17.63万户，通过严查假企业，认定虚开增值税发票835万份，涉及税额1558亿元，通过严打假出口挽回税款损失162亿元。近日，国家税务总局、公安部、海关总署和中国人民银行联合召开会议部署，继续严厉打击假企业假出口，特别是针对团伙化、职业化犯罪分子，持续开展集中强力打击行动。②

（五）非法经营罪

非法经营罪（《刑法》第二百二十五条），是指未经许可经营法律、行政法规规定的专营、专卖物品或者其他限制买卖的物品、买卖进出口许可证、进出口原产地证明以及其他法律、行政法规规定的经营许可证或者批准文件、其他严重扰乱市场秩序的非法经营行为，扰乱市场秩序，情节严重的行为。

非法经营罪在经济犯罪中素有“口袋罪”之称，在市场经济日益繁荣发展的今天，有研究者初步统计，涉嫌构成非法经营罪的行为多达57种。其中，以“非法买卖外汇”为例，民营企业主在现实中如果存在非法买卖外汇的行为，可能会引发行政责任和刑事责任两种结果。

---

① 参见《江西高院发布〈企业高发犯罪风险防控指引〉》，载江西法院网，http://jxfy.chinacourt.gov.cn/article/detail/2020/09/id/5440869.shtml，最后访问时间：2021年4月23日。

② 参见国家税务总局：《四部委打击虚开发票、骗取退税违法犯罪两年专项行动工作推进会议在京召开》，载 http://www.chinatax.gov.cn/chinatax/n810219/n810724/c5138170/content.html，最后访问时间：2021年4月23日。

1. 可能引发行政管理处罚的情形

常有民营企业主出于在海外购置房产等目的，私自购买外汇，这种行为多数是通过所谓的单一或特定的地下钱庄，采用“对敲”的方式，直接在国内支付人民币、在国外收取外汇。大多数情况下，法律一般只追究以营利为目的、从事倒买倒卖的地下钱庄或中间人的刑事责任；对于向地下钱庄购买和出售外汇的普通公民，只追究其行政责任，而不追究刑事责任。比如某人通过地下钱庄购买大量外汇后在海外购买房产，一般认定为以个人消费为目的，因而属于违反《个人外汇管理办法》第三十条的行政违法行为。

2. 可能构成非法经营罪的情形

2019 年 1 月 31 日，最高人民法院和最高人民检察院联合出台《关于办理非法从事资金支付结算业务、非法买卖外汇刑事案件适用法律若干问题的解释》。根据该规定，实施倒买倒卖外汇或者变相买卖外汇等非法买卖外汇行为，扰乱金融市场秩序，情节严重的，依照《刑法》第二百二十五条第四项的规定，以非法经营罪定罪处罚。其中明确，非法从事资金支付结算业务或者非法买卖外汇，具有下列情形之一的，应当认定为非法经营行为“情节严重”：一是非法经营数额在 500 万元以上的，二是违法所得数额在 10 万元以上的。由此可见，民营企业主非法买卖外汇也可能构成非法经营罪，引发刑事责任。

（六）拒不执行判决裁定罪

拒不执行判决、裁定罪（《刑法》第三百一十三条）是指对人民法院的判决、裁定有能力执行而拒不执行，情节严重的行为。常见的情形包括：被执行人隐藏、转移、故意毁损财产或者无偿转让财产、以明显不合理的低价转让财产，致使判决、裁定无法执行。

长期以来，“打赢了官司却拿不到钱”的执行难问题，不仅困扰着人民法院，也是人民群众反映强烈、社会各界极为关注的热点问题。

2018 年 5 月 30 日，最高人民法院出台《关于拒不执行判决、裁定罪自诉案件受理工作有关问题的通知》（法〔2018〕147 号）。该通知指出：申请执行人向公安机关控告负有执行义务的人涉嫌拒不执行判决、裁定罪，公安机关不予接受控告材料或者在接受控告材料后 60 日内不予书面答复，申请执行人有证据证明该拒不执行判决、裁定行为侵犯其人身、财产权利，应当依法追究刑事责任的，人民法院可以以自诉案件立案审理。

在2018年6月5日最高人民法院公布的典型案例中，[①] 肖某某非法处置查封的财产一案值得关注。被告人肖某某因资金周转困难向曾某某借款人民币285万元，后未及时偿还。曾某某遂向江西省南昌市西湖区人民法院提起诉讼，并于2014年5月29日申请财产保全。西湖区法院依法作出保全裁定，对肖某某存于南昌市洪都中大道14号仓库的自行车、电动车进行了查封。随后，肖某某与曾某某在西湖区法院主持下达成调解协议，但是在调解书生效后，肖某某未按时履行还款义务，并且在曾某某申请强制执行后肖某某仍不予配合。2014年8月，肖某某私自将其被法院查封的2000多辆自行车拖走，并对自行车进行变卖和私自处理，用以偿还其所欠案外人胡某某的部分债务，并将原有手机关机后出逃，致使申请执行人曾某某的债权无法执行到位。2016年6月13日，公安机关将被告人肖某某抓获。经公安机关侦查终结，检察院提起公诉，西湖区人民法院经审理，以非法处置查封的财产罪，判处被告人肖某某有期徒刑1年6个月。

这一案件具有非常典型的意义。非法处置查封、扣押、冻结的财产，是被执行人规避、抗拒执行的一种典型方式。本案被执行人在强制执行过程中，对人民法院已经查封的财产私自变卖，并将变卖所得用于清偿其他债务，导致申请执行人的债权得不到执行，情节严重，构成非法处置查封的财产罪。由于本案执行依据是民事调解书，被执行人拒不执行的行为不能构成拒不执行判决、裁定罪。法院以非法处置查封的财产罪对被告人定罪处罚，符合法律规定，惩治此种抗拒执行的行为，维护了司法权威，具有较好的警示作用。

（七）与财务凭证相关的罪名

隐匿、故意销毁会计凭证、会计账簿、财务会计报告罪（《刑法》第一百六十二条之一），是指隐匿或者故意销毁依法应当保存的会计凭证、会计账簿、财务会计报告，情节严重的行为。

首先，该罪的客观方面表现为隐匿或者故意销毁依法应当保存的会计凭证、会计账簿、财务会计报告的行为。所谓会计凭证，是记录经济业务、明确经济责任、按一定格式编制，且据以登记会计账簿的凭证，用来记载经济业务的发

---

① 参见《最高法公布10起拒不执行判决、裁定罪典型案例》，载 https：//baijiahao. baidu. com/s? id = 1602401423218505726&wfr = spider&for = pc，最后访问时间：2021年4月23日。

生，明确经济责任，作为记账根据的书面证明，按照填制程序和用途一般可以分为原始凭证和记账凭证两类；会计账簿，是由具有一定格式、相互联系的账页组成，用来序时、分类地全面记录一个企业、单位经济业务事项的会计簿籍；财务会计报告是指单位会计部门根据经过审核的会计账簿记录和有关资料，编制并对外提供的反映单位某一特定日期财务状况和某一会计期间经营成果、现金流量及所有者权益等会计信息的总结性书面文件。

其次，该罪侵犯的客体是国家的会计管理制度。根据我国《会计法》的有关规定，各单位对会计凭证、会计账簿、财务会计报告和其他会计资料应当建立档案，妥善保管。会计档案的保管期限分为永久、定期两类。定期保管期限一般分为 10 年和 30 年。会计档案的保管期限，从会计年度终了后的第一天算起。

再次，该罪的犯罪主体为一般主体，包括自然人和单位，主观方面是故意。

最后，该罪的量刑标准。根据《刑法》第一百六十二条及有关司法解释的规定，隐匿或者故意销毁依法应当保存的会计凭证、会计账簿、财务会计报告，情节严重的，处 5 年以下有期徒刑或者拘役，并处或者单处 2 万元以上 20 万元以下罚金。这里的“情节严重”应当是指达到有关司法解释规定的立案追诉标准。单位犯前款罪的，对单位判处罚金，并对其直接负责的主管人员和其他直接责任人员，依照前款的规定处罚。

（八）挪用资金罪

挪用资金罪（《刑法》第二百七十二条），是指公司、企业或者其他单位的工作人员利用职务上的便利，挪用本单位的资金为个人使用或者借贷给他人的行为，包括三种行为方式：一是挪用的资金数额较大且超过 3 个月未还，二是虽未超过 3 个月但是数额较大且进行营利活动的，三是挪用资金进行非法活动的。

2019 年 4 月 10 日，最高人民法院第一巡回法庭公开宣判顾某等人再审一案，被称作“三大产权案”之一的顾某案终于尘埃落定。[①] 值得注意的是，虽然顾某经过再审改判不构成虚报注册资本罪和违规披露、不披露重要信息罪，但是再审法院仍然认定其构成“挪用资金罪”。最高人民法院第一巡回法庭再审经查明后认定，顾某等人在调整完善注册资本结构过程中实施虚报注册资本的

① 参见《对顾某犯挪用资金罪改判五年》，载新浪财经，http：//finance. sina. com. cn/roll/2019 - 04 - 10/doc - ihvhiqax1452184. shtml，最后访问时间：2021 年 4 月 24 日。

行为，但情节显著轻微，危害不大，不构成犯罪；KL电器2002~2004年每年年底通过压货方式进行虚假销售，导致其公开披露的年度财会报告含有虚假成分，但在案证据不足以证明造成严重损害股东或者其他人利益的后果，对顾某等人的行为，应按无罪处理。但是，再审法院认定顾某犯有挪用资金罪，最终以挪用资金罪改判有期徒刑5年。

因此，挪用资金罪，值得引起民营企业主的高度重视。民营企业主作为法定代表人或实际控制人挪用资金犯罪的常见情形有假借业务需要或伪造支出凭证，侵占或挪用公司的资金用于经营或个人使用等。例如，在北京市第三中级人民法院（2017）京03刑终480号判决书中，法院认为，杨某某利用担任某公司总经理（同时是公司实际控制人）的职务便利，以对外支付房地产开发费用为由，将该公司的资金6000余万元实际控制后，用于经营或归个人使用，已构成挪用资金罪，依法应予惩处。

（九）逃税罪等涉税犯罪

逃税罪（《刑法》第二百零一条等），是指纳税人违反税收法律规定进行逃税的行为，逃税数额较大且达到应纳税额一定比例时构成犯罪。除了逃税罪之外，《刑法》还规定抗税罪、逃避追缴欠税罪等涉税犯罪。

民营企业主在日常经营中涉及偷逃税款的案例较为常见，其中，在股权转让中，以“阴阳合同”为手段，涉嫌构成犯罪的行为应当格外引起民营企业主的重视。实践中常见的方式是，股权转让的双方会签两份合同，一份用于确定股权转让中双方具体的权利义务，记载股权转让的实际价格，另一份则记载股权转让价格为平价转让，用于变更工商登记。采取这种“阴阳合同”的操作可能存在税务风险，如果未如实进行纳税申报，则有可能构成逃税罪。

对此，民营企业主须引起注意。首先，在股权转让的合同中，有关避税的条款是无效的。一旦被查到，不但相关欠缴的税款须补缴，民营企业主或企业还可能会面临其他的行政处罚。其次，一旦股权转让已经进行变更登记，即使一方当事人没拿到股权转让款，也须缴税；即使股权转让协议发生变化，例如双方经协议后解除股权转让协议，但先前已缴纳的税款不能再要求退回。

为了应对此种情形，首先，在行政程序范畴内，民营企业主或者企业应当积极补缴应纳税款，缴纳滞纳金、罚金等，力求免予追究刑事责任（但是5年内因逃避缴纳税款受过刑事处罚或者被税务机关给予两次以上的行政处罚除外)；其次，如果已进入司法程序，即使纳税人认缴全部的税款或者是缴纳了全部的滞纳金，仍然须承担刑事责任，但是补缴税款将对量刑起到重要作用，除此之外，如果有自首、立功、坦白等情节，也是法院量刑时重要的考虑因素。

二、民营企业主筹集资金应提高警惕

(一) 筹资不慎或构成非法吸收公众存款罪

根据《最高人民法院关于审理非法集资刑事案件具体应用法律若干问题的解释》(法释〔2010〕18号)第一条的规定，同时具备以下四个条件的筹资行为，可以认定为刑法第一百七十六条规定的“非法吸收公众存款或者变相吸收公众存款”：一是未经有关部门依法批准或者借用合法经营的形式吸收资金，二是通过媒体、推介会、传单、手机短信等途径向社会公开宣传，三是承诺在一定期限内以货币、实物、股权等方式还本付息或者给付回报，四是向社会公众即社会不特定对象吸收资金。

由此可见，民营企业主在公司经营过程中筹集资金，最好是向亲朋好友借钱，如果通过向社会广告宣传某项目吸收社会资金并承诺还本付息，则可能构成刑事犯罪。

(二) 企业主应避免构成非法集资参与人

1. 集资参与人参加庭审实行“代表人”制度

2019年1月30日最高人民法院、最高人民检察院、公安部发布《关于办理非法集资刑事案件若干问题的意见》(高检会〔2019〕2号)，其中第十条是关于集资参与人权利保障问题的规定。集资参与人，是指向非法集资活动投入资金的单位和个人，为非法集资活动提供帮助并获取经济利益的单位和个人除外。人民法院、人民检察院、公安机关应当通过及时公布案件进展、涉案资产处置情况等方式，依法保障集资参与人的合法权利。集资参与人可以推选代表人向人民法院提出相关意见和建议；推选不出代表人的，人民法院可以指定代表人。人民法院可以视案件情况决定集资参与人代表人参加或者旁听庭审，对集资参与人提起附带民事诉讼等请求不予受理。

由此可见，法律保障集资参与人的合法权利，但是并非所有的集资参与人都有参加庭审的权利，而是实行代表人的制度，集资参与人主张权利的方式相对受限。

2. 集资参与人的投资损失自行承担

2014 年 3 月 25 日，最高人民法院、最高人民检察院、公安部联合印发《关于办理非法集资刑事案件适用法律若干问题的意见》（公通字〔2014〕16 号），其中第五条规定，关于涉案财物的追缴和处置问题规定：查封、扣押、冻结的涉案财物，一般应在诉讼终结后，返还集资参与人。涉案财物不足以全部返还的，按照集资参与人的集资额比例返还。举例来说，某民营企业主投入 100 万元，整个案件共集资 1 亿元，最后清理时涉案财物仅有 1500 万元，清退的比例就是 15%，该民营企业主仅能够得到 15 万元的返还，投入的 85 万元损失须自行承担。

由此可见，投资者如果选择非法集资人发起的理财产品，最终造成的损失将自行承担，这一点应当引起广大民营企业主的注意。

三、民营企业主对外放贷应当合法合规

（一）识别与防范“套路贷”

2019 年 4 月 9 日，召开全国扫黑办新闻发布会，向社会公开发布“两高”“两部”联合印发的《关于办理恶势力刑事案件若干问题的意见》《关于办理“套路贷”刑事案件若干问题的意见》《关于办理黑恶势力刑事案件中财产处置若干问题的意见》《关于办理实施“软暴力”的刑事案件若干问题的意见》4 个意见，为依法严惩黑恶势力违法犯罪提供坚实的法治保障。

根据上文中的意见，“套路贷”是一种概括性的称谓，是指对以非法占有为目的，假借民间借贷之名，诱使或迫使被害人签订“借贷”或变相“借贷”“抵押”“担保”等相关协议，通过虚增借贷金额、恶意制造违约、肆意认定违约、毁匿还款证据等方式形成虚假债权债务，并借助诉讼、仲裁、公证或者采用暴力、威胁以及其他手段非法占有被害人财物的相关违法犯罪活动。

1. “套路贷”与民事借贷的区别

“套路贷”与民事借贷关系存在着本质的区别，主要有以下三个方面：

第一，是否具有非法占有他人财产的目的。是否具有非法占有目的，是区分“套路贷”和民间借贷的根本区别。在民间借贷活动中，出借人不具有非法占有目的，而是为了获得利息收益，出借人主观上不希望违约的情况出现，而

是希望借款人能按时还款，自己则能够在到期后按照协议约定的内容收回本金并获取利息；在“套路贷”案件中，出借人是以借款为幌子，通过设计“套路”，引诱或者逼迫借款人不断垒高债务，最终的目的是非法占有借款人的财产。例如，有的案件中，犯罪嫌疑人为了占有借款人的房产，诱使他人先借款5万元，然后以种种借口约定5年内归还借款本息19万元。随后犯罪嫌疑人采用肆意认定违约、虚假转单平账等手段不断垒高债务，将借款人的房产强行抵押、最终变现，最后非法占有借款人的财产达102万元。犯罪嫌疑人通过提供借款，实际上的目的在于非法占有借款人的房产等财产，这是“套路贷”案件的重要特征。

第二，是否具有诈骗的性质。在民间借贷活动中，双方基于合意产生借贷行为，而“套路贷”则具有“诈骗”的性质。犯罪嫌疑人往往处心积虑地设计各种套路，通过制造债权债务假象来达到非法强占他人财产的最终目的。“套路贷”中常见的诈骗方式主要有，犯罪分子以低息、无抵押等为诱饵吸引被害人“上钩”，以行业规矩为由诱使被害人签订虚高借款合同，谎称只要按时还款，虚高的借款金额就不用还，然后制造虚假给付痕迹，随后采用拒绝接受还款等方式刻意制造违约，通过一系列“套路”形成高额债务，达到非法占有他人财物的目的。

第三，追债手段是否具有强制性。在民间借贷活动中，由于借贷双方基于合意产生借贷行为，虽然也可能出现非法逃债的后果，但这并非民间借贷活动必然导致的后果，也不是常见的现象。而“套路贷”则不一样，行为人通过制造虚高的借款金额，由于违背借款人的意志，导致借款人不可能自愿还债，因此，“套路贷”中的出借人往往在索债时软硬兼施，通常以暴力、“软暴力”、滋扰或者借助诉讼等各种方式，迫使被害人还债，追债手段具有强制性。

需要注意的是，民间借贷活动中如果出现非法追债的行为，不能以此就认定为“套路贷”案件中的黑恶势力犯罪。在现实中，民间借贷活动也可能诱发非法讨债行为，例如出借人在讨债时以暴力或者暴力相威胁，这种情况下，如果出借人的非法追债行为符合刑法中特定犯罪的构成要件，则应当以相应的罪名依法追究出借人的刑事责任，常见的有故意伤害罪、非法拘禁罪等，但不能因为非法追债行为的出现就认定为“套路贷”案件中的黑恶势力犯罪。

2. “套路贷”中常用的“套路”

根据《关于办理“套路贷”刑事案件若干问题的意见》（法发〔2019〕11号），“套路贷”的常见犯罪手法主要有以下几类：

第一，制造民间借贷假象。实践中，不法分子往往以“小额贷款公司”“投资公司”“担保公司”“网络借贷平台”等名义对外宣传，以低息、无抵押、无担保、快速放款等为诱饵吸引被害人的借款，随后再以“保证金”“行规”等虚假理由诱骗被害人基于错误认识签订金额虚高的“借贷”协议或相关协议。有的犯罪嫌疑人还会以被害人先前借贷违约等理由，诱骗或者迫使对方签订金额虚高的“借贷”协议或相关协议。

第二，制造银行走账流水等虚假给付事实。不法分子往往按照虚高的“借贷”协议上记录的金额将资金转入被害人的账户中，从而制造已经将全部借款交付被害人的银行流水痕迹，但往往随后通过采取各种手段将其中全部或者部分的资金收回，出借人实际上并未取得或者并未完全取得“借贷”协议上记录的欠款，银行流水上显示的钱款为出借人恶意制造的虚假给付事实。

第三，故意制造违约或者肆意认定违约。在“套路贷”案件中，犯罪嫌疑人往往会采取设置违约陷阱、制造还款障碍等手段，故意造成被害人违约的结果，或者通过肆意认定违约，从而强行要求被害人偿还虚假债务。

第四，恶意垒高借款金额。在上述步骤之后，当被害人无力还款时，有的犯罪嫌疑人会安排其所属公司或者指定的关联公司或关联人员为被害人偿还“借款”，继而与被害人签订金额更大的虚高“借贷”协议或相关协议，通过这种“转单平账”“以贷还贷”的方式不断垒高“债务”。

第五，软硬兼施“索债”。在被害人未能偿还不断垒高的虚假“借款”的情况下，犯罪嫌疑人通常借助诉讼、仲裁、公证或者采用暴力、威胁以及其他手段向被害人或者被害人的特定关系人索取“债务”。具体的追债方式上，不法分子可能会采用电话轰炸、跟踪滋扰、非法拘禁、擅自以低价处分抵押的车辆和房子等方式。被害人及其亲属受到伤害和滋扰的恶性事件频发，更有甚者，有的被害人因为看不到还清虚高债务的一天，最终导致心理崩溃甚至自杀身亡的案例也不少见，浙江省一起“套路贷”犯罪案件中，最终导致6人被迫自杀。①

3. “套路贷”案件的定罪量刑

根据《关于办理“套路贷”刑事案件若干问题的意见》规定，对实施“套

① 参见《浙江省公检法就〈关于办理“套路贷”相关刑事案件若干问题的纪要〉答记者问》，载浙江法制报，http：//zjfzb. zjol. com. cn/html/2019 －08/13/content_ 2676687. htm，最后访问时间：2021年4月24日。

路贷”过程中，未采用明显的暴力或者威胁手段，其行为特征在整体上表现为以非法占有为目的，通过虚构事实、隐瞒真相骗取被害人财物的，一般以诈骗罪定罪处罚；对于在实施“套路贷”过程中多种手段并用，构成诈骗、敲诈勒索、非法拘禁、虚假诉讼、寻衅滋事、强迫交易、抢劫、绑架等多种犯罪的，应当根据具体案件事实，区分不同情况，依照刑法及有关司法解释的规定数罪并罚或者择一重处。

4. “套路贷”典型案例分析

（1）虚假借贷涉嫌“套路贷”被驳回起诉

最高人民法院在（2017）最高法民申 54 号判决中认为：“本案的争议焦点在于再审申请人汤某某的权利能否得到民事救济的问题。上海市公安局 2016 年 11 月 11 日移送上海市检察一分院审查起诉的《起诉意见书》载明（第 7 页）［案号为：沪公诉字（2016）3 号］：‘经依法侦查查明……三、王某某等人涉嫌虚假诉讼的犯罪事实，2012 年 2 月至 2014 年 5 月，犯罪嫌疑人王某某在被害人（斯某某）已汇款支付赌债人民币 3.3637 亿元的情况下，为进一步敲诈被害人斯某某钱财和公司房产，先后逼迫被害人与汤某某签下两份 1.5 亿元借款协议……王某某利用其实际控制的银行账户，制造虚假银行流水，并唆使汤某某持上述三份借款协议向上海市第二中级人民法院提起虚假诉讼的方式，以查封被害人公司房产及股权为要挟，于 2014 年 11 月前后敲诈被害人斯某某两处房产，其中一处公司房产（富绅国际商铺、办公楼，估价 1.7 亿元）斯某某被逼以 7100 万元的低价“转让”至王某某指定的个人名下，另一处公司房产（富绅中心，估价 1.99 亿元）斯某某被逼网签至王某某指定的公司名下。……以下为王某某利用其实际控制的银行账户制造虚假流水过程：2012 年 6 月 5 日汤某某与斯某某、上海吉富绅置业集团有限公司的 1.5 亿元借款合同指定斯某某收款 5000 万元，指定韩某刚收款 1 亿元。实际王某某从其控制与关联的银行账户凑齐 1.5 亿元，其中 5000 万元经汤某某银行账户汇至被害人斯某某银行账户，后在斯某某收到该 5000 万元的当天，该 5000 万元即又转回至王某某实际控制的严某乾银行账户内；另 1 亿元经汤某某账户汇至韩某刚账户，后在韩某刚收到该 1 亿元的当天，王某某即指示韩某刚将该 1 亿元转至王某某指定的银行账户’。从上述事实来看，本案涉嫌刑事犯罪，原审法院依据《最高人民法院关于在审理经济纠纷案件中涉及经济犯罪嫌疑若干问题的规定》第十一条的规定裁定驳回汤某某的起诉并无不当。同时，原审法院应当对再审申请人汤某某的虚假诉讼行为进行处罚。”

（2）以民间借贷做诱实则高利放贷的构成诈骗罪

上海市闵行区人民法院在（2017）沪0112刑初1773号判决中指出：“被告人先前多次出借小额款项的行为属于整个诈骗犯罪过程的组成部分，而被告人的诈骗行为完全符合‘套路贷’的构成特征，与民间借贷有着本质区别，因此，除了被害人实际收到的本金外，双方约定的利息并不受法律保护，不应自犯罪数额中扣除。”

（3）诱骗签订虚高抵押借款合同并侵吞财产构成诈骗行为

上海市第二中级人民法院在（2018）沪02刑终165号判决指出：“上诉人张某3伙同他人以‘210万元保证金’名义诱骗被害人黄某1签订330万元的虚高抵押借款合同，并办理相关房屋抵押登记、公证等，后又指使他人冒充出借方工作人员，伪造盖有出借方印鉴的保证金合同交由被害人签订，以此非法占有被害人部分借款，其中张某3参与虚高抵押借款合同的洽谈、签订，派人提供虚假保证金合同，将骗取的保证金分赃等。故原判认定张某3参与该节共同诈骗犯罪，且系主犯的事实清楚，证据确实、充分。”

（二）容易忽视的“非法高利贷”犯罪

2019年7月23日，最高人民法院、最高人民检察院、公安部和司法部公开发布《关于办理非法放贷刑事案件若干问题的意见》（法发〔2019〕24号），明确规定高利放贷可能涉嫌非法经营罪。

根据该规定，从2019年10月21日起，2年内向不特定的人放贷10次以上，并且以超过36%的年利率放贷的，符合四种情形之一的，以非法经营罪追究刑事责任：一是个人非法放贷数额累计在200万元以上的，单位非法放贷数额累计在1000万元以上的；二是个人违法所得数额累计在80万元以上的，单位违法所得数额累计在400万元以上的；三是个人非法放贷对象累计在50人以上的，单位非法放贷对象累计在150人以上的；四是造成借款人或者其近亲属自杀、死亡或者精神失常等严重后果的。

另外，仅向亲友、单位内部人员等特定对象出借资金的，不适用上述规定定罪处罚，但是通过亲友、单位内部人员等特定对象向不特定对象发放贷款的，或以发放贷款为目的，将社会人员吸收为单位内部人员，并向其发放贷款的，或向社会公开宣传，同时向不特定多人和亲友、单位内部人员等特定对象发放贷款的仍按上述规定以非法经营罪处罚。

需注意的是，该规定从2019年10月21日起施行，对于在此之前的放贷行为不具有溯及力。当然，如果民营企业主手上有闲余资金，仍然可以继续从事民间借贷活动，但一定要注意，必须以自有资金放贷，同时不得触及年利率36%的红线，并且严禁以非法方式进行催收。但民营企业主可以依法采用合法程序催要债权，合法的民间借贷活动受法律保护。

四、识别与警惕“黑恶势力”

1. 黑恶势力的常见表现形式

2018年8月16日上午，济南市公安局召开通报会，公布黑恶势力的29种常见表现形式,[①] 并鼓励全社会参与打黑除恶，大打人民战争。

（1）佩戴夸张金银饰品炫耀的人员和以凶兽纹身等彪悍、跋扈人员从事违法活动的。

（2）态度蛮横、粗暴，随身随车携带管制刀具或棍棒的。

（3）昼伏夜出，在夜宵摊等公共场所成群结伙、惹是生非的。

（4）社会闲散人员参与开发商征地拆迁，以摆队形、站场子等形式威胁、恐吓征地拆迁对象的。

（5）控制土方、沙石、钢材等材料市场价格，存在明显不符合市场规律经营行为的。

（6）在一定范围内独揽建设工程、商品供应的。

（7）强行介入酒店、娱乐场所的酒水、食品等供应的。

（8）在各类市场中，为争夺业务而追逐、拦截、恐吓当事人，并经常更换从业人员的。

（9）在娱乐场所中存在卖淫嫖娼、赌博、吸食注射毒品情形的。

（10）以接受他人委托为名讨要债务，采用贴身跟随、逗留债务人住所、短期非法拘禁等手段逼债讨债的。

（11）KTV、酒吧等场所以内保人员身份在处置场所内发生纠纷时肆意侵害

---

① 参见《黑恶势力有这29种常见表现！济南公安：举报有奖》，载《山东商报》，https：//baijia-hao. baidu. com/s？id = 1608930808837263006&wfr = spider&for = pc，最后访问时间：2021年2月4日。

他人合法权益。

（12）在纠纷、伤害类警情处置中，报警人称有社会闲散人员参与其中的。

（13）无关人员刺探、干扰、阻挠公安机关案件办理的。

（14）在外来人员聚集区域，以所谓个人影响力私下调停各类纠纷的。

（15）有赌博等涉黑、涉恶违法犯罪前科，且当前无固定职业或稳定经济来源、多次反复出入境的。

（16）在医院、私人诊所等医疗机构接诊过程中，发现有刀伤、枪伤等可疑情形的。

（17）外来人员以亲缘、地缘为纽带拉帮结派，排挤他人在一定区域从事美容美发、足浴等经营的。

（18）以管理费、卫生费等为名，向经营业主强行摊派或收取费用的。

（19）在娱乐场所中控制多名“失足人员”，频繁更换服务场所的。

（20）在宾馆、浴室、KTV 等休闲娱乐场所发放小卡片，为客人提供色情服务的。

（21）在广场、商场、停车场等公共场所散发、张贴追讨债务、私人调查、贷款担保等小广告的。

（22）在工程建设招投标过程中，招、投标方恶意串标或投标人相互勾结进行围标的。

（23）因各类纠纷引发砸玻璃窗、损毁门锁、随意喷涂、破坏监控等情形的。

（24）无正当经济来源的却驾驶豪车、经常出入酒店等高档消费场所的。

（25）在一定范围内多次向企事业主、经营户强行推销茶叶、红酒、礼品高附加值等商品行为的。

（26）以过生日、搬家、公司开张等各种理由摆酒宴客，强行索要礼金的。

（27）在酒店、娱乐场所长期挂单、强行消费的。

（28）本地人员突然异常举家搬迁或下落不明的。

（29）其他需要关注的异常情况。

2. “两高两部”指导意见中确立的认定范围

根据 2018 年 1 月 16 日最高人民法院、最高人民检察院、公安部、司法部《关于办理黑恶势力犯罪案件若干问题的指导意见》（法发〔2018〕1 号）规定，各级人民法院、人民检察院、公安机关和司法行政机关应聚焦黑恶势力犯罪突出的重点地区、重点行业和重点领域，须重点打击的黑恶势力主要包括：威胁政治安全特别是政权安全、制度安全以及向政治领域渗透的黑恶势力；把持基层政权、操纵破坏基层换届选举、垄断农村资源、侵吞集体资产的黑恶势力；利用家族、宗族势力横行乡里、称霸一方、欺压残害百姓的“村霸”等黑恶势力；在征地、租地、拆迁、工程项目建设等过程中煽动闹事的黑恶势力；在建筑工程、交通运输、矿产资源、渔业捕捞等行业、领域，强揽工程、恶意竞标、非法占地、滥开滥采的黑恶势力；在商贸集市、批发市场、车站码头、旅游景区等场所欺行霸市、强买强卖、收保护费的市霸、行霸等黑恶势力；操纵、经营“黄赌毒”等违法犯罪活动的黑恶势力；非法高利放贷、暴力讨债的黑恶势力；插手民间纠纷，充当“地下执法队”的黑恶势力；组织或雇佣网络“水军”在网上威胁、恐吓、侮辱、诽谤、滋扰的黑恶势力；境外黑社会入境发展渗透以及跨国跨境的黑恶势力。

民营企业主在企业经营的过程当中，往往需要应对复杂的社会关系，因此，有必要谨慎识别与警惕黑恶势力，避免卷入不必要的麻烦甚至引发刑事责任。

五、婚外关系处理不慎或涉敲诈勒索罪

我国《刑法》第二百七十四条规定的敲诈勒索罪，是指以非法占有为目的，对他人使用威胁或要挟的方法，强行索要公私财物的行为。在现实生活中，对婚外关系如果处理不慎，所采取的不当行为可能涉嫌构成敲诈勒索罪，这一点值得广大民营企业主注意。

在湖南的一个案例中，[①] 民营企业主张某在某理发店与理发技师李某相识，2019 年 2 月发展为情人关系。2019 年 5 月，张某提出分手，但李某不同意，以分手就要告发两人的关系给张某妻子相要挟，并索要 15 万元作为感情补偿费。张某不予理睬，李某便将张某与其有不正当关系的情况告发给张某的妻子，但是仍未拿到钱款，随后李某将之前保存的与张某在一起的隐私照片通过微信朋友圈发布到网络上，并扬言不给钱就不撤回发布信息。最终，李某被公安机关抓获归案，经判决构成敲诈勒索罪，判处有期徒刑 8 个月，并处罚金 5000 元。

---

① 改编案例：湖南省益阳市赫山区人民法院（2019）湘 0903 刑初 388 号刑事判决书。

同类型的案例，也是屡见不鲜，在北京的一起刑事案例中，[①] 被告人也是以纠缠、骚扰被害人并威胁其家人人身安全为手段，索要100万元，最终构成敲诈勒索罪，被判有期徒刑10年。法院经审理后认为，被告人以非法占有为目的，通过严重干扰他人正常工作生活，使他人产生恐惧心理，继而勒索他人钱款，数额特别巨大，其行为已构成敲诈勒索罪，应予惩处。

此外，近年的一起案例中，某陈姓女演员在与明星吴某的纠纷中因涉嫌敲诈勒索罪被关押，这一事件引起广泛的关注。2018年中秋节前后，陈姓女演员在网络上曝光其与明星吴某之间长达多年的婚外关系，导致双方之间产生纠纷。2018年11月，女演员回国后，刚到机场便被北京警方带走。根据女演员父母事后在网络上的陈述以及相关媒体的报道，明星吴某以受到女演员通过曝光隐私要挟勒索钱财，向公安机关报案。这一事件引起媒体的广泛报道与公众的关注，在法学界也引起对于敲诈勒索罪的探讨。从这一事件来看，恋人、情人之间以分手费、青春损失费为由要求对方支付一定数额的费用，这一行为是否构成敲诈勒索罪，应当根据具体的事实和情节来判断，其中，双方之间是否已经就补偿问题达成协议、当事人主张补偿的具体方式和数额，都可能对定罪量刑的结果产生影响。

由此可见，民营企业主在生活中应当谨慎处理婚外关系，避免引发刑事责任。

第三节 民营企业主采取刑事程序的维权要点

一、民营企业主进行控告或者报案的要点

对于民营企业主来说，除了要警惕自己卷入刑事案件之外，在生产经营或日常生活中，当自己的权益被违法犯罪活动侵犯时，也应当依法进行刑事控告，以维护自己的合法权益。现实中，很多民营企业主在遭遇经济犯罪后向警方报

① 改编案例：北京市第一中级人民法院（2017）京01刑终571号刑事判决书。

案，往往由于不熟悉刑事报案的流程和立案条件等原因，未能提供必要的证据材料和线索，使得公安机关无法在第一时间受理刑事案件，因此导致很多案件错过最佳的受理时间，使民营企业主维护合法权益的效果受到影响。针对实践中的此类情况，对民营企业主来说，了解我国法律中关于刑事控告制度的相关规定也同样重要。

（一）刑事维权的三种方式

在民营企业主的合法权益受到侵害时，报案、控告和举报是通过刑事程序维权的三种方式。根据《刑事诉讼法》第一百一十条的规定，任何单位和个人发现有犯罪事实或者犯罪嫌疑人，有权利也有义务向公安机关、人民检察院或者人民法院报案或者举报。

其中，报案和举报可以由任何单位或个人提出，两者的区别在于是否能指明犯罪嫌疑人以及所提供材料的详略程度。报案一般是针对犯罪事实的发生，报案材料提供的案件事实、证据材料较为简单笼统，往往不能明确指出犯罪嫌疑人；而举报内容则不仅有犯罪事实的发生，通常还具体指明犯罪嫌疑人，提供的犯罪事实和证据材料相对具体和详细。

控告和举报的区别在于提出的主体不同，按照《刑事诉讼法》的规定，控告是由遭受犯罪行为直接侵害的被害人或者被告单位提出，而举报则一般是由与案件直接无利害关系的任何单位或者个人提出。控告、报案和举报的区别见表3－1。

表3－1 控告、报案和举报的区别

类别	定义	特点
控告	指被害人（包括被害单位），对侵犯被害人合法权益的违法犯罪行为，依法向司法机关告发，要求予以惩处的行为	由遭受犯罪行为直接侵害的被害人提出，知道具体的犯罪事实，也明确知道具体的犯罪嫌疑人
报案	指有关单位或个人发现犯罪事实发生而向公安机关、人民检察院、人民法院揭露和报告的行为	只知道犯罪事实，但不知道犯罪嫌疑人是谁
举报	指有关单位或个人将其发现的犯罪及犯罪嫌疑人向公安机关、人民检察院或者人民法院揭发、报告的行为	由与案件直接无利害关系的单位或个人提出，不仅有犯罪事实的发生，通常还具体指明犯罪嫌疑人

（二）刑事控告的要点

1. 刑事控告的适格主体

《刑事诉讼法》第一百一十条规定，被害人对侵犯其人身、财产权利的犯罪事实或者犯罪嫌疑人，有权向公安机关、人民检察院或者人民法院报案或者控告。

根据这一条规定，进行刑事控告的适格主体是被害人或者被害单位。这不难理解，被害人本人作为犯罪行为最直接的侵害对象，理应享有控告的权利。

2. 刑事控告的作用

刑事控告对于能够发挥被害人依法维权的重要作用，包括但不限于以下三个方面：首先，通过刑事控告，可以让对方当事人面对民事责任和刑事责任的双重责任。其次，通过刑事控告，借助侦查机关的公权力和强制性，有利于被害人获取民事诉讼的有关证据。最后，通过刑事控告，有利于解决民事诉讼中对方当事人“制造”出来的“虚假事实”，穿透事件的本质。

3. 刑事控告的流程

刑事控告制度有诸多优点，那么如何提起刑事控告，需要经历哪些流程呢？

第一步，控告人提交刑事控告书和证据。公安机关对于刑事控告案件，应当立即接受，问明情况并制作笔录，接受证据并制作《接受证据清单》。

第二步，控告人领取《接受案件回执单》。公安机关应当制作《接受案件回执单》，交给控告人，并留存一份备案。回执中应当写明受案单位名称、受案民警姓名以及相关电话号码，以便报案人了解立案情况，监督受案单位的工作进展情况。

第三步，公安机关立案审查。对于接受涉嫌经济犯罪线索的控告，公安机关应当在 7 日内进行审查，并决定是否立案；重大、复杂的线索，立案审查期限可延长至 30 日；特别重大、复杂的线索，立案审查期限可以延长至 60 日。

第四步，便是立案的环节。立案应当同时符合以下条件：认为有犯罪事实，达到刑事案件立案标准，符合案件管辖规定。关于立案的程序，对符合立案条件的，办案部门应当制作《呈请立案报告书》，连同《接受刑事案件登记表》

等受案材料，报县级以上公安机关负责人批准。

对于公安机关不予立案的情形，控告人可以采取救济措施。控告人可以申请复议、复核：控告人对于不予立案决定不服的，可以在 7 日内向原决定机关申请复议；对刑事复议决定不服的，可以在 7 日内向上一级公安机关申请复核。另外，控告人可以向检察院提起检查监督。

4. 刑事控告书撰写的注意事项

案件的有关证据和刑事控告书是控告人提交给侦查机关最重要的材料，在很大程度上会影响案件的进行，因此必须予以重视。首先，刑事控告书的写作应当逻辑清晰，在表述上尽量简洁明了，不宜长篇大论，应当以客观说明为主，切忌过度抒情。同时，控告书还应当附上相关的证据、线索以及法条和判例。其次，搜集案件的证据必须仔细认真，尽可能全面取证。搜集的证据对象包括但不限于物证、书证、电子数据等客观性证据，常见的有银行转账记录、书面合同、微信或短信聊天记录、视频监控等。对于无法收集的证据，也应当尽量提供线索，以便侦查机关明确侦查方向或进一步依职权调取。最后，案件材料应当以清晰和完整的形式呈现。在制作证据清单时，应当注明名称、来源、待证事实或指向内容。引用法条，应当全面且详细，同时核实所引用法条的效力。在引用判例时，最好将判例整理成表，明确指出与案件的相同点。如果案件的控告材料较多，则可以制作材料目录并装订成册，便于侦查机关翻阅和查找。证据的搜集和刑事控告书的撰写具有极强的专业性，当事人可以寻求专业律师的帮助，这有利于控告的顺利进行，进而维护当事人的合法权利。

（三）刑事报案的要点

1. 刑事报案的适格主体

《刑事诉讼法》第一百一十条规定，任何单位和个人发现有犯罪事实或者犯罪嫌疑人，有权利也有义务向公安机关、人民检察院或者人民法院报案或者举报。

根据这一条规定，任何单位和个人都有权进行报案，被害人本人也有权报案。任何单位和个人享有检举、揭发他人犯罪行为的权利，是正义感和社会责任感的体现。

2. 刑事报案的流程

民营企业主在进行报案时，首先要找准报案机关、了解报案的条件，接下来就是要同公安机关进行交流和沟通。刑事报案的流程主要可以用“三个当场”和“四个步骤”进行概括。

所谓“三个当场”，是指根据公安部于2015年11月6日发布的《公安部关于改革完善受案立案制度的意见》（公通字〔2015〕32号）以及相关规定，属于公安机关管辖的的案件，公安机关的接案人员应当依法实施“三个当场”，也就是当场进行接报案登记、当场接受证据材料、当场出具接报案回执并告知查询案件进展情况的方式和途径。

所谓“四个步骤”，是指报案的当事人应当经过四个步骤的流程。

第一步，向接案人员阐明案情，提交相关证据。最好是提交《刑事控告书》等书面材料，清晰明了地展示控告案情，列明依据的刑法条文，明确控告的罪名。在这一步中，公安机关依据相关的规定，对刑事控告的案件都应当立即接受，问明情况，并制作《询问笔录》。

第二步，填写《接受刑事案件登记表》。在这一步中，只需要依照接案人员的要求，配合填写好《接受刑事案件登记表》。

第三步，领取《接受案件回执单》。《接受案件回执单》，是公安机关接到报案的证明。在这一步中，根据相关规定，公安机关应当制作《接受案件回执单》交给控告人，并自行留存一份备查。当事人在拿到回执单后要注意保管，因为回执中包含受案单位名称、受案民警姓名以及相关电话号码，这些将会为后续了解立案情况、监督受案单位的工作进展情况等提供便利。

第四步，领取《立案通知书》或者《不予立案通知书》。经过前三步之后，当事人需要做的就是等待是否立案的通知，并领取相应的书面材料。

3. 报案时的注意事项

民营企业通常是在两种情况下启动刑事诉讼程序：第一种是企业受到来自外部的侵害，常见的有遭遇合同诈骗、侵犯商业秘密、网络攻击等情况；第二种是企业内部发生员工违法犯罪的行为，常见的有员工发生职务侵占、挪用资金、涉嫌非国家工作人员受贿等行为。刑事报案的注意事项主要有以下几点：

首先，应当重视报案前的调查取证。如果民营企业决定通过报案的方式启动刑事诉讼程序，那么应当预先进行调查取证工作，这是启动刑事诉讼程序的重要基础。民营企业应当梳理书面的证据材料，一般包括公司的规章等管理制度、合同等业务材料、内部的审批文件和材料等。在取证的过程中，电子取证是一种非常有效的方式。通过对电脑、移动硬盘等电子设备中的数据进行取证，使其成为刑事诉讼中可以直接使用的证据。取证的过程中还可以进行外围关系调查和人员访谈。对于内部员工涉嫌违法犯罪的情况，尤其是在职务侵占等犯罪的情况下，民营企业有必要对涉案员工的社会关系进行调查，包括亲属、朋友等，外围关系调查有利于民营企业应对内部员工的舞弊犯罪。在此基础上再进行人员访谈，要注意访谈的原则和技巧，只有掌握更多的事实和情况，才能更有针对性地开展员工访谈。

其次，选择适当的报案方式也很重要。在明确依法享有的报案权利之后，应当进一步了解报案的方式。一般来说，报案方式有电话报案、口头报案、书面报案和网上报案等，这些报案方式具有不同的特点，当事人应当根据具体的情况选择合适的报案方式。比如，对于正在发生的犯罪行为，建议直接拨打电话报警；而对于涉案人员众多的案件，则建议选择网上报案。随着科技的进步，实务中犯罪分子的作案手法越来越先进，导致实践中出现很多涉众型犯罪案件，尤其以经济犯罪为常见的犯罪类型。在这些案件中，常见的有各种噱头的电信诈骗、巧立名目的非法集资犯罪等，往往导致同一案件的被害人遍布全国各地。这样一来，如果采取传统的报案方式，不仅会给公安机关办理案件带来困难，也使被害人很难进行维权。针对这一情况，各地的公安机关纷纷建立网上报案平台，这同样也是受益于科技的发展。在面对涉众型案件时，当事人可以利用网上报案平台，这样既可以节约司法资源，又能够有效地提升司法效率，对于被害人来说，可以足不出户地进行报案，非常方便快捷。对于一般的经济类案件，通常建议选择书面报案。实践中较为常见的一般经济类犯罪案件，由于案情常常较为复杂，建议采用书面报案的方式。因为案件的复杂性，如果进行口头报案，当事人在口头表达时难免词不达意，造成逻辑不清，导致公安机关的办案人员摸不着头脑，影响报案的顺利进行。在某些特定类型的经济犯罪案件中，如合同诈骗案件，由于存在民刑交叉的部分，容易让公安机关产生“以刑事手段插手经济纠纷”的担心，所以在实践中可能导致经济案件“立案难”的问题。

4. 报案后的注意事项

第一，报案之后，一般需要多久才能知晓立案结果呢？

根据《公安部关于改革完善受案立案制度的意见》规定，刑事案件立案审查期限原则上不超过3日；涉嫌犯罪线索需要查证的，立案审查期限不超过7日；重大疑难复杂案件，经县级以上公安机关负责人批准，立案审查期限可以延长至30日。法律、法规、规章等对受案立案审查期限另有规定的，从其规定。根据《公安机关办理经济犯罪案件的若干规定》第十五条的规定，公安机关接受涉嫌经济犯罪线索的报案、控告、举报、自动投案后，应当立即进行审查，并在7日以内决定是否立案；重大、疑难、复杂线索，经县级以上公安机关负责人批准，立案审查期限可以延长至30日；特别重大、疑难、复杂或者跨区域性的线索，经上一级公安机关负责人批准，立案审查期限可以再延长30日。可见，少则3~7日，多则30~60日（经济案件因其复杂性，可延长至60日），受案机关应当作出立案或者不予立案的决定。

第二，报案后，公安机关决定立案或者不予立案，将经历哪些程序？

根据《公安机关办理刑事案件程序规定》第一百七十八条的规定，公安机关接受案件后，经审查，认为有犯罪事实需要追究刑事责任，且属于自己管辖的，经县级以上公安机关负责人批准，予以立案；认为没有犯罪事实，或者犯罪事实显著轻微不需要追究刑事责任，或者具有其他依法不追究刑事责任情形的，经县级以上公安机关负责人批准，不予立案。可见，无论最终是否立案，均需经县级以上公安机关负责人批准。

（四）公安机关的立案标准

民营企业主在报案或者控告时，应当了解公安机关的立案标准。对于以下两类案件，公安机关往往不予立案，应当引起注意。

1. 对于侵犯民事权利的民事案件公安机关不予立案

《人民警察法》第六条对于公安机关中的人民警察的职权范围作出规定。可以看到，公安机关的职权范围覆盖违反行政法律和刑事法律的违法犯罪行为，但是对于侵犯民事权利的民事案件，则不属于公安机关的职责范围。

举例来说，个人或者企业在日常生活或者经营过程中经常遇到的借贷纠纷、房屋买卖纠纷、个人的离婚继承纠纷等均属于民事案件，如果当事人以此向公安机关报案，公安机关依法不予受理。但是，上述民事纠纷中可能暗含刑事违法行为，例如在借贷纠纷中，行为人明知自己没有还款能力而大肆举债，在房屋买卖纠纷中行为人伪造房产证件骗取钱财，在离婚案件中一方在婚姻存续期间与他人结婚等，这样的情况下因为有可能涉嫌刑事犯罪，属于公安机关的职责范围。

2. 对于未达到立案标准的刑事案件公安机关不予立案

对于刑事案件来说，也并非所有的刑事案件都会被公安机关受理。有些案件具有刑事违法的性质，但是案件事实和案情没有达到刑事立案的标准，这样公安机关也不会进行刑事立案。至于刑事立案的具体标准，由于我国各地的经济发展水平和社会情况不同，实践中各地的立案标准可能也存在差异。

因此，民营企业主在报案或者控告之前，有必要先了解清楚相关的立案标准，这样有利于节省时间和精力。

（五）公安机关不予受理的救济

如果在报案或者控告之后，公安机关不受理，则当事人可以进一步主张权利。具体来说，当事人可以向四类主体主张权利。

1. 公安机关内部的法制部门、督察部门或纪检监察部门

当事人可以向公安机关内部的法制部门、督察部门或纪检监察部门进行投诉。

公安机关内部的法制部门是办理刑事案件的核心部门，负责从全局上审核把关刑事案件，从办案的角度来说，是公安机关唯一的对外“窗口”。根据《公安部关于改革完善受案立案制度的意见》的规定，各级公安法制部门是公安机关受案立案工作监督管理的主管部门，主要履行以下职责：通过受案立案信息系统掌握、监督和管理本级公安机关各办案警种、部门受案立案情况，及时发现、预警和纠正受案立案环节的执法问题；对经济犯罪案件以及其他易出问题、有争议的案件是否受案立案进行审核监督；统一接受检察机关通知立案的案件；协调解决本级公安机关各办案警种、部门之间的案件管辖争议；办理不予立案的复议复核案件。

根据该意见的规定，各级公安机关应当对同级或下级办案单位进行发现、预警、纠正、监督，同时，各级法制部门负责考核同级和下级执法办案单位的执法质量。因此，如果遇到存在拒绝受理刑事案件的情况，被害人可向办案单位的同级或上级公安机关的法制部门反映问题。

督察部门是落实公安机关监督机制，保障公安机关及人民警察依法履行职责、行使职权和遵守纪律的职能部门。《公安机关督察条例》第四条是对督察机构督察范围的规定，其中第（四）项便是刑事案件、治安案件的受理、立案、侦查、调查、处罚和强制措施的实施情况。同时，《公安部关于改革完善受案立案制度的意见》也规定，督察部门要通过执法检查、网上督察等方式加强对接报案、受案立案工作的现场督察，运用督察手段及时处理群众对接报案、受案立案工作的投诉。因此，如果公安机关不受理报案，当事人可以向该机关的同级督察部门或上一级督察部门进行投诉。

纪检监察部门是公安机关内部具有纪律检查和监察职权的部门。根据《公安部关于改革完善受案立案制度的意见》的规定，纪检监察部门要及时查处受案立案工作中存在的违纪违法问题。因此，公安机关如果不受理案件，当事人也可以向纪检监察机关举报反映问题。在实践中，可以拨打公安部统一的线索举报电话12389进行举报。

2. 检察机关

当事人也可以考虑提请检检察机关进行监督。

检察机关是国家法律监督机关，根据《刑事诉讼法》第八条的规定，人民检察院依法对刑事诉讼实行法律监督，这是对检察机关法律监督权的原则性规定。另外，《人民检察院刑事诉讼规则》规定检察院对于刑事案件的立案具有监督权。

值得注意的是，检察院是否有权对公安机关受理报案进行监督，在实践中可能存在争议。《人民检察院刑事诉讼规则》明确规定检察院对于刑事案件立案的监督权，但是并没有明确提到对于案件受理阶段的监督权，而《刑事诉讼法》对于检察院在刑事案件中的法律监督权只是原则性的规定。这样一来，在案件受理阶段，实务中可能存在检察院做法不一致的情况。一方面，检察院可以根据《刑事诉讼法》第八条的规定进行监督；另一方面，由于《刑事诉讼法》第八条只是原则性的规定，而《人民检察院刑事诉讼规则》中没有规定检察院在案件受理阶段的监督权，所以检察院也可以认为其在刑事报案受理阶段的监督权没有明确的法律依据，从而不予监督。

3. 监察委

当事人还可以向监察委进行控告。

根据《监察法》第三条的规定，各级监察委员会是行使国家监察职能的专责机关，依照本法对所有行使公权力的公职人员进行监察，调查职务违法和职务犯罪，开展廉政建设和反腐败工作，维护宪法和法律的尊严。公安人员属于行使公权力的公职人员，自然是受监察委监察的对象。

同时，《监察法》第十一条规定："监察委员会依照本法和有关法律规定履行监督、调查、处置职责：（一）对公职人员开展廉政教育，对其依法履职、秉公用权、廉洁从政从业以及道德操守情况进行监督检查；（二）对涉嫌贪污贿赂、滥用职权、玩忽职守、权力寻租、利益输送、徇私舞弊以及浪费国家资财等职务违法和职务犯罪进行调查；（三）对违法的公职人员依法作出政务处分决定；对履行职责不力、失职失责的领导人员进行问责；对涉嫌职务犯罪的，将调查结果移送人民检察院依法审查、提起公诉；向监察对象所在单位提出监察建议。"根据这一规定，如果公安机关不受理刑事案件的行为涉嫌违纪违法或者职务犯罪，监察委可依法给予相关人员政务处分，对有关领导进行问责，同时向相关公安机关提出监察建议。

4. 人民法院

有些情况下，当事人还可以向法院提起行政诉讼。

《公安机关办理行政案件程序规定》第六十五条规定，对发现或者受理的案件暂时无法确定为刑事案件或者行政案件的，可以按照行政案件的程序办理。在办理过程中，认为涉嫌构成犯罪的，应当按照《公安机关办理刑事案件程序规定》办理。

案例3－1 如皋市公安局诉佘某华行政纠纷案

审理法院： 江苏省南通市中级人民法院（2016）苏06行终90号

案例主旨： 公安机关对于所受理的案件，如果无法区分为刑事案件或者行政案件，可以按照行政案件的程序办理。

法院认为，由于我国的公安机关具有双重身份，兼具治安管理职能和刑事司法职能，在履行治安管理职能时，是国家的治安行政机关；在履行刑事司法职能时，又承担着打击刑事犯罪的刑事司法任务，是国家司法机关的重要组成部分。公安机关的行为有刑事司法行为与公安行政管理行为之分。根据《公安机关办理行政案件程序规定》的上述规定，对于所受理的案件，如果无法区分为刑事案件或者行政案件，公安机关可以按照行政案件的程序办理。在这种情况下，如果公安机关没有根据相关规定及时受理案件，则是属于行政不作为的情形，当事人可以依据《行政诉讼法》的相关规定对公安机关提起行政诉讼。

（六）律师的作用

随着社会的发展和科技的提升，实践中的犯罪形态越来越复杂，当事人往往只知道自己的权利被侵犯，但是对于自己应通过什么途径去维权，往往并不清楚。在刑事犯罪案件中，不仅犯罪嫌疑人和被告人应聘请律师，被害人也应当聘请专业律师提供法律服务，只有这样才能更好地维护自身权益，尤其是对于经济犯罪的被害人来说非常重要。

根据相关的法律法规，律师在举报阶段可以发挥一系列的作用，主要包括指导当事人收集、固定和案件相关的证据材料；对案件性质进行分析论证：是经济纠纷还是经济犯罪，还是既有经济纠纷又有经济犯罪；分析论证该启用何种法律手段维护自身权益，是民事诉讼，还是经济犯罪举报；还是既要启动民事诉讼，也要启动经济犯罪举报；起草举报材料，编制报案用的证据材料及说明；模拟经侦接报案的过程，消除当事人的紧张心理；对重大、疑难、复杂的案件，根据当事人的要求，组织、聘请有关法学专家进行分析论证；经侦受理报案后，负责就案件中的问题与经侦及相关部门进行技术沟通；在必要时，与被举报方就赔偿问题进行协商谈判；如果经侦对符合经济犯罪案件条件的案件不受理、不立案，可指导当事人依法寻求法律救济途径。

二、民营企业主如何依法维权

除了控告、报案和举报等方式外，民营企业主在权利遭受侵犯时，也可以通过上访的方式维权。但是，民营企业主应当依法上访、合法维权，杜绝采取非法上访的方式维权。

（一）不当上访行为可能构成犯罪

现实生活中，当事人采取不当上访的方式维权的行为时有发生。在有些情况下，可能构成犯罪，常见的包括寻衅滋事罪、妨害公务罪、聚众扰乱社会秩序罪、聚众冲击国家机关罪、敲诈勒索罪等。

1. 寻衅滋事罪

案例3－2 何某寻衅滋事案

一审法院： 福建省平潭县人民法院（2015）岚刑初字第213号

二审法院： 福建省福州市中级人民法院（2016）闽01刑终665号

再审法院： 最高人民法院（2018）最高法刑申276号

案例主旨： 在非信访场所提出信访事项的方式，不属于依法维权，触犯寻衅滋事罪。

被告人何某因对自己及家人的拆迁安置等问题不满，于2014年5月至2015年1月先后13次到北京市中南海周边地区、3次到北京市朝阳区联合国开发署门前走访，并曾与多人一起在联合国开发署门前哄闹。

最高人民法院经再审后认为，被告人何某在非信访场所提出信访事项的方式，不属于依法维权，已严重妨害社会管理秩序，原审以寻衅滋事罪定罪处罚并无不当。

2. 妨害公务罪

案例3－3 刘某某妨害公务案

二审法院： 邵阳市中级人民法院（2015）邵中刑一终字第33号

再审法院： 湖南省高级人民法院（2016）湘刑申52号

案例主旨： “闹访”等非正常上访行为可能构成妨害公务罪。

被告人刘某某系邵阳市某学校退休职工。2009年1月8日，刘某某以邵阳市某学校拖欠其工资为由赶到邵阳市交通局进行上访，并拦阻该局局长的汽车。此后，刘某某多次到邵阳市委、省委及北京进行上访，并数次因闹访、缠访等非正常上访行为被训诫、行政拘留和劳动教养。2012年4月11日上午9时许，刘某某夫妇来到邵阳市市委要求见市委书记郭某某，并不听劝阻强行来到市委一号办公楼二楼总值班室，于当日被邵阳市公安局直属分局以扰乱单位秩序给予行政拘留10日处罚。2013年7月，刘某某及其妻子再次来到北京进行非正常上访。

再审法院认为，原判认定被告人刘某某使用暴力、威胁方法阻碍国家工作人员依法执行公务的行为构成妨害公务罪，定罪准确。刘某某申诉提出的理由不成立，相关证人证言可以作为本案的定案依据。刘某某在上访过程中实施“闹访”等非正常上访行为，在国家工作人员对刘某某进行劝阻时，刘某某挥舞拐杖进行阻挠威胁，刘某某的上述行为属于使用暴力、威胁方法阻碍国家工作人员依法执行公务，构成妨害公务罪。

3. 聚众扰乱社会秩序罪

案例3-4 张某等聚众扰乱社会秩序案

一审法院：河南省商丘市睢阳区人民法院（2016）豫1403刑初193号

案例主旨：不当上访行为扰乱政府工作秩序，可能构成聚众扰乱社会秩序罪。

2015年4月29日，商丘市睢阳区某镇政府和双违办公工作人员对某村王某某违章建房进行劝拆时，导致王某某的母亲和王某某身亡。在5月4～13日凌晨，作为王某某亲属的被告人张某、王某伙同王某1（另案处理）等亲属采用冲击、围堵等方法严重扰乱某镇政府工作秩序，致使某镇政府工作无法正常进行，造成严重损失。事后，被告人张某等人使用车辆、棍棒和人横躺路上的方法在商丘市某镇政府门口的207省道上进行拦路，致使交通拥堵2个小时，车辆堵塞两三公里。

法院认为，被告人张某、王某聚众扰乱社会秩序，情节严重，其行为已构成聚众扰乱社会秩序罪。公诉机关指控罪名成立。因被告人张某、王某能认罪悔罪，并能如实供述自己的犯罪行为，可以从轻处罚，以聚众扰乱社会秩序罪判处有期徒刑3年缓刑5年。

4. 聚众冲击国家机关罪

案例3-5 张某等聚众冲击国家机关案

一审法院：广西壮族自治区乐业县人民法院（2013）乐刑初字第48号

案例主旨：不当上访行为妨害国家机关正常管理活动的，可能构成聚众冲击国家机关罪。

被告人张某与其弟弟张某某用挖掘机在乐业县某镇当站廉租房旁挖基脚建房。但是在安装水泵过程中，基坑东北向顶部位置的一市政排水沟及东北边坡突然发生坍塌，导致张某某被埋在基坑内，后不幸身亡。事故发生后，被告人张某认为其弟之死是政府建设的排水沟存在质量问题导致，即制作一张横幅，横幅的内容要写“豆腐渣工程，还我弟命来!”并索政府支付120万元的赔偿金。事后，被告人还安排人员在县委、县政府办公楼前搬桌椅、烧香、烧纸钱、燃放鞭炮、哭闹、喝酒、玩牌等，致使在县委、县政府办公的工作人员无法进行工作，后被强制带离现场。

法院认为，被告人张某聚集多人，为实现自己的巨额赔偿愿望，冲击县委、县政府，致使县委、县人民政府机关工作无法正常进行，给县委、县人民政府施加压力，妨害国家机关的正常管理活动，社会影响恶劣，严重损害县委、县人民政府的权威，使其尊严受到损害、威信降低，造成严重损失，社会公众遵纪守法的良好风气遭到破坏，被告人的行为已触犯我国刑律，构成聚众冲击国家机关罪。

5. 敲诈勒索罪

案例 3-6 景某敲诈勒索案

一审法院：吉林省磐石市人民法院（2014）磐刑初字第57号

二审法院：吉林市中级人民法院（2014）吉中刑终字第125号

再审法院：吉林省高级人民法院（2016）吉刑申49号

案例主旨：以非正常上访为手段向相关单位索取财物，可能构成敲诈勒索罪。

再审法院认为，被告人景某被错误逮捕后，已获得相应的国家赔偿，原赔偿决定并无不当。被告人景某获得经济补偿并被宣告无罪后，再次就同一侵权事实提出赔偿申请没有法律依据。被告人景某以非正常上访为手段，向相关单位索取财物，数额特别巨大，构成敲诈勒索罪。

（二）不当上访行为可能受到行政处罚

公安部在2013年施行的《关于公安机关处置信访活动中违法犯罪行为适用

法律的指导意见》（公通字〔2013〕25 号）中对于上访活动中的违法行为及相应的责任进行规定。结合相关规定，如果有以下情形，违反《信访条例》和《治安管理处罚法》的规定，当事人需要承担行政责任，受到相应的行政处罚。

（1）越级走访，或者多人就同一信访事项到信访接待场所走访，拒不按照《信访条例》第十八条第二款的规定推选代表，经有关国家机关工作人员劝阻、批评和教育无效。

（2）拒不通过法定途径提出投诉请求，不依照法定程序请求信访事项复查、复核，或者信访诉求已经依法解决，仍然以同一事实和理由提出投诉请求，在信访接待场所多次缠访，经有关国家机关工作人员劝阻、批评和教育无效。

（3）在信访接待场所滞留、滋事，或者将年老、年幼、体弱、患有严重疾病、肢体残疾等生活不能自理的人弃留在信访接待场所，经有关国家机关工作人员劝阻、批评和教育无效。

（4）在信访接待场所摆放花圈、骨灰盒、遗像、祭品，焚烧冥币，或者停放尸体，不听有关国家机关工作人员劝阻、批评和教育，扰乱信访工作秩序。

（5）煽动、串联、胁迫、诱使他人采取过激方式表达诉求，扰乱信访工作秩序的。

（6）采取口头、书面等方式公然侮辱、诽谤他人。

（7）写恐吓信或者以其他方法威胁他人人身安全，或者多次发送侮辱、恐吓或者其他信息，干扰他人正常生活。捏造、歪曲事实诬告陷害他人，企图使他人受到刑事追究或者受到治安管理处罚。

（8）以制造社会影响、采取极端闹访行为、持续缠访闹访等威胁、要挟手段，敲诈勒索。

（9）在国家机关办公场所周围实施静坐，张贴、散发材料，呼喊口号，打横幅，穿着状衣、出示状纸，扬言自伤、自残、自杀等行为或者非法聚集，经有关国家机关工作人员劝阻、批评和教育无效。

（10）在车站、码头、商场、公园、广场等公共场所张贴、散发材料，呼喊口号，打横幅，穿着状衣、出示状纸，或者非法聚集，以及在举办文化、体育等大型群众性活动或者国内、国际重大会议期间，在场馆周围、活动区域或者场内实施前述行为，经劝阻、批评和教育无效。在外国使领馆区、国际组织驻华机构所在地实施静坐，张贴、散发材料，呼喊口号，打横幅，穿着状衣、出示状纸等行为或者非法聚集。

（11）实施跳河、跳楼、跳桥，攀爬建筑物、铁塔、烟囱、树木，或者其他自伤、自残、自杀行为，制造社会影响。

（12）通过网站、论坛、博客、微博、微信等制作、复制、传播有关信访事项的虚假消息，煽动、组织、策划非法聚集、游行、示威活动，编造险情、疫情、警情，扬言实施爆炸、放火、投放危险物质或者自伤、自残、自杀等。

第四节 民营企业主在侦查阶段的应对要点

对于民营企业主来说，刑事风险不仅关系到财产权利，更涉及人身权利，刑事合规工作至关重要。在现实生活中，如果民营企业主自身引发刑事风险，那么如何在刑事诉讼程序中依法维权，是另一个重要的问题。其中，侦查阶段对于刑事案件证据的形成以及后续的推进起到至关重要的作用。

一、律师在刑事案件侦查阶段的作用

（一）侦查阶段聘请律师的必要性

1. 刑事案件聘请律师是否会引起侦查机关的反感

有些家属担心，在侦查阶段聘请律师，如果经常和侦查机关交换意见、申请变更强制措施，会不会给侦查机关“添麻烦”，从而引起侦查机关的反感，对案件处理结果不利。

从实践情况来看，这种情况很少出现，侦查人员一般不会因为当事人聘请律师而产生不满的情绪以至于消极办案。退一步说，即使极少数侦查人员产生不满的情绪，家属也应该认识到，侦查阶段是刑事诉讼的重要阶段，对于证据的形成和固定非常重要，对案件的最终结果也会起到决定性的作用。根据法律的规定，在这段时间内，只有律师才能见到当事人本人，进行沟通。因此，律师在侦查阶段的作用非常重要，即使会导致侦查人员产生不满的情绪，也应当聘请律师，为辩护打好基础。

2. 律师在侦查阶段介入的必要性

在有些情况下，犯罪嫌疑人的家属往往认为犯的“事儿”不大，对于是否需要花钱请律师犹豫不决。

值得注意的是，实践中，由于侦查机关办案极为谨慎已刑事立案的案件一般不会被轻易撤案，犯罪嫌疑人被认定为有罪并判刑的可能性很高。因此，律师在刑事诉讼程序中可以发挥重要的作用，并且最好在侦查阶段就介入案件。如果案件被移送到检察院，或者被起诉到法院后，家属才想到聘请律师，不利于及时维护当事人的正当权益。

（二）律师在侦查阶段作用的具体体现

1. 搭建当事人与其家属之间沟通的桥梁

刑事案件在侦查阶段，当事人与其家属之间的沟通非常重要，而律师能够发挥沟通的桥梁作用。

在有的刑事案件中，家属可能没有对案件的真实情况进行全面的了解，自以为是小案子，所以没有聘请律师。但实际上，当事人可能在看守所里较为着急和恐慌，却难以与其家属沟通。直到律师介入后，将案情的大致情况向家属进行讲解，家属这才恍然大悟，意识到当事人所面临指控的严重性。在侦查阶段，当事人与其家属之间如果缺乏沟通，可能延误辩护的准备，导致当事人的合法权益无法得到有效的维护。因此，律师可以发挥沟通的桥梁和纽带作用，这对处于侦查阶段的刑事案件来说非常重要。

2. 协助当事人识别和应对非法取证

虽然我国的刑事司法审判日益进步，但是，非法取证的现象仍偶有发生。

例如，当事人可能在侦查阶段受到威胁，威胁的具体方法可能各式各样，对于不同职业和性格的当事人，也可能存在具有针对性的威胁方式。对于民营企业主来说，以“查封资产或冻结项目”相威胁，杀伤力可能就很大；对于重视家庭关系的当事人，以“不交代就把家人抓起来”相威胁，可能就会击垮当事人的心理。

除了威胁外，司法实践中可能还存在诱供这一非法取证方式。和威胁不同的是，诱供这一方式往往具有隐蔽性，因此识别难度相对较高。诱供的具体方法也可能“五花八门”。比如假装同意办理取保候审或者减免罪行等。

面对非法取证的问题，如果当事人聘请律师，掌握识别以及应对威胁、诱供等非法取证的方法，做好心理准备，有利于维护当事人的合法权益。

3. 提示当事人在接受讯问时的注意事项

在实践中，当事人在接受讯问时应注意的事项有很多，尤其需要律师给予专业的建议和提示。

例如，当事人在接受讯问时，应当注意核实笔录的记载与自己的回答之间是否有实质性的差别。在有些情况下，笔录上的记录可能与当事人实际的回答存在偏差，如果不注意及时核实笔录内容，可能在刑事案件中产生非常负面的影响。

另外，在接受讯问时，当事人应当注意主动陈述对自己有利的事实。在司法实践中，当事人往往在接受讯问时，“被迫式”地回答侦查人员的问题。如此一来，当事人的回答一般都是侦查人员想要了解的内容；对于那些对当事人有利的证据，如果侦查人员没有问到，很有可能就会被忽视。因此，当事人应当在接受讯问时主动将对自己有利的事实一并向侦查人员进行陈述，并确保所述内容记录在笔录中。

4. 识别犯罪嫌疑人的供述等关键证据的问题

在刑事案件侦查阶段，多种类型的证据对于犯罪嫌疑人的定罪量刑起到非常关键的作用，常见的有抓获经过、犯罪嫌疑人的供述、现场勘验笔录、鉴定结论等。对于这些关键证据，有效识别证据形式和内容上的问题，对于当事人维权至关重要。

以犯罪嫌疑人的供述为例，司法实践中可能存在下列问题：

首先，实践中可能存在连续讯问的问题。在目前的极个别案件中，存在侦查人员对犯罪嫌疑人连续讯问的情况。如果连续讯问持续的时间较长，即使给犯罪嫌疑人安排吃饭、饮水等时间，仍然可能侵犯犯罪嫌疑人的合法权益。这种情况下，可能导致部分笔录无法被作为定案的依据。少数案件，从笔录中记录的时间可以看出，有的单次讯问时间持续过长，有的上下次讯问之间间隔的时间过短。在庭审中，被告人或律师可能会辩称侦查人员在长时间的讯问中没有为被告提供合理的睡觉时间，或者没有提供饮食、饮水等基本需要，或者可能辩护称侦查机关存在逼供的情形，从而认为这些证据属于非法取得，因而不得作为定案依据。

其次，犯罪嫌疑人的供述可能存在记录不准确的问题。在实践中，有的侦查人员在作笔录时存在记录不准确等失误，在笔录完成后也没有进行核对，结果导致笔录中的记录词不达意，甚至存在错误，这也是一种比较常见的情形。

另外，还存在使用方言或白话，造成记录不准确的问题。在司法实践中，在侦查卷宗中的证人证言、被害人陈述、犯罪嫌疑人的供述等内容中，侦查人员用方言或者白话进行记录的情况比较普遍。用方言或者白话记录容易造成记录的不规范，对于其中的有些内容，不能理解方言或者白话的人从字面上可能就很难看得懂，不利于犯罪嫌疑人依法维权。

5. 识别搜集证据过程中的常见问题

律师对于证据搜集过程中可能会出现的问题可以进行有效识别，从而维护犯罪嫌疑人的权益。

例如，侦查机关应当对痕迹进行提取和鉴定。常见的痕迹包括血迹、指纹等，在一些案件中，犯罪现场、作案工具或犯罪嫌疑人的衣物上留有血迹。但是，在案卷材料中却找不到对血迹的鉴定材料，这会导致后续办案过程中出现问题。

又如，犯罪嫌疑人的前科材料。在实践中，侦查人员对于犯罪嫌疑人的前科材料，往往比较重视其中的裁判文书，但是对于犯罪嫌疑人被释放的相关材料却容易忽视，或者重视不够。不少案件只有判决的材料，却没有犯罪嫌疑人被释放的相关材料。现实中，由于被告人在服刑期间通常存在减刑，导致实际释放日期与判决书上的日期不同，但是依照法律规定，累犯的认定是以实际释放的日期为准，因此，记录的日期不一致可能会导致各个机关对于犯罪嫌疑人是否构成累犯的问题认定不准确，从而影响诉讼效率。

再如，犯罪嫌疑人的户籍资料。侦查机关在起诉前应当确认犯罪嫌疑人的户籍情况，避免发生错误。在实践中，被告人冒用他人名字、最终导致法院判决上出现错误的被告人姓名的问题时有发生。

6. 妥善应对物证或赃物的处理

在有些案件中，侦查机关对物证和赃物的处理可能存在问题。例如，侦查机关可能在个别案件中将不该发还的证据发还。如果在庭审过程中法官发现这一问题后，再由侦查人员向特定人员索回物证进行补充取证，可能会影响证据的合法性和真实性的认定。

二、取保候审与羁押必要性审查

大多数人在得知自己的亲属被抓后，第一反应往往是：能否把人“保出来”、如何才能把人“保出来”？对此，我国《刑事诉讼法》规定了取保候审和羁押必要性审查这两种制度，在符合法律规定的情况下，就能把人“保出来”。

（一）取保候审

取保候审是一种刑事强制措施，与拘传、监视居住一样。

所谓取保候审，是指依据《刑事诉讼法》的规定，公安机关、检察机关、法院等司法机关对于未被逮捕或已逮捕、需要变更强制措施的犯罪嫌疑人或被告人，不予羁押或暂时解除羁押的一种强制措施。采取取保候审应当防止犯罪嫌疑人或被告人逃避侦查起诉和审判，通过责令其提供保证人或者交纳保证金、并出具保证书的方式，同时保证随传随到。

通俗来说，取保候审的犯罪嫌疑人或者被告人，虽然要随时配合司法机关的工作，但是可以进行自由的活动，所以拥有相对的自由。

《刑事诉讼法》第六十七条规定了取保候审的条件，该条规定：“人民法院、人民检察院和公安机关对有下列情形之一的犯罪嫌疑人、被告人，可以取保候审：（一）可能判处管制、拘役或者独立适用附加刑的；（二）可能判处有期徒刑以上刑罚，采取取保候审不致发生社会危险性的；（三）患有严重疾病、生活不能自理，怀孕或者正在哺乳自己婴儿的妇女，采取取保候审不致发生社会危险性的；（四）羁押期限届满，案件尚未办结，需要采取取保候审的。……”

由此可以看到，《刑事诉讼法》的上述规定比较宽泛，在司法实践中存在不确定性。另外，虽然从犯罪嫌疑人及其家属的角度来说，把人“保出来”是最基本和朴素的愿望，但是从整个社会的角度来说，对犯罪嫌疑人不予羁押，在一定程度上可能存在社会危险性。因此，取保候审在现实中的适用条件比较严苛，申请的难度较大。所以，由律师在这个阶段提供专业的建议就非常重要。

在实践中，应当如何申请取保候审呢？

第一，应当判断当事人是否构成犯罪，以及构成犯罪的罪名，也就是判断罪与非罪，区分此罪与彼罪。

第二，应当尽快开始全面收集对当事人有利的证据并且及时提交至办案机关。证据的范围可以从以下方面进行考虑，例如涉嫌犯罪的行为是否恶劣，情节是否严重，是否具有社会危害性，当事人是否有稳定的住所、是否能够提供保证人或保证金、是否能保证随传随到等。如果案件中有被害人，则应当与被害人及其家属进行积极的沟通与协商，力求取得被害人或其家属的谅解。对当事人有利的证据，一定要及时提交办案机关，收集的有利证据也应当尽量全面。

第三，申请取保候审的时机也很关键。在实践中，许多案件的情况类似，但是当事人申请取保候审的结果却不同，这往往是因为申请的时机不对。何时是申请取保候审的最佳时机呢？取保候审最好是在侦查阶段中，被批准逮捕之前提出。

广东省高级人民法院于 2020 年 7 月 21 日印发《关于刑事诉讼中规范民营企业负责人取保候审指引》的通知。其中第三条规定："民营企业负责人作为被告人，具有以下情形之一的，可以取保候审：（一）可能作出无罪判决的；（二）可能判处管制、拘役或独立适用附加刑的；（三）可能判处十年以下有期徒刑，犯罪事实已经查清，证据确实、充分，认罪态度好，积极赔偿或退赃，采取取保候审能够保证诉讼顺利进行的；（四）检察机关已经取保候审或建议取保候审，经审查不存在妨碍审判的情形，不致发生社会危害的；（五）羁押期限届满，案件尚未办结，需要采取取保候审的；（六）人民法院认为可以取保候审的其他情形。"广东省高级人民法院的这一规定专门就民营企业家取保候审做出指引，旨在维护民营企业家的合法权益，保障民营经济的健康发展。

如果在案件中错过侦查阶段的取保候审申请，就只能通过第二种方式，向检察机关提请羁押必要性审查。

（二）羁押必要性审查

羁押必要性审查的依据是《刑事诉讼法》第九十五条，根据该条规定，犯罪嫌疑人、被告人被逮捕后，人民检察院仍应当对羁押的必要性进行审查。对不需要继续羁押的，应当建议予以释放或者变更强制措施。有关机关应当在 10 日以内将处理情况通知人民检察院。

《人民检察院刑事诉讼规则》第十三章第五节是对羁押必要性审查的规定，其中第五百七十八条、第五百七十九条、第五百八十条对羁押必要性审查的具体条件和情形进行了规定。

第五百七十八条规定："人民检察院应当根据犯罪嫌疑人、被告人涉嫌的犯罪事实、主观恶性、悔罪表现、身体状况、案件进展情况、可能判处的刑罚和有无再危害社会的危险等因素，综合评估有无必要继续羁押犯罪嫌疑人、被告人。"

第五百七十九条规定："人民检察院发现犯罪嫌疑人、被告人具有下列情形之一的，应当向办案机关提出释放或者变更强制措施的建议：（一）案件证据发生重大变化，没有证据证明有犯罪事实或者犯罪行为系犯罪嫌疑人、被告人所为的；（二）案件事实或者情节发生变化，犯罪嫌疑人、被告人可能被判处拘役、管制、独立适用附加刑、免予刑事处罚或者判决无罪的；（三）继续羁押犯罪嫌疑人、被告人，羁押期限将超过依法可能判处的刑期的；（四）案件事实基本查清，证据已经收集固定，符合取保候审或者监视居住条件的。"

第五百八十条规定："人民检察院发现犯罪嫌疑人、被告人具有下列情形之一，且具有悔罪表现，不予羁押不致发生社会危险性的，可以向办案机关提出释放或者变更强制措施的建议：（一）预备犯或者中止犯；（二）共同犯罪中的从犯或者胁从犯；（三）过失犯罪的；（四）防卫过当或者避险过当的；（五）主观恶性较小的初犯；（六）系未成年人或者已满七十五周岁的人；（七）与被害方依法自愿达成和解协议，且已经履行或者提供担保的；（八）认罪认罚的；（九）患有严重疾病、生活不能自理的；（十）怀孕或者正在哺乳自己婴儿的妇女；（十一）系生活不能自理的人的唯一扶养人；（十二）可能被判处一年以下有期徒刑或者宣告缓刑的；（十三）其他不需要继续羁押的情形。"

法律和法规中关于羁押必要性审查的规定，为取保候审增加了新的实现方式，值得在刑事案件中关注。

三、非法证据排除

我国的《刑事诉讼法》在2012年的修订中规定了非法证据排除的规则，从立法层面首次确立非法证据排除规则，意味着我国在刑事司法实践中向建立治理刑讯逼供的科学证据体系迈出了重要的一步。

（一）《刑事诉讼法》的规定

第五十二条规定："审判人员、检察人员、侦查人员必须依照法定程序，收集能够证实犯罪嫌疑人、被告人有罪或者无罪、犯罪情节轻重的各种证据。严禁刑讯逼供和以威胁、引诱、欺骗以及其他非法方法收集证据，不得强迫任何人证实自己有罪。必须保证一切与案件有关或者了解案情的公民，有客观地充分地提供证据的条件，除特殊情况外，可以吸收他们协助调查。”

第五十六条规定：“采用刑讯逼供等非法方法收集的犯罪嫌疑人、被告人供述和采用暴力、威胁等非法方法收集的证人证言、被害人陈述，应当予以排除。收集物证、书证不符合法定程序，可能严重影响司法公正的，应当予以补正或者作出合理解释；不能补正或者作出合理解释的，对该证据应当予以排除。在侦查、审查起诉、审判时发现有应当排除的证据的，应当依法予以排除，不得作为起诉意见、起诉决定和判决的依据。”

第五十七条规定：“人民检察院接到报案、控告、举报或者发现侦查人员以非法方法收集证据的，应当进行调查核实。对于确有以非法方法收集证据情形的，应当提出纠正意见；构成犯罪的，依法追究刑事责任。”

第五十八条规定：“法庭审理过程中，审判人员认为可能存在本法第五十六条规定的以非法方法收集证据情形的，应当对证据收集的合法性进行法庭调查。当事人及其辩护人、诉讼代理人有权申请人民法院对以非法方法收集的证据依法予以排除。申请排除以非法方法收集的证据的，应当提供相关线索或者材料。”

第五十九条规定：“在对证据收集的合法性进行法庭调查的过程中，人民检察院应当对证据收集的合法性加以证明。现有证据材料不能证明证据收集的合法性的，人民检察院可以提请人民法院通知有关侦查人员或者其他人员出庭说明情况；人民法院可以通知有关侦查人员或者其他人员出庭说明情况。有关侦查人员或者其他人员也可以要求出庭说明情况。经人民法院通知，有关人员应当出庭。”

第六十条规定：“对于经过法庭审理，确认或者不能排除存在本法第五十六条规定的以非法方法收集证据情形的，对有关证据应当予以排除。”

（二）“两高三部”出台的若干规定

2017 年 6 月 27 日，最高人民法院、最高人民检察院、公安部、国家安全部、司法部联合发布《关于办理刑事案件严格排除非法证据若干问题的规定》（以下简称《规定》），从实体和程序两个方面对非法证据排除的具体规则进行规范，为非法证据排除规则在司法实践中的运用提供了更加详细的标准，也为我国刑事证据制度改革和刑事司法实践提供了更加明确的依据。

1.《规定》明确非法证据的概念和范围

《规定》明确刑事案件中非法证据的范围和认定标准，有以下三种情形：

第一种，是采取殴打或者违法使用戒具等暴力手段，或者变相肉刑等恶劣手段，通过以暴力或者严重损害本人及其近亲属的合法权益等方式进行威胁的方法，采用非法拘禁等非法限制人身自由的方法或者采用刑讯逼供等方法收集的犯罪嫌疑人、被告人的供述。

第二种，是采用暴力、威胁以及非法限制人身自由等非法方法收集的证人证言或被害人陈述。

第三种，是收集方式不符合法定程序，可能严重影响司法公正，并且不能补正或者作出合理解释的物证、书证。

《规定》明确，所谓"非法证据"可以分为两类：第一类是以非法方法收集的犯罪嫌疑人、被告人供述和证人证言、被害人陈述等言词证据；第二类是不符合法定程序收集的物证、书证等实物证据。但是非法证据排除规则在这两类证据的适用中存在区别。第一类言词证据，由于属于主观类证据，受到非法收集方法等因素的影响而可能导致证据不具有真实性，所以，对非法言词证据实行无条件排除的原则。对于第二类实物证据，由于证据是以实在物为存在状态和表现形式的客观类证据，本身具有不可再生性和不可复制性的特点，因此，只有在对实物证据的收集程序不能进行补正或者作出合理解释，不能排除其已经产生变化或者存在伪造可能性时，才适用非法证据排除规则予以排除；但如果经补正或者作出合理解释后，能够确认实物证据的获取方法对刑事案件中事实的认定没有产生直接影响的，则该实物证据仍然可以作为定案证据使用。

2.《规定》明确排除非法证据的责任主体

在刑事诉讼案件中，申请排除非法证据应当是犯罪嫌疑人或被告人应有的权利，而依照法律规定严格排除非法证据则是办案机关的法定义务。对此，《规定》明确了非法证据应当由谁来排除的问题。

侦查机关对于已经侦查终结的案件，应当全面审查证据材料，确认证据收集的合法性，依法排除非法证据；人民检察院对审查认定的非法证据，应当予以排除；人民法院经过法庭审理，确认存在以非法方法收集证据情形的，对有关证据应当予以排除。

由此可以看到，非法证据排除不仅适用于审判阶段，还应当贯穿适用于侦查、审查逮捕、审查起诉等各个环节，也就是说，办理刑事案件的侦查机关、人民检察院和人民法院，都应当是非法证据排除的责任主体，办案机关应各司其职，确保侦查机关侦查终结、人民检察院提起公诉、人民法院作出有罪判决的案件，都能做到犯罪事实清楚，证据确实充分。

3.《规则》明确排除非法证据的程序与后果

从程序启动上讲，《规定》明确，犯罪嫌疑人、被告人及其辩护人可以在侦查、审查逮捕、审查起诉期间向人民检察院申请排除非法证据，也可以在开庭审理期间向人民法院申请排除非法证据。

除了依犯罪嫌疑人、被告人及其辩护人的申请排除非法证据外，办案机关也可以根据相关线索或者材料，对收集程序的合法性存在疑问的证据主动启动非法证据排除程序。

从非法证据排除的后果来看，犯罪嫌疑人、被告人供述及证人证言、被害人陈述、物证、书证等证据一旦被认定为非法证据，一律不得作为定案的根据。具体来说，对于非法证据，侦查机关不得作为提请批准逮捕、移送审查起诉的根据，人民检察院不得作为批准或者决定逮捕、提起公诉的根据，人民法院不得作为判决的根据，而应当予以排除。

第五节 民营企业主刑民交叉责任及案例警示

刑民交叉，是指在某类案件中，当事人的某一部分行为或全部行为既符合刑事犯罪的构成要件，同时也符合民事关系的构成要素。刑民交叉案件是一类非常特殊的案件，是行为人实施的行为在刑事规范与民事规范的边缘区域发生摩擦和碰撞的结果。

一、司法机关推动刑民交叉案件的规范审理

近年来，最高人民法院针对刑民交叉案件的规范审理出台了一系列规定，旨在维护民营企业主的合法权利，进一步强化对民营经济的保护。

首先，最高人民法院、最高人民检察院、司法部等机关强调严禁以刑事手段干预经济案件，严厉禁止侵害民营企业主的不法行为。

其次，中央和司法机关大力推进刑民交叉案件司法解释的制定工作，旨在进一步规范司法实践中刑民交叉案件的审理工作，严格区分商事纠纷和经济犯罪，严厉禁止以刑事手段介入经济纠纷。

最后，司法机关大力推进冤错案件的纠正工作，对一系列冤假错案进行再审，维护民营企业主的合法权利，维护社会的公平正义。

（一）严禁以刑事手段介入经济案件

目前的司法实践中，司法机关以刑事手段插手经济纠纷的现象仍然存在。对于民营企业和民营企业家来说，合同纠纷、借贷纠纷都是商业活动中常见的经济纠纷，但是，一旦司法机关通过刑事手段干预经济纠纷，将严重侵害民营企业和民营企业家的权益。

针对这一问题，我国司法机关多次出台相关规定和意见，严禁以刑事手段插手经济纠纷，旨在保护民营企业和民营企业家的合法权益，促进民营企业的健康发展，维护社会公平正义。

自 1989 年起，公安部先后发布《关于公安机关不得非法越权干预经济纠纷案件处理的通知》《关于严禁越权干预经济纠纷的通知》等规定，明确禁止公安机关通过刑事手段插手经济纠纷。

最高人民检察院、公安部在 2017 年 12 月 19 日发布《最高人民检察院、公安部关于公安机关办理经济犯罪案件的若干规定》，共有 80 个条文。最高人民检察院和公安部在这一规定中强调，应当严格区分经济犯罪和经济纠纷的界限，为经济发展营造良好的法治环境，充分反映国家避免对市场经济活动进行过度的干预、保护企业和企业家合法权益的高度重视。

2020 年 7 月 8 日，中央政法委“全国政法队伍教育整顿试点工作动员会”召开，部署开展政法队伍教育整顿活动。会议强调，要集中整治以刑事司法手段不当介入经济纠纷，超权限、超范围、超数额、超时限查封、扣押、冻结，

影响企业和群众的正常生产经营问题，坚决查处充当黑恶势力和黄赌毒等违法犯罪的“保护伞”。[①]

当然，这也从侧面反映出，在我国目前的司法实践中，仍然存在公权力侵犯民营企业和民营企业家的问题。民营企业面临的法律风险包括民事风险、行政风险和刑事风险，而民事风险和行政风险又容易上升为刑事风险。因此，民营企业和民营企业家尤其应当重视刑事合规。

（二）推进刑民交叉案件司法解释的制定

对于刑民交叉案件的法律适用问题，最高人民法院于1998年制定出台《最高人民法院关于审理经济纠纷案件中涉及经济犯罪嫌疑若干问题的规定》，旨在对人民法院审理涉及刑事、民事相互交叉案件进行有效的指导。

2016年11月27日，中共中央和国务院出台《关于完善保护制度依法保护产权的意见》，[②] 其中明确要求，在案件审判工作中，人民法院应当对民商事纠纷和经济犯罪进行严格的区分，明确两者的界限，坚决防范刑事执法介入经济纠纷。

2018年9月8日，中共中央、国务院印发《关于营造企业家健康成长环境弘扬优秀企业家精神更好发挥企业作用意见》，对于企业家人身自由和财产权利的保护提出进一步的要求，重申要坚决防止利用刑事手段干预经济纠纷。

为深入贯彻中共中央和国务院关于保持产权和保护企业家合法权益的精神，落实相关要求，最高人民法院结合相关的审判实践，已经安排相关部门起草司法解释，争取早日出台，旨在依法保护民营企业和民营企业家的合法权利，进而为民营企业的健康发展营造良好的法治环境。

（三）积极推进冤错案件的纠正工作

针对司法实践中的冤假错案，最高人民法院下发《关于依法甄别和纠正涉产权错案冤案的工作方案》和《关于依法处理历史形成的产权案件工作实施意见》两份文件，专门成立“涉产权错案冤案甄别纠正工作小组”，旨在全面开展

---

① 参见《公安部：集中整治以刑事手段不当介入经济纠纷》，载搜狐网，https://www.sohu.com/a/407621778_758486，最后访问时间：2021年4月24日。

② 参见《中共中央、国务院关于完善产权保护制度依法保护产权的意见》，载 https://www.gov.cn/zhengce/2016－11/27/content_5138533.htm，最后访问时间：2021年4月24日。

和推进涉及产权的冤错案的甄别和纠正工作。

2017 年 12 月 28 日，最高人民法院向社会公布，对张某中案、顾某军案等案件启动再审程序，这些案件均是在全国有重大影响的案件，涉及企业家的产权。经再审后，张某中被改判为无罪。社会各界对于最高人民法院的这一项审判改革工作反响热烈。应当看到，在坚决纠正冤假错案的工作中，最高人民法院正是以历史的眼光看待民营企业在经营过程中的不规范行为，并依法进行妥善的处理，严格区分罪与非罪的界限，这是人民法院落实中央对于产权保护和企业家合法权益保护的精神和政策的体现，值得肯定。

在甄别和纠正冤假错案的工作中，出现一系列典型案件。例如，2019 年 1 月 9 日，最高人民法院对被告人赵某利诈骗的再审案件进行公开宣判，最终撤销原二审判决，赵某利被改判为无罪。最高人民法院在这一再审案件中，正确地划分经济纠纷和刑事犯罪之间的界限，依法妥善保护民营企业家人身和财产权利。

同时，最高人民法院还对基层法院开展涉产权和企业家的错案冤案甄别和纠正工作进行指导，例如，最高人民法院发布的第二批典型案例中，张某某虚开增值税专用发票宣告无罪案，以及江西九江中院改判代某某涉嫌逃税无罪案等案件，均是最高人民法院进行指导后纠正的案例。

除此之外，最高人民法院还进一步加大宣传力度，多次强调纠正错案冤案工作的重要性，充分展现出依法保护产权和企业家人身、财产的决心，力求营造良好的法治环境。

二、最高人民法院关于六大刑民交叉典型案例解析

2019 年 7 月 11 日，最高人民法院司法案例研究院和国家检察官学院共同主办第 19 期“案例大讲坛”，发布一系列典型案例，对于处理刑民交叉案件具有重要的参考和指导意义，旨在进一步明确刑民交叉案件在司法实践中的裁判规则，防范办案机关利用刑事手段干预经济纠纷，也是深入贯彻中央和国家关于保护产权及保护企业家权益、构建良好法治营商环境的要求。[①]

① 参见“最高人民法院”微信公众号：刑民交叉案件六大典型案例，由第十九期“案例大讲坛”发布，载 https：//mp. weixin. qq. com/s/sOXbkf7 – tnk9dFW2 – 7GVXg，最后访问时间：2021 年 4 月 24 日。

1. FQ 公司诉某储运公司、GW 公司等借款合同纠纷案

案外人杨某等人分别与 GW 公司、FQ 公司签订《欠款确认及债权转让协议书》等，将其对 GW 公司的债权转让给 FQ 公司。2014 年 6 月 4 日，FQ 公司（质权人）与 GW 公司（出质人）签订《最高额动产质押合同》，约定 GW 公司以自有玉米 145,400 吨作价 3 亿元人民币提供质押担保，用以担保前述借款本息的履行。同日，FQ 公司（质权人）、GW 公司（出质人）、某储运公司（监管人）共同签订《动产质押监管协议》。后某储运公司向 FQ 公司出具《收到质物通知书》，明确告知已收到质押物 145,400 吨玉米。6 月 9 日，某储运公司收取 150 万元监管费。2014 年 7 月，因 GW 公司未能履行还款义务，FQ 公司按《动产质押监管协议》约定行使质权并出具《放货通知书》，要求某储运公司办理对质押物 145,400 吨玉米的提货手续，但某储运公司未能向 FQ 公司提供质押物。FQ 公司诉至法院，要求 GW 公司清偿欠款及逾期利息、处置质押物，所得价款 FQ 公司优先受偿。并要求某储运公司就 GW 公司所欠债务在 3 亿元范围内承担连带赔偿责任。

本案的典型意义在于，同一公民、法人或其他经济组织因不同的法律事实，分别涉及经济纠纷和经济犯罪嫌疑的，经济纠纷案件和经济犯罪嫌疑案件应当分开审理。本案存在两个法律关系：一是债权债务及担保法律关系，二是动产质押监管法律关系。双方之间的动产质押监管法律关系和 FQ 公司、GW 公司之间的债权债务及担保法律关系，不仅主体不同，权利义务关系不同，而且并非基于同一法律事实，本案作为民事案件应当继续审理。

2. 李某诉温某某、邢某等财产损害赔偿纠纷案

2006 年 11 月，邢某、温某某、申某某以大连 HY 公司名义与 XSD 公司签订《合同协议》，骗取 XSD 公司、李某（XSD 公司法定代表人）943 万元，后法院判决三人犯合同诈骗等数罪。经追赃返还李某一台奥迪车价值 60 万元。温某某为取得李某的谅解，与李某达成赔偿 500 万元的赔偿协议。但刑事判决中返还的赃款赃物，以及温某某与李某达成的赔偿协议中的款项尚不足以弥补李某因该《合同协议》而遭受的损失。现李某以温某某、邢某等人为被告提起民事诉讼，请求赔偿损失。

法院经审理后认为，邢某、温某某、申某某三人的行为性质属于恶意串通

以合法形式掩盖非法目的非法占有他人财产的行为，其应当返还财产并赔偿因其诈骗行为给被害人造成的损失。刑事案件的被害人可以在特定情况下另行提起民事诉讼，要求赔偿相关损失。追缴与责令退赔在对刑事被害人权利救济上是相辅相成的，目的在于保护被害人合法利益不受损害。最终，法院判令邢某、温某某、申某某等赔偿李某财产损失 383 万元。

本案的典型意义在于，在本案中，生效的刑事法律文书并未注明责令被告人退赔被非法占有、处置的财产，且追缴财产的金额或财物的名称、数量等情况并不明确、具体。本案刑事裁判退赔、追缴不明确，加之经过退赔、追缴仍不能弥补全部损失，被害人李某提起民事诉讼要求相关赔偿，应当予以支持。

3. 潘某与金某民间借贷纠纷抗诉案

2017 年 6 月 15 日，被告金某向原告潘某出具借条一份，约定：借款金额为 40,000 元，借款期限为 1 个月，2017 年 7 月 14 日前归还，借款月利率按 1% 计算；如被告未能在约定的还款期限内向原告归还本息 40,400 元，被告愿意向原告支付每日借款总金额 1% 的滞纳金。同日，原告通过银行汇款将 40,000 元款项交付至被告。原告陈述，借款发生后被告未支付过利息也未归还本金。原告诉请判令被告向原告归还借款本金 40,000 元，利息 400 元，以及违约金（从 2017 年 7 月 15 日至今的每天 400 元整）。

浙江省绍兴市越城区人民法院经审理后，认定原告潘某与被告金某之间的民间借贷关系合法有效，判决被告金某归还原告潘某借款本金等共计 41,280 元。但是，检察机关在履行职责中发现潘某等人涉嫌套路贷有关犯罪，浙江省绍兴市柯桥区人民检察院以涉嫌虚假诉讼罪批准逮捕犯罪嫌疑人潘某、朱某。绍兴市人民检察院审查后认为，潘某等人涉嫌套路贷犯罪行为损害国家和社会公共利益，启动依职权监督程序，进行调查和审查。随后，绍兴市柯桥区人民检察院对潘某、朱某恒、朱某根以涉嫌虚假诉讼罪批准逮捕。从案件性质上看，潘某涉嫌刑事犯罪事实清楚，证据充分。

因此，检察机关于 2018 年 5 月 10 日向法院提出抗诉，原告潘某违反有关法律法规的规定，依据借条大幅虚增借款数额提出诉讼请求，已涉嫌套路贷犯罪，原审法院支持其请求判决金某归还 40,000 元借款，显属不当。法院经再审审理后认为，人民法院作为民事纠纷受理的案件，经审理认为不属于民事纠纷而有犯罪嫌疑的，应当裁定驳回起诉。根据抗诉机关的抗诉意见和本案当事人的陈述，本案有疑似“套路贷”之犯罪嫌疑。检察机关目前正在审查起诉中，最终法院撤销原审民事判决，驳回原告潘某的起诉。

本案的典型意义在于，本案是一起非常典型的名为民间借贷、实为套路贷的犯罪案件，犯罪分子通过收取保证金、平台费、业务费等虚高手续费用，虚增债权债务、制造银行流水痕迹等方式，形成证据链条闭环，并借助民事诉讼程序实现非法目的。本案原审原告潘某的行为已涉嫌犯罪，依照《最高人民法院关于在审理经济纠纷案件中涉及经济犯罪嫌疑若干问题的规定》和《最高人民法院关于审理民间借贷案件适用法律若干问题的规定》，应裁定驳回起诉。

4. 叶某某、毛某某等涉嫌骗取贷款案

叶某某、毛某某、李某某均系RT公司和MD公司股东。2013年，MD公司向某银行某支行申请贷款1000万元，并提供MD公司与RT公司之间的虚假购销合同。在该笔贷款申请中，叶某某提供其夫妇所有的某营业房作抵押（2013年评估价1657万元）。MD公司获取贷款后，500万元直接用于公司经营，500万元作为叶某某个人出借给公司的钱款，由叶某某收取利息。2014年1月，叶某某、李某某、毛某某等人以MD公司名义向某银行某支行的贷款1000万元到期，需要转贷款，但某银行明确不予转贷。为此，叶某某等RT公司的股东经决议，利用沈某（系该公司隐名股东，另案处理）在Z银行某支行分管个贷的职务便利，由代毛某某持股的许某某出面，以个人经营性贷款方式向Z银行申请贷款800万元。叶某某、毛某某、李某某代表RT公司向Z银行提供虚假的公司财务报表和与WT公司的购销合同。Z银行经审核向许某某授信最高额800万元、授信期限为5年的循环贷款，由叶某某、李某某等提供个人担保，由叶某某与其丈夫邵某某所有的某营业房作抵押（银行贷前评估值1500余万元）。2014年1月22日，Z银行发放贷款800万元。贷款主要用于归还某银行的贷款。2015年1月贷款到期后，由叶某某具体操作向Z银行转贷800万元。2016年1月贷款到期后，其他股东不愿再提供担保，也未履行担保责任，贷款逾期。同年1月26日，Z银行向某区法院提起诉讼，要求拍卖或变卖抵押物优先受偿。叶某某于2016年4月18日主动前往公安机关投案。

本案的典型意义在于，本案是一起因股东对贷款责任承担而产生纠纷的案件，刑事立案不应成为担保人规避担保责任的手段。叶某某作为涉案贷款实质上的用款人之一及担保人，对于贷款用途、公司经营情况等具有准确的认知，其将名下房产用于抵押担保系出于真实、自愿，并非受他人欺骗所致，理应承担其相应的担保责任。在本案可通过民事途径妥善处理的情况下，刑事手段就不应轻易介入。

5. 洪某某诉曹某某、杨某某等民间借贷纠纷案

2017 年 11 月，案外人方某某等人与被告曹某某之妹签订《借款合同》，约定向其出借人民币 250 万元；同日，案外人又与曹某某另一个妹妹签订《借款合同》，约定向其出借 350 万元；曹某某为上述两笔借款（以下简称借款 1）提供连带保证。同日，案外人向曹家姐妹分别转账 250 万元和 350 万元；曹家姐妹收款后，立即将钱款如数转账给被告杨某某。2018 年 1 月，原告洪某某与曹某某签订《借款合同》（以下简称涉案协议），约定洪某某为曹某某提供借款 600 万元（以下简称借款 2），被告杨某某、万某某提供连带保证。同月 16 日，洪某某由银行向曹某某转账 600 万元；同日，由曹某某担任法定代表人的 MS 公司分别向曹家姐妹转账 250 万元和 350 万元，曹家姐妹收款后立即将钱款全部转给方某某，并在汇款时备注“还款”。后洪某某因借款 2 与曹某某、杨某某、万某某产生争议，故将三人诉至法院。

一审法院认定借款 2 合法有效，判决支持原告洪某某关于本金和利息等大部分诉讼请求。二审期间，二审法院分别召集双方当事人、案外人方某某进行单独谈话。各方在关于“借款 1 是否已经归还”“借款 2 是否实际发生”“涉案协议的真实用途”“曹某某是否具有真实的借款意愿和需求”等关键问题的表述上存在明显相互矛盾和推诿之处，针对诸多细节的描述亦有悖常理和交易习惯。二审法院由此认定，本案存在相关人员以非法占有为目的，借民间借贷之名，虚构债权债务关系，同时借助诉讼手段非法占有他人财物之嫌疑，即涉嫌“套路贷”。据此，二审法院最终裁定撤销一审判决，驳回洪某某的起诉。

本案的典型意义在于，虽然相关刑事案件还未立案，但二审法院发现该案存在诱使被害人签订“借贷”、“担保”协议、制造资金走账流水等虚假给付事实、故意制造违约、借助诉讼程序意图非法占有被害人财物等明显的“套路贷”特征，依职权对此进行调查和取证。经过与各方当事人的单独谈话，以及对各方当事人提交的证据逐一比对分析，最终认定该案涉嫌“套路贷”，存在诈骗犯罪之嫌疑。根据现有证据，虽无法判定具体诈骗之主体，但此问题无法在该案审理中得以解决，必须依赖刑事案件的处理结果而定，据此裁定驳回起诉。

6. 徐某诉某银行、某银行某分行信用卡纠纷案

2011 年 6 月，徐某向某银行某分行申请办理信用卡。2015 年 11 月，该信用卡开通账号支付功能并产生两笔消费，分别为 4500 元、5000 元。同日，徐某向公安机关报案称：当天 11 时 50 分左右，其收到一条 95533 发送的手机短信，告知信用卡积分可以换钱，其点开短信里面的链接“wap. czcvnn. com”，在页面上下载安装一个客户端软件，并按照提示操作，输入手机号码和信用卡卡号的后 3 位，以及卡片日期。然后手机收到 2 条验证码短信，其输入验证码，被刷走 4500 元和 5000 元两笔款项。因与银行协商未果，徐某诉至法院，请求判令某银行总行、某银行某分行承担 9500 元以及利息、滞纳金。

法院经审理后认为，信用卡《领用协议》合法有效。涉案两笔交易系徐某未按照《领用协议》的约定进行交易而产生。某银行某分行已尽到保障持卡人账户安全的义务。因徐某信用卡诈骗一案仍在公安机关的侦查中，徐某可以待刑事案件侦破后要求相关责任人承担责任。据此法院判决驳回徐某的诉讼请求。

本案的典型意义在于，强调涉嫌刑事犯罪的事实与民商事案件虽有关联但不是同一事实的，如果民商事案件基本事实的认定不以刑事案件的审理结果为前提，则民商事案件可以继续审理。这一做法有利于及时化解民事纠纷，维护民事主体的合法权益。

三、经济纠纷中刑民交叉案件的裁判规则

《最高人民法院关于在审理经济纠纷案件中涉及经济犯罪嫌疑若干问题的规定》① 对于司法实践中涉及犯罪嫌疑的经济纠纷的审判工作进行指导，是人民法院审理经济纠纷案件中涉及经济犯罪嫌疑问题的裁判规范，主要有以下内容：

（1）因案件中不同的法律事实分别涉及经济纠纷和经济犯罪嫌疑的，经济纠纷案件和经济犯罪嫌疑案件应当分开审理。

（2）单位直接负责的主管人员和其他直接责任人员，以该单位的名义对外签订经济合同，将取得的财物部分或全部占为己有构成犯罪的，除依法追究行为人的刑事责任外，该单位对行为人因签订、履行该经济合同造成的后果，依

---

① 1998 年 4 月 9 日由最高人民法院审判委员会第 974 次会议通过，根据 2020 年 12 月 23 日最高人民法院审判委员会第 1823 次会议通过的《最高人民法院关于修改〈最高人民法院关于在民事审判工作中适用《中华人民共和国工会法》若干问题的解释〉等二十七件民事类司法解释的决定》修正。

法应当承担相应的民事责任。

(3) 行为人盗窃或盗用单位的公章、业务介绍信、盖有公章的空白合同书，或者私刻单位的公章签订经济合同，骗取财物归个人占有、使用、处分或者进行其他犯罪活动构成犯罪的，单位对于行为人该犯罪行为所造成的经济损失不承担民事责任。

但是，行为人私刻单位公章或者擅自使用单位公章、业务介绍信、盖有公章的空白合同书以签订经济合同的方法进行的犯罪行为，如果单位有明显过错，且该过错行为与被害人的经济损失之间具有因果关系的，则单位对该犯罪行为所造成的经济损失，依法应当承担赔偿责任。

(4) 单位直接负责的主管人员和其他直接责任人员，将单位进行走私或其他犯罪活动所得财物以签订经济合同的方法予以销售，买方明知或者应当知道的，如因此造成经济损失，其损失由买方自负。但是，如果买方不知该经济合同的标的物是犯罪行为所得财物而购买的，卖方对买方所造成的经济损失应当承担民事责任。

(5) 法院在审理经济纠纷案件中，发现与本案有牵连，但与本案不是同一法律关系的经济犯罪嫌疑线索、材料，应将犯罪嫌疑线索、材料移送有关公安机关或检察机关查处，经济纠纷案件继续审理。

(6) 人民法院作为经济纠纷受理的案件，经审理认为不属经济纠纷案件而有经济犯罪嫌疑的，应当裁定驳回起诉，将有关材料移送公安机关或检察机关。

(7) 人民法院已立案审理的经济纠纷案件，公安机关或检察机关认为有经济犯罪嫌疑，并说明理由附有关材料函告受理该案的人民法院的，有关人民法院应当认真审查。经过审查，认为确有经济犯罪嫌疑的，应当将案件移送公安机关或检察机关，并书面通知当事人，退还案件受理费；如认为确属经济纠纷案件的，应当依法继续审理，并将结果函告有关公安机关或检察机关。

四、民间借贷纠纷中刑民交叉案件的裁判规则

对于民营企业主来说，民间借贷活动不可避免。但是民间借贷在司法实践中常常与非法吸收公众存款罪、集资诈骗罪等刑事案件相互交叉。法院在审理民间借贷民事纠纷时，发现涉嫌犯罪，也即出现刑民交叉的情况，应当如何处理民事部分与刑事部分的先后关系呢？对于这一问题，法院在不同案件中存在不同的处理方式。有时，法院判决民事部分中止审理；有时候，法院却认定民

事部分不需要中止审理，认为本案的审理不需要以刑事案件审理结果为依据。

（一）最高人民法院的意见与典型案例

现实生活中，民间借贷因涉嫌非法集资而触犯刑事法律的现象非常普遍。在这一类案件中，当事人既向公安机关报案，要求追究犯罪嫌疑人的刑事责任，也向人民法院提起民事诉讼，属于民间借贷纠纷中涉及刑民交叉问题的一类典型案件。

对此，最高人民法院、最高人民检察院、公安部于2014年3月25日发布《关于办理非法集资刑事案件适用法律若干问题的意见》，其中，在第七条“关于涉及民事案件的处理问题”中明确规定：

对于公安机关、人民检察院、人民法院正在侦查、起诉、审理的非法集资刑事案件，有关单位或者个人就同一事实向人民法院提起民事诉讼或者申请执行涉案财物的，人民法院应当不予受理，并将有关材料移送公安机关或者检察机关。

人民法院在审理民事案件或者执行过程中，发现有非法集资犯罪嫌疑的，应当裁定驳回起诉或者中止执行，并及时将有关材料移送公安机关或者检察机关。

公安机关、人民检察院、人民法院在侦查、起诉、审理非法集资刑事案件中，发现与人民法院正在审理的民事案件属同一事实，或者被申请执行的财物属于涉案财物的，应当及时通报相关人民法院。人民法院经审查认为确属涉嫌犯罪的，依照前款规定处理。

案例3－7 赵某与曲阜市HM置地有限公司民间借贷纠纷案

一审法院：山东省济宁市中级人民法院（2014）济民初字第198号

二审法院：山东省高级人民法院（2015）鲁民一终字第365号

再审法院：最高人民法院（2016）最高法民申字793号

案例主旨：民间借贷案件需以未审结的刑事案件结果为依据的，民事案件应中止诉讼。

法院认为，本案民事纠纷和王某涉嫌合同诈骗犯罪存在案件事实重合。为防止民事判决与刑事判决矛盾，民事纠纷案件审理中有关合同签订履行事实认定、合同效力认定、责任划分等问题应以涉嫌犯罪案件的审理结果为依据，在涉嫌犯罪案件审结前，应当中止民事纠纷案件的审理。

由此可见，在司法实践中，出借人提起民间借贷诉讼，但案件的事实需以未审结的刑事案件为依据的，法院会裁定中止诉讼，等待刑事案件审结后再恢复民间借贷案件的审理。但需要注意的是，这并不意味着在这种情形下债权人不应提起民事诉讼，相反，债权人仍然应当及时提起诉讼，以达到诉讼时效中断的效果。

案例 3－8 于某与 WS 公司民间借贷纠纷案

二审法院： 黑龙江省高级人民法院（2015）黑高商终字第 187 号

再审法院： 最高人民法院（2016）最高法民申 770 号

案例主旨： 民间借贷案件无须以未审结的刑事案件结果为依据的，民事案件无须中止诉讼。

法院认为，依据《民事诉讼法》第一百五十条的规定，本案必须以另一案的审理结果为依据，而另一案尚未审结的，中止诉讼。一般情况下，民事纠纷与刑事犯罪基于同一事实，刑事案件的认定事实及处理结果会对民事案件的审理结果造成实质性影响的，民事案件应当中止诉讼。本案中，因于某有理由相信黄某有代理 WS 公司对外借款的权利，无论 WS 公司是否授权黄某借款，WS 公司均应当承担责任。因此，本案的审理无须以刑事案件的审理结果为依据，无须中止诉讼。

（二）部分地方高级人民法院的指导意见

1.《江苏省高级人民法院关于民间借贷、借款、担保合同案件涉及经济犯罪若干问题的纪要》（江苏省高级人民法院审判委员会会议纪要〔2016〕2 号）

民间借贷、借款、担保行为本身涉嫌集资诈骗、非法吸收公众存款、贷款诈骗、骗取贷款、合同诈骗等经济犯罪的，债权人单独起诉连带保证人、抵押人、出质人的，无论刑事案件是否审理终结，人民法院均应受理。

刑事案件尚未审理终结前，债权人单独起诉连带保证人、抵押人、出质人，符合下列情形之一的，人民法院应当裁定中止诉讼，待刑事诉讼程序终结后恢复审理：

（1）涉嫌刑事犯罪系集资诈骗、非法吸收公众存款等涉众型犯罪的；

（2）主债务人因涉嫌犯罪被相关部门接管清盘的或者被宣告破产的；

（3）刑事案件的事实认定可能对借款合同与担保合同效力、当事人过错程度等认定产生影响的。

2.《北京市高级人民法院关于审理民间借贷案件若干问题的会议纪要》（2013 年 12 月 27 日发布）

人民法院在审理中，发现民间借贷行为涉嫌非法集资、非法吸收公众存款、贩毒、洗钱、传销等犯罪，或者当事人一方主张涉嫌犯罪，要求移送的，依照《最高人民法院关于在审理经济纠纷案件中涉及经济犯罪嫌疑若干问题的规定》第十条、第十一条、第十二条的规定，根据具体情况分别处理：

（1）案件存在明显的犯罪嫌疑，可以全案移送的，裁定驳回起诉，退还案件受理费，将有关材料移送公安机关或者检察机关；

（2）当事人一方主张涉嫌犯罪但没有提供证据证明，或者其他当事人虽有犯罪嫌疑但与民间借贷纠纷案件没有必然关联或者不属同一法律关系的，经与公安机关或检察机关联系后，案件继续审理。但有关犯罪嫌疑的线索、材料可以移送公安机关或者检察机关；

（3）案件的审理，必须以刑事案件的审理结果为依据的，裁定中止诉讼。

五、假冒签字股权转让纠纷中的刑民交叉案件

在公司的管理过程中，作为公司管理人的股东如果利用职务上的便利，假冒签字，非法转让公司的股份，这样的情况应当如何处理？一方面，在股份价值巨大的情况下，非法转让股份的股东可能因涉嫌职务侵占罪被追究刑事责任，但是已经被转让的股份却不能自动恢复原先的工商登记。作为公司来说，想要恢复原股东的身份，并实现对公司财产的控制，只启动刑事诉讼程序显然无法实现这一目的。另一方面，如果通过民事诉讼，确认股权转让无效，即使获得法院的支持，但目标公司的股权如果又经历多次转让，在受让人构成善意第三人的情况下，也无法恢复原股东的登记。因此，在实务中，针对这一问题，为实现民事上恢复工商登记的目的，就需要借助于刑民交叉程序。

首先，应当先启动刑事程序，向经侦机关举报管理人股东涉嫌职务侵占罪。这样做的主要法律依据有两个：第一个是全国人大常委会法制工作委员会 2005 年发布的《关于公司人员利用职务上的便利采取欺骗等手段非法占有股东股权的行为如何定性处理的批复的意见》（法工委发函〔2005〕105 号），其中指出，“根据刑法第九十二条的规定，股份属于财产，采用各种非法手段侵吞，占有他

人依法享有的股份，构成犯罪的，适用刑法有关非法侵犯他人财产的犯罪规定”；第二个是公安部经侦局 2005 年发布的《关于对非法占有他人股权是否构成职务侵占罪问题的工作意见》，其中指出：“近年来，许多地方公安机关就公司股东之间或者被委托人采用非法手段侵占股权，是否涉嫌职务侵占罪问题请示我局。对此问题，我局多次召开座谈会并分别征求高检、高法及人大常委会法工委刑法室等有关部门的意见。近日，最高人民法院刑事审判第二庭书面答复我局：对于公司股东之间或者被委托人利用职务便利，非法占有公司股东股权的行为，如果能够认定行为人主观上具有非法占有他人财物的目的，则可对其利用职务便利，非法占有公司管理中的股东股权的行为以职务侵占罪论处。”

根据上述法律依据，当事人应当与经侦机关进行积极的沟通，争取进行刑事立案。在经侦机关立案并在对管理人股东采取相应的强制措施以后，应当立即组织人员接收公司的公章及财务账册和一切的管理权；同时，从股权的受让人是否为管理人股东的共犯这一角度着手，提请经侦机关查清相关的股权受让者是否为善意第三人。

下一步，则是适时地提起恢复股东登记的民事诉讼程序。

在司法实践中，刑事侦查过程非常重要。在经侦机关对管理人股东采取刑事拘留措施后，公司应当组织人员接收公司的公章、财务章、合同章、银行预留印鉴及公司的财务账册等。在这个过程中，如果能够排除股权受让人构成善意第三人的可能，例如之后的股权受让人均未支付股权对价等情况，这种情况下，股东可以立刻提起民事诉讼，要求法院判决股权转让协议无效，并主张所有有关当事人应承担协助原告恢复原工商登记的义务。

由此可见，在面临管理人股东假冒签字、恶意转让股权的情况时，在厘清事实线索后，首先要明确诉讼方案。由于这类案件非常复杂，因此既不能完全用民事思维进行考量，也不能仅用刑事程序解决纠纷，而是要运用刑民交叉的诉讼思路，有时候甚至还需要从行政诉讼的角度，这样最终方能有效实现胜诉的目的。

六、离婚后财产纠纷中的刑民交叉案件

随着社会经济的发展，家族财富管理日益成为越来越多人关注的焦点。要知道，“财富千千万，最终归家园”，七成以上的家族财富，源于企业股权，但最终归入家庭或者家族当中。目前，股东权益纠纷日益增多，基于股权产生的

股权财富保护成为万千家族企业经营者最为关心的问题。

以下以Z公司股权争夺一案为例进行介绍，针对离婚后财产纠纷引发的刑民交叉问题进行分析，极具借鉴意义。

（一）案情简介

在这起案件中，C是某中式装修连锁企业的创始人，亦是Z公司的两大股东之一。Z公司的另一位创始人和大股东，是C前妻的弟弟P。C和P两人为争夺公司控制权，缠斗多年。之后，家族内部向公安机关报案，2011年3月，C被警方以“涉嫌经济犯罪”的名义带走，此后P便独掌Z公司。由于争议重大且复杂，此案从2012年8月31日开始，多次开庭，最终在2013年12月13日，法院认定，Z公司前董事长C职务侵占和挪用资金两项罪名成立，被判处有期徒刑14年，没收个人财产100万元。Z公司案件引发的20余起关联案件，几乎涉及家族企业纠纷中所有常见的刑事、民事和商事争议，成为中国民营企业家股权财富管理方面非常难得，甚至可谓经典的一个案例。

Z公司案例是民营企业在IPO过程中的“翻车事故”，董事长C先生最终获刑14年。该案例中的爱恨情仇固然让人唏嘘，但是，正所谓“前事不忘，后事之师”，相比于企业经营中的并购、投资等商业行为，对于家族企业股东来说，进行财富管理更为重要，是真正关系到财富整体安全和传承的“大”问题。Z公司案例作为前车之鉴，非常值得律师和民营企业主进行学习，要重点了解股权财富管理的法律要点，掌握预防和应对的必要知识，同时，树立“家和万事兴”的朴素观念，珍惜和感恩幸福和美满的生活。

（二）要点解析

1. 董事长“失联”

Z公司案件中，董事长C先生失联后，在2011年3月17日，其小妹M手持C先生的委托书来到公司，称C先生已辞去公司董事、董事长职务，根据公司章程4.2规定，董事长应由C先生任命之规定，C先生委托M担任公司董事、董事长；同时，C先生辞去公司总经理职务，依据公司章程5.1的规定任命公司总经理。但蹊跷的是，在不久后的2011年4月2日，Z公司的另一大股东P先生代表C先生给某媒体发送了一份署名为C先生的委派书复印件，委派书中却称C先生委派其大妹妹CCM为公司董事长。这样一来，一个职务，却有两份不同的委派书，公司上下被弄得晕晕乎乎，不知道究竟哪个是真、哪个是假。

2. 保险柜“失窃”

在Z公司案件中，还现出了公司保险柜被“带走”的事件，法律、行政法规和司法审判实践中，对于公司证照、公章失窃的情况下，如何办理公章失窃、遗失的程序有相关的规定。

第一步，向派出所报案。具体来说，持公司法人的有效身份证原件、复印件及签字的委托书，以及公司的营业执照原件及复印件到丢失地所在的派出所报案，并领取报案证明。

第二步，登报声明。具体来说，持报案证明原件及复印件、营业执照原件及复印件在省市级以上每日公开发行的报纸上做登报声明，声明公章作废。

第三步，前往公安机关治安管理科办理刻章许可证。在登报后，公司法定代表人需持整张挂失报纸的原件、营业执照原件及复印件、法定代表人的有效身份证原件及复印件以及一份由法定代表人签字的说明材料，前往公安局治安管理科办理。说明材料中应当详细写明公章丢失的原因、时间地点、报案的时间地点、登报声明的时间和登报所在的版面等情况。

第四步，公安机关治安管理科审核通过后，会发放刻章许可证。公司的相关人员可前往指定的具有合法资质刻章的单位刻制公章。

第五步，前往银行办理银行印鉴的更换手续。

3. 公司证照返还诉讼

在公司的经营过程中，如果各方争夺公司经营权，公司的公章和营业执照等重要的文件往往也成为争夺的对象。为此，最高人民法院专门规定了“公司证照返还纠纷”这一案由。如果公司的证照或公章被他人非法持有，可以以公司名义提起证照返还诉讼。

最高人民法院《民事案件案由规定》① 第二十一类“与公司有关的纠纷”

---

① 2007年10月29日最高人民法院审判委员会第1438次会议通过，自2008年4月1日起施行；根据2011年2月18日《最高人民法院关于修改〈民事案件案由规定〉的决定》（法〔2011〕41号）第一次修正；2018年12月28日最高人民法院发布《关于补充增加民事案件案由的通知》（法〔2018〕344号）；根据2020年12月14日最高人民法院审判委员会第1821次会议通过的《最高人民法院关于修改〈民事案件案由规定〉的决定》（法〔2020〕346号）第二次修正。

中“公司证照返还纠纷”是其中的案由之一。对于公司证照返还纠纷，在《公司法》中并无直接规定。《公司法》第三条规定“公司是企业法人，有独立的法人财产，享有法人财产权”，该条款间接规定公司对于证照等法人财产依法享有独立的财产权，司法审判中的很多案例，法院判决书中引用的都是该条文。

根据审判实践中的判例，公司证照返还诉讼的被告，通常是证照的非法持有人，既包括公司董事、监事、高管，也可能包括被撤换的前法定代表人、公司财务、行政人员等；公司证照返还诉讼的原告则应当为公司。在实务中，如果公司的公章由被告持有，则公司法定代表人可以代表公司提起诉讼，由法定代表人在起诉状上签名。在法定代表人与公司公章分离的情况下，法定代表人以公司名义作出的诉讼行为，应视为公司的诉讼行为。

4. “举报”与“报案”

如果在搜索网站上，以“妻子举报丈夫”为关键词进行搜索，会出现数百万个结果。其中，常见的有妻子举报丈夫包养“小三”、举报“重婚”、举报“酒驾”、举报“赌博”，甚至还有举报“走私”“偷税漏税”“行贿受贿”的，如果更换主角，搜索“丈夫举报妻子”，也能搜到内容繁多的页面和报道，涉及的内容五八花门。

由于夫妻关系具有私密性和亲密性的特点，夫妻双方相互之间有很多不为人知的“秘密”。因此，一旦夫妻之间有朝一日反目成仇，基于曾经的亲密关系所获取的素材，往往会成为日后攻击对方的“杀手锏”。其实，不仅夫妻之间如此，亲属之间亦是如此，基于亲属关系所掌握的一些对方的信息，在亲属之间发生矛盾后，往往会被改造成致命武器。

Z 公司案例中也涉及被人举报的情况。在 2009 年，一位 H 姓女子曝料自己是 C 先生包养的女子，并为其生育了子女。该女子为陈述私情，特地采用“新闻发布会”的形式，明显是一种“进攻”的手法。

就在 C 先生社会评价受到质疑之际，他被公司监事举报侵占公司财产。第一次举报公安不予立案，第二次举报成功，后被批捕。公司监事 D 女士，正是其前妻的弟媳。

5. 股权结构与公司治理

在 Z 公司中，董事有 C 先生、P 先生和 C 先生的前妻 P 女士。Z 公司的监事是P先生的妻子，即P女士的弟媳D女士。从股权结构上看，最初，C先生持股50%，P先生持股50%，两人是股权相等的大股东。

有人说，股权均等是最差的股权结构，这不无道理。对于监事一席，如果由与自己分庭抗争的另一方家族的人员担任，这或许也不是最好的人事安排。

很多企业家都很看中董事的席位，认为董事是掌握“实权”的职位；但对于监事，有些人并不关心，觉得那只是一个名头，没什么实质用处，其实不然。我国《公司法》规定监事具有很大的职权，比如，代表公司状告公司股东或管理人员，提起股东代表诉讼等。客观上来说，D女士不论是代表公司追究C先生的刑事责任还是经济责任，都是其职责所在，是维护公司利益的行为，而不能单从“报复”或者“内斗手段”的角度来看。

在很多涉及公司股权的离婚案件中，有很多都是“夫妻公司”，常见的情况是，丈夫担任董事，妻子担任监事。公司的财务和销售等都是丈夫独揽大权，妻子对于公司的经营很多都不知情或不掌握。但是，在很多时候，妻子可以利用其股东的身份或者是监事身份，提起股东查账权或股东代表诉讼，以维护女方作为公司股东和妻子双重身份的权益。

6. 监事职权的重要性

特别需要指出的是，我国《公司法》下监事的职权问题。现实中，大多数民营企业因为规模不大，因此在公司内部没有设置监事会，只设有监事。在“夫妻公司”中，在很多情况下，往往由丈夫担任董事，妻子担任监事。在Z公司案例中，C先生的前妻P女士是公司董事，前妻弟弟P先生亦是董事，P先生的太太D女士是公司监事。

那么，公司监事有哪些职权呢？我国《公司法》第五十三条规定：“监事会、不设监事会的公司的监事行使下列职权：（一）检查公司财务；（二）对董事、高级管理人员执行公司职务的行为进行监督，对违反法律、行政法规、公司章程或者股东会决议的董事、高级管理人员提出罢免的建议；（三）当董事、高级管理人员的行为损害公司的利益时，要求董事、高级管理人员予以纠正；（四）提议召开临时股东会会议，在董事会不履行本法规定的召集和主持股东会会议职责时召集和主持股东会会议；（五）向股东会会议提出提案；（六）依照本法第一百五十一条的规定，对董事、高级管理人员提起诉讼；（七）公司章程规定的其他职权。”同时，第五十四条还规定，监事可以列席董事会会议，并对董事会决议事项提出质询或者建议。监事会、不设监事会的公司的监事发现公司经营情况异常，可以进行调查；必要时，可以聘请会计师事务所等协助其工作，费用由公司承担。

由以上法律规定可见，监事的权限很大，涉及公司财务、提议罢免董事及高管、董事会不履行职责时召集股东会及行使股东代表诉讼等重大权力。应当特别注意的是，公司章程可以授予监事会行使其他职权，这意味着在实践中可以进一步“放大”监事会的权力。因此，民营企业主有必要对“监事”这一看似“无足轻重”的职位进行重新审视，重视监事在公司中的作用。

7. 家庭成员的连带追责

在Z公司案例中，2013年12月12日，C先生因职务侵占罪及挪用资金罪，被某地人民法院判处有期徒刑14年，而C先生的弟弟、妹夫、助理等人也获刑不等。家族内斗最终导致两败俱伤，令人不胜唏嘘。

第六节 监察委职责及办案要点解析

一、《监察法》的出台与监察委的设立

2018年3月20日，第十三届全国人民代表大会公布通过《监察法》并于公布之日起实施，标志着我国的监察体制改革已经完成。

《监察法》的出台具有重要的意义。监察体制改革完成后，实现“国家监察全覆盖”，监督范围覆盖“所有行使公权力的公职人员”。《监察法》的出台与监察委员会（以下简称监察委）的设立，一方面，标志着对于行政监察（监察部门）、刑事调查（检察机关中的反贪污贿赂机构）以及预防腐败（预防腐败部门）等部门的统一整合，其职责纳入监察委员会之中；另一方面，实现党内层面的纪委和国家层面的监察委员会的一体化，最终实现我国反腐败机构的有机整合。同时，《监察法》的出台与监察委的设立还进一步整合了以往党纪调查、政纪调查和刑事侦查过于分散的格局，将党纪调查、政纪调查与刑事侦查

这三项职能统一赋予监察委，有利于提高反腐败案件调查活动的效率，有效避免不同调查机关的拖延与重复。《监察法》通过后，我国正式确立集党纪调查权、政纪调查权与刑事调查权于一体的单轨制调查体制，由监察委统一行使。

二、监察委的特点

（一）监察委的性质

首先需要明确的是监察委的性质。监察委员会既不是司法机关，也不是行政机关，而是一种特殊的“政治机关”。

因此，从法律规范的角度来看，监察委员会的调查不具有侦查的性质，不受《刑事诉讼法》的约束，只受《监察法》的规范；从辩护律师的角度来看，辩护律师不得参与监察委的调查，不得为被调查人员提供法律帮助；从羁押措施来看，监察委如果采取留置措施，羁押地点为法定的留置场所。

（二）调查权的一体化

监察委的权限覆盖“所有行使公权力的公职人员”，重要的特点之一就是实现调查权的一体化。我国的监察体制改革完成之后，原来由纪委行使的党纪调查权、由监察部门行使的政纪调查权和由检察机关行使的刑事侦查权进行统一的整合，形成一种一体化的“反腐败调查权”。

同时，监察委的设立还实现了党内层面的纪委和国家层面的监察委员会的一体化。我国开始实行党的纪委与国家监察机构合署办公的制度，两者进行的监督、调查和处置等职权具有同步性。

（三）刑事调查权

在监察委所拥有的一体化的调查权中，特别值得注意的是其中的刑事调查权。根据《监察法》的规定，对于公职人员涉嫌职务违法犯罪的，监察委有权立案，并启动调查程序。监察制度改革完成后，原先检察机关的职务犯罪侦查部门已经转入监察机构，这样一来，原本针对职务犯罪的侦查机关已经不复存在，对于职务犯罪的调查工作由监察委全面接手，这就是监察委的刑事调查权。

《监察法》对于监察机关的刑事调查权进行了一系列的规定。

首先，监察机关在收集、固定、审查、运用证据时，应当达到《刑事诉讼法》规定的证据要求。举例来说，非法证据排除的规则依旧适用，以非法方式收集的证据应当依法予以排除，不得作为定案的依据。值得注意的是，尽管监察机关不受《刑事诉讼法》的约束，但是根据《监察法》的规定，监察委的刑事调查在收集、固定、审查和运用证据这一方面，应当符合《刑事诉讼法》中规定的要求和标准。

其次，监察机关通过刑事调查收集的证据，可以在刑事诉讼中作为证据使用。此前，《刑事诉讼法》在2012年的修订中曾允许行政机关将行政执法过程中收集的实物证据作为指控犯罪的证据使用。在这一点上，《监察法》又向前迈进一大步。根据《监察法》的规定，监察机关依法收集的物证、书证、视听资料、电子数据、证人证言、被调查人供述和辩解等证据材料，均可以在刑事诉讼中作为证据使用。

再次，监察机关经过调查后，如果认为被调查人涉嫌职务犯罪的，应当制作起诉意见书，连同案卷材料和证据一并移送检察机关进行审查起诉。也就是说，在监察机关的刑事调查完成后，向检察机关移送起诉意见书和案卷材料之后，检察机关不需再经过专门的立案和侦查程序，可以直接向法院提起公诉。

最后，检察机关经过审查，如果认为案件尚未达到起诉条件且需要补充调查以便核实证据的，应当退回监察委补充调查，检察院也可以自行补充侦查。根据这一规定，尽管在名义上，监察机关要进行的是“补充调查”而非“补充侦查”，但其实与公安机关的“补充侦查”没有实质性的区别，也具有补充侦查的性质和效果。

三、监察委的调查措施

（一）强制性调查措施

根据《监察法》的规定，监察机构可以采取一系列强制性的调查措施，包括查询、冻结、调取、查封和扣押被调查人财产等权力，也包括搜查被调查人的住宅和办公场所等处所的权力。这些调查职权涉及被调查人的个人财产权、住宅秘密、通信秘密、个人隐私，由监察机构的调查人员直接行使。

（二）留置措施

《监察法》第二十二条规定了留置措施，监察机关可以依法对特定的调查人员实施留置，剥夺其人身自由。第二十二条的规定：“被调查人涉嫌贪污贿赂、失职渎职等严重职务违法或者职务犯罪，监察机关已经掌握其部分违法犯罪事实及证据，仍有重要问题需要进一步调查，并有下列情形之一的，经监察机关依法审批，可以将其留置在特定场所：（一）涉及案情重大、复杂的；（二）可能逃跑、自杀的；（三）可能串供或者伪造、隐匿、毁灭证据的；（四）可能有其他妨碍调查行为的。对涉嫌行贿犯罪或者共同职务犯罪的涉案人员，监察机关可以依照前款规定采取留置措施。留置场所的设置、管理和监督依照国家有关规定执行。”

《监察法》第四十三条规定了留置的审批程序和时间，留置措施须由监察机构领导人集体决定，留置时间在原则上不超过 3 个月，在特殊情况下可以延长。第四十四条规定，采取留置措施后，原则上应当在 24 小时内通知被留置人所在单位和家属，还规定监察机关应当保障被留置人员的饮食、休息和安全，提供医疗服务。讯问被留置人员应当合理安排讯问时间和时长。

（三）技术调查措施

《监察法》中规定的技术调查措施，主要包括记录监控、行踪监控、通信监控、场所监控等多种特殊的调查手段，主要针对被调查人的通讯、行踪、谈话和会面等活动进行全程的监控，是一种秘密调查手段。《监察法》中规定的监察机关可以采取的技术调查措施，基本和《刑事诉讼法》中的规定类似。例如，两者都规定技术调查或技术侦查措施的批准程序，要求经过“严格的批准手续”；批准决定应当明确采取技术调查的种类和适用对象，并且自签发之日起 3 个月有效，特殊情况下可以延长。

（四）非强制性调查措施

《监察法》还赋予监察机关一系列非强制性的调查措施，包括进行谈话、讯问、询问、勘验、检查、鉴定等措施。

四、监察委与纪委的区别

在我国，监察委是指监察委员会，是国家的监察机关；纪委，又称纪检委，是“纪律检查委员会”的简称，属于中国共产党的纪律检查机关。

（一）机构的性质不同

监察委是国家机构，纪委是党的机构，两者的性质不同，这是监察委和纪委的根本区别。

（二）产生的程序不同

国家监察委由全国人民代表大会选举产生，对全国人大及其常委会负责并接受其监督。地方各级监察委员会由地方各级人民代表大会选举产生，对本级人大及其常委会和上一级监察委负责并受其监督。

纪委由党的本级代表大会选举产生，接受同级党委和上级纪委的双重领导。

（三）监督的范围不同

监察委监督所有行使公权力的公职人员。纪委监督党的领导机关和领导干部，特别是主要领导干部。

（四）两者的职权不同

监察委依照《监察法》和相关法律的规定履行监督、调查、处置职责，主要包括对公职人员开展廉政教育，对其依法履职、秉公用权、廉洁从政从业以及道德操守情况进行监督检查；对涉嫌贪污贿赂、滥用职权、玩忽职守、权力寻租等各类职务违法和职务犯罪进行调查；对违法的公职人员依法作出政务处分决定，对履行职责不力、失职失责的领导人员进行问责；对涉嫌职务犯罪的案件，将调查结果移送人民检察院依法审查、提起公诉，以及向监察对象所在单位提出监察建议等。

党的纪律检查委员会依照党章和其他党内法规，主要履行监督、执纪、问责职责，主要包括对党员领导干部履行职责和行使权力情况进行监督，对党组织和党员违反党章和其他党内法规，违反国家法律、法规，违反党和国家政策、社会主义道德等情况，依照相关规定给予党纪政纪处分；由党组织按照职责权限，追究在党的建设和党的事业中失职失责党组织和党的领导干部的主体责任、监督责任和领导责任。

（五）可以采取的措施不同

监察委可以采取的措施，针对自然人的主要有谈话、讯问、询问、搜查和留置等；针对财产，主要有查询、冻结、调取和查封等。

纪委可以采取的措施主要包括谈话提醒、约谈函询、通报曝光以及巡视、全面派驻、执纪审查、决定处分等。

五、监察机关与检察机关的程序衔接

2018 年施行的《监察法》体现了我国监察制度改革的成果，其中，对于公职人员涉嫌职务违法犯罪的案件，监察机关具有刑事调查权，原先属于检察机关的职务犯罪侦查部门也已经转到监察机构。另外，我国的《刑事诉讼法》自出台以来经历 1996 年、2012 年和 2018 年三次修订，日臻完善，尤其是在《监察法》出台后，《刑事诉讼法》在 2018 年的修订中对于检察院的部分刑事诉讼职能进行进一步的调整，体现司法改革的成果。

值得注意的是，最高人民检察院在 2019 年对《人民检察院刑事诉讼规则》（以下简称《规则》）进行了修订，是该规则经历 1999 年和 2012 年两次修订之后的第三次修订。由于原先检察院的职务犯罪侦查部门转入监察机关，监察机关的调查程序与检察机关的审查起诉程序之间必然存在衔接的问题。对此，《规则》进行了较为细致的规定。

（一）监察机关移送案件的证据

《监察法》第三十三条规定，监察机关依照本法规定收集的物证、书证、证人证言、被调查人供述和辩解、视听资料、电子数据等证据材料，在刑事诉讼中可以作为证据使用。

对此，《规则》进一步明确监察机关依法收集的证据材料，在刑事诉讼中可以作为证据使用。同时，《规则》还规定，检察院可以对监察机关收集证据的合法性进行审查。具体来说，检察院在审查起诉阶段可以要求监察机关对证据收集的合法性进行说明，可以通过与监察机关协商沟通以调取有关录音录像；在庭审阶段调查证据合法性时，检察院可以提请法庭通知监察机关的调查人员出庭说明情况。

（二）监察机关移送案件的指定管辖

在实践中，由于监察机关的管辖权是由管理权限决定的，而刑事诉讼的管辖权一般是依据犯罪地或者犯罪嫌疑人的居住地而定，因此，在监察机关进行调查的案件中，异地起诉或异地审判的情况比较常见。为有利于这些案件的顺利起诉，《规则》对于监察机关移送起诉的案件也作出指定管辖的规定。根据

《规则》第三百二十九条的规定，监察机关移送起诉的案件，需要依照《刑事诉讼法》的规定指定审判管辖的，人民检察院应当在监察机关移送起诉20日前协商同级人民法院办理指定管辖有关事宜。

（三）留置措施与刑事强制措施的衔接

《规则》对于留置措施与刑事强制措施的衔接进行细化规定，第一百四十二条和第一百四十六条分两种情形分别进行规定。第一种情形，《规定》第一百四十二条规定，对于监察机关移送起诉的已采取留置措施的案件，人民检察院应当在受理案件后，及时对犯罪嫌疑人作出拘留决定，交公安机关执行。执行拘留后，留置措施自动解除。第二种情形，《规则》第一百四十六条规定，对于监察机关移送起诉的未采取留置措施的案件，人民检察院受理后，在审查起诉过程中根据案件情况，可以依照本规则相关规定决定是否采取逮捕、取保候审或者监视居住措施。

（四）对各类调查侦查等工作的规定

《规则》对于派员介入调查、退回补充调查、自行补充侦查进行细化规定。

《规则》第二百五十六条规定，经监察机关商请，人民检察院可以派员介入监察机关办理的职务犯罪案件。这一规定的目的是加强检察院与监察机关的协作，对证据收集、事实认定、法律适用等方面提出意见和建议，有效完善案件证据体系，确保法律的准确适用。

《规则》第三百四十三条、第三百四十四条分别对于检察院对于监察机关移送起诉案件的退回补充调查和自行补充侦查进行规定。

《规则》第三百四十三条规定，人民检察院对于监察机关移送起诉的案件，认为需要补充调查的，应当退回监察机关补充调查。必要时，可以自行补充侦查。需要退回补充调查的案件，人民检察院应当出具补充调查决定书、补充调查提纲，写明补充调查的事项、理由、调查方向、需补充收集的证据及其证明作用等，连同案卷材料一并送交监察机关。人民检察院决定退回补充调查的案件，犯罪嫌疑人已被采取强制措施的，应当将退回补充调查情况书面通知强制措施执行机关。监察机关需要讯问的，人民检察院应当予以配合。

《规则》第三百四十四条规定："对于监察机关移送起诉的案件，具有下列情形之一的，人民检察院可以自行补充侦查：（一）证人证言、犯罪嫌疑人供述和辩解、被害人陈述的内容主要情节一致，个别情节不一致的；（二）物证、书证等证据材料需要补充鉴定的；（三）其他由人民检察院查证更为便利、更有效率、更有利于查清案件事实的情形。自行补充侦查完毕后，应当将相关证据材料入卷，同时抄送监察机关。人民检察院自行补充侦查的，可以商请监察机关提供协助。”

第四章

应急安排

综　述

对于企业家来说，生活中常常会遇到各类紧急事件，有的来自公司企业的商业活动，也有的来自生活的方方面面。从企业经营的风险来说，公司的公章被抢夺、网络舆论事件的突发，可能会对公司的正常经营秩序造成重大的影响，同时也会使公司的声誉造成严重的影响；从企业家自身来说，面对配偶一方突然提起的离婚诉讼、自己突然被采取强制措施或者被“捉奸”等情形下，甚至自己意外身故，都有可能涉及夫妻财产分割、企业家无法正常经营公司、承担过错损害赔偿，以及个人财产的继承、企业股权的继承等，如何依法妥善应对，需要企业家提前了解；另外，生活中的电信诈骗、手机遗失等突发意外情况，也往往会给企业家的生活带来困扰，更可能造成严重的经济损失和不良后果。

本章依次分析上述各类紧急事件发生时，可能存在的风险和问题，同时针对企业家需要关注的应对要点、处理方法以及各类处理的结果等提供可供参考的建议和意见，以期从法律的角度，为企业家应对紧急事件提供有益的参考。

第一节 企业家意外身故的应急处理

企业家应急事件最常见的情况包括企业家意外身故后，其家族成员之间关于继承事宜以及实控企业的经营问题应当如何处理；企业可能会因为企业家的股权继承问题迟迟得不到解决而陷入经营困境，如何保证企业的正常经营，不受突发事件的影响等。这些都是需要思考和提前筹划的事件。

一、继承方案的敲定

企业家突然离世，通常会留下大量的遗产，形式上以现金存款、房产、公司股权/股票等为主。我国分为法定继承和遗嘱继承两种，《民法典》以及相关司法解释对此进行了规范，关于继承的具体内容详见本书第二编第五章“继承纠纷”的内容，本章不展开赘述。

我们在此仅讨论两种特殊的情形：第一种，如果被继承人未留有遗嘱，各继承人不愿意按照法定继承的程序继承怎么办？第二种，如果被继承人留有遗嘱，各继承人不愿意按照被继承人的遗嘱继承怎么办？

针对这两种情形，可能会有人认为，在没有遗嘱的前提下，如果各继承人不能就遗产的继承达成一致意见，直接起诉至法院要求判决即可；如果被继承人留有遗嘱，不管继承人怎么想，直接按照遗嘱的内容继承遗产即可。这两个问题好像没有什么讨论的价值。

其实不然，对企业家而言，公司股权在所有资产中占有很大比重。因此，其去世后，公司股权作为遗产进行继承，就不得不考虑到公司的经营状况。很多企业家在自己的企业中不仅是实际控制人、担任“一把手”，同时也是公司的“精神领袖”。公司能够从投资人手上获得融资、能够与其他机构进行谈判，完全得益于企业家的个人魅力。一旦发生意外，公司很有可能陷入“群龙无首”的尴尬境地。即便是一家势头蒸蒸日上的民营企业，如果实际控制人突发意外，企业也将或多或少面临如下几个困境。

1. 企业现金流出现短缺

现如今，社会产业结构转型、经济下行压力逐步增大，很多企业的现金流紧张。很多企业需要从金融机构、投资人手上获得现金支持，以维持企业的正常运转。当企业家遭遇意外时，原来提供现金支持的金融机构、投资人会担心企业的经营状况发生变化，从而趋向保守，继续提供现金支持的意愿逐步下降；而新的金融机构、投资人因不了解企业的运营情况，更是不愿贸然出手相助，因此企业现金流容易出现短缺。

2. 企业估值/市值下降

由于很多企业家是公司的“一把手”，公司的发展战略、经营模式都鲜明地刻上了企业家的“个人印记”。在企业家发生意外后，企业发展的不确定性明显增加，企业内部也可能会发生变动，市场自然会对该企业未来的发展产生担忧，导致企业的估值/市值下降。

3. 竞争对手觊觎

一家企业发展得好，与企业家自身的特质是密不可分的。在企业家突发意外后，如果企业没有提前在管理层和股权结构上做好安排，管理层就会陷入混乱，加上企业估值的下降，容易被竞争对手“盯上”，甚至可能会出现“蛇吞象”的局面。

4. 企业的经营策略面临调整

随着企业家的不幸离世，企业的经营策略往往面临调整。这可能是新的管理层主动为之寻求改变，但更多的则是企业在现实面前的“无奈之举”。当企业面对现金流出现短缺、公司的估值/市值不断下降而众多竞争对手虎视眈眈、试图吞并时，企业的经营策略往往不得不被迫进行调整，目的只是一个共同的小目标——活下去。

鉴于企业或多或少面临上述困境，如何能够让各方继承人聚在一起，对公司股权继承方案尽快达成一致，保证公司管理层的平稳过渡，为公司经营争取更多的时间、更稳定的局面就显得至关重要。

我们结合处理相关案件的经验，针对这类情况提出以下几个建议：

首先，需要企业管理层或者家庭成员中威信高且各继承人都比较信任的人主动站出来，团结人心，为各方继承人搭建沟通的平台和途径，减少沟通的成本和不必要的无效沟通。

其次，必须客观地分析企业的经营状况、面临的危机，向各继承人真诚地披露相关信息和数据，让各继承人真切地了解公司的处境。中间的沟通需要及时、信息要准确，以保证各继承人对企业的状况有全面的了解，防止沟通不畅引发的不必要矛盾，避免各继承人不切实际的想法。

最后，需要迅速制订企业的自救方案，征求各继承人的意见。如果被继承人未留有遗嘱，则首要的工作是使各继承人针对公司股权如何继承达成一致的方案。如果被继承人留有遗嘱，但是有继承人对此有异议的，为了避免继承人因向法院提起诉讼挑战遗嘱效力，导致被继承人名下股权长期处于权属不确定状态，从而影响公司融资、收购并购等战略的推进，最终出现公司因各继承人的继承纠纷被拖垮的局面发生，我们建议各继承人的律师（若有）应站在为当事人利益最大化的高度出发，积极促成各继承人（包括遗嘱中确定的继承人及法定继承人）的协商、调解。需要为各位继承人进行理性分析，只有公司“活”下去，继承的股权份额才有价值，如果公司“死”了，即便最终继承了股权，也没有任何意义了。

针对继承的协商谈判，我们认为要采取集中焦点、搁置争议的策略。在操作上表现为：针对不同类型的财产，采取不同的解决策略。由于被继承人的财产种类往往比较多，但是对于各继承人而言，动产、不动产的继承方案即便有争议，拖延时间，通常其价值也不会发生大幅贬损。然而，公司股权不同，一旦公司经营出现问题，股权价值的波动是比较大的。因此，在处理此类案件时，律师可以引导各继承人先搁置对其他遗产继承方案的争议，优先针对股权的继承进行谈判，为企业争取更多的机会。

此外，即便在被继承人生前留有遗嘱的前提下，遗嘱中确定的继承人也可以通过放弃继承部分财产，或者将继承的部分财产赠与其他继承人等方式，达成各继承人之间利益的平衡，妥善、高效地完成遗产继承。《民法典》第一千一百二十四条第一款规定：“继承开始后，继承人放弃继承的，应当在遗产处理前，以书面形式作出放弃继承的表示；没有表示的，视为接受继承。”法律没有对放弃继承是部分放弃还是全部放弃进行明确规定，给该问题留下了争论的空间。

我们认为，继承权是继承人拥有的一项权利，根据“法无禁止即自由”之原则，继承人在不影响他人权益的前提下（如涉及债权人权益），可以自由处分其权利，选择部分放弃继承或者全部放弃继承。以下几个案例可供参考。

案例 4－1 白某 1 等与白某 3 等遗嘱继承纠纷案

二审法院： 北京市第二中级人民法院（2019）京 02 民终 1725 号

再审法院： 北京市高级人民法院（2019）京民申 3609 号

案例主旨： 继承人已经就遗产分割达成一致意见并分割完毕，有家庭会议记录佐证，法院认定遗产分割已经完毕。

法院认为，关于白某 7 的 600 万元存款问题。白某 3、白某 2 主张继承人已经就此达成一致意见，并分割完毕，据此提交家庭会议记录予以佐证，除白某 1 之外，其他子女均对此记录的真实性表示认可。因白某 3、白某 2 提交的会议记录内容连贯，并由在场人签字，且与之后各方取得的存款数额及取得款项的过程相互吻合，可以认为在本案诉讼前各方已经对该笔存款分割完毕。

案例 4－2 吴甲与钱某某分家析产、遗嘱继承纠纷案

二审法院： 上海市第一中级人民法院（2012）沪一中民一（民）终字第 1219 号

再审法院： 上海市高级人民法院（2014）沪高民一（民）再提字第 3 号

案例主旨： 继承人仅要求继承部分遗产，属于对自己民事权利的有权处分，一般为有效。

再审法院认为，原审查明的事实属实，七宝老房的房屋产权为费某某和吴甲共同共有。费某某于 1998 年 3 月 9 日立有公证遗嘱一份，明确其在七宝老房中的产权份额全部由其子钱某某继承。该份遗嘱无论形式要件还是实质内容，均与法不悖，应认定为合法有效。原审根据查明的事实依法判决系争房屋中属费某某所有的份额全部由钱某某继承，体现了立遗嘱人费某某生前的意思表示，再审法院予以维持。考虑到本案再审中，钱某某向法院提出书面申请，仅要求继承母亲在系争房屋内产权份额的 80%，该申请属于当事人对自己民事权利的有权处分，再审法院予以准许。故对原审判决所涉及的产权份额，再审法院将作相应调整，改判涉案房屋中 40% 的产权份额（原属费某某所有）由被申诉人钱某某依法继承。

上述两个案例表明，继承人可以部分放弃属于自己的继承份额，是当事人

自由处分自己的权利，于法不悖，法院对继承人部分放弃继承的行为予以认可。办理遗嘱继承、放弃继承等事宜，可以通过诉讼或公证的方式解决。

二、未成年人监护权的处理

在未成年人的父母均去世后，未成年人的监护权也时常成为各继承人争夺的焦点。

各方争夺未成年子女的监护权，主要有两个方面的原因：一方面出于情感因素，从小陪伴孩子成长的继承人对孩子有着很深的情感，希望继续养育孩子长大成人；另一方面则是出于利益的考量，监护人有保管未成年人财产权利的义务，即谁能够成为未成年人的监护人，谁就能够在一定时间内控制未成年人的财产，这对于一些继承人而言相当具有吸引力。

我们认为，各继承人应当本着最有利于未成年人成长的原则，充分尊重未成年人的意见，妥善协商未成年人的监护权问题，不应为了自身的利益去争夺孩子的监护权。

《民法典》第三十条规定："依法具有监护资格的人之间可以协议确定监护人。协议确定监护人应当尊重被监护人的真实意愿。"实践操作中值得注意的是，法律并未规定监护权协议的有效以公证或通过法院特别程序确认为前提。但在涉及财产继承，需要在相关行政机关进行备案变更时，不同的行政机关有不同的要求，有的行政机关要求监护权协议必须经公证或法院判决方承认其效力。事实上，如果有监护资格的人对谁获得未成年人的监护权没有异议，可以签订监护协议，再通过法院对监护协议进行确认。此外，在未成年人的父母均无法担任其法定监护人的情况下，有监护能力的人认为只由一个人担任监护人有困难的，也可以由两人或多人成为未成年人的共同监护人。

根据《民事诉讼法》的规定，未成年人的监护权纠纷适用特别程序，除因特殊情况延长的，应在立案之日起 30 日内或者公告期满后 30 日内审结。

案例 4-3 韩某、韩某 1 确定监护人案

一审法院： 江苏省扬州市邗江区人民法院（2018）苏 1003 民特 28 号

案例主旨： 未成年人的父母现均已离世，有第一顺位监护资格尚在世的外祖母年事已高，未成年人的亲姐姐愿意成为监护人并得到外祖母的同意，法院

对此予以支持。

法院认定，韩A与杨某于1984年2月27日登记结婚，于1999年8月7日登记离婚。杨某于2003年6月21日去世，韩A于2018年6月19日去世。韩某系韩A长女，韩某1系韩A次女。韩某、韩某1的外公已去世，外婆年事已高，其明确同意由韩某为韩某1的监护人。韩某1陈述除了姐姐韩某和外婆外，其没有其他亲人，母亲去世后，其一直由韩某照顾。经法院征求韩某1的意见，韩某1同意由韩某担任其监护人。

法院认为，韩某1作为未成年人，在其母亲韩A去世后，为避免其人身权利、财产权利以及其他合法权益处于无人保护状态，应按照最有利于韩某1的原则指定监护人。鉴于韩某为韩某1的监护人，韩某1及其外婆也均表示同意，法院依法指定韩某为韩某1的监护人。

案例4－4 周某、沈某申请确定监护人案

一审法院：上海市青浦区人民法院（2019）沪0118民特1139号

案例主旨：未成年人的父母均无法行使监护责任的，其他有监护资格的人就未成年人的监护权达成一致并签订协议的，法院予以认可，协议可以约定由两名有监护资格的人成为未成年人的共同监护人。

法院认为，周某2的母亲周某1已经死亡，父亲俞某因涉嫌故意杀人罪被羁押，目前不具备监护能力。周某和沈某作为周某2的外祖父母申请作为周某2的共同监护人符合法律规定，且周某2的祖父母即朱某某和俞某某对两申请人的申请均无异议，监护协议是其签字，内容是其真实意思表示。故法院对申请人周某、沈某申请作为周某2共同监护人的申请，予以支持。

三、股权代持引发纠纷的处理

代持筹划是高净值客户在保障“资产安全”过程中最常使用的财富筹划工具之一，深受高净值客户的喜爱。代持的成因有诸多因素，实践中形式多样，其中以股权代持、房产代持和资金代持较为普遍。关于股权代持的成因、优势、风险等内容已在本书第一编第一章进行了详细论述，本章不再赘述。我们在此仅对民营企业家发生意外时涉及的股权代持可能引发的纠纷进行探讨。

股权代持具有隐秘性，若非当事人（实际出资人、名义股东）之间存有相

应凭证或者有相关的知悉者，则在公司股权的实际出资人突发意外时，因公司股权并未登记在其名下，实际出资人的继承人将难以发现、查明其所有的股权，企业家辛苦创业的财产面临其继承人失去控制的局面；亦存在公司实际控制人名下的部分股权系替他人代持，在实际控制人发生意外后，需要对其实际所有的股权部分及替他人代持的股权部分进行区分。

在实践中，认定双方之间存在股权代持关系的合意并非仅以书面合同形式作为唯一标准。如果股权的实际出资人和名义股东没有签署书面的股权代持合同，但通过其他证据能够证明双方存在股权代持关系的（如实际出资人对目标公司实际出资的凭证、第三方知悉代持事宜的事实、实际出资人实际行使股东权利及其他佐证因素等），也可能受到法律的保护，法院并不必然否认代持法律关系的存在。据此，如果被继承人（实际出资人）未与名义股东签订书面合同，但继承人知悉股权代持的事实且有前述的相关证据，在名义股东不愿将代持的股权归还给实际出资人的继承人时，继承人可以通过股权确权诉讼的方式进行救济。以下两个案例为两个关联案件，实际出资人的继承人先向法院提起诉讼，确认名义股东持有的股权系代被继承人（实际出资人）持有，在代持事实得到法院确认后，再提起继承诉讼，从而将名义股东代持股权的事实进行确认，并继承属于被继承人的股权。

案例4－5 康某1、康某2等与BL公司、康4股东资格确认纠纷案

一审法院：宁波市鄞州区人民法院（2018）浙0212民初4083号

案例主旨：结合案件材料和证据，名义股东未实际出资，虽然双方未签署书面代持协议，法院认定股权代持关系成立。

法院认为，本案中，被告康4是BL公司章程确认的在册股东，其名下持有BL公司20%的股权，该20%股权的出资款存入康4的专用银行账户，并在验资报告中载明其为出资人，但出资款的资金来源于被继承人康M。康4与康M同为公司原始登记股东，康M生前并未与康4签订过任何书面协议，双方在出资时约定不明。现原告康某1等提供了被告康4于2010年5月10日出具的《关于BL公司的股权放弃承诺书》和于2012年3月6日出具的《有关BL公司设立运行真实情况的说明》，这两份证据系被告康4的真实意思表示，且相互印证，能够证明被告康4并未实际出资，实际出资人为康M。现被告康4主张20%的注

册资本为康M代付、其为实际出资人，但未提供相关证据，法院难以采信。因此，法院对康4在BL公司持有的20%股份代康M持有这一事实予以认定。判决确认登记在被告康4名下BL公司的20%股权系康4代康M持有。

案例4-6 康某1、康某2等法定继承纠纷案

一审法院：宁波市鄞州区人民法院（2019）浙0212民初6900号

二审法院：宁波市中级人民法院（2019）浙02民终3313号

案例主旨：各继承人继承相应股权及相关财产权益后，有权自行处分，也可根据被继承人与代持人之间的委托代理关系和代持人另行解决。

法院认为，（2018）浙0212民初4083号生效判决已确认登记在康4名下的宁波BL公司20%股权系康4代被继承人康M持有。该生效判决是对康4代持股事实的确认，并非对康4股东资格的确认，即确认了股权并不等同于确认股东资格。本案中被继承人的遗产系康4代持的宁波BL公司20%股权及相关财产权益。康M去世后，由康某1、康某2和康某3、周某、刘某各继承4%股权，宁波BL公司也未提出异议。故法院判决被继承人康M在宁波BL公司中由康4代持的20%股权由康某1、康某2和康某3、周某、刘某各继承4%。

在处理涉及代持的继承时，同时要注意对不同时机各方的心态差异、大势趋势的把握，提供对当事人有利的建议。比如当实际出资人或名义股东突然身故，实际出资人与名义股东此前并未签订代持协议。由于意外发生的突然，大多数名义股东或者名义股东的继承人此时还未过多考虑其中的利益，内心还出于对事实的尊重、对逝者的情感以及对逝者家属的同情，对自己（实际出资人去世）、被继承人（名义股东去世）替实际出资人代持的事实不予否认。为了防止未来名义股东或者名义股东的继承人对代持事实进行否认，导致被继承人的遗产“旁落”外人手中，应把握好时机，尽快让名义股东或者名义股东的继承人签署《代持确认书》，将代持的事实予以固定。

四、未成年人成为公司股东的处理

在企业家去世后，未成年子女是否能够通过股权继承的方式成为公司的股东呢？过去，学术界多数意见认为未成年子女不能成为公司股东，但这一情况目前已发生变化。

2007 年 6 月 25 日，原国家工商行政管理总局在《关于未成年人能否成为公司股东问题的答复》（工商企字〔2007〕131 号）的文件中就明确指出："《公司法》对未成年人能否成为公司股东没有作出限制性规定。因此，未成年人可以成为公司股东，其股东权利可由法定代理人代为行使。"

2007 年 10 月，上海市闵行区人民法院对首起"娃娃股东"持股纠纷作出一审判决，两名只有 5 岁和 6 岁的孩子被法院判决受让温州一家房地产公司 7% 的股权从而成为上海某投资有限公司的股东。

2009 年 2 月 12 日，湖南省工商局下发了《关于促进经济平稳较快发展的若干措施》[①] 第一条明确规定："经法定代理人书面同意，允许未成年人作为股东或发起人投资设立公司制企业；允许无民事行为能力人依法继承、接受赠予成为公司股东。"

实践操作中，上市公司大股东、实际控制人去世，其名下的股份是直接由未成年子女继承，过户至未成年子女名下，还是暂时由监护人或者指定人员管理，待子女成年后再过户登记，两种情况均有案例可循。

1. 未成年人可以直接办理过户

JLT（股票代码为 002 * * *）成立于 1999 年，于 2014 年 1 月在深圳中小板市场上市。公司的实际控制人 T 先生（持有公司 57.66% 的股权）不幸于 2015 年 11 月因病溘然离世，年仅 43 岁。T 先生离世后，留下了自己年迈的母亲 M 女士、年轻的妻子 Z 女士及三个年幼的儿女（最大的儿子 10 岁，最小的女儿刚出生 1 个月）。M 女士、Z 女士及三个未成年的儿女依据法继承了相应的股份，三个未成年的儿女成为公司股东。由于三个未成年子女属于无/限制民事行为能力人，他们的股权由 Z 女士负责管理并行使表决权。Z 女士与三个儿女还有间接持股的控股公司构成一致行动人，成为公司的实际控制人。

2. 待未成年子女成年后再过户

2004 年 11 月 7 日，知名企业家王某某在上海瑞金医院去世。据媒体报道，根据遗嘱，王某某所持 JY 集团 50% 的股份将一分为三，其中 40% 由其"家属

---

① 载湖南省人民政府网，http://www.hunan.gov.cn/xxgk/wjk/szfbgt/200902/t20090223_4824804.html，最后访问时间：2021 年 4 月 24 日。

和子女”继承，并委托其弟王某金、王某豪共同代管，其余部分转让给这两位弟弟即王某金、王某豪各5%，王某金、王某豪的股份也因此分别增加到35%和25%。此时，王某某的三名子女均尚未成年。

JY集团于2005年收购上市公司大厦集团，大厦集团旗下的小南方股份有限公司是A股上市公司。股权结构见图4－1。

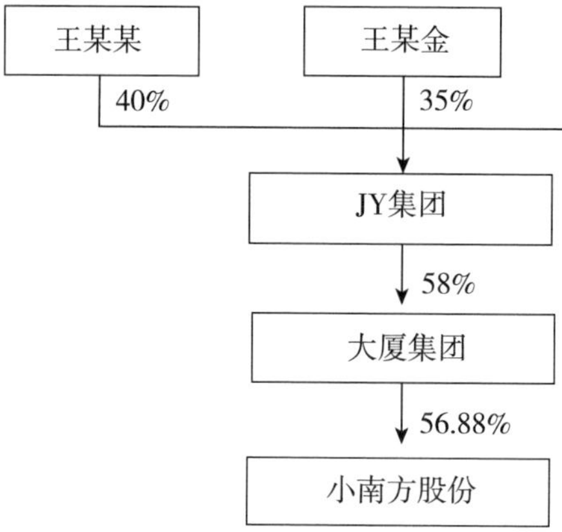

图4－1

在小南方2005年年度报告中显示（见图4－1），王某某持有的JY集团40%的股权此时并未过户至其子女名下，而是由其弟王某金、王某豪共同代管。此情况持续了有10年之久。直至2015年，在小南方股份有限公司2014年的年度报告中，首次对股权结构图进行了变更（见图4－2）。至此，王某某名下的股权全部过户至子女名下。

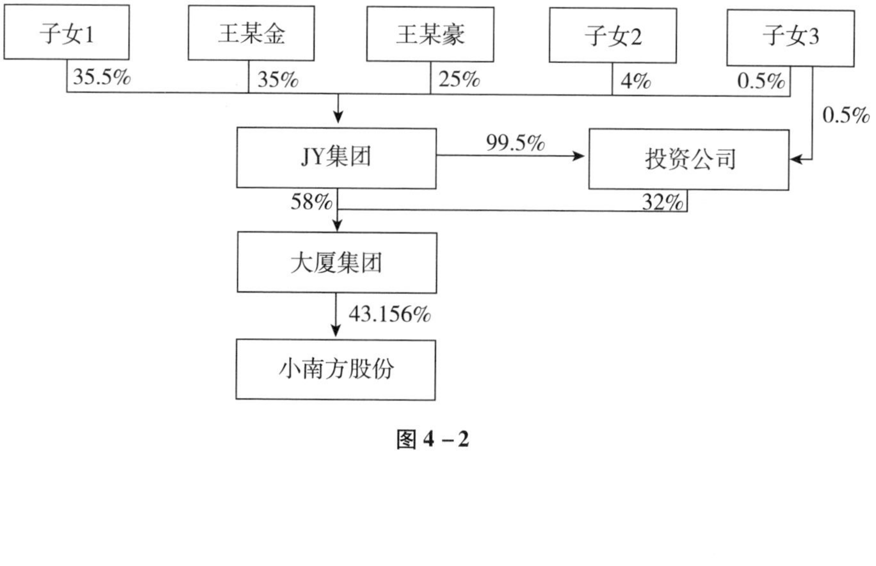

图4－2

五、涉事企业应对突发事件的处理

在应急事件处理中，涉事的企业若能充分发挥主动能动性，也能够为事件的妥善解决发挥作用。我们将涉事企业能够发挥作用的几个方面进行了总结。

（一）聘请律师协助处理突发意外事件

企业家突发意外时，若继承人迟迟无法就继承问题，尤其是公司股权继承方案达成一致意见，在企业没有提前筹划的情况下，可能会使企业陷入困境。由于企业家通常是公司的实际控制人、法定代表人或董事长，因此企业在企业家突发意外事件之后，通常可能会面临难以作出有效股东会决议、无法在市场监督管理部门进行更换法定代表人的变更手续等状况，从而导致企业的经营遭受严重影响。

为了尽快让继承人就股权继承事宜达成方案，稳定企业的股权结构，减低对企业的损害，企业此时不能“置身事外”“隔山观火”，而是应当参与到继承人中，作为“和事佬”，并通过聘请律师的方式，协助推进股权继承事宜。

企业可以选派一些继承人都比较信任、熟悉的工作人员作为代表，在意外发生后立刻与继承人进行接洽，帮助他们渡过难关。同时，企业通过聘请律师，可以在意外突发、继承人最悲痛无助的时候，为家属提供法律咨询服务，赢得继承人的信任。

尤其是在继承人人数众多且彼此心生芥蒂的情形下，如果仅依靠继承人之间通过直接沟通的方式达成继承方案是不现实的。此时，企业及企业聘请的律师可以从中发挥主导作用，为各继承人搭起一座沟通的桥梁，有利于了解各继承人的想法。同时，如果继承人也聘请了律师，企业的律师还可以直接和继承人的律师沟通，从法律上客观分析现状，共同找出问题所在，这样有助于问题的解决。

（二）完善企业治理水平预防突发事件

完善治理水平主要在于公司章程的“个性化”制定。如果在公司章程中能提前对各类突发事件做好相应的规定，就能在意外事件发生时保障企业的正常经营不受影响，为企业的持续经营“保驾护航”。企业可以在公司章程中对如下情形提前进行约定。

（1）对法定代表人的变更作出详细约定。要充分考虑现有的法定代表人失联、失能、受到刑事强制措施等突发事件时如何应对。

（2）对股东资格能否继承作出详细约定。尤其要考虑到在大股东、实际控制人离世后，若出现股权继承纷争，如何能够保证企业照常做出股东会决议、保证企业的经营。

（3）对董事长的任命、变更，董事会的召开、决议表决作出详细约定。要充分考虑到大股东同时是董事长时，如果其突发意外，如何能够保证董事会的正常召开和决议的正常表决、保证企业的生产经营。

六、企业 IPO 过程中的应急事件处理

2017 年 9 月 28 日，中国证监会官方公告称上海 SX 家用纺织品股份有限公司（以下简称 SX 家纺）首次公开发行股票并上市的申请被审批通过，SX 家纺成功过会。从 2017 年 5 月底在 A 股冲刺阶段其实际控制人李先生突发意外身故，到 9 月底 A 股闯关成功，SX 家纺仅用了 4 个月。①

我们认为，SX 家纺在突发意外后的短短 4 个月里能够顺利完成公司股权的平稳变更并且成功通过《首次公开发行股票并上市管理办法》第十二条的审核是一个应急事件处理成功的正面案例，值得研究与学习。

（一）事件回顾

2016 年 4 月，SX 家纺公布了招股说明书，二度冲击 IPO。其招股说明书中显示，公司的创始人、实际控制人、董事长李先生直接持有公司 1848. 70 万股股份，占公司总股本的 9. 24%；同时，李先生持有 SX 控股 35. 874% 的股权，SX 控股持有公司 53. 90% 的股份。

2017 年 5 月 26 日，SX 家纺原董事长李先生因意外摔伤去世，年仅 57 岁。由于事发突然，SX 家纺又处于 IPO 关键期，此消息一出即受到了社会公众的广泛关注。作为典型的家族企业，在掌舵人突发变故的情况下，谁会接班？企业还能否顺利上市？这一切突然之间变成了未知数。

2017 年 8 月 11 日，SX 家纺再次发布招股书，共募集资金 9. 48 亿元。从招

---

① 载中国纺织报，http：//www. ocn. com. cn/touzi/zhengquan/201711/eexaq23114602. shtml，最后访问时间：2021 年 4 月 24 日。

股书中发现，SX 家纺的股权结构发生了变化。2017 年 9 月 28 日，证监会主板发审委发布审核结果公告，上海 SX 家用纺织品股份有限公司（首发）获得通过。2017 年 11 月 20 日，SX 家纺正式登录 A 股。

（二）股权结构变更

从 SX 家纺 2016 年 4 月和 2017 年 11 月两次提交的招股说明书中可以发现 SX 家纺的股权结构发生了变化，图 4－3 和图 4－4 分别是 SX 家纺 2016 年 4 月和 2017 年 11 月的股权结构图。

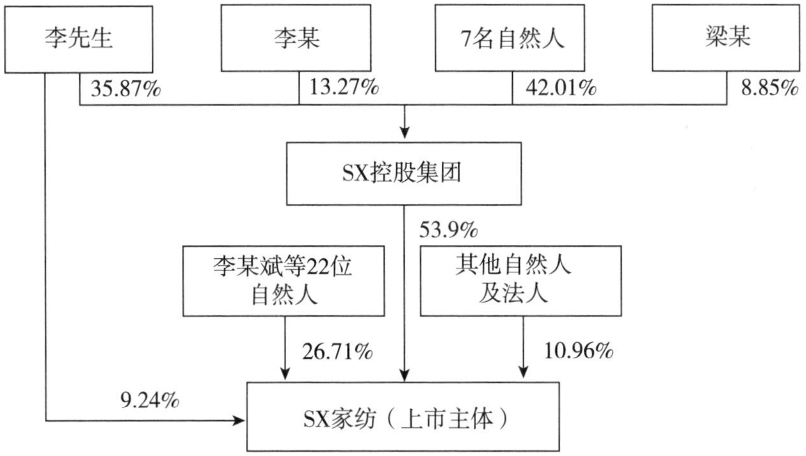

图 4－3 2016 年 4 月 SX 家纺股权结构图

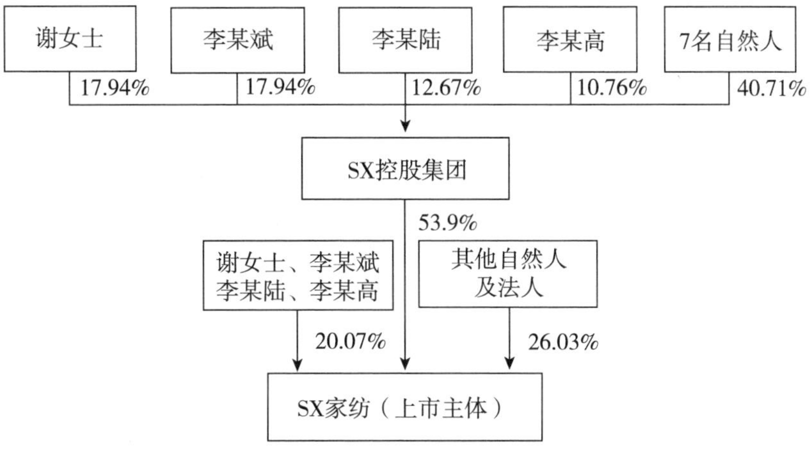

图 4－4 2017 年 11 月 SX 家纺股权结构图

对比两份招股书，最大的变化在于原本李先生持有的股份现在由谢女士（原实际控制人李先生的配偶）、李某斌（原实际控制人李先生的长子）持有。

公司实际控制人为谢女士、李某斌、李某陆、李某高，其中谢女士与李某斌系母子关系、李某陆与李某高系兄弟关系、二人与谢女士系叔嫂关系。谢某花、李某斌、李某陆、李某高合计直接持有公司 4013.82 万股股份，占公司总股本 20.07%；同时，谢某花、李某斌、李某陆、李某高合计持有公司控股股东水星控股 59.29% 的股权。谢某花、李某斌、李某陆、李某高直接和间接控制公司 73.97% 的股份比例，是公司的实际控制人。

（三）策略安排

《首次公开发行股票并上市管理办法》第十二条规定："发行人最近 3 年内主营业务和董事、高级管理人员没有发生重大变化，实际控制人没有发生变更"。实际控制人在最近 3 年（36 个自然月）没有发生变更是企业通过 IPO 审核的一条红线，之前就曾发生过一些拟上市公司因为没有满足这项要求而被否决的先例。ST 股份（0025 * *）实际控制人于 2007 年 10 月过世，其配偶及子女依照法律继承了相关的股份。当时企业正值 IPO 审批过程中，因实际控制人发生变化，IPO 申请最终被证监会否决。在将原实际控制人配偶认定为新的实际控制人且又过了 3 年后，ST 股份又重新申报了 IPO 材料并于 2011 年获得批准。①

那么 SX 家纺是如何做到实际控制人股权的顺利变更并且还成功过会呢？我们认为，其最新的招股说明书中展示的下列信息助力其通过了审核。

（1）继承开始后，李先生的配偶、长女、次女、三女均放弃继承权，由长子继承其父亲的全部股权。

针对李先生持有的 SX 家纺和 SX 控股的股权，李先生的配偶、长女、次女、三女均在公证机关作了公证，表示自愿放弃继承权，长子李某斌表示愿意继承其父亲的股权。因此，除去属于李先生、谢女士夫妻共有财产的那一半股权归谢女士所有外，属于李先生遗产的那部分股份均由长子李某斌继承。其他继承人通过公证的方式放弃继承权，将股权集中于一个人的做法既防止了以后发生股权纠纷的可能，又有效地保证了实际控制人股权的集中。

① 参见贾明军、吴卫义：《上市公司股权分割与传承》，法律出版社 2016 年版，第 388 页。

（2）谢女士、长子李某斌与其他股东、董事及高级管理人员签订《一致行动协议》，保障实际控制人的控制权及管理层的稳定。

虽然发生了上述的股权变更，但是企业的董事会和高级管理人员没有重大变化；并且实际控制人谢女士、李某斌与其他几名大股东签订了《一致行动协议》，与他们成为一致行动人，这强化了谢女士、李某斌作为实际控制人的控制权，保障了管理层的稳定性，减少对企业经营的影响。

（3）公司采用经理人的现代企业经营模式，创始人的变故对企业的持续经营和盈利影响相对有限。

在最新的招股说明书中，SX 家纺表示公司早已采用经理人的现代企业经营模式，创始人李先生自2009 年11 月起就仅保留董事长一项职务。公司高级管理人员的结构至今保持稳定，没有发生过重大调整。另外，现在的实际控制人李某斌自2009 年开始独立经营本公司的电商业务，至2016 年电商业务已经成为公司业绩增长最强的动力。

SX 家纺在最新招股书中对此的说明，表达了公司的实际控制人的实际控制权并未发生实质变更，并且公司的股权保持稳定不会对企业的经营和盈利产生重大影响。SX 家纺能够顺利过会，表明证监会对于其在招股书中有关实际控制人、实质控制权的描述予以认可。

2019 年 3 月 25 日中国证监会发布的《首发业务若干问题解答》规定：“实际控制人为单名自然人或有亲属关系多名自然人，实际控制人去世导致股权变动，股份受让人为继承人的，通常不视为公司控制权发生变更。”类似的情况原则上不再会被视为公司控制权发生了变更。

（四）经验总结

企业家从白手起家艰苦创业到将企业做大做强，往往需要耗费数 10 年的心血和精力，其中多少的苦累鲜为人知。当其经营的企业开始申请 IPO，只差最后的“临门一脚”就可以实现整个家族资产质的飞跃、带领家族企业走向新的发展高度时，需要做好一切风险防范，防止各种意外从中作梗，马失前蹄。

为了避免企业在 IPO 进程中因为实际控制人的突发事件导致 IPO 不确定的情形出现，我们建议实际控制人在准备 IPO 时提前做好下列各种准备工作。

1. 提前做好家族企业的传承规划，防止继承人争夺企业的控制权

在我国，基于传统家庭观念浓厚的影响，家族企业数量众多。俗话说“打

虎亲兄弟，上阵父子兵”，家族成员在艰苦奋斗的创业时期容易齐心协力，在商界打下一片江山。但是家族成员众多，股权结构混乱，容易在实际控制人发生意外时，因巨大的利益导致家族成员产生纷争，引发争夺企业控制权的情形。

某知名影视公司创始人李先生于2014年1月突然因病离世，企业灵魂人物的离去让某知名影视公司的上市梦变得遥遥无期，更让公司陷入内乱，爆发了著名的“姑嫂大战”。①

为了预防这种情况的发生，公司的实际控制人可以在企业制订IPO计划的时候提前做好家族企业的传承规划。比如可以咨询律师，根据《民法典》、公司股权结构以及企业上市规则，通过遗嘱的形式，明确自己过世后的继承人。这不仅可以避免某知名影视公司姑嫂大战这样的悲剧发生，还可以在最大限度内保障公司的实际控制人、实际控制权不发生实质的变更，以满足《首次公开发行股票并上市管理办法》第十二条的要求。

2. 股权结构的优化设计可以在实际控制人发生变故时形成缓冲屏障

对股权结构进行优化设计，比如通过设立控股公司间接控制拟上市公司的股权，那么家族成员因为继承所造成的股权结构分散便不会直接影响到拟上市公司，可以在实际控制人发生变故时形成一个缓冲屏障。

在SX家纺这一案例中，公司的最大股东为SX控股，SX控股持有SX家纺53.9%的股权。因此在实际控制人发生变故后，其配偶、长子对其股权的分割、继承主要是通过SX控股这一层面实现股权变更的。因此SX家纺在招股说明书中表示，公司最大的股东为SX控股，SX控股持有SX家纺的股权一直保持53.9%这一份额并未发生变更，公司的实际控制权也未发生实质变更。这就为拟上市公司设立了一个缓冲屏障。

这个模式在GW复材（300＊＊＊）中也是同样的适用。2017年4月，该公司的原实际控制人之一陈先生在IPO过程中因病去世，其儿子陈某继承了其全部股权。公司的招股说明书表示，陈先生在生前持有GW集团67.59%的股权、陈某持有GW集团12.18%的股权，二人合计持有GW集团79.77%的股权，陈某和陈先生系GW复材的实际控制人。GW集团本次股东变更因继承引

① 参见《家族企业股权不清埋隐患》，载新浪财经，http://finance.sina.com.cn/chanjing/gsnews/2016-03-30/doc-ifxqswxn6559184.shtml，最后访问时间：2021年4月24日。

起，且仅在GW集团层面进行，本次变更完成后，GW集团仍持有GW复材50.08%股份，仍为发行人的控股股东，GW复材的控股股东未发生变更。2017年7月发行人通过发审会审核，并成功上市。[①]

3. 建立现代企业管理制度减少因实际控制人发生变故对企业的持续经营和盈利产生重大影响

《首次公开发行股票并上市管理办法》第十二条规定的发行人最近3年内实际控制人没有发生变更，其主要的目的是以公司控制权的稳定为标准，判断公司是否具有持续发展、持续盈利的能力，以便股票投资者在对公司的持续发展和盈利能力拥有较为明确预期的情况下作出投资决策。由于公司控制权往往能够决定和实质影响公司的经营方针、决策和经营管理层的任免，一旦公司控制权发生变化，公司的经营方针和决策、组织机构运作及业务运营等都可能发生重大变化，给发行人的持续发展和持续盈利能力带来重大不确定性。[②]

在SX家纺这一案例中，在实际控制人发生变故后，招股说明书表示公司长期采用现代职业经理人制度，公司的管理团队保持长期稳定，实际控制人的意外变故对企业的持续经营和盈利不会产生重大影响。

企业家辛苦经营打拼下的家族企业在准备开启IPO时，都应该未雨绸缪，提前做好风险防范，以保障企业可以顺利过会上市，这对于家族企业与信任企业经营的广大投资者，都是非常有益的筹划。

第二节
配偶突然起诉离婚的应急处理

企业家往往在商业活动和企业管理中游刃有余，在企业面临商事纠纷时，

---

① 参见《难题大解析：继承了股权，实际控制人到底变没变？ - IPO案例58 GW复材》，载搜狐网，http://www.sohu.com/a/166870473_482481，最后访问时间：2021年4月24日。

② 证监会关于印发《〈首次公开发行股票并上市管理办法〉第十二条“实际控制人没有发生变更”的理解和适用——证券期货法律适用意见第1号的通知》，载http://www.csrc.gov.cn/pub/zjhpublic/G00306211/200808/t20080814_32395.htm，最后访问时间：2021年4月24日。

一般也能够冷静应对。但是，面对自己的配偶突然提出离婚，企业家却可能不知所措。作为企业家，在掌握企业经营方面的法律知识的同时，有必要对离婚诉讼的应急处理进行了解。

一、突然收到法院传票的应急方案

案例4-7 "突如其来"的法院传票

H总是某上市公司的大股东、实际控制人，平时由于工作繁忙与妻子缺乏沟通，感情出现了较大的问题。虽然两人还同住一个屋檐下，但早已分房而居，过着形同陌路的生活。H总为了保全自己的面子，对外还是保持着"模范丈夫"的形象。本以为这样表面"平静"的日子会一直持续下去，某一天秘书送来的法院传票却彻底打破了H总的幻想。

原来H总的妻子已经向某某法院提出了离婚诉讼，但由于他们夫妻还生活在一起，所以法院的送达地址就填写为H总的办公地址。面对突如其来的传票以及公司员工脸上不自然的微笑，H总彻底慌了神。

就在接到法院传票的第二天，H总还接到了某某法院的法官电话，在电话里，法官询问了H总是否同意离婚以及H总对于夫妻感情是否破裂的想法。毫无防备的H总在电话里表示同意离婚，同时也表明双方的感情确实已经破裂了。

上述案例中的问题是司法实践中经常会遇到的问题。我国《民事诉讼法》赋予了任何人可以按照法律的规定向法院起诉的权利。尤其是H总这样本身就长期存在家庭矛盾的企业家，配偶提出离婚诉讼的概率还是很大的。为了给对方一定的心理压力或需要争取时间查封夫妻共同财产，起诉方往往会"不动声色"地向法院提交离婚申请。另一方只有在收到法院传票或法官电话时，才幡然醒悟。那么，企业家遇到这样的情况究竟应该如何处理呢?

（一）如何处理法院的传票

根据《民事诉讼法》第一百二十五条的规定，人民法院应当在立案之日起5日内将起诉状副本发送被告。因此，如果成为被告，会先收到法院送达的起诉状副本以及相关证据。有时部分法院不会一并将案件后续开庭的传票也送达被告。

被告根据《民事诉讼法》的规定拥有许多权利，如答辩权、提出管辖权异议、申请法院调取证据等，但这些权利的行使都必须遵守法院的规定。如被告的答辩权和管辖异议的权利一般应当在收到起诉状副本的15日内提出。因此，在收到法院送达的起诉状副本和传票时，至少要注意如下几点：

第一，查看起诉状以及其他法律文书的签收时间，以确认自己行使权利的起始时间。

第二，应当仔细核对起诉状副本和传票等法律文书，查看自己的身份信息等客观信息是否有错误等。

第三，应该及时请专业的家事律师解读起诉状的内容，并商讨应对诉讼的策略。

另外，如果在收到起诉状副本时，法院并没有一并通知开庭的时间，则根据《民事诉讼法》第一百三十六条，人民法院审理民事案件，应当在开庭3日前通知当事人和其他诉讼参与人。此时，应当尽快联系专业的家事律师，提前对案件情况进行分析，避免法院突然通知开庭而造成诉讼准备时间过短的尴尬情况，进而可能会影响案件的实质性操作。

（二）如何应对法院的来电

以上海法院为例，离婚案件一般会有前置的调解程序。在这个阶段，法院的调解人员（通常法院会聘请一些退休的法律工作者或法官等）会通过电话与当事人联系，并询问当事人对于离婚的意见。

此时，既不能对调解人员采取消极的回避态度，也不能在没有任何准备或考虑的情况下盲目地回答。通常我们的建议是：如果接到了该类电话，可以礼貌地询问调解人员的信息以及联系方式，同时告知对方自己已经聘请了专业的律师负责该案件，会请律师与调解人员联系。若调解人员坚持要求回答相关问题，则还是需要谨慎应对，尽量不要在不了解案件情况或相关法律问题的情况下随意回答，以免与调解人员发生不必要的误会。

另外，在离婚诉讼正式进入了审判阶段后，承办的法官或法官助理直接联系的情况也时有发生。如果只是通知开庭时间、地点等客观信息，则只需详细地记录下信息即可。如果是进一步核实案件的内容，建议还是告知已聘请律师的情况，一般来说法院会比较尊重当事人的意见，转而联系案件的承办律师。

（三）法院审理离婚纠纷的一般原则

中国内地的离婚方式一般有两种，即协议离婚和诉讼离婚。由于协议离婚的前提是男女双方对财产分割及子女抚养达成一致意见，在双方协商不能一致的情况下，当事人只能通过诉讼的途径解除婚姻关系。在面临离婚问题时，一般会涉及4个争议焦点问题，即夫妻感情是否确已破裂、子女如何抚养、财产如何分割、一方或双方是否存在过错及责任承担。其中，“夫妻感情是否确已破裂”是法院是否判决双方离婚的最重要的认定标准。

1. 离婚纠纷的法律依据

世界上主要存在两大法系，即大陆法系（Civil－Law System）和英美法系（Common－Law System）。这是两种截然不同的法系，最显著的区别在于大陆法系国家的法官，判案的依据是已经颁布的成文法律、法规等（德国、法国为典型）；而英美法系国家的法官，判案的依据则是已经存在的类似案件的判例或法官的“自由心证”（英国、美国为典型）。

我国法官判案的依据来源于国家已正式颁布的法律、行政法规和司法解释。我国在婚姻家庭领域中的法律最主要的是《民法典》，法规包括《婚姻登记条例》《婚姻登记档案管理办法》等，司法解释主要是《最高人民法院关于适用〈中华人民共和国民法典〉婚姻家庭编的解释（一）》（以下简称《〈民法典〉婚姻家庭编解释（一）》）。

同时由于私人财产形式的多样化，离婚案件中往往涉及公司股权的分割与处理、境外信托产品的分割与处理等问题，所以，在处理该类案件时往往还会涉及《公司法》《证券法》《信托法》等交叉法律学科的理解与适用。

2. 法律及司法解释的具体规定

《民法典》第一千零七十九条规定了法院应当准予离婚的情形，包括重婚或者与他人同居；实施家庭暴力或者虐待、遗弃家庭成员；有赌博、吸毒等恶习屡教不改；因感情不和分居满二年；一方被宣告失踪，另一方提起离婚诉讼的；经人民法院判决不准离婚后，双方又分居满一年，一方再次提起离婚诉讼的，应当准予离婚。

只要满足上述情形中的任意一种，法院就应当判决离婚。但是，需要提醒注意的是，在现实生活中对于上述情形的举证往往存在巨大的难度。所以绝大多数离婚案件最后对于离婚原因的描述是“夫妻感情确已破裂”。而“感情确已破裂”应该如何认定则是法官根据当事人提供的证据进行“自由裁量”的，这在现实生活中存在举证困难的尴尬。

另外，《〈民法典〉婚姻家庭编解释（一）》第二十三条规定了法院应当判决当事人双方解除婚姻关系的另外一种法定情形，即“夫以妻擅自中止妊娠侵犯其生育权为由请求损害赔偿的，人民法院不予支持；夫妻双方因是否生育发生纠纷，致使感情确已破裂，一方请求离婚的，人民法院经调解无效，应依照民法典第一千零七十九条第三款第五项的规定处理”。

3. 法院处理离婚纠纷的常见方式

从目前《民法典》的规定来看，法院应当判决离婚的条件相对严格，即必须符合法定情形才可由法院强制判决离婚。事实上，在目前的司法实践中，法院在处理离婚的问题上，采用了较为简单且可操作性强的处理方式，具体如下：

第一，如果原告第一次起诉，但不具备上述法定判离条件，只要被告坚决不同意离婚，法院原则上不判决双方离婚，并给予双方一次和好的机会。

第二，如果原告第二次起诉，法院一般会考虑原告要求离婚的强烈决心并判决双方离婚；但若被告不同意并且案件争议较大，法院也可以根据实际情况判决不予离婚。

第三，如果原告第三次以上起诉，即使被告仍然不同意，但考虑到双方感情确实已经无法挽回的情况，则法院一般就会倾向直接判决离婚。

一旦原、被告双方均同意离婚或法院认为应当判决双方离婚的，法院则会进一步就离婚纠纷的其他争议焦点，包括子女抚养、共同财产分割以及一方是否存在过错等内容进行查明与处理，我们已经在本书的其他章中就这些争议焦点问题作了详细的分析，在此不多作赘述。

4. 离婚纠纷的诉讼时间

根据上述法院处理离婚纠纷的方式，在没有法定判决离婚的前提下且不考虑案件存在其他影响诉讼时间的特殊因素，原告可能需要起诉两次才能最终达成离婚的目的。根据《民事诉讼法》的规定，我们可以估算出原告所需要的诉讼时间。

第一，如果原告第一次起诉离婚纠纷，且法院是按照简易程序审理的，则根据《民事诉讼法》第一百六十一条的规定，应当在立案之日起 3 个月内审结。如果法院是按照普通程序审理的，则根据第一百四十九条的规定，应当在立案之日起6个月内审结。

因此，原告第一次起诉离婚纠纷所需要的诉讼时间至少为3~6个月。

第二，如果原告第一次起诉离婚纠纷，最终法院判决不准离婚或双方调解和好的。根据《民事诉讼法》第一百二十四条的规定，判决不准离婚和调解和好的离婚案件，判决、调解维持收养关系的案件，没有新情况、新理由，原告在6个月内又起诉的，不予受理。

因此，原告在第一次离婚纠纷未被法院判决离婚或双方调解和好之后，将有6个月的“禁诉期”。

第三，原告第二次起诉离婚纠纷所需要的诉讼时间基本和第一次一样，即3~6个月。

综上，一个普通的离婚纠纷即原告通常起诉两次，则可能需要的诉讼时间总计为12~18个月。当然，如果普通诉讼程序有特殊情况需要延长并经法院院长批准，可以延长6个月；如果还需要延长的，则可以报请上级人民法院批准。

（四）离婚诉讼的一般流程

《民事诉讼法》第六十二条规定：“离婚案件有诉讼代理人的，本人除不能表达意思的以外，仍应出庭；确因特殊情况无法出庭的，必须向人民法院提交书面意见。”如果确定自己即将面对离婚案件诉讼的情况，除了需要妥善选择专业的家事律师外，还应当熟悉离婚诉讼的一般法庭审理的流程以及在此过程中的注意事项。

1. 法院核实当事人身份信息

此环节是法院核实原、被告的身份情况。原、被告双方需要将自己的姓名、性别、出生年月、住址等基本信息向法院确认。同时，原、被告需要在前往法院开庭时携带有效身份证件原件，以便通过法院安检以及法官核对身份。

2. 原告阐述诉讼请求和事实理由

此环节是法院向原告确认诉讼请求及诉讼所依据的事实理由，由原告根据起诉状的内容，向法院陈述诉讼请求及事实理由，主要内容通常包括夫妻双方感情是否确已破裂、子女抚养权归属、夫妻共同财产以及一方是否存在过错。如果原告聘请了律师，则也可以由律师代为陈述。

3. 被告答辩

此环节是法院向被告询问对原告提出的诉讼请求是否同意。如果被告聘请了律师，则也可以由律师代为陈述。根据我们代理的经验，被告基本可能有如下两个答辩态度：

第一，被告表明自己坚持不离婚的态度，并对于财产分割问题采取回避态度。

第二，被告表明自己愿意离婚，并对子女抚养、财产分割问题等问题陈述自己的意见。

法院一般会让被告在这个环节仅表态是否愿意法院处理共同财产（女子抚养是必须处理的问题）。双方对于具体的子女抚养、财产情况及分割意见主要是在之后的“法庭调查”及“举证质证”环节进行详细的询问和回答。

4. 法庭事实调查

此环节主要由法院主导，向原、被告提出若干的问题，我们根据司法实务经验大致总结了如下问题，但实际情况需视具体的庭审情况而定。

（1）婚恋情况以及登记结婚的时间；

（2）生育子女的时间与子女抚养的情况；

（3）婚后感情经历以及夫妻感情如何恶化直至破裂；

（4）各自认为感情破裂的原因以及事实理由；

（5）双方是否已经分居，若已分居，分居的起始时间、分居的过程以及现在各自的居住情况等；

（6）子女的现状以及相关情况；

（7）双方各自主张的夫妻共同财产范围、内容、性质等；法官通常会根据不同的财产类型进行分别询问，但有时也会将这部分内容与后续“举证质证”环节合并在一起进行提问；

（8）双方各自主张如何分配夫妻共同财产；法官通常会根据不同的财产类型进行分别询问，但有时也会将这部分内容与后续“举证质证”环节合并在一起进行提问；

（9）一方是否存在过错、具体的过错内容、是否主张损害赔偿等。

如果聘请了律师，则上述内容中除了法官指定要求本人亲自回复的内容外，通常律师都可以代为回答或陈述。

5. 双方举证质证

此环节由原、被告向法院提交证据，并由原、被告分别向法院进行举证和质证。举证质证的顺序为：由原告先举证、被告质证，之后再由被告举证、原告质证。在这个环节，如果聘请了律师，则可以全部由律师代为回答和陈述。

6. 法庭辩论

此环节主要由双方就案件争议焦点发表辩论意见，一般情况下，离婚案件最重要的争议焦点即夫妻感情是否确已破裂的问题上，这直接影响着法院是否能判决双方离婚。如果法院不判决离婚，则子女抚养、夫妻共同财产分割以及一方的过错都将不会一并处理。

如果与配偶之间不存在《民法典》第一千零七十九条规定的法院应当准予离婚的情形，则双方第一次向法院起诉离婚的，法院对于判决离婚都是十分谨慎的，通常情况下会给双方一次机会，并判决双方不予离婚。

因此，如果双方都是第一次起诉离婚且没有法定判决离婚的情形，则法院是否会判决离婚主要取决于被告对于离婚的态度。若被告坚决不同意离婚，则案件的争议焦点会集中在与被告感情是否确已破裂的问题上；若被告同意离婚，则案件的争议焦点则会集中在其他问题上。

一般来说，该环节主要有两轮辩论时间。如果聘请了律师，则一般建议第一轮由律师发表意见。由于专业律师对于离婚案件的争议焦点问题的把握要相对多一点，所以由律师先陈述观点有利于法官对该问题的理解。第二轮可由当事人阐述自己对案件的意见（如果相关意见在之前的环节都已经表达完毕，该轮辩论可以继续由律师发表补充意见）。

（五）预防离婚诉讼的注意事项

1. 建立和谐的婚姻关系

在实际生活中，像之前案例中 H 总这样的企业家不在少数。他们认为只要自己努力奋斗并为家庭带来财富，则家庭关系会因为丰厚的物质条件而自然变得和谐。但这样的观点还是值得商榷的。尤其是非常注重感情交流的配偶，可能并不满足于物质条件，更多的是希望另一半能从精神上带给自己愉悦。因此，应当在日常生活中注重与配偶建立顺畅的沟通渠道，经常倾听并理解配偶的想法。同时，在提供物质条件的基础之上，更多的是提供心灵上的关怀。

2. 妥善处理子女抚养问题

如果与配偶因无法调和的矛盾，最终发生了离婚纠纷，则需要妥善处理与离婚相关的事务。首当其冲的就是子女抚养问题。有些配偶对于家庭的财产并没有任何争夺的心思，但对于子女抚养权的争取确是异常的执着。因此，一旦与配偶发生了离婚纠纷，尤其在配偶对子女抚养权的归属有特别要求的情况下，需要非常谨慎地处理该问题，以免引发配偶的剧烈反应。

3. 妥善处理共同财产分割问题

除了子女抚养权纠纷以外，离婚纠纷中最为重要的就是夫妻共同财产分割的问题。由于企业家是家庭财富的直接创造者，因此在处理共同财产分割时可能会存在一定的强势心态。配偶方虽然没有直接创造财富，但是在家庭料理、子女照料、长辈赡养方面都做出了巨大的贡献。因此，在处理离婚纠纷时对于共同财产的分割应做一定的平衡，适当地将夫妻多年的感情、子女情况以及配偶实际为家庭做出的贡献等情况都作为共同财产分割的考量因素。尽可能采取协商的方式与配偶就共同财产的分割达成一致意见，以免离婚纠纷被起诉至法院，造成不必要的诉累。

二、公司股权突然被冻结的应急方案

公司股权已经成为企业家最重要的财富组成部分。在收到法院传票的同时，也可能会收到法院关于公司股权冻结的民事裁定书。遇到这样的情况，企业家应当如何处理呢?

（一）查询并核实冻结信息

如果仅仅是知晓了公司股权可能被冻结的消息，则需要进一步核实消息的真实性，通常可以通过以下的方式查询。

1. 联系承办法官查询

如果已经知晓了案件的承办法官，则最直接的方式就是与法官联系并核实股权是否确已被冻结的情况。《民事诉讼法》第一百零三条规定："财产保全采取查封、扣押、冻结或者法律规定的其他方法。人民法院保全财产后，应当立即通知被保全财产的人……"如果公司股权确实已被冻结，则可以要求法院尽快将股权冻结的民事裁定书寄给自己。

《民事诉讼法》第一百零八条规定："当事人对保全或者先予执行的裁定不服的，可以申请复议一次。复议期间不停止裁定的执行。"因此，在收到民事裁定书以后，可以向法院申请复议。

2. 前往股权登记机关查询

（1）有限责任公司股权

根据相关的法律规定，市场监督管理机关有义务协助人民法院办理有限责任公司股权的冻结登记手续。因此，可以安排公司人员或聘请专业律师前往市场监督管理机关查询股权冻结的信息。

（2）上市股份有限公司股份

根据《证券法》的规定，证券持有人持有的证券，在上市交易时，应当全部存管在证券登记结算机构。因此法院向特定的证券经营机构或证券登记结算机构送达扣押股票的民事裁定书和协助执行通知书就可以进行股份冻结。

（3）非上市股份有限公司股份

由于非上市股份有限公司的股东（发起人除外）及其所持股份不属于工商行政管理机关的法定登记事项，依据现有法律法规及相关部门规范性文件的规定，人民法院冻结非上市股份有限公司的股权无须要求市场监督管理机关办理协助冻结手续。如果非上市股份有限公司选择将股份托管给股份登记托管机构的，则应当向该机构查询冻结情况。

3. 通过全国企业信用信息查询系统

2014 年 2 月全国企业信用信息公示系统（国家企业信用信息公示系统）上线运行。公示的主要内容包括：市场主体的注册登记、许可审批、年度报告、行政处罚、抽查结果、经营异常状态等信息。因此，只需要登录该网站，输入公司的名称，即可通过"司法协助信息"这个栏目查询公司股权是否存在冻结的情况。

4. 通过第三方企业信息查询软件

随着第三方企业信息查询软件的普及，如常见的“某查查”“天某查”等。这种第三方软件也可以作为确认股权是否冻结的途径。以“天某查”软件为例，只需要下载该软件，并在查询框中输入公司的名称，就可以通过“风险信息”这一栏目查询企业存在的“司法协助”的情况，企业股权冻结与解除冻结的情况都会体现。但由于第三方软件的信息来源以及信息发布的时效性具有不确定性，所以查询的信息仅作为参考之用。

（二）准备替代性方案

《民事诉讼法》第一百零四条规定：“财产纠纷案件，被申请人提供担保的，人民法院应当裁定解除保全。”如果确认自己名下的公司股权确实已经被冻结，也可以考虑向法院提供相关的担保，并申请人民法院解除保全措施。提供担保的方式可以为提供与保全财产价值相等的现金、不动产，也可以尝试以诉讼财产保全责任保险的方式提供担保。

2016 年 12 月 1 日实施的《最高人民法院关于人民法院办理财产保全案件若干问题的规定》第七条规定，保险人以其与申请保全人签订财产保全责任险合同的方式为财产保全提供担保的，应当向人民法院出具担保书。担保书应当载明，因申请财产保全错误，由保险人赔偿被保全人因保全所遭受的损失等内容，并附相关证据材料。

诉讼财产保全责任险的费率通常需要根据案件的具体情况、风险等调整保险的费率。一般会根据财产总额和投保对象测算保费。根据我们以往的实务经验，费率的标准通常是按照保全财产价值乘以一定的比例计算。

如果需要申请诉讼财产保全责任险的，则需要向保险公司提交身份信息、法院诉讼材料以及财产查封信息。保险公司一般会在 3 个工作日左右对材料进行审核。审核通过之后，就会出具诉讼财产保全责任险的保单。由保险公司的工作人员联系法院并将保单交由法官审核并确认。

但司法实践中，在选择诉讼财产保全责任险替换被保全的股权时，申请人需要同具体冻结公司股权的法院确认其是否接受诉讼财产保全责任保险这种担保方式。

（三）其他注意事项

1. 对公司股权转让的影响

如果公司股权被冻结时，正处于公司并购、收购等涉及股权转让的交易活动，虽然股权被冻结后暂时无法进行股权的转让，但可以根据所涉案件的具体情况以及股权冻结的时间进行合理的判断。如果所涉案件胜诉把握大且诉讼时间短，则完全可以继续进行正常的股权转让交易。但在股权转让合同中需要将因股权被冻结所产生的交付障碍进行合理的设计。如果所涉案件较为复杂，股权的所有权以及相关权利存在非常大的不确定性，则可以将实际情况与交易方进行沟通并协商合理的解决方法。

2. 可否为股权未冻结的股东办理增资

2013 年 11 月 14 日，最高人民法院发布《关于股权冻结情况下能否办理增资扩股变更登记的答复》（〔2013〕）执他字第 12 号），对山东省高级人民法院（2013）鲁执监字第 82 号《关于济南迅华传媒广告有限公司与威海海澄水务有限公司股权确认纠纷一案中涉及法律问题的请示》答复到："原则上同意你院审判委员会意见。在人民法院对股权予以冻结的情况下，公司登记机关不得为公司或其他股东办理增资扩股变更登记。本案在按判决执行股权时，应向利害关系人释明，作为案外人的其他股东可以提出执行异议，对异议裁定不服，可以提起异议之诉，要注意从程序上对案外人给予必要的救济。"

但在原国家工商行政管理总局于 2011 年 9 月 16 日《关于未被冻结股权的股东能否增加出资额、公司增加注册资本的答复意见》（工商法字〔2011〕188 号）中针对内蒙古自治区原工商行政管理局《关于未被冻结股权的股东能否增加出资额、公司增加注册资本的请示》回复到："冻结某股东在公司的股权，并不构成对公司和其他股东增资扩股等权利的限制。公司登记法律法规、民事执行相关法律法规对部分冻结股权的公司，其他股东增加出资额、公司增加注册资本没有禁止性规定。因此，在法无禁止规定的前提下，公司登记机关应当依申请受理并核准未被冻结股权的股东增加出资额、公司增加注册资本的变更登记。"

由于法律法规对于上述问题并没有明确的规定。根据我们实务操作的经验，通常市场监督管理机关会出于谨慎监管、防止纠纷的原则，如上海市市场监督管理机关就明确规定，在公司股权被冻结的情况下，不会为任何股东办理增资扩股变更登记。但根据原国家工商行政管理总局的答复意见，如果为未被冻结股权的股东增加出资额、公司增加注册资本办理相关的变更登记也是合法的。

3. 对公司贷款的影响

如果公司股权被冻结，而公司又有贷款正在审批的，有可能会影响到公司贷款发放的进度，一般银行审核时也会注意到股权被保全的情况，需要及时和银行沟通。

三、银行账户大额支出的认定

在最高人民法院审判委员会讨论通过2016年9月19日发布的第66号指导案例中，北京市第三中级人民法院以当事人雷某某将自己账户的钱款转至案外人名下，但对钱款的去向不能作出合理的解释和说明，结合案件事实及相关证据，认定雷某某存在转移、隐藏夫妻共同财产的情节，并最终判决对雷某某名下银行账户中的存款，雷某某可以少分。

由上述案例可知，如果没有妥善处理好名下银行账户的大额支出的，则有可能会被认定为转移、隐藏夫妻共同财产，最终可能导致夫妻共同财产的少分。法院审理离婚纠纷时一般如何认定一方名下银行账户的大额支出呢?

（一）通过大额支出的时间认定

如果大额支出的时间是发生在夫妻双方感情已经发生问题，甚至是双方已经分居的状态，则法院会着重审查该时间段的资金支出情况。因为在夫妻感情发生变化时，一方企图转移、隐藏夫妻共同财产的可能性就会增大。在此时间段发生的大额支出，被用于夫妻共同生活的可能性也会降低。以上海法院为例，有些法院在审理离婚案件时，会要求双方提供各自名下的自起诉离婚前1~2年的银行流水明细，已核查是否存在不合理的大额支出情况。

（二）通过大额支出的对象认定

如果一方大额支出的对象集中在自己的近亲属，尤其是父母的，则也会成为法院重点审查的对象。虽然子女和父母之间具有赡养义务，子女给予父母一定的金钱也是符合中国传统道德规范的；但如果一方经常给自己的父母大额的钱款，且事先也没有征得另一方的同意，则相关的大额支出也可能不被法院认可。

另外，如果一方大额支出的对象与该方有一定的经济往来，且双方之间的经济往来基本上能够平衡的情况下，法院则会考虑认可此类大额支出的合理性。

（三）通过大额支出的目的认定

鉴于一方名下银行账户在婚内获得的资金，除了明确的个人财产以外，原则上都推定为夫妻共同财产。而一方的大额支出原则上已经超过了夫妻家事代理权的范围，如果在没有征求另一方同意或该大额支出并非用于夫妻共同生活、生产经营的情况下，则法院也会认为该类大额支出通常不具有合理性。

四、婚内购置大额保险的分割

保险已经成为日常生活中最为常见、熟悉的理财方式之一，尤其是大额保单。既然保险属于财产且能产生经济价值，那么保险自然也就成为夫妻共同财产。一旦涉及离婚纠纷并需要对共同财产进行分割，则保险也不会被排除在外。

保险所涉及的财产类型主要包括保险费、保单红利、退保现金价值、养老金、保险赔款等项目。通常情况下保险费、保单收益、现金价值、养老金都属于夫妻共同财产，但保险合同或者夫妻双方有特殊约定的除外。是否所有的保险财产都属于夫妻共同财产呢？我们可以从最高人民法院发布的《第八次全国法院民事商事审判工作会议（民事部分）纪要》分析法院对保险分割的审判意见。

（一）以夫妻共有财产投保的保险属于共同财产

根据第四条的规定，婚姻关系存续期间以夫妻共同财产投保，投保人和被保险人同为夫妻一方，离婚时处于保险期内，投保人不愿意继续投保的，保险人退还的保险单现金价值部分应按照夫妻共同财产处理；离婚时投保人选择继续投保的，投保人应当支付保险单现金价值的一半给另一方。

（二）因人身保险获得的保险金属于个人财产

根据第五条第一款的规定，婚姻关系存续期间，夫妻一方作为被保险人依据意外伤害保险合同、健康保险合同获得的具有人身性质的保险金，或者夫妻一方作为受益人依据以死亡为给付条件的人寿保险合同获得的保险金，宜认定为个人财产，但双方另有约定的除外。因此，如果以自己为被保险人购买了具有人身性质的大额保单所获得的保险金或作为大额的人寿保险的受益人所获得保险金，都属于个人财产。

（三）因年金类保险获得的保险金属于共同财产

根据第五条第二款的规定，婚姻关系存续期间，夫妻一方依据以生存到一定年龄为给付条件的具有现金价值的保险合同获得的保险金，宜认定为夫妻共同财产，但双方另有约定的除外。因此，如果购买的大额保单属于前述类型的保险，则因此而获得的保险金一般应属于夫妻共同财产。

（四）夫妻双方为子女购买的保险属于其个人财产

通常情况下，法院认为夫妻双方为子女购买的保险系对子女的赠与，属于其个人财产，父母无法要求返还。如河北省高级人民法院在（2019）冀民申6009号案件中就认为："父母为子女购买保险应视为父母对子女的赠与，为子女个人财产，父母无权要求分割。"

第三节 企业家被采取强制措施时的应对

在现实中，企业家在商业活动中游刃有余，善于从商业的角度整合资源，在公司经营管理方面能力突出。可是一旦被公安机关采取强制措施，往往会陷入慌乱，不知所措，其家人和亲友也通常会陷入恐慌。对于企业家来说，公安机关的强制措施可谓重大的突发事件，很有必要提前了解应对要点，方能做到遇事不慌。

一、强制措施的法律性质

在突发事件中，公安机关将企业家带走，对企业家采取强制措施，可能是出于不同的原因，所采取的强制措施可能属于不同性质的行为，具有不同的法律意义。

对于企业家来说，一旦被采取强制措施，除了在心态上要做到沉着冷静，避免陷入慌乱之外，还应当了解被采取强制措施的法律性质和后果。因此，正确辨析不同的强制措施，对于企业家来说很有必要。

（一）辨别留置盘问和拘传

在公安机关的强制措施中，留置盘问和拘传是两种比较常见的类型，但是这两者的性质完全不同。

第一，两者的法律依据不同。留置盘问的法律依据是《人民警察法》，而拘传的法律依据则是《刑事诉讼法》。

第二，公安机关在两种程序中行使的职权类型不同。在留置盘问中，公安机关行使的是行政职权，目的在于维护社会的治安秩序；而在拘传时，公安机关行使的是刑事诉讼的职权，属于刑事诉讼程序。

第三，两者的时限不同。根据《人民警察法》的规定，公安机关为维护社会治安，对被盘问人的留置时间不得超过 24 小时，在特别情况下，在县级以上公安机关的批准下，最多可以延长至 48 小时；但根据《刑事诉讼法》的规定，传唤、拘传的时间不得超过 12 个小时。

（二）辨别刑事拘留和治安拘留

在拘留措施中，刑事拘留和治安拘留也是两种完全不同的拘留措施，具有不同的法律意义。

如果相关人员被留置盘问 24 小时或者被拘传 12 小时之后仍没有被释放，也就是被公安机关拘留，在这种情况下，应当马上向公安机关进一步了解，拘留措施是属于治安拘留还是刑事拘留。

治安拘留和刑事拘留的适用对象不同。治安拘留的适用对象一般是违反社会治安管理规定的人员，治安拘留一般最长不得超过 15 日；而刑事拘留则是针对犯罪嫌疑人或者现行犯在紧急情况下采取的一种强制措施，犯罪嫌疑人可能将承担刑事责任。

由此可见，如果企业家被采取的强制措施系刑事拘留，可能涉及刑事责任，一般来说，后果更为严重。

刑事拘留的法律依据是《刑事诉讼法》，决定权在公安机关和检察机关，执行权在公安机关。《刑事诉讼法》对刑事拘留的法定情形进行了明确的规定，公安机关对于现行犯或者重大嫌疑分子，如果有下列情形之一的，可以先行拘留：

（1）正在预备犯罪、实行犯罪或者在犯罪后即时被发觉的；

（2）被害人或者在场亲眼看见的人指认他犯罪的；

（3）在身边或者住处发现有犯罪证据的；

（4）犯罪后企图自杀、逃跑或者在逃的；

（5）有毁灭、伪造证据或者串供可能的；

（6）不讲真实姓名、住址，身份不明的；

（7）有流窜作案、多次作案、结伙作案重大嫌疑的。

《刑事诉讼法》还规定，公安机关对被拘留的人，应当在拘留后的 24 小时以内进行讯问。在发现不应当拘留的时候，必须立即释放，发给释放证明。

二、被采取强制措施时的应对要点

（一）了解《拘留通知书》的重要性

如果企业家被刑事拘留，作为企业家的家属，其首要任务就是争取尽快获得《拘留通知书》，因为《拘留通知书》上通常会写明企业家涉嫌触犯的罪名。了解企业家涉嫌的罪名非常重要。这是因为任何一起刑事案件，都是对犯罪嫌疑人进行定罪量刑。如果罪名确定，根据《刑法》的规定，犯罪嫌疑人大致的量刑范围也就基本确定了。另外，《拘留通知书》上还会写明犯罪嫌疑人开始羁押的时间，根据这一信息，可以初步判断犯罪嫌疑人批准逮捕的最后期限。

根据《公安机关办理刑事案件程序规定》第一百二十七条，刑事拘留除无法通知或者涉嫌危害国家安全犯罪、恐怖活动犯罪通知可能有碍侦查的情形以外，应当在拘留后 24 小时以内制作拘留通知书，通知被拘留人的家属。拘留通知书应当写明拘留原因和羁押处所。但有下列情形之一的，可以不予通知：

（1）不讲真实姓名、住址、身份不明的；

（2）没有家属的；

（3）提供的家属联系方式无法取得联系的；

（4）因自然灾害等不可抗力导致无法通知的。

上述情形消除后，应当立即通知被拘留人的家属。

在司法实践中，如果犯罪嫌疑人家属没有收到《拘留通知书》，主要的原因可能是犯罪嫌疑人提供的邮寄地址不详或是未及时提供实际居住地址，所以导致无法通知。因此，犯罪嫌疑人家属应当及时、主动和公安机关取得联系，尽快向公安机关签领《拘留通知书》。

（二）确定刑事案件的管辖

取得《拘留通知书》后可以了解犯罪嫌疑人所涉嫌的罪名，企业家的家属应当了解案件的管辖权，也即确认对犯罪嫌疑人采取强制措施的公安机关或者检察机关是否具有管辖权。

1. 如何确定刑事案件的管辖权

根据《公安机关办理刑事案件程序规定》，刑事案件由犯罪地的公安机关管辖。如果由犯罪嫌疑人居住地的公安机关管辖更为适宜的，可以由犯罪嫌疑人居住地的公安机关管辖。

几个公安机关都有权管辖的刑事案件，由最初受理的公安机关管辖。必要时，可以由主要犯罪地的公安机关管辖。

县级公安机关负责侦查发生在本辖区内的刑事案件。

设区的市一级以上公安机关负责重大的危害国家安全犯罪、恐怖活动犯罪、涉外犯罪、经济犯罪、集团犯罪案件的侦查。

2. 确认案件管辖权的重要意义

确认刑事案件的管辖权具有重要意义。一方面，管辖权确定后，将直接决定实际羁押犯罪嫌疑人的看守所的地点。在我国，一般来说，公安机关都有相对应的看守所作为羁押场所。除了羁押场所，管辖权确定后，有权提起公诉的检察院和审理案件的法院也就基本确定了。举例来说，如果一个案件由上海市浦东新区公安局管辖，这就意味着犯罪嫌疑人一般会被羁押在浦东新区看守所，日后该犯罪嫌疑人也就由浦东新区人民检察院提起公诉，由浦东新区人民法院审理并判决；如果是重大刑事案件，也可能由上海市人民检察院第一分院提起公诉，上海市第一中级人民法院审理并判决。同时，这种情况下也基本上决定了犯罪嫌疑人被判刑以后进行劳动改造的监狱的所在地。

及时确认案件的管辖，有利于争取时间，为案件的后续审理进行充分的准备，更好地维护涉案企业家的合法权益。

（三）申请取保候审

取保候审，是指人民法院、人民检察院和公安机关责令犯罪嫌疑人、被告人交纳保证金或提供保证人，并出具保证书，保证其不逃避或妨碍侦查、起诉和审判并随传随到的一种强制措施。

我国的《刑事诉讼法》和《公安机关办理刑事案件程序规定》对于取保候审进行了规定。

人民法院、人民检察院和公安机关对有下列情形之一的犯罪嫌疑人、被告人，可以取保候审：

（1）可能判处管制、拘役或者独立适用附加刑的；

（2）可能判处有期徒刑以上刑罚，采取取保候审不致发生社会危险性的；

（3）患有严重疾病、生活不能自理，怀孕或者正在哺乳自己婴儿的妇女，采取取保候审不致发生社会危险性的；

（4）羁押期限届满，案件尚未办结，需要采取取保候审的。

对累犯，犯罪集团的主犯，以自伤、自残办法逃避侦查的犯罪嫌疑人，严重暴力犯罪以及其他严重犯罪的犯罪嫌疑人不得取保候审，但有上述（3）、（4）两项情形的除外。

人民法院、人民检察院和公安机关决定对犯罪嫌疑人、被告人取保候审的，应当责令犯罪嫌疑人、被告人提出保证人或者交纳保证金。对同一犯罪嫌疑人，不得同时责令其提出保证人和交纳保证金。

需要对犯罪嫌疑人取保候审的，应当制作呈请取保候审报告书，说明取保候审的理由、采取的保证方式以及应当遵守的规定，经县级以上公安机关负责人批准，制作取保候审决定书。取保候审决定书应当向犯罪嫌疑人宣读，由犯罪嫌疑人签名、捺指印。

犯罪嫌疑人的保证金起点数额为人民币1000元。具体数额应当综合考虑保证诉讼活动正常进行的需要、犯罪嫌疑人的社会危险性、案件的性质、情节、可能判处刑罚的轻重以及犯罪嫌疑人的经济状况等情况确定。

（四）聘请律师的相关问题

在刑事案件中，由专业律师为犯罪嫌疑人提供辩护和指导很有必要。企业家应当了解聘请律师的相关问题，及时聘请律师，维护自己的合法权益。

1. 聘请律师的时间

根据《刑事诉讼法》的规定，犯罪嫌疑人自被侦查机关第一次讯问或者采取强制措施之日起，有权委托辩护人；在侦查期间，只能委托律师作为辩护人。被告人有权随时委托辩护人。

2. 承办律师的职责

律师在接受委托后，应当尽快联系侦查机关，提交《授权委托书》、律师事务所信函，并出示律师执业证。承办律师应向侦查机关了解犯罪嫌疑人涉嫌的罪名，提出会见犯罪嫌疑人的具体要求，会见犯罪嫌疑人。在会见犯罪嫌疑人时，律师可以向犯罪嫌疑人了解案件的具体情况，为其提供法律咨询。律师还可以代为申请取保候审或者协助办理取保候审，代理申诉和控告。

3. 律师的作用

在刑事案件中，涉案的企业家聘请律师，有利于有效维护自己的合法权益，律师的主要作用在于为涉案人员及其家属提供法律咨询、协助申请取保候审、刑事辩护，等等。

值得注意的是，现实生活中常有人对律师的作用存在误解，比如向律师“购买结果”，或者是向律师提出非法要求，这些都是不可取的。

一方面，根据我国《律师法》《律师执业管理办法》等法律规定，律师不得对案件的结果作出承诺，这不仅是法律的明确规定，也是律师执业中基本的道德底线。实际上，律师也不具备承诺案件结果的能力，更不可能向委托人“销售”案件结果。一个刑事案件中的可变因素有很多，在没有进行充分考虑的情况下，律师很难对案件进行全面、有条理的分析，更不可能提前知道案件的结果。律师提供法律服务，输出的是法律知识和智慧，在法律的范围内，尽量争取案件向有利的方面发展，取得最好的结果，但律师并不能决定案件的结果，案件的结果由司法机关决定依据事实、根据法律做出最终的决定。

另一方面，实践中经常有犯罪嫌疑人家属向律师提出非法的要求。常见的情况有：要求律师带家属去会见嫌疑人；要求律师传达不能转达的内容；提供案卷材料；找证人改证言；甚至贿赂司法人员等。究其原因，第一，犯罪嫌疑人家属由于不了解法律，本身不清楚提出的要求属于非法要求；第二，也有些家属明知所提的要求不当，但其认为律师是“收钱办事”，所以即使是非法的要求也肯定会答应。需要注意的是，律师如果答应了犯罪嫌疑人家属的非法要求并加以实施，将面临相应的法律风险。例如，律师非法提供案卷，将导致律师很难根据事实和法律进行辩护，最终可能导致犯罪嫌疑人的合法权益得不到维护。因此，无论是犯罪嫌疑人家属还是律师，都应当对此予以重视。

（五）搜查犯罪嫌疑人的住所

相关人员被采取强制措施后，侦查机关可能会搜查犯罪嫌疑人的住所。因此，企业家应当提前了解住所被搜查时的注意要点。

《刑事诉讼法》第一百三十六条规定，为了收集犯罪证据、查获犯罪人，侦查人员可以对犯罪嫌疑人以及可能隐藏罪犯或者犯罪证据的人的身体、物品、住处和其他有关的地方进行搜查。

同时，《刑事诉讼法》第一百三十八条规定，进行搜查，必须向被搜查人出示搜查证。在执行逮捕、拘留的时候，遇有紧急情况，不另用搜查证也可以进行搜查。

《公安机关办理刑事案件程序规定》第二百二十四条对于不用搜查证也可以进行搜查的紧急情况进行了规定，分别是可能随身携带凶器的，可能隐藏爆炸、剧毒等危险物品的，可能隐匿、毁弃、转移犯罪证据的，可能隐匿其他犯罪嫌疑人的，其他突然发生的紧急情况。

因此，公安机关或检察机关的侦查人员，除了以上几种紧急情况之外，必须向被搜查人出示搜查证之后才能进行搜查。除此之外的其他人员，或者侦查人员在没有出示搜查证的情况下，都属于非法搜查。

除了公安机关和检察机关的侦查人员外，在涉嫌职务犯罪的案件中，根据《监察法》第二十四条的规定，监察机关可以对涉嫌职务犯罪的被调查人以及可能隐藏被调查人或者犯罪证据的人的身体、物品、住处和其他有关地方进行搜查。在搜查时，应当出示搜查证，并有被搜查人或者其家属等见证人在场。监察机关进行搜查时，可以根据工作需要提请公安机关配合。公安机关应当依法予以协助。

另外，保安人员和辅警人员是根据劳动合同向特定单位提供劳动和服务换取劳动报酬的人员，不属于国家工作人员，没有行使上述法律法规中的权力，也无权对他人进行搜查。

（六）扣押物证和书证的应对

根据《刑事诉讼法》第一百四十一条的规定，在侦查活动中发现的可用以证明犯罪嫌疑人有罪或者无罪的各种财物、文件，应当查封、扣押；与案件无关的财物、文件，不得查封、扣押。

在实践中，对于因犯罪嫌疑人被突然羁押时不得不扣押的与案件无关的物品、文件，可以通过公安机关的承办人员或聘请律师从看守所代为提取出来。

持有人拒绝交出应当扣押的物品和文件的，公安机关可以强行扣押。

执行扣押物品、文件的侦查人员不得少于二人，并持有关法律文书或者侦查人员工作证件。

根据《刑事诉讼法》第一百四十二条的规定，对查封、扣押的财物、文件，应当会同在场见证人和被查封、扣押财物、文件持有人查点清楚，当场开列清单一式二份，由侦查人员、见证人和持有人签名或者盖章，一份交给持有人，另一份附卷备查。

（七）查询冻结存款或汇款的应对

根据《刑事诉讼法》第一百四十四条的规定，人民检察院、公安机关根据侦查犯罪的需要，可以依照规定查询、冻结犯罪嫌疑人的存款、汇款、债券、股票、基金份额等财产。有关单位和个人应当配合。犯罪嫌疑人的存款、汇款、债券、股票、基金份额等财产已被冻结的，不得重复冻结。

根据《公安机关办理刑事案件程序规定》第二百四十三条、第二百四十四条，冻结存款、汇款等财产的期限为 6 个月。冻结债券、股票、基金份额等证券的期限为 2 年。有特殊原因需要延长期限的，公安机关应当在冻结期限届满前办理继续冻结手续。逾期不办理继续冻结手续的，视为自动解除冻结。

三、企业家应当重视刑事合规

在现实生活中，民营企业家一般会重视企业的合规管理工作，但是对于刑事合规，却往往容易忽视。然而，忽视企业和民营企业家自身的刑事合规，可能导致十分严重的后果。民营企业家一旦被采取强制措施，可能意味着将面临刑事指控，涉及刑事风险，应当及时地聘请专业律师介入，以最大限度地维护自己的合法权益。

凡事预则立，不预则废，对于民营企业家来说，未雨绸缪，重视刑事合规工作，从源头上消除民营企业家和企业的刑事风险，很有必要。

第四节 公章被抢夺时的应对

公章是每个公司的必备证照之一，对于公司的经营管理有着重要的意义。2020年4月，某某网的公章抢夺事件引起了全社会的广泛关注。其实，抢夺公章的意外事件并不罕见，真GF、LS照明等企业都曾因为股东之间或股东和公司等纠纷发生过抢夺公章的事件。由于公章对于公司的正常管理和经营活动具有重要的意义，公司内部一旦发生抢夺公章的意外事件，势必会在一定程度上对于公司的运营造成负面影响，最终也会影响股东的权益。因此，企业家应当重视公司公章的管理，了解公章的性质和法律效力，从公章的刻制、保管和使用等方面规范公司公章的管理制度，也应当掌握公章被意外抢夺时的应对要点。

一、公章的法律效力

我国的印章文化历史悠久。自古以来，印章逐渐成为了权力的外化表现。帝王的玉玺便是一个典型的例子，象征着帝王的至高权力，逐渐获得了全社会的普遍认可。

在现代的公司制度下，虽然公司在法律上具有独立人格，但是“法人”只是法律上的概念，无法像一个自然人一样直接做出法律行为，只能通过特定的自然人作出意思表示。在这一过程中，特定自然人代表公司作出意思表示的方式，便是通过签字或者盖章的形式将公司的意义外化。因此，公章在这一过程中发挥着重要的作用。

（一）公章的概念

以上海市公安局发布的《上海公安机关公章刻制管理工作规范》为例，其中明确规定：“公章是指国家机构、政党、社会团体、公司、企事业单位及其内设、派出、议事协调、非常设机构和居（村）委的法定单位名称章和冠有单位名称的单位部门章、法定代表人印章以及合同、财物、发票、报关、商检等重要专用章。”

由此可见，公司的公章包括法定名称章、部门章、法定代表人印章以及专用章等，常见的专用章有合同专用章、财务专用章等。

（二）公章的性质

从性质上来说，公章是公司意志的体现。第一，相对于自然人的签字来说，公章更具有社会认可度，同时契合我国传统的印章文化和现代公司制度的要求。第二，公章是公司意志的外化形式，具有制度外观的特点，有利于在商事交易中保护善意第三人，从而维护正常交易秩序。第三，公章具有区分性的特点，公司的公章在形式上有别于特定自然人的签字，能够有效避免自然人和公司身份的混淆。

此外，从印章的法律意义上来说，印章具有主体识别和意识表示识别的双重效果。第一，印章具有主体身份识别的法律意义，公司印章本身，即表明了这是 A 公司，而不是 B 公司或者 C 公司；第二，印章具有意思表示识别的法律意义，在合同等法律文件上加盖 A 公司的印章，即表明 A 公司对这些文件内容的认可。

（三）公章的法律效力

从法律效力上来说，公章是公司独立意思的证明。在公司内部，法定代表人作为具有特定身份的自然人，其作出的意思表示和法律行为原则上可以代表公司，除此之外，公司的独立意思可以通过公章来证明。

公章的法律效力可以分为对内和对外两个方面。

1. 公章的对内效力

公司公章的对内效力主要体现在公司的内部治理中。对于公司的内部人员，包括公司股东、董事、监事、经理等高级管理人员，公章具有普遍的约束力。

例如，根据《公司法》第三十一条的规定，有限责任公司成立后向股东签发的出资证明书应当由公司盖章。由此可见，股东的出资证明书经加盖公司的印章后，一方面说明股东已经向公司出资，另一方面也证明公司已经收到股东的出资，股东已经履行出资的义务，得以行使股东权利，要求公司保护股东权益。

2. 公章的对外效力

公章的对外效力，则主要体现在公司对外进行的商事交易过程中。

公司对外进行的商事交易活动中，公章代表了公司作为独立法人的整体意志，具有集合性的特点。以《民法典》合同编的规定为例，公司在合同上加盖公章，则视为公司已经作出意思表示，从法律效力上来说，构成要约或者承诺。根据《民法典》第四百九十条、第四百九十三条的规定，合同一经公司加盖公章，合同成立的时间、成立的地点也就得以明确。

（四）公章与法定代表人的关系

在公章的法律效力问题中，有一个问题值得注意，也就是公章和法定代表人的关系问题。公司作为具有独立人格的法人，是独立于公司股东的法律主体，但是公司的意思表示和法律行为必须通过特定的自然人或者机构作出，法定代表人是行使公司代表权的有权主体。

在司法实践中，加盖公司公章往往需要和法定代表人的签字结合在一起，方能证明公司真实的意思表示。在仅有公章或者仅有法定代表人签字的情况下，所签署合同的效力可能存在瑕疵。

1. 仅有公章而无法定代表人的签字

最高人民法院发布的《九民纪要》第四十一条规定："人民法院在审理案件时，应当主要审查签约人于盖章之时有无代表权或者代理权，从而根据代表或者代理的相关规则来确定合同的效力。"

由此可见，最高人民法院对盖章行为产生的法律效力纠纷，确立了"看人不看章"的裁判规则。在没有法定代表人签字的情况下，如果盖章人并非法定代表人或者其授权之人，即使所盖的公司公章为真，可能也无法产生相应的法律效力。

另外，最高人民法院在（2017）最高法民申2096号判决中明确指出："根据《民诉法解释》第一百一十五条规定，单位向人民法院提出的证明材料，应当由单位负责人及制作证明材料的人员签名或者盖章，并加盖单位印章。因此，当事人向人民法院提交的由单位出具的证明，如仅加盖该单位印章，而无该单位负责人及制作证明材料的人员签名或盖章的，则不符合该条关于单位证明材料形式要件的规定，人民法院不予采信。”

由此可见，公司向法院提供证明材料时，应当在加盖公章的同时，由负责人签字，方能被法院采信。

2. 仅有法定代表人签字而无公章

瑕疵效力合同的第二类情形是仅有法定代表人签字而未加盖公司公章。

案例 4－8 周某、东 H 公司装饰装修合同纠纷案

二审法院： 宁波市中级人民法院（2017）浙 02 民终 3901 号

再审法院： 浙江省高级人民法院（2017）浙民申 896 号

案例主旨： 仅有法定代表人签字而无公司盖章的合同有效。

法院认为，本案中，双方当事人于 2010 年 6 月 27 日签订《建设工程施工合同》一份，约定涉案工程发包人为周某，承包人为东 H 公司，并约定了其他相关权利义务等。周某及东 H 公司的法定代表人在合同落款处签字。周某主张该合同因东 H 公司未盖章而无效，但东 H 公司对合同真实性予以认可，周某自认“周某”的签名确由其签署，亦没有提供其他有效证据证明涉案合同存在违反法律法规强制性规定的情形，故原判认定合同真实有效，并无不当。周某在签订合同时已明知仅有东 H 公司法定代表人签名，但对此并无异议，在本案中却以东 H 公司未盖章为由主张合同无效，缺乏依据，不能成立。

案例 4－9 AFR 烟台公司、烟台市 FS 区国有资产经营公司股东出资纠纷案

一审法院： 山东省高级人民法院（2014）鲁商初字第 14 号

二审法院： 最高人民法院（2018）最高法民终 209 号

案例主旨： 仅有法定代表人签字而无公司盖章的合同有效。

最高人民法院认为，加盖公章和签字均是法定的代表当事人作出意思表示的方式。我国并无法律规定不加盖公章、法定代表人的签字就不足以代表公司的意思表示。而且，根据本院查明的事实，本案中，因 AFR 烟台公司前总经理王某东涉嫌犯罪，AFR 烟台公司存在公章管理和使用不规范的情形，上诉状上没有加盖 AFR 烟台公司公章具有客观理由，不能因为没有加盖公司公章而否定

AFR 烟台公司法定代表人代表公司提起上诉的合法性。

从上述案例可以看到，在仅有法定代表人签字而无公章导致合同瑕疵的情况下，判断合同的效力，首先应当看合同是否约定了生效条件，也即合同中是否明确约定加盖公司公章为生效条件。否则，如果在合同中未明确约定加盖公章为生效要件的情况下，一般来说，法定代表人的签字可视为公司的意思表示，合同经法定代表人签字后即生效。

（五）公章与公司控制权

公章和公司管理经营之间的联系十分紧密，从一定程度上来说，掌握了公司的公章，便可以影响，甚至是决定公司的控制权。究其原因，除了上文中介绍的公章在《公司法》等法律法规下具备的重要法律效力之外，公司实务中对于使用公章的普遍要求，也是公章影响公司控制权的重要原因之一。

以变更公司登记为例，如果公司的公章掌握在其他人手中，在实务中可能会遭遇障碍。虽然法律、行政法规和工商部门的文件中并未明确规定申请公司变更登记的材料中必须加盖公司公章，但是在目前的实务中，登记机关一般会要求变更登记的材料中必须加盖公章，例如公司变更登记申请书需要加盖公章。因此，如果申请人不掌握公章，在办理公司变更登记时就会遇到障碍。

二、公章的刻制

对于公司来说，规范公章管理的第一步，首先是公章的刻制环节。

（一）公章刻制的行政法规

《国务院关于国家行政机关和企业事业音准社会团体印章管理的规定》第二十三条规定：“印章制发机关应规范和加强印章制发的管理，严格办理程序和审批手续。国家行政机关和企业事业单位、社会团体刻制印章，应到当地公安机关指定的刻章单位刻制。”

根据 2017 年 1 月 12 日发布的《国务院关于第三批取消中央指定地方实施行政许可事项的决定》中的第（九）项，取消公章刻制审批，同时明确规定，取消审批后，实行公章刻制备案管理，继续保留公安机关对公章刻制企业的审批。

因此，从行政法规的角度来看，对于企业来说，过去的公章刻制审批制度已经不再适用，目前实行的是公章刻制备案管理制度。

（二）多枚公章的效力问题

在公司的经营管理过程中，为了开展业务的便利，或者是出于其他原因，公司往往存在多枚公章的情形。在这种情况下，多枚公章可能在效力上引发纠纷。

案例4-10 ZR公司与XD公司合同纠纷案

一审法院： 浙江省宁波市中级人民法院（2009）浙甬商外初字第73号

二审法院： 浙江省高级人民法院（2015）浙商外提字第1号

案例主旨： 公司使用多枚公章不影响合同效力。

法院认为，我国相关公章管理制度均明确一个单位只能刻制一枚公章，但在商业实践中，一些企业存在同时使用多枚公章的情况。在审判实践中，对使用未在工商部门备案的公章签订合同的行为，亦未一概认定无效。ZR公司在本案中提交了多份生效判决证明XD公司同时至少使用4枚公章，故ZR公司同时使用2枚公章亦有可能。XD公司虽提供证据证明ZR公司在“3.25协议”上使用的公章于2007年才在工商部门备案启用，但在同时使用多枚公章的情况下，未备案的公章也可能被使用。此外，由于“3.25协议”和“3.28菜籽油协议”约定的标的额相近（分别为1.1亿元和1.45亿元）、付款流程重叠（均为ZR公司-粮食公司-四H公司）、付款期限亦大部分重合（分别为3月29日至6月27日、3月28日至9月26日），因此，XD公司提供证据3的13份付款凭证上记载的内容无法得出系履行“3.28菜籽油协议”项下付款义务的唯一结论。而且，“3.28菜籽油协议”系买卖合同，其主要合同义务除买方付款外，还有卖方交货，而本案中并无证据证明四H公司向粮食公司履行交付菜籽油的义务，或粮食公司向四H公司提取了2.5万吨菜籽油。因此，XD公司主张“3.25协议”系伪造的理由和证据均不充分，法院不予采信。

案例4-11 GS银行景德镇分行与ZHJ公司等金融借款合同纠纷案

二审法院： 江西省高级人民法院（2011）赣民终字第14号

再审法院： 最高人民法院（2013）民提字第248号

案例主旨： 公司使用多枚公章不影响合同效力。

最高人民法院认为，ZHJ公司对于衡阳案（另案）和广州案（另案）保证合同中其非备案公章使用效力的认可，其效力不应该仅仅限于衡阳案和广州案，同样也应当延展到本案。企业使用或者认可使用其非备案公章，其行为效力同样具有公示效力。对于使用或者认可使用非备案公章效力的企业，无权对其非备案公章的使用效力作出选择性认可。原审判决认定ZHJ公司对涉案公章的效力认可只是限于特定交易行为，不涉及其他交易行为，以及GS银行景德镇分行并未将衡阳案和广州案ZHJ公司非备案公章作为签订本案02号保证合同的依据，与公章的公示力相违背，不予支持。不论本案02号保证合同与衡阳案、广州案加盖ZHJ公司非备案公章是否为ZHJ公司所有或者使用，ZHJ公司只要认可其非备案公章的使用效力，便具有公示性，从而必须为其行为承担责任。合同经当事人签字或者盖章，均能使合同成立生效。本案02号保证合同所涉ZHJ公司法定代表人张某某签名经鉴定为非本人签名，不影响本案保证合同的效力。

案例4－12 HT青海分公司与青海HX公司、安多HX公司等民间借贷纠纷案

一审法院：青海省高级人民法院（2018）青民初26号

二审法院：最高人民法院（2019）最高法民终1535号

案例主旨：公司使用多枚公章不影响合同效力。

最高人民法院认为，本案中，案涉《协议书》中有HT青海分公司负责人崔某某签字并加盖HT青海分公司印章。虽然经鉴定案涉《协议书》中HT青海分公司的印章印文与备案印章印文不一致，但因同一公司刻制多枚印章的情形在日常交易中大量存在，故不能仅以合同中加盖的印章印文与公司备案印章或常用业务印章印文不一致来否定公司行为的成立及其效力，而应当根据合同签订人盖章时是否有权代表或代理公司，或者交易相对人是否有合理理由相信其有权代表或代理公司进行相关民事行为来判断。本案中，崔某某作为HT青海分公司时任负责人，其持HT青海分公司印章以HT青海分公司名义签订案涉《协议书》，足以令作为交易相对人的青海HX公司相信其行为代表HT青海分公司，并基于对其身份的信任相信其加盖的HT青海分公司印章的真实性。但是，崔某某为安多HX公司的股东，但并非安多HX公司的法定代表人，亦无证据证明其在安多HX公司任职或具有代理安多HX公司对外进行相关民事行为的授权。而

仅因崔某某系安多HX公司股东，不足以成为青海HX公司相信崔某某有权代理安多HX公司在案涉《协议书》上签字盖章的合理理由，故崔某某的行为亦不构成表见代理，对安多HX公司不具有约束力。

从上述案例可以看到，在公司实务中，如果公司在运营和管理过程中存在多枚公章，不论公章是否经过备案，这些使用过的公章对外均具有公示效力。在公司对外的商事交易活动中，不得以公司存在多枚公章且公章未经过备案为理由否认公章的效力。当然，对于公司来说，应当重视公司公章的内部管理规范，确保公章刻制合法合规。

（三）公章的作废和补刻

从公司内部治理的角度来看，应当由哪个机关决定呢？公章的作废、补刻和公章的刻制问题应为同理。

首先，应当看公司的章程中是否有明确约定。如果公司在章程中对于公章的作废和补刻的审批程序和有权机关进行了明确的约定，则应当以章程中的约定为准。

其次，如果公司章程未进行约定，则根据《公司法》的规定，一般来说，决定公章的作废和补刻的职权应当属于公司的董事会或者执行董事。根据《公司法》第四十六条的规定，董事会负责公司的管理。如果公司未设置董事会，则由执行董事负责公司的管理。在我国《公司法》下，股东会并非公司运营中常设的管理机构，公司的日常运营和管理事项应当由董事会或者执行董事决定。从《公司法》第四十六条规定所列举的董事会职权来看，公章的刻制、作废和补刻，也应当属于公司内部的管理事项，应属于公司董事会或者执行董事的职权范围。

（四）伪造公司印章罪的刑事风险

值得特别注意的是，在公章的作废和补刻过程中，应当警惕伪造公司印章罪的刑事责任。

我国《刑法》第二百八十条规定，“伪造公司、企业、事业单位、人民团体的印章的，处三年以下有期徒刑、拘役、管制或者剥夺政治权利，并处罚金”。从犯罪构成要件来说，伪造公司印章罪的主体要件为一般主体，也即年满16周岁、具备刑事责任能力的自然人均可能构成这一罪名；客体要件方面，伪造公司印章罪侵犯的客体是公司的正常运营和社会的正常交易秩序；主观要件方面应当是故意，也即行为人明知自己无权刻制但是出于某种目的而进行伪造；客观要件方面，行为人应当是实施了伪造公司印章的行为。

由此可见，是否构成伪造公司印章罪的关键要素在于行为人是否系“有权”制作公司印章。至于如何认定行为人是否为“有权”，从公司内部治理的角度来看，又回到了上文的分析，也即在公司章程没有特别约定的情况下，一般来说，公司的董事会或者执行董事应当为刻制、作废或补刻公章的有权机关。

案例 4－13 孙某某伪造公司印章、职务侵占罪案

一审法院：吉林省洮南市人民法院（2018）吉 0881 刑初 196 号

二审法院：吉林省白城市中级人民法院（2019）吉 08 刑终 172 号

案例主旨：法定代表人刻制公章不构成伪造公司印章罪。

一审法院认为，被告人孙某某在担任洮南市铁 D 供热有限责任公司法定代表人期间刻制公司公章的行为，不属于无制作权的人，冒用名义，非法制作公章的行为，且涉案公章的来源不清，证据之间相互矛盾，亦不能达到事实清楚、证据确实充分的要求，故孙某某的行为不构成伪造公司印章罪。

二审法院认为，原审被告人孙某某在担任洮南市铁 D 供热有限责任公司法定代表人期间，和公司股东协商后，指使公司工作人员刻制公章的行为，不属于没有制作权人擅自伪造公司印章的行为，其行为不构成伪造公司印章罪。原审判决认定事实清楚，证据确实、充分，定罪准确，量刑适当。

三、公章的保管

公章在公司的经营管理活动中具有重要的意义，那么，公章应当由谁保管呢？从司法实践中的一些典型案例来看，公章依法属于公司的财产，如果没有特别约定，公章一般由法定代表人保管。

（一）推定由法定代表人保管

案例 4－14 马某某、李某某与 TD 公司等公司证照返还纠纷案

一审法院：山东省济南市历下区人民法院（2020）鲁 0102 民初 9316 号

二审法院：山东省济南市中级人民法院（2021）鲁 01 民终 1166 号

案例主旨：公司公章推定由对外行使职权的负责人即法定代表人管理。

法院认为，TD公司属于营利法人，有独立的法人财产，享有法人财产权，TD公司的公章、合同章对外代表着公司的意志、是公司的表象，在公司章程没有明确规定由谁负责管理公司公章时，应推定由对外行使职权的负责人即法定代表人管理，在法定代表人离职时负有返还的义务，目前马某某已不是TD公司的法定代表人，其无权再对TD公司公章、合同章进行管理，应当向TD公司返还公司公章、合同章。因李某某管理着TD公司的公章、合同章，TD公司要求其返还，理由正当，予以支持。

案例4－15 郑某与GW公司等公司证照返还纠纷案

一审法院：广东省深圳市南山区人民法院（2019）粤0305民初5560号

二审法院：广东省深圳市中级人民法院（2019）粤03民终21787号

案例主旨：公司的公章推定由法定代表人保管。

法院认为，公司公章、营业执照等物品、文件资料系公司在经营管理活动中行使其职权的重要凭证和工具，均属于公司财产，故证照印章的占有、支配和使用，应当有法定授权（如公司法定代表人）或公司章程、股东会决议的授权。本案中，偶某某为GW公司法定代表人，系代表GW公司对外行使职权的负责人，在公司章程及股东会决议没有明确规定公司公章、法定代表人私章、营业执照由何人保管时，应推定由公司对外行使职权的负责人即法定代表人保管。

（二）公章的外借

案例4－16 YX五金厂、王某某与YT公司侵害外观设计专利权纠纷案

一审法院：广东省深圳市中级人民法院（2015）深中法知民初字第922号

二审法院：广东省高级人民法院（2016）粤民终1098号

案例主旨：公章一旦加盖即产生效力，公司应当承担法律后果。

法院认为，关于YX五金厂是否与王某某构成共同侵权的问题，根据涉案（2015）深证字第77060号公证书的记载，购买被诉侵权产品的收据及购销合同上加盖有YX五金厂的公章，购销合同上亦载明供方系YX五金厂和王某某，法院据此认定YX五金厂与王某某共同制造和销售了侵权产品。王某某主张其借

用 YX 五金厂公章，YX 五金厂并未参与购销过程，但是，公章作为企业法人身份的象征，一旦加盖即产生法律效力，即使王某某的主张属实，YX 五金厂作为理性的法人主体，亦应知晓其擅自出借公章行为存在的风险，并应承担由此产生的一切法律后果。

由此可见，公司的公章在外借后，一旦加盖，则可能产生法律效力。对于外借公章的公司来说，应当知晓公章外借后存在的风险和由此可能产生的法律后果。因此，公司应当高度重视公章的外借，有必要设置完善的内部制度对于公章的外借进行规范。

（三）公章的“抵押”

司法实践中有一种比较普遍的现象，在公司对外借款或者提供担保时，债权人出于保护自己的债权，有时会向公司提出将公章“抵押”给自己。由于公章对公司日常经营和管理具有重要意义，债权人掌握了债务人公司的公章后，在一定程度上可以控制债务人公司不再产生新的债务，从而保护自己的债权得以实现。但是，这类情形下，公章的“抵押”是否有效，目前的司法实践中尚未形成统一的裁判规则。

案例 4－17 PT 公司与 HS 集团公司证照返还纠纷案

一审法院：福建省厦门市思明区人民法院（2017）闽 0203 民初 16609 号

二审法院：福建省厦门市中级人民法院（2018）闽 02 民终 3241 号

案例主旨：公章不能作为抵押物或质物，以担保债权实现的抵押或质押行为不属于担保物权的法律关系调整范围。

法院认为，PT 公司系因拖欠投资方工程款而将其公章、财务章、营业执照正副本交付给 HS 集团，以此消除 HS 集团的后续投资疑虑，继续推进后续工程建设。上述行为从目的、内容、手段、对象等方面看，并未违反法律、行政法规的强制性规定，且系双方当事人的真实意思表示。因此，在双方仍就案涉项目工程款存在争议，HS 集团投资疑虑未消除的情况下，PT 公司要求 HS 集团返还公章、财务章、营业执照正副本，依据不足，不予支持。PT 公司的上述行为并非以其公章、财务章、营业执照正副本作为抵押物或质物以担保债权实现的抵押或质押行为，PT 公司以公章、财务章、营业执照正副本不能作为抵押物、质物为由，要求 HS 集团予以返还，缺乏依据，本院不予支持。

案例 4-18 河北省地方 MT 工业公司与 HY 经贸公司返还原物纠纷案

一审法院：石家庄市桥西区人民法院（2017）冀 0104 民初 481 号

二审法院：河北省石家庄市中级人民法院（2017）冀 01 民终 6200 号

案例主旨：公章不得作为质押品。

法院认为，根据《国务院关于国家行政机关和企事业单位社会团体印章管理的规定》第二十五条的规定，国家行政机关和企业事业单位、社会团体必须建立健全印章管理制度，加强用印管理，严格审批手续。未经本单位领导批准，不得擅自使用单位印章。可见，公章具有专属性，只能用于本单位的对外业务，不得作为其他用途，包括作为质押品。本案涉及 HY 经贸公司单位印章虽系 HH 经贸有限公司与河北省地方 MT 工业公司之间以履行合同为由，作为质押品交由河北省地方 MT 工业公司保管的，但扣押印章与当事人履行完合同是两个法律关系，河北省地方 MT 工业公司可另案主张，但不能扣押印章作为质押物。

案例 4-19 孝感 MB 小贷公司与孝感 ZT 麻糖公司、李某某小额借款合同纠纷案

一审法院：湖北省孝感市孝南区人民法院（2015）鄂孝南民初字第 01887 号

案例主旨：公司之外的人员非法侵占公司证照的，当事人可以主张原物返还请求权。

法院认为，公司在经营过程中，至少应当拥有营业执照，公司公章、财务章、许可证件执照等，公司证照对外代表着公司的意志，是公司的表象，公司上述证照的所有权应当由公司拥有，并由公司的人员实际占有、控制或由专人保管，公司人员之外的第三人非法侵占公司证照拒不返还，孝感 MB 小贷公司以种种理由“保管”孝感 ZT 麻糖公司的证照、印章的行为明显违反法律规定，故孝感 ZT 麻糖公司要求孝感 MB 小贷公司返还证照、印章的反诉请求，依法予以支持。

从上述三个典型案例可以看到，司法实践中对于“抵押”公章的行为效力存在争议，目前并无统一的裁判规则，这主要是因为在立法和法律适用规则的层面尚未对“抵押”公章的行为进行规范。应该说，通过“抵押”公章来保障

债权的做法，缺少明确的法律依据。因此债权人采取“抵押”公章的方式保证债权的实现，存在较高的风险。

四、公章的使用

公章在公司的日常运营过程中发挥着重要的作用，也经常在公司对内、对外的事项中使用。那么，从公司的角度来看，公章的使用有哪些要点，公司应当如何规范？

（一）审批权与保管权应当适度分离

案例4－20 潘某与YFDC公司劳动合同纠纷案

一审法院：南京市玄武区人民法院（2014）玄民初字第655号

二审法院：南京市中级人民法院（2015）宁民终字第93号

案例主旨：主张公章系偷盖的一方需承担举证责任。

法院认为，潘某依据《劳动合同补充合同》主张相关的权利，YFDC公司主张未与潘某签订过该补充合同，但对该补充合同上的单位公章的真实性予以认可，同时，其主张该补充合同系潘某利用掌管公章的便利伪造的合同，为此，其要求鉴定公章与文字形成时间的先后。潘某主张该补充合同系单位拟定，并交由其签字，即便公章形成时间在前亦无法得出该公章是潘某偷盖的结论。潘某提交的《劳动合同补充合同》显示合同双方均签字或盖章确认，YFDC公司主张是潘某偷盖单位公章形成，未提供充足的证据加以证明。其申请鉴定该补充合同上公章与文字形成时间的先后，但即便鉴定出公章形成时间在文字之前，亦无法得出该公章系潘某单方面偷盖的结论，对其鉴定申请，法院不予采纳。法院认定该补充合同有效，具有事实与法律依据。潘某依此补充合同主张相关权利，应依法予以支持。

由此可见，在公章的使用制度中，设置审批权和保管权的适度分离，很有必要。如果在公司内部，公章的审批人和使用人为同一人，这就意味着此人可以任意使用章，而不受任何的限制。一旦产生纠纷，公司要证明用章人违反公司规定擅自用章，公司负有极大的举证责任，在司法实践中将处于十分不利的地位。

公章保管人和使用人的设置如果不进行适度的分离，除了该员工可能为一已私利擅自盖章之外，一旦该员工伪造或者变造公章，可能对公司造成更大的不利影响。因此，将公章的审批权和保管权适度分离，可以实现公司内部公章使用制度的制衡，有利于公司的有效运营，维护公司的规范管理。

（二）用印审批流程应当予以规范

案例4－21 NY银行普陀支行、LQ公司财产损害赔偿纠纷案

一审法院：上海市黄浦区人民法院（2014）黄浦民五（商）初字第7999号

二审法院：上海市第二中级人民法院（2016）沪02民终38号

案例主旨：公司对贸然用印存在过错，应当承担法律责任。

法院查明，2012年3月，LLY分公司向NY银行普陀支行提出以其对LQ公司所享有的应收账款债权转让给NY银行普陀支行为前提条件，申请保理融资款。LLY分公司负责人顾某某利用LQ公司盖章的《确认函》成功获得贷款。之后，上海市第二中级人民法院以（2013）沪二中刑初字第22号刑事判决书查明：顾某某通过这种方式实施了多起诈骗，其中包括向NY银行普陀支行骗取的融资款。故，NY银行普陀支行起诉要求LQ公司承担赔偿责任。

法院认为，在本案《确认函》盖章之前，LLY分公司还向BJ银行上海分行申请保理融资，LQ公司曾对BJ银行上海分行受让的应收账款金额为1875万元的《应收账款转让通知书》盖章确认，而据LQ公司认可的真实欠付账款情况，该应收账款的金额已经明显高于其与LLY分公司之间的真实欠款金额。在此之后LLY分公司又以向NY银行普陀支行申请保理融资为由让LQ公司再次在本案《确认函》上盖章，LQ公司对此仍未引起合理注意和警觉，置真实应付账款的金额于不顾，其账务管理制度存在明显疏漏，随意盖章确认，内部用印审批流程形同虚设。可见，LQ公司应当能够预见到在LLY分公司转让应收账款的金额不明的情况下在《确认函》上用印的法律后果，其具有怠于核对应付账款、贸然用印的重大过错。最终法院酌情认定LQ公司对保理融资款损失和利息损失的80%承担赔偿责任。

通过上述案例，我们认为，公司应当规范内部的用印审批流程，其中，应当注意以下几个要点：

第一，公司应当对用章的使用进行统一和集中的管理，制定统一的用印审批流程，在全公司范围内实施，全面规范公司公章的使用。

第二，公司应当合理设置公章的审批权限。由何种主体掌握公章的审批权，对于规范公章的使用意义重大。一方面，考虑到日常审批公章可能带来的时间成本，公章的审批人不宜设定为公司的法定代表人或者董事长等主要管理人员；另一方面，考虑到公章审批对于公司经营管理的重大影响，审批人应当具有一定的专业能力和责任心。因此，一般来说，公司可以考虑由行政部或者法务部等部门的主管行使公章的审批权。

第三，公章的审批应当全面留痕。公章的审批流程应当保留完整的书面记录，这样一方面可以加强公司内部的监督和管控，提高公司员工规范使用公章的意识；另一方面一旦出现纠纷和争议，书面记录可以作为追责的依据。

第四，由上述典型案例可以看到，公章保管人对于用章应当尽到一定的注意义务。对于公司的日常用章，要求公章保管人对于每一份用章文件都进行逐一的校对和核查，显然不具有可行性。但是，对于用章文件中的核心和重点内容，例如交易合同中的金额、期限等核心条款，还是应当尽到一定的注意义务，也就是较低限度的注意义务。只有这样，才能够有效控制公司用章中可能存在的风险。

（三）用印责任应当明确划分

案例 4-22 王某某、ZX 公司、BQ 公司、ZGTJ 公司知识产权纠纷案

一审法院： 南宁市中级人民法院（2010）南市民三初字第 183 号

二审法院： 广西壮族自治区高级人民法院（2013）桂民三终字第 1 号

案例主旨： 保管公章的公司员工有权证明公章更换情况。

法院认为，某某员工为 BQ 公司的公章保管人员，了解 BQ 公司的公章更换情况，其受公司委托接受法院调查，有权代表公司提交证实其公司公章更换情况的证据。该份证据是 BQ 公司向宜州市公安局申报的请求更换公章的文件，有公司总经理等相关领导的签字，证实了 BQ 公司更换、启用公章的事实，也与 ZGTJ 公司提交的证据形成一个证据链，证明了 BQ 公司先后存在两个公章的事实。且王某某、ZX 公司对该份证据的真实性亦无异议，该份证据具有真实性、合法性，与本案事实有关联性，应当予以采信。

由此可见，在公章的使用制度中，用印责任人主要包括公章保管人、公章审批人及公章使用人这三类。在公司的公章制度中，明确划分用印责任很有必要。

明确用印责任划分的意义体现在两个方面：一是内部追责，二是外部的抗辩。一旦公司因用印陷入纠纷，根据公司内部的用印责任划分，公司可以快速启动追责程序，有效实现追责。更重要的是，公司对外可以进行有效的抗辩。如果在公司的日常运营中，公章的用印责任可以进行明确的划分，一旦发生争议，相关的用印责任人可以就公章使用的实际情况提供证言，以证明公章的真实使用情形。如果能和其他证据相互印证、形成证据链，则更容易被法院采信。

五、公章的返还

2020 年 4 月 26 日，某知名电商企业某某网创始人 L 总带领 4 人到公司夺走几十枚印章，引起了全社会的广泛关注。该企业创始人 L 先生和 Y 女士于 1996 年登记结婚，后于 1999 年创立公司，因此，某某网的公司股权属于双方的夫妻共同财产。L 先生之所以亲临公司抢夺印章，也是由于离婚纠纷而产生了公司控制权的争夺。[①]

事实上，公司创始人或者其他人员抢夺公章的事件并不罕见。由于公章对于公司的经营管理具有重要意义，公章一旦被抢，对于公司来说属于重大的紧急事件。为了应对这类紧急事件，除了本节前文中介绍的规范公章日常管理制度之外，在发生公章被抢的紧急事件时，也有一系列要点应当注意。

（一）公司应对公章被抢的要点

一旦公章被抢夺，公司应当采取如下措施，尽可能将公章被抢的负面影响和潜在风险降至最低。

第一，报案与登报公告。公章被抢后，公司应当尽快前往当地的公安机关进行报案，说明公章已经遗失的情况。同时，公司应当携带相关的证明文件，尽快在当地报纸上刊登公章遗失的公告。

第二，作废和补刻。本节在前面对于公章的作废和补刻已经作了介绍。首先，一旦公章被抢夺，公章的非法占有人可能出于一己私利，利用公章进行损害公司利益的交易，或者从事有损公司和股东权益的活动。公司应当尽快将公章作废，将不利影响和潜在风险降至最低。其次，公章被抢夺后，为了尽快恢

---

① 载澎湃新闻，https：//www. thepaper. cn/newsDetail_ forward_ 7150138，最后访问时间：2021 年 4 月 25 日。

复公司的日常经营管理活动，公司应当尽快补刻公章，争取降低公章缺失对公司正常经营活动的影响。

（二）公章返还诉讼

公章被抢夺后，即使公司作出印章作废的声明，对于善意第三人而言，印章作为公司意志的外化形式，仍然具有公示效力，被作废的印章经非法使用仍然可能使公司承担不利的法律后果。因此，在公章被抢夺后，公司也可以提起诉讼，要求公章的非法占有人返还公章。

1. 提起公章返还诉讼的主体

正如本节上文的分析，公司属于独立的法人，拥有独立的法人财产，公章依法属于公司的财产，独立于公司股东、董事或者高级管理人员的财产。因此，当公章被抢夺后，在其他人非法占有的情形下，公司作为公章的所有权人，有权主张返还。对此，《民事案件案由规定》中明确规定了“公司证照返还纠纷”，公司有权提起诉讼，要求无权占有人返还公章。

2. 公章返还诉讼的标的物

在司法实践中，公司证照返还纠纷的标的物一般包括三类：第一类是公司印章，常见的有公司公章、财务专用章、合同专用章、发票专用章等；第二类是公司证照，包括营业执照原件等；第三类是其他动产，包括财务账册、会计凭证、网上银行密钥、各类业务合同等。

3. 财产保全措施

一旦公章被抢夺，持有公章一方可能出于一己私利，滥用公司公章，损害公司的利益。因此，公司可以申请财产保全，要求对各类印章和证照进行查封、扣押。根据《民事诉讼法》的规定，申请保全的一方应当提供担保。实践中，法院一般可以接受申请人提供现金、不动产以及保单等担保方式，担保的金额通常可以按照涉诉公司注册资本的一定比例进行计算。

4. 诉讼策略

在公章效力存在分歧的情况下，可以通过两种诉讼策略维权。

第一种诉讼策略，是由公司法定代表人代表公司提起公章返还诉讼。根据我国《公司法》的规定，法定代表人依照章程的规定，由董事长、执行董事或者经理担任，因此，公司可以根据《公司法》的规定，依照章程，确定新的法定代表人。在公司内部人员发生公章抢夺事件后，由新任的法定代表人代表公司起诉，一般可以在法院立案。

第二种诉讼策略，是股东代表诉讼。根据《公司法》第一百四十九条、一百五十一条的规定，公司的董事、监事、高级管理人员违反法律法规或者公司章程，给公司造成损失的，公司的股东有权起诉，要求相关人员承担赔偿责任。因此，在公司内部人员抢夺公章给公司造成损失的情况下，公司的股东也可以提起股东代表诉讼。

（三）规范公章内部管理的重要性

公司的公章一旦被抢夺，必将在一定程度上对公司的经营管理造成影响，属于重大的紧急事件。突发事件发生后，公司或者股东可以采取上述两种诉讼策略进行维权。但是，一旦发生公章抢夺事件，对于公司正常经营的影响已经在所难免，公司或者股东采取诉讼的方式维权，也需要耗费相应的时间成本和经济成本。因此，应对公章被抢夺的突发事件，还是应当以预防为主，最重要的是在公司的日常经营活动中要严格规范公章的内部管理制度，将发生意外事件的可能性降至最低。

具体来说，在公司的日常管理中，需要制定公章管理办法，对于公章、证照等重要物品的保管做到专人专管，同时还需要对使用的权限、审批等程序性内容进行明确的约定，避免他人任意的使用。同时，为了保障公章管理办法的效力，还可以在公司章程、股东会决议、董事会决议中进行确认。在公章、证照等确有必要需要交接时，必须由相关人员列出详细的交接清单，并由交接人与接收人签字确认。

六、公章管理规定模板

【××公司】公章管理办法（拟）

为规范公司公章的刻制、使用和保管手续，特制定如下规定。

第一条　释义

公章指公司的法定名称章、合同专用章、财务专用章。

法定名称章指【××公司】章（包括中、英文章）。

第二条 公章刻制

公司印章的刻制必须报【董事会/执行董事】审批。

公司印章由【董事会/执行董事】或授权的人员，统一到指定的公安机关办理刻制手续，印章的形状、规格按照国家有关规定执行。

未经【董事会/执行董事】批准，公司任何部门和个人不得擅自刻制公司印章。

第三条 公章保管

公章由【执行董事/法务部/行政部】保管。若保管人员外出，应将公章交由【执行董事/法务部/行政部】保管。接收保管人员不得再将公章转交他人保管。如因管理人员工作变动，应及时上缴公章予【董事会/执行董事】，由重新确定的公章管理人员另行办理交接公章的手续，不得私自转交他人。

公章只能由专人保管和使用，不得擅自委托他人代行此职，严禁将公章带出公司外使用。如遇特殊情况，须经【董事会/执行董事】批准。

除公章保管人之外，公司其他工作人员无权要求保管或借用公章。

第四条 公章使用

业务文件、合同需要加盖公章的，由用章人员填写《公章使用申请单》（“申请单”，见附件），由【部门经理】签字审核后，再由【执行董事/法务部/行政部】签字审批后方可盖章。

有关行政、人事、财务方面的证明函件、文件等需使用公章时，须经【董事会/执行董事】签字审批后方可盖章。

公章一律在工作时间内使用（周一至周五9：00－18：00）。

任何人员不得在任何空白格式化文件上加盖公章。

第五条 用章程序

公司所有人员需要加盖公章时，应事先填妥申请单。

任何填妥的申请单应按本条规定的审批权限签字批准。

凭申请单至公章保管人处盖章。

所有加盖本公司公章的文件、合同必须留存一份原件在【法务部/行政部】，并编号存放备查。

盖章后，必须将申请单交【法务部/行政部】编号备存，并将盖章后文件的扫描件发送至【法务部/行政部】。

第六条 公章移交

公章保管人因离职、卸任、退休、调离、开除、辞退等故离开公司时，必须即时将公章移交给【执行董事/法务部/行政部】或其指定的继任人员。

公章保管人短时外出，可暂时将公章交给本规则规定的其他保管人保管。

第七条 适用范围

本规定适用于所有与本公司签订劳动合同或是劳务合同的员工。

本规定自××××年×月×日在本公司执行，具体解释由【董事会/执行董事】负责。

附件：【××公司】公章使用申请单（拟）

编号：

申请人　　　　部门	申请日期
用章文件　　　文件份数　份/套	需盖章日期
公章类型：□法定名称章（□中文　□英文）　□合同专用章　□财务专用章	
事由	
【　】签字	【　】签字
【　】签字	【　】签字
纸质版原件是否已留存（　）	电子版是否已留存（　）

第五节 发现夫/妻违反忠诚义务时的应急处理

在现实生活中，夫妻一方违背忠实义务，和婚外第三人发生不正当关系，不仅有违《民法典》婚姻家庭编的规定，也是不道德的行为。如果违反夫妻忠诚义务的行为被配偶当场发现，会对当事人的婚姻关系产生极大的影响。在这样的情况下，无过错一方可能希望利用这个“优势”为自己争取更多的权益，在此过程中可能容易忽略法律的重要性，甚至可能会涉嫌刑事责任，需要特别注意。

在现实生活中，部分当事人如果现场发现了另一方违反夫妻忠诚义务的事实，除了满怀愤怒以外，还可能会要求对方签署借条、保证书、协议等文件的情形。这些法律文件可能早在事先就准备好，而且内容上可能会不利于签字的一方。对于这类借条、保证书、协议等，如果能够证明当事人在现场系受胁迫签署，则有可能被法院认定为无效。

一、违反忠诚义务者现场签署协议的效力

1. 违反忠诚义务一方现场签署的借条无效

案例 4－23 刘某某与张某某民间借贷纠纷案

一审法院：河南省灵宝市人民法院（2018）豫 1282 民初 2421 号

案例主旨：违反夫妻忠诚义务一方现场签订的借条系受胁迫，不具有法律效力。

法院认为，被告张某某虽然向原告刘某某出具了借条，但双方之间并未有真实的借款发生，原告刘某某以民间借贷为由要求被告张某某偿还借款，理由不当。原告刘某某在审理中又主张被告张某某表示自愿赔偿其损失，被告张某某否认作出过自愿赔偿的表示，考虑到该借条是被告被当场捉奸，且被拍摄裸照的情况下出具的，应是受胁迫之行为，不是被告张某某的真实意思表示。被告张某某与有妇之夫通奸之行为违背社会公序良俗，应予以道德上的遣责，但其在胁迫之下出具的借条不具有任何法律效力，原告刘某某据此要求被告张某某偿还款项，其理由不能成立，法院不予支持。

2. 离婚协议具有人身性质故不适用公平原则

案例 4－24 张某与祖某婚姻家庭纠纷案

一审法院：河南省柘城县人民法院（2019）豫 1424 民初 2612 号

案例主旨：离婚协议书具有人身性质，不适用公平原则。

祖某答辩称："2016 年 11 月 7 日上午九点多，我和我妹夫、我朋友三人在某温泉洗浴中心四楼房间，把原告和王某（原告朋友的妻子）当场捉奸在床，两人一丝不挂，并拍有现场照片，两人经常鬼混在一起。2017 年年前我把原告起诉到柘城县人民法院，起诉离婚。原告觉得丢人，请求我撤诉，要求协议离婚，为此我们签订了离婚协议，协议内容实属双方自愿。并且原告还口头答应

付清我们房子按揭剩余的尾款。”2017 年 2 月 23 日，原告与被告在柘城县民政局婚姻登记中心办理了离婚登记手续，并就子女抚养、财产分割达成了一致协议。后，原告向法院起诉要求重新分割财产。

法院认为，原告张某与被告祖某于2017 年2 月23 日签订的离婚协议书，系双方当事人自愿签订，且为双方当事人的真实意思表示，并不违反法律规定，应为合法有效。离婚协议需由婚姻关系当事人达成协议，主要内容是对离婚财产的分割及补偿、债务的分担和子女的抚养费用分担事项达成一致意见。离婚协议书虽然是一种合同书，但其具有一定的人身性质，是以婚姻关系为基础签订的协议，并不同于《合同法》中一般的协议书。婚姻关系的当事人在婚姻关系中的日常表现、感情基础、有无过错等均会对离婚协议的签订产生一定影响，因此离婚协议的签订并不适用公平原则。

3. 婚外第三人签署的调解协议无效

案例 4-25 胡某某、成某某合同纠纷案

一审法院：贵州省毕节市七星关区人民法院（2018）黔0502 民初 895 号

二审法院：贵州省毕节市（地区）中级人民法院（2018）黔05 民终 2694 号

案例主旨：夫妻双方之外的第三人并非离婚损害赔偿的主体，所签署的调解协议无效。

法院认为，2017 年 11 月 30 日晚，成某某带领亲友在某出租房内将胡某某和成某之妻周某某捉奸在床，并将胡某某带至成某某家中，双方协商至次日晚 11 时许，达成《调解协议》，由胡某某一次性支付 68,000 元。成某某主张该 68,000 元属精神损害赔偿金。若成某某主张周某某存在法定的损害赔偿情形，可在离婚诉讼中要求损害赔偿，但第三者胡某某并非法律规定的赔偿义务主体。双方达成的《调解协议》属道德调整范畴，人民法院不能赋予其强制执行力，故成某某要求支持损害赔偿金 68,000 元的诉讼请求，法院不予支持。

4. 保证书系受胁迫签署应当由签署方承担举证责任

案例 4-26 马某某与王某某离婚纠纷案

一审法院：南京市白下区人民法院（2012）白民初字第 757 号

二审法院：江苏省南京市中级人民法院（2012）宁民终字第 3662 号

案例主旨：现有证据不足以证明当事人所签署的协议系受胁迫签订，协议有效。

法院认为，马某某主张《协议》内容非其真实意思表示，其对此应当提交相应证据予以证实。按马某某所述，在王某某报警前，其即已被迫签订了《协议》，但在警察接警到达现场，王某某及相关人员仍在现场的情况下，马某某并未向警察反映其主张的上述受胁迫事实，以寻求帮助，事后也未向公权力机关寻求救济，马某某对此未能作出合理的解释，其也未能提交相应的证据以证明其系在遭受王某某及其家人殴打、辱骂、胁迫的情况下，违背真实意思签订该《协议》。故现有证据不足以证明《协议》存在法定无效的情形。

案例 4－27 周某某与王某某离婚纠纷案

一审法院：淮安市淮阴区人民法院（2013）淮小民初字第 0405 号

二审法院：江苏省淮安市中级人民法院（2013）淮中民终字第 0830 号

案例主旨：主张保证书系受胁迫签订的一方未举证证明，保证书有效。

法院认为，关于周某某对于双方的离婚是否存在过错的问题，根据王某某提供的案外人吕某出具的保证书并结合 8 张照片可以看出，周某某在婚姻关系存续期间与异性存在不正当关系，对夫妻感情造成严重影响，其行为存在过错。周某某认为案外人吕某出具的保证书系在受到胁迫的情形下作出，但周某某对其抗辩主张并没有提供任何证据予以证明。

二、婚外第三人因逃离现场而遭受的损失自担

案例 4－28 吴某某与周某庆等健康权纠纷案

一审法院：安徽省繁昌县人民法院（2015）繁民一初字第 00544 号

二审法院：安徽省芜湖市中级人民法院（2015）芜中民一终字第 00930 号

案例主旨：婚外第三人被发现与有配偶者发生不正当行为的现场跳楼，系自甘冒险，应当自行承担损失。

法院认为，本案的基本事实是，吴某某与陈某华属于不正当的两性关系，周某庆作为陈某华的丈夫在当场捉奸的情形下，出于义愤，向其脸上打了几下，骂了几句，经妻子陈某华劝说，未再实施打骂行为，而是站在一旁等待吴某某穿好衣服，吴某某趁人不注意时，迅速推开卫生间的窗户跳了下去。吴某某于

事发时自知行为失当，对事态发生情况产生错误判断，其明知从三楼跳下可能会产生何种后果，仍出于为逃避责任而自甘冒险的心理状态，选择跳楼逃走，因此导致其自身三处十级伤残，故吴某某所受之伤害后果系其自身原因造成。吴某某明知陈某华尚未与他人解除婚姻关系，仍与其发生两性关系，其行为不具有正当性，违反了社会公德，有损社会公序良俗；周某庆作为陈某华之丈夫，虽存在过激行为，但亦系为维护家庭完整，且其行为本身未造成吴某某之伤害后果，故不能据以认定周某庆等三人之行为与吴某某跳楼致伤存在因果关系。

三、无过错方也可能涉嫌刑事责任

值得注意的是，当事人如果采取极端的措施去揭发另一方违反夫妻忠实义务，一旦行为不当可能会引发刑事责任，可能构成的罪名有故意伤害罪、非法侵入住宅罪、敲诈勒索罪等。

1. 故意伤害罪

案例 4－29 张某某等故意伤害罪案

一审法院：北京市顺义区人民法院（2019）京 0113 刑初 605 号

二审法院：北京市第三中级人民法院（2019）京 03 刑终 954 号

案例主旨：故意制造一方违反夫妻忠诚义务的事实，且故意伤害致其轻伤的，可能构成故意伤害罪。

2018 年 11 月 9 日前后，被告人黄某某、张某某与陈某、齐某等人商议，由齐某约黄某某的丈夫贺某前往酒店开房，黄某某、张某某等人前往“捉奸”，以便作为黄某某与贺某的离婚证据使用。为此，陈某、黄某某纠集了田某等人，张某某纠集了张某昭、康某龙。2018 年 11 月 10 日 0 时许，齐某与贺某入住某温泉度假酒店房间，黄某某按计划带领陈某、田某等人前去“捉奸”。在该房间内，黄某某与贺某发生冲突，随后黄某某叫来张某某等人，并与张某某、张某昭、康某龙一同殴打贺某，致贺某受伤。经鉴定，贺某头部所受损伤构成轻伤二级。黄某某、康某龙后被查获，张某某、张某昭后主动投案。

法院认为，被告人黄某某、张某某、张某昭、康某龙故意伤害他人身体，致一人轻伤，其行为侵犯了公民的人身权利，已构成故意伤害罪，且系共同犯罪，应予惩处。最终，4 名被告均被判处有期徒刑。

案例4－30 惠某甲故意伤害罪案

一审法院：山西省太原市小店区人民法院（2015）小店刑初字第24号

二审法院：山西省太原市中级人民法院（2015）并刑终字第235号

案例主旨：故意伤害他人身体，致人受伤的，可能构成故意伤害罪。

在该案件中，惠某乙（已判刑）因怀疑被害人苏某与其妻子赵某甲有不正当关系，在2013年7月15日，其猜测被害人苏某将来太原与赵某甲会面，遂先后在太原长途汽车站、太原火车站等候被害人苏某。7月16日3时许，惠某乙在太原火车站见被害人苏某从车站出来，其便一路跟踪苏某至本市小店区北张村北张南街，见苏某与赵某甲一起进入芙蓉日租房后，惠某乙离开。当晚，惠某乙伙同其侄子被告人惠某甲携带塑料皮管子来到赵某甲登记入住的芙蓉日租房107室，将苏某与赵某甲推至一起进行拍照，并对苏某进行殴打，后让苏某写下欠惠某乙6万元的借条。经鉴定，苏某全身多处软组织挫伤，外伤致右侧眼眶内侧壁及眶顶骨折，其损伤构成轻伤。

法院认为，被告人惠某甲伙同他人故意损害他人身体健康，致一人轻伤，其行为构成故意伤害罪。惠某甲伙同惠某乙共同殴打被害人并拍照，在共同犯罪中积极参与，均系主犯。在案件起因上，被害人存在过错，对惠某甲可以酌情从轻处罚。最终，法院判处被告人有期徒刑1年零1个月。

2. 非法侵入住宅罪

案例4－31 李某某、曾某某非法侵入住宅罪案

一审法院：湖南省长沙县人民法院（2015）长县刑初字第129号

二审法院：湖南省长沙市中级人民法院（2017）湘01刑终776号

案例主旨：当事人为了发现一方违反夫妻忠诚义务的事实闯入别墅，系采取破坏性手段闯入住宅，可能构成非法侵入住宅罪。

2013年8月22日中午，李某某得知宋某1与李某1在长沙县某小区即李某2的别墅（李某2因在外地，案发时由李某1负责管理和使用该别墅）后，召集原审被告人曾某某和同案人张某、李某4、向某、付某某以及卿某某等人共同前往该别墅“抓奸”，嘱咐注意收集“奸情”证据，并安排付某某带剪刀剪宋某1的头发，李某4负责摄像。曾某某、张某、李某4、向某、付某某到达别墅后，经请示李某某，由曾某某持木棍将别墅侧面玻璃门敲碎后进入该别墅，并迅速

经楼梯间冲上二楼，曾某某为首踹开二楼卧室门，众人闯入卧室分头以暴力控制宋某1、李某1，付某某强行剪宋某1的头发，数人将李某1按在床上并强行脱其裤子，殴打李某1致其头部等部位受伤（构成轻微伤），宋某1被控制在卧室的卫生间内。随后，李某某与卿某某赶到该卧室，李某某对宋某1进行殴打、谩骂（致其轻微伤）。在宋某1、李某1被控制期间，李某某等人对卧室进行了搜查。之后，“匡某队长”带领几位警察赶到现场，李某某纠集的人员先后撤离，并将李某1、宋某1放在卧室的小车钥匙、钱包、手机、宋某1的手提包、资料袋等物品全部带走。在撤离途中，李某某用自己的号码为151××××3488的手机以发生纠纷为由拨打110电话报警。

法院认为，李某某供认系为了“抓奸”目的而纠集曾某某等人闯入案发别墅，但李某某等人纠集多人，采取破坏性手段闯入住宅，进入住宅后又有对宋某1、李某1进行殴打、侮辱行为，且致二人轻微伤，法院最终认定李某某、曾某某非法侵入住宅罪，判决免予刑事处罚。

3. 敲诈勒索罪

案例4－32 孙某某、杨某某敲诈勒索罪案

一审法院：安徽省滁州市南谯区人民法院（2019）皖1103刑初50号

二审法院：安徽省滁州市中级人民法院（2019）皖11刑终185号

案例主旨：以非法占有为目的，采用暴力、威胁等方式向他人勒索钱财的，可能构成敲诈勒索罪。

2016年7月、8月，被告人杨某某和被害人陈某通过微信聊天结识，后逐步发展成情人关系。2017年1月5日，被告人孙某某、杨某某因购车贷款协议登记离婚，但仍共同居住生活在一起。2018年8月，被告人孙某某因犯开设赌场罪被判处缓刑释放后，发现被告人杨某某和被害人陈某有不正当男女关系，两人因此事屡次发生争吵，被告人杨某某因向陈某借款未成遭孙某某嘲讽对陈某亦有怨恨。后被告人孙某某、杨某某经商议决定以“捉奸”方式诈取被害人陈某财物。2018年9月20日晚，被告人杨某某经孙某某授意后和陈某联系约会，并以电话通话“暗语”内容知会对方事情进程。后陈某驾驶货车到杨某某家附近和杨某某一起吃饭，饭后将车开到滁州市，意欲发生性关系。被告人孙某某以杨某某可能有外遇为由邀其朋友吕某一同驾车跟随，并将车停在陈某驾

驶的货车附近，被告人杨某某和陈某发生性关系后，被告人孙某某、吕某根据杨某某电话通话“暗语”暗示的情况手持木棍赶到现场，呵斥陈某下车，后孙某某将车窗玻璃砸破，两人用木棍殴打陈某，并以报警、向陈某亲属告发婚外情等为由对陈某进行威胁，迫使陈某同意支付“补偿费”5 万元私了，为确保钱款如期悉数支付，被告人孙某某等人又逼迫陈某以借款进货为由向杨某某出具一张 5 万元的借条，约定还款期限、方式等内容，后陈某以微信转账和现金支付方式当场给付杨某某 6000 元，余款因报案而未能得逞。

法院认为，孙某某伙同杨某某以非法占有为目的，采用暴力、威胁等方式向他人勒索钱财，数额巨大，其行为均已构成敲诈勒索罪，最终判处被告人有期徒刑。

第六节 网络舆情应急处理

改革开放 40 多年来，人民群众的生活发生了翻天覆地的变化。如今的世界已经进入了互联网时代，随着智能手机的普及，移动端的应用使得今天的中国已经普遍出现了许多“大众麦克风”。在如今的时代，企业的突发事件经过互联网的传播，可能在短时间内引起巨大的反响，进而引发剧烈反应。尤其是对于民营企业来说，网络舆情突发事件是亟须妥善应对的一类重大事件，如何妥善地预防和应对，值得民营企业予以重视。

一、企业应对网络舆情突发事件的常见误区

互联网的快速发展改变了人们的日常生活习惯，引发了企业的一系列网络舆情危机。但是，对于企业来说，在应对网络舆情危机时普遍存在一些问题和误区，导致未能及时有效地应对网络舆情危机。因此，有必要对企业在应对网络舆情危机时的常见误区进行介绍和分析，从而引导企业有效预防和积极应对网络舆情危机。

（一）消极应对网络舆情突发事件

应当注意的是，现实中许多企业未能有效应对网络舆情突发事件。究其原因是企业对于网络舆情突发事件不够重视，采取了消极的应对方式，未能认识到处理应对网络舆情突发事件的重要性。

1. 刻意忽视网络舆情事件

在企业消极应对网络舆情突发事件的误区中，最严重的一类便是企业刻意地忽视网络舆情事件，对于网络舆情置若罔闻。在这一应对方式的背后，反映出来的是企业对于网络舆情事件的重视程度不够。对于民营企业来说，主要是因为对于网络舆情事件的认识不足，导致在应对网络舆情事件时未能树立正确的认识。

网络舆情事件一旦产生，往往会在短时间内快速爆发，企业如果刻意忽视，采取不闻不问的方式，自然会失去处理和应对的最佳时期，导致网络舆情事件的迅速扩张，不利于维护企业的权益。

2. 被动应对网络舆情事件

在应对网络舆情事件时，有些企业并非刻意忽视，而是总体上采取被动应对的方式，未能积极主动地采取措施加以应对。在这种情形下，企业对于网络舆情事件具有一定程度的认识，但是重视程度不够。企业未能积极主动地应对网络舆情事件，往往会丧失主动权，陷入被动的境地。例如，有些企业在网络舆情事件发生的初期阶段未能有效采取积极措施，直到媒体进一步曝光、民众舆论甚嚣尘上，甚至政府采取行政措施的情况下，才采取措施，这就会陷入十分被动的局面。

3. 拖延处理网络舆情事件

一些企业在面对网络舆情突发事件时，由于态度上认识不足，或者应对能力的限制，出现反应迟钝、拖延应对的问题，这也是网络舆情应对的常见误区之一，值得企业重视。

网络舆情事件借助互联网的特点，往往会在极短时间内被快速传播。因此，企业在应对和处理时，应当注重效率，尤其是应当把控网络舆情曝光和发酵的初期阶段。如果采取了拖延处理的方式，初期阶段内短短几天的拖延，可能导致事件呈指数倍的扩散和传播，后期要加以妥善解决的难度就大大增加。

（二）采取不合理的方式应对网络舆情事件

在有些情况下，企业未能有效应对网络舆情突发事件的原因，是由于采取了不合理的应对方式。实践中常见的不合理举措有很多，下文选取其中几类情形进行介绍。

1. 前后表态矛盾

在应对网络舆情突发事件时，企业的一类常见失误是对事件的表态或者陈述，出现前后矛盾的情况。引发前后表态矛盾的原因，可能是一些企业出于某种目的未能做到信息的公开披露，也可能是由于企业内部的原因，导致信息披露的过程中出现失误。但是，网络舆情事件的当事企业往往处于舆论的核心地带，受到集中的关注，在这种情况下，如果企业出现前后表态不一致的情况，必将导致企业的信誉进一步降低。因此，企业应当避免这一种情况的出现。

2. “封堵”信息来源

在应对网络舆情突发事件时，企业存在的另一种误区是封堵信息来源。虽然企业不同于政府部门，不具有对互联网进行信息管理的公权力，不能直接在互联网上进行删帖，但是，实践中仍然存在这样的情况，企业在面对网络舆情突发事件时，第一反应便是封堵信息来源。实践中有些企业试图找到网络舆情的信息来源，联系信息的散播者，通过各种方式要求其删帖。但事实上，网络舆情事件一旦爆发，信息的源头往往不易找到；另外，由于互联网具有快速传播信息的特点，网络舆情能够在短时间内爆发，在极短时间内获得广泛的关注，在这个时候，花费精力去寻找信息的源头，并非明智的做法。

（三）未能做好突发事件的善后处理

对于企业来说，除了要在态度上重视网络舆情事件、采取合理的方式加以应对之外，还应当做好网络舆情突发事件的善后处理，这一点往往被企业忽视。

网络舆情事件发生后，企业的首要任务是积极应对，争取将网络舆情事件对企业的负面影响降到最低，尽快恢复正常的经营和管理秩序。突发事件在网络上的热度降低后，企业应当进行突发事件的善后处理。在这个过程中，企业通过网络舆情事件，应当重新审视内部的管理制度，查漏补缺，从根本上提高企业的管理能力；另外，企业应当从网络舆情突发事件中吸取经验和教训，积极总结应对网络舆情突发事件的经验。

二、民营企业应对网络舆情突发事件的要点

长期以来，民营企业在应对网络舆情方面的重视程度不够，内部尚未构建起成熟的应对机制，导致企业网络舆情事件在社会公共突发事件中的比例越来越高。那么，对于民营企业来说，应对网络舆情突发事件有哪些要点呢？

（一）采取积极主动的应对态度

人民网舆情监测室在 2011 年发布了《2010 年度中国企业舆情应对与声誉管理能力研究报告》，被解读为 2010 年中国企业面临的公关危机及其应对能力的全面呈现。由于 2010 年，正是网络舆情危机的井喷之年，因此，即使已经过去了 10 年之久，人民网的这一份报告在今天看来，也仍然具有学习和参考的意义。

1. “黄金四小时”理念

报告课题组长、人民网舆情监测室副秘书长杜登斌在接受《新京报》采访时介绍，面对网络舆情负面突发事件，最理想的情况是“快报结果、慎报原因”。因此，人民网舆情监测室秉持的“黄金四小时”理念，是希望企业在 4 小时内作出结果性回应，再复查原因。但在很多情况下，这种理想情况并未出现。①。

民营企业在面对网络舆情突发事件时，应当牢牢把握“黄金四小时”的基本原则，高度重视网络舆情事件，采取积极主动的应对态度，尤其是应当在事件刚开始发酵的时候采取果断的应对措施。

在网络舆情事件发生后，涉事的民营企业应当重视网络舆情发酵时期的舆情监测工作，组织公司内部高级管理人员和专家进行分析和研究，对于事件可能导致的后果进行预判，制订应对方案。实践中的一系列案例表明，网络舆情

① 参见人民网舆情监测室：《如何应对网络舆情》，新华出版社 2011 年版。

一旦发生，企业自身对舆情事件的响应速度将在很大程度上影响处理的效果和事件最终的走向。

2. 树立网络舆情可防可控的信心

在如今的信息时代，网络是把“双刃剑”，网络舆情突发事件在给企业带来危机和风险的同时，也带来了机遇。因此，对于民营企业来说，首先应当树立舆情事件可防可控的信心，采取合理的应对措施，将危机转化为机遇。企业应当在最快的时间内抓住舆论的话语权，引领舆论的发展，争取将舆论事件对企业的不利影响降至最低。

同时，企业应当掌握网络舆情事件和网民的特点，把握网络舆情事件的发展规律，在不同阶段开展应对的重点工作。另外，企业也应当加强对网民的认识。移动网络的普及使得人人都可以成为网络上的发言人，在如今这个“大众麦克风”的时代，网络平台上的网民也存在不同的风格和手段。一般来说，某些企业的网络舆情事件爆发后，网络上常见的一些负面言论往往表现为情绪化的宣泄，其背后一般具有深层次的利益诉求；与此同时，也存在一些借机炒作、吸引眼球的变相攻击和要挟。因此，民营企业应当正确把握不同网民的特点，采取不同的应对方式。

3. 维护企业的公信力

民营企业应当采取积极主动的态度应对网络舆情突发事件，重要目的之一是在于维护企业的公信力。民营企业在应对网络舆情事件的过程中，始终应当考虑到所采取的举措对于企业公信力可能造成的影响，从而谨慎采取妥善措施。

企业的公信力，也就是企业的信任度和声誉度，关系到社会公众对于企业的评价，也会直接影响企业的业绩和效益。在网络舆情突发事件发生后，企业的公信力势必会受到影响。如果企业应对及时，采取的方式妥当、合理，企业的公信力往往能够在最大程度上获得恢复；如果企业的应对不足，或者采取的方式不够合理，那么企业的公信力势必受到很大影响，最终导致企业的发展和生存陷入困境。

（二）坚持信息公开原则

信息公开，是指企业在面对网络舆情突发事件时，坚持信息透明，对于真实信息进行妥善的披露和公开，不回避、不瞒报，这是企业在应对网络舆情事件时应当遵循的一个重要原则。

1. 信息公开原则应当贯穿始终

网络舆情突发事件发生后，在网络的舆论压力之下，企业以沉默的方式应对网络舆论的现象比较普遍。这在国有企业中更为常见，在民营企业中也是一个普遍存在的问题。民营企业应当采取积极主动的应对态度，在应对网络舆情事件的全过程中，信息公开原则应当作为一个基本的原则贯穿始终。

民营企业在应对网络舆情事件时，应当注重公开信息的一致性。在某企业的降薪事件中，由于企业内部缺乏统一的口径，企业的内部人员在前后多次的媒体采访中的说法竟然自相矛盾，引发了社会公众的质疑，加剧了网络舆论的压力。民营企业应当重视这一问题，避免信息不一致问题的出现。

民营企业在应对舆论危机时，应当坚持信息的透明化，在重大问题上杜绝信息的瞒报、迟报，坚决遏制打压舆论的现象。为了保障信息的有效传播，信息透明在信息载体方面也应当注意以下一些要点。

第一，民营企业应当运用网络媒体进行信息公开，例如微博、微信公众号等移动端平台，这些网络媒体具有成本低、效率高的特点；第二，民营企业可以运用官方网站、博客、论坛等网络平台进行信息公开，这些平台较为正式，可以对信息进行充分的披露，但是在传播的效率方面一般不如移动端平台；第三，民营企业还可以考虑通过传统报刊、广播电视等媒体进行信息公开，这一类方式的优点在于公信力较强，但时效性较差，在如今的移动互联网时代具有局限性。

2. 适时引入第三方权威机构

企业在应对网络舆情危机时，适时地引入第三方权威机构进行信息公开是很有必要的，常见的第三方机构包括政府部门、媒体、工会、行业协会、消费者协会等社会组织或者独立调查机构等。

对于政府部门来说，处理企业的网络舆情危机，一方面是履行行政职责，维护市场秩序；在另一个方面，对于辖区内的企业，尤其是对重点行业的企业，政府部门在一定程度上也有扶持和保护的义务。因此，民营企业在面对网络舆情危机时，可以适时地引入政府部门进行信息公开，以最大程度地保障信息公开的公信力。

除了通过政府部门进行信息公开外，民营企业也可以积极联系媒体，由媒体对事件的真实情况进行主动的报道，向社会公众展现民营企业在应对网络舆情危机中的负责任态度。权威媒体的报道也可以提高企业公开信息的公信力和可信度，有利于缓解企业的舆论压力。

另外，工会、行业协会、消费者协会等社会组织或者独立调查机构等第三方权威机构，也都可以成为民营企业进行信息公开的渠道和媒介。民营企业应当充分认识信息透明的重要性，积极主动地引入第三方权威机构，协助企业化解网络舆情危机。

（三）掌握网络舆论回应技巧

网络舆情突发事件借助互联网的平台进行传播和发酵，民营企业在应对时，自然也应当熟悉网络这一舆论平台，掌握网络舆情的回应要点。

1. 网络新媒体平台

一直以来，我国的企业，尤其是国有企业，善于通过传统媒体进行危机公关，但是对于网络新媒体的运用则比较陌生。

网络新媒体，是指微博、微信、论坛、博客等各种媒体手段，具有交互性强、传播速度快的特点。近年来，微信和微博的快速普及，使得网络新媒体成为重要的舆论信息来源地，也是网民发表意见、交换看法的重要网络平台。因此，企业在应对网络疫情突发事件时，也应当重视网络新媒体平台的主要作用。如果仍然像以往那样拘泥于传统媒体，势必无法对于网络舆情事件进行及时有效的回应。2021 年 1 月 22 日，人民网舆情数据中心发布《2020 年政务微博影响力报告》，报告由人民网舆情数据中心制作，微博提供数据支持，评价对象包括全国所有通过微博认证的机构官方微博，评价体系包括 4 个维度：传播力、服务力、互动力和认同度。报告显示，截至 2020 年 12 月 31 日，经过微博平台认证的政务微博已达到 177, 437 个，其中政务机构官方微博 140, 837 个，公务人员微博 36, 600 个。①

① 参见《〈2020 年政务微博影响力报告〉发布》，载人民网，http：//yuqing. people. com. cn/n1/2021/0125/c209043 - 32011430. html，最后访问时间：2021 年 4 月 25 日。

2. 杜绝不当的危机公关行为

实践中还有一个现象，有些企业在面对网络舆情危机时，第一时间想到的是通过网络删帖的方式，试图删掉网络消息。这一方式实际上很难取得预期的效果，相反，很有可能导致企业面对的舆论环境进一步恶化。一方面，网络舆论危机一旦出现，往往会在短时间内快速爆发，企业通过删帖的方式试图达到消除网络舆论在互联网上的痕迹的目的，可以说基本不可能实现；另一方面，企业应当了解，一旦网民和社会公众了解到企业采取了删帖的方式，可能导致社会舆论的二度爆发，引发社会公众的质疑，从而造成严重的“副作用”。因此，网络删帖等不当的危机公关行为，可以说是一种“治标不治本”的做法，企业应当慎重采用。

3. 网络发言人制度

企业在应对网络舆情事件时，应当采取合理的方式加以应对，网络发言人制度便是一种值得考虑的举措。

网络发言人和新闻发言人类似，是指在网络舆情事件发生之后，涉事企业设置网络发言人，就网络舆情事件向网民和社会公众做出回应的制度。在网络发言人制度下，涉事企业家通过向公众介绍舆情的前因后果和目前的处理方式，能够展现企业信息公开的态度和开诚布公的诚意，有利于获得网民的好感。企业通过网络发言人制度，也可以和网民进行良性的互动，有利于缓解企业在网络舆情事件中的舆论压力。

企业的网络发言人应当具备一定的条件。第一，网络发言人应当展现企业开诚布公处理舆情事件的诚意，在态度上应当谦逊诚恳；第二，网络发言人应当向公众公布事件的重要细节，介绍企业应对舆情所采取的重要举措，全面公开企业的整改情况；第三，网络发言人应当注重和网友的互动，避免和网友在语言上进行过激的争论，避免网络舆论的失控。

4. 动态回应

企业还应当重视进行动态回应，也就是在网络舆情发展的不同阶段采取不同的回应方式，随着舆情的发酵和重心的转移，企业也应当及时调整回应的措施和整改的重点。

在舆情的发酵期，涉事企业应当组织高管和专家对于所面临的网络舆情事件进行认真的研究和深入的分析，评估可能造成的后果，慎重决定采取的应对措施；同时，企业应对树立应对舆情事件的决心和信心，及时采取策略，统一口径，积极主动应对舆情事件。在舆情的发展期，企业应当关注舆情的发展走向，重点预防舆论可能的爆发点，积极引导舆论的走向。在舆情的高潮期，企业应当采取网络发言人等重点措施，积极有效地做出回应，企业在重点问题的回应上必须谨慎，切忌出现口径不一致的问题，防范舆情的二度爆发。在舆情的回落期，企业应当将舆情事件进行收尾，注意防范舆情的反弹；同时，企业可以开始着手内部的问责和善后工作，这些举措对于企业重塑公信力具有重要的作用。

（四）完善内部应急机制

实践中，我国的很多企业尚未构建起完善的内部应急制度。一旦遇到舆论危机，企业内部人员缺乏相关的训练和经验，舆情监测和应对的常规机制不够成熟，运作效率较低。

企业应当重视内部的应急机制，逐渐建立和完善网络舆情应对这一系统工程，构建网络舆情监测、分析、处理的一体化管理体系，设置网络舆情应急处理小组，明确职责和分工，通过宣传部门、公关部门等内部机构的团结协作，妥善应对网络舆情突发事件。

企业应当设置网络舆情监测和内部报告机制，在企业内部设置舆情监测小组，定期上报情况，一旦发现问题必须及时处理。企业对于瞒报、漏报、迟报等行为进行严肃处理，要对相关的责任人员进行追责。

另外，在应对重大网络舆情突发事件时，企业也可以考虑引入第三方机构，协助应对或者处理舆情危机。比如，企业可以聘请专业的公关公司协助处理舆情危机。当然，在引入外部第三方机构的情况下，企业内部的高级管理人员仍然应当把握舆情应对的控制权，全面关注舆情发展。

（五）重视善后工作

在网络舆情事件过去后，企业应当进行善后工作，主要包括内部问责和善后处理两个部分。事实上，这也是企业应对网络舆情危机非常必要的两个要点。

1. 内部问责

企业的内部问责，是指企业对于舆论事件中违反企业规章制度，甚至是违反法律的内部人员进行处理。对于违反规定的内部人员，企业可以依据内部规则制度，采取记过、警告、除非等措施，或者实施降职、降薪、辞退等措施；对于违反法律的内部人员，企业应当依法向有关部门移交线索，追究其法律责任。

企业的内部问责对于网络舆情应对具有重要的意义。一方面，企业内部的问责有利于从根本上平息舆论，找出事件的真实起因，展现企业的负责任态度；另一方面，对于企业自身来说，进行内部的追责可以明确事件的责任人，由责任人依法依规承担相应的责任，在一定程度上挽回企业的损失。

对于企业来说，内部追责有利于完善内部的管理机制，警示企业的内部员工依法依规从事经营管理和日常工作，对于企业的长远健康发展具有重要的意义。

2. 善后处理

企业的善后处理，是指处理网络舆情事件的后续问题。例如进行善后赔偿，目的在于弥补网络舆情事件造成的损失，最大程度地修复企业的形象，重塑企业公信力。

企业应当妥善地进行善后处理。短期来看，有利于平息网络舆情，展现企业的负责任态度，降低网络负面舆情对于企业生产经营造成的不利影响；长期来看，是为了有效修复在舆情事件中受到影响的企业形象，维护企业的公信力，促进企业长远健康发展。

三、民营企业应对网络舆情危机的案例简析

随着互联网的快速普及，网络舆情突发事件愈发常见，以下通过某洗发水致癌风波这一案例，来探析企业在应对网络舆情突发事件时的应对要点。

（一）事件经过简介

2010 年 7 月 14 日，某知名媒体发文，曝光某洗发水含有致癌物质。[①] 事发

---

① 参见《香港媒体曝某洗发水含致癌物质 股价大跌，16%》，载搜狐网，https：//business.sohu.com/20100714/n423997214.shtml，最后访问时间：2021 年 4 月 25 日。

后，生产某洗发水的企业在第一时间对事件进行了回应和说明。7 月 15 日，该事件迅速发酵，几乎各大网站、论坛、博客均对这一事件进行了转载和报道。多家知名媒体对事件还进行了专题的报道，网友的评论数达到 10 万人次以上。7 月 16 日，国家食品药品相关监督管理部门对事件进行了通报，说明某洗发水中的化学物质不会危害人体健康。通报一出，舆论的关注度便快速下降。7 月 21 日，国家食品药品相关监督管理部门公布了某洗发水中化学物质含量的具体数值。此后，网络舆论的关注度进一步下降，该事件逐渐淡出公众的视野。

（二）应对优点分析

总的来说，某洗发水企业在应对舆情危机中的表现值得肯定，及时采取了多项合理措施，对事件进行了有效的应对。

1. 快速反应

企业的快速反应主要包含以下几个方面的具体措施。

第一，企业在第一时间进行回应。网络危机发生后，该企业几乎是在第一时间发布了声明，明确指出媒体报道严重失实，并发布《致消费者的公开信》，明确说明立场，表明所有的洗发水产品不会对人体健康造成危害。在危机发生后的短短数个小时内，该企业发布了 10 多条微博，极力表明立场，向消费者说明自身的产品是安全的。

第二，第一时间送检产品。在事发后的数小时内，该企业通过微博发布消息，涉事的洗发水产品已经送交第三方检验机构进行查验。

第三，第一时间公告结果。在及时送检的基础上，送检结果出炉后的第一时间，国家相关部门便进行了通报，公告结果说明该洗发水中的化学物质不会对人体健康产生危害，在最快时间内缓解和消除了消费者的顾虑。

2. 第三方权威检测

在舆情危机事件发生后，涉事企业在第一时间将产品送交第三方权威机构，也就是国家的相关管理部门进行检测，并公布了产品不会危害健康的结果，对于事件的妥善结果起到了决定性的作用。

企业对洗发水产品送检后，仅 2 日国家食品药品相关监督管理部门便通报了检测的结果，显示送检的洗发水不会危害人体健康，并于 5 日后进一步公布了具体的数值，给广大消费者下了一颗“定心丸”。

在事件的应对中，由国家相关的管理部门作为第三方权威机构介入，发布权威报告，对涉事产品进行说明，对于平息事件的舆论压力、最终缓解和消除负面影响，起到了关键性的作用。

（三）应对不足分析

在这一事件中，涉事企业虽然采取了一系列合理有效的措施，但是存在一些不足，应当引起注意。

举一例说明，涉事企业反复修改发布会的时间，且最终缺席发布会，在一定程度上违背了真诚沟通的原则。事件发生后，涉事企业一方面予以了积极的回应，在微博上通过多条信息，及时表明立场，并召开新闻发布会，及时公布检测的结果。但是，涉事企业反复多次推迟新闻发布会的时间，最终将新闻发布会改为行业说明会。在备受关注的行业说明会上，虽然有诸多专家列席，但是涉事企业的相关人员却最终缺席，没有在现场对事件进行说明，可以说是表现得不够有诚意，有违真诚沟通的原则。

第五章

公益慈善

综 述

中国自古就有宗族慈善的传统，到了现代社会，由于捐赠人与慈善组织约定捐赠财产的用途和受益人时，不得指定捐赠人的利害关系人作为受益人。因此，高净值客户以及其所在的家庭、家族从事公益行为的内在驱动力也相应地发生了变化。中国人常说“富不过三代”，其实让家族企业第一代初创者担忧的并不是财富的传承技巧，而是“富二代”“富N代”在“金钱文化”的熏陶下，逐渐丧失了与人为善、大爱无疆的优秀品质，对社会丧失了应有的社会责任，也使得人性逐渐浮躁起来。所以，高净值客户及其所在的家庭、家族可以通过公益慈善，引导儿孙辈树立乐善好施、富有道德责任感的价值观，这样才能保障家族的永续发展、基业长青。

本章主要介绍境内、外慈善信托以及慈善基金会的设立、运行、管理、监督以及未来的发展等内容，以此来全面展现公益慈善的现状与未来。

第一节
慈善信托概述

一、中国慈善信托的发展沿革

慈善信托是社会各界参与慈善事业的载体之一，是推动慈善事业创新发展的重要方式。慈善信托的概念最早可以追溯到2001年10月1日生效的《信托法》中所提到的“公益信托”。《信托法》第六章对于公益信托的设立目的、设立条件、设立程序、监管程序以及司法救济等进行了规定。但综观整个条文，概念性的内容偏多，尤其是关于公益信托的审批机构和公益事业管理机构的定义和规定都非常模糊，即使想依照该条文设立公益信托，也无法进行实际的操作。例如，《信托法》并没有明确公益信托是否应当由民政部门作为主管部门统一管理，还是应当归文教部门领导实施“归口”管理。这样就会导致各个部门之间的分工不明，无法实际开展工作，最终导致公益信托很难开展。

如果说信托法对于公益信托还停留在“纸上谈兵”概念的阶段，那2016年9月1日施行的《慈善法》，则标志着慈善信托时代的正式开启，实现了公益信托向慈善信托的华丽转身。

通过对比《信托法》所规定的公益信托和《慈善法》中关于慈善信托的法律规定，我们可以很清晰地发现《慈善法》中有关慈善信托的内容更加详尽，并具有一定的可操作性，主要有以下几方面：

第一，《慈善法》第六条规定，国务院民政部门主管全国慈善工作，县级以上地方各级人民政府民政部门主管本行政区域内的慈善工作；县级以上人民政府有关部门依照本法和其他有关法律法规，在各自的职责范围内做好相关工作。这一条将慈善信托的主管部门明确为县级以上的民政部门，使得慈善信托的管理机构有了非常明确的指向性，为慈善信托的落地工作提供了明确的指导方向。

第二，《慈善法》第四十五条规定，设立慈善信托、确定受托人和监察人，应当采取书面形式。受托人应当在慈善信托文件签订之日起7日内，将相关文件向受托人所在地县级以上人民政府民政部门备案。区别于慈善组织的批准许可方式，慈善信托的设立采取的是登记备案制度，这就表明我国政府对于慈善信托的态度更加开放，希望通过更加灵活的方式，方便慈善信托工作的全面开展。

第三，《慈善法》第四十六条规定，慈善信托的受托人，可以由委托人确定其信赖的慈善组织或者信托公司担任。慈善信托普遍包含两部分内容：其一是通过慈善组织将信托内的资金投入《慈善法》规定的公益活动中；其二就是通过对信托资金的妥善管理，保证信托资金在安全的情况下增资保值。在这种情况下，就需要慈善组织和信托公司一起参与到慈善信托的设立、管理工作中，才能“双管齐下”，发挥慈善信托最大的功能。该条款恰恰为这样的组合方式提供了合法的法律依据。

第四，《慈善法》第四十七条规定，慈善信托的受托人违反信托义务或者难以履行职责的，委托人可以变更受托人。变更后的受托人应当自变更之日起7日内，将变更情况报原备案的民政部门重新备案。根据《信托法》第六十二条的规定，公益信托的设立和确定其受托人，应当经有关公益事业的管理机构批准。同时第六十六条还规定，公益信托的受托人未经公益事业管理机构批准，不得辞任。《慈善法》的规定标志着慈善信托在受托人的设立、确定以及变更方面都更加贴近信托本身，即将相关的权利完全赋予委托人，全面取消了公权力的干预。

第五，《慈善法》第四十九条还对于信托监察人的选任以及职责、权利作出了规定，即慈善信托的委托人根据需要，可以确定信托监察人。信托监察人对受托人的行为进行监督，依法维护委托人和受益人的权益。信托监察人发现受托人违反信托义务或者难以履行职责的，应当向委托人报告，并有权以自己的名义向人民法院提起诉讼。

《慈善法》中的以上内容都是对《信托法》所规定的公益信托做出的变革与完善，也为慈善信托最终的落地和操作奠定了坚实的法律基础，更加为信托金融工具助力慈善事业发展开辟了绿色通道。

为贯彻落实党中央的决策部署，规范慈善信托，保护慈善信托当事人的合法权益，促进慈善事业发展，原银监会、民政部联合印发《慈善信托管理办法》，自2017年7月10日起生效，涵盖了总则、慈善信托的设立、慈善信托的备案、慈善信托财产的管理和处分、慈善信托的变更和终止、促进措施、监督管理和信息公开、法律责任、附则共9个方面的内容，标志着我国慈善信托规制体系基本建立。

二、中国慈善信托的实践现状

根据慈善中国网站的统计，[1] 截至 2021 年 5 月，我国有超过 566 单慈善信托完成备案，信托财产总规模超过 33 亿元人民币。其中慈善信托规模超过亿元的不到 10 单，较为知名且为媒体广为报道的慈善信托包括，由阿里巴巴 12 位女性合伙人成立的湖畔魔豆慈善信托，信托财产金额 2.66 亿元；以万向三农集团有限公司股权所设立的鲁冠球三农扶志基金慈善信托，信托财产金额 6 亿元；美的集团创始人何享健设立的中信何享健慈善基金会 2017 顺德社区慈善信托，信托财产金额 4.92 亿元。除此之外，大部分慈善信托的规模较小。其中，规模不足 100 万元的慈善信托数量超过 50%；规模低于 20 万元（含 20 万元）的超过 25%；最小的慈善信托规模仅 5000 元。慈善信托规模小型化，也导致慈善信托期限短期化。规模在 100 万元以下的慈善信托，期限以 1～5 年以下为主，慈善信托长期持续优势难以发挥。

根据对上述慈善信托的备案信息的分析可以看到，信托财产金额较大的慈善信托，由于其信托财产的本金基数较大，且受托人大多数情况下均为专业的信托公司，具有专业的投资理财技能，这种类型的慈善信托一般会保障信托财产的本金安全，利用对信托财产本金的资产配置和运作所产生的收益开展慈善活动。但绝大多数的慈善信托还是以消耗信托财产的方式进行运作，这主要是由于我国相关的法律对于闲置慈善信托财产进行投资有具体的限制规定。

根据《慈善信托管理办法》第三十条的规定，慈善信托财产运用应当遵循合法、安全、有效的原则，可以运用于银行存款、政府债券、中央银行票据、金融债券和货币市场基金等低风险资产，但委托人和信托公司另有约定的除外。但是根据前述规定所得的投资收益实际上无法满足慈善活动的所有支出。由于慈善信托所开展的慈善项目大多是单纯的资金或实物的直接捐助，如受托人根据合法的流程直接将信托资金提供给受益人进行慈善资助或救助；受托人利用信托财产直接购买特定的实物或服务，然后再直接提供给受益人等。这种方式能够非常直接地体现出慈善效果，但是由于信托财产缺乏自我增值、保值的能

---

① 载中国慈善，http：//cishan.chinanpo.gov.cn/biz/ma/csmh/e/csmheindex.html，最后访问时间：2021 年 5 月 4 日。

力，因此很难保证长期持续的效果。

三、中国慈善信托的发展前景

随着我国国民生产总值的逐年递增，越来越多的高净值客户及其所在的家庭、家族都希望将我国自古千年流传的“乐善好施”这一理念不断传承并发扬光大。而信托行业凭借其独有的行业优势和丰富的资产管理能力，一旦与慈善事业“珠联璧合”，在未来将大有所为。

与慈善信托相比，其他慈善组织形式普遍存在资产供给不足、缺乏专业金融理财知识、社会公信力差等问题。而慈善信托在资产隔离、资本运作、资金筹措、增值保值等方面都拥有诸多优势，但怎样妥善利用并发挥慈善信托的这些作用，需要我们不断地探索和研究。

中国信托业协会副秘书长郑某认为，慈善信托还处于“摸着石头过河”的探索阶段，在发展过程中会面临很多困难和挑战。“目前，关于慈善信托的法律条文相对简单，配套制度相对滞后，社会大众认知较少，这需要一个机构能够搭建平台、建立智库、加强行业规范，以促进慈善信托的应用和普及。”①

四、境外慈善信托的借鉴

慈善信托作为一种新型的慈善活动方式，鉴于其能够更好地体现委托人的慈善目的，也便于社会大众更多地参与到慈善活动中，一经问世便得到了热烈的追捧。虽然慈善信托在中国还算是一种新兴事物，但其已经在欧美等国家发展已久。由于慈善信托可以发挥信托制度的各种特点，如制度灵活、操作透明、执行高效等，其在外国普遍都能获得当地政府的大力支持并已经发展得较为普遍。因此，这些境外慈善信托的设立与管理经验对我国慈善信托事业的发展具有极大的参考意义。

1. 英国的慈善信托

英国可以说是慈善信托制度的发源地，最早可以追溯到中世纪。慈善信托的雏形是罗马主教的信徒们将大量私有财产捐赠给教会，由教会管理并用于救

① 参见《信托助力慈善“自我造血”跨行业共促慈善信托发展》，载中国信托业协会官网，http：//www. xtxh. net/xtxh/mediumpoints/42619. htm，最后访问时间：2021 年 4 月 16 日

济和扶贫。随着教会接管的捐赠逐渐增多，其所涉及的慈善事业也扩大到了教育、医疗、农业生产等领域。英国皇室政权为了削弱教会实力，同时也需要对这种慈善捐赠行为进行规范，故初步形成了由法律制度所调整的慈善信托法律关系。

1601 年，英国女王伊丽莎白一世通过议会颁布了《1601 年慈善用益法》，该部法律明确了英国政府对慈善基金会的管辖权，并且创设了慈善监督制度和对从事法定慈善活动的基金会给予免除若干税收的优惠待遇，对英国的慈善信托的发展起到了深远的影响。另外，英国于 1853 年成立了慈善委员会，主要是为了保障慈善信托财产能够得到有效的使用并防止受托人滥用权利以及管理失当等问题，通过该组织的建立，起到对慈善信托的全方位监管的作用。

此后，英国陆续出台了《慈善信托法》《慈善受托人社团法》《慈善法》等多部法律，同时还会进行不断的修订，由此真正确立了英国慈善信托的基本原则与制度。英国慈善信托的管理机构即慈善委员会，则在相关法律的授权下为慈善信托的实施拟定了十分详细的操作规范。作为判例法国家，英国法院还出台了许多可供参考的慈善信托判例。

另外，慈善信托在英国一旦登记设立即可享有税收减免的优惠政策，不仅收入可以免缴所得税，而且如果慈善信托销售他人捐赠的慈善物品，也可以免缴增值税等。

2. 美国的慈善信托

作为慈善活动发展规模最大、影响范围最广的发达国家，美国境内有超过 100 万个慈善组织可以享受免税待遇。美国的慈善信托类型众多，包括公众信托、公共机构信托以及慈善先行信托、慈善剩余信托。

美国有关慈善信托的规定并没有形成固定的体系，主要是散见于多部法律中，尤其是联邦税法中关于慈善的免税条款，推动了美国慈善组织和慈善信托的快速发展。美国税法对于“慈善”的定义非常广泛，这样能使得更多的慈善行为享受到税收优惠，而且美国对税收优惠的规定非常具体，比如，慈善信托的受托人可免缴所得税；慈善信托的委托人可以享受税收减免；信托财产如果是不动产，则可以免缴财产税和土地税等。另外，捐赠或设立慈善信托还可以免缴遗产税。

3. 日本的慈善信托制度

20世纪70年代，由于日本慈善法人制度产生了一定的弊病，所以日本顺势推行了慈善信托制度。虽然日本的慈善信托并不是一种非常普遍且主流的慈善活动方式，但确属日本慈善事业中不可或缺的一部分。日本慈善信托的受托人通常为信托银行，且信托银行因为自身的专业限制，通常会和相关的慈善组织共同合作开展相关的慈善活动。此外，日本的慈善信托税收优惠实行的是分级制度，分别根据慈善信托的目的、信托财产的管理等要求分为一般慈善信托、特定慈善信托和认定特定慈善信托，各种慈善信托都会依照各自的登记享受不同的税收优惠。

4. 中国香港特别行政区的慈善信托

根据中国香港特区的法律，慈善信托的信托财产必须全部用于慈善而不能用于其他私人目的。在中国香港特区设立慈善信托，一般可以通过合同或者遗嘱等方式设立。慈善信托设立之后原则上并不需要向任何机构登记，但是如果要获得相应的税收优惠，则必须向税务机关申请登记并办理一系列的手续，同时还要定期接受审查。在受托人向税务部门申请并成功获得税收优惠资格后，慈善信托便可以开始享受税收优惠，委托人根据受托人出具的相关凭证也可以用于申请税收抵扣等优惠。

第二节 慈善信托的设立

一、慈善信托的设立要件

（一）慈善信托设立的法律依据

慈善信托是社会各界参与慈善事业的重要载体之一，是推动慈善事业创新发展的重要方式。《慈善法》第四十五条为慈善信托的设立备案提供了法律依据。该条款规定："设立慈善信托、确定受托人和监察人，应当采取书面形式。受托人应当在慈善信托文件签订之日起七日内，将相关文件向受托人所在地县级以上人民政府民政部门备案。未按照前款规定将相关文件报民政部门备案的，不享受税收优惠。"

2016 年 8 月 25 日，民政部、原银监员会联合发布《关于做好慈善信托备案有关工作的通知》（民发〔2016〕151 号），其中通过对备案管辖机关、备案文件材料和程序要求、职责划分及信息公开作出了明确限定，使得慈善信托涉的备案内容有了进一步的细化，为慈善信托的具体备案和操作运行提供了政策依据。

2017 年 7 月 10 日，《慈善信托管理办法》（银监发〔2017〕37 号）发布，该文件第四条规定："国家鼓励发展慈善信托，支持自然人、法人和其他组织践行社会主义核心价值观，弘扬中华民族传统美德，依法开展慈善活动。"这再一次明确了我国职能部门对慈善信托的支持态度。另外，该文件还对慈善信托的设立与备案、受托人的权限、信托财产的管理、委托人权利行使方法等内容提供了较为详细的操作指引。当然，该文件对于慈善信托的另外两个重要的核心问题即信托财产的登记与税收优惠的具体内容还没有涉及，有待后续法律法规的制定。

（二）慈善信托设立的构成要件

根据上述法律法规以及相关政策，构成一个合法合规的慈善信托需要具备五大基本要素，即委托人、受托人、监察人、信托财产、慈善目的，其中除了监察人并非必须设置的机构以外，其他都是慈善信托设立并顺利备案的必要条件。

1. 慈善信托的委托人

根据《慈善信托管理办法》第八条规定，"慈善信托的委托人应当是具有完全民事行为能力的自然人、法人或者依法成立的其他组织。"通常我们对自然人和法人比较好理解，但对其他组织的构成还较为陌生。该条规定中的"依法成立的其他组织"在实践中一般是指依法成立的慈善组织、高校、医院等，其中最为常见的就是慈善组织所设立的慈善信托，其往往会和慈善基金会组合在一起。由于慈善信托具有财产处理方式灵活、专款专用等独特优势，可以最大程度地满足慈善组织各种慈善活动的要求，所以越来越受到广大慈善组织的青睐，如美的集团创始人何享健的 60 亿元人民币家族慈善计划就是采用基金会 + 慈善信托的模式。

另外，关于委托人的人数问题，也是慈善信托备案程序中较为重要的问题。从《慈善法》和《慈善信托管理办法》的立法原则以及中国慈善网站上已经公示并完成备案的慈善信托的实际情况来看，慈善信托的委托人并非唯一。《慈善信托管理办法》第三十八条规定："根据信托文件约定或者经原委托人同意，可以变更以下事项：（一）增加新的委托人；（二）增加信托财产……"依据该规定明确可知，已经成功设立并备案后的慈善信托完全可以依据慈善信托设立时达成的信托文件或根据原委托人的意愿对信托委托人和信托财产进行增加。

此外，既然慈善信托脱胎于《信托法》，那么慈善信托本身是否也能面向不特定社会公众公开募集资金呢？综观《慈善法》以及相关的法律文件、相关政策文件，其中并没有就该问题进行规定，但根据上述增加慈善信托委托人以及信托财产的条款，我们可以看出即使慈善信托进行公开募集资金的行为，原则上应该不会违反《慈善法》的强制性规定，且操作起来也没有太多的法律障碍。原委托人和新委托人可以在合法合规的信托合同的约定或事后新增加相关的权利义务规则的情况下开展该种资金的公开募集行为。通过不断增加新委托人以及信托资金的方式，可以逐渐累积小额的捐赠资金，从而慢慢地扩大慈善信托的规模，便于资本的力量不断地集中、深入地开展慈善活动，同时也有利于将大量民间力量源源不断地注入慈善事业中。这就类似 1931 年发起于美国的 DAF，又称捐赠人建议基金（Donor－Advised Fund），它是一种帮助捐赠人开设专属慈善账户、享受税收优惠、捐赠人在捐赠财产的投资和捐助方面享有建议权的基金。

2019 年 1 月 2 日，中信信托携手深圳市递爱福公益基金会共同完成国内首单 DAF 捐赠，开启了公益慈善的新实践。该 DAF 的具体实施过程为：中信信托 48 名客户在享受信托投资收益的同时，将一部分收益捐给深圳市递爱福公益基金会，设立自己的 DAF 慈善账户。中信信托作为客户的 DAF 慈善账户顾问有权提出慈善资产保值增值的投资建议。最后，中信信托作为 DAF 慈善账户顾问提出将慈善资产捐助给贵州铜仁碧江区扶贫办的捐助建议，用于改善当地困难群众的教育、医疗、住房条件。①

---

① 参见《中信信托完成国内首单 DAF 捐赠 开启公益慈善新实践》，载金融界，https：//baijiahao. baidu. com/s？ id = 1621620307596982577&wfr = spider&for = pc，最后访问时间：2021 年 4 月 16 日。

2. 慈善信托的受托人

《信托法》第六十二条第一款规定："公益信托的设立和确定其受托人，应当经有关公益事业的管理机构（以下简称公益事业管理机构）批准。"也就是说任何自然人或者机构只要得到了公益事业管理机构的批准，并不需要满足其他任何条件，则都可以成为公益信托的受托人。虽然《慈善法》第四十四条明确规定慈善信托属于公益信托，但《慈善法》第四十六条又进一步规定："慈善信托的受托人，可以由委托人确定其信赖的慈善组织或者信托公司担任。"这主要是为了进一步缩小受托人的范围，便于规范监督和管理慈善信托的运作。因此，慈善信托明确只有信托公司和慈善组织可以成为慈善信托的受托人。

3. 慈善信托的监察人

《慈善法》第四十九条规定，"慈善信托的委托人根据需要，可以确定信托监察人"，因此，慈善信托的监察人并不是一个法定的必设要件。但根据中国慈善网站上的备案信息来看，现有设立备案的慈善信托的信托期限，少则 3 ~ 5 年，甚至有一部分的信托期限是无固定期限或永续的。在如此漫长的岁月里，确实需要有一个客观中立的监察人监督慈善信托的运行和管理，用以保障慈善信托健康、有序的发展。由于《慈善法》对信托监察人的人选并没有特别的规定，因此监察人既可以是自然人，也可以是机构。但通常来说，慈善信托的监察人一般以律师事务所、会计事务所或者专业慈善机构作为监察人的最佳人选，这主要是因为这类机构一般具有一定的法律、财务或与慈善事业相关的专业知识，能够更好地履行职责，而自然人由于其生存时间有限，所以相比来说，专业机构更加适合成为慈善信托的监察人，这样有利于为慈善信托的运行提供专业服务以及各种支持。

另外，法律还明确规定，信托监察人的职责主要就是对受托人的行为进行监督，利用自己的专业能力和知识依法维护委托人和受益人的权益。一旦信托监察人发现受托人违反信托义务或者难以履行职责的，应当向委托人报告，并有权以自己的名义向人民法院提起诉讼。

4. 法定的慈善目的

《慈善法》第三条规定："本法所称慈善活动，是指自然人、法人和其他组织以捐赠财产或者提供服务等方式，自愿开展的下列公益活动：（一）扶贫、济困；（二）扶老、救孤、恤病、助残、优抚；（三）救助自然灾害、事故灾难和公共卫生事件等突发事件造成的损害；（四）促进教育、科学、文化、卫生、体育等事业的发展；（五）防治污染和其他公害，保护和改善生态环境；（六）符合本法规定的其他公益活动。”

由此可见，慈善信托的设立必须具备法律明确规定的慈善目的，并且必须在慈善信托所设立的书面文件中予以载明。就目前在中国慈善网站上已设立备案的慈善信托来看，主要还是集中在教育、医疗、扶贫济困、扶老助残等方面，而促进科学、文化以及防止污染和其他公害，保护和改善生态环境等方面的慈善信托相对来说比较少，这主要还是因为此类领域所需要投入的资金体量巨大，而相对的结果显现的时间比较漫长，但这些慈善信托对于推动社会进步和维护人类长久发展具有重要意义，需要社会各界更多的关注与认识。

另外，慈善目的不但需要在形式上与法律规定相符，更重要的是不能有任何的“利己主义”，必须符合造福他人的“利他主义”，这样才能符合慈善的本质精神。例如，我们曾经有一位企业家客人咨询，他在50岁的时候生育了一个儿子，但儿子却是先天残疾。由于他和儿子相差50岁，他必然不能照顾孩子终老，于是他想利用名下的部分资产设置一个慈善信托，用来满足儿子未来的生活、医疗等需要。像这样的情况，就很难成立一个合法的慈善信托，因为慈善信托的受益人必须具有不特定性，即不确定的群体。而这位企业家设想建立的慈善信托虽然也会资助其他和他儿子一样的人群，看似也具有一定的不确定性，但是实质上还是可以确定的，尤其是他的儿子必然要成为该慈善信托的受益人。该慈善目的可能并不符合法律的相关规定。因此，这个客人应该定制一个民事信托（如家族信托），这样才能更加准确地达到他希望的信托目的。

当然，通过分析现有的慈善信托备案文件，我们发现部分慈善信托实际上也没有非常明确的慈善目的，仅仅是在备案文件中确定了受益人的范围。而受益人的范围恰恰也是慈善信托备案过程中必要的要素，在慈善信托的合同中应当提前明确受益人的范围以及选择受益人的标准或者流程。

5. 慈善信托的信托财产

信托财产是慈善信托最重要的要素，是慈善信托的重中之重。如果没有信托财产，慈善信托就丧失了存在的意义。关于信托财产的管理和处分，在《慈善信托管理办法》第四章有明确的法律规定。

首先，慈善信托财产无论是何种形式，如现金、公司股权等，都必须采取实际交付、转让、登记在受托人名下等所有权转移的方式，而不能仅仅由委托人和受托人达成口头约定。信托财产必须做到专款专用，对于资金信托，应当委托商业银行担任保管人，并且依法开立慈善信托资金专户；对于非资金信托，当事人可以委托第三方进行保管。同时，信托财产每年的财产支出情况、审批流程等内容都需要在信托合同中进行详细的约定。

其次，慈善信托财产与受托人本身的固有财产应当相互区别，受托人不得将慈善信托财产转为其固有财产。任何组织和个人不得私分、挪用、截留或者侵占慈善信托财产。受托人必须将慈善信托财产与其固有财产分别管理、分别记账，并将不同慈善信托的财产分别管理、分别记账。

再次，由于慈善信托的特殊性，信托财产通常不需要追求较高的收益，甚至连保值增值都并不是必须的。但慈善信托若想发挥其长期稳定的信托效果，那么利用金融理财的方式使信托财产能够保值增值还是较为可行的办法。慈善信托财产运用应当遵循合法、安全、有效的原则，可以运用于银行存款、政府债券、中央银行票据、金融债券和货币市场基金等低风险资产，但委托人和信托公司另有约定的除外。也就是说，除了低风险资产以外，原则上委托人与信托公司可以通过书面的方式另行约定慈善信托财产的投资方式，但实践中，慈善信托的财产一般还是采取较为稳妥的低风险投资方式，这样也符合慈善信托对资产稳定的需求。

最后，如果慈善信托到期或由于其他原因终止，信托财产的处置方式需要提前在信托合同中进行明确约定。慈善信托终止，没有信托财产权利归属人或者信托财产权利归属人是不特定的社会公众，经备案的民政部门批准，受托人应当将信托财产用于与原慈善目的相近似的目的，或者将信托财产转移给具有近似目的的其他慈善信托或者慈善组织。

二、单受托人模式的慈善信托

单受托人模式是慈善信托中较为普遍的模式。所谓单受托人模式，就是受托人仅由一个机构组织担任，也是慈善信托设立之初最为普遍的设立模式。如北京市企业家环保基金会 2016 阿拉善 SEE 公益金融班环保慈善信托就是全国第一单由慈善组织作为受托人的单受托人模式的慈善信托。[①]

那么设立一个单受托慈善信托需要哪些基本的步骤呢?

1. 慈善信托合同的订立

建立慈善信托之前，须由委托人、受托人以及监察人（若有）订立详细的慈善信托合同，其中至少需要涉及以下几个方面的问题。

（1）明确慈善信托的目的

慈善信托的目的必须符合《慈善法》第三条规定的6种情形之一，即扶贫、济困；扶老、救孤、恤病、助残、优抚；救助自然灾害、事故灾难和公共卫生事件等突发事件造成的损害；促进教育、科学、文化、卫生、体育等事业的发展；防治污染和其他公害，保护和改善生态环境；或者符合《慈善法》规定的其他公益活动。

（2）明确慈善信托的期限

慈善信托的存续期限可以为固定的年限如3年、5年，也可以采用无固定期限或永续的方式。

（3）明确信托资金的金额以及交付方式

合同中应书面确认委托人自愿交付的信托资金金额，并明确由委托人于信托合同签约后以确定的方式将信托资金转入由银行开立的慈善信托专设监管账户。

（4）明确受益人的范围以及选定的方法与程序

慈善信托的受益人应当在合同中进行明确的定义，且对于受益人的选定应设定详细的选定方法和程序，同时也包括慈善信托每年资助的金额限制。

（5）信托成立和生效的要件

一般情况下，慈善信托自信托合同签署时成立，并于信托资金足额交付监管账户后生效，信托正式生效。

（6）信托备案的义务人

信托备案的义务人应为受托人，受托人应当在合同指定的期限内向备案机构申请备案。

---

① 参见《国内首例慈善组织作为单受托人的慈善信托发布》，载新浪公益，http://gongyi.sina.com.cn/gyzx/ngo/2016-12-28/doc-ifxyxury8982327.shtml，最后访问时间：2021年4月16日。

（7）信托财产的管理

合同可以就信托财产如何运用到慈善捐助活动及金额、频率等进行详细的约定，同时还可以详细约定信托财产的分配方式。另外，对于闲置的信托资产，委托人还可以按照自己的意愿进行投资，如依法委托具有相关资质的机构投资于银行理财产品及其他流动性较高的现金管理类产品，具体包括银行存款、政府债券、中央银行票据、金融债券、货币市场基金和现金管理类信托产品等低风险金融产品，相关收益计入信托财产。

（8）信托财产承担的费用

根据《慈善信托管理办法》的规定，慈善信托文件中应当载明信托报酬收取的标准和方法，因此，慈善信托的受托人原则上可以收取报酬、信托监管人可以收取监管费用、监察人可以收取监察费用，这些内容只需在信托合同中明确即可。但就我们实际参与的慈善信托的实践中，大多数受托人、监管人、监察人是出于对公益事业的付出，通常不收取任何的报酬或费用。

（9）信托终止后的财产归属

若信托根据合同约定的条件终止后，受托人应当在慈善信托终止事由发生之日起 15 日内，将终止事由、日期、剩余信托财产处分方案和有关情况报告备案的民政部门。同时，还需要明确信托终止后的财产归属。

（10）委托人的权利义务

委托人的义务主要包括保证将来源合法的信托资金足额交付给受托人，同时不得利用其关联关系损害本信托、受益人的利益和社会公共利益等。委托人的权利主要包括有权向受托人了解其信托资金的管理、运用和处分及收支情况，并有权要求受托人进行年度收支说明，以及对信托财产有关的信托账目和处理信托事务的其他文件的审阅查询权等。

（11）受托人的权利义务

受托人的权利包括但不限于可以依据合法有效的信托合同管理信托财产并开展慈善活动，并且受托人因管理、运用和处分信托财产所支出的费用和对第三人所负债务，可以以信托财产承担，且若受托人以自己的财产先行支付，可以有优先受偿权等。

受托人的义务包括但不限于根据信托合同的规定依法管理信托财产，不得将信托财产转为其固有财产；妥善保存与信托有关的合同、协议、会计账册等文件、资料，保存期不少于自信托结束之日起 15 年；不得将其固有财产与信托财产进行交易或者将不同委托人的信托财产进行相互交易，但信托文件另有规定或者经委托人或者受益人同意，并以公平的市场价格进行交易的除外；出具年度信托事务管理报告，并定期向备案的民政部门报告并公示，确保信托财产管理、运用和处分过程的规范、透明，防范可能出现的风险等。

（12）监察人（若有）的权利义务

若慈善信托设有监察人，则监察人的主要权利为对信托财产的监督，审阅信托事务管理报告、终止报告以及清算报告，并有权向受托人书面质询，受托人应予以书面回复；对信托财产有关的信托账目以及处理信托事务的其他文件享有审阅权利；最重要的是有权以自己的名义向人民法院提起诉讼，处理受托人违反信托义务或者难以履行职责的行为。

监察人的主要义务除了对受托人管理和处置本信托财产的行为进行监督以外，最重要的是要按照自然年度出具慈善信托的审计报告。

（13）信息披露制度

为了保障慈善信托的信息透明度，信托合同中也要规定长期以及临时的信息披露机制，除了每年定期的披露之外，如果发生了对信托目的实现有重大影响的临时事项，应在知道该临时事项发生之日起 3 个工作日内向备案的民政部门报告并进行临时信息披露。

（14）受托人的解聘、变更、终止

受托人在整个慈善信托中处于相当重要的位置，一旦受托人发生解任、变更或终止的情况，将直接影响到慈善信托的有序运作，所以需要对相应的情况以及出现该种情况的处理进行提前的约定与处理。

2. 信托财产专项监管协议

由于信托财产必须专款专用，所以必须在相应的银行机构设立专项的资金监管账户，这样才能做到与受托人的固定资产相区分开来。因此，委托人还需要和指定的资金监管人，一般是银行机构，签署专项监管协议，开立资金监管账户，并在未来慈善信托运行后，根据受托人的指示向指定受益人支付信托财产。

3. 慈善信托的备案申请

首先，需要填写《慈善信托备案申请书》，明确慈善信托的相关内容，包括慈善信托的基本情况、当事人情况，即委托人和受托人及监察人的情况，以及委托人和受托人向备案机构的承诺申请。

慈善信托备案申请书样式如下：

备案编号：

北京市慈善信托备案申请书

名　　称________________________________

申请机构________________________________

联 系 人________________________________

固定电话________________________________

移动电话________________________________

地　　址________________________________

邮　　编________________________________

北京市民政局印制

填表须知

一、本表应认真填写，所填内容须真实无误。

二、本表内的时间、电话号码一律用阿拉伯数字填写。

三、申请人提交的文件、证件应当使用 A4 纸。表内填写不下的内容，可另加 A4 纸的附页。

四、慈善信托应当以“单位名称 + 年度 + 慈善目的 + 慈善信托”格式命名。

五、委托人超过 5 个，可另外制作包含所有必填内容的汇总表附后。

一、慈善信托基本情况

信托名称		
信托目的 （不超过 100 字）		
信托期限		
受益人范围		
受益人选定方法和程序		
信托财产金额（万元）		
信托财产明细	类型	金额或价值
1.		
2.		
信托财产总规模		
信托财产交付方式		
每年慈善支出数额或比例		
受托人报酬约定		
监察人报酬约定		
专用资金账户及开户行		
受托人管理职责		
监察人管理职责		

二、当事人情况

1. 信托委托人情况

姓名或单位名称	
身份证号 或法人社会信用代码	
住所	
邮政编码	
联系人	
联系方式	

2. 信托受托人情况

名称		
法人社会信用代码		
住所		
邮政编码		
法定代表人		
注册资金		
慈善信托 业务负责人	姓名	
	联系电话	

3. 信托监察人情况

姓名或单位名称	
身份证号 或法人社会信用代码	
住所	
邮政编码	
联系人	
联系方式	

三、备案申请

> **委托人申请**
>
> 北京市民政局：
>
> 为（慈善目的），本（委托人名称）申请设立（慈善信托名称），选择（受托人名称）担任受托人。现承诺：
>
> 1. 设立慈善信托所使用财产为合法所有财产；
> 2. 本人（单位）承诺履行信托文件约定的各项职责；
> 3. 本人（单位）同意（不同意）公开个人信息。
>
> 委托人签章
>
> 年　　月　　日

> **委托人申请**
>
> 北京市民政局：
>
> 本（受托人名称）担任（委托人）所设立的________（慈善信托名称），根据《中华人民共和国慈善法》有关规定，申请备案并承诺如下：
>
> 1. 受托人已尽职调查信托财产为合法财产；
> 2. 受托人保证所提交备案材料真实、合法、有效；
> 3. 受托人承诺履行信托文件约定的各项职责。
>
> 受托人签章
>
> 年　　月　　日

其次，在备案机构通过慈善信托的备案后，会向委托人和受托人出具《慈善信托备案存单》，该存单不但可以确认该慈善信托已合法进行了备案，同时在慈善信托文件内容变更或慈善信托终止时，还必须凭借此回执单重新办理相关手续。

慈善信托备案存单和备案回执样式如下：①

① 北京市民政局：《办事指南——慈善信托备案》，载 http：//banshi. beijing. gov. cn/pubtask/task/1/110000000000/24acd4e6 – 9565 – 11e9 – 8300 – 507b9d3e4710. html？ locationCode = 110000000000#sample – main，最后访问时间：2021 年 4 月 16 日。

备案编号：

慈善信托备案存单

____________（受托人）于____年____月____日办理____________（慈善信托文件名称）备案手续，备案文件符合备案要求，予以备案。

经办人签字：

备案回执单领取人签字：

身份证号：

联系电话：

备案编号：

慈善信托备案回执

____________（受托人）：

你机构于____年____月____日办理____________慈善信托文件备案手续，备案文件符合备案要求，现予以备案。

慈善信托文件内容变更或慈善信托终止，请持此回执单重新办理相关手续。

年　　月　　日

注：编号规则："行政区划代码＋备案确定自然序号（四位）"

三、双受托人模式的慈善信托

截至2021年5月，中国慈善网站所公示备案的受托人为"信托公司＋公益组织"的"双受托人模式"的慈善信托不足50单，占所有慈善信托的比例不足10%。虽然总体占比不足1/10，但也说明该种形式的慈善信托已经受到业内人士的认可。

1. 双受托人模式的优势

（1）分工职责明确

在没有出现双受托人模式之前，一般情况下，慈善信托的受托人或是信托公司或是慈善机构。信托公司虽然有极强的金融专业知识，可以帮助慈善信托财产的保值增值工作，同时可以灵活地进行慈善资金的管理以及慈善活动的支出等安排，但对于如何开展慈善活动却经常束手无策。而慈善组织对于协助慈善活动的执行具有非常丰富的实战经验，但不熟悉如何设立慈善信托，同时也不能直接持有慈善信托资产且无法发挥财产保值增值的作用。在这种情况下，双受托人模式的慈善信托则应运而生，并成为非常理想的选择。

在双受托人模式的慈善信托中，由于同时存在两个受托人，所以要将两者的权利义务进行明确的分工，这样才便于在慈善信托成立之后，根据每个受托人的特点分别承担相应的管理和运营的职责。因此，通常信托公司和慈善组织签署《双受托人职责分工协议》，通过书面约定的方式提前落实各个受托人的权利义务，避免在慈善信托设立之后，因分工不明确而导致矛盾和误会，进而影响慈善信托正常发挥其应有的效用。

在这种模式下，慈善组织不必担心慈善信托资产的管理，而只要回归本职工作，专心地负责发现、评估、落地、管理、监督相关的慈善项目，慈善信托则将成为一个确保慈善事业永续发展的载体。

（2）税收安排便利

到目前为止，我国尚未对慈善信托的税收优惠出台相关的规定，因此，委托人设立慈善信托后如何开具税收发票也成为一个非常重要的实际问题。鉴于税收优惠问题，特别是委托人慈善信托财产的税前抵扣问题，双受托人模式的慈善信托可以发挥慈善组织作为受托人之一所拥有的开具捐赠发票的职能，直接达成税收优惠的目的。当然，除了双信托人模式以外，如果慈善组织担任委托人或慈善项目执行人，也可以达到相应的目的。

2. 双受托人模式的实践

由北京市企业家环保基金会和中信信托共同担任受托人的“中信·北京市企业家环保基金会 2016 阿拉善 SEE 华软资本环保慈善信托”是北京市首例备案

的双受托人模式的慈善信托。

双受托人模式的慈善信托主要是在受托人的人数上较单受托人模式有所增加，并且为了明确两个受托人的职责，一般会在慈善信托备案申请书中明确列明两个受托人不同的管理职责，在慈善信托的设立、备案等方面基本与单受托人模式相同。

四、股权慈善信托

（一）股权慈善信托概述

随着慈善信托不断受到企业家们的关注，他们希望用自己手上最具价值的公司股权设立慈善信托，这样的需求正不断地兴起。根据“慈善中国”网站的统计数据，无论是按照公司股权的市值60亿元的规模，还是按照公司股权最初出资6亿元作为计算标准，截至目前，鲁冠球三农扶志基金慈善信托是我国规模最大的股权类慈善信托。①

与单纯以资金设立慈善信托不同，若要以股权设立慈善信托，委托人需要明确其捐赠的公司股权的权属问题，并了解相关的税收政策，受托人则需要对捐赠的公司股权进行相关的调查，且需要明确股权的转让与交付手续及慈善信托的后续管理问题，双方面都将面临巨大的挑战。

1. 受托人需对拟捐赠的公司股权进行权属核查

首先，受托人需要确认委托人向慈善信托所交付的公司股权确实为其合法持有的财产。如果捐赠的是上市公司或新三板挂牌企业的股权，则受托人可以通过证券公司或中国证券登记结算有限责任公司进行股东信息、持股数量等内容的查询。如果捐赠的是有限责任公司的股权，则受托人可以通过公司注册地的工商局查询公司内档，确认股东的出资、增资等相关情况。但如果捐赠的公司股权属于普通的股份有限公司，由于这些公司并未正式挂牌或上市，市场监督管理局仅会登记该股份有限公司的设立股东，而不会公开登记后续股东的变化情况。在这种情况下，需要捐赠人提供该公司盖章确认的所有股东名册，同

---

① 参见《鲁冠球三农扶志基金慈善信托》，载慈善中国，http：//cishan. chinanpo. gov. cn/biz/ma/csmh/e/csmhedetail. html？aafx0101 = ff808081643a2a4001645a0f57f604f4，最后访问时间：2021 年 4 月 26 日。

时还需要查询相关的股权增资协议、股权转让协议、验资报告以及公司的资产核查文件等多方面地印证委托人所捐助的公司股权确实是其实际出资所拥有的公司股权。

其次，委托人所捐赠的股权不应该存在任何的权属纠纷或抵押、质押等权属瑕疵。受托人需要通过公开渠道查询该公司股权本身是否涉及任何权属的诉讼或争议。同时，还应该尽可能通过市场监督管理局或其他机构查询后确认该股权不存在任何担保、抵押、质押等权利限制。当然，受托人应该要求委托人签署相关的保证，承诺公司股权不存在前述情况。

最后，委托人所捐赠的股权应该属于其能完全处置的财产，如果该财产的处置存在限制或其他共有人，则必须确认该限制已经解除或取得其他共有人的同意。如委托人是公司发起人、实际控制人以及董事、监事、高级管理人员等，根据《公司法》以及相关的法律法规或者该公司章程的规定，该类型的委托人处理股权必须有一定的限制，委托人应当保证该限制确实已经解除且该捐赠股权的行为已经得到了必要的授权和批准。如委托人所捐赠的公司股权属于婚姻存续期间获得的财产，则还需要得到其配偶的授权或提供书面的配偶同意函。当然，委托人捐赠股权的行为还不能侵害合法的债权人的权益，否则也将影响股权捐赠的效力。

2. 公司股权必须依法办理变更登记手续

根据《慈善法》第四十四条的规定，慈善信托属于公益信托。而公益信托则属于《信托法》所规定的范围，故委托人向慈善信托所捐赠的公司股权也必须按照《信托法》第十条的规定，即“设立信托，对于信托财产，有关法律、行政法规规定应当办理登记手续的，应当依法办理信托登记。未依照前款规定办理信托登记的，应当补办登记手续；不补办的，该信托不产生效力”。因此，如果委托人希望以捐赠公司股权的方式设立慈善信托，则必须根据《公司法》及相关登记管理规定办理股权变更登记手续，才能使慈善信托合法生效。

如果委托人以有限责任公司的股权设立慈善信托的，该种捐赠将视为一种股权转让，必须保护其他股东的优先购买权，即应当得到其他股东过半数的同意，之后才能向市场监督管理部门申请变更登记，并提交新股东即慈善信托的主体资格证明，方能完成股权变更登记手续。

如果委托人以普通股份有限公司的股份设立慈善信托的，则由于股份有限公司的股东变更不属于发起人姓名或名称的变更，市场监督管理部门不会进行相关的变更登记手续，则应当由该公司将慈善信托作为新股东，并将其记载于股东名册中。

如果委托人以上市公司股份设立慈善信托，则该上市公司应当通过中国证券登记结算有限责任公司办理相关的过户登记。

3. 股权类慈善信托的税收规定

截至目前，由于还没有专门针对慈善信托的税收优惠相关政策，如果委托人需要以公司股权设立慈善信托，则可能会涉及相关的税收问题。

首先，如果捐赠股权的委托人是法人，则可以根据财政部、国家税务总局于2016年出台的《关于公益股权捐赠企业所得税政策问题的通知》（财税〔2016〕45号）文件中对“企业向公益性社会团体实施的股权捐赠”的税收优惠政策解决税收问题。但如果捐赠股权的委托人是个人或企业想直接以公司股权设立慈善信托的，则尚未有任何税收优惠政策可供适用。因此，该种股权的捐赠行为仍然会被视同“股权转让”，从而需要缴纳所得税。

其次，如果股权类慈善信托设立之后，公司股权需要办理相关的信托财产登记手续，同时会涉及产权主体的变更，此时则需要按照信托合同所载明的信托财产的金额，按照0.5‰缴纳印花税。如果未来慈善信托需要进一步处置股权，则也需要再次缴纳印花税。

4. 股权类慈善信托需要保障支出稳定

根据《慈善信托管理办法》第十四条的规定，慈善信托文件中需要载明年度慈善支出的比例或数额，从而保障慈善信托可以将信托财产真正地投入符合法定慈善目的的慈善活动中，进而保障不特定受益人的合法利益。但以公司股权这种非现金资产设立的慈善信托，公司股权本身并不能随时处理变现，一般来说还是需要依靠公司股权的分红作为慈善信托资金的长期来源。但由于公司经营的风险以及宏观经济的波动等因素，可能会导致股权分红的稳定性无法达到慈善信托设立时在文件中所约定的年度慈善支出比例和数额。此时，受托人作为慈善信托的管理者，必须保障慈善资金的充足，即需要处置公司股权进行变现。如果需要处置的是上市公司的股票，则可以直接根据该股票的市场价格进行抛售套现即可。但如果需要处置有限责任公司的股权，则还需要遵循《公司法》的相关规定，即在该公司股东内部可直接转让，而对外转让时，需要提前征求公司其他股东的同意，切不可侵犯其他股东的同等条件下的购买权。此外，非上市的股份有限公司的股权是可以直接对外转让的。

5. 受托人需妥善管理慈善信托的股权

公司股权和其他类型的资产的一个重要的区别在于，公司需要专门的人去经营和管理。而慈善信托的受托人通常情况下是慈善组织或信托公司，这两个主体均没有相关的公司经营的经验。一般情况下，在委托人将公司股权交付给慈善信托后，也就意味着整个公司股权及其相应的股东权利义务以及股权收益均属于该慈善信托，应当由受托人负责管理慈善信托所持有的公司股权，并行使相关的股东权利。但由于受托人缺乏管理公司的经验，如果贸然让受托人直接管理公司的经营事务，则可能会导致该公司陷入不必要的危机。那应该怎么做呢?

受托人可以事先与委托人协商，根据委托人的想法并结合慈善信托的持股比例，确定管理公司股权以及行使股东权利的形式。如受托人可以将公司的日常经营等事务性权利授权给委托人行使，而自己则保留公司股权的处分权、分红权等财产性权利。同时，受托人需要定期监督委托人行使权利的行为，以免委托人滥用权利从而损害慈善信托的合法权益。当然，受托人也可以在慈善信托设立监察人的情况下，提前征求监察人的意见。监察人则应该客观、中立地对受托人管理和处置该公司股权及行使股东权利的行为，实施适当的监督。

6. 股权类慈善信托的提前终止事项

根据《慈善信托管理办法》第四十条的规定，若信托文件中提前约定的终止事由出现、信托目的已经实现或者不能实现等情形，则慈善信托终止。虽然慈善信托的期限少则 3 ~5 年，还有部分是无固定期限以及永续存在的，但由于公司经营的不稳定性以及国家经济、监管要求等均存在不确定性，因此，需要在设立的信托文件中提前约定终止事项，这样才有利于保障各方的合法权益。

首先，如果慈善信托所持有的公司股权由于经营能力持续变差或其他特殊事项（如 2020 年新冠病毒疫情等不可抗力）的影响，导致公司丧失了获得收益的能力，或者公司股权的价值持续贬低，甚至完全丧失了价值，导致受托人即使出售所有的股权也无法满足信托文件中所约定的年度慈善支出金额。在这种情况下，该股权慈善信托的合法慈善目的已经无法实现，故受托人应当提前终止信托。

其次，如果慈善信托所持有的公司股权准备进行上市，由于证监会目前尚未对信托持股的拟上市公司是否能顺利申请上市提供明确的监管意见，如果企业因上市而需要提前终止慈善信托，也需要提前在信托文件中列明为提前终止事项。

（二）股权慈善信托的实践

我们之前提到的，鲁冠球三农扶志基金慈善信托是我国目前为止规模最大的股权类慈善信托。作为股权类慈善信托的一座里程碑，该慈善信托的设立、慈善财产的使用情况都成为关注的焦点。

1. 鲁冠球三农扶志基金慈善信托的设立过程

鲁冠球三农扶志基金慈善信托是为了纪念万向集团公司创始人鲁冠球，由其儿子鲁伟鼎设立和命名的永久存续的慈善信托。中国慈善网站的公示信息显示，鲁冠球三农扶志基金慈善信托的信托财产总规模为委托人鲁伟鼎持有的万向三农集团有限公司的股权（对应出资额6亿元）。万向三农集团有限公司由鲁冠球和鲁伟鼎于2000年出资6亿元创立，是两家上市公司承德露露（SZ000848）40.68%、万向德农（SH600371）48.76%的最大股东，并且持有航民股份（SH600987）11.11%的股份。万向三农集团股份有限公司的股权结构见图5－1。

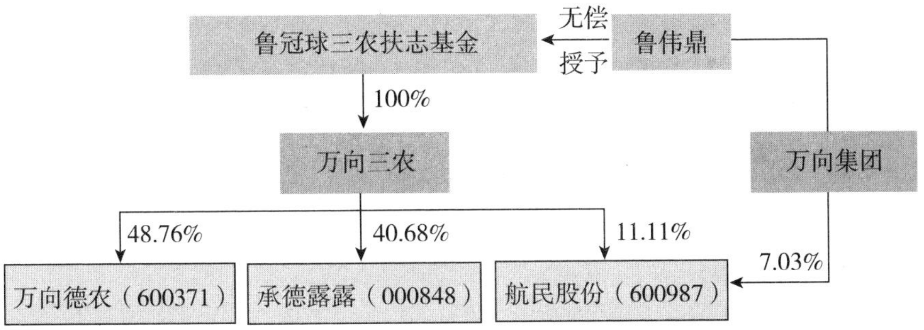

图5－1　万向三农集团股份有限公司的股权结构

鲁冠球三农扶志基金慈善信托的财产及其收益全部用于慈善目的，家族成员不享有信托利益。其信托目的是：“让农村发展、让农业现代化、让农民富裕，以影响力投资、以奋斗者为本、量力而行做实事”，开展扶贫、济困、扶老、救孤、恤病、助残、优抚、救灾等慈善活动，促进教育、科技、文化、卫生、体育、环保等事业发展。

2018 年 6 月 27 日，作为慈善信托的委托人，鲁伟鼎签署《鲁冠球三农扶志基金宪章》（见图 5 – 2）《鲁冠球三农扶志基金章程》《鲁冠球三农扶志基金慈善信托合同》等信托文件。

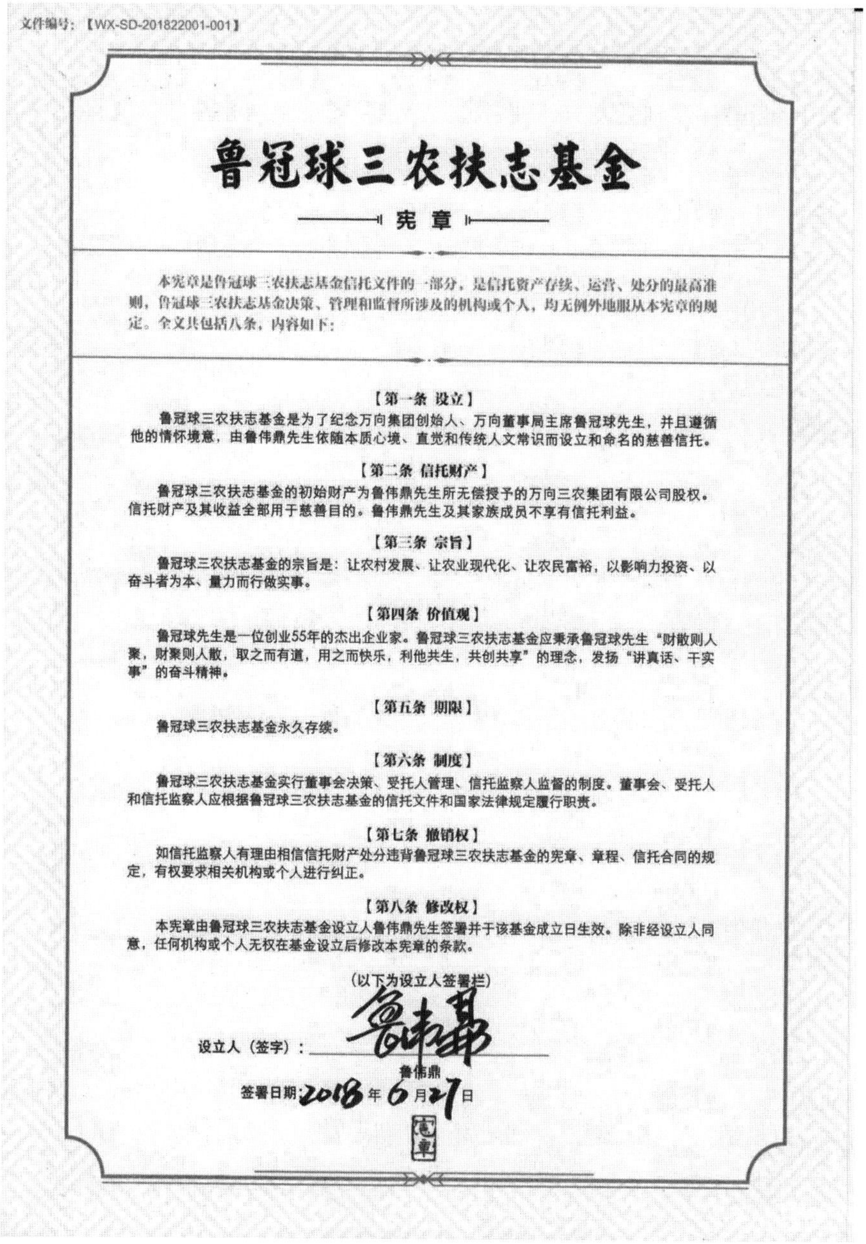

文件编号：【WX-SD-201822001-001】

鲁冠球三农扶志基金

宪 章

本宪章是鲁冠球三农扶志基金信托文件的一部分，是信托资产存续、运营、处分的最高准则，鲁冠球三农扶志基金决策、管理和监督所涉及的机构或个人，均无例外地服从本宪章的规定。全文共包括八条，内容如下：

【第一条 设立】

鲁冠球三农扶志基金是为了纪念万向集团创始人、万向董事局主席鲁冠球先生，并且遵循他的情怀境意，由鲁伟鼎先生依随本质心境、直觉和传统人文常识而设立和命名的慈善信托。

【第二条 信托财产】

鲁冠球三农扶志基金的初始财产为鲁伟鼎先生所无偿授予的万向三农集团有限公司股权。信托财产及其收益全部用于慈善目的。鲁伟鼎先生及其家族成员不享有信托利益。

【第三条 宗旨】

鲁冠球三农扶志基金的宗旨是：让农村发展、让农业现代化、让农民富裕，以影响力投资、以奋斗者为本、量力而行做实事。

【第四条 价值观】

鲁冠球先生是一位创业55年的杰出企业家。鲁冠球三农扶志基金应秉承鲁冠球先生“财散则人聚，财聚则人散，取之而有道，用之而快乐，利他共生，共创共享”的理念，发扬“讲真话、干实事”的奋斗精神。

【第五条 期限】

鲁冠球三农扶志基金永久存续。

【第六条 制度】

鲁冠球三农扶志基金实行董事会决策、受托人管理、信托监察人监督的制度。董事会、受托人和信托监察人应根据鲁冠球三农扶志基金的信托文件和国家法律规定履行职责。

【第七条 撤销权】

如信托监察人有理由相信信托财产处分违背鲁冠球三农扶志基金的宪章、章程、信托合同的规定，有权要求相关机构或个人进行纠正。

【第八条 修改权】

本宪章由鲁冠球三农扶志基金设立人鲁伟鼎先生签署并于该基金成立日生效。除非经设立人同意，任何机构或个人无权在基金设立后修改本宪章的条款。

（以下为设立人签署栏）

设立人（签字）：鲁伟鼎

鲁伟鼎

签署日期：2018 年 6 月 27 日

图 5 – 2 鲁冠球三农扶志基金宪章

2018年6月29日，万向信托股份公司作为该慈善信托的受托人，完成全部信托文件的签署，鲁冠球三农扶志基金成立，并完成在杭州市民政部门的慈善信托备案，其备案编号为3301000000006。

由于本次慈善信托所涉及的是股权信托，既包括公司股权的转让手续，也涉及多家上市公司，所以必须采取严格的法定程序并进行相应的信息披露。

2018年6月29日，万向德农、承德露露披露《关于公司实际控制人设立慈善信托的提示性公告》；航民股份披露《关于公司股东设立慈善信托的提示性公告》。航民股份因权益变动超过5%但不足20%，已于同日公告《简式权益变动报告书》。2018年7月2日，万向德农、承德露露因权益变动超过30%，分别披露《上市公司收购报告书摘要》。鲁冠球三农扶志基金向证监会分别提交关于万向德农、承德露露的《要约收购义务豁免核准》行政许可申请。2018年9月1日，万向德农、承德露露分别披露《鲁冠球三农扶志基金要约收购义务豁免申请文件一次反馈意见》的回复。2018年9月19日，万向德农、承德露露分别披露《鲁冠球三农扶志基金要约收购义务豁免申请文件一次反馈意见》的回复(修订版)。2018年9月29日，鲁冠球三农扶志基金获得中国证监会关于承德露露和万向德农的《关于核准豁免鲁冠球三农扶志基金要约收购股份义务的批复》。万向三农集团有限公司完成工商变更登记，万向三农集团有限公司的全部股权过户至鲁冠球三农扶志基金慈善信托。2018年10月8日，承德露露和万向德农分别披露鲁冠球三农扶志基金“豁免要约收购义务获得中国证监会核准”及“万向三农集团有限公司完成工商变更登记”的事项，同时公告《收购报告书》及券商顾问报告和律所法律意见书。至此，鲁冠球三农扶志基金慈善信托的设立工作全部完成。鲁冠球三农扶志基金慈善信托实际上成为承德露露和万向德农的间接控股股东。

以下以某律所出具的《关于〈万向德农股份有限公司收购报告书〉的法律意见书》为例进行介绍。

法律意见书指出了本次收购的目的，是根据《收购报告书》，为了将鲁伟鼎持有的万向三农6亿元出资额对应的全部股权无偿授予鲁冠球三农扶志基金，作为鲁冠球三农扶志基金成立的初始资产。收购人致力于让农村发展、让农业现代化、让农民富裕，以影响力投资、以奋斗者为本、量力而行做实事。收购人的财产及其收益将全部用于扶贫、济困、扶老、救孤、恤病、助残、优抚、救灾等慈善活动，促进教育、科技、文化、卫生、体育、环保等事业发展，鲁伟鼎及其家族成员不享有信托利益。

同时，法律意见书对于《信托合同》的主要内容进行了介绍，包括信托财产管理原则、信托管理具体方式、信托报酬、保管费、信托期限以及信托的变更与终止。

第一，信托财产管理原则。(1) 受托人对信托财产履行诚实、信用和谨慎管理的义务，按照《基金宪章》和《基金章程》的规定将信托财产运用于慈善目的。(2) 本信托项下的信托财产，受托人依据鲁冠球三农扶志基金董事会决议和信托文件的其他规定进行管理和运用，与受托人的自有财产和其管理的其他信托财产分别记账、分别管理。

第二，信托管理具体方式。(1) 鲁冠球三农扶志基金信托财产的具体运用方式按《信托合同》及《基金章程》规定执行。(2) 信托财产的运用：①受托人根据鲁冠球三农扶志基金董事会决议批准的《慈善信托资助建议书》要求，直接向受益人进行资助；或与受益人签署资助协议，明确资金拨付、使用和监督计划后对受益人进行资助。②资助基金由受托人向资金保管人发出拨款指令，从信托财产中拨付相应的款项。③如受益人取得信托财产并满足慈善用途后或终止清算后，仍有资金结余，须向鲁冠球三农扶志基金返还全部结余资金。(3) 鲁冠球三农扶志基金财产及其收益，应当全部用于慈善目的。鲁冠球三农扶志基金财产运用应当遵循合法、安全、有效的原则，可以运用于银行存款、政府债券、中央银行票据、金融债券和货币市场基金等低风险资产以及符合董事会决定的投资政策的投资标的。(4) 除《信托合同》另有约定外，鲁冠球三农扶志基金不得开展其他形式的股权投资。

第三，信托报酬。(1) 受托人报酬以信托财产的规模作为基数计算，受托人报酬率为2.9‰/年。(2) 受托人报酬结算日为鲁冠球三农扶志基金成立每满12个月之对应日及信托终止日。受托人有权根据信托财产专户资金状况于每一信托年度结算日后的任一日收取信托报酬。(3) 信托报酬计算方式：当期信托报酬 = 信托规模 × 受托人报酬率 × 当期结算天数 ÷ 365，信托规模在当期结算期内发生变化的，自变化之日起分段计算。

第四，保管费。该信托项下保管行不收取保管费，依据保管协议另有约定的，按照该约定。

第五，信托期限。本信托自信托成立日起永久存续。

第六，信托的变更与终止。(1) 除非另有规定，任何机构或个人不得要求撤销、解除或终止本信托。(2) 本信托为慈善信托，本慈善信托终止时无信托财产分配。(3) 本慈善信托终止时，经监察人批准，受托人可将信托财产用于与原慈善目的相近似的目的，或者将信托财产转移给具有近似目的的慈善组织或者其他慈善信托。

2. 鲁冠球三农扶志基金慈善信托的设计亮点

(1) 董事会决策制度

万向德农、承德露露两家上市公司披露的收购报告书显示，鲁冠球慈善信托内部管理结构与一般的慈善信托有所区别。从我们参与过的阿拉善 SEE 环保慈善信托来看，该慈善信托的管理职权是交由具有慈善工作经验的北京市企业家环保基金会，而信托资产的管理职权则会交由具有丰富资产管理经验的中信信托。

但鲁冠球慈善信托却实行了特殊的董事会决策制度。由董事会作为决策机构，决定资助对象以及资助计划等重要事项，而鲁伟鼎（万向三农原股东、实际控制人）更是拥有董事任免权以及指定和变更信托监察人的权利，进而控制鲁冠球慈善信托的董事会决策权。因此，从这个层面上来说，鲁伟鼎实际就是鲁冠球慈善信托的实际控制人，这样的设置可能有两个方面的考量：

第一，鲁伟鼎作为鲁冠球先生的儿子，对于父亲的慈善理念应当比任何人都要清楚。因此，在慈善信托的资助对象以及资助计划的决策问题上应当享有绝对的话语权，这样才能保证父亲的遗愿能得到最大程度的实现。同时，通过董事会的集体决策也能弥补鲁伟鼎在具体实施慈善活动时的技术问题。同时，鲁伟鼎以其家族成员的身份是不享有信托利益的，所以即使鲁伟鼎实际控制了该慈善信托，原则上也不会存在侵占信托利益的风险。而鲁伟鼎本身就是万向三农的唯一股东，也能发挥其在公司的运营、管理等方面的绝对优势。

第二，基于鲁伟鼎仍然是鲁冠球慈善信托的实际控制人，而鲁冠球慈善信托通过万向三农持有三家上市公司的若干股票，其中万向三农分别是万向德农、承德露露的实际控制人。通过董事会决策机制的设计，导致鲁伟鼎仍实际控制着万向德农、承德露露，这也就是鲁伟鼎将万向三农全部股权无偿授予鲁冠球慈善信托所引发的收购，可以向中国证监会申请豁免触发要约收购的义务的重要原因之一。因为根据《上市公司收购管理办法》第六十二条，在收购人与出让人能够证明本次股份转让是在同一实际控制人控制的不同主体之间进行，未导致上市公司的实际控制人发生变化的情况下，收购人可以免于以要约方式增持股份。

因此，在股权类慈善信托中引入董事会决策制度，可以有效贯彻慈善目的，同时也能够保证上市公司实际控制人不变，豁免要约收购义务。

（2）人员职责明确

根据收购报告书中披露的收购人董事、监察人的情况，鲁伟鼎为董事长，李鹂、肖风、傅志芳、莫凡为董事，鲁泽普为监察人。其中，李鹂为鲁伟鼎的妻子，而鲁冠球的孙辈也首次亮相。根据媒体的报道，董事莫凡是鲁冠球的外孙，而监察人的鲁泽普则是鲁冠球之孙、鲁伟鼎之子。

从董事以及监察人的身份证号可以看出，莫凡（身份证号码339005199008＊＊＊＊＊＊）是1990年8月出生，今年31岁。而鲁泽普（身份证号码440102200103＊＊＊＊＊＊）则是2001年3月出生，今年20岁。在此之前，鲁泽普从未出现在公开信息中。可见，鲁伟鼎在布局本次的慈善信托时充分考虑了家族后辈的参与情况，这样的设计有利于让孙辈家庭成员慢慢熟悉慈善信托的运作，有益于慈善事业的永续发展。

至于其他两位董事也是承担了相应的职责，其中肖风即本次慈善信托的受托人万向信托的法定代表人，从受托人的角度参与了慈善信托的董事决策工作。另外一位傅志芳则是万向集团财务结算中心总经理，长期从事财务及融资工作。这样的安排主要是从财务管理、融资业务等方面侧重于慈善信托财产的管理。

因此，从鲁冠球慈善信托的董事、监事人员的安排来看，相关人员的职责非常明确：鲁伟鼎主要负责从战略上管理，同时拥有绝对的决策权；其他家庭成员不但享有对于慈善事业的参与程度，同时安排孙辈人员加入，更能为未来慈善信托的管理传承打下良好基础；受托人以及公司专业财务人员的加入，则使得董事会的决策更加客观、专业、全面。

在《信托法》、《慈善法》以及《慈善信托管理办法》等法律法规以及相关政策文件营造的法制环境下，鲁冠球三农扶志基金慈善信托的成功备案设立，标志着股权类慈善信托正在被越来越多的企业家认可，在实践中越发常见。

第三节 慈善信托的管理与监督

一、慈善信托的备案管理

在慈善信托设立、运行及管理的过程中，慈善信托的备案手续是最重要的一个环节。根据我国《慈善法》的规定，如果慈善信托未经备案，则并不能成为法律意义上的慈善信托，同时也无法享受相应的税收优惠。因此，我国行政机关通过对慈善信托的备案，可以更好地促进其合法设立并有序运行。

1. 法律依据以及参考依据

（1）《信托法》与《慈善法》

我国《信托法》第六十二条规定，公益信托的设立和确定其受托人，应当经有关公益事业的管理机构批准。《慈善法》第四十五条规定，设立慈善信托、确定受托人和监察人，应当采取书面形式。受托人应当在慈善信托文件签订之日起 7 日内，将相关文件向受托人所在地县级以上人民政府民政部门备案。未按照前款规定将相关文件报民政部门备案的，不享受税收优惠。《慈善法》第四十七条规定，慈善信托的受托人违反信托义务或者难以履行职责的，委托人可以变更受托人。变更后的受托人应当自变更之日起 7 日内，将变更情况报原备案的民政部门重新备案。这些都是慈善信托依法备案的法律依据。

（2）《慈善信托管理办法》

2016 年 8 月 25 日，民政部、原银监员会联合发布《关于做好慈善信托备案有关工作的通知》（民发〔2016〕151 号）。该文件中进一步明确了慈善信托的备案管辖机关、明确了民政部门和银行业监督管理机构各自履行法定管理职责，同时还明确了备案文件的材料和程序要求以及信息公开等内容，为慈善信托的备案操作提供了政策上的重要依据。

2017 年 7 月 10 日，《慈善信托管理办法》（银监发〔2017〕37 号）发布，该管理办法针对慈善信托的各种备案内容进行了更加详细的规定，具体如下：

第十五条规定，受托人应当在慈善信托文件签订之日起7日内，将相关文件向受托人所在地县级以上人民政府民政部门备案。未按照前款规定将相关文件报民政部门备案的，不享受税收优惠。

第十六条规定，信托公司担任受托人的，由其登记注册地设区市的民政部门履行备案职责；慈善组织担任受托人的，由准予其登记或予以认定的民政部门履行备案职责。

第十七条规定，同一慈善信托有两个或两个以上的受托人时，委托人应当确定其中一个承担主要受托管理责任的受托人按照本章规定进行备案。备案的民政部门应当将备案信息与其他受托人所在地的县级以上人民政府民政部门共享。

第十九条规定，备案后，发生第三十八条规定的部分变更事项时，慈善信托的受托人应当在变更之日起7日内按照第十八条的规定向原备案的民政部门申请备案，并提交发生变更的相关书面材料。如当月发生两起或两起以上变更事项的，可以在下月10日前一并申请备案。

第二十条规定，慈善信托的受托人违反信托义务或者难以履行职责的，委托人可以变更受托人。变更后的受托人应当在变更之日起7日内，将变更情况报原备案的民政部门重新备案。

2. 备案流程与申请材料

以在北京市申请慈善信托备案为例，首先，慈善信托受托人按照《慈善法》的规定应当向民政部门提交以下备案申请材料：

（1）备案申请书；

（2）委托人身份证明（复印件）、担任受托人的信托公司的金融许可证或慈善组织的社会组织法人登记证书；

（3）信托合同、遗嘱或者法律、行政法规规定的其他书面信托文件，信托文件应当由所有委托人和受托人共同签署；

（4）信托财产交付证明；

（5）开立慈善信托专用资金账户证明、商业银行资金保管协议；

（6）备案机关要求提交的其他材料。

其次，在提交上述备案材料之后，民政部门会依法对慈善信托进行审查，具体的审查条件如下：

（1）慈善信托的设立符合慈善目的；

（2）受托人具有信托文件约定的管理和使用慈善信托财产相适应的能力：如果由慈善组织担任受托人的，应当具备与信托文件约定相适应的资产管理能力；如果由信托公司担任受托人的，应当具备与信托文件约定相适应的开展慈善活动的能力；

（3）慈善信托资产管理的约定符合合法、安全、有效的原则；

（4）慈善信托终止后剩余财产处理的约定符合慈善目的；

（5）信托当事人的权利义务明晰、全面；

（6）信托文件对当事人争议或纠纷已约定有效的解决机制。

只要慈善信托的备案材料完备且符合上述审查条件的，民政部门均应依法予以备案，并出具备案回执，这样一个合法的慈善信托就完成了相关的备案程序。

二、慈善信托的资产管理和处分

1. 慈善信托资产的管理

根据《信托法》、《慈善法》以及《慈善信托管理办法》等法律文件的规定，慈善信托的财产及其收益应当全部用于慈善目的，同时受托人管理和处分慈善信托财产，应当按照慈善信托目的，恪尽职守，履行诚信、谨慎管理的义务，不得利用慈善信托财产为自己谋取利益。

从慈善信托资产的管理方面来说，慈善信托财产应当与受托人固有财产相区别，受托人不得将慈善信托财产转为其固有财产。任何组织和个人不得私分、挪用、截留或者侵占慈善信托财产。同时，受托人必须将慈善信托财产与其固有财产分别管理、分别记账，并将不同慈善信托的财产分别管理、分别记账。对于资金信托，应当委托商业银行担任保管人，并且依法开立慈善信托资金专户；对于非资金信托，当事人可以委托第三方进行保管。

从慈善信托资产的保值增值方面来说，虽然法律法规以及相关政策都没有对受托人进行信托财产的投资制定专门的规定。但《慈善信托管理办法》第三十条规定，慈善信托财产运用应当遵循合法、安全、有效的原则，可以运用于银行存款、政府债券、中央银行票据、金融债券和货币市场基金等低风险资产，但委托人和信托公司另有约定的除外。因此，慈善信托的受托人应当承担对信托财产进行适当的投资管理责任，使信托财产具有保值增值的能力，进而为实现更多的慈善目的提供更多的资金支持，实现慈善信托的可持续化。

由于我国慈善信托事业才刚刚起步，所以相关的慈善组织对于管理、投资慈善财产的能力和经验都相对不足。以慈善基金会为例，通常其中的工作人员都是开展慈善活动的一把好手，但对于资产的投资管理却没有太多的经验。为了保障慈善信托财产的安全，通常还是以投资于银行存款、银行理财等低风险的产品为主，虽然这种金融产品的风险很低，但是投资收益率较低，增值能力也相对有限，并不能帮助慈善信托财产产生大量的收益，最终还是需要依赖委托人的捐赠收入。虽然市面上也有一些较为“大胆”的基金会已经逐渐开始委托专业的投资机构去管理慈善信托财产，投资如股票、基金等具有高收益的资产，但由于基金会始终并非专业的投资机构，缺乏资产配置的整体规划，资产增值能力还是不够理想。

鉴于慈善信托是委托人为了达到法定的慈善目的而将财产交付受托人管理，所以受托人实则有义务通过有效的管理实现慈善信托财产的增值保值。根据《慈善信托管理办法》第三十条的规定，委托人和信托公司另有约定的，可以确定慈善信托财产的投资管理方向。因此，委托人与受托人应该提前在信托合同中对信托财产的管理规则、投资比例、投资类别，甚至是具体投资的品种都进行详细的约定。同时，为了提高委托人的参与度，委托人也可以对投资决策机制进行约定，保障自己可以实际参与到慈善信托财产的投资决策过程中。

慈善信托财产在资产管理上，我们还可以借鉴国外基金会的经验，在保证资产安全的前提下，通过多元化的分散投资，对于具有高收益潜力的长期投资进行适当的配置，通过更加专业的资产管理方式实现慈善信托财产的保值增值，为持续发展慈善事业提供更多的资金保障。

另外，如果委托人是以公司股权设立慈善信托，则该种慈善信托的管理方式和单纯以资金设立的慈善信托不同，委托人与受托人应当在信托文件中对股东权利的行使等内容进行详细的约定。受托人必须时刻关注企业的经营状况，保证信托财产的正常收益和处置能力。受托人需要积极参与到公司的管理活动中，如参与股东大会议案进行表决。若慈善信托设有监察人，则受托人在行使权利、履行义务时还应该征求监察人的意见。

2. 慈善信托资产的处分

根据《慈善信托管理办法》第十四条的规定，在慈善信托的文件中应当载明受益人范围及选定的程序和方法，受托人在慈善信托设立后应当按照该约定确定具体的慈善项目和受益人。在慈善信托的实际操作中，无论是委托人还是慈善项目的执行人都可以向受托人提出具体的受益人人选，受托人则需要利用自己的专业知识对提名的慈善项目以及受益人进行详细的审核与调查，应当仔细查询项目以及受益人的相关支持文件等信息，保障最终确认的慈善项目必须符合慈善信托的合法目的、受益人与委托人之间并不存在任何利害关系，同时慈善支出的金额和比例也需要完全符合慈善信托文件的约定，受托人管理和处分慈善信托财产，应当按照慈善信托目的，恪尽职守，履行诚信、谨慎管理的义务。如果慈善信托已就受益人事项设立相关的决策委员会，则在受益人或慈善项目不符合法定慈善目的的情况下，受托人必须拥有绝对的否决权，以保障慈善信托的合法运作。

另外，根据《慈善信托管理办法》第二十五条的规定，受托人是可以依法取得信托报酬的。但由于慈善信托的主要目的还是开展慈善活动，因此慈善信托组织收取报酬的问题还是受到了社会的关注，且相关的法律法规以及《慈善信托管理办法》都没有特别明确详细的规定。但在全国地方针对慈善信托出台的管理办法中，可以窥见一二。

在北京市民政局制定《北京市慈善信托管理办法》时，就针对这个问题进行了规定，鉴于慈善信托的资产都是由委托人捐赠而来，所以主要的原则还是遵循委托人的自主意愿，北京民政局并没有对其进行特别的限制性规定，并允许委托人与受托人、监察人自行约定报酬的金额。当然，鉴于慈善信托的内容必须公开化、透明化，故在委托人与受托人、监察人签订慈善信托文件时则必须书面约定受托人和监察人的报酬金额，同时向社会大众进行公示，并随时接受社会、媒体等公开渠道的监督。因此，如果慈善信托需要对受托人、监督人提供相应的报酬，则必须考虑该报酬是否符合市场的准则，是否会遭到普罗大众的质疑。同时，慈善信托的委托人与受托人还可以通过提前约定的方式确定慈善信托年度慈善支出数额等内容，有理有据地处分慈善信托的所有资产。

三、慈善信托的信息披露

根据《慈善信托管理办法》第五十五条的规定，民政部门和银行业监督管理机构应当及时向社会公开慈善信托信息，包括慈善信托备案事项；慈善信托终止事项；对慈善信托检查、评估的结果；对慈善信托受托人的行政处罚和监管措施的结果；法律法规规定应当公开的其他信息。根据第五十六条的规定，受托人应当在民政部门提供的信息平台上，发布相关的慈善信息，包括慈善信托设立情况说明；信托事务处理情况报告、财产状况报告；慈善信托变更、终止事由；备案的民政部门要求公开的其他信息。同时，受托人必须并对信息的真实性负责。

在慈善信托的实践操作中，受托人应当履行的信息披露义务主要体现在受托人对外所公示的慈善信托年度报告中。以在北京市民政局备案设立的慈善信托为例，根据《北京市慈善信托管理办法》第三十四条规定，慈善信托受托人应当于每年 3 月 31 日前向其备案的民政部门报送年度报告和审计报告。年度报告应当包括信托事务处理情况和信托财产管理使用情况。慈善信托年度报告中主要包含以下的内容。

1. 受托人的承诺

受托人必须承诺并确认慈善信托年度报告中所填内容真实、准确、完整，不存在任何虚假记载、误导性陈述和重大遗漏，并承担由此引起的一切法律责任，同时可予以信息公开（私人信息除外）。

2. 慈善信托基本信息

该基本信息包括慈善信托的备案信息、慈善信托当事人基本情况、监察人信息以及信托账户信息等。

3. 慈善信托管理信息

该管理信息包括信托主要工作人员情况、信托事务决策流程、受益人选择方法和程序、信托财产投资规则、慈善活动管理规则、防线防控措施等。

4. 年度慈善信托收支概况

内容包括委托资金、投资收益、存款利息、慈善支出、受托人报酬、保管费、监察人报酬等。

5. 信托资产管理情况

内容包括信托资产持有情况、投资运用情况、投资策略、投资交易情况、投资收益情况分析等。

6. 慈善活动开展情况

内容包括慈善项目财务情况、慈善项目开展的详细情况、慈善项目的实施地点、项目简介、受益人情况等。

7. 关联方与关联交易

内容包括慈善信托参与方之间的关联关系、慈善信托开展中的关联交易。

8. 年度工作总结

内容包括年度信托利益分配的金额、投资的概况总结、资助慈善项目的详细过程、开展慈善工作的经验和心得等。

9. 财务会计报表

由信托公司提交资产负债表和利润表，慈善组织提交资产负债表和业务活动表；财务报表的附注要涵盖年报内容中涉及的相关数额。

10. 监察人的意见

由监察人审阅信托的财务数据以及慈善项目的具体开展情况，确认信托资金的使用和管理均符合规定，受托人基于信托合同和相关法律法规已经履行了职责，且信托运作是否良好等。

四、慈善信托的监察人制度

慈善信托设置监察人的制度最初来源于《信托法》第六十四条的规定，“公益信托应当设置信托监察人。信托监察人由信托文件规定。信托文件未规定的，由公益事业管理机构指定”。此后随着《慈善法》的颁布，对慈善信托是否需要设立监察人作了明确的规定，即委托人根据需要，可以确定信托监察人。这就意味着，慈善信托在设立时可以不设置信托监察人。这主要是由于慈善信托的受托人已经被法律限制为委托人信赖的慈善组织或信托公司，在这种情况下，由于委托人对担任受托人的慈善组织或信托公司有较高的信任度，所以在受托人确实属于一个运作成熟规范的机构时，则委托人可以考虑不设置监察人。

但由于慈善信托本身具有存续期间长且关乎社会公众利益的信托项目，尤其是随着慈善信托管理的资产越来越庞大，如果仅依靠受托人的自觉而缺乏客观、中立的监察人在整个信托存续、运营过程中进行监督，确实可能会形成很大的风险。监察人通常是具备专业知识的律师事务所、会计事务所，通过其专业的业务能力可以对受托人运营慈善信托的整个过程进行有效的监督与审查，这样也使委托人所捐赠的慈善资产确保能够投入符合法定的慈善目的项目中。

为了保障慈善信托可以平稳健康地持续运行，慈善信托若需要设立监察人，则必须采取书面形式，一般情况下需要在信托合同中列明监察人的姓名或者名称、住所以及相关的权利义务。如果监察人需要收取监察费用的，还需要就每年的金额、收费标准等内容在信托合同中予以明确。

《慈善法》第四十九条以及《慈善信托管理办法》第十一条都对监察人的权利义务作出了特别的规定，“信托监察人对受托人的行为进行监督，依法维护委托人和受益人的权益。监察人发现受托人违反信托义务或者难以履行职责的，应当向委托人报告，并有权以自己的名义向人民法院提起诉讼”。另外，在慈善信托的实践中，监察人一般还应当具有以下权利和义务：

（1）对受托人管理、处置信托财产以及是否按照信托合同的约定对信托财产进行投资的行为进行监督；

（2）对受托人使用信托财产、选择受益人和慈善项目的流程进行监督；

（3）对受托人是否有违反信托合同或其他违法违规的行为进行监督；

（4）对受托人提供的符合委托人意愿以及信托合同约定的资产投资计划进行审查，提供专业的法律意见，并监督整个投资计划的履行；

（5）有权决定是否认可慈善信托的信托事务管理报告、终止报告以及清算报告，并有权向受托人书面质询，受托人应当予以书面回复；

（6）有权查阅、抄录、复制与信托财产有关的信托账目以及处理信托事务的其他文件；

（7）监察人应当配合受托人完成相关的监察工作并按照要求审核受托人的年度报告、财务资料等文件，及时签署并提交相应的监察报告；

（8）在慈善信托当事人认为信托管理方案以及其他内容与原有慈善目的不相符的情况下，重新协助各方制定新的信托管理方案；

（9）在慈善信托当事人对信托合同履行的过程中所产生的各项争议与矛盾进行必要的协调工作；

（10）在慈善信托终止时，全面参与清算工作，且清算报告应事先经监察人的认可，方能由受托人向备案的民政部门报告后，由受托人予以公告。

五、慈善信托的税务筹划

慈善信托的税收优惠政策一直以来都是社会关注的焦点，也是绝大多数乐善好施的慈善家们极为关注的问题。随着慈善信托资产规模的逐渐扩大，甚至有些已经高达十几亿元人民币，委托人在设立慈善信托后能否享受税收优惠的问题是慈善信托业务持续开展的重要问题。

根据《慈善法》的规定，慈善信托“未按照前款规定将相关文件报民政部门备案的，不享受税收优惠”，也就是说依法设立并成功备案后的慈善信托从法律上说是可以享受相关的税收优惠的。但到目前为止，我国政府并没有出台明确的关于慈善信托税收的优惠政策。

结合我国现有的税收法律法规与相关政策，若公司以捐赠资金的方式设立慈善信托的，根据《企业所得税法》第九条的规定，企业发生的公益性捐赠支出，在年度利润总额 12% 以内的部分，准予在计算应纳税所得额时扣除；超过年度利润总额 12% 的部分，准予结转以后 3 年内在计算应纳税所得额时扣除。

若公司以捐赠股权的方式设立慈善信托的，可以参照《财政部、国家税务总局关于公益股权捐赠企业所得税政策问题的通知》（财税〔2016〕45 号）的规定，企业向公益性社会团体实施的股权捐赠，应按规定视同转让股权，股权转让收入额以企业所捐赠股权取得时的历史成本确定。其中涉及的股权既包括企业持有的其他企业的股权，也包括上市公司的股票。企业实施股权捐赠后，以其股权历史成本为依据确定捐赠额，并依此按照企业所得税法有关规定在所得税前予以扣除。公益性社会团体接受股权捐赠后，应按照捐赠企业提供的股权历史成本开具捐赠票据。前述的公益性社会团体必须是注册在中华人民共和国境内，以发展公益事业为宗旨、且不以营利为目的，并经确定为具有接受捐赠税前扣除资格的基金会、慈善组织等公益性社会团体，否则无法开具具有税前扣除性质的捐赠票据。

若个人以捐赠资金的方式设立慈善信托的，根据《个人所得税法》第六条的规定，个人将其所得对教育、扶贫、济困等公益慈善事业进行捐赠，捐赠额未超过纳税人申报的应纳税所得额 30% 的部分，可以从其应纳税所得额中扣除；国务院规定对公益慈善事业捐赠实行全额税前扣除的，从其规定。

《关于公益慈善事业捐赠个人所得税政策的公告》（财政部、税务总局公告2019年第99号），对居民个人如何扣除公益捐赠支出进行了详细的规定：

“（一）居民个人发生的公益捐赠支出可以在财产租赁所得、财产转让所得、利息股息红利所得、偶然所得（以下统称分类所得）、综合所得或者经营所得中扣除。在当期一个所得项目扣除不完的公益捐赠支出，可以按规定在其他所得项目中继续扣除；

（二）居民个人发生的公益捐赠支出，在综合所得、经营所得中扣除的，扣除限额分别为当年综合所得、当年经营所得应纳税所得额的百分之三十；在分类所得中扣除的，扣除限额为当月分类所得应纳税所得额的百分之三十；

（三）居民个人根据各项所得的收入、公益捐赠支出、适用税率等情况，自行决定在综合所得、分类所得、经营所得中扣除的公益捐赠支出的顺序。”

虽然上述法律法规以及相关政策对企业和个人捐赠资产设立慈善信托的税收优惠有了一些的规定，但是关于专门针对慈善信托税收优惠的具体政策仍然处于缺失的状态，在慈善信托的设立过程中还有许多税收优惠政策无法落实，如个人捐赠公司股权设立慈善信托尚未明确相关的税收优惠方式，而实践中许多企业家名下最大的资产就是企业的股权，如果在这方面解决了税收优惠的问题，则可以进一步扩大现有的慈善信托的发展规模。希望各方加强慈善信托税收问题的研究，早日推动慈善信托税收优惠政策的出台。

第六章

投资理财

综 述

投资理财是高净值客户财富得以积累增值的主要渠道之一。投资理财的主要方式有房产投资、民间借贷、基金投资、委托理财等。

房产投资往往是高净值客户最常使用的投资理财方式，随着我国对于投资房产的各种政策限制，房产投资过程中需要实时掌握最新的政策方案，随时匹配自己的购房资格。同时，如果需要投资“学区房”“小产权房”“无产证房”“法拍房”等特殊房产，还需要了解这些房产的性质，并谨慎投资，以免未来产生争议，无法获得应有的投资回报。

随着银行贷款政策的不断收紧，民间借贷也成为了高净值客户经常会发生的法律关系。在进行民间借贷的过程中一定要特别注意其中的法律问题，以免涉嫌非法集资等刑事问题。另外，高净值客户在开展投资基金、委托理财、借用账户等投资活动时也需要熟悉并理解相关的法律风险，以避免遭受经济损失。

本章主要介绍了常见投资理财方式的风险和注意事项。包括购买房产、民间借贷、投资基金、委托理财、借用账户中可能涉及的风险和主要事项。

第一节
房产投资

一、买房限购政策

受我国传统文化的影响，房产一向是老百姓的头等大事。2010 年 4 月 30 日北京出台的“国十条实施细则”规定，从 2010 年 5 月 1 日起，北京家庭只能新购一套商品房，购房人在购买房屋时，还需要如实填写一份《家庭成员情况申报表》，如果发现提供虚假信息骗购住房的，将不予办理房产证。这是全国首次提出的家庭购房套数“限购令”。此后，相继有 49 个地级以上城市实施了“限购令”。此后，各地的限购政策纷纷升级。本节以北京、上海、深圳三地为例，来探讨限购政策。①

（一）北京地区的限购政策

根据北京市住房和城乡建设委员会门户官方网站所公示的信息②，满足以下条件的家庭可申请购买北京住房。同时该网站还详细列明了各类家庭购房所需要提供的材料。

1. 京籍家庭的购房条件

京籍家庭除了指拥有北京户籍的家庭以外，还包括驻京部队现役军人和现役武警家庭、持有效《工作居住证》的家庭。京籍家庭在北京市购房的限制条件如下：

（1）已婚京籍家庭（除通州外）：无房的可购买 2 套住房，已有 1 套住房的可再购买 1 套。

（2）单身京籍家庭（包括未婚、离异、丧偶家庭）：在京无房的，可购买 1

① 本节仅以三地政策进行说明介绍，具体的房屋限购政策当以实际情况为准。

② 北京市住房和城乡建设委员会：http：//zjw. beijing. gov. cn/bjjs/xxgk/ztzl/bjgfzn/gfzgsq/index. shtml，最后访问时间：2021 年 9 月 29 日。

套住房。

（3）想在通州买房的京籍家庭，符合本市限购政策的前提下，还需要满足下列条件之一，可在通州购买一套住房：

①已有1套住房、落户通州3年（含）以上的京籍家庭。

②已有1套住房、近3年在通州区连续社保或个税的京籍家庭。

③京籍无房家庭。

2. 非京籍家庭的购房条件

非京籍家庭包括在京缴纳个税家庭、缴纳社保家庭。非京籍家庭在北京市购房的限制条件如下：

（1）在京无房且已连续5年在京缴纳社保或个税的非京籍家庭，可购买1套住房。

（2）若想在通州区购买房屋，还必须符合近3年在通州连续缴纳社保或个税的要求。

3. 港澳台侨家庭的购房条件

港澳台侨家庭在京无房且在境内工作、学习和居留的港澳台侨家庭，可购买1套住房。

4. 外籍家庭的购房条件

外籍家庭持有工作类或记者类签证在境内工作且无房的外籍家庭，可购买1套。

（二）上海地区的限购政策

上海地区的限购政策主要散见于《上海市人民政府办公厅印发关于本市贯彻〈国务院办公厅关于进一步做好房地产市场调控工作有关问题的通知〉实施意见的通知》（沪府办发〔2011〕6号）、上海市住房城乡建设管理委、上海市规划国土资源局、上海市工商局、上海市金融办《关于进一步完善本市住房市场体系和保障体系促进房地产市场平稳健康发展的若干意见》（沪府办发〔2016〕11号）、上海市住建委、房管局等8部门联合印发《关于促进本市房地产市场平稳健康发展的意见》等政策性文件中（沪建房管联〔2021〕48号）。

1. 沪籍家庭的购房条件

（1）沪籍成年单身个人在本市未拥有住房的，可购买1套住房。若未拥有住房且仅与父母在2011年1月30日之前共有不超过2套（含2套）的，也可购买1套住房。

（2）已婚沪籍家庭（含）在本市未拥有住房的，可购买2套住房（含新建商品房、二手住房、法拍房）。已有1套住房的可再购买1套。未成年人可以以个人名义购房，但同样会占用其所在家庭的购房额度。

2. 非沪籍家庭的购房条件

（1）非沪籍成年单身个人在本市不可购买住房。

（2）非沪籍家庭在上海市范围内家庭名下无任何住房，且符合网签日期前63个月内累计正常缴纳60个月的社保或税单的，限购1套住房（含新建商品房住房和二手住房）。

（3）非沪籍家庭拥有1套及以上本市住房的，本市暂停向其出售住房。无法提供在沪符合网签前63个月内累计正常缴纳满60个月的社保或税单的非本市户籍居民家庭，本市也暂停向其出售住房。

3. 夫妻离异后购房的特殊规定

根据《关于促进本市房地产市场平稳健康发展的意见》第三条的规定，夫妻离异的，任何一方自夫妻离异之日起3年内购买商品住房的，其拥有住房套数按离异前家庭总套数计算。该条规定的出台对于现实生活中希望通过“假离婚”的方式规避政府限购政策的行为起到了一定的限制作用。

4. 对于新建商品住房的限售规定

根据《关于进一步加强本市房地产市场管理的通知》（沪建房管联〔2021〕129号）第七条规定，对按照优先购房政策购买的新建商品住房，在购房合同网签备案满5年后方可转让。

（三）深圳地区的限购政策

深圳地区的限购政策主要散见于《深圳市人民政府办公厅转发市规划国土

委等单位〈关于进一步促进我市房地产市场平稳健康发展的若干措施〉的通知》(深府办〔2016〕28 号)[①]、《深圳市住房和建设局、市规划自然资源局、市场监管局等关于进一步促进我市房地产市场平稳健康发展的通知》(深建字〔2020〕137 号)[②]《深圳市住房和建设局关于贯彻落实〈关于进一步促进我市房地产市场平稳健康发展的通知〉的通知》[③] 等政策性文件当中。

1. 深籍家庭的购房条件

(1) 深圳户籍居民家庭(含部分家庭成员为本市户籍居民的家庭)继续执行限购 2 套住房的政策,但居民家庭夫妻双方只有一个人符合购房条件的,购买的商品住房只能登记在符合购房条件的一方或双方名下,不得单独登记在不符合购房条件的一方名下。

(2) 深圳户籍成年单身人士(含离异)在深圳限购 1 套住房。

但需注意,必须提供购房之日前在深圳连续缴纳 36 个月及以上个人所得税或社会保险证明,才可以购买商品住房。

另外,若深户居民家庭、成年单身人士(含离异)入户未满 3 年的,在符合其他购房条件前提下,能提供购房之日前在深圳连续缴纳 5 年及以上个人所得税或社会保险证明的,按照《关于进一步促进我市房地产市场平稳健康发展的若干措施》(深府办〔2016〕28 号)第四条有关规定,限购 1 套商品住房。

2. 非深籍家庭的购房条件

非深户居民家庭、成年单身人士(含离异)能够提供购房之日前在本市连续缴纳 5 年及以上个人所得税或社会保险证明的,可购买 1 套住房。

---

① 深圳政府在线:深圳市人民政府办公厅转发市规划国土委等单位《关于进一步促进我市房地产市场平稳健康发展的若干措施》的通知,http://www.sz.gov.cn/zfgb/2016/gb975/content/mpost_4950783.html,最后访问时间:2021 年 11 月 11 日。

② 北大法宝,https://www.pkulaw.com/lar/db89ff735049dd471b864d588715db61bdfb.html?keyword=《关于进一步促进我市房地产市场平稳健康发展的通知》,最后访问时间:2021 年 11 月 11 日。

③ 深圳政府在线:深圳市住房和建设局关于贯彻落实《关于进一步促进我市房地产市场平稳健康发展的通知》的通知,http://www.sz.gov.cn/cn/xxgk/zfxxgj/tzgg/content/post_7956636.html,最后访问时间:2021 年 11 月 11 日。

3. 夫妻离异后购房的特殊规定

根据《深圳市住房和建设局关于贯彻落实〈关于进一步促进我市房地产市场平稳健康发展的通知〉的通知》，夫妻离异购房的存在下述规定：

（1）夫妻离异的，任何一方自离异之日起3年内购买商品住房的，按离异当日（以《离婚证》登记时间或法院判决书生效时间为准）原家庭拥有的住房总套数计算。从离异之日起3年内，若离异前家庭名下在本市无房，且符合其他购房条件，离异后任一方可以以成年单身人士身份在本市购买1套商品住房；若离异前家庭名下在本市有1套商品住房，且符合其他购房条件，离异后无房一方可以以成年单身人士身份在本市购买1套商品住房；若离异前家庭名下在本市有2套及以上商品住房，离异后任一方在本市均不得购买商品住房。

（2）购房之日前3年内有两次以上（含两次）离异记录的，追溯3年内所有离异记录，其拥有的住房套数按购房之日前3年历次离异时家庭总套数之和计算。

4. 外籍家庭的购房条件

外籍人士在深圳居住满1年，可以购买1套自住住宅；华侨人士则无居住时间限制，可以购买1套自住住宅。

二、“学区房”户口占用纠纷

“学区房”是我国学区制度下的产物，由于义务教育入学采取的是就近免试上学的政策，因此，在学校教育质量好的范围内的房子，就演变成了“学区房”。现实生活中，一些家长为了孩子能够上好的学校，不惜重金购买“学区房”，导致“学区房”的价格越来越高。“学区房”与普通房屋相比，还有一个重要的差别，那就是户口。按照政策，一般来说，只有户口迁入“学区房”内，才能享受就近免试上学。

实践中因为“学区房”的户口占用而产生的纠纷也比较常见，主要可以分为三种：第一种是买房人拒不迁出户口而引发的纠纷；第二种是因学区资格无法实际落实、买房人要求解除合同；第三种是买房人要求赔付逾期迁户违约金而引发的纠纷。司法实践中有许多典型的案例，各地法院也对此类纠纷形成了若干的裁判规则。

（一）出卖人未能按约迁出户口如何维权

案例6-1 王某与郑某某房屋买卖合同纠纷案

一审法院：北京市海淀区人民法院（2015）海民初字第41067号

二审法院：北京市第一中级人民法院（2016）京01民终6512号

案例主旨：当事人对于户口迁出的诉讼请求不属于民事案件主管范围，但是当事人可依据协议主张违约金。

法院认为，王某与郑某某签订的《北京市存量房屋买卖合同》系双方真实意思表示，依法具有法律效力，双方均应遵守执行。现诉争房屋已经过户至王某名下，郑某某应按约将诉争房屋内的户口迁出，但诉争房屋内尚有李某户口未迁出，郑某某的行为已构成违约，应按约支付违约金。就违约金的数额，考虑到双方对违约金标准约定过高，王某并无证据证明其损失，且郑某某请求法院对违约金予以酌减，故法院综合合同履行情况、户口未迁出原因、双方当事人过错程度及损失情况，依法对违约金予以酌定。就王某要求郑某某迁出户口的诉讼请求，由于现行户籍管理制度原因，户口迁移属于公安部门管辖，不属于人民法院民事案件主管范围，故对该项诉讼请求不予支持。

由此可见，户口迁移并非法院民事案件的审理范围，法院对于迁出户口的主张一般不予支持。但户口是“学区房”的关键。因此，买房人一定要预先对户口问题做好调查，最好能够提前迁户。如果户口不能提前办理，则当事人应当在购房协议中设置有关户口的违约条款，或者是设置分期支付购房款的约定，督促出卖人履行房屋原户口迁出义务，以此确保购房人家人所需的入学资格。

（二）子女不能入校能否解除购房合同

案例6-2 宿某与赤峰ZT房地产开发有限公司商品房销售合同纠纷案

一审法院：内蒙古自治区赤峰市松山区人民法院（2018）内0404民初9037号

案例主旨：开发商对于商品房坐落及周边学校配置的宣传，不能构成保证该小区业主孩子入学周边学校的承诺，购房者认为开发商“学区房”的广告宣传用语构成欺诈销售的主张不能成立。

法院认为，关于原告宿某主张被告在商品房销售中对“学区房”的描述构成欺诈行为是否成立问题。《最高人民法院关于审理商品房买卖合同纠纷案件适用法律若干问题的解释》第三条关于“商品房的销售广告和宣传资料为要约邀请，但是出卖人就商品房开发规划范围内的房屋及相关设施所作的说明和允诺具体确定，并对商品房买卖合同的订立以及房屋价格的确定有重大影响的，应当视为要约”的规定，是指购房人信赖建设单位有关“开发规划范围内的房屋及相关设施所作的说明和允诺”，并直接促成了购房人决心购买相应的房屋。本案被告在对涉案商品房销售中作出了“学区房”“学府中心：咫尺赤峰二中、国家级重点小学、市直、六一幼儿园”的广告宣传，明显侧重于对周边配套设施及位置坐落的宣传，而周边学校的配置并非属于被告开发规划范围内的设施，且学校是否坐落于涉案房屋所在小区周边很容易为买受人鉴别；再者，A、D座公寓房业主孩子不能于2018年进入赤峰二中国际实验学校学习，系当地政府的政策调整，且该政策具有不确定性，被告对于涉案商品房坐落及周边学校配置的宣传，并不能构成保证该小区业主孩子入学周边学校的承诺。综上，被告在商品房销售中对“学区房”的描述，并不能诱导买受人作出错误的意思表示，应属于正常的商业宣传，原告认为被告“学区房”的广告宣传用语构成欺诈销售的主张不能成立。

（三）故意隐瞒导致无法入学能否撤销合同

案例6－3 胡某某与宁波市YW房产经纪有限公司、李某某合同纠纷案

一审法院：宁波市江东区人民法院（2014）甬东民初字第1608号

二审法院：宁波市中级人民法院（2015）浙甬民二终字第149号

案例主旨：卖方故意隐瞒子女就读学区情况，且在协议中明文约定的，买方主张撤销合同，法院予以支持。

法院认为，涉案合同第七条明确约定“李某某承诺该房屋内没小孩读书（6年内）胡某某购房读书用”，且合同该条约定系在规范性合同文本基础上以手书形式出现，表明胡某某对“该房屋内没小孩读书（6年内）”条件的重视及“胡某某购房读书用”合同目的的强调，但事实李某某的孙女户口所在地登记为涉案房屋，且尚在小学就读，李某某故意隐瞒上述事实，致胡某某对该房屋必须具备的特殊要求判断发生偏差，该合同的签订实际上违背了胡某某的真实意思，因此，法院对胡某某要求撤销该合同的主张予以支持。

（四）因广告标识虚构事实可否主张赔偿

案例6-4 吴某、黄某与江苏ZCHD置业有限公司商品房预售合同纠纷案

一审法院： 启东市人民法院（2015）启开民初字第01202号

二审法院： 江苏省南通市中级人民法院（2016）苏06民终1034号

再审法院： 江苏省高级人民法院（2018）苏民申186号

案例主旨： 开发商的广告宣传内容不能视为要约，购房者不得以楼盘学区系虚假宣传为由向开发商主张损失。

法院认为，商品房并不属于《消费者权益保护法》中的“商品”范畴，吴某、黄某要求适用《消费者权益保护法》缺乏法律依据。根据《最高人民法院关于审理商品房买卖合同纠纷案件适用法律若干问题的解释》第三条的规定，就商品房开发规划范围内的房屋及相关设施，出卖人关于商品房的销售广告和宣传资料作出的具体确定的说明和允诺，方可视为要约。本案中，ZCHD公司通过有关媒体发布广告宣传案涉楼盘的小学学区为某小学，但某小学并不在ZCHD公司案涉楼盘的开发规划范围之内，吴某、黄某也未能提供充分的证据证明ZCHD公司宣传的某小学对于双方合同的订立及房屋价格的确定具有重大影响，故ZCHD公司的广告宣传内容不能视为要约。双方订立的商品房买卖合同亦未就案涉楼盘开发规划范围之外的宣传行为的违约责任作出约定。因此，吴某、黄某以ZCHD公司关于案涉楼盘的学区系某小学的宣传虚假为由要求ZCHD公司赔偿房款10%的损失的诉请法院不予支持。

（五）开发商对学区的允诺是否有约束力

案例6-5 程某、山东HJ置业有限公司商品房销售合同纠纷案

一审法院： 山东省曹县人民法院（2018）鲁1721民初6705号

二审法院： 山东省菏泽市（地区）中级人民法院（2019）鲁17民终3080号

案例主旨： 开发商对于学区的说明和允诺具体确定，即使未载入商品房买卖合同，亦应当视为合同内容，开发商违反的，应当承担违约责任。

法院认为，本案的争议焦点是：一、HJ置业公司的涉案宣传行为是否构成违约；二、程某请求HJ置业公司赔偿损失20,000元是否应予支持。关于争议焦点一。HJ置业公司与程某签订《商品房买卖合同》的时间在发布涉案宣传广告的时间段内，HJ置业公司发布的广告中使用“住某小区读BY中学”等文字广告用语，该广告文字内容构成具体确定的说明和允诺，因BY中学是曹县名校，该商品房是否属于BY中学学区房对商品房买卖合同的订立以及房屋价格的确定有重大影响，根据《最高人民法院关于审理商品房买卖合同纠纷案件适用法律若干问题的解释》第三条规定：“商品房的销售广告和宣传资料为要约邀请，但是出卖人就商品房开发规划范围内的房屋及相关设施所作的说明和允诺具体确定，并对商品房买卖合同的订立以及房屋价格的确定有重大影响的，应当视为要约。该说明和允诺即使未载入商品房买卖合同，亦应当视为合同内容，当事人违反的，应当承担违约责任”，该广告宣传应当视为要约。现某小区不属于BY中学学区，HJ置业公司的行为构成违约。关于争议焦点二，HJ置业公司的涉案宣传行为构成违约，应当向程某承担违约责任，双方签订的《商品房买卖合同》并无关于此项违约责任的约定，但程某确有适龄子女董某某就读于私立学校，HJ置业公司的违约行为事实上对其造成了一定损失。另外，程某在得知涉案小区并非BY中学的学区房时，并未及时与教育主管部门联系沟通，没有采取适当措施防止损失的扩大，对其子女无法就读曹县其他公立学校而就读私立学校，其自身存在一定责任。因此，法院根据案件实际情况酌定由HJ置业公司赔偿程某损失5000元。

三、购买“小产权房”的合同效力

“小产权房”，是指在农村集体土地上建设的房屋，由于未办理相关证件、未缴纳土地出让金等费用，“小产权房”的产权证不是由国家房管部门颁发，而是由乡政府或村颁发，亦称“乡产权房”。“小产权房”的买卖是实务中比较特殊的一类问题，根据目前的立法，司法实践中也存在若干典型的裁判规则。

（一）相关法律规定

我国《宪法》第十条规定：“城市的土地属于国家所有。农村和城市郊区的土地，除由法律规定属于国家所有的以外，属于集体所有；宅基地和自留地、自留山，也属于集体所有。……任何组织或者个人不得侵占、买卖或者以其他形式非法转让土地。”

国务院办公厅1999年发布的《关于加强土地转让管理严禁炒卖土地的通知》（国办发〔1999〕39号）第二条规定：加强对农民集体土地的转让管理，严禁非法占用农民集体土地进行房地产开发；农民集体土地使用权不得出让、转让或出租用于非农业建设；农民的住宅不得向城市居民出售，也不得批准城市居民占用农民集体土地建住宅，有关部门不得为违法建造和购买的住宅发放土地使用证和房产证。

2007年，国务院办公厅又发布了《关于严格执行有关农村集体建设用地法律和政策的通知》（国办发〔2007〕71号），其中规定，农村住宅用地只能分配给本村村民，城镇居民不得到农村购买宅基地、农民住宅或“小产权房”。

（二）司法裁判规则

根据上述立法规定，“小产权房”不得出售给城镇居民，但可以在本集体组织成员之间进行买卖，这类买卖合同在司法实践中一般认定为有效。

1. 同一集体经济组织内部成员之间的房屋买卖协议原则上有效

案例6-6 陈某娥与陈前某、王某买卖合同纠纷案

一审法院：湖北省安陆市人民法院（2019）鄂0982民初1921号

二审法院：湖北省孝感市中级人民法院（2020）鄂09民终135号

案例主旨：农村房屋买卖要具备一定条件，除了满足国家规定的基本条件外，房屋买卖的双方也必须具备相应的身份标准，同一集体经济组织内部成员之间的房屋买卖协议有效。

法院认为，本案的焦点是集体土地房屋买卖合同的效力认定。《土地管理法》第六十二条规定：“农村村民一户只能拥有一处宅基地，其宅基地的面积不得超过省、自治区、直辖市规定的标准。人均土地少，不能保障一户拥有一处宅基地的地区，县级人民政府在充分尊重农村村民意愿的基础上，可以采取措施按照省、自治区、直辖市规定的标准保障农村村民实现户有所居。农村村民建住宅，应当符合乡（镇）土地利用总体规划、村庄规划，不得占用永久基本农田，并尽量使用原有的宅基地和村内空闲地。编制乡（镇）土地利用总体规划、村庄规划应当统筹并合理安排宅基地用地，改善农村村民居住环境和条件。农村村民居住用地，由乡（镇）人民政府审核批准；其中，涉及占用农用地的，依照本法第四十四条的规定办理审批手续。农村村民出卖、出租、赠与住宅后，再申请宅基地的，不予批准。国家允许进城落户的农村村民依法自愿有偿退出宅基地，鼓励农村集体经济组织及其成员盘活利用闲置宅基地和限制住宅。国务院农业农村主管部门负责全国农村宅基地改革和管理有关工作。”

《土地管理法》并未在法律层面明确禁止农村房屋转让，只是规定农民一户一宅，农村村民居住用地需由乡（镇）人民政府审核批注，且在出卖之后不可再申请宅基地。通过立法分析，《土地管理法》对非集体经济组织之间房屋及宅基地的买卖限制是防止本村宅基地流转至非本集体经济组织成员名下，对本集体经济组织利益造成损害。

经查明，陈前某的户口已于房屋买卖时搬离××办事处某村，后王某及其家人迁入；同时村委会已经为王某及其家人办理了相关土地流转手续，并未违反《土地管理法》设立的根本目的，符合《土地管理法》的相关规定。同时，2018年2月4日，国务院颁发《中共中央国务院关于实施乡村振兴战略的意见》，该意见中明确“扎实推进房地一体的农村集体建设用地和宅基地使用权确权登记颁证。完善农民闲置宅基地和闲置农房政策，探索宅基地所有权、资格权、使用权‘三权分置’，落实宅基地集体所有权，保障宅基地农户资格权和农民房屋财产权，适度放活宅基地和农民房屋使用权，不得违规违法买卖宅基地”，将宅基地转让的相关政策适度放活，保障集体和个人的相关利益，禁止违规违法买卖宅基地。陈前某与王某签订的《售房协议》系双方当事人自愿达成的真实意思表示，内容未违反法律、行政法规的强制性规定，依法成立、有效。农村房屋买卖主要是指以农村房屋为标的物进行的交易活动。农村房屋买卖是需要具备一定条件的，除了满足国家规定的基本条件外，房屋买卖的双方也必须具备相应的身份标准，同一集体经济组织内部成员之间的房屋买卖协议有效。双方当事人为保证合同的正确履行，陈前某、陈某一家的户籍迁至湖北省安陆市××办事处××村；王某一家于2009年7月10日由湖北省新洲乡某某茶场2组迁入湖北省安陆市××办事处某村。自王某一家户口迁至某村后，村民委员会已经办理了土地承包的相关流程。因此，陈前某对于宅基地的处置、村委会对土地不被荒废和合理使用的保障措施，符合《土地管理法》第六十二条、六十三条的规定，法院予以支持。

2. 向集体组织之外的成员出售“小产权房”的合同一般认定为无效

案例6-7 葛某与王某、麻某买卖合同纠纷案

一审法院：河南省桐柏县人民法院（2019）豫1330民初1810号

二审法院：河南省南阳市中级人民法院（2019）豫13民终7515号

案例主旨：非该集体组织成员无权取得农村宅基地使用权，农村宅基地及附着的房屋转让只能在本集体组织成员之间进行，集体组织之外的成员不具备购买诉争宅基地及附着房屋的条件，《转让协议》无效。

法院认为，《土地管理法》第六十二条第一款规定，农村村民一户只能拥有一处宅基地，其宅基地的面积不得超过省、自治区、直辖市规定的标准；该条第四款规定，农村村民出卖、出租住房后，再申请宅基地不予批准。2007年《国务院办公厅关于严格执行有关农村集体建设用地法律和政策的通知》指出，农村住宅用地只能分配给本村村民，城镇居民不得到农村购买宅基地、农民住宅或“小产权房”。据此，农村宅基地使用权与农村集体经济组织成员的特定身份相联系，能够使农村村民享有基本的居住条件，从而有利于维护农村稳定，促进农村经济发展，具有相应的社会福利性和保障功能。农村宅基地使用权非该集体组织成员无权取得，农村宅基地及附着的房屋转让只能在本集体组织成员之间进行。麻某并非桐柏县某镇某村村民，不具备购买诉争宅基地及附着房屋的条件，其与王某签订的《转让协议》无效，故法院对葛某要求确认王某等与麻某签订的房屋《转让协议》无效的请求，予以支持。

3. “小产权房”未办理抵押登记的担保权利不被法院支持

案例6-8 HL小额公司与万某等借款、保证合同纠纷案

一审法院：江西省新余市渝水区人民法院（2014）渝民初字第02388号

案例主旨：“小产权房”未办理抵押登记，法院认定抵押合同尚未生效。

法院认为，HL小额公司主张对万某等4人用各自所有的集体土地使用权证住房进行抵押担保，这些抵押担保没有依法办理抵押登记，故HL小额公司与万某等4人的抵押合同尚未生效，对善意第三人不产生约束力，HL小额公司主张对抵押物优先受偿权与法律规定不符，法院不予支持。

4. “小产权房”在离婚时的分割规则

案例6－9 魏某娥与魏某文离婚纠纷案

一审法院： 陕西省富平县人民法院（2019）陕0528民初2227号

二审法院： 陕西省渭南市中级人民法院（2020）陕05民终470号

案例主旨： 法院可以结合实际，在离婚案件中对于自建房的所有权进行判决。

法院认为，关于财产分割，双方均同意奥迪小轿车按20万元折值，位于富平县某镇某村自建房屋按30万元折值，位于西安市高陵区某房屋按80万元折值，而双方对西安房产使用权争执较大，都势在必得，结合本案实际，富平自建房屋一院所有权归魏某娥所有，西安市高陵区某房产及陕A568＊＊奥迪A6牌小轿车所有权归魏某文所有。

案例6－10 单某某与展某某离婚纠纷案

一审法院： 济南市天桥区人民法院（2014）天民园初字第319号

二审法院： 济南市中级人民法院（2015）济少民终字第83号

案例主旨： “小产权房”在离婚时未办理产权登记，法院对房屋的所有权归属不予处理。

法院认为，对济南市天桥区房屋的处理，展某某未证明该房屋办理了产权登记，单某某认为该房屋系小产权房，未办理房屋产权登记，原、被告均要求居住使用该房屋。本案中，该房屋未办理产权登记，未取得完全所有权，所以在本案中对该房屋的所有权归属，不予处理。鉴于该房屋现由展某某占有使用，且孩子随展某某一起共同生活，在该房屋办理产权登记之前，由展某某居住使用该房屋为宜。待该房屋办理产权登记取得完全所有权后，双方如有争议，可以另行主张权利。

四、购买“无证”房产的法律效力

根据我国《民法典》第二百零九条的规定，不动产物权的设立，经依法登记，发生效力。实践中，开发商在进行商品房开发和销售时还应当获得建设工程规划许可证、商品房预售许可证等证件或证明。对于缺少相关证件和证明的房产，买卖合同的效力可能存疑。

（一）房产公司无预售许可证导致合同无效

案例6-11 孙某某与华某某、XY公司申请执行人执行异议之诉纠纷案

二审法院：吉林省高级人民法院（2012）吉民一终字第13号

再审法院：最高人民法院（2013）民申字第675号

案例主旨：商品房买卖中的出卖人未取得商品房预售许可证明，与买受人订立的商品房预售合同应当认定为无效。

最高人民法院认为，在XY公司没有商品房预售许可证明的情况下，孙某某与XY公司签订了一份疑点重重的商品房买卖合同，根据《城市房地产管理法》第四十五条第一款第（四）项关于商品房预售，应当“向县级以上人民政府房产管理部门办理预售登记，取得商品房预售许可证明”的规定和《最高人民法院关于审理商品房买卖合同纠纷案件适用法律若干问题的解释》第二条关于“出卖人未取得商品房预售许可证明，与买受人订立的商品房预售合同，应当认定无效，但是在起诉前取得商品房预售许可证明的，可以认定有效”的规定，该合同无效。由于无效合同自始无效、违法，法律对其进行的是否定评价，因此孙某某与XY公司签订的合同不受法律保护。假设孙某某和XY公司遵守法律的规定，在XY公司具有商品房预售许可证明的情况下双方才签订商品房买卖合同，之后将该合同办理备案登记，人民法院查封时就能知道涉案房屋是否已经出售。如果知道已经出售，人民法院就会继续审查孙某某是否支付部分或者全部价款，是否实际占有涉案房屋，孙某某对未办理过户登记手续是否有过错等情况决定是否查封。但实际情况却是，孙某某和XY公司双方都不遵守法律的规定，在XY公司没有商品房预售许可证明的情况下双方还签订商品房买卖合同，导致合同无法办理登记备案，因此才会出现人民法院查封讼争房产时无法知道该房产是否已经由XY公司出售的情况，对此后果，只能由孙某某和XY公司承担，而不能由申请查封人华某某承担。

（二）强占耕地建设的房产一般不予处理

案例 6-12 邱某与孙某房屋买卖合同纠纷案

一审法院： 连云港市海州区人民法院（2015）海民初字第02074号

二审法院： 连云港市中级人民法院（2015）连民终字第02013号

案例主旨： 对于未履行相关土地征收、征用手续即占用耕地进行房屋建设引发的房屋买卖合同纠纷，应先由行政机关解决耕地侵占纠纷。

法院认为，对于未履行相关土地征收、征用手续即占用耕地进行房屋建设引发的房屋买卖合同纠纷，应先由行政机关解决被侵占耕地的保护问题。在行政机关未对违法占用耕地的行为进行处理之前，人民法院对此不予处理。

（三）未办理房产证不影响房屋的转让

案例 6-13 秦某宏、秦某等与秦某汉房屋买卖合同纠纷案

一审法院： 湖北省鄂州市鄂城区人民法院（2017）鄂0704民初469号

案例主旨： 只有违反法律及行政法规关于禁止性规定的行为才产生合同无效或不成立的法律后果，《城市房地产管理法》第三十七条规定不能作为认定合同效力的依据。涉案房屋未办理房屋产权证不影响房屋买卖合同的效力。

法院认为，依法成立的合同受法律保护。原告秦某宏、秦某与被告秦某汉签订的《房屋买卖协议》，系原、被告达成的由原告向被告支付21万元购房款，被告向原告转移房屋产权的意思表示，协议内容未违反法律、法规强制性规定，未侵犯社会公共利益和他人合法权益，该协议合法有效。被告秦某汉辩称涉案房屋未办理房屋产权证，原、被告房屋买卖行为属无证房屋买卖行为，违反法律强制性规定，协议应认定为无效。法律及行政法规规定违反禁止性规定的行为才产生合同无效或不成立的法律后果，但《城市房地产管理法》第三十七条之规定不能作为认定合同效力的依据，《房屋买卖协议》合法有效。

（四）未取得建设工程规划许可证导致合同无效

案例 6－14 卢某、陈某华与杨某、陈某仙房屋买卖合同纠纷案

一审法院： 浙江省苍南县人民法院（2014）温苍民初字第430号

二审法院： 浙江省温州市中级人民法院（2014）浙温民终字第808号

案例主旨： 对于未经规划土地主管部门批准擅自建造的房屋，签订的买卖合同违反了法律强制性规定，应为无效。

法院认为，杨某在未取得建设工程规划许可证的情况下，私自在坐落于苍南县某某镇某房屋B幢601室房屋顶层上加盖建成701室房屋，对此，苍南县住房和城乡规划建设局已经立案查处，杨某虽然申请听证，但至今仍未能提供相关合法审批手续，故双方于2013年12月26日签订的契据违反法律强制性规定，应认定为合同无效。

五、购买“法拍房”的注意事项

（一）“法拍房”产生的原因

“法拍房”是法院拍卖的房产的简称，也就是在法院强制执行程序中拍卖的房屋。产生“法拍房”主要有以下几种原因：

1. 商业贷款违约

生活中大多数人在买房时会申请银行贷款，如果不能如期偿还贷款，银行可以向法院提起民事诉讼，要求贷款人拍卖抵押房产进行变现，从而偿还贷款，这是产生“法拍房”的一类主要原因。

2. 民事纠纷无力偿还

在现实生活中，因为民事纠纷而引发的债务无法偿还的情况也屡见不鲜，例如自然人之间发生借贷，一旦借款人到期不能还款，则出借人可以到法院起诉要求归还，还可以查封、冻结债务人名下的房屋，要求法院拍卖房屋以偿还。

3. 司法没收

产生“法拍房”还有一类原因是司法没收，例如，刑事案件中判决没收被告人的个人财产，如果个人财产涉及不动产，则该不动产可以依法拍卖，并将变现后的钱款收归国库。

4. 破产清算

有一些公司持有的商业性用房或者住宅，若是公司破产清算，则法院也可以依法拍卖用以偿还债务。

（二）购买“法拍房”的注意事项

1. 确认竞拍资格问题

要参与“法拍房”的拍卖，首先要确认是否受限购政策影响，目前北京、广州、深圳、南京等地对住宅类“法拍房”都有明确的限购要求，上海也在2021年1月正式将法拍房纳入限购范围。

2. 确认“交吉拍卖”

购买“法拍房”，首先要看房屋是否属于“交吉拍卖”。所谓交吉，是指原居住人在“法拍房”过户前应当腾空搬离。如果未搬离的，则一般由法院负责腾空房屋并交付给买受人，以便买受人能够及时收房入住。

但是，如果竞拍说明中明确说明房屋的现状为“不交吉”，则意味着房屋目前有人居住使用，可能是合法租户，也可能是原业主或其他债权人、合法占用人。在这种情况下，法院拍卖后并不负责腾空房屋交付给买受人，房屋的清场一般由买受人通过另案诉讼或其他途径自行解决。

因此，竞拍“法拍房”时，应当确认房屋是否为“交吉拍卖”，否则可能出现竞拍成功后买受人无法收房使用的风险。

3. 关注税费问题

购买“法拍房”还应当关注房屋过户的税费问题。在实践中，“法拍房”过户的全部税费一般由买受人承担，买受人一定要预先清楚了解、计算过户可能涉及的税费。实践中，“法拍房”的种类非常多，不同性质的房屋在过户时的税费存在较大差别，如继承性质的房屋在过户时涉及的税费可能非常高。因此，买受人在竞拍前应当进行充分的了解，做好预估。

4. 关注贷款问题

对于“法拍房”，通常是要求全额付清，但是也有一些银行愿意提供贷款，对此应当提前落实。

5. 物业和水电煤等相关费用

购买“法拍房”时，物业费和水、电、煤等相关费用也应当予以关注。有些“法拍房”可能存在原业主欠缴房屋物业管理费、水电费等情况，“法拍房”的买受人因而要承担原业主的欠费，包括但不限于水、电、燃气、物业管理费等。在这种情况下，买受人要自行前往有关部门办理水、电、煤气等户名变更或安装手续，并承担相关费用。

6. 户口及学区问题

在购买“法拍房”时，还应当关注落户以及学区的问题。对于“法拍房”，法院只负责房屋产权过户，但一般不会处理买受人的户口。至于原业主是否占用了户口、是否使用了学区，买受人能否落户、能否使用学区，一般要由买受人自行向公安、教育等相关部门进行咨询和办理。

六、以公司名义购买商品房的利弊

为了促进房地产市场的良性发展，我国各地相继出台了商品房限购政策。针对这一情况，有些人便想出以公司的名义购买限购商品房的办法。事实上，一些地区针对公司购买商品房也已经出台了政策加以限制。同时，和个人购房相比，公司购房在税费上有特别规定，尤其是在房屋转让环节的税费较高。因此，以公司名义购买限购商品房有利有弊，需要谨慎决定。

（一）企业购买住宅的限制条件

目前来说，我国有多地已经出台相关政策，对企业购买商品住房进行禁止或者限制，例如杭州、深圳、西安、长沙等地已经出台了相关政策。其他地区尚未对企业购买住宅进行限制。

以上海为例，上海市住房和城乡建设管理委员会在2018年7月出台了《关于规范企业购买商品住房的暂行规定》（沪建房管联〔2018〕381号），进一步提高了企业购买商品住房的门槛。该暂行规定明确，企业在本市购买商品住房必须同时符合以下条件，购房时间以合同网签备案日期为准：（1）企业设立年限已满5年；（2）企业在本市累计缴纳税款金额已达100万元人民币；（3）企业职工10名及以上，且按照规定在该企业缴纳社保和公积金满5年。企业近年缴纳税款金额满500万元以上的，购房时不受上述企业设立年限和员工人数等条件的限制。该暂行规定第二条规定，企业购买的商品住房再次上市交易年限从“满3年”提高至“满5年”。由此可见，上海对于企业购买商品房的门槛在2018年进一步提高。

（二）企业转让房产的税费较高

无论是个人还是企业，房产的税费主要包括购买、持有和转让这三个环节。

在购买阶段，无论是个人还是企业都在税费上没有明显的差异。

在持有环节，鉴于我国尚未全面实施房地产税，个人持有房产自用几乎是没有税费成本的，但是如果个人出租房产取得租金收益则可能产生税费成本。对于企业来说，持有阶段的成本则略显复杂，不论是自用还是出租均会产生税费成本。

个人和企业在房产税费方面的区别，主要体现在转让阶段。

在转让阶段主要的税费成本有：增值税、城市维护建设税、教育费附加、印花税、所得税、契税和土地增值税，其中比较值得关注的税费成本是所得税、土地增值税。

个人和企业转让房产税费的不同主要体现在土地增值税上。按照目前的政策，对于个人转让住宅，目前免征土地增值税。但是企业则不同，根据《土地增值税暂行条例》第七条，土地增值税实行四级超率累进税率：增值额未超过扣除项目金额50%的部分，税率为30%。增值额超过扣除项目金额50%、未超过扣除项目金额100%的部分，税率为40%。增值额超过扣除项目金额100%、未超过扣除项目金额200%的部分，税率为50%。增值额超过扣除项目金额200%的部分，税率为60%。

由此可见，企业转让房产将面临十分高昂的土地增值税，这也就不难理解在实践中为什么许多企业会选择以股权转让的方式转让房产。

因此，以企业名义购买商品房可能在税费方面面临较大压力，因而需要谨慎考虑。

七、购买“凶宅”的救济途径

房屋作为大多数家庭的主要资产，任何可能导致房屋出售价值、出租价值贬损的情况都会牵动有房者的心。我国传统观念中对于“死亡”这一话题的忌讳，致使一些人在面对发生过死亡事件的房屋时心生恐惧，房屋的价值也可能发生潜在的贬损。假若房东将房屋出租或对房屋进行装修时，发生租客或者装修人员死亡事件，房东是否可以基于房屋变成“凶宅”，主张相关人员对此进行赔偿呢？我们随机检索了全国各地20例司法判决文书并针对这些判决进行了分析。

（一）“凶宅”的定义

“凶宅”这个概念较为宽泛，具有较强的主观色彩，不同的人有不同的理解。我们在整理了相关案例后，对“凶宅”的初步认定为：在房屋内发生自杀、他杀、失足坠亡、突发疾病死亡等非正常死亡事件，通常经公安机关的确认和记录的房屋。

（二）购买“凶宅”的索赔

购买“凶宅”之后，主张相关人员赔偿的诉请能否得到法院支持？

根据我们统计，20例判决中，有9例判决法院支持了房东的主张，要求相关人员给予赔偿，占比45%；另外11例判决法院不支持房东的主张，占比55%。

虽然我们选取的样本量不大，实际结果可能存在偏差，但是几近一半对一半的判决比例，依旧能够说明法院在处理此类案件时，不同的法官有不同的审判思路，且观点差异较大。

我们认为，《民法典》侵权责任编对于侵权损害赔偿有明确的规定，侵权行为的法律构成要件，包括侵害行为、损害事实、侵害行为与损害事实间的因果关系、行为人主观过错等，只有同时具备上述因素，侵权行为才构成。

但由于“凶宅”这一概念属于社会风俗、“凶宅”的界定不清晰，且在一定程度上与“传统糟粕”思想相关联，加上房东的损失较难确定，故而在司法审判中争议较大。“同案不同判”的情形时有发生，这是“传统”“糟粕”与“现代”“科学”之观念的冲击与碰撞。

（三）法院支持“索赔”的理由

1. “凶宅”使市场价值预期降低导致房产价值降低

根据我们的分析，法院支持“凶宅”索赔的主要原因在于，忌讳“凶宅”属于客观存在的社会风俗，会加重房东及住房者的心理负担，导致市场对“凶宅”的价值预期降低。

案例6－15 黄某1与张某1财产损害赔偿纠纷案

一审法院：北京市石景山区人民法院（2016）京0107民初2574号

二审法院：北京市第一中级人民法院（2017）京01民终861号

案例主旨：涉诉房屋内发生的非正常死亡事件会在客观上加重居住人的心理负担，对房屋的使用效用造成障碍，导致价格贬损，影响房屋的使用价值和市场交易价格。

法院认为，现实生活中，人们对住宅内发生的非正常死亡事件感到不同程度的恐惧并对死亡现场心存芥蒂是客观存在的心理现象，在房地产市场交易中，买卖双方的消费心理，是影响二手房市场交易价格的重要因素。因此，涉诉房屋内发生的非正常死亡事件虽然对房屋结构本身不构成损害，但基于一般人对死亡的恐惧和忌讳心理，客观上会不同程度地加重居住人的心理负担，对涉诉房屋在使用效用上造成一定的障碍，给房屋交易带来一定的价格贬损因素，并最终影响涉诉房屋的使用价值和市场交易价格。

案例6－16 TT装饰公司与程某、王某财产损害赔偿纠纷案

一审法院：广东省东莞市第一人民法院（2016）粤1971民初2485号

二审法院：广东省东莞市中级人民法院（2017）粤19民终2737号

案例主旨：房屋价值不仅由使用价值决定，其还受地理位置、供求关系、人文环境等诸多因素影响，群众对“凶宅”存在抵触心理是客观存在的事实，这无疑会降低案涉房屋的交易价值。

法院认为，案涉事故造成魏某在案涉房屋内非正常死亡，使案涉房屋变成所谓的“凶宅”。虽然案涉事故未对案涉房屋的使用价值产生任何影响，但是，

房屋价值不仅由使用价值决定，其还受地理位置、供求关系、人文环境等诸多因素影响。按当前的民风民俗，群众对“凶宅”存在抵触心理是客观存在的事实，这无疑会降低案涉房屋的交易价值，实质上已导致程某、王某产生损失。

此外，在（2017）京0107民初775号、（2011）嘉平民初字第102号、（2016）苏0113民初6377号、（2017）辽01民终2177号、（2018）鲁0503民初1336号案件中，法官也持相同观点，即房屋价值受多重因素影响，人对死亡的恐惧和忌讳心理会导致“凶宅”的价值贬损，无论是继续出租还是出售，都会影响房屋的价值，因此支持房东要求相关人员赔偿的主张。

2. 赔偿责任方对案外人的死亡存在过错

也有部分法院认为“凶宅”出售方的行为与案外人死亡之间存在过错，应承担赔偿责任。

案例6－17 丁某与刘某房屋租赁合同纠纷案

一审法院：沈阳市苏家屯区人民法院（2015）苏民二初字第527号

二审法院：辽宁省沈阳市中级人民法院（2015）沈中民二终字第2716号

案例主旨：承租人在屋内自杀，属于非正常死亡，符合通常人在日常生活中对于“凶宅”说法的判断，对房屋的价值造成了一定影响。

法院认为，丁某未经刘某某同意将房屋转租具有过错，但转租的承租人在房屋内自杀与丁某的转租行为之间没有因果关系，丁某的转租行为不是造成丁某的房屋成为“凶宅”的直接原因，但存在间接的因果关系，故丁某应承担一定的赔偿责任。因转租的承租人在承租房屋内自杀，并且陈尸多日，属于非正常死亡，符合通常人在日常生活中对于“凶宅”说法的判断，对房屋的价值造成了一定影响，并且屋内被污染的物品确需更换，此亦符合一般人在同等情况下会作出的选择。法院考虑到丁某的主观过错程度，酌情判令丁某赔偿房屋贬值并无不妥。

此类判决采用了《民法典》侵权责任编对于侵权人需有过错的标准，从侵权人存在过错且房屋价值发生贬损的角度分析，要求侵权人赔偿房东损失。

3. 基于公平原则进行适当经济补偿

还有的法院认为，虽然并没有任何人应当对“凶宅”的产生承担过错，但基于社会价值、公平原则等，应当对受影响的一方进行一定的经济补偿。

案例6－18 张某、王某等与上海BY置业有限公司财产损害赔偿纠纷案

一审法院：上海市嘉定区人民法院（2018）沪0114民初1641号

案例主旨：居住人的非正常死亡确有可能对涉案房屋价值等带来不利影响，结合实际情况、社会价值取向及公平原则等情况，应当给予一定的经济补偿。

法院认为，顾忌和避讳不吉利的事物、语言、举动等系客观存在的一种社会风俗，并不为法律所禁止；对死亡存在恐惧和忌讳心理系一般人所共有，对“凶宅”的忌讳亦被大部分群体认同。房屋价值受建筑成本、居住环境、人文环境等多重因素影响，房屋的物理价值虽不受人的非正常死亡影响，但人的非正常死亡却在一定程度上加重房屋使用人的心理负担、影响人们对房屋的应有评价乃至影响对房屋市场价值的原有预期。臧某死亡后，与臧某同宿舍的其他员工从涉案房屋内搬出并由被告BY公司另行安排住处，从中亦可窥见一斑。本案中，被告BY公司对臧某死于涉案房屋内虽无过错，但鉴于臧某系被告员工且系被告安排臧某居住于涉案房屋内，又臧某的死亡确有可能对涉案房屋价值等带来不利影响，故结合本案实际情况、社会价值取向及公平原则等情况，被告应给予原告一定的经济补偿。

此类判决认为，虽然一方没有过错，但是“凶宅”会造成房屋的价值贬损是社会的普遍情况，为了平衡各方之间的利益，防止受到影响的一方利益受损无法得到救济，从公平原则的角度出发，支持受到影响的一方的诉请。

（四）法院不支持“索赔”的理由

1. “凶宅”并未导致房屋发生实际的价值贬损

案例6－19 赵某某与钱某某、孙某某财产损害赔偿纠纷案

一审法院：上海市普陀区人民法院（2017）沪0107民初14838号

案例主旨：当事人未将房屋出售，其主张的损失只是主观上的可能性，侵权行为不成立。

法院认为，侵权行为的成立须以发生损害为必要，且这种损失必须是客观上已经实际发生，且受害人应当对损失的构成承担举证责任。按照原告赵某某

的思路，其损失是这样得出的，假定系争房屋市场价为1000万元，因房屋内发生自杀事件变成“凶宅”，现该房屋价值为800万元，其中的200万元差价即为损失。然而，原告赵某某并没有将该房屋出售，该房屋仍然处于原告控制之下，即使认可原告的上述理论，这种损失也只是体现为一种主观上的可能性而已，实际损失根本无从谈起。无论合同纠纷抑或侵权纠纷中的物质损失、精神损失都应以实际损失为前提，本案并不符合这一条件。

案例6－20 牛某、岳某与张某房屋租赁合同纠纷案

一审法院：广州市白云区人民法院（2014）穗云法民四初字第198号

二审法院：广东省广州市中级人民法院（2014）穗中法民五终字第4159号

案例主旨：死亡事件不足以证明房屋的价值必然受到减损，且合同未约定死亡事件属于违约，损害赔偿诉求请求不能获得法院支持。

法院认为，虽然在合同履行期间发生了张某妻子死亡的事件，可能会引起部分迷信群众对涉案房屋的误解和恐惧，但不足以证实涉案房屋的价值必然受到减损，且合同中未约定张某妻子死亡的事件属于张某违约的范围，故牛某、岳某就此提出的诉讼请求缺乏事实、法律依据，法院不予支持。

此类判决认为，房东应当依照《民法典》侵权责任编的要求，对损失需承担举证责任，而事实上房东极难对其损失进行举证。也有法官认为，即便“凶宅”可能会造成房屋价值贬损，但是损失的价值难以确定，且该影响会随着时间而淡化，因此不支持房东要求赔偿的诉请。

2.“凶宅”房屋发生价值贬损缺乏相应法律依据

案例6－21 刘某与张某某房屋租赁合同纠纷案

一审法院：北京市顺义区人民法院（2017）京0113民初9698号

二审法院：北京市第一中级人民法院（2018）京03民终1000号

案例主旨：生老病死乃自然现象，当事人主张房屋因死亡成为“凶宅”影响后续出租，缺乏明确的法律依据。

法院认为，生老病死乃自然现象，张某的死亡不以个人意志为转移，病亡于刘某的宅院亦非其本人有意选择。刘某主张该宅院因张某的死亡成为“凶宅”

影响了刘某的后续出租，张某某应依公序良俗，按照为期 5 年，每年 3 万元的标准各自承担一半的责任，用于赔偿刘某无法正常出租涉诉宅院的损失，因缺乏明确的法律依据，法院不予支持。

此类判决认为，房东基于“凶宅”主张损害赔偿没有法律上的依据，故不予支持房东的诉请。

3. “凶宅”与损失之间不具有因果关系

案例 6－22 王某与 AJY 公司财产损害赔偿纠纷案

一审法院： 北京市西城区人民法院（2018）京 0102 民初 796 号

二审法院： 北京市第二中级人民法院（2018）京 02 民终 7408 号

案例主旨： 承租人的自杀行为超越了租赁代理机构的正常判断和认知范围，法院认定租赁代理机构不存在过错。

法院认为，承租人以及承租人的家属是否会在租期内跳楼自杀不是通过预先审查能够注意的问题，超越了机构和个人的正常判断及认知范围，故不认定在跳楼事件上 AJY 公司存在过错，最终法院根据本案的实际情况驳回了王某的所有诉讼请求。

此类判决认为，在房屋内出现死亡事件是不可预见的意外事件，任何人对此不可预知、不可防范，不能要求任何一方承担不可预见的注意义务。

“凶宅”这一概念没有明确定义，具有较强的主观色彩，在处理此类案件时，法官有时需要明确“凶宅”的概念，防止一方主张的权利范围过于宽泛。

（五）“凶宅赔偿”是否属于社会习惯

由于“凶宅”导致房屋价值贬损的金额通常较难确定，因此主张“凶宅”赔偿的主要突破点是社会习惯和公平原则。对此，不同的法官有不同的理解，我们从正反两个角度各摘选一个案例供大家参考。

有的观点认为，人们对“凶宅”的恐惧是社会习惯、风俗。

案例 6－23 黄某 1 与张某 1 财产损害赔偿纠纷案

一审法院： 北京市石景山区人民法院（2016）京 0107 民初 2574 号

二审法院： 北京市第一中级人民法院（2017）京 01 民终 861 号

案例主旨：房屋内发生过的非正常死亡会导致购房者或租房者对房屋的评价和价值认可度降低，因此在房地产的交易惯例中往往将房屋是否发生过非正常死亡事件作为必须披露的影响交易决策的重要事项。

法院认为，从现实来看，房屋内发生过非正常死亡事件虽然不会对房屋的实际使用功能产生影响，但会引发人们恐惧、焦虑、忌讳等不良的心理感受。这种负面心理感受虽然属于主观体验，但却是客观存在的，表现在房屋交易过程中，即会导致购房者或租房者对房屋的评价和价值认可度降低，从而对房屋能否出租、出售及出租、出售的价格产生较大影响。此类影响虽然会随着时间的推移逐渐淡化，但在一定期间内会持续存在。也正因如此，在房地产的交易惯例中，亦将房屋是否发生过非正常死亡事件作为必须披露的影响交易决策的重要事项。

但是，也有相反观点认为，否认人们对“凶宅”的恐惧是社会习惯、风俗，应当认定为生活禁忌，不属于法律渊源。

案例6－24 赵某某与钱某某、孙某某财产损害赔偿纠纷案

一审法院：上海市普陀区人民法院（2017）沪0107民初14838号

案例主旨：不愿意购买有人过世的房屋只是部分人的个人禁忌，与社会公共利益及社会公德无关。

法院认为，在“凶宅”的认定上，这是一个不确定的概念。人们不愿意买死过人的房屋，并非法律上所称的习惯或公序良俗。在我们看来，这实际上是一种生活禁忌。在法律没有规定的情况下，可以适用习惯，但这种禁忌是否系法律上所称的习惯或公序良俗呢？构成民法渊源的习惯应当具有普遍性与可证明性，习惯应当是特定区域内的社会成员普遍认可且内心确信的行为规则，然而，原告对此并未提供证据予以证明，法院也没有发现相关实证依据。同时，不愿意购买死过人的房屋，也并非公序良俗。本案中，不愿意购买死过人的房屋，只是部分人的个人禁忌，与社会公共利益及社会公德无关。法院认为，要把部分人这样的禁忌上升到公序良俗的高度，不仅没有依据，也是极端危险的。因为这样的禁忌有时难免和一些迷信，甚至糟粕联系在一起。法院认为，一旦通过法院判决认可这些观点，那么法律的底线会在哪里？会不会有一天，那种“左青龙，右白虎”的风水论会趁机大行其道？

（六）“凶宅”的精神损害赔偿

在我们查阅的20起案例中，有5起案例房东在主张房屋价值损失赔偿的同时提起精神损害赔偿，无一获得法院的支持。根据《最高人民法院关于确定民事侵权精神损害赔偿责任若干问题的解释》第一条以及《民法典》第一千一百八十三条之规定，只有自然人的人格权利遭受非法侵害才能主张精神损害赔偿，而基于合同原因（租赁合同、装修合同等）主张精神损害赔偿不符合法律的规定。

八、购房者权利与银行抵押权冲突的解决

案例6－25 JY公司与王某某及ZT公司申请执行人执行异议之诉案

二审法院：辽宁省高级人民法院（2019）辽民终1025号

再审法院：最高人民法院（2020）最高法民申1498号

案例主旨：已经支付全部或大部分购房款的消费者的权利与银行抵押权产生冲突时，应优先保护购房消费者的权利。

最高人民法院认为，本案中王某某作为购房消费者，对案涉房屋是否享有足以排除强制执行的民事权益，可参照《最高人民法院关于建设工程价款优先受偿权问题的批复》（现已失效，《人民法院办理执行案件规范》第四百五十九条亦有该规定）和《最高人民法院关于人民法院办理执行异议和复议若干问题的规定》的相关规定及原则予以确认。建设工程价款优先受偿权不能对抗已经支付全部或大部分购房款的消费者。故在已经支付全部或大部分购房款的购房消费者的权利与银行抵押权产生冲突时，亦应优先保护购房消费者的权利。参照上述权利顺位原则，原审法院认定符合《最高人民法院关于人民法院办理执行异议和复议若干问题的规定》第二十九条规定的购房者对案涉房屋所享有的权利能够对抗基于抵押权对该房屋的执行，适用法律并无不当。

九、关于不动产抵押登记的新规

《民法典》第四百零六条修订了抵押期间抵押人转让抵押财产的规则，即抵押期间，抵押人可以转让抵押财产。当事人另有约定的，按照其约定。抵押财产转让的，抵押权不受影响。在《民法典》修改以前，无论是否有约定，这种

操作都需要征得抵押权人的同意，在《民法典》修改之后，无须取得抵押权人同意，仅需要通知抵押权人。两者对于抵押权人的权利实现有比较大的差别。因此，自然资源部在2021年4月6日出台了《关于做好不动产抵押权登记工作的通知》（自然资发〔2021〕54号），主要落实了以下问题。

1. 确定不动产抵押的范围

对于学校、幼儿园、医疗机构、养老机构等为公益目的成立的非营利法人的教育设施、医疗卫生设施、养老设施和其他公益设施，以及法律、行政法规规定不得抵押的其他不动产，严格要求不得办理不动产抵押登记。

2. 明确记载抵押担保范围

当事人对一般抵押或者最高额抵押的主债权及其利息、违约金、损害赔偿金和实现抵押权费用等抵押担保范围有明确约定的，严格要求不动产登记机构应当根据申请在不动产登记簿“担保范围”栏记载；没有提出申请的，填写“/”。

3. 保障抵押不动产依法转让

针对当事人申请办理不动产抵押权首次登记或抵押预告登记的，不动产登记机构应当根据申请在不动产登记簿“是否存在禁止或限制转让抵押不动产的约定”栏记载转让抵押不动产的约定情况。有约定的填写“是”，抵押期间依法转让的，应当由受让人、抵押人（转让人）和抵押权人共同申请转移登记；没有约定的填写“否”，抵押期间依法转让的，应当由受让人、抵押人（转让人）共同申请转移登记。约定情况发生变化的，不动产登记机构应当根据申请办理变更登记。

《民法典》施行前已经办理抵押登记的不动产，抵押期间转让的，未经抵押权人同意，不予办理转移登记。

4. 完善不动产登记簿

针对《国土资源部关于启用不动产登记簿证样式（试行）的通知》（国土资发〔2015〕25号）规定的不动产登记簿样式进行修改：

（1）在“抵押权登记信息”页、“预告登记信息”页均增加“担保范围”、“是否存在禁止或限制转让抵押不动产的约定”栏目。

（2）将“抵押权登记信息”页的“最高债权数额”修改为“最高债权额”并独立为一个栏目，填写最高额抵押担保范围所对应的最高债权数额。

5. 更新不动产权证书和不动产登记证明

针对《民法典》的颁布实施以及旧法的失效情况，需要更改法律依据，将电子和纸质不动产权证书、不动产登记证明中的“《中华人民共和国物权法》”修改为“《中华人民共和国民法典》”。

6. 调整不动产登记系统、数据库以及申请书

督促各地根据新的不动产登记簿，抓紧升级改造各级不动产登记系统，扩展完善数据库结构和内容，将新增和修改的栏目纳入登记系统和数据库，并实时完整上传汇交登记信息。要在不动产登记申请书中增加“担保范围”等栏目，完善申请书示范文本等，保障登记工作顺畅开展。

7. 公示不动产登记簿修改页的样张

自然资源部在通知的最后公布了不动产登记簿修改页的样张。

附件

不动产登记簿修改页

第　　本 第　　页

<table>
<tr><td colspan="5">抵押权登记信息</td></tr>
<tr><td colspan="5">不动产单元号：　　抵押不动产类型：□土地　□土地和房屋　□土地和在建建筑物
□林地和林木　□海域　□海域和构建物　□其他</td></tr>
<tr><td>业务号
内容</td><td></td><td></td><td></td><td></td></tr>
<tr><td>抵押权人</td><td></td><td></td><td></td><td></td></tr>
<tr><td>证件种类</td><td></td><td></td><td></td><td></td></tr>
<tr><td>证件号码</td><td></td><td></td><td></td><td></td></tr>
</table>

续表

抵押人				
抵押方式				
登记类型				
登记原因				
在建建筑物坐落				
在建建筑物抵押范围				
被担保主债权数额（万元）				
最高债权额（万元）				
担保范围				
债务履行期限 （债权确定期间）	起 止			
是否存在禁止或限制转让抵押不动产的约定				
最高债权确定事实和数额				
不动产登记证明号				
登记时间				
登簿人				
注销抵押业务号				
注销抵押原因				
注销时间				
登簿人				
附记				

第　　本 第　　页

预告登记信息				
不动产单元号：		不动产坐落：		
业务号 内容				
权利人				
证件种类				
证件号				
义务人				
证件种类				
证件号				
预告登记种类				
登记类型				
登记原因				
土地使用权人				
规划用途				
房屋性质				
所在层/总层数				
建筑面积（m^2）				
取得价格/被担保主债权数额（万元）				
担保范围				
是否存在禁止或限制转让抵押不动产的约定				
不动产登记证明号				
登记时间				
登簿人				
附记				

第二节 民间借贷纠纷

民间借贷在一定程度上满足了社会多元化的融资需求，促进了多层次信贷市场的形成和完善，在日常生活中十分常见，因民间借贷产生纠纷的情形也比较多见。我国立法对民间借贷有哪些规定，司法实践中如何认定民间借贷关系，是一个值得关注的话题。

一、关于民间借贷纠纷的法律规定

最高人民法院曾于2015年发布《关于审理民间借贷案件适用法律若干问题的规定》，对人民法院审理民间借贷案件的法律适用问题进行了明确规定。2020年8月19日，最高人民法院修改了这一规定，并于次日起生效。后因《民法典》的颁布实施，最高人民法院又于2020年12月29日进行了修订，并于2021年1月1日正式实施。该规定对司法实践中民间借贷纠纷的审理起到了非常重要的作用。

除此之外，最高人民法院还于2018年发布《关于依法妥善审理民间借贷案件的通知》，要求各级法院加大对借贷事实和证据的审查力度、严格区分民间借贷行为与诈骗等犯罪行为、依法严守法定利率红线、建立民间借贷纠纷防范和解决机制。

一般来说，民间借贷关系的成立要满足两项要素：一是借款的合意，通常表现为借条；二是借款的交付，通常表现为转账记录。在现实生活和司法实践中，如果这两项要素不能同时满足，则民间借贷关系是否成立可能存疑。

二、仅有借条时的借款关系判定

现实生活中，有时候出借现金，往往没有转账记录，但是会写借条，那么仅有借条的情况下，借款关系是否可以成立？

案例6－26 王某某与朱某某民间借贷纠纷案

二审法院：山东省高级人民法院（2014）鲁民一终字第334号

再审法院：最高人民法院（2016）最高法民申2419号

案例主旨：双方之间存在借条，虽然未提供打款证据，但是借款人在庭审中认可借款是累积形成的，也未对借条的真实性提出异议，法院认为构成自认，借贷关系成立。

最高人民法院认为，关于涉案借条的证明效力问题。朱某某、王某某均是各自企业的法定代表人，双方之间有多笔资金往来。本案中，王某某主张朱某某借款250万元，提交了朱某某出具的一份借条，借条对借款人、出借人、借款数额有着明确约定，且朱某某在一、二审中均认可该借条是其本人出具，对借条的真实性并未提出异议，故对该借条的证明效力应予确认。王某某虽未提供向朱某某打款的证据，但在原审中，朱某某认可借款是累计形成的，是其和王某某之间多笔借款累计计算后打的总条，并且认可收到了250万元。故此，朱某某在二审中关于王某某未实际付款，双方不存在真实的借贷关系的主张，是其对自认的反悔，因其未能提供有效证据加以证实，二审法院未予支持并无不当。

案例6－27 曹某与钟某民间借贷纠纷案

一审法院：湖南省湘阴县人民法院（2019）湘0624民初14号

案例主旨：民间借贷合同是实践性合同，要证明借贷关系的成立，不能仅凭一张借条就认定双方之间的借贷关系，出借人无法提供出借资金的银行流水和其他证据，法院认定举证不足，借贷关系不成立。

法院认为，当事人对自己提出的诉讼请求所依据的事实或者反驳对方诉讼请求所依据的事实，应当提供证据加以证明。民间借贷合同是实践性合同，要证明借贷关系的成立，不能仅凭一张借条就认定双方之间的借贷关系，出借人要证明民间借贷合同成立与生效，除了应提供借条这一直接证据外，还要证明其确已支付了借款。本案中，被告钟某否认借款的事实，并有两位证人辅助证实。原告曹某称出借资金来源于一朋友提供20万～30万元现金，自己家里有现金几十万元，但不能向法院提供出借资金的银行流水和其他证据，称都是现金交付，仅有一证人证明在场，根据《最高人民法院关于审理民间借贷案件适用法律若干问题的规定》的规定，被告抗辩借贷行为尚未实际发生并能作出合理说明，人民法院应当结合借款金额、款项交付、当事人的经济能力、当地或当事人之间的交易方式、交易习惯、当事人财产变动情况以及证人证言等事实和因素，综合判断查证借贷事实是否发生。对负有举证证明责任的当事人提供的证据，根据《民事诉讼法司法解释》第一百零八条的规定，应当符合“高度可能性”的标准，当事人未能提供证据或者证据不足以证明其事实主张的，由负有举证证明责任的当事人承担不利的后果，原告主张与被告存在借贷法律关系，要求被告偿还借款的诉讼请求证据不足，法院不予支持。

上述两个案例中，出借人只提供了借条，但未提供借款的证据，法院的裁判结果截然相反。由此可见，在认定民间借贷关系时，不仅要有借条，出借人向借款人提供借款的银行流水等证据也非常关键。因此，在民间借贷行为中，不仅要签署、保留好借条，支付借款的转账记录或者其他证据也应当妥善保管，这些将对日后维权起到重要的作用。

三、仅有转账凭证时的借款关系判定

现实生活中的民间借贷行为还有一种常见的情况，出借人和借款人之间往往具有信任基础，抑或是碍于情面，所以不签署借条。在这种情况下，如果仅有转账记录，但无借条，借款关系是否成立呢?

从司法实践来看，这类情形下认定借贷关系是否成立的关键是要探求转账时双方的真实意思。银行转账可能有很多种情形：有可能是借钱、还钱；也有可能是支付货款、财产折价款；还可能是赠与或者代他人支付等。因此，如何审查和认定转账时的真实目的，是法院审理这一类案件的关键。

案例 6－28 刘某与唐某某民间借贷纠纷案

一审法院：天津市北辰区人民法院（2016）津 0113 民初 2925 号

二审法院：天津市第一中级人民法院（2016）津 01 民终 4929 号

案例主旨：当事人仅凭银行转账凭证主张借贷关系，法院结合双方之间存在亲属关系以及工作关系，认定证据不足，不予支持。

法院认为，出借人向法院起诉民间借贷，应当提供借据、收据、欠条等债权凭证以及其他能够证明借贷法律关系存在的证据。刘某根据《最高人民法院关于审理民间借贷案件适用法律若干问题的规定》的规定："原告仅依据金融机构的转账凭证提起民间借贷诉讼，被告提出抗辩该转账系偿还双方之前借款或其他债务，被告应当对其主张提供证据加以证明。"现唐某某已经提出刘某离婚协议中并未存在债权一项，以此证明唐某某与刘某之间不存在借贷关系。举证责任应当继续由刘某举证。本案考虑唐某某与刘某曾经存在亲属关系，且唐某某曾在刘某经营的公司任职，对于刘某转给唐某某30万元的性质，根据现有证据无法确定为民间借贷关系，故认为刘某主张的借贷关系证据不足，法院不予支持。

案例6－29 陈某某、孙某某民间借贷纠纷案

一审法院：郑州市管城回族区人民法院（2018）豫0104民初6326号

二审法院：郑州市中级人民法院（2018）豫01民终19536号

案例主旨：原告仅依据金融机构的转账凭证提起民间借贷诉讼，被告抗辩转账系偿还双方之前借款或其他债务，被告应当对其主张提供证据证明，否则推定借贷关系成立。

法院认为，孙某某提交的转款凭证陈某某予以认可，且内容不违反法律规定，该证据法院予以采信。本案中，孙某某主张陈某某向其借款6万元，提交有转款凭证。陈某某称该6万元是孙某某的父亲与陈某某合伙需要支付的工程款，陈某某负有对此主张的举证证明责任。陈某某与孙某某的父亲之间是否存在合伙承包工程的关系，并不能证明孙某某向陈某某的转款即为其父亲与陈某某合伙支付工程款所需款项。孙某某主张其与陈某某之间系借款关系，陈某某辩称不是借款关系，但陈某某并未就自己主张的法律关系完成举证证明义务，故法院认定借款关系成立。

案例6－30 石某某、甘某某民间借贷纠纷案

一审法院：南宁市武鸣区人民法院（2017）桂0122民初661号

二审法院：广西壮族自治区南宁市（地区）中级人民法院（2017）桂01民终4002号

案例主旨：只有被告提出转账系偿还双方之前借款或其他债务的抗辩主张，且提供相应证据证明其主张后，才转由原告就借贷关系的成立承担举证证明

责任。

法院认为，本案争议焦点是：石某某主张甘某某向其借款60,000元本金并支付利息有何事实依据。由于石某某仅依据金融机构的转账凭证向甘某某提起民间借贷诉讼，属于原告仅依据金融机构的转账凭证提起民间借贷诉讼情形。根据该规定，被告未提出转账系偿还双方之前借款或其他债务的抗辩主张，即应认定为转账系交付借款行为，借贷关系成立。只有被告提出转账系偿还双方之前借款或其他债务的抗辩主张，且提供相应证据证明其主张后，才转由原告就借贷关系的成立承担举证证明责任。本案甘某某作为被告仅对石某某的主张不予认可，但并未提交相关证据加以证明。故应认定本案借贷关系成立。

由上述几个案例可知，对于仅有转账凭证而无借条的情形，法院在认定借贷关系是否成立时要根据具体的情况判断。一般来说，法院在民间借贷案件中需要查明以下问题：一是双方是否存在借贷合意；二是借贷行为是否已经实际发生；三是履行期限是否已届满；四是借款人是否尚未偿还借款。实践中比较容易出现争议的主要是借贷合意的审查和借贷事实是否发生的判断。

根据我国《民事诉讼法》“谁主张、谁举证”的举证规则，在仅有转账凭证而无借条的情况下，原告应当提交证据证明双方具有借贷合意，这与转账凭证证明借贷行为已经实际发生两者结合在一起，是证明民间借贷法律关系成立的必要条件。

但是，严格按照“谁主张、谁举证”的规则要求出借人既要证明实际给付又要证明有借贷合意，一定程度上难以适应我国民间借贷的现实状况，比如很多人法律意识比较淡薄，一般没有签订借款合同的习惯，亲朋好友等熟人之间碍于情面往往不签订借款合同而是直接转账，订立借条不符合我国民间的传统习惯。为此，《最高人民法院关于审理民间借贷案件适用法律若干问题的规定》第十六条规定：“原告仅依据金融机构的转账凭证提起民间借贷诉讼，被告抗辩转账系偿还双方之前借款或者其他债务的，被告应当对其主张提供证据证明。被告提供相应证据证明其主张后，原告仍应就借贷关系的成立承担举证责任。”根据这一规定，在原告提出金融机构转款凭证的情况下，出借人对双方之间借款合同关系的存在完成了初步举证责任，此时应进一步结合被告的答辩情况，对双方是否存在借款合同关系进行分析和认定。如果被告仅仅提出抗辩而未提交证据证明双方存在其他债务关系，则对原告的诉讼请求应予以支持，若被告提供了相应证据，则需要进一步考量其证据与待证事实之间的关系，进而判断借贷关系是否成立。

四、无借条也无转账凭证时借款关系的判定

民间借贷经常发生于具有亲密关系的自然人之间，因此，双方之间既没有签署借条，也没有转账凭证的情况也并不罕见。在这种情况下，如果产生纠纷，出借人应当如何维权呢？以下几种方式可以作为补救措施，但当事人维权也要注意合法合规。

1. 证人作证

民间借贷常见于熟人之间，且大多数民间借贷的金额往往不大。有这样一个案例，李某和王某是老同学，王某找李某借款 1 万元，考虑是熟人，李某碍于情面没有让王某签署借条，约定借期为 2 个月。但是两个月之后，借款人王某并没有按照约定按时还款，也没有对李某给予任何的解释。又过了半年，李某见王某仍然没有要还钱的意思，就找到王某催要借款，但王某以手头没钱为由予以推托。在这之后，李某多次催要此款，但王某以各种借口一拖再拖。

在诉讼中，李某向王某主张借款，但是王某却否认借款的事实。在法庭上，李某为证明自己的主张，向法院提供了邻居林某、陶某的两份证言作为证据，王某对这两份证据提出异议。法院在审理过程中，为查明案件事实，传唤证人林某、陶某到庭陈述作证，并由双方当事人进行质证。最终，法院审理后判决被告王某应当履行还款义务，应承担相应的民事责任。

由此可见，民间借贷的双方如果没有签署书面借款合同或借条，可以由无利害关系的第三人作为证人提供证言，如果证言足以证明借款事实的存在及借款数额，法院可能以此认定双方的借贷关系成立。因此，借钱时如果既没有借条也没有转账凭证，最好由其他第三人作为证人，证人应当与借贷双方无利害关系，最好为两人，这对于日后出借人维权具有积极的作用。

2. 录音录像证据

在另一个案件中，借贷发生于家人之间。出借人陆某是借款人沈某的姑父，为装修婚房资金需要，沈某向陆某借款 5 万元，但考虑到双方系一家人，便没有签署借条。让陆某没有想到的是，沈某在结婚之后矢口否认借款一事，无奈之下，陆某只好起诉要求沈某归还借款。在庭审中，沈某声称从未向陆某借过

钱，对此，陆某拿出电话录音作为证据向法庭提交，其中清楚地记录了双方商讨借钱的事宜，同时，陆某还举出微信聊天记录和证人证言，对于借贷的事实进行了充分的举证。最终，法院支持了陆某的诉讼请求，判决沈某归还借款。

值得注意的是，录音、录像在民间借贷纠纷中可以作为当事人主张权利的有力证据，但也应当注意以下要点：

首先，录音、录像证据的取得必须符合法律的规定，录音、录像内容系双方当事人的真实意思表示，不存在胁迫、威胁等违法行为。同时，录音、录像行为不能侵犯他人的合法权益，如隐私权、住宅权等，否则可能被认定为无效。

其次，录音、录像证据的内容应当清晰，未被剪接或者伪造，具有客观真实性和连贯性，内容未被篡改，无疑点，且最好有其他证据加以佐证。

3. 签署补充协议

如果借贷双方没有签署借条，可以在事后补签借条或者借款协议，也可以签署还款计划，这些都可以在维权时作为证明借款合意的证据。作为出借人来说，可以在协商还款的过程中，适当放宽还款的要求，延长还款的期限，只要借款人签署了还款计划或补签了借条，双方之间的借贷关系便有了证据，有利于当事人日后依法维权。

4. 电子证据

随着微信、QQ 等即时通信软件的普及，人们越来越多地使用这些手机聊天工具进行沟通协商。民间借贷的双方在债权凭证缺失或存在瑕疵、借款交付证据不是很充分的情况下，可以提交相关的 QQ、微信记录作为有力的佐证。因此，出借人应当妥善留存相应的电子聊天记录，平时不要删除相关聊天记录，以便能够起到有备无患的作用。

五、电子支付问题的应对

随着智能手机和移动支付的普及，人们在日常生活中越来越多地使用微信、支付宝等电子支付方式。如果在微信转账和支付宝转账过程中出现问题，应对如何应对？下文将分别进行介绍。

（一）微信转账

1. 微信错误转账的应对

现实生活中，由于疏忽，当事人难免发生错误转账的情形。从法律上来说，收取别人误转的钱款在法律上属于不当得利，依法应当予以返还。所谓不当得利，是指没有法律上的依据，有损于他人利益而自己取得利益。《民法典》第九百八十五条规定："得利人没有法律根据取得不当利益的，受损失的人可以请求得利人返还取得的利益，但是有下列情形之一的除外：（一）为履行道德义务进行的给付；（二）债务到期之前的清偿；（三）明知无给付义务而进行的债务清偿。"

因此，如果错误转账发生，受损方要及时联系对方，要求退还所得利益，受益方依法负有返还的义务。

在诉讼过程中，如果受益方拒不提供相关收款记录的，为了查清事实的真相，受损方可以申请法院向腾讯公司调查取证，腾讯公司可以协助恢复受益方的微信钱包账单，确认相关转账记录，协助受损方依法维权，追回错误转账的钱款。

为了提高微信转账的安全性，建议转账人提前设置微信转账延时到账功能，这样可以为核对转账是否正确预留时间。一旦转账人意识到风险或者错误后，可以撤销转账。设置延时到账具体的操作为：进入微信中的"支付"，点击右上角三小点，点击"转账到账时间"，选择"2 小时到账"或者"24 小时到账"，根据需要选择到账时间。

2. 如何调取微信转账记录

值得注意的是，微信账单具有单方的删除功能。在收到转账的钱款后，当事人可以在手机端删除任何一条微信转账记录，从而伪造从未收到钱款的假象。

针对这种情况，错误转账的一方可以申请腾讯公司通过后台进行查询，对于一般的转账记录以及支付记录，即使当事人在手机端已经删除，腾讯公司后台均有相应的凭证。但是，对于微信聊天记录，如果当事人在手机端上已经删除，则腾讯后台往往无法寻回。

因此，对于重要的微信聊天记录，应当注意妥善保存，不要随意删除。

3. 微信转账收款人未经实名认证的风险

有这样一个案例，20 多岁的小林在寄送快递的过程中认识了快递员小张。由于小张经常来小林处取送快递，两个人慢慢就熟悉了，也加了微信。有一天，小张声称自己临时缺少周转资金，提出向小林借款 2000 元，于是小林在微信上给小张转了 2000 元，双方也没有签署借条。借款时说好只是周转几天，但小张却迟迟没有还款的意思。又过了一阵子，小林已经无法联系到小张。无奈之下，小林向法院提起了诉讼。

在诉讼过程中，小林只提供了一份微信转账的截图。但问题是，截图显示的收款人是小张的网名。由于是网名，且小张未在微信进行实名认证，没法确认收款人就是被告小张。最终，法院以证据不足驳回了小林的诉讼请求。

因此，生活中在进行微信转账时应当谨慎，如果收款人未进行实名认证，这将导致出借人在维权时遇到障碍。

案例 6 – 31 肖某与简某民间借贷纠纷案

一审法院：福建省南靖县人民法院（2015）靖民初字第 2821 号

二审法院：福建省漳州市中级人民法院（2015）漳民终字第 3621 号

案例主旨：微信转账的双方未进行实名认证的，法院在认定借款关系是否成立时应当结合具体的证据和事实，包括借款合同、个人对账单以及证人证言、双方的微信聊天记录等证据及庭审陈述，进行综合认定。

法院认为，微信号 jsl96034 × × × × 于 2015 年 7 月 13 日与微信号 187502 × × × × × 在微信平台上进行银行转账，从中国某银行厦门东浦支行提供的个人对账单来看，该笔转账交易对方户名为简某；结合证人郑某的证言，可以认定微信号 jsl96034 × × × × 的使用人是简某。根据简某微信号 jsl96034 × × × × 于 2015 年 7 月 15 日，在微信聊天平台上向微信号 187502 × × × × × 承认“之前不是还欠你 35, 000，一共 6 万 6”的事实，结合本案汽车抵押借款合同、中国某银行厦门东浦支行个人对账单、中国某某银行客户银行卡交易查询单、证人郑某证言、双方微信聊天记录等证据及肖某的庭审陈述，简某尚欠肖某借款本金人民币 66, 000 元，法院予以确认。肖某现请求简某归还借款本金人民币 66, 000 元及支付从起诉之日即 2015 年 9 月 10 日起至实际支付日止按年利率 6% 计算的利息，理由正当，于法有据，应予支持。

4. 微信转账的附言非常重要

现实中进行微信转账的金额来源主要有两类：一是与微信平台绑定的银行卡，这种方式可以根据相关的微信聊天记录、银行的存取款流水记录形成证据链从而证明借款事实；二是零钱提现，一些手机的系统无法显示转出、转入对方的昵称，仅有金额、交易日期、交易号码及“朋友已确认收钱”字样，仅凭转账记录无法证明收款人与借款人系同一人。

因此，生活中在发送微信红包或者进行微信转账时应当在附言栏目里备注好钱款的性质，例如明确标注为“借款”。同时，转账人还应当在沟通中再次确认对方的身份信息、款项性质，以减少后期可能引发的麻烦。微信运营商出具的相关的身份证明信息，或者借款人真人头像照片、聊天记录、录音等其他证据也都是重要的佐证，必要时还应当进行公证。

5. 特殊金额的转账可能被认定为赠与

现实生活中的微信转账可能存在多种性质，有的是为了表示感谢，有的则是归还借款。前者属于赠与，而后者属于借款。两者在法律性质上存在区别。因此，区分微信转账的性质也很重要。

当收支钱款的双方存在特殊关系的情况下，微信转账性质的认定可能更为复杂。例如，对于恋人之间的红包，司法实践中一般推定为赠与。因为微信红包有金额上的限制，上限为 200 元，金额并不算很大。但如果是大额的微信转账，则转账金额和附言对于性质的认定非常关键，比如，转账金额为 520 元、1314 元、999. 99 元等金额的微信转账，通常会被认定为是恋人之间爱意的表达。如果转账时的附言中存在亲昵的称呼或者表达爱意的措辞，法院也会倾向于认定为赠与。

（二）支付宝转账

1. 防止他人添加指纹

生活中，陌生人借用手机的现象时有发生，但是这种现象背后可能存在着巨大的财物安全隐患。在借用手机期间，不法分子可能在手机上添加自己的指纹密码，从而盗走支付宝中的钱款，或者盗用蚂蚁借呗、花呗进行消费。在这种情况下，不法分子以非法占有为目的，秘密窃取他人财物的数额较大，其行为可能构成盗窃罪。

因此，如果有陌生人借用手机一定要引起特别注意，尽量避免上述风险。

2. 警惕18位数字付款码被恶意利用

大多数人对支付宝条形码上的18位数字存在认识盲区，实际上，这18位数字付款码相当于付款的条形码，如果被不法分子恶意利用，将造成财产损失。

使用支付宝进行付款时，点击进入付款页面后，会显示条形码、二维码和付款码数字，这三个功能是一样的，知道其中任意一个都能进行扣款。其中，二维码付款码相对安全，因为二维码是会变动的，一段时间后即失效。但是，如果提供18位付款码数字给对方，则对方可以立刻转走支付宝账户上的钱。

因此，一定要注意妥善保管自己的付款码号码，以防被不法分子拍照保存，更不要把18位付款码数字直接告诉别人。

六、民间借贷与不当得利

在实践中，如果借贷关系没有被法院支持，但钱款已经实际支付并转移。在这种情况下，当事人往往会选择提起不当得利之诉进行救济。但这种方式也存在一定的法律风险。

（一）“一事不再理”之抗辩

在原告先以民间借贷起诉、败诉后又提起不当得利之诉的案件中，被告往往提出“一事不再理”的抗辩。在目前的司法实践中，法院倾向于认为这种情况不应当适用“一事不再理”。

《民事诉讼法司法解释》第二百四十七条规定：“当事人就已经提起诉讼的事项在诉讼过程中或者裁判生效后再次起诉，同时符合下列条件的，构成重复起诉：（一）后诉与前诉的当事人相同；（二）后诉与前诉的诉讼标的相同；（三）后诉与前诉的诉讼请求相同，或者后诉的诉讼请求实质上否定前诉裁判结果。当事人重复起诉的，裁定不予受理；已经受理的，裁定驳回起诉，但法律、司法解释另有规定的除外。”

按照我国司法实践中的通行理解，上述条文中的“诉讼标的”是指当事人争议的实体权利或者法律关系。在民间借贷诉讼中，当事人争议的是借款合同法律关系；而在不当得利诉讼中，当事人争议的是不当得利法律关系。显然，二者属于不同的法律关系。从上述司法解释的条文来看，民间借贷诉讼败诉后再起诉不当得利的，不构成重复起诉。目前的司法实践，大多数法院也基本上采取这样的观点。

（二）不当得利诉讼的要点

所谓不当得利，是指没有合法根据（法律上的原因）取得利益，造成他人损失。不当得利的构成要件有四项：一是一方取得利益，二是一方有损失，三是一方取得利益与另一方的损失之间有因果关系，四是一方取得利益没有合法根据，抑或称为一方欠缺法律上的给予原因。不当得利也可以分为三种类型，包括给付型不当得利、受损人自己引起的不当得利、因侵权引起的不当得利。在给付型不当得利这类案件中，给付原因的举证，往往是法院审查的重点。

先诉民间借贷再诉不当得利的案件，实践中存在不同的审判观点。

1. 法院认定民间借贷败诉且不当得利亦不成立

案例6－32 刘某某、齐某不当得利纠纷案

一审法院：天津市河西区人民法院（2016）津0103民再4号

二审法院：天津市第二中级人民法院（2016）津02民终5500号

案例主旨：当事人对于欠缺给付原因的具体情形未予以证明，亦认可只是因为借款案件被驳回才以不当得利起诉，法院认为案件事实不构成不当得利。

法院认为，刘某某主张本案为不当得利法律关系，故应审查本案事实是否符合不当得利的法律构成要件。不当得利是指没有合法根据，取得不当利益，造成他人损失。双方当事人对存在11.5万元资金往来不存异议，且该事实经天津市高级人民法院（2012）津高民申字第1343号民事裁定书确认。对诉争款项，刘某某曾以民间借贷纠纷起诉，后因证据不足被驳回，刘某某转而起诉齐某不当得利。因刘某某在民间借贷案件中主张款项为借款，只是因为证据不足被驳回，并非所涉款项欠缺法律上的原因。此外，不当得利中的给付无法律上的原因即给付欠缺原因并非单纯的消极事实，刘某某作为不当得利请求权人，因诉争款项系刘某某主动给付，是使财产发生变动的主体，应当对欠缺给付原因的具体情形负举证责任，如举证不能应当承担不利后果。故本案事实不构成

不当得利，刘某某的诉讼请求应予驳回。

2. 未能证明取得钱款没有合法依据的不构成不当得利

案例6－33 吴某某、李某不当得利纠纷案

二审法院：天津市第一中级人民法院（2016）津01民终2308号

再审法院：天津市高级人民法院（2017）津民申348号

案例主旨：当事人对于给付原因欠缺合法根据不能举证证明的情况下，法院认为不符合不当得利构成要件。

法院认为，本案中，吴某某向李某转账20万元，现吴某某以不当得利为由起诉李某返还20万元。不当得利是指没有合法根据，取得不当利益，造成他人损失。故吴某某的诉讼请求能否获得支持，需要分析本案事实是否符合不当得利构成要件。关于吴某某向李某账户转账20万元是否没有合法根据的问题，吴某某的特别授权代理人对于转账原因陈述，案外人杨某某与吴某某的老板钟某某认识，杨某某向钟某某借款，钟某某让吴某某直接给杨某某转款，吴某某按照杨某某提供的李某名下的账号、户名、开户行将20万元转给了李某。根据吴某某的特别授权代理人的陈述，李某的辩解及在案证据材料的记载，在吴某某对于给付原因欠缺合法根据不能举证证明的情况下，吴某某要求李某返还20万元的诉讼请求不予支持。

案例6－34 张某某与崔某某、李某某不当得利纠纷案

二审法院：天津市第二中级人民法院（2015）二中民一终字第0187号

再审法院：天津市高级人民法院（2016）津民申969号

案例主旨：当事人未能提供证据证明相关当事人取得钱款没有合法依据，法院认定不符合不当得利的法律构成要件。

法院认为，本案争议的焦点是张某某是否可以基于不当得利请求权要求崔某某、李某某返还10万元，即本案的基础事实是否符合不当得利的法律构成要件。10万元转账支票的出票人为案外人北京SL公司，并非张某某，张某某未提供证据证实其具有行使该票据权利的资格。张某某虽称已经将该10万元支票交予崔某某用于偿还借款，但该事实未被法院认定，张某某未能进一步提供证据证明，将该支票交予崔某某。该转账支票虽已由李某某个人结算账户收款，但张某某未能提供证据证明李某某取得该款没有合法依据。因此，张某某主张崔某某、李某某构成不当得利缺乏依据。

案例6－35 陈某某、高某某不当得利纠纷案

一审法院：天津市红桥区人民法院（2017）津0106民初3530号

二审法院：天津市第一中级人民法院（2017）津01民终6270号

再审法院：天津市高级人民法院（2018）津民申481号

案例主旨：双方当事人对款项的支付原因存在争议，缺乏证据证明相关当事人取得利益且没有合法根据，法院认定不当得利不成立。

法院认为，陈某某以不当得利为由要求高某某返还390,200元及利息。对该笔款项的支付原因，陈某某主张系借款，高某某则主张系帮助陈某某及其女儿注册，并以美金形式帮陈某某购买了1万美元理财，帮其女儿购买了5万美元理财，合计39万元人民币，另购买了两个K宝共200元，后因理财公司涉嫌犯罪被查处，陈某某、高某某购买理财的钱均未收回。高某某为证明其主张提交了转账记录、陈某某及其女儿在理财公司加密管理系统的注册资料、刑事判决书等相关证据。陈某某承认提供过其和女儿的身份证号给高某某，高某某借款时承诺支付高息，但由高某某自己负责运作借款。因双方当事人对该笔款项的支付原因存在争议，缺乏证据证明高某某取得利益且没有合法根据。

由此可见，在上述三起案例中，主张不当得利的一方均因未能举证打款的“合法原因”这一要件，法院认定不符合不当得利的法定要件，最终被判败诉。

3. 因收款人无理由接受钱款应依据不当得利向付款人返还

案例6－36 李某与孙某某民间借贷纠纷案

一审法院：天津市河东区人民法院（2013）东民初字第3918号

二审法院：天津市第二中级人民法院（2014）二中民一终字第0220号

案例主旨：当事人自认收到了款项，但是未能证明收到款项具有合法根据的，法院依据不当得利判决返还款项。

法院认为，本案李某主张其曾于2011年4月1日、4月15日分别向孙某某出借款项30万元、15万元，共计45万元，李某对此负有举证责任，但在本案

审理期间，李某并未提供充分证据证实其向孙某某出借了45万元款项，李某主张双方之间存在45万元的借款关系证据不足，法院不予支持。现李某自认收到了孙某某款项51万余元，但未提供充分证据证实收到款项具有合法根据，没有合法根据，取得不当利益，造成他人损失的，应当将取得的不当利益返还受损失的人。对孙某某要求返还459,000元的请求予以支持。

综上所述，在民间借贷败诉后再诉不当得利的案件中，前诉之所以败诉，往往是因为原告无法证明其与被告之间存在借款合同关系。究其原因，十有八九是被告主张了其他的法律关系，如原告的支付系偿还借款、投资款、委托被告代收款等。在大多数情况下，就是因为被告对这些替代性法律关系进行了初步证明，让法官对原告主张的借款合同关系产生怀疑，进而驳回了原告返还借款的请求。考虑到这一点，如果原告再诉不当得利，获得支持的可能性往往不大。当然，对于这类案件，司法实践中目前仍存在不同的裁判观点。

七、借名贷款的责任与处理

借名贷款在生活中也并不罕见。例如，名义贷款人的银行信贷额度比较高，则以名义贷款人的名义借款。同时，名义人和借款人约定所有的利息和本金由借款人实际承担。

借名贷款如果出现纠纷，应当如何解决呢？一般来说，由于合同具有相对性，名义贷款人对于发放贷款的机构来说，应当承担相应的还贷责任。名义贷款人在偿还借款后，可向实际贷款人追偿。名义贷款人与实际贷款人之间的民间借贷纠纷，一般应当进行另案处理。

案例6－37 张某与高某、TY公司民间借贷纠纷案

二审法院：内蒙古自治区高级人民法院（2013）内民一终字第234号

再审法院：最高人民法院（2014）民申字第1059号

案例主旨：虽然名义借款人和实际借款人不一致，但借条和转款账户的出具主体均是名义借款人，故名义借款人应承担还款义务，并且可依法向实际借款人进行追偿。

最高人民法院认为，关于张某是否应对诉争借款承担还款责任的问题，本案双方当事人对白某和其所在的TY公司是实际用款人和还款人的事实并无争

议，争议焦点是借款人的认定问题，即张某是否诉争款项的借款人。高某出借款项并未签订书面借款合同，对于借款人的认定应依据借条出具、账户提供、用款还款等情况进行综合判断。高某持有张某书写的借条原件，尽管白某也以借款人的名义出具了一张借条，但该张借条的原件由张某持有，高某并不认可白某是借款人；诉争借款虽直接划入白某担任法定代表人的TY公司账上，但该账户是由张某提供给高某。鉴于借条和转款账户的出具主体均是张某，再加之高某是以张某为被告提起本案诉讼，白某和TY公司属于一审法院根据张某的申请追加的被告，这表明高某认可的合同缔结对象是张某而非白某和TY公司，故本案二审法院判令张某与白某、TY公司共同偿还高某借款本息，并无不当。张某在承担还款责任后，可依法向白某、TY公司进行追偿。

从上述最高人民法院的典型案例可以看出，民间借贷合同的借款人和贷款人彼此之间应该达成借款的合意并且有款项的实际交付。一般情况下，借款合同或借条上的借款人就是合同的当事人，要承担还款责任。在特殊情况下，如果借款人有证据证明借款已经被其他人诈骗取得，名义借款人实际并未接受、使用借款，贷款人就不能要求名义借款人还款，而是应该通过刑事诉讼程序追回借款。当然，名义借款人如果主张自己属于这种情况，就必须提供证据加以证明。证明成立的，名义借款人可以不承担还款责任；无法证明的，名义借款人仍有可能要承担责任。

八、民间借贷应当警惕构成虚假诉讼

所谓虚假诉讼，是指当事人为了获取非法利益，通过采取恶意串通，捏造事实、伪造变造证据、虚构法律关系等方式提起民事诉讼，意图使人民法院作出错误裁判和执行，侵害第三人、集体或者国家利益的行为。虚假诉讼是我国法律明文禁止的行为，构成犯罪的，将依法追究刑事责任。

（一）最高人民法院与地方高级人民法院的规定

1. 最高人民法院的规定

最高人民法院在《关于审理民间借贷案件适用法律若干问题的规定》第十八条规定：“人民法院审理民间借贷纠纷案件时发现有下列情形之一的，应当严格审查借贷发生的原因、时间、地点、款项来源、交付方式、款项流向以及借贷双方的关系、经济状况等事实，综合判断是否属于虚假民事诉讼：（一）出借人明显不具备出借能力；（二）出借人起诉所依据的事实和理由明显不符合常理；（三）出借人不能提交债权凭证或者提交的债权凭证存在伪造的可能；（四）当事人双方在一定期限内多次参加民间借贷诉讼；（五）当事人无正当理由拒不到庭参加诉讼，委托代理人对借贷事实陈述不清或者陈述前后矛盾；（六）当事人双方对借贷事实的发生没有任何争议或者诉辩明显不符合常理；（七）借款人的配偶或者合伙人、案外人的其他债权人提出有事实依据的异议；（八）当事人在其他纠纷中存在低价转让财产的情形；（九）当事人不正当放弃权利；（十）其他可能存在虚假民间借贷诉讼的情形。”

第十九条规定：“经查明属于虚假民间借贷诉讼，原告申请撤诉的，人民法院不予准许，并应当依据民事诉讼法第一百一十二条之规定，判决驳回其请求。诉讼参与人或者其他人恶意制造、参与虚假诉讼，人民法院应当依据民事诉讼法第一百一十一条、第一百一十二条和第一百一十三条之规定，依法予以罚款、拘留；构成犯罪的，应当移送有管辖权的司法机关追究刑事责任。单位恶意制造、参与虚假诉讼的，人民法院应当对该单位进行罚款，并可以对其主要负责人或者直接责任人员予以罚款、拘留；构成犯罪的，应当移送有管辖权的司法机关追究刑事责任。”

2. 北京市高级人民法院的规定

北京市高级人民法院在《关于审理民间借贷案件若干问题的会议纪要》第二十一条规定：“诉讼中发现以下情形之一的，人民法院应当严格审查民间借贷发生的原因、时间、地点、款项来源、交付方式、款项去向以及借贷双方的经济状况等事实：（一）当事人之间系近亲属、朋友等密切关系或存在其他利害关系，在诉讼中主动要求达成调解协议，或在调解过程中轻易放弃自身权利的；（二）当事人双方对于事实无争议，且无其他书面证据材料佐证的；（三）当事人在受理案件的法院或其他法院有其他诉讼或执行案件，案件诉讼标的相关联的；（四）当事人主张的事实不合常理，且与诉讼中其他事实与证据明显不一致的；（五）当事人提供的证据材料有伪造变造、涂改等痕迹，并与案件事实或其他证据不一致的；（六）当事人多次涉及民间借贷诉讼案件的；（七）案件涉及离婚、继承、析产、不动产买卖、拆迁的；（八）借款人缺席诉讼，贷款人仅能提供借条的，且对于借贷事实叙述不清或前后矛盾的；（九）借款人的配偶等案外人提出异议的；（十）其他异常情形。”

第二十二条规定：“对于参与实施虚假诉讼的律师和法律工作者，人民法院应当向其注册登记的司法行政管理机关提出予以处罚的司法建议。”

3. 浙江省高级人民法院的规定

浙江省高级人民法院在《关于审理民间借贷纠纷案件若干问题的指导意见》（浙高法〔2009〕297号）第二十八条到第三十二条对涉嫌虚假诉讼的民间借贷纠纷案件规定如下。

审理民间借贷纠纷案件，应根据浙江省高级人民法院《关于在民事审判中防范和查处虚假诉讼案件的若干意见》（浙高法〔2008〕362号）的规定，谨慎审查民间借贷纠纷案件，防范和查处虚假诉讼，维护司法权威，促进诚信诉讼。

法院在审理中发现有下列情形之一的，应当严格审查借贷发生的原因、时间、地点、款项来源、交付方式、款项去向以及借贷双方的经济状况等事实：（1）原告是其他多起或者重大债权债务关系中的债务人；（2）原告起诉的借贷事实或者理由不符合常理，没有借据或者借据存在伪造可能；（3）被告在一定期间反复涉及民间借贷纠纷诉讼；（4）当事人双方存在近亲属等特殊密切关系；（5）当事人一方或者双方未到庭参加诉讼，委托代理人对借贷事实经过陈述不清或者矛盾；（6）当事人双方对借贷事实没有争议或者不存在实质性的诉辩对抗；（7）其他债权人或者借款人的配偶等案外人提出异议；（8）债权人轻易放弃权利，与债务人达成调解协议；（9）其他异常情形。

对涉嫌虚假诉讼的案件，法院可以采取下列措施予以防范：（1）传唤出借人、借款人本人或者相关经办人员到庭陈述，并告知无正当理由拒不到庭的不利法律后果。（2）要求当事人进一步提交其他相关证据，包括申请证人出庭作证。（3）告知相关利害关系人，并依据利害关系人的申请或者依职权通知其参加诉讼。其他债权人参加诉讼的，列为第三人；配偶参加诉讼的，列为共同原告或者共同被告。（4）依职权进行调查取证。（5）依法可以采取的其他措施。

涉嫌虚假诉讼的案件，法院一般宜适用普通程序审理。对当事人一方或者双方涉及多起民间借贷的关联案件可以交由同一合议庭审理。对关联案件合并审理的，在审理过程中应当对不同的债权人采取和证人一样的隔离原则，由不同的债权人分别单独到庭陈述相关事实，并接受法庭询问。

经审查确认属于虚假诉讼的民间借贷纠纷案件，尚未作出裁判的，依法裁定驳回起诉；已经作出生效裁判文书的，法院应当依照审判监督程序，撤销生效民事判决书或者民事调解书，并裁定驳回起诉。对有虚假诉讼嫌疑的案件，当事人申请撤诉的，法院可以予以准许；经审查确认属于虚假诉讼的案件，当事人申请撤诉的，法院不予准许。

（二）审查民间借贷属于虚假诉讼的要点

民间借贷诉讼一向是虚假诉讼的“重灾区”。为此《最高人民法院关于审理民间借贷案件适用法律若干问题的规定》以及北京、浙江两地高级人民法院专门针对虚假民间借贷诉讼的审判出台了规定。以最高人民法院的规定为样本，我国法院在审理涉嫌虚假诉讼的民间借贷案件时的要点如下：①

1. 出借人明显不具备出借能力

对于民间借贷出借人是否实际出借款项，进而确定当事人之间的民间借贷纠纷诉讼是否系虚假诉讼，应考察出借人是否具有履约能力。如果出借人明显不具备出借能力，应对其是否出借款项持有合理怀疑。当然，考虑到民间借贷的特殊性，也可能存在有些出借人从其亲戚朋友那里借款然后再行出借的事实，故在法院持有怀疑时，允许出借人进一步举证证明其具备出借能力。

2. 出借人起诉所依据的事实和理由明显不符合常理

日常经验法则，在民事审判中具有事实认定功能。就当事人起诉所依据的事实和理由而言，人民法院基于常理对当事人提供的证据进行审查，究竟如何加以审查并判断，还需要具体审判人员结合具体的案件情况进行综合认定，以形成心证。

3. 出借人不能提交债权凭证或者涉嫌伪造

对于民间借贷纠纷而言，出借人在起诉时应提供初步的证据佐证其主张。债权凭证应该是其中比较重要的证据。债权凭证有多种，比如借款协议、收据、借据、汇款单、承诺函等。如果出借人不能提交债权凭证，往往会给审判人员

---

① 参见杜万华等：《解读〈最高人民法院关于审理民间借贷案件适用法律若干问题的规定〉》，载《民事法律文件解读》2015年第9期。

带来虚假诉讼的表面印象。另外，虚假诉讼的证据一般为书证，虚假诉讼者为达到自己的非法目的，编制的书证形式上完全符合法定条件，被告也都没有异议；但即使这样，虚构的事实仍然代替不了客观的事实，如果审判人员通过对证据的审查，发现书证有伪造可能的，即便双方当事人对证据并无异议，也应产生该诉讼系虚假诉讼的合理怀疑。

4. 当事人双方在一定期间内多次参加民间借贷诉讼

虚假民间借贷诉讼案件程序的启动，多发生在以虚假诉讼一方当事人为被告的另案已经进入诉讼程序或者执行程序、但是财产尚未处置完毕前。当然，实践中也有部分虚假诉讼案件早于他案进入诉讼程序或执行程序，这种虚假诉讼就更加具有隐蔽性，更不易鉴别。所以，就民间借贷纠纷而言，当事人在一定期间多次参加民间借贷诉讼的，则审判人员可对当事人系虚假诉讼产生合理的怀疑。

5. 当事人一方或者双方无正当理由不到庭参加诉讼

当事人一方或双方未当庭参加诉讼，委托代理人对借贷事实陈述不清或者陈述前后矛盾。就民间借贷诉讼而言，当事人基于对其利益的关注，往往亲自到庭参加诉讼。在虚假诉讼案件中，为了避免露出破绽，当事人到庭率较低，大多委托诉讼代理人单独参加诉讼，给法院查清案件事实设置障碍。

6. 当事人双方对借贷事实的发生没有任何争议或者诉辩明显不符合常理

一般而言，虚假民间借贷诉讼过程具有合谋性和非对抗性。庭审中，双方当事人之间一般不具有实质性对抗。被告要么只让代理人到庭应诉，从而不利于案件事实的查清；要么选择还款期限、利息、违约金等非关键细节进行辩解，并不否认原告诉称的基本事实。在此情况下，审判人员就应警惕当事人的虚假诉讼性质。另外，虚假诉讼的双方当事人一方面力图规避法官对案件事实的审查，另一方面希望尽快达到其诉讼目的，往往倾向于调解结案，通过诉讼调解的合法形式掩盖其非法目的。因此，对于当事人之间诉讼的对抗不符合常理，且当事人乐于以调解方式结案的，审判人员也应加以警惕。

7. 借款人的配偶或合伙人、案外人的其他债权人提出有事实依据的异议

虚假诉讼往往是为了损害其他权利人的利益，因此对其他人的利益影响至

为明显，其他人也最关心这种诉讼的结果。例如，对于夫妻一方在离婚过程中出于逃避夫妻共有财产分割的考虑，虚构同他人的债务，并通过让债权人起诉的形式达到其目的，在此情况下，夫妻另一方往往会提出异议。对于夫妻一方能够提出有事实依据的异议的，审判人员应考虑到此诉讼是否是虚假诉讼的情况。在虚假民间借贷诉讼中，当事人往往通过串通的形式意图减少一方的责任财产，以达到损害案外人的其他债权人利益的目的。

8. 当事人在其他纠纷中存在低价转让财产的情形

在市场经济中，当事人基于自身利益的考虑，往往会采取相对公平的交易方式。因此，如果当事人在纠纷中出现低价转让财产的情形，则往往不符合市场交易的规则，因此，该种情况应引起审判人员的注意。在审理中，审判人员可以采用完全客观的认定方法，无需考虑当事人是否具有低价转让的合理理由。亦即，只要当事人在其他纠纷中存在低价转让财产的情形，就应该引起审判人员的足够重视，并在此基础上根据本条的规定综合判断是否构成虚假诉讼。

9. 当事人不正当放弃权利

在诉讼过程中，当事人无论是放弃其实体权利，还是放弃其程序权利，均属于其对自己权利的行使方式，法律往往允许。但需要注意的是，自近代社会以来，权利的行使往往负担有限制条件。就虚假民间借贷诉讼的判断而言，当事人不正当放弃其权利，可能对他人的权利造成损害，审判人员有怀疑其系虚假诉讼的正当理由。对于不正当的判定，应以可能对他人的权利造成损害作为其实质的判断要素，不应将当事人是否认识到这种放弃会对他人的权利造成损害作为考虑的要件。

10. 其他可能存在虚假民间借贷诉讼的情形

人民法院审理民间借贷案件时发现有上述虚假诉讼可能情形的，应当严格审查借贷发生的原因、时间、地点、款项来源、交付方式、款项流向以及借贷双方的关系、经济状况等事实，综合判断是否属于虚假民事诉讼。事实上，由于虚假诉讼是由当事人虚构的，或者是由当事人所伪造的证据提起的，所以其在表象上往往存在多种上述情形。由于诉讼是虚假的，虚假诉讼所围绕的证据不可能是客观事实，故不能形成证据链，因此也达不到证据链条上的法律真实，经常在借贷发生原因、时间、地点、款项来源、交付方式、款项流向等方面存在一些矛盾之处。至于如何确证构成虚假诉讼则需要审判人员基于具体的个案情形加以认定。

九、涉嫌非法集资的借款合同

在现实生活中，有时候以投资名义签订借款合同，但对方却被认定为非法集资，面临刑事责任。此时，借出去的钱款能否要回？借款合同是否因涉嫌犯罪而无效？从浙江省高级人民法院的下列典型案例来看，涉嫌犯罪的借款合同并不当然无效。

案例 6－38 HT 公司、DDW 公司与 HS 公司、汤某、杨某某借款合同纠纷案

一审法院：嘉兴市中级人民法院（2017）浙 04 民初 114 号

二审法院：浙江省高级人民法院（2018）浙民终 420 号

案例主旨：借贷行为涉嫌犯罪的，涉案借款合同并不当然无效。借款合同无法定无效情形的，应为有效。

法院认为，关于本案的合同效力问题，传统观点认为，借款人在向社会公众借款时有犯罪的故意和行为，所涉及的民间借贷合同只能认定无效。但是，刑法和民法作为两大基本实体法，在伴随社会发展的法治进步过程中，各自从不同侧面对社会生活发挥着调节作用。刑法规范的基本模式是禁止，保护的对象是整个国家与社会。民法则以个人与个人之间的平等自决和私法自治为基础，民法规范的基本模式是授权，通过保护权利与救济损害，保障民事主体的私法自治地位。在法不禁止的范围内，个人享有充分的行动自由，当然不得妨碍他人同样的自由。对合同条款效力的判断，不仅要考虑合同当事人的利益，还要考虑与合同存在利害关系的第三人的利益。为避免权力不当干预进而损害私法自治，在对双方的合同损害第三人（国家、集体和个人）的利益而加以干预时，这里的“利益”应当是具体的利益，而非宏观、抽象的利益。主要基于上述分析，根据《最高人民法院关于审理民间借贷案件适用法律若干问题的规定》，借款人或者出借人的借贷行为涉嫌犯罪，或者已经生效的判决认定构成犯罪，当事人提起民事诉讼的，民间借贷合同并不当然无效。具体到本案中，案涉 3000

万元借款系刑事判决认定的汤某非法吸收公众存款的事实组成部分，但案涉借款合同有效，主要理由在于：其一，对于非法吸收公众存款犯罪，公法规范所规制的是当事人的市场准入资格，而非该种类型的合同，这一类规范在民法上属于管理性强制规范，而非效力性强制规范。其二，对于非法吸收公众存款，刑法所评价的是该当事人单独实施的非法经营行为（非法吸收公众存款），而民法评价的则是双方当事人之间具体的合同行为。其三，就非法吸收公众存款罪而言，该罪的构成是由若干个民事借款行为叠加而导致的，具体到本案所涉的3000万元借贷，是在当事人自愿情形下发生的，并没有损害国家、集体、公共利益或者第三人的合法利益，也不存在其他无效情形。在借款合同有效的情况下，对于本案所涉担保合同的效力问题，DDW公司称借贷双方恶意串通骗取其担保，主要理由为借贷双方实际约定借款月利率为3%，而合同中约定则为1%。对此，如DDW公司所称，借贷双方提交给DDW公司作担保的借款合同中约定的月利率为1%，但出借人叶某、中间人胡某、借款人汤某三方事先口头约定的月利率为3%。即便情况属实，从民事合同的角度，DDW公司所承担的担保责任仍然限定在借款合同中所体现的月利率1%的范围内，并不会受到债权人、债务人另行口头约定3%月利率的约束。何况，从款项流向来看，根据查明的事实，HS公司收到HT公司借款后次日，HS公司账户以借款名义转入HS公司另一股东杨某某为负责人的湖州JX楼招待所账户2880万元，同日，湖州JX楼招待所以借款名义转入杨某某账户1920万元，杨某某通过银行本票将1920万元作为出资款缴纳入ZA公司，ZA公司于2011年4月22日向DDW房产公司支付购房款1000万元。DDW公司认可DDW房产公司分别于2011年4月8日、4月25日、7月18日、10月17日收到ZA公司购房款50万元、1000万元、750万元、200万元，计2000万元（含车库款200万元）。而DDW公司系DDW房产公司控股股东，持股比例达90%，DDW公司的法定代表人吴某同时担任DDW房产公司的法定代表人。DDW公司与DDW房产公司具有关联关系。综上，本案所涉借款合同和担保合同有效。

十、民间借贷新规对民营企业家借贷的影响

《最高人民法院关于审理民间借贷案件适用法律若干问题的规定》中，关于民间借贷利率保护上限的调整是相较于原规定而言最为重要的变化，引发了公众的关注和热议。民营企业家作为民间借贷的主要参与者，有必要了解该法律

规定所产生的影响。

(一) 民间借贷利率保护上限下降

《最高人民法院关于审理民间借贷案件适用法律若干问题的规定》第二十五条规定："出借人请求借款人按照合同约定利率支付利息的，人民法院应予支持，但是双方约定的利率超过合同成立时一年期贷款市场报价利率四倍的除外。

前款所称的'一年期贷款市场报价利率'，是指中国人民银行授权全国银行间同业拆借中心自2019年8月20日起每月发布的一年期贷款市场报价利率。"

根据上述规定，最高人民法院将民间借贷利率司法保护上限由原来的年利率以24%和36%的"二线三区"为基准，调整为中国人民银行授权全国银行间同业拆借中心每月发布的"一年期贷款市场报价利率的四倍"。

图6－1是对2019年8月20日至2020年8月20日的LPR一年期贷款利率进行的总结，通过图表的方式，直观地展示4倍利率上限的比例。

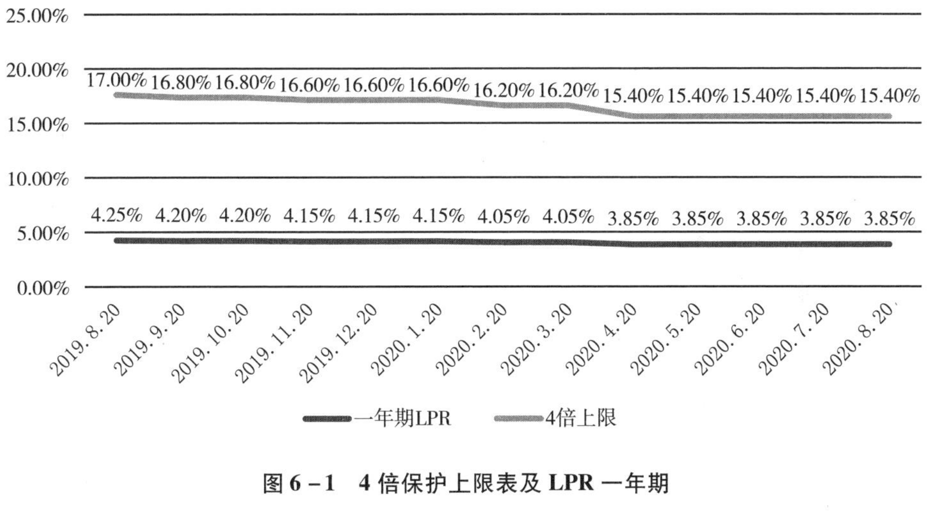

图6－1 4倍保护上限表及LPR一年期

根据2021年2月中国人民银行授权全国银行间同业拆借中心公布的一年期贷款利率3.85%的4倍计算，民间借贷利率保护上限为15.4%，相较于原规定的24%和36%有较大幅度的下降。民营企业家未来在进行民间借贷时，作为借款方，借款成本将大幅降低；作为出借方，能够获取的利率收益也同时下降。

(二) 对已签订的借款合同的影响

《最高人民法院关于审理民间借贷案件适用法律若干问题的规定》第三十一

条规定："本规定施行后，人民法院新受理的一审民间借贷纠纷案件，适用本规定。2020 年 8 月 20 日之后新受理的一审民间借贷案件，借贷合同成立于 2020 年 8 月 20 日之前，当事人请求适用当时的司法解释计算自合同成立到 2020 年 8 月 19 日的利息部分的，人民法院应予支持；对于自 2020 年 8 月 20 日到借款返还之日的利息部分，适用起诉时本规定的利率保护标准计算"。该条规定属于有条件的"溯及既往"。

（三）小额贷款公司的借贷纠纷适用新规

《关于审理民间借贷案件适用法律若干问题的规定》第一条规定："本规定所称的民间借贷，是指自然人、法人和非法人组织之间进行资金融通的行为。经金融监管部门批准设立的从事贷款业务的金融机构及其分支机构，因发放贷款等相关金融业务引发的纠纷，不适用本规定。"

一些民营企业家名下开设了小额贷款公司，从事相关经营活动。如果发生民间借贷纠纷，小额贷款公司的贷款利率是否受到该法律规定的约束呢？

解答这一问题的关键在于，小额贷款公司是否属于上述法律规定第一条中界定的"金融机构"。

目前暂未有明确的法律对此问题进行规定。中国人民银行在其发布的《关于小额贷款公司试点的指导意见》（银监发〔2008〕23 号）中未明确小额贷款公司的性质是否为金融机构，但我们可以从最高人民法院的相关案例中了解到司法审判观点。

案例 6－39 FD 小额贷款公司与陈某、马某等企业借贷纠纷案

二审法院： 四川省高级人民法院（2016）川民终 145 号

再审法院： 最高人民法院（2016）最高法民申 2827 号

案例主旨： 小额贷款公司的性质不属于金融机构。

最高人民法院认为，FD 小额贷款（四川）有限公司是经金融主管部门批准设立的，获取贷款发放的资格，但其性质并不是金融机构，FD 城北分公司是其分支机构，不属于《最高人民法院关于审理民间借贷案件适用法律若干问题的规定》第一条第二款即"经金融监管部门批准设立的从事贷款业务的金融机构及其分支机构，因发放贷款等相关金融业务引发的纠纷，不适用本规定"规定

的不适用该规定之列。

在（2019）最高法民申 2218 号一案中，最高人民法院也持相同观点。

可见，法院在司法审判中倾向于认为小额贷款公司不属于金融机构，因此在发生借贷纠纷时，小额贷款公司应当受到相关法律规定的约束。拥有小额贷款公司的民营企业家应当对这一点予以特别关注。

（四）注意正常借贷与其他性质借贷的区分

近年来，职业放贷与“套路贷”的兴起，严重扰乱了市场秩序，损害了社会利益，国家在立法上对上述行为加大了惩处力度。民营企业家参与民间借贷活动是很常见的，但是要小心谨慎，防止在发生纠纷时被认定为职业放贷人或者被认定为“套路贷”，从而惹上不必要的麻烦。

1. 正常借贷与职业放贷的区分

正常借贷是指出借人为了到期按照协议约定的内容收回本金并获取利息的行为。根据《关于审理民间借贷案件适用法律若干问题的规定》第十三条规定：“具有下列情形之一的，人民法院应当认定民间借贷合同无效：……（三）未依法取得放贷资格的出借人，以营利为目的向社会不特定对象提供借款的……”该规定将职业放贷的行为增加到了民间借贷合同无效的情形中。一旦出借人被认定为职业放贷人，则借款合同将被认定无效，出借人通常只能要求借款人偿还本金。

关于职业放贷人，《九民纪要》第五十三条有明确规定：“未依法取得放贷资格的以民间借贷为业的法人，以及以民间借贷为业的非法人组织或者自然人从事的民间借贷行为，应当依法认定无效……”

如何认定出借人为职业放贷人？最高人民法院与最高人民检察院在 2019 年出台《关于办理非法放贷刑事案件若干问题的意见》，对涉嫌刑事案件的职业放贷行为进行了界定。此外，目前有部分地区的高院在相关文件中明确了认定标准。如 2018 年 11 月浙江省高级人民法院与多部门共同印发了《关于依法严厉打击与民间借贷相关的刑事犯罪强化民间借贷协同治理的会议纪要》，2019 年 5 月江苏省高级人民法院印发了《关于建立疑似职业放贷人名录制度的意见（试行）》，2019 年 12 月天津市高级人民法院印发了《天津法院民间借贷案件审理指南（试行）》等。

2. 正常借贷与“套路贷”的区别

根据最高人民法院、最高人民检察院、公安部、司法部2019年出台的《关于办理“套路贷”刑事案件若干问题的意见》之规定，正常的民间借贷和“套路贷”的区别如下（见表6-1）：

表6-1 民间借贷和“套路贷”的区别

	民间借贷	“套路贷”
目的	收回本金并获取利息	非法占有他人财物
形式	协议约定	假借民间借贷之名，诱使或迫使被害人签订“借贷”或变相“借贷”“抵押”“担保”等相关协议
方式	不会实施虚增借贷金额、制造虚假给付痕迹、恶意制造违约、肆意认定违约、毁匿还款证据等行为	通过实施虚增借贷金额、恶意制造违约、肆意认定违约、毁匿还款证据等方式形成虚假债权债务
手段	借助诉讼、仲裁、公证等进行的正常追债或可能涉嫌暴力、威胁等其他手段的非法讨债	借助诉讼、仲裁、公证或者采用暴力、威胁以及其他手段非法占有被害人财物

根据上述规定的第四条，“套路贷”以非法占有为目的，通过虚构事实、隐瞒真相骗取被害人财物的，一般以诈骗罪定罪。如果存在多种手段并用，构成其他犯罪的，依照刑法及有关司法解释的规定数罪并罚或者择一重处。

（五）关于民间借贷防范的建议

1. 出借人的风险防范

对于出借人的风险防范，需要注意以下五个方面：

第一，利息标准要合法。出借人在借款协议中约定的利息切记不要超过一年期贷款利率的4倍。目前司法机关正在严打职业放贷和“套路贷”行为，利息过高且出借人有一些其他不当行为的，存在被认定为职业放贷人或者“套路贷”的风险。

第二，借款合同要完善，必备条款不可少。在借款合同中要写清楚借款的用途、逾期利息、对方的联系方式和身份证号（方便起诉追偿）以及追偿的费用由违约方承担等。

第三，资金走账要清晰，借条凭证自己存。出借人在出借款项时，最好以自己的名字作为出借人。同时，借条、担保函等材料尽量要自己亲自保存，这一方面是为了防止丢失，另一方面也是为了避免在通过法律维权时受到法官的质疑。如果出借人没有特殊的原因需要隐名，还是直接以自己的名义出借钱款、保留相关材料更为适当。

第四，“共债共签”防风险。根据《民法典》婚姻家庭编及其司法解释的规定，夫妻一方在婚姻关系存续期间以个人名义对外借大额债务的，债权人需证明该债务用于夫妻共同生活、共同生产经营或者基于夫妻双方共同意思表示，才可以在追偿时要求配偶共同承担债务。因此出借人在出借大额钱款时，要与借款人沟通，了解钱款的用途，对属于夫妻共同债务的，出借人应当要求借款人与配偶共同在借款合同签字，防范自身风险。

第五，他人介绍需谨慎。《最高人民法院、最高人民检察院关于办理非法放贷刑事案件若干问题的意见》中对职业放贷人作出定义的一个标准是“向社会不特定对象发放贷款”。出借人在面对他人介绍时要多留一个“心眼”，小心谨慎，也许就能为日后省去不少的麻烦。

2. 借款人的风险防范

从借款人的风险防范来说，需要注意以下三个方面：

首先，还款备注要清晰。借款人在通过银行转账还款时，一定要在备注上清晰载明“还款”“借款清偿”等字样，切忌空白或者标注“往来款”，否则容易产生纷争。

其次，还款凭证需保留。如果是通过银行转账还款，现在可通过网上银行、手机 APP 等进行查询；如果是现金还款，一定要让收款人（出借人）出具收条，并且将收条保管好。万一将来发生纠纷，还款凭证可以作为借款人已清偿债务的证据。

最后，配偶签字需谨慎。如果借款人借钱是为了个人使用而非夫妻共同生活，则要谨慎面对出借人要求配偶作为共同借款人在借款合同签字的要求，以保障配偶的合法权益。

（六）借条的参考模板

模板一（个人签署）

本人因______需要资金，今日收到出借人大卫（身份证号：310101＊＊＊＊）通过银行转账借出的人民币______万元，月利率为______，借期为______个月，于＊＊＊＊年＊＊月＊＊日到期时本息一并归还。如果逾期未换，本人承诺按照当期一年期贷款市场报价利率（LPR）的4倍计付逾期利息。

如本人违约，出借人为维护其合法权益向本人追偿的一切费用（包括但不限于诉讼费、律师费、交通费等）全部由本人承担。

借款人：理查德
身份证号：
联系电话：
＊＊＊＊年＊＊月＊＊日

模板二（配偶共同签署）

借款人为购买房屋，向出借人茱莉亚（身份证号：310101＊＊＊＊）借款人民币______万元（大写：______万元），钱款已汇入借款人指定的银行账户（开户行：______，账号：______，户名：______）。借款期限为______个月，借款利息为______，每月______日支付当月利息，到期一次性归还本金。

如果逾期未还，借款人承诺按照当期一年期贷款市场报价利率（LPR）的4倍计付逾期利息。

若借款人违约，借款人承担出借人为了实现债权所支出的一切费用（包括但不限于诉讼费、律师费、交通费等）。

借款人：安吉拉
身份证号：
联系电话：
借款人：安吉拉配偶
身份证号：
联系电话：
＊＊＊＊年＊＊月＊＊日

第三节 投资基金

一、基金的分类

基金种类繁多，我们能够看到的市场上的基金名称，不但名称冗长，而且品种也数不胜数，为了更好地理解基金这一投资种类，我们首先了解一下基金的分类。按照不同的标准，基金有不同的分类形式。

1. 公募基金与私募基金

查看中国证券投资基金业协会的官网，我们可以看到，如果按照资金的募集方式，基金可以分为两类：公募基金与私募基金。公募基金是向不特定投资者公开进行资金募集的基金，它一般在法律和监管部门的严格监管下，有着信息披露、利润分配、投资限制等行业规范要求。私募基金则是私下或直接向特定投资者募集的资金，是非公开募集的，对投资者的投资能力有一定的要求，同时在信息披露、投资限制等方面监管要求较低，方式较为灵活。

2. 开放式基金与封闭式基金

如果按照基金的运作方式划分，可以分为开放式基金与封闭式基金。开放式基金，是指基金规模并非固定不变，而是可以随时根据市场供求情况发行新份额，投资人也可以随时赎回的投资基金。封闭式基金，是指经过核准的基金份额总额在基金合同期限内固定不变，但基金份额持有人在固定期限内不得申请赎回的基金。

3. 证券投资类基金与股权投资类基金

如果按照基金的投资对象划分，则基金可以分为股票型基金、债券型基金、货币基金、期货基金、期权基金、股权基金、不动产基金、混合基金、其他投资基金等。投资于股票、债券这些传统金融产品的基金，我们一般统称为证券投资类基金。对于投资非上市公司股权的，我们称之为股权投资类基金，而对于不动产、红酒、古董等其他小众的投资，我们统称为其他投资类基金。

4. 契约型基金、公司型基金与合伙型企业基金

以上分类主要是从基金本身的特性来划分的，如果按照基金的法律表现形式来分类，则可以分为契约型基金、公司型基金与合伙企业型基金。基金在法律上的表现形式，影响基金的法律性质，而法律性质是我们用以分析基金分类的基础。

二、私募基金的概念

私募基金由两个概念组成，第一个是基金，第二个是私募。

基金本质上是一个载体，一端承载了投资人的资金，另一端对应的是专业的投资机构。基金作为一个载体，在国家相关法律的约束下，将投资人和投资机构进行对接，投资人希望在基金中获得投资回报，投资机构希望获得业绩报酬。

私募，顾名思义是私下募集，与之对应的是公开募集，也就是公募。募集形式的不同，背后蕴含的是风险承受能力的差异。《私募投资基金监督管理暂行办法》第十二条规定，私募基金的合格投资者是指具备相应风险识别能力和风险承担能力，投资于单只私募基金的金额不低于100万元且符合下列相关标准的单位和个人：（1）净资产不低于1000万元的单位；（2）金融资产不低于300万元或者最近3年个人年均收入不低于50万元的个人。

私募基金相对于公募基金，对合格投资者有着更为严格的要求和一系列的认定流程，核心是为了识别具有一定投资经验的高净值客户，让不能承受对应风险的投资人远离私募基金，在源头做出隔离从而保护投资者利益。

中国证券投资基金业协会，公布2021年3月私募管理基金规模之达17.22万亿元，连续9个月实现正增长，同时也刷新了私募管理规模的历史新高。[①] 回到2015年年初，私募基金刚刚兴起的时候，那时私募基金的管理规模仅2.5万亿元，同期公募基金管理规模接近5万亿元，是私募基金的2倍。随着整个居民财富的聚集，投资需求不断的扩大，基金行业规模迅速扩张，到目前为止，私募基金已经成为众多投资工具中不可忽略的一类，同样伴随的法律问题也逐

---

① 载财联社，https：//baijiahao. baidu. com/s？ id = 1697792708785784478&wfr = spider&for = pc，最后访问时间：2021年4月25日。

渐显现，接下来，我们要了解私募基金的种类以及私募基金的风险。

三、私募基金的种类

私募基金大致可以分为三类：第一种是证券类投资基金；第二种是股权、创业类投资基金；第三种是其他类投资基金。

证券类的投资基金，主要投资标的为股票、债券、期货。这类私募基金以投资二级市场为主，有相对更加透明的监管体系。

股权、创业类投资基金，主要投资标的是未上市的公司股权。

其他类投资基金主要是指一些非标准化的投资标的，如不良资产、应收账款等。

证券类投资基金投资的是二级市场，股权类投资基金投资的是一级市场，所投资市场的不同，造成了二者在风险，流动性，收益评估，基金筛选等方面存在的巨大的差异，在接下来的文章中，我们也会进行详细的介绍。

四、私募基金的架构

基金的成立和运作，需要各个主体的参与，每个主体扮演着不同的角色，以保持基金合理合法的正常运作。

1. 基金份额持有人

基金份额持有人，是指签订本合同，委托投资本基金初始金额不低于100万元人民币，且具备相应风险识别能力和承担所投资本基金风险能力的单位和个人，或中国证监会认可的其他签署本合同，履行出资义务取得基金份额的合格投资者。

2. 基金管理人

基金管理人，是指基金产品的募集者和管理者，其最主要的职责就是按照基金合同的约定，负责基金资产的投资运作，在有效控制风险的基础上为基金投资者争取最大的投资收益。

3. 基金托管人

基金托管人，是指根据基金合同的约定直接控制和管理基金财产并按照基金管理人的指示进行具体资金运作的基金当事人。基金托管人是投资人权益的代表，是基金资产的名义持有人或管理机构。为了保证基金资产的安全，基金应按照资产管理和保管分开的原则进行运作，并由专门的基金托管人保管基金资产。在我国通常由银行担任托管人的角色。

4. 外包服务机构

外包服务机构，是指接受基金管理人委托，为本基金提供份额登记、估值核算及信息披露等业务的第三方服务提供机构，通常由证券公司担任外包服务机构的角色。

基金份额持有人购买基金后，资金将在托管人的监督之下转入基金账户，之后基金管理人在合约约定的投资范围内进行投资并受到基金托管人的监督，外包服务结构负责对基金进行估值等服务，将净值传递给基金份额持有人，各个角色各司其职，保证基金合法合规地运作。但是即便如此，私募基金依旧可能面临众多类型的风险。

五、私募基金的风险

在追求私募基金可能带来的收益中，风险同样不可忽视。投入资金的安全性，本金可能面临的损失，管理人在运作过程中可能产生的风险，投资标的的风险等一系列的风险，均是投资人不可忽视的，以下我们列举一些可能产生的风险，便于我们更加全面地了解私募基金。

1. 基金运营风险

在基金财产管理运作过程中，基金管理人的研究水平、投资管理水平直接影响基金财产的收益水平，如果基金管理人对经济形势和证券市场判断不准确、获取的信息不全面、投资操作出现失误，都会影响基金财产的收益水平。基金管理人依据基金合同约定管理和运用基金财产所产生的风险，由基金财产及投资者承担。投资者应充分知晓投资运营的相关风险，其风险应由投资者自担。

2. 流动性风险

基金财产需应对基金投资者的提取需求，否则会影响基金财产运作和收益水平。尤其是在基金投资者大额提取委托财产时，如果基金财产变现能力差，可能会产生基金财产仓位调整的困难，导致流动性风险，从而影响基金财产收益。不同的基金有着不同的封闭期，封闭期间投资人可能面临资金不能退出的流动性风险。

3. 投资标的的风险

基金投资标的的价值取决于投资对象的经营状况，原股东对所投资企业的管理和运营，相关市场宏观调控政策、财政税收政策、产业政策、法律法规、经济周期的变化，以及区域市场竞争格局的变化等都可能影响所投资企业的经营状况，进而影响本基金投资标的的价值。

4. 汇率风险

汇率波动范围将影响国内资产价格的重估，从而影响基金资产的净值。部分基金产品涉及境外一/二级市场的投资，汇率风险可能导致资产价格出现大幅波动从而影响投资人收益。

5. 金融衍生品投资风险

（1）股指期货投资风险

股指期货投资风险主要包括流动性风险、基差风险、合约展期风险、股指期货保证金不足风险和杠杆风险这几类。

流动性风险，是指本基金在股指期货市场成交不活跃时，可能在建仓和平仓股指期货时面临交易价格或者交易数量上的风险。

关于基差风险，基差是指股票指数现货价格与股指期货价格之间的差额。若产品运作中出现基差波动不确定性加大、基差向不利方向变动等情况，则可能对本基金投资产生影响。

关于合约展期风险，本基金所投资的期货合约主要包括股指期货当月和近月合约。当基金所持有的合约临近交割期限，即需要向较远月份的合约进行展期时，展期过程中可能发生价差损失以及交易成本损失，这些将对投资收益产生影响。

所谓的股指期货保证金不足风险，由于股指期货价格朝不利方向变动，导致期货账户的资金低于金融期货交易所或者期货经纪机构的最低保证金要求，如果不能及时补充保证金，股指期货头寸将被强行平仓，导致无法规避对冲系统性风险，直接影响本基金收益水平，从而产生风险。

关于杠杆风险，股指期货作为金融衍生品，其投资收益与风险具有杠杆效应。若行情向不利方向剧烈变动，本基金可能承受超出保证金甚至基金资产本金的损失。

（2）其他金融衍生品投资风险

通常情况下，金融衍生品具有的杠杆性、虚拟性、国际性等特性决定了其高风险性，衍生品市场本身蕴藏着巨大风险。若管理人投资决策失误，可能导致基金资产出现损失。

6. 相关机构的经营风险

（1）基金管理人的经营风险

按照我国金融监管法律规定，虽然基金管理人相信其本身将按照相关法律的规定进行营运及管理，但是无法保证其本身可以永久维持符合监管部门的金融监管法律。如在基金存续期间基金管理人无法继续经营基金业务，则可能会对基金产生不利影响。

（2）证券/期货经纪机构的经营风险

按照我国金融监管法律规定，证券/期货经纪机构须获得中国证监会核准的证券经营资格方可从事证券业务。虽然证券/期货经纪机构相信其本身将按照相关的法律规定进行营运及管理，但无法保证其本身可以永久维持符合监管部门的金融监管法律。如在基金存续期间证券/期货经纪机构无法继续从事证券/期货业务，则可能会对基金产生不利影响。

7. 基金止损风险

在基金达到平仓线时，由于基金管理人强制止损带来的净值损失。

以上是挑选出具有一定代表意义的风险，投资人应当具备风险识别能力，充分了解上述风险可能带来的损失，在确认自身能够理解投资私募基金可能面临的风险之后，接下来就要进入如何选择私募基金的环节了。

六、基金的法律性质

基金如果按照法律表现形式，可以分为契约型、公司型、合伙企业型基金。

（一）契约型基金

契约型基金由基金投资者、基金管理人、基金托管人之间签署的基金合同设立，三方之间的权利义务关系，主要是通过基金合同约定。《证券投资基金法》所规范的即契约型基金。

《证券投资基金法》第三条规定："基金管理人、基金托管人和基金份额持有人的权利、义务，依照本法在基金合同中约定。

基金管理人、基金托管人依照本法和基金合同的约定，履行受托职责。

通过公开募集方式设立的基金（以下简称公开募集基金）的基金份额持有人按其所持基金份额享受收益和承担风险，通过非公开募集方式设立的基金（以下简称非公开募集基金）的收益分配和风险承担由基金合同约定。"

契约型基金本质上是一种合同关系，也称为信托型基金。投资者与基金管理人（基金管理公司）、基金托管人之间订立合同，由基金管理人依照合同约定对投资人投资的基金资产进行管理，由基金托管人作为名义持有人负责保管基金资产。三方当事人的权利和义务，主要是通过基金合同来约定。

（二）公司型基金

公司型基金，是指投资者为了共同投资目标而组成的以营利为目的的股份制投资公司，并将形成的公司资产投资于有价证券的证券投资基金，公司型基金在法律上是具有独立法人地位的股份投资公司。

（三）合伙企业型基金

合伙企业型目前也是基金广泛采用的一种架构，尤其是私募基金，多采用有限合伙的形式，一般由私募基金管理人担任普通合伙人，合格投资者担任有限合伙人。合伙型基金法律架构的本质是合伙企业，除了遵守《证券投资基金法》和《合伙企业法》的规定外，还要遵守《私募投资基金监督管理暂行办法》的规定。

七、不同类型基金在离婚时的分割

由于基金的类型不同，适用的法律法规不同，在离婚分割时出现的结果也可能不一样，以下我们主要讨论契约型基金和有限合伙型基金的分割规则（见图6－2），公司型基金暂不讨论。

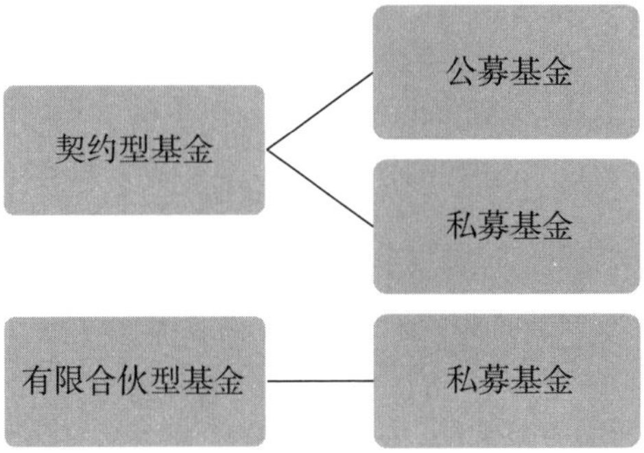

图 6－2

（一）契约型基金的分割规则

契约型基金多为公募基金，当然也有很多私募基金亦采取契约形式。

对于公募基金来说，投资者可以通过支付宝、微信购买，也可以通过银行、信托公司、第三方资产管理公司购买，认购份额最低 1 元起。公募基金一般开放式的居多，不同时间段售出有不同的手续费，但一般投资者在投资的第二天即可清仓售出，进行结算，流动性比较强。私募基金，一般是基金管理人向特定的投资人募集，一般有特定的封闭期，流动性相对公募基金来说较差。

以下我们通过表 6－2 了解契约型基金的共同财产属性。

表 6－2

契约型基金的分割				
购买时间	本金财产属性	婚后有无操作	离婚时分割	
			本金	收益（若有）
婚前	个人财产	无	个人财产	个人财产
婚前	个人财产	有	个人财产	共同财产
婚后	个人财产	/	个人财产	共同财产
婚后	共同财产	/	共同财产	共同财产
婚后	混同财产	/	共同财产	共同财产

1. 婚前购买的契约型基金，婚后无任何操作，收益也是共同财产吗

这个问题是很多人经常问到的，婚前购买了一只基金，婚后无任何的操作，

那么基金的收益也属于夫妻共同财产吗？

根据《〈民法典〉婚姻家庭编解释（一）》第二十五条、第二十六条的规定，一方个人财产的投资收益属于共同财产，一方个人财产的孳息和自然增值属于个人财产。

因此，问题的关键是如何区分投资收益和自然增值。

最高人民法院民一庭吴晓芳法官执笔的《一方个人财产婚后收益问题的认定与处理》① 一文中曾经指出，按照《辞海》上的解释，投资即为企业或个人以获得未来收益为目的，投放一定量的货币或实物，以经营某项事业的行为。根据是否直接投资于企业经营活动可将投资区分为直接投资和间接投资；自然增值，字面解释属于不需要人为操作而自然增加的价值量，此过程排除夫妻一方或双方人为因素对财产价值产生的影响，即财产所有人并未将原有财产投入到价值再生产的过程中，财产增值的原因纯属外在的市场因素造成，非主观意愿所能控制。

最高人民法院民一庭倾向性意见认为，一方婚前用个人财产购买股票、基金等，如果婚姻关系存续期间进行了交易，其收益应认定为夫妻共同财产。如果没有进行买进与卖出的操作，离婚时的账面收益更倾向于认定为自然增值。

也就是说，如果一方婚前购买了基金，在婚后没有任何的操作，那么基金收益被认定为个人财产的概率比较高。但如果基金在婚内有操作行为，则基金属于将属于夫妻共同财产。

2. 婚前、婚后均有投资的契约型基金，离婚时如何区分个人财产和共同财产

现实生活中，还存在一种情况，比如某只基金，婚前、婚后均有投资，或者设置了自动定投，那么离婚时如何区分个人财产与共同财产呢？

对此，根据最高人民法院民一庭吴晓芳法官执笔的《一方个人财产婚后收益问题的认定与处理》一文中的观点，结合我们实务操作的经验，应以双方结婚之日的基金现值为基准，以当天的现值作为一方的个人财产，以离婚时的基金现值减去结婚之日的基金现值，作为夫妻共同财产。当然，若是有证据能够证明，婚后投资的基金资金来源于个人财产，那么在计算夫妻共同财产时，该

---

① 参见最高人民法院民事审判第一庭吴晓芳：《一方个人财产婚后收益问题的认定与处理》，载《民事审判指导与参考》（总第57辑，2014年第1期），2014年7月1日出版。

婚后以个人财产投资的本金部分，也可一并作为个人财产扣除。

举例来说，小明在结婚之前购买了100万元的基金，结婚当天的基金现值为120万元；婚后第一个月，小明用婚前的存款20万元，继续追加购买。结婚后一年，小明用婚后积累的工资、奖金等又追加购买50万元。现在小明面临离婚，基金现值为200万元。根据法律分析，结婚当天的现值120万元，以及婚后投入的20万元本金，共计140万元，应当属于小明的个人财产；200万元减去140万元，剩余的60万元属于夫妻共同财产。

但司法实践中，很多时候个人财产与共同财产、个人财产在婚后的收益以及共同财产在婚后的收益，很难严格区分清楚。因此，法院在判决时也可能会根据出资来源、认购时间、婚姻关系存续时间等因素，行使自由裁量权，综合判断。

案例6-40 董某某、钟某与DONG QILIAN、DONG ANGELA YONG等法定继承纠纷案

一审法院：上海市静安区人民法院（2018）沪0106民初15472号

案例主旨：法院在分割基金份额时，应当先析出夫妻一方的个人份额，再结合合情、合理、合法和适当照顾老人及年幼子女的原则，考虑婚姻时间长短、资金来源等因素，酌情进行分割。

法院认为，该基金份额在继承之前，应先析出被告的个人份额，因该基金价格随市场变化经常波动，赎回和认购基金价格无法具体细化，法院将本着合情、合理、合法和适当照顾老人及年幼子女的原则，同时考虑被告与董先生的婚姻时间长短、资金来源等因素，酌定易方达基金总份数中的28%为被告的个人财产，剩余72%基金份数系董先生的个人遗产，由各原、被告均等继承分割。

3. 如何查询契约型基金的收益情况

对于公募基金来说，公募基金是严格受到国家法律法规监管的，公募基金的合同、募集情况、基金现值等都是依法公开披露的，并且每一只公募基金都有相对应的基金代码，当事人可以查到的基金现值都是对公众公开的，在网页中输入公募基金的代号，即可查询相应的基金现值。

对于私募基金来说，虽然私募基金的投资、收益透明度没有公募基金高，其实时的收益情况也无法直接输入代码就可以找到，但是私募基金的收益可以尝试通过“私募排排网”进行查询，该网站虽然不是中基协的官方网站，但是里面可以看到很多私募基金自发披露的收益情况。

4. 契约型基金分割的是基金份额还是现值折价款

对于契约型基金，是直接分割基金份额，还是按照基金现值分割折价款呢？其实两种方式都可以。一般先由当事人双方协商，如果双方达成一致意见，由持有基金一方给付共同财产折价款，这当然可以。但如果双方不能达成一致意见，持有基金一方不愿意给付共同财产折价款，只愿意给付相应的基金份额，则也可以按照基金份额来分割，《〈民法典〉婚姻家庭编解释（一）》第七十二条规定：“夫妻双方分割共同财产中的股票、债券、投资基金份额等有价证券以及未上市股份有限公司股份时，协商不成或者按市价分配有困难的，人民法院可以根据数量按比例分配。”因此，按照基金份额分割也是完全可以的，届时双方按照相关法律法规的规定，备齐相应的材料，到基金管理公司办理非交易过户即可。

5. 办理基金非交易过户需要提交哪些材料

因离婚而涉及基金非交易过户的，申请办理过户业务时一般需要提交以下材料：

（1）过户业务申请；

（2）离婚事实证明文件；

（3）证券权属证明文件（任意一项）：

①通过人民法院确认证券权属的，需提交人民法院出具的生效法律文书；

②通过公证机构公证的，需提交确认证券权属变更的公证文书；

③就财产分割作出明确约定且经婚姻登记机关确认的生效离婚协议；

④中国证券登记结算有限责任公司认可的其他证明文件。

（4）过出方、过入方有效身份证明文件；

（5）中国证券登记结算有限责任公司要求的其他材料。

（二）有限合伙型基金的分割

私募基金除了有一部分是契约型外，更多的是股权投资基金，通常是采取有限合伙的方式。对于有限合伙型的私募基金，一般是基金管理公司担任无限合伙人（GP），投资人担任有限合伙人（LP），组成一个有限合伙企业，并且其成立和运作也要遵循合伙企业法的有关规定，除了要在中基协进行基金备案之外，也要按照合伙企业的要求，在工商部门进行登记备案。所以，一般有限合伙型私募基金，司法实践中是按照有限合伙企业的合伙权益分割规则进行的。

现行法律法规中，关于有限合伙企业中的合伙权益的分割依据主要是《〈民法典〉婚姻家庭编解释（一）》第七十四条的规定，即“人民法院审理离婚案件，涉及分割夫妻共同财产中以一方名义在合伙企业中的出资，另一方不是该企业合伙人的，当夫妻双方协商一致，将其合伙企业中的财产份额全部或者部分转让给对方时，按以下情形分别处理：

（一）其他合伙人一致同意的，该配偶依法取得合伙人地位；

（二）其他合伙人不同意转让，在同等条件下行使优先购买权的，可以对转让所得的财产进行分割；

（三）其他合伙人不同意转让，也不行使优先购买权，但同意该合伙人退伙或者削减部分财产份额的，可以对结算后的财产进行分割；

（四）其他合伙人既不同意转让，也不行使优先购买权，又不同意该合伙人退伙或者削减部分财产份额的，视为全体合伙人同意转让，该配偶依法取得合伙人地位”。

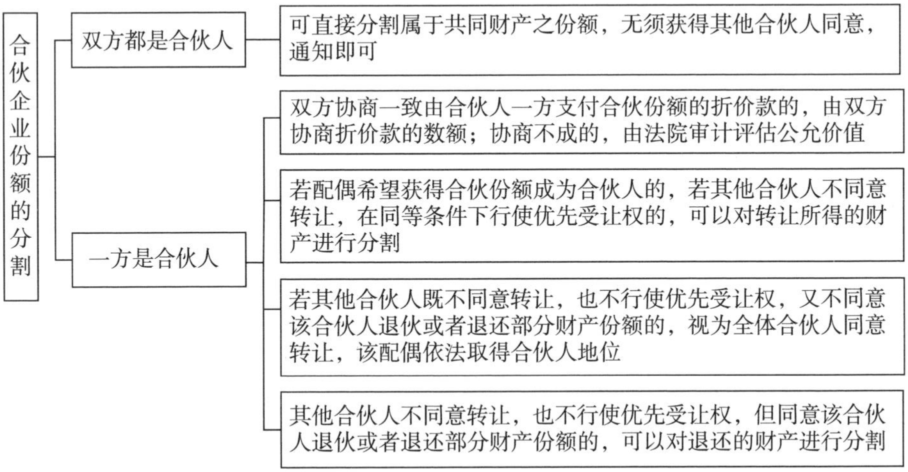

图 6－3

对于一方投资了有限合伙型基金的配偶方来说，何时提出分割，拿合伙份额划算还是拿折价款合适，是否暂不在离婚中一并处理，如果提出分割份额又有多少把握，这些都是非常关键的问题，对于夫妻共同财产权益具有关键的影响，最好寻求专业人士的意见。

1. 有限合伙型基金的普通合伙人与有限合伙人的分割规则有何不同

《〈民法典〉婚姻家庭编解释（一）》中关于合伙企业份额的分割，更多的是侧重于普通合伙人的份额分割规定。但是，《合伙企业法》对于普通合伙人与有限合伙人的权利义务规定，其实是不同的。

《合伙企业法》第六十七条规定，“有限合伙企业由普通合伙人执行合伙事务”，第六十八条规定，“有限合伙人不执行合伙事务，不得对外代表有限合伙企业。有限合伙人的下列行为，不视为执行合伙事务：（一）参与决定普通合伙人入伙、退伙”，第七十三条规定：“有限合伙人可以按照合伙协议的约定向合伙人以外的人转让其在有限合伙企业中的财产份额，但应当提前三十日通知其他合伙人。”可见，有限合伙人向合伙人以外的人转让其份额，并不是必须经过全体合伙人同意，其他合伙人也不一定有优先购买权，具体需要看合伙协议的约定。

在实践中，有限合伙人的合伙份额对外转让是否要经过其他合伙人的同意，这需要看合伙协议的具体约定。实践中，比较常见的是约定是：合伙人向本合伙企业以外的人转让出资份额，应当取得执行事务合伙人同意。有些合伙协议可能还会增加“优先购买权”条款。此种情况下，有限合伙人若是要对外转让份额，则经过执行事务合伙人同意即可，执行事务合伙人即代表了全体合伙人的意见。

但是《〈民法典〉婚姻家庭编解释（一）》并没有对普通合伙人与有限合伙人作出区分，凡是涉及合伙份额的对外转让，都要听取其他合伙人的意见并查明优先购买权是否行使的问题，这其实是更加审慎和严谨的态度，是为了更好地保护除夫妻双方之外的第三人的利益。司法实践中，即使是有限合伙人的份额对外转让，一般也要根据合伙协议的约定经过其他合伙人的同意。

案例 6－41 施某某与杨某某离婚后财产纠纷案

一审法院：上海市闵行区人民法院（2018）沪 0112 民初 32120 号

案例主旨：合伙企业的合伙人在离婚时分割财产份额的，配偶一方主张分割、受让财产份额并成为合伙人的，不仅需要夫妻双方协商一致，还应当取得其他合伙人的一致同意或具有其他法定取得合伙人地位的情形。

法院认为，合伙企业是各合伙人遵循自愿、平等、公平、诚实信用原则，基于对彼此的信任，在协商一致的基础上订立合伙协议设立的，具有较高的人合性。合伙人向合伙人以外的人转让其在合伙企业中的财产份额的，在同等条件下，其他合伙人有优先购买权。本案中，杨某某在其与施某某婚姻关系存续期间投资入伙LT合伙企业，其在该合伙企业中所占财产份额应属于夫妻共同财产。然就LT合伙企业而言，杨某某与其他合伙人协商一致，作为有限合伙人订立了《合伙协议》，系合伙人之间基于对彼此财务状况、经营能力等相互信任的结果。依照法律规定及《合伙协议》之约定，施某某要求分割并受让杨某某所持合伙企业财产份额，进而成为LT合伙企业的合伙人，不仅需要与杨某某协商一致，还需取得其他合伙人的一致同意或者具有其他法定取得合伙人地位的情形。然目前施某某、杨某某二人尚未就合伙财产份额转让的事宜协商一致，且LT合伙企业的其他合伙人亦明确声明不同意施某某成为合伙人，故施某某现要求以合伙人身份加入LT合伙企业，缺乏事实及法律依据，法院难以支持。

案例6－42 全某某与唐某某离婚纠纷案

一审法院： 湖南省沅陵县人民法院（2015）沅民一初字第992号

案例主旨： 法院在离婚案件审理过程中已征询其他合伙人意见，一致同意配偶一方取得合伙人地位，法院对合伙企业的财产份额进行酌情分割。

法院认为，以原告全某某名义投资的42万元，其中21万元属于原告个人财产，21万元属于夫妻共同财产。个人财产部分归原告个人享有，夫妻共同财产部分由原、被告共同享有，在案件审理过程中，法院征询了其他合伙人意见，一致同意被告取得合伙人地位，但原、被告就各自出资占有的份额无法协商一致，法院依据本案事实酌定被告唐某某享有10万元份额，原告享有32万元份额（其中包括其个人出资款21万元）。

2. 婚前投资的有限合伙份额在婚后的收益属于共同财产吗

对于一方婚前用个人财产投资的基金，婚后收益的性质认定问题，我们已经进行了详细的论述。那么对于有限合伙来说，婚前取得的有限合伙份额，在婚后的收益是属于自然增值还是投资收益呢？上海法院有一则案例可以为我们提供参考。

案例 6-43 孙某某与徐某某离婚后财产纠纷案

一审法院：上海市普陀区人民法院（2018）沪0107民初19894号

案例主旨：在认定夫妻一方财产在婚后获得收益的性质时，区分投资经营收益和自然增值的关键在于增加的利益与原物是否分离独立以及夫妻一方对于增加的利益是否有所贡献。

法院认为，夫妻一方财产在婚后的收益主要包括孳息、投资经营收益及自然增值。本案的争议焦点在于该7580元收益属于投资经营收益还是自然增值。投资经营收益和自然增值的主要区别在于增加的利益与原物是否分离独立以及夫妻一方对于增加的利益是否有所贡献。本案中，被告徐某某婚前购买了上海ZK投资管理中心（有限合伙）1%的财产份额，应属被告婚前个人财产，在婚姻关系存续期间，被告未增加或者减少财产份额的持有，其转让该1%财产份额获得的收益与原来的财产份额并未分离。被告为上海ZK投资管理中心（有限合伙）的有限合伙人，按照《合伙企业法》第六十八条之规定，“有限合伙人不执行合伙事务，不得对外代表有限合伙企业”，被告作为有限合伙人不参与合伙企业的经营，故被告对于合伙企业财产的增值并未起到积极作用，难以认定其为此付出劳动与贡献。原告代理人提出的上海ZK投资管理中心（有限合伙）成立目的是收购被告所就职的上海JS市场咨询股份有限公司，被告的工作对ZK的股份增值有所贡献，但未提交相应证据予以证明，法院难以采信。综上，本案争议的7580元应属被告持有的合伙企业财产份额的自然增值，不属于夫妻共同财产，原告无权要求分割。

有限合伙人基于其权利的特殊性，一般不参与合伙企业的经营管理。因此，如果要证明有限合伙人婚前合伙份额在婚后的收益属于共同财产，必须要提供证据证明有限合伙人基于合伙份额参与了经营、管理，对于合伙份额的增值有贡献。

第四节
委托理财

委托理财，是指专业的管理人接受资产所有者的委托，代为经营和管理资产，以实现委托资产的增值或其他的特定目标。一般来说，委托理财常见于证券市场内的委托理财，往往是投资银行作为管理人，以独立账户募集和管理委托资金，投资于证券市场的股票、基金、债券、期货等金融工具的组合，实现委托资金的增值或其他特定目的。

除了证券市场内的委托理财外，生活中常见的是自然人之间的委托理财，一般也被称作为民间委托理财。民间委托理财和委托理财存在一定的区别。前者主要受民事法律的调整。而后者不仅受民法调整，而且也受金融机构的监管，例如，中国证监会出台的《证券期货经营机构私募资产管理业务管理办法》、中国银保监会颁布的《信托公司集合资金信托计划管理办法》。

一、委托理财合同的性质认定

根据我们对委托理财纠纷相关案例的分析，从法院审理的角度，会将委托理财分为民间委托理财以及金融委托理财。这两种委托理财主要是依据受托人的身份进行的区分。民间委托理财主要发生在个人与个人之间，而金融委托理财则主要发生在个人与金融机构之间。

（一）民间委托理财合同

法院对于民间委托理财合同性质的认定主要是查明合同双方是否有真实完整的意思表示、双方是否权利义务清楚且不存在合同无效的法定情形，只要前述条件都符合，原则上会认定该协议合法有效。如果委托理财双方约定的内容没有违反相关规定，法院也会认可双方在合同中关于委托理财的违约责任、管理费用等约定条款，并据此判决违约方依法承担相应的违约责任。

案例6-44 赵某与福州A公司、黄某委托理财合同纠纷案

一审法院： 广东省深圳市罗湖区人民法院（2016）粤0303民初15267号

二审法院： 广东省深圳市中级人民法院（2017）粤03民终6632号

案例主旨： 若委托理财合同系双方真实意思表示，内容合法有效，双方应本着诚实信用的原则履行。

一审法院认为，当事人超越经营范围订立合同，人民法院不因此认定合同无效，但违反国家限制经营、特许经营以及法律、行政法规禁止经营规定的除外。原告系自行在证券公司开设账户，之后自愿将账户及密码交由被告福州A公司管理，双方形成一般民法意义上的委托关系，且我国现行法律和行政法规并未禁止非金融机构或自然人接受特定他人的理财委托，同时原告并无证据证实被告福州A公司在同一时期内共同或者分别接受社会上不特定多数人的委托从事受托理财业务，特别是进行集合性受托投资管理业务。因此虽然被告A公司的经营范围不含证券业务，但不能因此认定为无效。原告与被告福州A公司签订的《合作投资协议》是双方真实完整的意思表示，双方权利义务清楚，不存在欺诈、胁迫等合同无效的法定情形。因此，应当认定该协议合法有效。

被告福州A公司根据其知识、经验、投资风格等买卖股票，其判断失误导致亏损，不属于不可抗力，根据协议应对原告损失超过总资金10%的部分按照35%进行赔偿。被告福州A公司非一人有限责任公司，被告黄某系被告福州A公司的股东及法定代表人，不应对公司债务承担连带责任。

协议中约定若原告总资金年收益未超过30%，被告福州A公司不收取任何操盘费用，故该费用应于协议到期后才能计算。虽然原告于被告福州A公司操盘获利后按约定支付了操盘费用，但鉴于协议的履行期限为一年，原告认为已支付的操盘费用实际是对继续履约的一种保证，是被告福州A公司为防止原告获利后单方毁约的防范措施，收益应按照年而非按照次来计算的观点，法院予以采纳，被告福州A公司应返还已收取的操盘费用。由于协议中未对该笔资金占用的利息作出约定，故原告要求被告A公司支付利息的诉讼请求不予支持。

二审法院认为，上诉人与被上诉人签订的《民间资本委托操盘协议》系双方真实意思表示，内容合法有效，双方应本着诚实信用的原则履行，最终维持了一审判决。

案例6－45 潘某与张某、祁某委托理财合同纠纷案

一审法院： 南京市江宁区人民法院（2016）苏0115民初5108号

二审法院： 江苏省南京市中级人民法院（2017）苏01民终1659号

再审法院： 江苏省南京市中级人民法院（2017）苏01民申456号

案例主旨： 委托理财是具有一定专业知识的管理人接受资产所有者委托代为经营和管理资产，以实现委托资产增值或其他特定目的的行为。管理人存在违约行为导致资产所有者实现资产增值的合同目的落空，应当承担赔偿责任。

法院认为，关于第一个争议焦点，委托理财是具有一定专业知识的管理人接受资产所有者委托代为经营和管理资产，以实现委托资产增值或其他特定目的的行为。本案中，潘某因投资理财需要，委托具有一定投资经验的张某向证券交易市场投资，双方达成合意后，潘某即将投资款交付张某，委托张某以自己的名义购买特定股票，以获取收益。本案潘某与张某之间虽无书面协议，但从张某出具的收条及双方的行为模式分析，双方之间构成民间委托理财合同法律关系，本案案由应当认定为民间委托理财合同纠纷。关于第二个争议焦点，潘某按照约定将自有资金交由张某用于购买案涉股票，并无过错行为及违约行为，但张某未按照约定履行相应的义务。首先，张某未举证证明其收到潘某的案涉22.5万元后将该款用于购买YL公司股票。其次，即使张某在收取潘某22.5万元后按约购买了YL公司股票，其在履约过程中亦存在过错。张某用潘某的案涉资金购买YL公司股票后，该股票由张某持有、控制，其作为委托资产管理人在履行合同的过程中应全面、及时和充分地履行告知、说明和风险提示义务，以充分保障委托人的合法权益和知情权。张某未举证证明其向潘某已告知案涉股票的买入价格、买入数量。根据潘某提交的YL公司股票K线图，在张某持有案涉股票期间，该股票价格曾发生较大波动，张某既未在股票价格下跌时及时采取止损措施，也未向潘某及时提示风险，致使潘某遭受重大损失，其对潘某的损失应当予以赔偿。即便按照张某所主张的一般有偿委托合同关系，张某未履行协助、通知义务，张某也应当承担赔偿责任。张某在买入案涉股票之后仍持有该股票，潘某对案涉股票无法控制、操作。考虑到股票具有高风险的特征，张某应当及时向潘某告知买入数量、买入价格等委托事务处理情况和委托结果。在案涉股票价格较大波动时，张某也未通知潘某，要求潘某给予指示以及时止损，造成潘某重大损失，张某亦应承担相应的赔偿责任，法院据此

判令张某向潘某返还22.5万元。

（二）金融类委托理财合同

最高人民法院虽然于2001年正式立项起草关于委托理财法律适用问题的司法解释，但因理论界和实务界对重大问题存在分歧，且有关部门亦在进一步制定和完善相关法规和规章，故该司法解释稿尚处于继续论证阶段。但根据《北京市高级人民法院关于审理金融类委托理财合同纠纷案件若干问题的指导意见（试行）》，我们可以初步看出法院对于金融委托理财合同效力的认定标准。

北京市高级人民法院认为："金融类委托理财合同纠纷案件，是指法院受理的受托人和委托人为实现一定利益，委托人将其资金、证券等金融类资产根据合同约定委托给受托人，由受托人在资本市场上从事股票、债券等金融产品的交易、管理活动所引发纠纷而诉之法院的民商事案件。经过中国证监会批准的、具备客户资产管理资质的证券公司作为受托人订立的金融类委托理财合同，应当认定有效。下列主体订立的合同应当认定无效：

（1）未经中国证监会批准、未取得国家外汇管理局额度批准的境外机构作为委托人订立的金融类委托理财合同；

（2）未取得特许经营资质的证券公司作为委托人订立的金融类委托理财合同；

（3）不具备金融类委托理财资质的其他非金融机构作为受托人订立的金融类委托理财合同；

（4）其他主体违背相关法律法规订立的金融类委托理财合同。"

案例6－46 冯某与蔡某金融委托理财合同纠纷案

一审法院：广东省深圳市福田区人民法院（2014）深福法民二初字第794号

二审法院：广东省深圳市中级人民法院（2014）深中法商终字第2718号

案例主旨：证券从业人员私下接受客户全权委托进行证券买卖，并对证券买卖的收益及损失赔偿作出承诺，行为违反法律禁止性规定，故委托理财合同无效。

法院认为，本案是金融委托理财合同纠纷，争议的焦点是合同的效力和损失的承担问题。虽然蔡某与冯某之间《理财协议》显示签署时间为2011年6月22日，但内容显示冯某自2010年11月15日起就已经接受蔡某委托为之操作账户买卖股票，且在《理财协议》中对合同期限明确确认为2010年11月15日至2012年1月底，也即冯某在A证券B营业部任职期间，私下接受蔡某的全权委托进行证券买卖，并对证券买卖的收益及损失赔偿作出承诺，其行为违反了原《证券法》第一百四十五条的禁止性规定，即“证券公司及其从业人员不得未经过其依法设立的营业场所私下接受客户委托买卖证券”，故其与蔡某之间成立的委托理财合同无效。虽然证据显示《理财协议》期限内的2011年5月18日冯某从A证券B营业部离职，无效合同自始没有法律约束力，并不因冯某的身份变化又对双方恢复了约束力。

（三）违反金融监管规定的无效

案例6-47 郭某与胡某委托理财合同纠纷案

一审法院：湖南省桂东县人民法院（2019）湘1027民初298号

二审法院：湖南省郴州市中级人民法院（2020）湘10民终93号

案例主旨：委托理财合同违反《证券法》《证券公司监督管理条例》关于证券账户实名制和未经许可不得从事证券业务的规定，属于无效合同。

法院认为，郭某将其在DS期货公司开设的期货交易账户及资金为胡某买卖期货使用，胡某陆续以现金或转账的方式向郭某支付交易所需款项，郭某按照胡某下达的交易指令进行期货交易，盈亏由胡某承担，郭某每手交易收取手续费300元，双方当事人之间基础法律关系是委托理财合同关系。根据《最高人民法院关于审理民间借贷案件适用法律若干问题的规定》，本案应按委托理财合同纠纷审理。本案是胡某作为委托人借用受委托人郭某的期货账户交易亏损引起的纠纷，案涉股指期货交易是DS期货公司作为期货经纪商接受客户郭某的委托，并按照郭某委托的内容以DS期货公司自己的名义与交易对手进行交易，交易结果先由DS公司直接承担，但最终结果转由客户郭某承担；根据《期货交易管理条例》第二十五条的规定，法律对期货交易投资主体有资格限制，不符合法律规定条件的人员不得进行期货交易，郭某作为桂东县永利投资理财咨询有限公司的法定代表人，应当明知涉期货委托理财的证券业务属于国家法律法规明确规定的特许经营范围，郭某提供自己的期货交易账户为包括胡某在内的社会不特定人员提供涉期货委托理财的证券业务并收取手续费，违反了《证券法》《证券公司监督管理条例》关于证券账户实名制和未经许可不得从事证券业务的规定，是损害金融安全和金融秩序的行为，因此，郭某与胡某之间的口头委托理财合同属无效合同。在委托理财合同无效的情况下，郭某作为委托理财合同中的受委托方应当提供证据证明因无效合同所造成的损失，再根据双方当事人的过错责任分担损失。本案中，郭某提交的下单凭证与交易结算单数据不能完全一致，且郭某不能说明合理原因，在胡某拒绝按欠条承担损失的情况下，根据数据不一致的下单凭证、交易结算单而形成的欠条不足以证明本案无效合同的损失；因郭某提交的证据不能证明无效合同损失，应由郭某承担举证不能的责任。

为维护国家的金融安全和金融秩序，我国《证券法》等相关法律法规对于委托理财进行了规定。2019 年修订的《证券法》第一百三十五条规定："证券公司不得以任何方式对客户证券买卖的收益或者赔偿证券买卖的损失作出承诺。"第一百三十六条规定"证券公司的从业人员不得私下接受客户委托买卖证券"。

中国人民银行、中国银行保险监督管理委员会、中国证券监督管理委员会、国家外汇管理局联合发布的《关于规范金融机构资产管理业务的指导意见》（银发〔2018〕106 号）中第二条指出，资产管理业务是指银行、信托、证券、基金、期货、保险资产管理机构、金融资产投资公司等金融机构接受投资者委托，对受托的投资者财产进行投资和管理的金融服务。金融机构为委托人利益履行诚实信用、勤勉尽责义务并收取相应的管理费用，委托人自担投资风险并获得收益。金融机构可以与委托人在合同中事先约定收取合理的业绩报酬，业绩报酬计入管理费，须与产品一一对应并逐个结算，不同产品之间不得相互串用。资产管理业务是金融机构的表外业务，金融机构开展资产管理业务时不得承诺保本保收益。出现兑付困难时，金融机构不得以任何形式垫资兑付。金融机构不得在表内开展资产管理业务。

二、委托理财合同中保底条款的效力

资产所有人委托他人进行理财，追求投资收益的同时，最关注的是本金和收益两部分。实践中常出现的纠纷是，投资人在委托他人进行投资理财时约定了保底条款，无论股票市场如何波动，受托人承诺委托人的本金安全，甚至承诺最低收益，并就超额收益进行分成。这样的约定在投资收益大于约定的最低收益时，由于委托双方均能获利，结果自然是皆大欢喜。可是一旦股市行情下行或者震荡，投资出现亏损，则会纠纷四起。

委托理财协议中的保本条款在法律性质、法律效力等方面上都存在争议，司法实践中也存在不同的裁判规则。从法律效力上看，双方当事人约定保底收益条款的委托理财合同，很可能会被法院认为是违反公平原则、违反金融市场交易规则与风险分配而无效。从法律性质上看，双方当事人约定保底收益条款的，有可能会被认定为借款合同，区别于委托理财合同。在具体认定时，主要取决于双方真实的意思表示、委托方式、资金交付方式、受托投资的操作等因素。最高人民法院以及各地方法院对于保本委托理财协议的性质以及保本条款的效力认定也存在不同之处。

（一）保底条款对合同效力的影响

保底条款是委托理财合同中最常见也是最重要的内容。通常委托人都希望受托人能够保障自己的资金只获得利益而无需承担投资的风险。于是许多受托人为了吸引委托人的投资，则不惜设置保底条款，企图吸引委托人进行委托，这往往也是引发委托理财合同纠纷的主要原因。

在我们所分析的委托理财合同纠纷案例中，保底条款的内容可谓“五花八门”，但其主要可以分为以下两种类型：

（1）受托人保证委托人的本金不受损失，如果产生了收益，则双方按约定比例分成；或承诺按照双方约定的固定收益率支付委托人固定收益，如果有超出部分的收益，双方按约定比例分成。法院一般认定该种保底条款无效，同时因该保底条款与委托理财合同密不可分，因此，认定整个委托理财合同均无效。

案例 6－48 杨某、倪某委托理财合同纠纷案

一审法院： 广东省广州市越秀区人民法院（2017）粤 0104 民初 22836 号

二审法院： 广东省广州市中级人民法院（2018）粤 01 民终 12743 号

案例主旨： 约定一方不承担任何投资风险的保底条款无效，同时由于保底条款与委托理财合同存在牵连关系，故委托理财合同也无效。

一审法院认为，关于《股票资产委托管理协议》的效力问题。由于该协议

约定了保证委托人本金不亏损并获得固定收益的保底条款，虽然该保底条款是双方以意思表示的形式对受托行为设定的一种激励和制约机制，但条款约定投资风险由倪某承担，杨某不承担任何投资风险，致双方民事权利义务严重失衡，既不符合民法上委托代理的法律制度构建，也违背民法公平原则，因此，上述协议中的保底条款无效。因保底条款与协议中其他内容条款存在紧密的牵连关系，并非可以独立分离出来的合同部分，故合同两部分不具有可分性。就本案委托投资协议的缔约目的而言，杨某委托倪某理财，除期待委托资产本金的安全外，尚期待高额固定的利息回报。若没有保底条款存在，双方当事人尤其是杨某通常不会签订委托理财合同，在保底条款被确认无效后，委托人的缔约目的几乎全部丧失；若使合同其他部分继续有效履行，不仅违背委托人的缔约目的，而且几无履约可能，将导致极不公平合理之结果。鉴此，保底条款属于本案委托理财合同中的目的条款或核心条款，不能成为相对独立的合同无效部分，保底条款的无效应导致委托理财合同的整体无效。

二审法院认为，关于《股票资产委托管理协议》法律关系性质的问题，因倪某、杨某二审均确认《股票资产委托管理协议》系杨某委托倪某以杨某名义开立的证券账户进行股票证券交易活动出现亏损之后补充签订的，且双方约定的内容符合委托理财的特征。一审法院认定双方之间的关系属于民间委托理财关系，合法有据。关于《股票资产委托管理协议》效力的问题，因一审法院对《股票资产委托管理协议》保底条款的效力已做详细论述，并据此认定协议中保底条款无效，且因无法独立分离，故认定《股票资产委托管理协议》无效，并无不妥，最终判决维持原判。

（2）受托人承诺委托人的本金不受损失，还承诺按照双方的约定给予一定的利息补偿。法院一般会认定此类保底条款构成“名为委托理财、实为借款合同”的性质，如果双方之间实际建立的借款关系违反了相关的法律法规，则该委托理财合同属于“以合法形式掩盖非法目的”，则合同也将归于无效。

案例6-49 某证券公司与某投资公司等委托理财合同纠纷案

一审法院：陕西省高级人民法院（2004）陕民二初字第21号

二审法院：最高人民法院（2005）民二终字第29号

案例主旨：当事人之间成立了以委托理财为表现形式的借贷关系，而借贷关系因违反禁止性法律规定应属无效。

最高人民法院认为，双方补充协议将委托理财合同内容进行了修改，实质内容已变更为某投资公司同意证券公司使用国债回购后的资金，由证券公司向某投资公司支付一定比例的资金使用费。实际上在双方当事人之间成立了以委托理财为表现形式的借贷关系，资金出借人为某投资公司，借款人为证券公司。故该案案由应确定为借款合同纠纷。上述借贷关系的条款违反了企业间不得相互借贷的禁止性法律规定，应属无效条款。而该无效条款所涉内容正是某投资公司与证券公司交易的关键性、实质性条款，是整个合同目的的指向。故该关键性条款的无效导致《补充协议》整体无效。因双方系非法借贷的民事关系，证券公司取得的是国债回购所得资金，而非国债，故在返还因上述无效合同取得财产的同时，证券公司还应返还其取得的相应资金。

案例6－50 某社会保障厅与某证券公司委托理财合同纠纷案

再审法院：最高人民法院（2008）民申字第1090号

案例主旨：约定的保底条款属于名为委托理财、实为借贷关系的情形，成立借款合同关系。保底条款的约定不仅违反了民法的公平原则，而且违背了金融市场的基本规律和交易规则，应为无效

最高人民法院认为，首先，某社会保障厅与某证券公司之间签订的《委托购买国债协议》及《补充协议》，名为委托购买国债协议，但当事人约定委托人将资产交由受委托人进行投资管理，受托人无论盈亏均保证委托人获得固定本息回报，超额投资收益均归受托人所有，即约定保证本息固定回报条款的（又称保底条款），属于名为委托理财，实为借贷关系的情形，应认定当事人之间成立借款合同关系，并适用借款相关法律、行政法规的规定。根据《人民银行管理法》、《商业银行法》及相关行政法规的规定，禁止非金融机构经营金融业务，借贷属于金融业务。某社会保障厅与某证券公司之间的借款合同，因违反法律、行政法规禁止非金融法人发放贷款的强制性规定，应为无效借款合同。其次，保底条款的约定不仅违反了民法和合同法规定的公平原则，而且违背了金融市场的基本规律和交易规则，应为无效；而且保底条款作为委托理财合同的核心条款，进而影响了委托理财合同整体的法律效力。

（二）双方约定保底条款原则上无效

北京市高级人民法院在《关于审理金融类委托理财合同纠纷案件若干问题的指导意见（试行）》第四条规定："金融类委托理财合同中的保底条款，原则上不予以保护。对于履行此类合同发生的损失，法院应当根据当事人各方的过错程度以及公平原则，确定各方当事人应当承担的责任。"

案例6－51 邹某与高某委托理财合同纠纷案

一审法院：北京市石景山区人民法院（2017）京0107民初20245号

二审法院：北京市第一中级人民法院（2018）京01民终5439号

案例主旨：保底条款违背法律所规定的公平原则以及委托关系中责任承担的规则，亦违背了基本的经济规律和资本市场规则，应属无效约定。

法院认为，邹某与高某2013年8月1日签订的《信托代持协议》，符合委托理财合同的法律特征，双方之间应属委托理财合同关系。前述协议中明确约定了高某的固定收益，该约定属于保底条款。保底条款违背公平原则以及委托关系中责任承担的规则，亦违背了基本的经济规律和资本市场规则，应属无效约定。

案例6－52 张某与孔某某、ZZ公司委托理财合同纠纷案

一审法院：北京市丰台区人民法院（2017）京0106民初3803号

二审法院：北京市第二中级人民法院（2018）京02民终160号

案例主旨：保底条款虽然属于当事人意思自治的范畴，但由于其将证券投资的风险完全分配给受托人，有悖于公平原则，亦违反基本的经济规律和资本市场规则，故应属无效约定。

法院认为，关于《股票账户委托交易合作协议书》的效力问题。该协议原文第二条约定，合作期间，账户盈利全部归张某所有。同样，张某承担全部亏损。亏损额超过张某提供的风险保证金的，张某应于两日内补足，孔某某对超出部分具有追偿权。上述协议约定具有受托人向委托人承诺理财款项不受损失的保底条款性质，虽然属于当事人意思自治的范畴，但由于其将证券投资的风险完全分配给受托人，有悖于公平原则，亦违反基本的经济规律和资本市场规

则，故应属无效约定。因该保底条款系本案《股票账户委托交易合作协议书》的核心条款，不能成为相对独立的合同无效部分，故应当认定本案《股票账户委托交易合作协议书》整体无效。

（三）部分法院或认定保底条款有效

江苏省高级人民法院在《关于审理委托理财合同纠纷案件若干问题的通知》中对于委托代理关系和借贷关系的区分、有保底条款的委托合同效力进行了规定。

其中，对于委托代理关系和借贷关系的区分，江苏高院规定："要全面分析当事人约定的主要权利义务内容，正确认定合同性质。当事人在合同中约定，由委托人向受托人交付资金，受托人自行开设证券账户进行证券交易，委托期限届满后由受托方向委托方返还本金并支付固定回报，或除支付固定回报外对超额投资收益约定由委托人与受托人按比例分成的，应认定双方成立以委托理财为表现形式的借贷关系，并以借款合同纠纷确定案由。当事人在合同中约定，由委托人自行开设账户并投入资金或购买证券资产后，将账户控制权委托受托人进行证券交易，受托人承诺委托期限届满后向委托人返还本金并支付固定回报，或者除支付固定回报外对超额投资收益约定由委托人和受托人按比例分成的，应认定双方之间成立有保底条款的委托代理关系，并以委托合同纠纷确定案由。"

对于有保底条款的委托合同效力，江苏省高级人民法院规定："对于被认定为有保底条款的委托合同的效力，除受托方为证券公司外，一般应认定为有效，委托人请求受托人按照约定返还本金及约定回报的，人民法院应予支持。但是，由于市场风险导致受托人难以履行合同，受托人请求减少支付超出正常孳息部分的回报的，人民法院可以酌情予以调整。"

案例 6-53 周某与臧某、陆某委托理财合同纠纷案

一审法院：南京市鼓楼区人民法院（2016）苏 0106 民初 8928 号

二审法院：江苏省南京市中级人民法院（2017）苏 01 民终 2073 号

案例主旨：考虑到案涉合同履行期间股票市场的剧烈震荡，法院酌情调整合同中约定的固定回报年化收益率。

法院认为，案涉合同约定以委托方周某名义开立证券账户，周某出资80万元，委托臧某在证券市场投资，受托方臧某按1:4比例提供收益保证金；委托期间，证券交易由臧某负责，臧某承诺委托期限届满后向周某返还初始委托资金80万元并支付固定回报，故双方之间成立了有保底条款的委托理财合同。鉴于受托方并非证券公司，该合同未违反法律、行政法规的强制性规定，应当认定为合法有效。本案中双方约定的固定回报按年化收益率18%计算，法院考虑到案涉合同履行期间股票市场发生剧烈震荡，造成合同约定的收益率难以履行，将收益率酌情调减至年利率6%。臧某关于案涉保底条款违反公平和等价有偿原则、权利义务严重不对等，应属无效的主张，实则是否定双方当事人订立合同时的预期，无视合同中关于固定收益之外的收益归受托方所有的约定，否认了意思自治原则，没有法律依据，法院不予支持。

案例6－54 A公司、陈某、C公司其他与公司有关的纠纷案

一审法院：上海市闵行区人民法院（2012）闵民二（商）初字第1832号

二审法院：上海市第一中级人民法院（2013）沪一中民四（商）终字第574号

案例主旨：从协议书的签订主体、协议的合理性等因素分析，法院认为补偿损失的承诺系当事人真实意思表示，条款有效。

法院认为，在本案中，A公司和陈某均认为系争协议书和认购协议紧密相联，协议书中涉及补偿的条款因违背证券法、公司法等法律有关精神并损害社会公共利益，应当确定为无效。而C公司则认为系争协议书和认购协议是分别独立并合法有效的合同，上市公司股东之间对股权风险进行约定不违反法律法规的规定，A公司和陈某理应承担相应的责任。由此，本案的争议焦点便集中于：系争协议书中有关A公司和陈某对C公司所作之补偿损失承诺是否有效。

法院查明，C公司和A公司、陈某于2011年2月25日签订的协议书的第四条载明：C公司需按协议约定的价格和股数认购本次D公司非公开发行的股票。若净收益低于保底收益，A公司承诺补足C公司净收益和保底收益之间的差价，陈某对此补足事宜承担连带责任。该条款对于A公司和陈某的补偿义务作出了原则性的规定，明确了C公司若存在损失如何承担的问题。而之后的协议书第五条载明：若出现第四条所示情况，A公司承诺在C公司或其控制的关

联公司出售全部认购股份后3个工作日内，以现金方式向C公司补足净收益和保底收益之间的差价，逾期支付的，违约方须额外承担应补足额每0.5‰的违约金。该条款进一步对具体的补偿方式、时间、违约金的承担进行约定。基于以上约定，协议三方继续在第八条中明确：除C公司自身原因外，其他原因导致本协议无效的，A公司应赔偿C公司损失，C公司损失为净收益低于保底收益的差额部分，陈某对A公司的赔偿责任承担连带担保责任。由此可见，协议书的立约三方对于C公司就涉案股票的认购在产生损失时该如何进行补偿的意思表示是明确的。根据已经查明的事实，A公司和陈某作为当时寻求定向增发股票的上市公司D公司之股东以及实际控制人，法院有理由相信，出于自身利益考虑促成上市公司D公司完成本次增发事项，A公司和陈某具有向C公司承诺补偿的真实意思表示，即A公司和陈某与C公司签订上述补偿条款具有一定的合理性。法院亦注意到，系争协议书作为一份合同是独立存在的，并不依附于C公司与D公司签订的认购协议，且在法院审理中亦未发现该协议书相关条款存在无效的情形，故在此法院认为系争协议书中有关A公司和陈某对C公司所作之补偿损失承诺为有效。此外，法院需要指出的是，综合系争协议书第四条、第五条、第八条的约定，除C公司自身原因外，无论协议书是否有效，A公司和陈某均应补足C公司净收益和保底收益之间的差价。

三、保底条款无效后的法律效果

从既有的司法实践来看，无论是基于所谓的公平原则，还是考虑到金融市场秩序的稳定，约定的保底条款在有些情况下会被法院认定为无效条款。如果保底条款无效，从法律后果上看，应当根据《民法典》第一百五十七条的规定处理："民事法律行为无效、被撤销或者确定不发生效力后，行为人因该行为取得的财产，应当予以返还；不能返还或者没有必要返还的，应当折价补偿。有过错的一方应当赔偿对方由此所受到的损失；各方都有过错的，应当各自承担相应的责任。法律另有规定的，依照其规定。"通常来说，法院认定保底条款无效并最终导致整个委托理财合同无效，则法院一般会要求因合同取得财产的一方向另一方返还财产，同时根据双方是否存在过错判断是否需要由一方向另一方承担赔偿损失。

虽然委托人须承担本金返还的义务，这似乎仍然起到了"保底"的效果。对于约定的收益，委托人已经收取的，应当折抵本金。但是，如果受托人不但没亏损，反而获得超额收益，委托人不得请求受托人支付超额收益，而应由受托人保有。甚至，在受托人已分配收益的情形下，如其起诉委托人要求追回，亦应得到支持。

保底条款无效之后，首先需要对本金进行返还以及约定收益的折抵与保有。在返还的内容及范围上，首先指向的是因合同而取得的财产，包括合同约定的标的物及价金。

如果委托理财事项不但没有亏损，反而获得超额理财收益，但受托人拒绝支付收益给委托人，此时，委托人是否有权请求受托人支付收益呢？对于此类保底保收益的合同，如果被认定为无效，那么，根据不当得利的返还原则，不当得利上的应返还的范围，委托人不得请求受托人支付超额收益，而应由受托人保有。如果已经给付，也可主张返还。根据不当得利返还的规则，受托人除了返还其所得本金外，还包括通常的使用利益，也即本金的利息。在范围上，法院通常以同期银行贷款利率作为计算依据，也有的是以存款利率作为依据。

案例 6－55 张某与某期货有限责任公司上海营业部委托理财合同纠纷案

二审法院：上海市高级人民法院（2013）沪高民五（商）终字第4号

再审法院：最高人民法院（2013）民申字第2469号

案例主旨：根据合同无效过错分担处理原则，依据无效合同取得的财产应予返还，依据无效合同获得的收益应首先充抵本金。

最高人民法院认为，关于合同无效后的财产处理问题。根据法律规定，因合同取得的财产，应当予以返还；有过错的一方应当赔偿对方因此所受到的损失，双方都有过错的，应当各自承担相应责任。本案中双方均存在过错。

第一，某期货有限责任公司上海营业部在系争委托理财协议签订及履行中应承担主要过错责任。首先，某期货有限责任公司上海营业部作为专业金融机构，对相关特许经营规定应属明知，在开展业务经营时对自身主体资格应负有不可替代的审查义务。其次，即便依被告某期货有限责任公司上海营业部所述吴某未经公司内部授权而以某期货有限责任公司上海营业部名义对外签订合同，亦反映出某期货有限责任公司上海营业部负责人缺乏有效管理和制约，用人不当，公司内部控制及风险管理存在重大缺陷，被告内部管理制度的问题所引发的法律后果不应由不知情的合同相对人承担。最后，系争委托理财协议书首部甲方（某期货有限责任公司上海营业部）名称、地址、电话系打印而成，乙方名称等为手写填入，上述合同文本用于与不特定的多个自然人签约，故系争委托理财协议为某期货有限责任公司上海营业部提供的格式文本。对于保底条款无效，某期货有限责任公司上海营业部应承担格式条款提供者的过错责任。

第二，张某为了追求高额利息，与不具备资质的某期货有限责任公司上海营业部签订委托理财协议，并约定保底条款，对资金转入某期货有限责任公司上海营业部负责人的个人账户未深究其原因，忽视审查合同的合规性，未尽合理的谨慎注意义务，对合同无效亦负有一定过错责任。

综上，根据合同无效过错分担处理原则，某期货有限责任公司上海营业部依据无效合同取得张某的款项应予返还，张某依据无效合同获得的高额利息应首先充抵本金。该案件历经了二审和再审程序，上海市高级人民法院和最高人民法院分别驳回了当事人的上诉请求和再审申请。

案例 6－56 施某与 HJ 公司、DF 公司上海营业部委托理财合同纠纷案

二审法院：上海市高级人民法院（2013）沪高民五（商）终字第 18 号

再审法院：最高人民法院（2014）民申字第 1488 号

案例主旨：在委托理财合同中，若因保底条款导致合同无效，受托人应向委托人返还其受托的本金。双方关于收益的约定也无效，委托人不得主张约定比例的收益请求权。如果委托人之前收取了约定的收益，这部分也应该抵充本金。

最高人民法院认为，关于《客户资金委托理财合作协议书》是否有效及责任承担问题，HJ 公司及 HJ 上海营业部因不具有委托理财资质，一、二审法院确认其与施某签订的《客户资金委托理财合作协议书》无效，认定准确。关于该协议无效后合同当事人的责任承担问题，一、二审法院根据双方的过错程度，判决 HJ 公司及 HJ 上海营业部退还施某本金及利息，并将施某已获得的部分高额理财收益折抵本金，符合法律规定。实际上，施某也并未因此次理财行为得到任何额外收益，故不存在 HJ 公司及 HJ 上海营业部提出的施某因“违规经营行为”获利的情况，HJ 公司及 HJ 上海营业部的主张无事实依据。

案例 6－57 苏某、董某等合同纠纷案

二审法院：山东省高级人民法院（2013）鲁商终字第 78 号

再审法院：最高人民法院（2014）民申字第 2243 号

案例主旨：在委托理财合同无效的情形下，委托人与受托人双方都有过错，此时收益通常应由委托人与受托人共同承担。

最高人民法院认为，苏某向董某出具的保证书，使董某与苏某之间形成了委托理财合同关系，保证书中约定的保底条款有悖于委托代理制度的基本理论，应属无效。苏某应当返还自董某处取得的款项本金，并根据双方的过错责任承担利益损失。根据董某与苏某 2010 年 12 月 1 日的 qq 聊天记录，苏某该天明确向董某承诺进行保底操作，董某亦予以接受。应认定 2010 年 12 月 1 日为苏某开始代董某进行操作的时间，此时董某期货资金结算账户内可支配款项金额为 139,455.13 元，苏某终止操作时间为 2011 年 8 月 25 日，账户内金额为 29,651.87 元。因此，二审法院判决苏某返还董某本金 109,803.26 元，并无不当。二审法院鉴于董某作为委托人，对于委托理财合同中的保底条款无效亦有一定的过错，判决董某与苏某各承担一半的利息损失，并未加重苏某的民事责任。故苏某主张董某所损失的 109,803.26 元本金不应由苏某一人承担的再审申请理由不能成立。

四、民间委托理财的风险

在自然人之间的民间委托理财中，委托人和受托人也应当警惕相关的法律风险。

案例 6－58 邹某与 DY 公司委托理财合同纠纷案

一审法院：上海市闵行区人民法院（2019）沪 0112 民初 3519 号

二审法院：上海市第一中级人民法院（2019）沪 01 民终 10202 号

案例主旨：仅有承诺书，但是无证据证明收取过投资款本金且承诺返还的，法院对于返还投资款本金的诉讼请求不予支持。

法院认为，当事人应当按照约定全面履行自己的义务。本案中，DY 公司出具的《承诺书》明确记载应于 2015 年 6 月 17 日支付邹某投资利息款 16,000 美元，该公司逾期不付，显属不当，现邹某主张相关诉请，有依据，法院予以支

持。至于邹某要求DY公司返还的投资款本金，因无证据证明DY公司收取过该款且承诺向邹某返还，且亦无证据证明胡某出具的《承诺书》系代表DY公司所为，故对于该项诉请，法院实难支持。关于逾期利息，DY公司长期占用资金不还，势必造成邹某的一定经济损失，故法院酌情对邹某主张的利息损失中的合理部分予以支持。至于差旅费，因缺乏依据，法院不予支持。

五、“场外配资”的无效风险

所谓的场外配资，是与场内配资相对应的概念。场内配资，是指以证券公司为主体在证券交易所场内从事国家允许的配资业务，依法受中国证监会的监管，属于合法业务。场外配资，则多是以民间配资公司等非证券经营机构为主体提供的配资行为。通俗来说，场外配资也就是“借钱炒股”。场外配资行为游离于国家政策法规之外，往往存在较高的风险，极易给投资者造成财产损失，也可能对股票市场造成负面影响。最高人民法院发布的《九民纪要》对于场外配资进行了明确的规定。

首先，《九民纪要》明确规定任何单位和个人不得非法从事配资业务。《九民纪要》规定，将证券市场的信用交易纳入国家统一监管的范围，是维护金融市场透明度和金融稳定的重要内容。不受监管的场外配资业务，不仅盲目扩张了资本市场信用交易的规模，也容易冲击资本市场的交易秩序。融资融券作为证券市场的主要信用交易方式和证券经营机构的核心业务之一，依法属于国家特许经营的金融业务，未经依法批准，任何单位和个人不得非法从事配资业务。

对于场外配资合同的效力，除了依法取得融资融券资格的证券公司与客户开展的融资融券业务外，其他单位或者个人与用资人的场外配资合同原则上应当依法认定为无效。《九民纪要》规定，从审判实践看，场外配资业务主要是指一些P2P公司或者私募类配资公司利用互联网信息技术，搭建起游离于监管体系之外的融资业务平台，将资金融出方、资金融入方即用资人和券商营业部三方连接起来，配资公司利用计算机软件系统的二级分仓功能将其自有资金或者以较低成本融入的资金出借给用资人，赚取利息收入的行为。这些场外配资公司所开展的经营活动，本质上属于只有证券公司才能依法开展的融资活动，不仅规避了监管部门对融资融券业务中资金来源、投资标的、杠杆比例等诸多方面的限制，也加剧了市场的非理性波动。在案件审理过程中，除依法取得融资融券资格的证券公司与客户开展的融资融券业务外，对其他任何单位或者个人与用资人的场外配资合同，人民法院应当认定为无效。

《九民纪要》还对合同无效后的责任承担进行了规定。《九民纪要》规定，场外配资合同被确认无效后，配资方依场外配资合同的约定，请求用资人向其支付约定的利息和费用的，人民法院不予支持。配资方依场外配资合同的约定，请求分享用资人因使用配资所产生的收益的，人民法院不予支持。用资人以其因使用配资导致投资损失为由请求配资方予以赔偿的，人民法院不予支持。用资人能够证明因配资方采取更改密码等方式控制账户使得用资人无法及时平仓止损，并据此请求配资方赔偿其因此遭受的损失的，人民法院依法予以支持。用资人能够证明配资合同是因配资方招揽、劝诱而订立，请求配资方赔偿其全部或者部分损失的，人民法院应当综合考虑配资方招揽、劝诱行为的方式、对用资人的实际影响、用资人自身的投资经历、风险判断和承受能力等因素，判决配资方承担与其过错相适应的赔偿责任。

因此，投资者一定要提高风险防范意识，了解相关投资机构的资质，远离场外配资，避免财产遭受损失。

第五节 借用账户的风险与防范

借用账户也是现实生活中大量存在的行为。借用账户从账户性质上来说，又可以分为借用银行账户和借用证券账户等。从借用的主体上来说，又可以分为个人与法人之间借用账户、法人与法人之间借用账户。

一、出借银行账户的责任

出借银行账户是违法行为。中国人民银行2003年发布的《人民币银行结算账户管理办法》[1] 第六十五条规定："存款人使用银行结算账户，不得有下列行为：

① 第六条、第二十九条、第三十一条、第三十八条规定，以及第十八条、第十九条、第二十一条、第二十三条、第二十八条、第三十二条、第三十六条、第五十四条、第五十五条、第六十三条涉及银行账户核准以及开户许可证（开户登记证）的相关规定，已被中国人民银行令[2019]第1号——关于取消企业银行账户许可的决定宣布不再执行。

（一）违反本办法规定将单位款项转入个人银行结算账户。

（二）违反本办法规定支取现金。

（三）利用开立银行结算账户逃废银行债务。

（四）出租、出借银行结算账户。

（五）从基本存款账户之外的银行结算账户转账存入、将销货收入存入或现金存入单位信用卡账户。

（六）法定代表人或主要负责人、存款人地址以及其他开户资料的变更事项未在规定期限内通知银行。

非经营性的存款人有上述所列一至五项行为的，给予警告并处以1000元罚款；经营性的存款人有上述所列一至五项行为的，给予警告并处以5000元以上3万元以下的罚款；存款人有上述所列第六项行为的，给予警告并处以1000元的罚款。”

由上述规定可知，不管是个人还是法人，出借银行账户意味着，出借人要为借用人承担连带责任。

从司法实践中的案例来看，比较常见的是公司借用个人账户的情形，同时，也存在个人借用公司账户以及公司之间借用账户的情形，以下通过几个典型案例进行介绍。

（一）个人向公司出借账户的责任承担

1. 个人与公司承担连带责任

案例6－59 某公司、杨某与李某买卖合同纠纷案

一审法院：固始县人民法院（2013）固民初字第1156号

二审法院：信阳市中级人民法院（2014）信中法民终字第1112号

再审法院：河南省高级人民法院（2015）豫法立二民申字第00879号

案例主旨：个人向公司出借银行账户的，应当承担相应的责任。

法院认为，杨某出借银行账户违反了中国人民银行《人民币银行结算账户管理办法》第六十五条的规定，杨某出借银行账户应承担相应的责任，法院最终判决某公司和杨某共同返还李某货款98,000元及利息。杨某称其履行的是职务行为，不应当承担返还货款责任缺乏依据，法院不予支持。

2. 个人并非合同相对人不应承担责任

案例6-60 某小额贷款有限公司、王某民间借贷纠纷案

二审法院：湖北省高级人民法院（2015）鄂民一终字第00015号

再审法院：最高人民法院（2017）最高法民申4236号

案例主旨：个人向公司出借银行账户的，个人既非借款人、也非借款实际使用人，故不能据此让该个人承担连带还款责任。

最高人民法院认为，关于杨某是否应该承担连带清偿责任问题。民间借贷合同的双方约定向借款人之外的其他指定账户转款，系借款的履行方式。本案中，案涉借款合同约定某小贷公司将借款付至指定的杨某账户，并不违背法律禁止性规定。且经一审查明，杨某以个人身份证明开设的账户，实为某小贷公司经营所用，账户的资金亦为公司占有、使用、处分，其既非借款人，也非借款实际使用人，故不能据此让杨某承担连带还款责任。

案例6-61 QC公司、张某、邴某与贡某、薛某民间借贷纠纷案

二审法院：河北省衡水市中级人民法院（2016）冀11民终1531号

再审法院：河北省高级人民法院（2017）冀民申588号

案例主旨：个人向公司出借银行账户的，个人并非借款人，应当由公司对借款承担还款责任。但是，个人作为一人公司的股东未能证明公司财产独立于个人财产的，应当对公司债务承担连带清偿责任。

再审法院认为，虽然2015年2月27日贡某与“薛某”、QC公司签订的借款协议中约定“薛某”向贡某借款20万元，但该协议并无薛某的签字或确认。在原二审庭审中张某与贡某共同认可贡某没有见过薛某，且贡某所出借的款项也是汇入QC公司会计邴某的个人账户，利息也是由邴某个人账户支付给贡某，故原一、二审判决认定本案实际借款人为QC公司，并无不当。虽然在二审中QC公司提供了薛某委托张某以其名义向他人借款以及委托邴某办理转款业务的委托书，但贡某对该两份委托书并不认可，薛某又未出庭说明，故原二审判决对该两份委托书的真实性不予认定，并无不当。即使该委托书是真实的，由于出借人贡某与薛某没有见过面，更没有就借款问题进行过磋商，故不能认定贡某与薛某达成了借贷的合意，故原一、二审判决认定薛某不是本案争议借贷的

借款人，并无不当。QC 公司作为实际借款人应当对债权人贡某 20 万元借款本息承担还款责任。QC 公司为一人有限责任公司，张某作为 QC 公司的股东，未能提供证据证明公司财产独立于其个人财产。根据《公司法》第六十三条的规定，张某应对 QC 公司的债务负连带清偿责任。呙某是 QC 公司股东张某的儿媳，同时作为 QC 公司会计，以其个人账户接收 QC 公司所借的款项，又以个人账户向出借人支付利息，呙某应当对案涉借款本息的偿还承担连带责任。

（二）公司向个人出借账户的责任承担

案例 6－62 ZB 公司与 WH 公司、张某及 XP 公司买卖合同纠纷案

二审法院： 湖北省高级人民法院（2012）鄂民二终字第 00068 号

再审法院： 最高人民法院（2013）民申字第 828 号

案例主旨： 公司向个人出借银行账户的，公司应当承担相应的民事责任。

最高人民法院认为，关于 WH 公司的责任承担问题。根据前述分析，某银行光明支行 23×××37 账户为 WH 公司的账户。从涉案购煤款的流向看，购煤款汇入 WH 公司的上述账户后，又由张某将大部分款项汇出至第三方，表明张某对该账户具有实际支配权。WH 公司授权张某开立银行账户并放任其支配的行为等同于将本公司账户出借给张某个人使用，WH 公司应承担相应的民事责任。从本案的实际情况看，WH 公司委托张某开设了 23×××37 账户，并放任张某支配该账户。同时，根据二审法院另查明的事实看，ZB 公司实际从湖北某发电有限公司获取 6,143,842.08 元结算煤款，不能收回的损失为 8,184,957.92 元（14,328,800 元－6,143,842.08 元）。二审法院结合本案的实际情况，判令 WH 公司以 8,184,957.92 元及该款所产生的利息之和为限承担补充赔偿责任并无不当。

案例 6－63 SY 公司与 HY 公司、WF 公司进出口代理合同纠纷案

一审法院： 修水县人民法院（2013）修民二初字第 113 号

二审法院： 九江市中级人民法院（2014）九中民二终字第 26 号

再审法院： 江西省高级人民法院（2015）赣民提字第 11 号

案例主旨： 公司向个人出借银行账户的，法院结合公司的过错程度等因素，认定公司应当承担部分民事责任。

再审法院认为，关于SY公司对HY公司在本案中的损失是否应承担赔偿责任；如需承担，具体应如何承担的问题，原审法院判决SY公司对HY公司在本案中的全部损失即82万元本金和利息损失20500元与WF公司承担连带赔偿责任，存在认定事实不全面，导致裁判结果错误的情形。

第一，SY公司对HY公司在本案中的损失应承担与其过错程度相当的赔偿责任。本案中，SY公司在收到HY公司汇款用途注明为货款的82万元款项后，既没有组织货源，又不将款项退还，也不向汇款人HY公司问明缘由，而是直接将该款转入陈某个人账户，而后由陈某将该款再转入鄢某控制使用的户名为谢某的账户并被鄢某支取或转移。SY公司出借公司银行账户给鄢某使用的行为是违反金融管理法规的违法行为，其在收到相关款项后，亦未尽到审慎的审查核实义务，为鄢某骗取HY公司的款项提供了方便，SY公司存在一定的过错。HY公司在其与SY公司并无合同关系的情况下，事先未与SY公司核实确定，即将涉案款项汇入SY公司账户，事后亦未及时通知SY公司，其对涉案款项被鄢某骗取亦存在一定的过错。考虑到HY公司在本案中的损失在根源上是因鄢某的诈骗犯罪行为所致，而HY公司和SY公司对损失的发生均存在过错，酌情确定SY公司对HY公司在本案中的损失承担45%即378,225元的赔偿责任。第二，SY公司对HY公司在本案中的损失不应承担连带赔偿责任。从本案查明的事实看，鄢某、WF公司和SY公司之间，对于HY公司在本案中的损失，并不存在共同的过错，而HY公司在本案中的损失，根据修水县人民法院（2013）修刑初字第140号刑事判决书及九江市中级人民法院（2013）九中刑二终字第86号刑事裁定书的裁判，鄢某应为最终的责任承担者。为避免裁判的重复和冲突，对HY公司在本案中的损失，SY公司应在378,225元的范围内对鄢某不能退赔、WF公司不能赔偿的部分向HY公司承担赔偿责任。

（三）公司之间出借账户的责任承担

案例6-64 YD公司与XYD公司、JG公司执行异议之诉纠纷案

二审法院：河北省高级人民法院（2011）冀民一终字第185号

再审法院：最高人民法院（2013）民申字第1719号

案例主旨：公司之间出借银行账户的合作协议并非当然无效，但不能对抗第三人。

最高人民法院认为，本案争议焦点为案涉争议账户中的资金是否属于天津YD公司所有，天津YD公司与JG公司之间的《合作协议》约定能否对抗第三人。从本案查明的事实看，案涉账户的开立、网上银行的开通，直至账户的实际使用情况，说明天津YD公司与JG公司之间的《合作协议》实际得到了履行，该银行账户系JG公司为天津YD公司量身定做，天津YD公司系该银行账户的实际控制人，账户中的所有往来款项包括争议的1800万元与账户所有者JG公司没有任何关系，该账户中的1800万元系案外人ZHY公司给付天津YD公司的货款。从天津YD公司与JG公司之间的法律关系看，天津YD公司与JG公司签订《合作协议》，系双方真实意思表示，协议主要内容系JG公司将以自己名义开立的银行账户出借给天津YD公司使用，用于经营成品油，JG公司以每吨油加收10元作为回报。而《账户管理办法》明确要求企业或者个人必须以自己的名义开立账户，账户开立后亦必须由自己使用，并明确借用账户行为系违规行为必须予以处罚。本案中当事人出借银行账户的行为违反了中国人民银行上述《账户管理办法》的规定，属于违规行为；但《账户管理办法》并非法律或行政法规，故天津YD公司与JG公司签订的《合作协议》应认定合法有效。但是，本案仍存在天津YD公司与JG公司之间的《合作协议》约定能否对抗第三人的问题。天津YD公司对依据该《合作协议》开立的银行账户具有使用权，但并非所有权；依据上述《账户管理办法》的规定，只有JG公司对争议银行账户具有所有权。由于货币属于动产和种类物，谁占有即谁所有；当货币存放于银行账户，该账户的开立者即账户所有者即视为该货币的所有者。经济生活中亦早已形成“谁的账户，钱归谁所有”的惯例与规则。另外，天津YD公司并未举出JG公司与XYD公司恶意串通损害天津YD公司的有效证据。因此，法院认为天津YD公司与JG公司之间的《合作协议》约定不能对抗第三人，包括XYD公司。天津YD公司依据《合作协议》提出的抗辩，缺乏事实与法律依据。二审判决维持一审判决有关驳回天津YD公司的诉请，认定事实基本清楚，适用法律正确，并无不当。天津YD公司对于相关损失，可基于《合作协议》约定向JG公司另行主张。

（四）亲属之间出借账户的责任承担

案例6－65 刘某与岳某某、刘某某、郭某某民间借贷纠纷案

二审法院：陕西省高级人民法院（2019）陕民终657号

再审法院：最高人民法院（2020）最高法民申578号

案例主旨：子女将银行账户出借给父母用于生产经营，且该子女也参与生产经营并因此受益的，即使该子女并非借款相对人，也应当承担责任。

最高人民法院认为，根据已查明的事实，案涉借款用于郭某某家庭煤矿生产经营，刘某名下曾有多套家庭出资购买的住房，刘某系其家庭煤矿生产经营的参与者和受益者。二审判决刘某对以其个人银行账户接收的用于家庭煤矿生产经营的借款518万元本息承担连带清偿责任，并无不当。

二、借用证券账户的责任

（一）借用证券账户属于违法行为

2019年最新修订的《证券法》，对于证券账户的借用行为予以明令禁止，并且处罚力度有所增加。

《证券法》第五十八条规定：“任何单位和个人不得违反规定，出借自己的证券账户或者借用他人的证券账户从事证券交易。”

《证券法》第一百九十五条规定：“违反本法第五十八条的规定，出借自己的证券账户或者借用他人的证券账户从事证券交易的，责令改正，给予警告，可以处五十万元以下的罚款。”

对于借用证券账户无效之后的返还责任，司法实践中一般参考合同无效的法律后果进行处理。

《民法典》第一百五十七条规定：“民事法律行为无效、被撤销或者确定不发生法律效力后，行为人因该行为取得的财产，应当予以返还；不能返还或者没有必要返还的，应当折价补偿。有过错的一方应当赔偿对方因此所受到的损失；各方都有过错的，应当各自承担相应的责任。法律另有规定的，依照其规定。”

（二）违法借用证券账户的典型判例

案例6-66 史某、戴某合同纠纷案

一审法院：浙江省绍兴市柯桥区人民法院（2019）浙0603民初4058号

二审法院：浙江省绍兴市中级人民法院（2020）浙06民终1388号

案例主旨：涉及违规出借及借用证券账户的合同因违反法律的效力性强制性规定而无效，借用人应当向出借人返还配资款。

二审法院认为，本案的主要争议焦点是案涉《借款协议》是否有效以及在此基础上如何认定双方的民事责任。(1) 关于《借款协议》的合同效力。本案《借款协议》是用资人戴某使用配资人史某一方证券账户进行场外证券融资交易的合同，属于证券市场外的融资融券行为。根据2020年3月1日实施的《证券法》(2019年修订) 第一百二十条规定，融资融券应经国务院证券监督管理机构核准，取得经营证券业务许可证方可实施，而且除证券公司外任何单位和个人不得从事证券融资融券业务。同时，新修订的《证券法》第五十八条规定，任何单位和个人不得违反规定，出借自己的证券账户或者借用他人的证券账户从事证券交易。本案双方约定的场外融资交易，不仅未经证券监督管理机构核准，涉及证券公司方可经营的业务事项，而且违规出借及借用证券账户，违反了上述法律的效力性强制性规定，应当依法认定无效。综上所述，应当认定双方之间的《资金使用协议》无效。(2) 关于《借款协议》无效后的民事责任。第一，因案涉配资合同已被认定无效，因此戴某应当向史某返还配资款1000万元，史某应当向戴某返还已付两笔利息合计23万元。鉴于戴某卖出证券后，案涉证券账户上的资金余额15,557,160.02元（含史某配资1000万元、戴某保证金333万元、戴某盈利2,227,160.02元）系由史某控制，故戴某无需另行向史某返还配资1000万元，仅史某应向戴某返还已付利息23万元。二审期间，戴某明确，如法院认定案涉《借款协议》无效，则请求返还全部23万元已付利息，本院对其返回请求予以支持。第二，关于2,227,160.02元盈利，该盈利是用资人戴某利用配资所产生，配资人史某占有该盈利没有法律依据，应当返还给戴某，戴某相应诉讼请求成立。配资人史某主张分享用资人戴某因使用配资所产生的盈利或收益，但正如配资人对用资人可能发生的亏损除特定情况外一般亦不承担相应损失，现史某作为配资人要求分享用资人收益，有违公平，且没有

法律依据，法院不予支持。第三，关于330万元保证金，史某占有的戴某保证金330万元应当返还戴某，对此双方亦无实质争议，戴某要求返还该保证金的诉讼请求应予支持。第四，关于戴某起诉时主张的违约金，因案涉《借款协议》无效，戴某主张违约责任，缺乏事实和法律依据。二审期间，戴某明确，如果法院认定《借款协议》无效，其不再主张史某赔偿违约金99.9万元，而诉请史某向其支付因逾期返还保证金而产生的资金占用损失，即以保证金333万元为基数自2019年2月26日起至还清之日止按年利率24%计算的资金占用损失。综合考虑双方在交易中的过错，以及戴某占用配资没有负担利息损失等处理情况，法院对该项请求不予支持。第五，关于戴某诉请史某赔偿因擅自改变密码并违约购买某股份造成的损失17.33万元，如一审判决所述，戴某并无充分证据证明，一审法院未予支持并无不当。

案例6-67 马某、孟某合同纠纷案

一审法院：浙江省绍兴市越城区人民法院（2019）浙0602民初6181号

二审法院：浙江省绍兴市中级人民法院（2020）浙06民终777号

案例主旨：涉及违规出借及借用证券账户的合同因违反法律的效力性强制性规定而无效，双方因合同取得的财产，应当相互返还。

法院认为，案涉《借款协议》是用资方借用配资方证券账户进行场外证券融资交易的合同，相关场外融资交易不仅未经证券监督管理机构核准，涉及证券公司方可经营的业务事项，而且违规出借及借用证券账户，违反了法律的效力性强制性规定，应当依法认定无效。双方因合同取得的财产，应当相互返还。马某借取的1000万元配资款，已经实际返还2018年6月26日250万元，2018年7月20日200万元、50万元、50万元，2018年7月23日1,408,269.27元，合计6,908,269.27元，尚应返还3,091,730.73；孟某自认收取的利息467,500元，亦应返还马某；两相相抵，马某尚应返还孟某2,624,230.73元。马某主张，1000万元配资款始终在孟某账户内，没有证据证明已经交付，孟某没有交付过交易密码，马某也没有操作过股票，故马某对该款不负有返还责任。法院认为，案涉配资方账户系交由用资方借用，相应配资款也以该种方式交付用资人，马某在（2019）浙06民终1134号案件中的陈述，可以证明孟某已根据双方约定的方式将款项交付给马某，且马某已实际使用该款项进行股票交易，故法院认

定马某已实际取得款项。孟某在诉讼中主张，马某应承担配资利息损失，其该项主张缺乏明确的法律依据，同时为有力地惩罚违法行为，遏制场外配资违法交易，保障证券市场健康发展，法院对孟某的利息损失主张不予支持。

第七章

私人财富综合规划

综 述

高净值客户在进行综合财富规划时，往往有税务、移民、资金出入境、家族企业治理、家族财富传承、家族后代的培养等多个维度的问题和考量。从税务筹划的角度来说，高净值客户需要了解各个国家或地区的税收政策与法律规定；一旦考虑移民规划，则需要充分评估移民的风险以及可能带来的影响；如果涉及个人资金需要安排出境的问题，则需要特别注意其中的法律风险，以免误触法律监管的“红线”；对于企业主来说，家族企业与家族治理是关注的焦点，不同阶段的家族企业对于家族治理的重点也不尽相同；家族财富的传承则是所有高净值客户共同关注的话题，一定要小心规避许多常见的风险，同时针对不同的财产特点、接班人的选任等实际情况进行合理的规划。

本章主要从以上几个方面给出律师的风险提示和操作建议，以期为高净值客户的财富管理和财富传承提供综合性的规划建议。同时，我们还展示了部分综合财富规划的实例。希望通过案例讲解的方式，让高净值客户更好地理解并运用到“实战”中。

第一节
税务筹划

一、中国个人税务居民的认定与申报

（一）税务居民的法律概念

在生活中，我们经常听到以下名词：中国籍、中国公民、绿卡、户口、纳税居民，那么这些概念从法律上来说，到底有什么区别和联系呢？

1. 国籍与公民

国籍是每个自然人的第一重身份标志。我国《国籍法》第二条规定："中华人民共和国是统一的多民族的国家，各民族的人都具有中国国籍。"第四条规定："父母双方或一方为中国公民，本人出生在中国，具有中国国籍。"第五条规定："父母双方或一方为中国公民，本人出生在外国，具有中国国籍；但父母双方或一方为中国公民并定居在外国，本人出生时即具有外国国籍的，不具有中国国籍。"

拥有了中国国籍，便是中国的公民，依法也可享有中国公民可享有的权利和义务，受宪法及其他各项法律法规的保护，中国政府有权对其签发护照，可对其行使属人管辖权和外交保护。

在世界上，有些国家承认双重国籍和多重国籍，比如美国、加拿大、英国等；而像中国，则只承认单一国籍，不承认双重国籍。

2. 户籍与住所

"户籍"又称户口，可以说是具有中国特色的人口管理制度，早在封建社会时期就产生了，最早可以追溯到商周时期。户籍是国家公权力机关对自然人按地域和家庭成员关系进行登记的公共证明簿，记载事项有自然人的姓名、出生日期、亲属关系、婚姻状况、文化状况等。在中国，它也是确定自然人作为民事主体法律地位的基本法律证明文件。在我们平时涉及的方方面面事务中，比如结婚、离婚、做公证、办签证、上学、诉讼等，各单位和部门经常要求我们出具户口簿和身份证，以证明自然人的身份。

“住所”是公民生活和进行民事活动的主要基地或中心场所。“住所”是一个法律概念，无论是在国际法上还是在国内法领域，都具有十分重要的意义。在国内法中，民事诉讼法上的住所和税法上的住所，也具有不同的含义。税法上的住所，将在下文中详述，而民事诉讼法上的住所，又有“住所地”和“经常居住地”之分。《民事诉讼法》第二十一条规定：“对公民提起的民事诉讼，由被告住所地人民法院管辖；被告住所地与经常居住地不一致的，由经常居住地人民法院管辖……”《民事诉讼法司法解释》第三条、第四条分别指出，公民的住所地是指公民的户籍所在地；法人的住所地是指法人的主要营业地或者主要办事机构所在地。公民的经常居住地是指公民离开住所地至起诉时已连续居住一年以上的地方，但公民住院就医的地方除外。

根据上述法律规定，中国公民的住所主要有“法定住所”和“推定住所”之分。

（1）“法定住所”是指中国公民户籍登记或者其他有效身份登记记载的居所。户籍登记包括户口簿和《居民身份证》。“其他有效身份登记”一般包括军官证、军人证、护照、港澳台通行证、外国人无国籍人居留证件。由于居民身份的登记管辖权通常由户籍所在地的公安部门行使，因此“户籍登记”和“其他有效身份登记”记载的中国公民的住所通常是一致的，以户口簿和《居民身份证》记载的住所为准。

（2）“推定住所”是指户籍所在地有可能并非公民的实际居住地。由于工作等原因迁徙异地居住的人也很多，如果中国公民离开户籍登记的住所（但因病就医的除外），在一地连续居住时间满 1 年的，则构成法律上的经常居住地，也就是所谓的“推定住所”。很多城市的公安机关会对外来就业人口进行登记，尤其是北京、上海等大城市，通常需要出具一系列文件才能办理居住证明。

3. 居民与永久居民

居民是指居住于某个国家或地区者。按照国际货币基金组织的说明，居民是指在某个国家或地区居住期限达 1 年以上者，否则即为非居民。居民可以分为自然人（包括本国人、外国人、双重国籍人和多重国籍人）、企业、非营利团体和政府4类。

如果以长久居住为目的，超过一年，并且符合居住国的法律规定，那么就可以获得一个国家的永久居留许可，成为一个国家的永久居民。比如我们熟知的“美国绿卡”“加拿大枫叶卡”即是永久居民的意思。非居民和居民在享受和承担的权利义务上是不一样的。

需要注意的是，居民、永久居民与国籍并没有严格的对应性。

4. 税务居民与习惯性居住

“税务居民”主要是指某一自然人在税法上被视为哪一国家的居民，以便其税务事项适用于该国的税务法规，从而该国税务机关的税收管辖权可以予以适用的制度。税务居民特指税法上有纳税义务的人群，为了实行纳税管理，每个国家都会有“税务居民”的定义，以便进行纳税管理，税务居民与居民、永久居民、国籍等并没有严格的对应性。

《个人所得税法》第一条规定：“在中国境内有住所，或者无住所而一个纳税年度内在中国境内居住累计满一百八十三天的个人，为居民个人。居民个人从中国境内和境外取得的所得，依照本法规定缴纳个人所得税。

在中国境内无住所又不居住，或者无住所而一个纳税年度内在中国境内居住累计不满一百八十三天的个人，为非居民个人。非居民个人从中国境内取得的所得，依照本法规定缴纳个人所得税。”

“习惯性居住”也是税法上一个非常重要的概念，主要是为了解决税务居民在法律上的住所。民事诉讼法上的住所和税法上的住所，具有不一样的含义。《个人所得税法实施条例》第二条规定，个人所得税法所称在中国境内有住所，是指因户籍、家庭、经济利益关系而在中国境内习惯性居住。这一条规定得很清楚，税法上的“住所”其实是一种习惯性居住，习惯性居住的判断不仅仅是简单地从停留的时间上判断，而是综合户籍、家庭、经济利益关系的综合判断。

（二）中国个人税务居民身份的管理与申报

1. 个人税务居民身份的认定

对于普通人来说，很容易混淆两个概念，即国籍身份和税务居民身份。两者在法律上是不完全等同的。拥有某个国家的国籍，并不必然为该国的税务居民；放弃某国国籍，也不代表就不再是该国的税务居民了。

CRS（Common Reporting Standard，即“共同申报准则”）刚出台的时候，坊间曾经流行“出售”小国护照的做法。很多宣传文案对于小国护照的优势写得非常夸张，直接宣传可以“规避 CRS”。很多不明就理的客户也受到宣传的诱惑，前去咨询。需要特别提醒的是，改变国籍并不能当然地免除对中国税务居民身份的认定。

从《个人所得税法》的规定来看，税务居民主要是指“在中国境内有住所，或者无住所而一个纳税年度内在中国境内居住累计满一百八十三天的个人”。对税法上的“住所”的认定，一般可以从以下几个方面进行判断：

（1）户籍登记，这个标准比较明确，就是指登记在册的户口。

（2）“家庭”指的是所涉自然人的直系亲属中是否存在中国税务居民，以及如有，其直系亲属中中国税务居民所占的比例是多少。

（3）“经济利益关系”指所涉自然人在中国是否仍持有各种类型的金融资产和/或非金融资产，是否在中国开展经营活动，是否在中国有关部门领取经济补贴或享受社会保险待遇等。

总而言之，税法上的“住所”判断是一个综合的问题，与诉讼法上的“住所”含义不一样，需要综合户籍、家庭、经济利益关系三项指标进行综合判断。

无住所的居民，相对而言比较明确，按照一个纳税年度内在中国境内居住的累积天数计算，如果超过 183 天，就达到纳税标准，构成无住所的居民。

纳税居民的认定，主要看是否在中国有“住所”，或者在中国居住超过 183 天，而国籍和“住所”并不是一回事，所以放弃国籍也并不是当然就改变了税法上的“住所”。

2. 个人纳税人的税务申报范围

根据《国家税务总局关于个人所得税自行纳税申报有关问题的公告》（国家税务总局公告 2018 年第 62 号）的规定，个人纳税人应当对以下所得进行申报。

（1）取得综合所得需要办理汇算清缴的纳税申报

取得综合所得且符合下列情形之一的纳税人，应当依法办理汇算清缴：

①从两处以上取得综合所得，且综合所得年收入额减除专项扣除后的余额超过 6 万元；

②取得劳务报酬所得、稿酬所得、特许权使用费所得中一项或者多项所得，且综合所得年收入额减除专项扣除的余额超过 6 万元；

③纳税年度内预缴税额低于应纳税额；

④纳税人申请退税。

需要办理汇算清缴的纳税人，应当在取得所得的次年3月1日至6月30日内，向任职、受雇单位所在地主管税务机关办理纳税申报，并报送《个人所得税年度自行纳税申报表》。纳税人有两处以上任职、受雇单位的，选择向其中一处任职、受雇单位所在地主管税务机关办理纳税申报；纳税人没有任职、受雇单位的，向户籍所在地或经常居住地主管税务机关办理纳税申报。

纳税人办理综合所得汇算清缴，应当准备与收入、专项扣除、专项附加扣除、依法确定的其他扣除、捐赠、享受税收优惠等相关的资料，并按规定留存备查或报送。

（2）取得经营所得的纳税申报

个体工商户业主、个人独资企业投资者、合伙企业个人合伙人、承包承租经营者个人以及其他从事生产、经营活动的个人取得经营所得，包括以下情况：

①个体工商户从事生产、经营活动取得的所得，个人独资企业投资人、合伙企业的个人合伙人来源于境内注册的个人独资企业、合伙企业生产、经营的所得；

②个人依法从事办学、医疗、咨询以及其他有偿服务活动取得的所得；

③个人对企业、事业单位承包经营、承租经营以及转包、转租取得的所得；

④个人从事其他生产、经营活动取得的所得。

纳税人取得经营所得，按年计算个人所得税，由纳税人在月度或季度终了后15日内，向经营管理所在地主管税务机关办理预缴纳税申报，并报送《个人所得税经营所得纳税申报表（A表）》。在取得所得的次年3月31日前，向经营管理所在地主管税务机关办理汇算清缴，并报送《个人所得税经营所得纳税申报表（B表）》；从两处以上取得经营所得的，选择向其中一处经营管理所在地主管税务机关办理年度汇总申报，并报送《个人所得税经营所得纳税申报表（C表）》。

（3）取得应税所得但扣缴义务人未扣缴税款的纳税申报

纳税人取得应税所得，扣缴义务人未扣缴税款的，应当区别以下情形办理纳税申报。

①居民个人取得综合所得的，按照本公告第一条办理。

②非居民个人取得工资、薪金所得，劳务报酬所得，稿酬所得，特许权使

用费所得的，应当在取得所得的次年6月30日前，向扣缴义务人所在地主管税务机关办理纳税申报，并报送《个人所得税自行纳税申报表（A表）》。有两个以上扣缴义务人均未扣缴税款的，选择向其中一处扣缴义务人所在地主管税务机关办理纳税申报。

非居民个人在次年6月30日前离境（临时离境除外）的，应当在离境前办理纳税申报。

③纳税人取得利息、股息、红利所得，财产租赁所得，财产转让所得和偶然所得的，应当在取得所得的次年6月30日前，按相关规定向主管税务机关办理纳税申报，并报送《个人所得税自行纳税申报表（A表）》。

税务机关通知限期缴纳的，纳税人应当按照期限缴纳税款。

（4）取得境外所得的纳税申报

居民个人从中国境外取得所得的，应当在取得所得的次年3月1日至6月30日内，向中国境内任职、受雇单位所在地主管税务机关办理纳税申报；在中国境内没有任职、受雇单位的，向户籍所在地或中国境内经常居住地主管税务机关办理纳税申报；户籍所在地与中国境内经常居住地不一致的，选择其中一地主管税务机关办理纳税申报；在中国境内没有户籍的，向中国境内经常居住地主管税务机关办理纳税申报。纳税人取得境外所得办理纳税申报的具体规定，另行公告。

3. 个人税务居民身份的取得和注销

《个人所得税法》第九条规定："个人所得税以所得人为纳税人，以支付所得的单位或者个人为扣缴义务人。纳税人有中国公民身份号码的，以中国公民身份号码为纳税人识别号；纳税人没有中国公民身份号码的，由税务机关赋予其纳税人识别号。扣缴义务人扣缴税款时，纳税人应当向扣缴义务人提供纳税人识别号。"

鉴于此，对于拥有中国户籍的自然人来说，身份证号码即是纳税人识别号。

税务主管部门对于自然人税务居民身份管理与公安部门对于中国永久居民的户籍、居民身份证管理之间是存在紧密关联关系的。《个人所得税法》第十三条第五款规定，在注销中国户籍前应当依法申报纳税，并办理税款清算的手续。因此，对于中国国籍的永久居民而言，其税号的注销在法律上是直接与其永久居民身份的注销和放弃挂钩的。《国家税务总局关于个人所得税自行纳税申报有

关问题的公告国家税务总局公告》(2018 年第62 号) 规定:

纳税人因移居境外注销中国户籍的，应当在申请注销中国户籍前，向户籍所在地主管税务机关办理纳税申报，进行税款清算。

如果纳税人在注销户籍年度取得综合所得的，应当在注销户籍前，办理当年综合所得的汇算清缴，并报送《个人所得税年度自行纳税申报表》。尚未办理上一年度综合所得汇算清缴的，应当在办理注销户籍纳税申报时一并办理。

如果纳税人在注销户籍年度取得经营所得的，应当在注销户籍前，办理当年经营所得的汇算清缴，并报送《个人所得税经营所得纳税申报表（B 表)》。从两处以上取得经营所得的，还应当一并报送《个人所得税经营所得纳税申报表（C 表)》。尚未办理上一年度经营所得汇算清缴的，应当在办理注销户籍纳税申报时一并办理。

如果纳税人在注销户籍当年取得利息、股息、红利所得，财产租赁所得，财产转让所得和偶然所得的，应当在注销户籍前，申报当年上述所得的完税情况，并报送《个人所得税自行纳税申报表（A 表)》。

如果纳税人有未缴或者少缴税款的，应当在注销户籍前，结清欠缴或未缴的税款。纳税人存在分期缴税且未缴纳完毕的，应当在注销户籍前，结清尚未缴纳的税款。

纳税人办理注销户籍纳税申报时，需要办理专项附加扣除、依法确定的其他扣除的，应当向税务机关报送《个人所得税专项附加扣除信息表》《商业健康保险税前扣除情况明细表》《个人税收递延型商业养老保险税前扣除情况明细表》等。

二、高净值客户需要关注的国内税收问题

在高净值客户的财富筹划中，中国内地的以下几类税收问题，需要重点关注。

（一）个人所得税法

《个人所得税法》(2018 年修正）已经于2019 年1 月1 日起生效。个人所得税法与修改之前的相比，有几点明显的变化和亮点。

1. 个人所得税征收的变化

第一个变化，是提高了免征扣除额，从原来的每月 3500 元，调整为每月

5000 元。按年收入来算的话，就是提高到每年 60,000 元。

第二个变化，是增加了多个专项附加扣除的项目，包括子女教育、继续教育、大病医疗、住房贷款利息或者住房租金、赡养老人等支出。这些方面的支出，通过个人所得税 APP 申报，将可以被用于抵税。

我们需要下载“个人所得税”APP，下载之后打开需要输入证件号和密码。进入主页之后，可以看到“我要办税”一栏下，有“专项附加扣除填报”的选项。目前，专项附加扣除需要本人亲自填写和申报，如果对于当年的专项附加扣除没有及时登记的，还可以在第二年的 3 月 1 日到 5 月 31 日之间补填并且申请退税。

第三个变化，是税率级距的优化调整。扩大了 3%、10%、20% 三档低税率的级距，缩小了 25% 税率的级距，这使中等以下收入群体的税负有明显下降。

根据《个人所得税法》第二条的规定，个人的收入可以分为以下几类：

“（一）工资、薪金所得；

（二）劳务报酬所得；

（三）稿酬所得；

（四）特许权使用费所得；

（五）经营所得；

（六）利息、股息、红利所得；

（七）财产租赁所得；

（八）财产转让所得；

（九）偶然所得。”

在纳税计算时，其中第（一）项至第（四）项所得称为综合所得，按纳税年度合并计算个人所得税，一般是由单位代扣代缴。综合所得，适用 3% ~45% 的超额累进税率。税率表[①]见表 7 - 1。

① 参见《个人所得税法》（2018 年修正）。

表 7－1　个人所得税税率

（综合所得适用）

级数	全年应纳税所得额	税率（%）
1	不超过 36,000 元的	3
2	超过 36,000 元至 144,000 元的部分	10
3	超过 144,000 元至 300,000 元的部分	20
4	超过 300,000 元至 420,000 元的部分	25
5	超过 420,000 元至 660,000 元的部分	30
6	超过 660,000 元至 960,000 元的部分	35
7	超过 960,000 元的部分	45

（注 1：本表所称全年应纳税所得额是指依照本法第六条的规定，居民个人取得综合所得以每一纳税年度收入额减除费用六万元以及专项扣除、专项附加扣除和依法确定的其他扣除后的余额。

注 2：非居民个人取得工资、薪金所得，劳务报酬所得，稿酬所得和特许权使用费所得，依照本表按月换算后计算应纳税额。）

针对第（五）项的经营所得，适用 5%～35% 的超额累进税率，税率表①见表 7－2。

表 7－2　个人所得税税率

（经营所得适用）

级数	全年应纳税所得额	税率（%）
1	不超过 30,000 元的	5
2	超过 30,000 元至 90,000 元的部分	10
3	超过 90,000 元至 300,000 元的部分	20
4	超过 300,000 元至 500,000 元的部分	30
5	超过 500,000 元的部分	35

（注：本表所称全年应纳税所得额是指依照本法第六条的规定，以每一纳税年度的收入总额减除成本、费用以及损失后的余额。）

对于第（六）项到第（九）项的利息、股息、红利所得，财产租赁所得，财产转让所得和偶然所得，适用比例税率，税率为 20%。当然，这部分收入一般情况下也是会有代扣代缴的，如果没有代扣代缴，个人应当主动申报。

---

① 参见《个人所得税法》（2018 年修正）。

2. “税收居民身份”与国际接轨

《个人所得税法》修订了中国税务居民的定义。构成中国税务居民的情况一般有两种：第一种为有住所个人；第二种为无住所个人但在中国境内累计居住满183天。

对于在中国有住所的个人来说，适用第一种标准。如何判断“住所”，我们已经在本章的第一节有详细的阐述。如果在中国没有住所，也即主要是外籍个人，是否在要中国纳税，就要适用第二条“183天”的标准。与修改前的《个人所得税法》相比，本次《个人所得税法》将税收居民的触发时限从原来的“每个自然年度累计离境90日或者一次性离境30日”（相当于每年最长可在中国待335天）缩短至每个自然年度183天，这一规定与国际接轨，这给旨在避免成为中国税收居民的高净值个人增加了很大的难度。

3. “离岸公司”递延纳税的限制

在《个人所得税法》修改之前，中国一直也是实行全球收入征税的国家，但是对于个人控制的离岸公司的所得，在离岸公司向个人分配之前，是可以递延纳税的。但《个人所得税法》引入了“受控外国企业”规则，根据第八条的规定，对于无合理经营需要而保留在境外离岸公司中的利润不作分配或者减少分配的，税务机关有权按照合理方法进行纳税调整，视同该离岸公司对居民个人进行了分配并据此征收20%的个人所得税。

也就是说，《个人所得税法》实施之后，如果个人在境外成立了一个空壳离岸公司而该公司又没有任何经营实质，那么“受控外国企业”规则将有可能直接适用。不过，虽然有这一规则，但受制于我国反避税调查和纳税调整机制的实际实施情况，“受控外国企业”规则是否马上就可以顺利实施，还有待观察。①

4. 增加离境申报制度

中国不承认双重国籍，一旦成为外籍人士，个人必须要放弃中国国籍，包括注销中国的户籍。本次《个人所得税法》新增了“离境申报”的规定。根据

① 参见倪勇军、高如枫、季康华：《新个税法时代下高净值人士最关心的八大问题》，载《中伦视界》。

《个人所得税法》第十条，中国籍个人在注销户籍时应当办理纳税申报。这个所谓的离境申报主要是要求中国籍个人在注销户籍前应当结算并清缴个人此前未完税的部分。如果在注销户籍前所有个税均已足额缴纳，则在离境申报环节并不会产生额外的税负。需要注意的是，这个"离境申报"并非等同于某些国家税法下的"弃籍税"。"弃籍税"一般指在个人放弃国籍或永久居住许可时，该个人被视同将其名下所有资产进行了一次转让，并就增值部分缴纳所得税或资本利得税。但我国的"离境申报"与"弃籍税"完全不同，主要是针对离境之前未合法完税部分。

（二）企业股权转让税收

高净值客户往往拥有自己的企业，企业也是最主要的财富来源。与企业股权转让相关的税收，也需要引起注意。

1. 股权直接转让税收

股权转让是实践中常见的一种情形，如果是自然人直接转让股权，则涉及的税收主要是个人所得税和印花税。

当然，如果自然人是将股权转让给直系亲属，或者直系亲属继承股权，则可以免交个人所得税。《股权转让所得个人所得税管理办法（试行）》（国家税务总局公告 2014 年第 67 号）第十三条规定："符合下列条件之一的股权转让收入明显偏低，视为有正当理由：

（一）能出具有效文件，证明被投资企业因国家政策调整，生产经营受到重大影响，导致低价转让股权；

（二）继承或将股权转让给其能提供具有法律效力身份关系证明的配偶、父母、子女、祖父母、外祖父母、孙子女、外孙子女、兄弟姐妹以及对转让人承担直接抚养或者赡养义务的抚养人或者赡养人；

（三）相关法律、政府文件或企业章程规定，并有相关资料充分证明转让价格合理且真实的本企业员工持有的不能对外转让股权的内部转让；

（四）股权转让双方能够提供有效证据证明其合理性的其他合理情形。"

基于上述规定，直系亲属间的转让和继承，可以平于或者低于成本价，一旦平于或者低于成本价，自然也无须征收个人所得税。

但需要特别注意的是，如果转让的目标公司主要资产为土地、煤矿等情形，除了缴纳上述个人所得税和印花税之外，需要特别注意税务机关有可能要求缴纳土地增值税。

案例7-1 岳阳HT实业有限责任公司股权转让纠纷案

岳阳HT实业有限责任公司（以下简称HT实业）成立于2014年，是HL实业发展集团股份有限公司（以下简称HL实业）的全资子公司，注册资本为1亿元，法定代表人为王某某。成立时HL实业将其土地过户至HT实业名下。2016年11月底，HL实业将HT实业80%股权作价23,280.7982万元转让给长沙FZ房地产咨询有限公司（以下简称长沙FZ），HL实业持有另外20%股权，并于2016年12月底完成了过户。上述重大资产重组完成后，HT实业由HL实业持股100%的全资子公司变为持股20%的参股公司，法定代表人由王某某变更为李某某。2017年7月27日，HL实业董事会决议，将HT实业20%股权以5820.2万元转让给长沙MD房地产有限公司（以下简称长沙MD）。至此，HL实业转让HT实业股权的对价人民币合计约29,101.00万元，其中，不动产评估价格为27,813.59万元。

上述转让事项引起了岳阳市主管税务机关的注意，经过研究，最终税务机关将此事项认定为：以股权转让名义的土地使用权转让，还需要按税法规定缴纳土地增值税。

关于涉及土地的股权转让是否要征收土地增值税的问题，实践中存在不同的观点[①]。

有一种观点认为，涉及土地的股权转让，其实质是变更土地的不动产权利归属，应征收土地增值税。原因如下：

第一，国家税务总局2000年发布的《关于以转让股权名义转让房地产行为征收土地增值税问题的批复》（国税函〔2000〕687号）以复函的形式明确："广西壮族自治区地方税务局：你局《关于以转让股权名义转让房地产行为征收土地增值税问题的请示》（桂地税报〔2000〕32号）收悉。鉴于深圳市能源集团有限公司和深圳能源投资股份有限公司一次性共同转让深圳能源（钦州）实

① 节选自许海美：《以股权转让方式转让房地产中的土地增值税问题探析》，载https：//www.shui5.cn/article/eb/126707.html，最后访问时间：2021年5月4日。

业有限公司100%的股权，且这些以股权形式表现的资产主要是土地使用权、地上建筑物及附着物，经研究，对此应按土地增值税的规定征税。”虽然该复函仅是针对个案的复函，但法律适用具有统一性，该法律的原理和解释应适用于同一类型案件。

第二，我国税法也遵从实质课税原则，实质课税原则指对于某种情况不能仅根据其外表和形式确定是否应予课税，而应该根据实际情况，尤其应当根据其经济目的和经济生活的实质，判断是否符合课税的要素，以求公平、合理、有效地进行课税。以转让股权名义转让房地产行为的实质是不动产权利发生了转移。因此，当股权向股东之外的人转让，特别是全部股权转让时，土地等不动产权利虽然形式上仍在公司名下，但公司整体资产实际上已经改变了权利主体，作为公司整体资产一部分的土地等不动产相应地也在实质上变更了权利主体。

当然，另外一种相反的观点认为，股权转让行为不能成为土地增值税的课税对象，因此不应征收土地增值税。理由如下：

首先，《公司法》第三条规定，公司的资产属于公司所有，公司在法律上是具有独立地位的法人，享有合法的财产权。公司名下的土地使用权以及土地上附着的不动产均属于公司所拥有的财产，但公司股权的变化是股东权利的变化，而股东是不能直接拥有公司财产的。因此，公司作为一个独立核算的经济实体，只要没有被取消独立法人资格，则一直存在。股权转让并不必然导致公司所持有的土地使用权等权利发生转让，因此不应当征税。

其次，《土地增值税暂行条例》第二条规定：“转让国有土地使用权、地上的建筑物及其附着物（以下简称转让房地产）并取得收入的单位和个人，为土地增值税的纳税义务人（以下简称纳税人），应当依照本条例缴纳土地增值税。”股权转让行为中，其产权人在股权转让前后并未发生变动，仍然是企业所有，不属于《土地增值税暂行条例》规定的征税范围。

综上可以看出，股权转让涉及房地产土地是否要缴税的问题，个案需要具体分析，最好先和税务部门进行沟通。同时，为了避免不必要的风险，应当在股权转让合同中将可能涉及的土地增值税进行提前约定。

2. 股权间接转让税收

除了自然人之间的股权直接转让外，如果涉及股权间接转让的，即使股权转让发生在境外，有可能也要征税。而且这种征税的主体既可能是企业，也可能是个人，企业主也要给予充分的注意。股权间接转让包括，中国企业在境外被境外公司收购，也包括境外公司并购重组交易中涉及的中国子公司股权收购。

2020年5月25日，媒体报告了一则涉及税款1893万元的间接股权转让案件。据《鞍山日报》报道，鞍山市税务局捕捉到某跨国经营集团有撤出中国和存在股权交易行为的疑点，不仅交易金额巨大、企业架构复杂，还通过在“避税天堂”建立空壳公司间接转让中国境内资产，最终鞍山市税务局认定：涉案集团应当缴纳入库税款1893万元。①

此外，江苏省南京地方税务局正确运用居民纳税人须负全面纳税义务的原则，就南京某境外上市公司14名管理层股东通过BVI持股公司减持上市公司股票累积转让收入逾18亿港元的案件是否合法缴税进行调查，最终成功令其补税24, 760万元。该案例是我国境外间接股权转让征收个人所得税的代表案例，也是我国第一个通过界定境外SPV公司背后居民个人股东纳税义务进行反避税的案例。②

上述两则案例，一个是股权间接转让过程中，企业要补交税收；另一个则是个人要补交个人所得税。因此，了解股权间接转让过程中的税收规则并做好预防工作，也是十分有必要的。

在实践中，股权间接转让是否要征税的问题，国家税务总局专门出台了一则文件。国家税务总局《关于非居民企业间接转让财产企业所得税若干问题的公告》（国家税务总局公告2015年第7号）规定，“非居民企业通过实施不具有合理商业目的的安排，间接转让中国居民企业股权等财产，规避企业所得税纳税义务的，应按照企业所得税法第四十七条的规定，重新定性该间接转让交易，确认为直接转让中国居民企业股权等财产”。因此，间接股权转让是否要征税，主要判断标准是是否具有合理的商业目的。其中列举了“合理商业目的”判断的要素：

---

① 参见《鞍山市税务局成功办结该市最大间接股权转让案入库税款1893万元》，载《鞍山日报》，https：//www. sohu. com/a/398375379_ 611489？ spm = smpc. null. fd - news. 13. 1590709475098UD8UvNn，最后访问时间：2021年5月4日。

② 南京地方税务局钱家俊、林大蓼：《全国首例居民个人境外间接股权转让案》，载《国际税收》2015年第2期。

“（一）境外企业股权主要价值是否直接或间接来自中国应税财产；

（二）境外企业资产是否主要由直接或间接在中国境内的投资构成，或其取得的收入是否主要直接或间接来源于中国境内；

（三）境外企业及直接或间接持有中国应税财产的下属企业实际履行的功能和承担的风险是否能够证实企业架构具有经济实质；

（四）境外企业股东、业务模式及相关组织架构的存续时间；

（五）间接转让中国应税财产交易在境外应缴纳所得税情况；

（六）股权转让方间接投资、间接转让中国应税财产交易与直接投资、直接转让中国应税财产交易的可替代性；

（七）间接转让中国应税财产所得在中国可适用的税收协定或安排情况；

（八）其他相关因素。”

因此，如果被转让的境外公司的股权价值并不主要来自中国应税财产，同时境外公司的资产或收入也并非主要由中国境内投资构成或来源于中国境内，交易的目的是整体转让全球或部分业务，如果直接转让中国公司股权并不能达到相同的商业目的，在这种情况下，有较大概率将被认定为具有合理的商业目的而不必征税。

由于与间接股权转让的相关规定还是比较笼统的，缺少具体的量化标准，对“合理商业目的”的判断也具有较强的主观性。为了不必要的征税，在间接股权转让过程中，创业主应先向专业的税务律师进行咨询。

3. 股票交易中的税费

股票交易过程中的税费，主要包括印花税和个人所得税。如果是企业为股票持有主体，则还可能产生增值税和企业所得税。我们将上海证券交易所和深圳证券交易所的税费规则总结为下表，见表7－3。

表 7－3

证交所	上海证券交易所		深圳证券交易所	
税费	A 股	B 股	A 股	B 股
印花税	成交金额的 0.1%（出让方单边缴纳）			
个人所得税	1. 股票转让时的个人所得税 根据财税〔2009〕167 号、财税〔2002〕128 号等文件规定，个人买卖股票及开放式基金所得免征个人所得税，但转让上市公司限售股所得应征收个人所得税。 2. 股票持有时的个人所得税 根据（财税〔2015〕101 号、财税〔2012〕85 号）的规定，按持股期限，享受股息红利差别化个人所得税政策。持股 1 个月内（含 1 个月）的，就其股息红利所得，全额征收个人所得税；持股期限在 1 个月以上至 1 年（含 1 年）的，股息红利所得暂减按 50% 计入应纳税所得额，适用 20% 的税率，即减半征收个人所得税；持股期限超过 1 年的，股息红利所得暂免征收个人所得税。如果个人投资者持有的上市公司股票为限售股，解禁前取得的股息红利，继续暂减按 50% 计入应纳税所得额，适用 20% 的税率计征个人所得税，即减半征收；解禁后取得的股息红利，持股时间自解禁日起计算，实行差别化征收。			
增值税和企业所得税	个人投资者无此项，法人投资者需要缴纳增值税和企业所得税，合伙企业需要缴纳增值税。			

4. 股票非交易过户的税收

如果涉及婚姻关系解除、继承等情况而引起的股票分割，一般是通过非交易过户的形式。在夫妻间的股票分割和继承过户中，主要涉及三项税收，增值税、印花税和个人所得税。

（1）免交增值税

根据财税〔2016〕36 号文《关于全面推开营业税改征增值税试点的通知》附件 3《营业税改征增值税试点过渡政策的规定》第一条第（二十二）款第 5 点规定，个人从事金融商品转让业务免征增值税。股票属于金融商品中的有价证券。因此，离婚股权分割和继承目前是免征增值税的。

（2）1‰印花税

根据财税明电〔2008〕2 号文《财政部、国家税务总局关于证券交易印花税改为单边征收问题的通知》规定：对买卖、继承、赠与所书立的 A 股、B 股股权转让书据的出让方按 1‰的税率征收证券（股票）交易印花税，对受让方不再征税。

(3) 免交个人所得税

国家税务总局公告2014年第67号《股权转让所得个人所得税管理办法》(试行)第十三条规定:“符合下列条件之一的股权转让收入明显偏低,视为有正当理由:……(二)继承或将股权转让给其能提供具有法律效力身份关系证明的配偶、父母、子女、祖父母、外祖父母、孙子女、外孙子女、兄弟姐妹以及对转让人承担直接抚养或者赡养义务的抚养人或者赡养人;……”因此,夫妻因为离婚而进行的股票分割过户,继承股票过户,暂时都是免交个人所得税的。

(三) 房产过户中的税收

在房屋过户过程中,无论是买卖还是赠与,可能涉及以下几种税收,以下以上海市为例进行介绍,见表7-4。

1. 增值税

表7-4

税种	纳税义务人	税额计算
增值税	转让方	个人将购买不足5年的住房对外销售的,按照5%的征收率全额缴纳增值税 个人将购买5年以上(含5年)的普通住房对外销售的,免征增值税 个人将购买5年以上(含5年)的非普通住房对外销售的,以销售收入减去购买住房价款后的差额按照5%的征收率缴纳增值税 [上海市普通住房认定标准是:五层以上(含五层)的多高层住房,以及不足五层的老式公寓、新式里弄、旧式里弄等;单套建筑面积在140平方米以下;实际成交价格:低于同级别土地上住房平均交易价格1.44倍以下,坐落于内环线以内的低于450万元/套,内环线与外环线之间的低于310万元/套,外环线以外的低于230万元/套] 增值税=(交易价格-房屋取得成本)×5%÷(1+5%) 税务局为了计税方便,会在增值税中一并加上城建税、教育费附加和地方教育附加,增值税总计为5%~5.65%,上海不同区的税率不同

续表

税种	纳税义务人	税额计算
个人所得税	转让方	“满五唯一”住房免征个人所得税 转让/继承/赠与获得的房屋，按照“财产转让所得”缴纳个人所得税；以转让财产的收入额减除房屋取得成本和合理费用后的余额，为应纳税所得额，税率为20%（现阶段继承、近亲属赠与暂免征收个人所得税） 转让方购买获得的房屋，可选择按照“财产转让所得”的20%或交易价格的2%（非普通住宅为2%，普通住宅为1%）缴纳个人所得税 个人所得税 =（交易价格 - 房屋取得成本）×20%，或个人所得税 = 交易价格 ×2%（非普通住宅为2%，普通住宅为1%）
契税	受让方（个人）	契税由受让方按照交易价格缴纳： 受让方名下唯一住房，房屋小于90平方米，按1%计税；大于90平方米，按1.5%计税； 受让方名下非唯一住房，按3%计税； 契税 = 交易价格 ×（1.5%或3%） 满足《契税法》第六条的免征契税
土地增值税	个人销售住房暂免征收土地增值税	
印花税	5‰（有些地方的税务局暂时减免该费用）	

2. 房产税

2019年3月9日，全国人大财经委副主任委员乌日图在全国两会记者会上表示，房地产税法由全国人大常委会预算工作委员会会同财政部组织起草。目前，相关部门正在完善法律草案、进行重要问题的论证，待条件成熟时提请全国人大常委会初次审议。①

我国1986年即颁布了《房产税暂行条例》，之后于2011年进行了修订。但是“个人所有的非营业用的房产”一直以来都是免征房产税的。对于个人住房如何征收房产税的问题，目前上海、重庆已先行试点对部分个人住房征收房地产税。但我国幅员辽阔，各地区、各等级城市的土地、房屋市场情况和保有情况都不尽相同，难以形成统一的标准，可以预计房地产税在短期内无法真正提

① 参见《房地产税法由全国人大常委会预工委会同财政部起草》，载《中国青年报》，http://news.cyol.com/xwzt/2019-03/09/content_17947491.htm，最后访问时间：2021年5月4日。

上议事日程，还需要一段时间加以完善后再寻找出台时机。

我们先来看上海市的具体规定。

（1）免交房产税的情况

上海市财政局、国家税务总局上海市税务局、上海市房屋管理局《关于本市开展对部分个人住房征收房产税试点若干问题的通知》（沪财发〔2020〕18号）规定，凡在上海市新购住房的购房人，均应在办理房地产登记之前向房屋所在地税务机关申报办理房产税征免认定手续。

上述所指的免税核定，是指根据《上海市开展对部分个人住房征收房产税试点的暂行办法》（沪府发〔2011〕3号）中规定存在以下6种情况的，个人可免交房产税：

“（一）本市居民家庭在本市新购且属于该居民家庭第二套及以上住房的，合并计算的家庭全部住房面积（指住房建筑面积，下同）人均不超过60平方米（免税住房面积，含60平方米）的，其新购的住房暂免征收房产税；人均超过60平方米的，对属新购住房超出部分的面积，按本暂行办法规定计算征收房产税。

合并计算的家庭全部住房面积为居民家庭新购住房面积和其他住房面积的总和。

本市居民家庭中有无住房的成年子女共同居住的，经核定可计入该居民家庭计算免税住房面积；对有其他特殊情形的居民家庭，免税住房面积计算办法另行制定。

（二）本市居民家庭在新购一套住房后的一年内出售该居民家庭原有唯一住房的，其新购住房已按本暂行办法规定计算征收的房产税，可予退还。

（三）本市居民家庭中的子女成年后，因婚姻等需要而首次新购住房、且该住房属于成年子女家庭唯一住房的，暂免征收房产税。

（四）符合国家和本市有关规定引进的高层次人才、重点产业紧缺急需人才，持有本市居住证并在本市工作生活的，其在本市新购住房、且该住房属于家庭唯一住房的，暂免征收房产税。

（五）持有本市居住证满3年并在本市工作生活的购房人，其在本市新购住房、且该住房属于家庭唯一住房的，暂免征收房产税；持有本市居住证但不满3年的购房人，其上述住房先按本暂行办法规定计算征收房产税，待持有本市居住证满3年并在本市工作生活的，其上述住房已征收的房产税，可予退还。

（六）其他需要减税或免税的住房，由市政府决定。”

（2）房产税的计算和缴纳

首先，年应纳房产税税额的计算公式为：年应纳房产税税额（元）=新购住房应征税的面积（建筑面积）×新购住房单价（或核定的计税价格）×70%×税率。

其次，纳税人应当在每年的12月31日前，凭有效身份证明原件自行向主管税务机关申报缴纳税款，缴清当年度应纳税款。未按时足额缴纳的，逾期缴纳的税款从次年1月1日起按日加收滞纳税款5‰的滞纳金。

最后，应税住房发生权属转移的，原产权人应在办理房地产登记之前缴清截至办理权属转移登记当月应当缴纳的房产税。

同时，《关于本市开展对部分个人住房征收房产税试点若干问题的通知》（沪财发〔2020〕18号）还进一步就部分问题进行了解释，主要有以下内容值得关注。

第一，“上海市居民家庭”主要是指“具有本市常住户口的居民家庭”。所谓的居民家庭住房套数为居民家庭（包括夫妻双方及其未成年子女，下同）在上海市范围内拥有的所有住房（含已签订购房合同的住房）。两个或两个以上居民家庭共同拥有或购买住房的，均应计入各自家庭的住房套数，并根据各自拥有住房的份额，分别计算家庭住房面积。

第二，在试点初期，应税住房的计税依据为应税住房的市场交易价格。按照国家有关规定，纳税人申报的应税住房交易价格明显偏低，又无正当理由的，由税务机关核定其计税价格，房产税则按应税住房计税价格的70%计算缴纳。

第三，应税住房应纳房产税税额的计算公式为：应纳房产税税额=新购住房应征税的面积（建筑面积）×新购住房单价×70%×税率。

第四，如果居民家庭在上海市新购且属于该居民家庭第二套及以上住房的，该居民家庭中有无住房的成年子女或其他亲属共同居住、且其常住户口在该居民家庭拥有住房的，可并入该居民家庭按每人60平方米计算免税住房面积。对已并入居民家庭计算过免税住房面积的成年子女或其他亲属，不得重复计算免税住房面积。此处所谓的“无住房”，是指成年子女或其他亲属各自所属的家庭在上海市范围内无住房。

第五，对部分住房暂免征收房产税，具体包括：本市居民家庭因房屋征收或拆迁而购买或取得的住房，但该类住房如果超出国家及本市有关房屋征收或拆迁的补偿标准的部分，应按暂行办法的规定，计算确定房产税征免面积。另外则是上海市农村居民通过宅基地置换试点政策取得的住房。

第六，应税住房房产税按年计征，并于当年的12月31日前办理申报纳税。纳税人在年度中发生应税住房权属转移的，其尚未缴纳的房产税税款，应当在转移时申报缴纳。

第七，如果居民家庭住房情况发生变化，涉及应税住房房产税纳税事项调整的，可向应税住房所在地税务机关申报，并重新办理房产税纳税信息的申报、认定，从税务机关重新认定之次月起调整纳税。

3. 契税法

2020年8月11日，《契税法》由第十三届全国人民代表大会常务委员会第二十一次会议通过，自2021年9月1日起施行。在《契税法》出台之前，1997年7月7日以国务院令第224号发布的《契税暂行条例》是契税缴纳的主要依据。

《契税法》的出台引起了广泛的社会讨论，房子关系到民生大计，尤其是居民个人的住房，是否本次新的契税法增加了契税的负担，2021年9月1日以后，买房是不是就更贵了？那么《契税法》相比于现行的契税暂行条例，到底有哪些“变”与“不变”呢？

（1）征税范围和税率并未改变

《契税法》与《契税暂行条例》相比，在征收范围、税率、计税依据等诸方面保持不变。契税的税率仍然为3%～5%，具体的适用税率，由省、自治区、直辖市人民政府在前款规定的税率幅度内提出，报同级人民代表大会常务委员会决定。从保持法律稳定性、考虑民意的角度出发，个人住房的契税税率将很有可能保持不变，但二套房、豪华住宅的契税将有可能上调。当然，这具体要看届时各省的规定。

《契税法》与《契税暂行条例》的比较（一）见表7－5。

表7－5

《契税法》	《契税暂行条例》
第一条　在中华人民共和国境内转移土地、房屋权属，承受的单位和个人为契税的纳税人，应当依照本法规定缴纳契税。	第一条　在中华人民共和国境内转移土地、房屋权属，承受的单位和个人为契税的纳税人，应当依照本条例的规定缴纳契税。

续表

《契税法》	《契税暂行条例》
第二条　本法所称转移土地、房屋权属，是指下列行为： （一）土地使用权出让； （二）土地使用权转让，包括出售、赠与、互换； （三）房屋买卖、赠与、互换。 前款第二项土地使用权转让，不包括土地承包经营权和土地经营权的转移。 以作价投资（入股）、偿还债务、划转、奖励等方式转移土地、房屋权属的，应当依照本法规定征收契税。	第二条　本条例所称转移土地、房屋权属是指下列行为： （一）国有土地使用权出让； （二）土地使用权转让，包括出售、赠与和交换； （三）房屋买卖； （四）房屋赠与； （五）房屋交换。 前款第二项土地使用权转让，不包括农村集体土地承包经营权的转移。
第三条　契税税率为百分之三至百分之五。 契税的具体适用税率，由省、自治区、直辖市人民政府在前款规定的税率幅度内提出，报同级人民代表大会常务委员会决定，并报全国人民代表大会常务委员会和国务院备案。 省、自治区、直辖市可以依照前款规定的程序对不同主体、不同地区、不同类型的住房的权属转移确定差别税率。	第三条　契税税率为3～5%。 契税的适用税率，由省、自治区、直辖市人民政府在前款规定的幅度内按照本地区的实际情况确定，并报财政部和国家税务总局备案。
第四条　契税的计税依据： （一）土地使用权出让、出售，房屋买卖，为土地、房屋权属转移合同确定的成交价格，包括应交付的货币以及实物、其他经济利益对应的价款； （二）土地使用权互换、房屋互换，为所互换的土地使用权、房屋价格的差额； （三）土地使用权赠与、房屋赠与以及其他没有价格的转移土地、房屋权属行为，为税务机关参照土地使用权出售、房屋买卖的市场价格依法核定的价格。 纳税人申报的成交价格、互换价格差额明显偏低且无正当理由的，由税务机关依照《中华人民共和国税收征收管理法》的规定核定。	第四条　契税的计税依据： （一）国有土地使用权出让、土地使用权出售、房屋买卖，为成交价格； （二）土地使用权赠与、房屋赠与，由征收机关参照土地使用权出售、房屋买卖的市场价格核定； （三）土地使用权交换、房屋交换，为所交换的土地使用权、房屋的价格的差额。 前款成交价格明显低于市场价格并且无正当理由的，或者所交换土地使用权、房屋的价格的差额明显不合理并且无正当理由的，由征收机关参照市场价格核定。

（2）扩大了免征契税的情形

根据新的契税法，免征契税的情形有了进一步的扩大。《契税法》与《契税暂行条例》的比较（二）见表7－6。

表7－6

《契税法》	《契税暂行条例》
第六条　有下列情形之一的，免征契税： （一）国家机关、事业单位、社会团体、军事单位承受土地、房屋权属用于办公、教学、医疗、科研、军事设施； （二）非营利性的学校、医疗机构、社会福利机构承受土地、房屋权属用于办公、教学、医疗、科研、养老、救助； （三）承受荒山、荒地、荒滩土地使用权用于农、林、牧、渔业生产； （四）婚姻关系存续期间夫妻之间变更土地、房屋权属； （五）法定继承人通过继承承受土地、房屋权属； （六）依照法律规定应当予以免税的外国驻华使馆、领事馆和国际组织驻华代表机构承受土地、房屋权属。	第六条　有下列情形之一的，减征或者免征契税： （一）国家机关、事业单位、社会团体、军事单位承受土地、房屋用于办公、教学、医疗、科研和军事设施的，免征； （二）城镇职工按规定第一次购买公有住房的，免征； （三）因不可抗力灭失住房而重新购买住房的，酌情准予减征或者免征； （四）财政部规定的其他减征、免征契税的项目。

需要特别说明的是，夫妻之间变更房屋权属、通过继承变更房屋权属，本来就是有免征契税的规定的，本次只是将原来的部门规章上升到了法律的层面固定下来。

财政部与国家税务总局于2013年12月31日联合发布财税〔2014〕4号文，其中规定，在婚姻关系存续期间，房屋、土地权属原归夫妻一方所有，变更为夫妻双方共有或另一方所有的，或者房屋、土地权属原归夫妻双方共有，变更为其中一方所有的，或者房屋、土地权属原归夫妻双方共有，双方约定、变更共有份额的，免征契税。国家税务总局于2004年9月2日发布的国税函〔2004〕1036号文中就有明确的规定，首先，根据法律规定的法定继承人（包括配偶、子女、父母、兄弟姐妹、祖父母、外祖父母）继承土地、房屋权属，不征契税。其次，非法定继承人根据遗嘱承受死者生前的土地、房屋权属，属于赠与行为，应征收契税。

总体来说，契税法与原来的契税暂行条例的内容大部分保持一致，最终如何具体实施，有待进一步的明确。

（四）婚姻变动和税收

婚姻关系的变动，也与税务有着密切的关系。

1. 结婚时房产加名的免税政策

根据《财政部、国家税务总局关于夫妻之间房屋土地权属变更有关契税政策的通知》（财税〔2014〕4号）、《财政部、国家税务总局关于个人无偿受赠房屋有关个人所得税问题的通知》（财税〔2009〕78号）第一条第（一）项、《财政部、国家税务总局关于全面推开营业税改征增值税试点的通知》（财税〔2016〕36号）附件3《营业税改征增值税试点过渡政策的规定》第一条第（三十六）项、《股权转让所得个人所得税管理办法（试行）》（国家税务总局公告2014年第67号）第十三条第（二）项的规定，在夫妻关系存续期间，夫妻一方将婚前个人所有的房产、土地使用权或者股权转让给另一方的，不征收契税、个人所得税、增值税，即使相关财产的权属已经发生了实质性的转移。

由此可以看出，以上税收规定对于夫妻之间的财产处置非常包容。只要法律上的夫妻关系仍然存续，则无论“夫妻感情是否确已破裂”，无论权利人名称的变更是否导致财产权利的实质性变化，不管是从夫妻共同财产转变为一方个人财产，还是从一方个人财产转变为共同财产，夫妻双方均不负有纳税的义务。

离婚而引起的房屋、股权、股份分割，目前都是免征个人所得税的。

2. 离婚时房屋过户免交个税和契税

因离婚而引起的房屋分割，不受房屋限购政策的影响，而且也免税个人所得税和契税。

根据《国家税务总局关于离婚后房屋权属变化是否征收契税的批复》（国税函〔1999〕391号）的规定，由于夫妻共有房屋属共同共有财产，因夫妻财产分割而将原共有房屋产权归属一方，是房产共有权的变动而不是现行契税政策规定征税的房屋产权转移行为。因此，对离婚后原共有房屋产权的归属人不征收契税。

另外，根据《财政部、国家税务总局关于个人无偿受赠房屋有关个人所得税问题的通知》规定，对离婚房产分割，如果一方放弃归另一方所有，则属于将房屋产权无偿赠与配偶，不征收个人所得税。

三、FATCA、CRS 与国际税务透明化

（一）美国 FATCA 法案

FATCA 法案是美国在 2012 年通过的美国海外账户税收遵从法，全名为 Foreign Account Tax Compliance Act，简称 FATCA，2013 年 1 月起生效。根据其发音，一般也称之为“肥咖法案”。

FATCA 法案的核心内容是要求海外的美国人，以及海外金融机构向美国通报美国纳税居民在海外的金融账户信息，以供美国政府查税之用。如果海外金融机构不配合，将面临 30% 的预提所得税。

该法案的出台背景是，美国在经历 2008 年经济危机后，政府收入大幅缩水，财政赤字严重。为增加税收收入，打击美国纳税人利用海外账户偷逃税行为。

FATCA 法案影响深远，对于全球金融机构来说，是美国利用其国际霸主地位而出台的一项仅有义务而没有权利的法律。对于金融机构来说，是沉重的负担。为了履行该法案，金融机构的合规工作将涉及税收、法律、技术及客户关系等多方面事项，金融机构若是遵从法案要求的尽职调查、信息申报及扣缴义务，则需付出巨大的合规成本，而这笔成本美国政府并不会买单。

除了合规成本外，还有法律冲突问题。美国国内的法律，却要求海外金融机构都予以配合和执行，首先就有法律上的问题。当然，即使法律上不适格，基于美国的强势霸主地位，为了不被美国政府预提 30% 所得税，大部分金融机构还是会遵从 FATCA 法案。但遵从 FATCA 法案，无论是根据各国的个人隐私保护法，还是基于银行与客户之间签订的合同，银行等金融机构都无权向美国政府泄露客户信息，如此就会陷入两难境地。同时，金融机构在履行 FATCA 扣缴义务时也会面临潜在的法律风险。

不可否认，美国的 FATCA 法案，使得国际打击逃税漏税行动前进了一大步。CRS 的出台，一定意义上也是“跟风”美国的 FATCA 法案的成果。

（二）CRS 的实施

为了打击全球逃税漏税，规范全球税收的透明化，2013 年 6 月 19 日，经合组织（OECD）向 G8 首脑峰会提交了一份题为《税收透明度变革的一步》（A Step Change in Tax Transparency）的报告，提出了建设涉税信息自动交换系统

(Automatic Exchange of Information)，并提出建设全球单一标准所需要完成的具体工作。G8 同意接受该报告的建议，并决定确定涉税信息自动交换系统为税收信息交换新的国际标准。

2013 年 7 月 20 日，G20 财长与央行行长会议进一步同意将涉税信息自动交换系统作为新的国际标准。2013 年 9 月 6 日，G20 圣彼得堡首脑峰会重申将金融账户涉税信息自动交换作为新的国际标准，并委托经合组织与 G20 合作，在 2014 年 2 月举行的 G20 财长与央行行长会议上提交涉税信息自动交换系统全球单一标准报告。

2014 年 2 月，经合组织向 G20 提交了《统一报告标准》《金融账户涉税信息自动交换标准》(Common Reporting Standard，CRS)，成为金融账户涉税信息自动交换的全球标准。此后又陆续发布了《统一报告标准释义》《统一报告 CRS 实施手册》，为各国实施 CRS 金融账户涉税信息自动交换提供了参考。

在 CRS 实施以前，各个国家之间的税收信息主要依靠申请交换制度，除非国家之间签署有双边协议或多边协议，或者应申请交换，否则一般是不会自动交换税务情报的。CRS 要求参与国的金融机构每年自动汇报该国税务居民的资产状况，从而进一步提高了税务透明化。

2015 年 12 月，中国正式签署了《金融账户涉税信息自动交换多边主管当局间协议》。国际协议要转化成国内可实施的法律法规，则必须经过国内立法。2017 年 5 月 19 日，国家税务总局联合财政部、中国人民银行、银监会、证监会和保监会六大部委，正式发布《非居民金融账户涉税信息调查管理办法》的实施公告，中国版 CRS 正式落地，中国的全球反避税大幕豁然拉开，中国迎接国际税收征管协作的新纪元开始了。

《非居民金融账户涉税信息管理办法》于 2017 年 7 月 1 日起正式施行。2017 年 12 月 19 日，国家税务总局会同银监会、证监会、保监会下发《非居民金融账户涉税信息报送规范》，对信托业、证券业、保险业金融机构的非居民金融账户涉税信息报送工作提出了要求。

(三) CRS 的主要内容

CRS 的本质是建设一套全球单一的金融账户涉税信息自动交换系统，系统的标准就是我们所说的《金融账户涉税信息自动交换标准》。该标准主要是明确各税收辖区内金融机构所应遵守的尽职调查与报告义务共同标准，简称共同报告准则（Common Reporting Standard），也就是我们经常听到的CRS。为了更好地指导各国当局申报，经合组织还出台了一份Common Reporting Standard Implementation Handbook，也就是《CRS实施手册》。另外，OECD还发布了《税务当局有关金融账户信息自动交换双边协定范本》（以下简称税务当局协定范本），供各国参考。第一部分共同报告标准是标准的核心内容，承诺参与的各国都需要通过国内立法程序，将国际协议转化为国内法来实施；第二部分税务当局协定范本则可借助现有的税收信息自动交换国际法框架来实施。

根据在CRS标准和实施手册，首先，参与国的金融机构需按照安排每年开展尽职调查程序识别应该报告的税务居民个人和企业在该机构开立的金融账户税务信息；其次，该金融机构每年将收集到的上述信息向报告国的主管当局报告；最后，报告国的主管当局依据与报告国（账户持有人的税务居民国）签订的协定，交换信息。

在CRS刚出来的时候，市场普遍比较恐慌和担忧，频频有“全球征税”之类的标题党出现。但诚如上文所言，CRS仅仅是一种信息交换的标准，其本身并不涉及“征不征税”和“征多少税”的问题。中国税法本来就对中国税务居民实行全球收入征税。而CRS的出台只是帮助中国税务局发现中国税务居民在全球的收入。至于是否要补交税，则要看中国国内税收法规的规定。如果该些收入是合法的且已经合法纳税，也不会重复纳税。

（四）CRS之下需要交换的信息

为了更好地实施CRS，经合组织专门制定了《共同申报准则实施手册》（CRS Implementation Handbook），供各国立法实施时参考。中国在2017年出台实施了《非居民金融账户涉税信息调查管理办法》，依法在中华人民共和国境内设立的金融机构开展非居民金融账户涉税信息尽职调查工作，适用本办法。

上述办法开篇第一句即画重点，强调是金融机构需要交换非居民的金融账户涉税信息。如何理解金融机构、非居民、金融账户就特别重要了。

金融机构包括存款机构、托管机构、投资机构和特定的摆向机构及其分支机构。比如商业银行、农村信用合作社、证券公司、期货公司、基金管理公司、有现金价值保险或年金业务的保险公司、保险资产管理公司、信托公司等都属于国内的金融机构。

非居民比较好理解，即不构成本国/地区纳税居民的，都是非居民。在我国，非居民是指中国税务居民以外的个人和企业。

金融账户指存款账户、托管账户、投资机构的股权或债权权益，包括私募投资基金的合伙权益和信托的受益权、具有现金价值的保险合同或年金合同等。

这些概念都非常专业并且有些晦涩难懂，我们通过一则简单的案例来说明。

案例7-2 CRS之下交换信息的各种情形

Y小姐是中国税务居民，在中国香港、开曼群岛、BVI群岛和英国分别设立了公司。中国，中国香港，开曼，BVI和英国都属于CRS参与国（地区）。Y小姐在中国香港有一家A公司，由Y小姐100%持有和控制。中国香港A公司属于壳公司，没有开展实际的经营业务，但账上有现金存款500万元港币。Y小姐在开曼设立B公司。B公司由新加坡Z银行开曼分行管理和提供专业投资服务，并由其委派公司董事。开曼B公司持有价值约2000万美元的共同基金、私募基金、股票等资产，由Z银行按照Y小姐的投资产品风险要求自由安排投资组合。Y小姐在BVI成立一家C公司，由BVI当地一家秘书公司负责日常管理。C公司主要持有一套位于伦敦的豪华房产，价值约为500万英镑，无其他业务。

问题（不定项选择）：在CRS下，哪些信息会被直接或者间接地申报和传递给中国税务机关？

A. 香港A公司在中国香港银行的现金存款余额500万港币

B. 在BVI成立的C公司在伦敦价值500万英镑的房产

C. 开曼B公司2000万的共同基金、私募基金、股票等资产

D. Y小姐的个人身份信息

正确答案是A、C、D

分析如下：中国香港A公司是Y小姐100%控制并且没有开展实质业务，会被穿透到Y小姐。而Y小姐是中国香港的非居民，且A公司的账户是金融账户，资产是金融资产，需要被收集和交换。

C公司持有的房产，即使C公司的账户是金融账户，但Y小姐并非BVI的居民，由于房产并非金融资产，也不体现在金融账户上，不必收集和交换。

开曼B公司持有的共同基金、私募基金、股票等资产，由于也是金融资产，且处于金融账户内，也是需要被收集和交换的。

Y 小姐的个人身份信息，则是实施手册中明文规定需要申报和传送的信息。

（五）离岸经济实质法与税务透明化

开曼、BVI、百慕大群岛等是众所周知的“避税天堂”。此前有调研报告称有超过 100 万家空壳公司在 BVI 注册成立，全球超过 45% 的离岸公司是在 BVI 注册成立的。但由于 CRS 的实施，打破了这种离岸地的“岁月静好”。

2018 年 12 月，BVI、开曼、百慕大群岛等也分别颁布并实施《国际税务合作法》（以下简称经济实质法），要求在离岸地注册的从事特定活动的公司、合伙企业，必须具备充足的商业实质，否则将面临罚款、注销等风险。

根据经济实质法，对何种实体属于“相关实体”的判断非常重要。以 BVI 经济实质法的规定为例：按照 2004 年《BVI 商业公司法》注册的公司以及 2017 年《有限合伙企业法》注册的有限合伙企业，均属于相关实体，但不包括非居民企业和非居民有限合伙企业。法案明确，如果不是 BVI 司法管辖区之外的税收居民，每个法人实体必须在 BVI 从事核心创收活动，证明其活动的经济实质。如果不满足经济实质的要求，且未声明是其他管辖区税收居民的，BVI 税务局会进行两次通知（加上罚款），仍未改正的，税务局有权将壳实体注销。

对此，在经济实质法案出来之时，专业人士纷纷撰文分析法案对中国投资者和高净值客户的影响。有专业分析人士①指出，典型的投资基金架构并没有受到开曼经济实质法的冲击，纯粹的持股公司也没有受到开曼经济实质法的冲击，原因是“纯控股主体”目前仅需要满足简化的经济实质测试，其可以通过委聘当地注册代理的方式满足简化的经济实质测试，而每个开曼公司在注册时都已经委聘了当地注册代理，这些注册代理未来可以直接提供经济实质的合规服务。所以，红筹架构中的纯夹层公司或者投资者使用的纯投资持股的开曼 SPV 并不会受到开曼经济实质法的重大冲击。信托业务也并没有受到开曼经济实质法的冲击，原因是目前信托业务不构成开曼经济实质法下的 9 类“相关活动”，无须担忧经济实质的问题。

当然，红筹架构里最上层的持股公司（拟上市主体）有可能受到开曼经济实质法的影响。这类公司在 IPO 之前通常有大量的融资活动，而且其作为整个

---

① 参见中伦律师事务所姚平平、徐振梁、樊娟红、郭婧雯：《开曼经济实质法撼动了离岸架构吗?》，载 https：//www. sohu. com/a/307794470_ 120051855，最后访问时间：2021 年 4 月 28 日。

集团架构中的最上层结构，控制着集团公司的核心管理权，有可能落入“融资”和“总部业务”范畴，需要对每个公司的具体情况进行具体分析。

此外，英国政府也一直在推动税务信息的透明化，英国2018年通过的《制裁与反洗钱法案》（Sanctions and Anti－Money Laundering Act 2018），要求英国皇家属地（Crown Dependencies）和海外领地（British Overseas Territories）政府于2023年年底前向公众完全公开当地公司的受益所有权登记信息。目前，根西岛（Guernsey）、泽西岛（Jersey）、马恩岛（Isle of Man）、安圭拉（Anguilla）、百慕大群岛（Bermuda）、开曼群岛（Cayman Islands）、福克兰群岛（Falkland Islands）、直布罗陀（Gibraltar）、蒙特塞拉特（Montserrat）、皮特凯恩、亨德森、迪西和奥埃诺群岛（Pitcairn Island，Henderson，Ducie and Oeno Islands）、圣赫勒拿、阿森松和特里斯坦－达库尼亚（St Helena，Ascension and Tristan da Cunha）、特克斯和凯科斯群岛（Turks and Caicos Islands）等已经承诺将公开当地的受益权登记信息。

虽然公开收益权并不一定意味着会纳税，但是高净值客户还是应该尽早进行筹划。

（六）国际税务透明化对财富筹划的影响

如何应对CRS带来的挑战是一个热门话题，也是一个难解的话题。每个人的资产配置情况各有千秋，需要税务专业人士针对个人的具体情况提出专业化意见。值得注意的是，CRS仅仅是税务信息的收集和交换，其本身并不决定“征不征税”和“征多少税”的问题。如果财富的获得和积累已经合法纳税，则并不会触发重复纳税。但总体来说，仍有以下可以作为家族财富传承中的税务筹划参考因素。

1. 大额保单的配置

根据CRS，大额保单也在信息交换之列。有些大额保单具有极高的现金价值，办理现金价值的保险合同业务的保险公司也属于金融机构，其应当向税务机关申报外国税务居民在该机构购买的具有现金价值的保险合同的投保人、受益人的身份信息，账户余额和账户金额变动信息。很多人在买保险的时候，可能并没有意识到未来有一天突然要实施CRS。所以当时买保险的时候，由谁当投保人谁当受益人，以及投保人用一个什么样的税务居民身份都没有仔细考虑过。现在这张保单资产有可能会披露。在信息交换之后，国家税务局可能会启动资金来源合法性审查，就会涉及部分资金出境不是通过外汇的合规管理换汇出去的，甚至可能有些不法收入。

但相较于存款、现金而言，大额保单还是有一定的优势的，至少多了一些屏障。大额保单至少有以下优势：

（1）时间递延

根据大额保单的特性，一般在购买之初，大额保单的现金价值是比较低的，以后逐步提高。而信息交换需要披露的是现金价值，因此，大额保单其实具有一种财富逐步披露的作用，起到了时间递延的作用。

（2）税收筹划

例如，年金险有延税的功能。年金受益人每年领取受益金，就可以起到纳税递延的功能。具有分红和万能账户的保单，用分红和万能账户中的钱款再投资，在某些国家也可以免交个税。

2. 家族信托的应用

家族信托是否属于共同申报准则下的合规对象，是一个非常复杂的问题，也是众多高净值客户、第三方机构关注的问题。一般来说，如果家族信托的受托人是金融机构，那么按照 CRS 标准，该信托被认为受到了专业管理，是受专业管理的投资实体，构成金融机构，也负有共同申报准则下的申报义务。

尽管如此，家族信托要申报的也仅仅是金融资产的情况。如果家族信托主要持有的是房产、车辆、游艇、珠宝、古董等实物资产，而不是金融资产，则无须披露。不管持有的实物资产数额有多大，无论该信托是否有专门的金融机构进行“专业管理”，只要不是金融资产，那么通常都无法满足 CRS 下判定“投资实体”时所需要通过的“金融资产”测试，也就不可能被判定为“投资实体”，因此也没有 CRS 下的合规义务。[①]

3. 税务居民身份的筹划

国际身份的规划事实上很复杂。对一个高净值客户来说，首先他可能有一个国籍国，然后他可能有一个定居国，另外他可能还有一个税务居民国。这三

---

① 参见科林：《家族信托在 CRS 下合规身份的判定》，微信公众号：国际税务透明。

个国家可能并不是同一个，并且每个国家对于税务居民的定义也是不一样的。

比如，王总的国籍是中国人，定居在加拿大，同时他还拿了中国香港的投资移民身份。那么他的税务居民身份可能既是加拿大的税务居民，也是中国的税务居民，甚至还是中国香港的税务居民。

各个国家/地区有关税收居民身份的判定标准也不尽相同。

例如，根据我国《个人所得税法》的规定，中国税收居民个人是指在中国境内有住所，或者无住所而一个纳税年度内在中国境内居住累计满 183 天的个人；根据我国《企业所得税法》的规定，中国税收居民企业是指依法在中国境内成立，或者依照外国（地区）法律成立但实际管理机构在中国境内的企业。符合上述条件的个人和企业即构成中国税收居民。美国则采用两种测试界定税务居民。一是实质居住标准，即纳税年度在美国境内居住 31 天及以上，或本年和过去 2 年内根据如下的计算方式，在美居住 183 天及以上；二是绿卡测试，持有美国绿卡即使不在美国居住也是美国纳税居民。

因此，在可能符合多重税务居民身份的情况下，高净值客户应当在符合各国家/地区法律的前提下，谨慎筹划并选择最有利于自己的税务居民身份。

4. 适当配置不动产等实物资产

按照共同申报准则，不动产的非债务性直接权益和具体的商品实物不属于金融资产的范畴。在法律、税务等各方面可行的前提下，可以考虑由个人或通过信托持有房产、珠宝、字画、古董、游艇等非金融资产。这些资产按照相关的规则通常不会成为共同申报准则的尽职调查对象。

如果个人直接持有的财产是海外不动产、实物，由于不是金融资产，原则上不会受到共同申报准则的影响，可能也无须披露给税务居民的居民国。但实际中一般很少由个人直接持有海外不动产，大部分是通过公司或者海外信托的方式持有。这就需要根据不同的情况具体分析公司或者信托是否属于投资实体的类别，最好提前咨询当地的律师。

税务信息透明化是伴随着全球化的大趋势，既然势不可挡，就要分散资产配置，不要将“鸡蛋放到同一个篮子里”，将资产进行多样化组合配置。可以选择在不同国家、不同区域、不同领域进行适当的资产配置，同时配合相关的税务筹划。

第二节 移民筹划

在全球化的今天，移民潮方兴未艾。所谓“移民”，是指从一个国家/地区迁往国外某一国家/地区永久定居的人。移民包含了取得永久居留权和加入国籍两种方式。永久居留权，是指在另一个国家合法的永久居住和工作的权利。永久居留许可证，在美国俗称“绿卡”，加拿大俗称“枫叶卡”。永居居留权并不代表取得一国的国籍，故而外国的永久居住权和中国国籍是可以兼得的。我们平时所称的“华侨”就是指取得永久居住权侨居在国外，但仍持中国护照、拥有中国国籍的中国人。加入国籍，则是指加入某一国家国籍，取得一国的护照。中国不承认双重国籍，所以一旦加入外国的国籍，则视为放弃中国国籍。

根据国际移民组织在 2019 年度理事会会议上发布的 2020 年《世界移民报告》的统计，中国移民数量登顶世界第三，国民居住海外数量有 1070 万。[①]

一、移民前的规划

移民并不仅仅是简单的身份、住所等的改变，随之而来的是更多不可预知的问题。移民后，由于移民者已经不再属于原国籍国的公民，所适用的法律肯定也会有相应的改变。移民至新的国籍国，除了要面对新国家的文化等差异，更重要的是需要快速适应当地的法律、税务、财产申报等重要的法律制度，否则可能会引起严重的后果。因此，移民之前需要进行各种规划，包括子女教育、事业发展、收入来源等常规问题。另外，更重要的是需要提前了解移民申报财产的流程、新国家关于税收的相关规定以及税收的申报体系、移入国与中国是否签署有《避免双重纳税》的条约等。这些都必须提前委托专业的律师、税务师等进行落实。按照专业人士的专业意见进行操作，能够避免移民后付出不必要的代价。

---

① 参见《国际移民组织 IOM 发布 2020 年〈世界移民报告〉最新解读》，载搜狐网，https：//www. sohu. com/a/418943595_ 352839，最后访问时间：2021 年 5 月 4 日。

（一）充分了解自己的移民目的

移民的目的当然是最重要的。有些人是为了子女教育移民，有些人则是为了有更好的事业发展，还有些人单纯就是喜欢国外的生活方式。

首先，如果是为了子女教育移民，则需要提前做好子女的教育规划。很多父母移民就是为了让孩子接受国际化的教育。但是目前孩子的性格和教育程度是否适合到国外就学？孩子能否适应国外的学习和生活？选择公立学校还是私立学校？孩子将来毕业后打算在国内工作还是国外工作？这些问题都需要提前进行计划。

其次，如果为了寻求海外的就业机会，则需要提前进行移民者个人事业的规划。个人事业稳定是在国外生活的重要一步。如果移民国外，就是全新生活的开始，需要放弃在国内已经拥有的安稳工作和固定收入，重新在国外建立自己的事业。那么自己的性格特点是否合适？自己的知识储备是否满足？自己有无一技之长？是否能在国外找到合适的工作？如何调节心理的落差？这些也是需要提前考察和落实的。

再次，出国最重要的是语言的考验。如果是移民去英语地区的国家，则要先打好英语的基础，为出国后的沟通减少障碍。

最后，是心理上的准备。移民可能意味着背井离乡，虽说现在交通方便，可以很方便地回国，但“移民监”也确实是客观存在的。离开自己熟知的圈子去陌生的地方重新生活，心理上的准备是必不可少的。到底是作为永久居民还是加入国籍，更是许多移民者面临的“灵魂拷问”。

（二）充分了解移民地的政治经济文化

移民最重要的是要了解自己的内心，为什么选择这个国家移民，想到达到什么目的，有什么优劣势等。移民首先面对的就是生活、饮食、文化、习惯等方面完全不一样的冲击。网上有一个很形象的词语形容移民的体验，叫作“移民监”，指的是由于移民地的生活、饮食、文化、习惯等各方面往往和原居住国有很大的差异，移民人群一时间很难融入，而移民国又有居住天数的要求，待在移民国的最初几年，移民就像坐监牢一样，故称“移民监”。

大部分发达国家对于移民是有居住要求的，规定必须在该国境内居住满一定的天数。比如加拿大要求永久居民必须在获得移民签证后 5 年中住满 2 年才能保留永久居民身份。永久居民如果要申请入籍，从申请之日往前倒推 4 年，其中在加拿大要住满 3 年。[①] 澳大利亚规定，要成为澳大利亚公民必须在 5 年内住满 2 年，但投资移民除外。[②] 美国永久居民则要求必须每 180 天登陆美国一次，5 年内满 3 年居住在美国即可申请加入美国国籍。英国永久居民需要 5 年中每年住满半年。[③]

（三）了解移民目的地的相关法律

对于移民来说，法律特别重要，了解移民地的法律知识、税收知识，对于财富规划很有必要。尤其是税收方面，欧美发达国家通常有比我国更加复杂和严格的税收体系，是移民者重点需要提前了解的。

1. 遗产税

遗产税，又称“死亡税”，是一个国家或地区对死者留下的遗产进行征税。征收遗产税的最初目的主要是针对生前赠与以及遗产继承的行为进行征税，防止贫富差距的拉大。遗产税对于社会财富的再分配、增加政府的收入、建设社会公益事业都具有一定的现实意义。

我国还没有实施遗产税，但是许多发达国家都是有遗产税的。以美国为例，美国对美国籍公民和美国永久居民的全球遗产征收遗产税，联邦层面的税率最高可达 40%。除此之外，有一些州除了联邦遗产税外还会另外征收州层面的遗产税，比如华盛顿州、威斯康星州、夏威夷州、伊利诺伊州、马萨诸塞州、纽约州、新泽西州等州。

当然，并不是死后留下的遗产都要交遗产税，在联邦一级就有遗产免税额，2019 年对于美国公民和永久居民的遗产免税额是 1140 万美元，夫妻遗产免税额是 2280 万美元，也就是说，美国公民和永久居民如果死后遗产净资产不足 1140 万美元，则不需要交遗产税，超过部分要交遗产税。对于大部分美国民众来说，1140 万美元已经是非常高的数值。免税额通常每年都会调整，主要取决于当时

---

① 参见《加拿大的“移民监”去枫叶国一定要知道的》，载搜狐网，https：//www. sohu. com/a/351774479_ 120331327，最后访问时间：2021 年 5 月 4 日。

② 参见《移民澳大利亚想获得永居需在 5 年内住满 2 年》，载搜狐网，https：//www. sohu. com/a/246349035_ 100064705，最后访问时间：2021 年 5 月 4 日。

③ 参见《绿卡/永居/国籍，还傻傻分不清？一篇全搞懂!》，载米宅网，http：//www. mizhai. com/news/10979. html，最后访问时间：2021 年 5 月 4 日。

的社会政治环境，也取决于当时美国政府的财政收支情况。

除此之外，还要注意一种情况，如果在美国有资产，但是既不是美国公民，也不是美国永久居民，这种情况下，要继承位于美国的遗产的也需要缴纳遗产税。对于此种情况，免税额只有6万美元，超过6万美元部分都要缴纳40%的遗产税。

2. 赠与税

赠与税和遗产税是紧密关联的。遗产税是人死后才征收的，为了调节巨大的贫富差距。同样地，为了防止富人逃避遗产税而在生前就把财产转移给子女这种情况发生，美国法律也相应的有赠与税的规定。当然，父母赠与给直系子女每年是有赠与豁免额度的，2019年是每年每名子女的赠与豁免额度为15,000美元，超过15,000美元就要申报赠与税表。当然，夫妻之间的财产转移不受年度赠与税的限制，可以自由转移。

3. 弃籍税

美国还有一项弃籍税（Expatriation Tax），这是很多移民人士较少关注的。美国1966年的《美国外商投资法》就规定，美国政府有权对放弃美国国籍的公民征税，征税范围为美国公民弃籍后10年内来自美国境内的所得。2004年的《美国就业机会创造法案》进一步完善了弃籍税纳税人认定的具体标准，同时规定自放弃国籍起10年内，如果弃籍返回美国滞留30天以上，IRS仍可对弃籍者的全球所得税征税，从而加大了对以避税为目的的移民的打击力度。2008年，针对弃籍者在资产评估中刻意压低资产价值的现象，又进一步出台法案规定可以采用市场公允价值代替资产账面价值，从而更真实地还原弃籍者的资产价值，以进一步打击移民避税，追回海外税源。

当然，弃籍税也是有免征额度的，2018年调整到71.1万美元，超过71.1万美元的部分，需要缴纳弃籍税。弃籍税的税率要根据不同的情况予以适用，对于一般收入，比如工资，2018年后按照10%、12%、22%、24%、32%、35%、37%的超额累进税率进行计算。对于资本利得（Capital Gain），区分为短期资本利得（持有期间1年或1年以下）与长期资本利得，短期资本利得适用一般收入的税率，长期资本利得按照0%、15%、20%的税率计算。在美国，弃籍税会有专门的律所或律师按照特定的流程进行评估。

（四）准备国内合法收入来源证明

在投资移民申请时，许多国家都要求客户提供相应的材料，包括收入来源证明、国内纳税的完税凭证等。这样除了能够证明自己的投资移民款（以美国的 EB－5 投资移民为例，是100万美元和50万美元两档）是合法来源外，还能够证明自己这部分资产是移民前的所得，而非移民后取得的收入。

在取得海外居留权身份之前，还要做好个人资产的评估报告。这主要是因为海外发达国家会有资本利得税和弃籍税，这种情况下，自己取得境外身份之前的个人资产价值非常重要，是此后计税的基础。以美国为例，如果取得绿卡或者入籍后放弃美国国籍，那么有弃籍税，放弃美国绿卡/美国国籍的时候会视为将自身在拥有身份期间取得的资产进行出售，如果没有准备取得境外身份之前的个人资产价值，则事实上将很难证明当时的财产公允价值，而如果提前准备一份法律公证的资产净值报表，就可以证明取得身份时的个人资产量，从而最大限度地降低弃籍税的负担。

（五）提前进行财富筹划

为了避免移民后的高额税收，也可以在移民之前，提前规划传承或者出售个人资产。一方面，境外一些国家有赠与税/遗产税，但是中国没有遗产税，且对于直系亲属之间的赠与，也有税收优惠政策，因此可以在移民之前提前将自己名下的部分资产传承给自己的子女，以避免未来在代继传承过程中的税务负担。当然这个环节如果配合信托架构的合理搭建，在财富传承的同时，也能够避免后代的过早挥霍。

另一方面，也可考虑在取得海外居留权身份前先处分部分资产。比如先出售收益较高的金融产品，未来必要时再进行回购。这样做的好处是能够摊薄持有资产的成本，少缴纳资本利得税。

同时，在诸如美国等发达国家，往往会有很多免税工具，如购买大额人寿保单、生前设立信托、慈善捐赠等方式是美国较为流行的免税工具。

（六）聘请专业人士协助

在取得境外居留身份后，应聘请专业人士给自己进行税务和资产申报。值得注意的是，移民国家的税务申报并不等于一定要交很高的税赋，纳税的范围和数额，完全可以通过专业人士的帮助、借用一些专门的工具进行筹划，但是如果不申报税务，将面临很严重的后果。

二、移民的途径

目前世界上各个国家合法的移民类型大致可以分为以下几种类型：投资移民、团聚移民（父母、子女、配偶等）、创业移民、技术移民（包括雇主担保移民）、置业移民、留学移民等几种类型。

（一）投资移民

投资移民，是指具有一定资产，并具有一定程度的经商经验或管理经验的人士，以投资的方式取得外国永久居留权。申请人可以投资于目标国政府批准的投资基金或合适的商业项目。该类申请人必须愿意将资金投资于目标移民国家，以促进目标移民国家的经济发展、增加就业机会。目前可通过投资移民的方式移民的发达国家主要有美国、澳大利亚、加拿大、新西兰等。

以美国的“EB－5”方案投资移民为例，[①] 美国投资移民 EB－5 方案是美国国会于 1990 年创立的移民类别，目的是吸引国外投资者在美国进行资本投资和创造就业机会以刺激本国经济，当年的移民法规定将 100 万美元投资到指定的项目中，并创造 10 个直接就业。1992 年国会修订移民法，为了促进特定地区的经济增长，产生了“目标就业区”（TEA 地区）的概念，即投资位于目标就业区，则投资款降低为 50 万美元。2019 年，美国联邦公民及移民服务局（USCIS）发布 EB5 投资移民新政，投资最低额度上涨至 90 万美元（TEA 地区）和 180 万美元（非 TEA 地区）。

（二）置业移民

置业移民是指通过投资某个国家的房产，可获得当地的居留许可甚至永久居留许可的移民方式。目前主要是欧洲各国流行通过置业获得居留权，典型的国家有葡萄牙、西班牙、意大利、希腊、塞浦路斯等。

其中，葡萄牙和西班牙的移民法案明确规定，购买 50 万欧元以上的房产，

---

① 参见美国 EB－5 投资移民介绍，载 https：//zhuanlan. zhihu. com/p/43347508，最后访问时间：2021 年 5 月 4 日。

即可一家三代获得绿卡。塞浦路斯为30万欧元以上房产，希腊则为25万欧元。

（三）技术移民

如果资金短缺不能通过投资移民或者置业移民的，则技术移民也是一种方式。技术移民是根据申请人的文化程度、职业技能、语言能力等方面的综合实力来申请移民，目前美国、加拿大、澳大利亚、新西兰等国家都有技术移民。

以加拿大为例，加拿大的技术移民有多种类型，既有联邦层面的，也有各个省层面的。在加拿大联邦层面，联邦技术类移民有联邦技术（Federal Skilled Workers，FSW）、联邦技工（Federal Skilled Trades，FWT）、加拿大经验类（Canadian Experience Class，CEC）、看护类（Caregivers）这四类。其中前三类还可以走联邦快速通道Express Entry（EE）。

（四）雇主担保移民

雇主担保移民，顾名思义，是指由雇佣国的雇主发出一份工作offer，申请人可以凭该工作offer申请工作签证，随后再按照移民国的流程申请居留权。

（五）团聚移民

团聚移民主要有亲属移民和婚姻移民两种。一般来说，已经移民的成员可以邀请自己的直系亲属共同加入，此为亲属移民。婚姻移民亦然。

三、移民可能带来的影响

（一）税收风险

以从中国移民至美国为例。移民者如果有大量资产（如存款、理财产品）都放在个人名下，取得美国绿卡之后，根据美国的法律，便构成美国纳税居民，因此，需要就全球的收入缴纳个人所得税。与此同时，如果他是中国公民并长期工作在中国，构成中国纳税居民，则也需要在中国纳税。如果就同一笔收入已经在中国缴税，则应当准备相应的证明文件，依据中美之间的条约进行抵扣。美国的税分为联邦税和州税，美国对于偷税漏税的处罚是比较严重的，具体何种情形交什么税，移民者需要提前了解。

美国实施全球收入征税，而且执行力度越来越大。为打击美国公民的海外逃税而制定的《外国账户税收遵从法》（Foreign Account Tax Compliance Act,

FATCA）已于2014年生效执行。这些举措都是为了让拥有美国身份的人付出相应的税收成本。

（二）对经营企业的影响

移民者如果是企业家，则其名下的公司股权，也会因为移民受到影响。这种影响来自两个方面。从美国税法的角度来说，只要美国税务居民持有超过境外公司10%的股权，他就需要将其名下各家公司的资产和运营信息披露在税表5471上面。从中国的角度来说，虽然商务部《关于外国投资者并购境内企业的规定》第五十五条规定："境内公司的自然人股东变更国籍的，不改变该公司的企业性质。"但是如果移民之后再进行投资，那么再投资的时候就成了外资的身份了。更为突出的是，子女变更国籍后继承家族企业，将不可避免地出现"内资"变"外资"的问题。如果企业所经营的业务或部分业务，属于禁止外资进入的行业领域，那么传承计划也得进行相应的调整。

（三）未来财富传承的风险

移民之后，如果子女拥有外籍身份，未来在传承财富时也会出现风险。

有关移民的财产继承事宜，也是生活中经常遇到的难题。对于有些人来说，由于长期生活在国外，与国内亲属联系较少，导致继承时查找全部继承人有困难；或者由于长期生活在国外，对于国内亲属的资产不甚了解；又或者由于被继承人身份的多重性导致认定同一性的困难；由于遗产分布的跨国、跨境特点，导致适用法律和执行的困难。

例如"双重身份"的问题。根据《国籍法》第九条的规定，定居外国的中国公民，自愿加入或取得外国国籍的，即自动丧失中国国籍。我国不承认双重国籍，移民若入籍他国，需要注销中国身份，由原户籍地派出所出具"注销户口证明"。但现实中，有一部分在加入外国国籍的同时，违规保留了中国户口。

所以，移民入籍前要了解国籍法的相关规定，认识到双重权利和双重义务并存，妥善安排好国籍归属，并注意办理身份同一性公证、亲属关系公证等可能影响日后继承和财产安排的证明事宜。①

---

① 参见王薇：《移民、入籍，暗藏玄机——国籍与身份变动的法律后果及风险防范》，载http：//blog. sina. com. cn/s/blog_ 60d317b40102wp4d. html，最后访问时间：2021年5月4日。

移民之前，在中国的所有需要登记身份信息的地方通常都是用中国身份证登记的，如房产、银行信息、股票证券信息、学历信息等；待移民后中国身份证往往被注销（也有小部分人违规“保留”下来的），领取了外籍身份证明。在处置之前用中国身份登记的个人信息时，就需要证明之前的中国身份证和现在的外籍身份证是同一个人。如果移民时完成“同一身份”的公证，那么之后继承人继承遗产就会方便很多。

（四）婚姻风险

移民的婚姻风险，也是特别需要关注的。一方面，移民导致夫妻两人两地分居或者环境改变导致夫妻矛盾增加，离婚的风险也相应增加；另一方面，移民可能导致离婚的管辖和法律适用发生变化，原本普通的离婚案件可能转变为复杂的涉外案件。而且，有可能两个国家都有管辖权，而法律制度却不一样，对于同一案件的审判结果也会不一样。一般来说，欧美国家对家庭中女性的保护力度相对比较大，更多的中国家庭主妇更愿意选择在国外离婚。

案例7-3 中国国籍夫妻移民后的离婚管辖权的确定

王先生与李女士均为中国国籍，户籍所在地为江苏苏州，双方于2005年在苏州登记结婚，两人婚后在苏州购入别墅一套。婚后王先生赴加拿大温哥华攻读硕士、博士学位，李女士一同前往。2008年，双方又在加拿大安大略省履行了结婚登记和结婚仪式，取得加拿大的结婚证，并一直在加拿大多伦多市工作、居住，双双取得加拿大“枫叶卡”，买了房子，并生育子女一名。2017年起，双方因感情不和开始分居。2018年，李女士提出离婚。

双方虽然在加拿大定居，但依然具有中国国籍，当初也是在中国结婚，并且在中国有资产。此种情况下，离婚诉讼，应该在中国起诉还是加拿大起诉，抑或是需要在两个国家分别起诉呢？

根据《民事诉讼法司法解释》第十四条的规定，在国外结婚并定居国外的华侨，如定居国法院以离婚诉讼须由国籍所属国法院管辖为理由拒不受理的，双方回国要求中国法院处理，中国法院才有管辖权。与此类似，《民事诉讼法司法解释》第十三条规定，在国内结婚并定居国外的华侨，如定居国法院以离婚诉讼须由婚姻缔结地法院管辖为由不予受理，当事人向中国法院起诉，中国法院才予以受理。

也就是说，由于王先生和李女士已经在加拿大定居，理论上说，应该由加拿大法院受理离婚事宜。如果加拿大法院认为由国籍国受理更为适宜，则中国法院才有管辖权。本案中比较麻烦的是，双方在加拿大和中国均有资产。即使加拿大法院作出离婚判决，根据《最高人民法院关于中国公民申请承认外国法院离婚判决程序问题的规定》，中国法院只就外国离婚判决中的婚姻关系解除的判决内容予以承认；如果该判决涉及财产分割、子女抚养等方面的问题，当事人则需要另行向有管辖权的法院申请处理。所以，如果双方还需要对在苏州的别墅另行提出财产分割诉讼。

当然，由于王先生和李女士均为中国国籍，且在国内登记结婚，双方也可以到民政局办理协议离婚手续，但是国内的离婚协议是否能够直接及于加拿大的资产，是否能够直接为加拿大承认和执行，就要遵循加拿大的法律规定了。

移民可能会导致两个国家均有管辖权，要比普通的国内诉讼走更多的流程，花费更多的精力，需要提前规划和准备。

第三节
个人资金出入境筹划

我国实行严格的外汇管制，尤其是2017年以来，国家外汇管理局（以下简称外管局）出台了一系列更为严格的监管措施。根据《反洗钱法》和《外汇管理条例》，外汇局加强外汇市场监管，严厉打击虚假、欺骗性外汇交易，维护外汇市场健康良性秩序。外汇局先后发布了几则《关于外汇违规案例的通报》，违规案例中被处罚的主体包括企业、银行、个人，外汇局连番发布典型违规案例，对于市场上有资金出境安排的企业、个人来说，无疑都是“红色警报”。

查看外汇局的网站，一共通报过16次《关于外汇违规案例的通报》，时间跨度为2017年5月25日至2020年12月25日。案例数量较多、发布时间也较近，一定程度上体现了外汇局最新的监管动态。

一、资金非法出境的常见方式

我国是实行外汇监管的国家，对资金出入境都有严格审查，包括资金的来源与使用。现实生活中常见的资金非法出境行为，主要有以下几种：

（一）虚构（转口）贸易

在外汇局公布的通报案例中，最常见的情形是虚构转口贸易。如果是正常的外贸交易，只要在商务部门办理对外贸易经营权登记备案后，即可以按照正常贸易进行外汇结算。但转口贸易（intermediary trade），是指进出口货物贸易不是在生产国与消费国之间直接进行，而是通过第三国进行中转，因此具有“两头在外”的特点。这种贸易对中转国来说即是转口贸易，货物不经过境内流转，只有资金通过境内流转，给银行审核贸易的真实性带来较大难度，正因为转口贸易的这个特点，使其成为资金违规出境的灰色地带。

《外汇管理条例》第十二条第一款规定：“经常项目外汇收支应当具有真实、合法的交易基础。经营结汇、售汇业务的金融机构应当按照国务院外汇管理部门的规定，对交易单证的真实性及其与外汇收支的一致性进行合理审查。”《外汇管理条例》第三十九条规定：“有违反规定将境内外汇转移境外，或者以欺骗手段将境内资本转移境外等逃汇行为的，由外汇管理机关责令限期调回外汇，处逃汇金额30%以下的罚款；情节严重的，处逃汇金额30%以上等值以下的罚款；构成犯罪的，依法追究刑事责任。”

虚构贸易，或者虚构转口贸易，涉案大多为银行和公司。我们以2019年5月20日公布的通报案例，来看以下几种情形：

1. 利用企业虚假提单办理转口贸易汇付业务

案例7-4 NJ银行上海浦东支行虚假转口贸易付汇案

2016年2～3月，NJ银行上海浦东支行凭企业虚假提单办理转口贸易付汇业务。

该行上述行为违反《外汇管理条例》第十二条。根据《外汇管理条例》第四十七条，处以罚没款80万元人民币。

2. 利用企业无效或重复单证办理转口贸易汇付业务

案例7-5 NY银行宁波市分行虚假转口贸易付汇案

2016年9月至2017年9月，NY银行宁波市分行凭企业无效提单或重复单证办理转口贸易付汇业务，未按规定在同一银行网点办理转口贸易收付汇业务。

该行上述行为违反《外汇管理条例》第十二条、《国家外汇管理局关于进一步促进贸易投资便利化完善真实性审核的通知》第五条。根据《外汇管理条例》第四十七条，责令改正，处以罚没款64.48万元人民币。

案例7-6 GS银行南昌北京西路支行虚假转口贸易付汇案

2016年9月至2017年10月，GS银行南昌北京西路支行凭企业虚假提单办理转口贸易付汇业务。

该行上述行为违反《外汇管理条例》第十二条。根据《外汇管理条例》第四十七条，责令改正，处以罚没款111.54万元人民币。

案例7-7 宁波HL国际贸易有限公司逃汇案

2017年2月至2018年3月，宁波HL国际贸易有限公司使用虚假提单，虚构贸易背景对外付汇1565.62万美元。

该行为违反《外汇管理条例》第十二条，构成逃汇行为。根据《外汇管理条例》第三十九条，处以罚款509.84万元人民币。处罚信息纳入中国人民银行征信系统。

案例7-8 北京XHY商贸有限公司逃汇案

2017年5月，北京XHY商贸有限公司使用无效提单，虚构贸易背景对外付汇619万美元。

该行为违反《外汇管理条例》第十二条，构成逃汇行为。根据《外汇管理条例》第三十九条，处以罚款213.65万元人民币。处罚信息纳入中国人民银行征信系统。

案例7-9 HT电源技术有限公司逃汇案

2017 年 5 月，HT 电源技术有限公司使用虚假提单，虚构贸易背景对外付汇 200 万欧元。

该行为违反《外汇管理条例》第十二条，构成逃汇行为。根据《外汇管理条例》第三十九条，处以罚款80 万元人民币。处罚信息纳入中国人民银行征信系统。

虚构转口贸易，往往审查困难，金额较大，多为银行、企业常犯的错误。

（二）“地下钱庄”非法买卖外汇

为了规避外汇购回额度限制，生活中也会出现“地下钱庄”的现象。所谓“地下钱庄”，是指游离于金融监管体系之外，利用或部分利用金融机构的资金结算网络，非法从事资金存储借贷等金融业务。“地下钱庄”常见的操作模式有以下几种：

1. 境内外两地平衡模式

境内需要换取资金的一方先将资金汇入地下钱庄控制的境内账户，或者用现金交付。地下钱庄通过境外的账户或现金，在境外支付对应资金。

2. 夹带支票

将需转移的人民币交给境内地下钱庄，钱庄在境内向换汇人签发来自中国香港银行的支票，换汇人夹带出境，到港兑换。

地下钱庄的行为，不仅钱庄违法，个人行为也违反《个人外汇管理办法》第三十条的规定，即“境内个人从事外汇买卖等交易，应当通过依法取得相应业务资格的境内金融机构办理”，而且违反了《外汇管理条例》第四十五条的规定，即“私自买卖外汇、变相买卖外汇、倒买倒卖外汇或者非法介绍买卖外汇数额较大的，由外汇管理机关给予警告，没收违法所得，处违法金额 30% 以下的罚款；情节严重的，处违法金额 30% 以上等值以下的罚款；构成犯罪的，依法追究刑事责任”。

我们来看 2019 年 5 月 20 日公布的几则通报案例。

案例7－10 河南籍郭某非法买卖外汇案

2011年4月至2014年9月，郭某为实现非法向境外转移资产的目的，将10,492.92万元人民币打入地下钱庄控制的境内账户，通过地下钱庄兑换外汇汇至其境外账户。

该行为违反《个人外汇管理办法》第三十条，构成非法买卖外汇行为。根据《外汇管理条例》第四十五条，处以罚款835万元人民币。

案例7－11 浙江赵某非法买卖外汇案

2014年1月至2016年6月，赵某为实现非法向境外转移资产的目的，将1800.60万元人民币打入地下钱庄控制的境内账户，通过地下钱庄兑换外汇汇至其境外账户。

该行为违反《个人外汇管理办法》第三十条，构成非法买卖外汇行为。根据《外汇管理条例》第四十五条，处以罚款162万元人民币。

案例7－12 广东籍赵某非法买卖外汇案

2015年10月至2016年9月，赵某为实现非法向境外转移资产的目的，通过地下钱庄兑换外汇汇至其境外账户，金额合计221.14万美元。

该行为违反《个人外汇管理办法》第三十条，构成非法买卖外汇行为。根据《外汇管理条例》第四十五条，处以罚款79.78万元人民币。

需要注意的是，不仅提供地下钱庄服务的人违法，使用地下钱庄的人同样也违法。

我国破获的“地下钱庄”都是大案要案，涉案金额动辄上百亿元，甚至会有银行工作人员参与其中。该类案件通常是公安部经侦联合外汇局、人民银行反洗钱局等多个部门成立专案组后破案。例如，2019年1月北京警方破获的特大跨境地下钱庄案，利用境外销售终端（POS机）为澳门赌客非法套现，涉案金额超300亿元；① 2015年的“9·16”地下钱庄系列案，也是全国首例通过

① 参见《北京警方破获涉案300余亿元特大跨境地下钱庄案》，载新华网客户端，最后访问时间：2021年5月4日。

NRA 账户实施资金非法跨境转移的新型地下钱庄案件，涉案资金 4100 余亿元，交易记录多达 130 多万条。

（三）“蚂蚁搬家”

根据《个人外汇管理办法实施细则》第二条的规定，我国允许个人每年兑换等额 5 万美元的外汇，用于旅游、购物或者教育。但是每年 5 万美元的购汇额度满足不了个人在海外购置房产或其他大额资产的需求。所以便有了“蚂蚁搬家”的方式，即购汇人通过其亲友，先将人民币换成外汇，然后让亲友分别购买不超过 5 万美元的外汇，将购买的外汇从其各自在中国境内的银行账户汇入购汇人控制的境外账户。

2020 年 8 月 28 日国家外汇管理局印发《经常项目外汇业务指引（2020 年版）》（汇发〔2020〕14 号），其中第六十二条明确规定：“个人不得以分拆等方式规避便利化额度管理及真实性管理。外汇局对规避管理的个人实行‘关注名单’管理。

（一）外汇局对出借本人便利化额度协助他人规避便利化额度及真实性管理的个人，通过银行以《个人外汇业务风险提示函》（见附 5）予以风险提示。若上述个人再次出现出借本人便利化额度协助他人规避便利化额度及真实性管理的行为，外汇局将其列入‘关注名单’管理，并通过银行以《个人外汇业务‘关注名单’告知书》（见附 6）予以告知。

（二）外汇局对借用他人便利化额度及其他方式规避便利化额度及真实性管理的个人，列入‘关注名单’管理，并通过银行以《个人外汇业务‘关注名单’告知书》予以告知。

（三）‘关注名单’内个人的关注期限为列入‘关注名单’的当年及之后连续 2 年。在关注期限内，‘关注名单’内个人办理个人结售汇业务，应凭本人有效身份证件、有交易额的相关材料在银行办理。银行应按照真实性审核原则，严格审核相关材料。”

《个人外汇管理办法》第七条规定：“银行和个人在办理个人外汇业务时，应当遵守本办法的相关规定，不得以分拆等方式逃避限额监管，也不得使用虚假商业单据或者凭证逃避真实性管理。”上述行为构成逃汇的，外汇局根据《外汇管理条例》第三十九条的规定对其进行处罚。

我们来看 2019 年 5 月 20 日公布的几则通报案例。

案例7－13 四川籍王某分拆逃汇案

2016年1月至4月，王某为实现非法向境外转移资产的目的，利用46名境内个人的个人年度购汇额度，将个人资产分拆购汇后汇往境外账户，非法转移资金合计1784.76万港元。

该行为违反《个人外汇管理办法》第七条，构成逃汇行为。根据《外汇管理条例》第三十九条，处以罚款80万元人民币。

案例7－14 江苏籍张某分拆逃汇案

2016年1～12月，张某为实现非法向境外转移资产的目的，利用41名境内个人的个人年度购汇额度，将个人资金分拆购汇后汇往境外账户，非法转移资金合计折184.59万美元。

该行为违反《个人外汇管理办法》第七条，构成逃汇行为。根据《外汇管理条例》第三十九条，处以罚款61.52万元人民币。

案例7－15 江苏籍邱某分拆逃汇案

2016年9月至2017年1月，邱某为实现非法向境外转移资产的目的，利用69名境内个人的个人年度购汇额度，将个人资金分拆购汇后汇往境外账户，非法转移资金合计折349.49万美元。

该行为违反《个人外汇管理办法》第七条，构成逃汇行为。根据《外汇管理条例》第三十九条，处以罚款160万元人民币。

案例7－16 ZS银行杭州分行个人分拆售付汇案

2016年1～11月，ZS银行杭州分行违规为客户利用303名境内个人年度购汇额度办理分拆售付汇业务。

该行上述行为违反《个人外汇管理办法》第七条。根据《外汇管理条例》第四十七条，责令改正，处以罚没款100万元人民币。

（四）非法买卖外汇

有人存在换汇的需求，就会有人通过售汇牟利。《个人外汇管理办法》第三十条规定："境内个人从事外汇买卖等交易，应当通过依法取得相应业务资格的境内金融机构办理。"如非法买卖外汇，则违反《外汇管理条例》第四十五条的规定，可被处以没收违法所得，处违法金额30%以下的罚款；情节严重的，处违法金额30%以上等值以下的罚款。

《刑法》第二百二十五条规定："违反国家规定，有下列非法经营行为之一，扰乱市场秩序，情节严重的，处五年以下有期徒刑或者拘役，并处或者单处违法所得一倍以上五倍以下罚金；情节特别严重的，处五年以上有期徒刑，并处违法所得一倍以上五倍以下罚金或者没收财产：……（三）未经国家有关主管部门批准非法经营证券、期货、保险业务的，或者非法从事资金支付结算业务的；（四）其他严重扰乱市场秩序的非法经营行为。"

我们来看2019年5月20日公布的几则通报案例。

案例7－17 四川籍杜某私自买卖外汇案

2016年7~9月，杜某违反银行卡管理规定，利用境外销售终端（POS机）多次刷人民币卡兑换港币现金，金额合计679.11万元人民币。

该行为违反《个人外汇管理办法》第三十条，构成私自买卖外汇行为。根据《外汇管理条例》第四十五条，处以罚款101.87万元人民币。

案例7－18 福建籍王某私自买卖外汇案

2017年1月，王某为实现非法获利目的，通过他人账户收款1129.26万元人民币，私自卖出港币。

该行为违反《个人外汇管理办法》第三十条，构成私自买卖外汇行为。根据《外汇管理条例》第四十五条，处以罚款107万元人民币。

案例7－19 广东籍宋某非法买卖外汇案

2018年6~7月，宋某通过非法移机境外的境内商户POS机刷卡，非法买卖外汇8次折合75.8万美元，用于境外赌博活动。

该行为违反《个人外汇管理办法》第三十条，构成非法买卖外汇行为。根据《外汇管理条例》第四十五条，处以罚款72.6万元人民币。处罚信息已纳入中国人民银行征信系统。

案例7-20 湖南籍谢某非法买卖外汇案

2018年3月至2020年1月，谢某通过非法移机境外的境内商户POS机刷卡等方式，非法买卖涉赌外汇资金28次折合86.2万美元。

该行为违反《个人外汇管理办法》第三十条，构成非法买卖外汇行为。根据《外汇管理条例》第四十五条，处以罚款59.3万元人民币。处罚信息已纳入中国人民银行征信系统。

案例7-21 湖北籍王某非法买卖外汇案

2019年2月，王某通过非法移机境外的境内商户POS机刷卡，非法买卖外汇4次折合56.8万美元，用于境外赌博活动。

该行为违反《个人外汇管理办法》第三十条，构成非法买卖外汇行为。根据《外汇管理条例》第四十五条，处以罚款54.4万元人民币。处罚信息已纳入中国人民银行征信系统。

案例7-22 天津籍李某非法买卖外汇案

2018年7月至2019年12月，李某通过非法移机境外的境内商户POS机刷卡，非法买卖涉赌外汇资金10次折合76.7万美元。

该行为违反《个人外汇管理办法》第三十条，构成非法买卖外汇行为。根据《外汇管理条例》第四十五条，处以罚款48.2万元人民币。处罚信息已纳入中国人民银行征信系统。

值得注意的是，除了非法买卖外汇外，“介绍”买卖外汇也是容易被忽略的违法行为。

通报案例中有一则是关于非法介绍买卖外汇被处罚的案例：2014年，中国香港籍潘某通过其境内个人结算账户收取境内个人叶某11笔，共计403万元人民币，联系中国香港地下钱庄向叶某指定境外供货商付款501万港元，用于走私动物饲料。潘某最终被处以18万元人民币的罚款和警告。

《外汇管理条例》第四十五条规定：“私自买卖外汇、变相买卖外汇、倒买倒卖外汇或者非法介绍买卖外汇数额较大的，由外汇管理机关给予警告，没收违法所得，处违法金额30%以下的罚款；情节严重的，处违法金额30%以上等值以下的罚款；构成犯罪的，依法追究刑事责任。”

究竟如何把握《外汇管理条例》第四十五条中的“数额较大”的口径?《外汇局关于〈中华人民共和国外汇管理条例〉第七章法律责任部分条款内容含义和适用原则有关问题的通知》作出了规定：“三、《条例》第四十五条所述‘数额较大’，是指私自买卖外汇、变相买卖外汇、倒买倒卖外汇金额为等值1000美元及其以上，或者非法介绍买卖外汇金额为等值5万美元及其以上。”从上述规定来看，若非法介绍买卖外汇金额为等值5万美元及其以上的，即构成非法介绍买卖外汇的违法行为。

根据上述梳理的资金违法出境模式，违反外汇管理规定的企业和个人，轻则被罚款，情节严重的甚至会被判刑。

（五）内保外贷

内保外贷从字面含义来看即分两部分：一是“内保”，二是“外贷”。

“内保”就境内企业是向境内分行申请开立担保函，由境内分行出具融资性担保函给离岸中心；“外贷”即由离岸中心凭收到的保函向境外企业发放贷款。担保人将现金直接存在境内分行后（或提供其他担保物），境内分行向境外分行提供保函或者备用信用证，境外分行向借款人提供借款。目前在“控流出”的监管态势下，对于内保外贷的审批，亦受到严格的监管。

提到“内保外贷”，近几年比较轰动的案例是某银行通过“内保外贷”协助LS公司向境外转移资金。

公开资料显示，[①] 2015年11月，LS公司与某银行上海分行签署战略合作协议，某银行上海分行将向LS公司及旗下公司提供100亿元战略性全球综合授信额度，这被称为LS公司获得的最大一笔银行资金。在签署此协议之前，2015年7月，某银行向LS公司的第一笔信贷投放，总融资额为27.4亿港元。该笔近27.4亿元港币的贷款，正是LS公司用于收购18% KP股权的资金出处，贷款形式是内保外贷，即LS公司用“现金+股权”在境内向某银行上海分行做了抵押，某银行香港分行给予了贷款。这27.4亿元港币的贷款，贷款形式是典型的

---

① 载腾讯网，https：//tech. qq. com/a/20151117/050541. htm，最后访问时间：2021年5月4日。

内保外贷：境内担保——LS 公司旗下的海外公司用其境内所有附属公司和资产对某银行上海分行做了抵押；境外贷款——某银行香港分行给予 LS 公司旗下的海外公司 27.4 亿元港币贷款，资金用于向 KP 的原大股东收购 18% 股权。后来，境外 LS 公司旗下的海外公司欠了某银行香港分行两个月利息，更谈不上还本钱。于是某银行上海分行对国内的担保抵押品予以冻结保全，抵押品当时价值 12.37 亿元人民币。

此外，外汇局公开的案例还有：XY 银行台州分行违规办理内保外贷案。2015 年 4 月至 2016 年 5 月，XY 银行台州分行在办理内保外贷签约及履约付汇业务时，未尽审核责任，未按规定对贷款资金用途、预计还款资金来源、担保履约可能性及相关交易背景进行尽职审核和调查。

该行上述行为违反《跨境担保外汇管理规定》第十二条及第二十八条。根据《外汇管理条例》第四十七条，责令改正，处以罚没款 95.31 万元人民币。

二、境外消费需要注意的问题

（一）携带现金出入境的规定

我国有严格的外汇管制，从中国内地出境时携带的现金不得超过 2 万元。我国香港地区，个人进入香港时，如携带总价值高于 12 万元港币的货币及不记名可转让票据，必须在过关的时候走“红色通道”，即主动向海关作出书面申报。需申报者过境香港时若没有主动申报，则将被视情况予以处罚。我国台湾地区，游客可最多携带 60,000 新台币的现金，人民币则为 20,000 元，外币为 10,000 美元。如果超过这个数额，则应提前向海关进行登记申报。

很多国家对于游客携带现金出入境也都有一定的限制。入境美国时，游客最多可携带 10,000 美元的现金、旅行支票或其他形式货币。不是美元的话换算后的总金额也不能超过 10,000 美元。如果超过的话，应该提前申报，否则会面临巨大的罚款或者坐牢的处罚。加拿大允许游客携带 10,000 加元或者等值外币，超过的话也应该提前向海关申报。澳元根据澳大利亚的规定，凡携带 10,000 以上澳元及等值外币现金出入澳州国境，必须向澳海关申报，如携带本票、旅行支票、个人支票、汇票，还须按照海关工作人员或警察要求填写可转让证券表（BNI）进行申报，否则可能会被罚款或起诉。申根各国对于入境允许携带的现金数量有着不同规定，一般在 5000 ~ 10,000 欧元，比如德国海关规定，游客需携带不得超过 10,000 欧元或等值外币入境。如果超过则必须向海关提前申报。[①]

高净值客户在外出旅行时，一定要提前落实并遵守各个国家出入境的携带现金规定，避免不必要的麻烦。

（二）个人海外投资的合规审查

现实当中不少高净值客户都进行一些境外的投资。比如买房、买保单，以及其他各种投资产品。但个人境外买房属于我国现行外汇政策未开放的个人资本项目，目前没有合规途径可以走。同时，境外证券投资、购买人寿保险和投资性返还分红类保险等也是尚未开放的资本项目，也是禁止的。

2016 年 12 月 31 日，国家外汇局官网发布“改进个人外汇信息申报管理答记者问”，其中明确：“过去，我国国际收支个人购汇中存在一些漏洞，致使部分违规、欺诈、洗钱等行为时有发生，包括利用经常项目从事资本项目交易（如海外购房和投资等），还在一定程度上助长了地下钱庄等违法行为，这扰乱了正常交易秩序，也对广大遵守个人购汇规定的居民形成了利益侵蚀。在改进个人购汇事项申报统计后，外汇管理部门可据此加强事后核查，对有关违规违法行为加强管理和处置。”

此后，在各家银行柜台、电子渠道出示的《个人购汇申请书》上，强调 5 万额度属于便利化额度，明确了个人购汇的“六不得”：不得虚假申报个人购汇信息；不得提供不实的证明材料；不得出借本人便利化额度协助他人购汇；不得借用他人便利化额度实施分拆购汇；不得用于境外买房、证券投资、购买人寿保险和投资性返还分红类保险等尚未开放的资本项目；不得参与洗钱、逃税、地下钱庄交易等违法违规活动。

由于我国对个人境外买房、证券投资、购买人寿保险和投资性返还分红类保险等活动尚未开放，如果个人通过“地下钱庄”“蚂蚁搬家”、中介等非法方式完成购房、投资的，则境外房产的房租收入或者是未来房产出售变现的资金、证券投资收入等也无法再度汇入境内结汇，银行不得为其办理入账。

类似的情况还经常会出现在子女海外留学方面。家长通过各种渠道给子女在国外买了房，现在子女毕业回国想出售房产却面临资金无法回流入账的问题。

---

① 对于境外国家的现金出入境规定系根据实际了解的情况进行整理的，仅供参考。具体还是以境外国家实际的规定为准，建议高净值客户在前往相应境外国家时再提前了解并落实相关的规定。

购买境外投资属性的保险也是同样的情形，因为境内个人购买境外投资分红保险属于境内个人境外投资的一种，目前政策上也未开放，其分红将无法汇入境内。

我们特别收集了几则各地外汇管理局的问答，供高净值客户在从事相关行为时参考适用。

1. 个人客户境外汇款用于境外租房经营店铺是允许的吗？应该如何申报呢？

答：居民个人除了境外设立特殊目的公司投融资并返程投资可以按规定登记外，居民个人的其他境外直接投资尚未开放，因此境外租房经营店铺要汇出外汇不能操作。

2. 居民曾在国外买房子给女儿读书，但因为女儿毕业结束回国，想出售国外房产将所得资金转移国内需要怎样手续？

答：居民个人在境外购房属于资本项目范畴，但此类交易尚未开放，其为境外子女购房并不合规，因此，其女儿出售境外房产所得汇入境内缺乏政策支持，银行不得擅自办理入账手续，需及时向外汇局报告，外汇局将在核实其当时境外买房资金合法性之后才能决定如何处理。

3. 本人工薪阶层，孩子在国外读书毕业后拿了 PR（绿卡，但仍为中国公民），目前还需要在国外工作一段时间，现在年龄 30 岁了，需要结婚购房，需要家长支持，家长愿把国内房产卖掉给他，能够换汇吗？

答：根据《个人财产对外转移售付汇管理暂行办法》（中国人民银行公告 2004 年第 16 号）等规定，境内居民移居外国或者港、澳、台地区后，可办理移民财产转移购付汇核准，将其在取得移民身份之前在中国境内拥有的合法财产变现后购汇汇出。移民财产转移购付汇由申请人原户籍所在地外汇局负责审批。本例中取得外国永久居留权的个人可以申请移民财产转移，其取得永居身份前拥有的房屋产权（非他人产权）等其他合法财产变现后，经核准可购汇汇出。

（三）境外刷卡消费

我们在境外刷卡的时候，银联或者 Visa/Mastercard 通常会自动换汇，并且境外刷卡消费不占用每人每年 5 万美元的换汇额度。

信用卡是境外消费非常便利的支付方式，一般来说，信用卡可使用的金额为信用卡授信额度与信用卡中存入的金额总和。现实生活中，有一些购房人就是预先在多张信用卡中存入一定量的资金，并直接在境外刷卡支付。此外，目前境外保险的购买也大多使用此等方式进行保费的支付。

但是，外汇局《关于规范银行外币卡管理的通知》（汇发〔2010〕53 号）对于境内卡在境外消费曾经有明确规定，境内卡在境外的消费，仅可用于经常项目下的消费支付，不得用于其他交易的支付。如果是在境外购买房屋、保单，理论上都是违法的，可能会被外汇局追究责任。

2017 年，外汇局接连发布《关于金融机构报送银行卡境外交易信息的通知》（汇发〔2017〕15 号）和《关于规范银行卡境外大额提取现金交易的通知》（汇发〔2017〕29 号）加强了对信用卡消费信息的监管措施，要求新上线的银行卡境外交易外汇管理系统采集银行卡的两类境外交易信息：境内银行卡在境外发生的提现（柜台或者取款机）和消费交易信息（境外实体或网络特约商户，单笔等值 1000 元人民币以上）。同时要求境内个人名下所有的银行卡在境外提现每年合计不超过 10 万元人民币；每卡每日提现额度为等值 10,000 元人民币（人民币卡、外币卡）；年度超额者将被暂停当年及次年境外提现。

此外，央行还发布了《金融机构大额交易和可疑交易报告管理办法》（中国人民银行令〔2006〕第 2 号）。该办法将单笔或累计现金交易的人民币报告标准调整为“5 万元”，并规定对跨境资金交易，金融机构应当报送大额交易报告。

这些规定的出台能够很大程度上打击外汇流失，限制个人通过刷卡的方式在境外投资。所以，境外刷卡不能乱刷，不然有可能被认定为逃汇；境外取款也不能乱取，不然超额可能被暂停提现功能。

三、个人财产合法对外转移的方式

根据《个人财产对外转移售付汇管理暂行办法》（汇发〔2005〕9 号）（以下简称《暂行办法》）第二条，目前中国个人财产对外转移分为两种类型：

第一类为移民财产转移。即从中国内地移居外国，或者赴中国香港、中国澳门及中国台湾定居的自然人，将其在取得移民身份之前在中国境内拥有的合法财产变现，通过外汇指定银行购汇和汇出境外的行为。

第二类为继承财产转移。即外国公民或中国香港、中国澳门及中国台湾居民将依法在中国境内继承的遗产变现，通过外汇指定银行购汇和汇出境外的行为。

通过个人财产对外转移的方式实现资金出境，优点是合法安全，手续逐渐简便，如取消了财产证明的公证要求、通过审批可一次汇出；缺点是程序复杂，申请材料准备时间久，牵涉部门多，无法实现资金的及时出境。若申请主体涉及国家公职人员（包括国有企业负责人）及其近亲属、申请金额超过一定等值人民币额度的申请，外汇局会根据需要向公安部、外交部等相关部门进行询证。

（一）个人财产对外转移

1. 申请个人财产转移的操作流程

根据《〈个人财产对外转移售付汇管理暂行办法〉操作指引（试行）》（以下简称《操作指引》）的规定，个人申请财产转移应当按照以下流程办理申请。

（1）移民转移、继承转移申请及初次购汇及资金汇出流程（见图7－1）

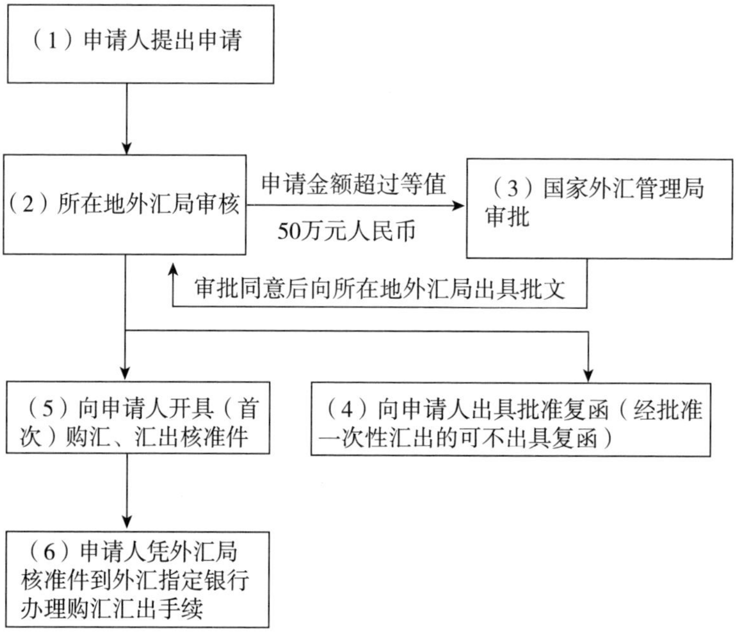

图7－1

（2）移民转移第二次以后购汇及资金汇出流程（见图7－2）

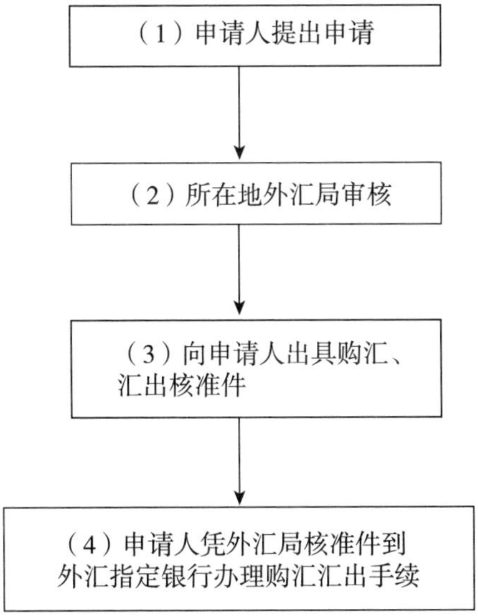

图7－2

2. 申请移民财产转移

移民财产转移，是指从中国内地移居外国，或者赴中国香港、澳门特别行政区及台湾地区定居的自然人（以下简称移民），将其取得移民身份前在中国境内拥有的合法财产变现，通过指定银行购汇并汇出境外的行为。

（1）申请人资格

根据《操作指引》第二条，以下自然人具备申请人资格：

①从中国内地移居外国并取得现居住国永久居留权，或已取得该居住国国籍的自然人；

②从内地赴香港、澳门定居并取得特区永久居留权的自然人；

③从中国大陆赴台湾地区定居的自然人。

（2）主管部门

根据《外汇局关于进一步改进和调整资本项目外汇管理政策的通知》（以下简称《改进通知》）第六条，移民财产转移，直接由移民原户籍所在地外汇局负责。

（3）所需材料

根据《暂行办法》第八条、《操作指引》第四条，向外汇局申请转移财产所需的资料如下。

①书面申请。包括申请人基本情况介绍，申请移民转移的原因，财产或收入来源及变现详细说明等；

②申请人本人签名的《移民财产对外转移申请人情况表》；

③申请人或代理人签名的《个人财产对外转移外汇业务申请表》；

④申请人身份证明文件，包括外国国籍或永久居留权证明（如身份证、外侨证），中国驻外使领馆出具或认证的申请人在国外定居证明（或港澳回乡证、特区护照，台湾地区台胞证），公安机关出具的中国（中国内地）户籍注销证明；

⑤申请人收入来源证明以及财产权利证明文件；

⑥有关税收证明或完税凭证；

⑦委托代理协议和代理人身份证明（如有）。

3. 申请继承财产转移

继承财产转移，是指外国公民或香港、澳门特别行政区及台湾地区居民将依法在中国境内继承的遗产变现，通过指定银行购汇并汇出境外的行为。

（1）申请人资格

①外国公民；

②香港、澳门永久居留权居民；

③台湾地区居民。

（2）主管部门

根据《改进通知》第六条的规定，继承财产转移由被继承人生前户籍所在地外汇局负责。被继承人为多人的，继承人可以选择任一被继承人生前户籍所在地外汇局合并提交申请。

（3）所需材料

根据《暂行办法》第九条、《操作指引》第四条，向外汇局申请转移财产所需的资料如下：

①书面申请。包括申请人基本情况介绍，申请人与被继承人之间的关系，申请继承转移的原因，被继承人财产来源和变现的详细说明等；

②申请人或代理人签名的《个人财产对外转移外汇业务申请表》；

③申请人身份证明文件，包括外国护照（或回乡证、特区护照、台胞证等），居民身份证或其他有效证明，外国公民还需提供中国驻外使领馆认证的定居证明；

④申请人获得继承财产的证明文件；

⑤被继承财产的权利证明文件；

⑥有关税收证明或完税凭证；

⑦委托代理协议和代理人身份证明（如有）。

根据《改进通知》第六条，目前移民财产转移与继承财产转移申请所需的财产权利证明文件与委托关系证明文件已无须办理公证。

（二）可对外转移的财产范围

根据《暂行办法》第三条、第十二条，对外转移的财产应当是本人所有的，与第三人无权益争议的合法财产。无法申请转移的财产主要有：依法被限制转移的；涉及国内未结刑事、民事诉讼案件的；法律规定不得转移的；不能证明合法来源的财产。若涉及国内刑事、民事案件人员的近亲属申请对外转移财产，应当提供案件管辖机关出具的该财产与案件无关的证明。

（三）税收证明申请方式

根据《国家税务总局、外汇局关于个人财产对外转移提交税收证明或者完税凭证有关问题的通知》第一条至第五条，拟转移财产已取得完税凭证的，不需另行申请税收证明。拟转移财产总价值在人民币15万元以下的，可以不申请税收证明。

申请人应当按照财产类别和来源地，分别向国税局、地税局申请，开具税收证明的税务机关为县级或以上国税局、地税局。申请时，应当提交的资料如下。

①代扣代缴单位报送的含有申请人明细资料的《扣缴个人所得税报告表》复印件，《个体工商户所得税年度申报表》原件，《个人承包承租经营所得税年度申报表》原件，有关合同、协议原件，取得有关所得的凭证，以及税务机关要求的其他资料。

②申请人发生财产变现的，应当提供交易合同、发票等资料。

（四）其他注意事项

根据《暂行办法》第六条、第十一条，《改进通知》第六条，申请人需要注意的其他情况如下。

①申请人不得在境内提取外币现钞；

②移民财产转移必须一次性申请拟转移出境的全部财产金额；

③从同一被继承人继承的全部财产变现后拟转移出境的，必须一次性申请；

④移民财产转移或继承财产转移总金额超过等值人民币 50 万元的，无须向外汇局备案；

⑤外汇局核准后，申请人可在审批额度内选择一次性或分次汇出资金，已无必须分步汇出的限制。

第四节 家族企业与家族治理

一、家族企业的含义

家族企业可以说是这个世界上最古老、最普遍的商业组织形式。无论在世界上的哪个国家，家族企业都占据了很重要的位置。以西班牙为例，[①] 大约有 75% 的企业是由家族拥有的，这些企业对该国的国民生产总值的平均贡献为 65%。这当然与整个社会的人口组织形态是有关系的，无论哪个国家，家庭、家族都是社会的基础组织形态。

汤姆逊金融公司（Thomson Financial）为《新闻周刊》作过一份研究，[②] 对家族企业和非家族企业在从伦敦的 FTSE 到马德里的 IBEX 等欧洲六大重要指数上的表现进行了比较。结果表明，家族企业在六大指数中均优于非家族企业。汤姆逊金融公司为每个国家的家族企业和非家族企业创造了一个独特的指数，并进行了为期 10 年的跟踪，直到 2003 年 12 月。结果显示，在德国，家族企业

---

① 参见 IFC 国际金融公司《家族企业治理手册》，第 11 页。

② 转引自 IFC 国际金融公司《家族企业治理手册》，第 11 页。

的指数攀升了 206%，而非家族企业的指数仅上升了 47%；在法国，家族企业的指数飞升了 203%，而非家族企业仅上升了 76%；在瑞士、西班牙、英国和意大利，家族企业的表现同样优于非家族企业。

家族企业不分大小，可以是中小规模的公司，也可以是横跨多个产业和国家的大型商业集团。我们可以举一些例子，以下这些著名的家族企业想必大家一定听过：爱马仕、香奈儿、萨尔瓦多菲拉格慕（Salvatore Ferragamo）、费列罗、贝纳通（Benetto）、欧莱雅（L'Oreal）、汤森路透、家乐福集团（Carrefour）、路威酩轩（LVMH）、米其林、三星（Samsung）、现代汽车（Hyundai Motor）、LG 集团；德国的宝马（BMW）、西门子（Siemens）、美国的福特汽车（Ford Motor）、沃尔玛（Wal – Mart）等。

如何来定义家族企业？美国著名企业史学家阿尔弗雷德·钱德勒对于家族企业给出了这样的定义：[①] 企业创始者及其最亲密合伙人（家族）一直掌管企业的大部分股权，他们与企业经理维持紧密的私人关系，且保留高层管理的主要决策权，特别是在有关财务政策、资源分配和高层人员的选拔方面。

简单来说，家族企业是指大多数投票权掌握在控股家族手中的企业。什么是家族？家族是指具有血缘关系的一代人或几代人。家族企业可以大致分成以下两类：

（一）控股型家族企业

该类型的家族企业的特征为：家族所有的企业，家庭成员拥有企业的所有权，并且家族成员对企业的控制权至少达到了控制企业的程度。这种情况下，家族企业的经营权实际并不在家族成员手中，而是由职业经理人来管理，但由于家族成员的所有权达到控制企业的程度，因此也能在家族企业中拥有绝对优势和话语权。比如广东的美 D 家族，可以说是比较典型的代表。

众所周知，美 D 集团的何某健有一个儿子，叫何某锋。在何某健退休之后，并没有将美 D 集团交给何某锋，而是由职业经理人方某经营管理，美 D 集团的董事会中，也清一色的是职业经理人，何某锋只是美 D 集团的董事会成员之一。但是，虽然公司董事会大部分主要由职业经理人出任，但是美 D 集团的股权还

---

① 参见［美］阿尔弗雷德·D. 钱德勒：《看得见的手——美国企业的管理革命》，商务印书馆 1977 年版。

是牢牢掌控在何家手中。查看公告①可知，美D控股有限公司是美D集团的大股东，拥有31.1%的股份，而美D控股有限公司的股东是何某健和儿媳妇卢某，分别持有94.55%和5.45%的股份。

（二）控制董事会型家族企业

该类型的家族企业的特征为：家族成员对于企业的所有权虽然有所分散，但是家族人力资源丰富，企业的经营权一直牢牢掌握在家族成员手中，家族成员对于企业的发展、经营具有强势的话语权。

爱玛仕（Hermes）家族，于1837年由家族创始人Thierry Hermès（蒂埃里·爱马仕）在法国创立，经过170多年的发展历程，至今已经传承6代，爱马仕仍然是目前顶级的皮包品牌，无出其右。

爱马仕于1993年上市，上市之后，家族持股相对来说有所分散，险些被LVMH敌意收购，② 但爱马仕家族有惊无险度过一劫。爱马仕集团继续维持家族企业的模式，他们认为，CEO是家族成员，CEO的人选要由家族股东决定。在所有日常和重大决策中，家族成员要有绝对控制权。如果家族失去了控制权，即使CEO是由家族任命的，公司也会失去家族的个性与传统。

二、家族企业的不同阶段

家族企业在存续期内会经历不同的阶段，一般来说，家族企业的生命周期可以总结为三个阶段。

（一）创始人初创企业阶段

每个家族企业，通常情况下会有至少一名到两名创始人。我们比较常见的情形有：独自创业、兄弟创业、夫妻创业。这基本上是家族企业存在的初始阶段。在这一阶段，企业完全由创始人拥有和管理，大部分商业决定也是创始人说了算，创始人对他们创建的企业全情投入，企业的股权结构和治理结构都相对简单。

---

① 载巨潮资讯网，http：//www. cninfo. com. cn/new/disclosure/stock？stockCode = 000333&orgId = 9900005965#topTenShareholders，最后访问日期：2021年5月4日。

② 参见《LVMH集团VS爱马仕："大战恩怨"回忆录》，载新浪时尚，http：//fashion. eladies. sina. com. cn/industry/2011/1202/161027073. shtml，最后访问时间：2021年5月4日。

由于企业的股权和经营权都掌握在创始人手中，一般来说公司治理问题相对不复杂。对于这种类型的企业来说，最复杂的其实是“接班计划”。如何能够让家族企业顺利延续到下一阶段，创始人应在此阶段就开始筹划继任并培养企业的下一代领导人。同时，由于此阶段公司的股权主要集中在创始人个人手上，有些甚至是自然人直接持股，则相应的传承规划也应当列入计划中，以免创始人不幸身故后，公司股权的继承发生争议，最终导致企业经营陷入混乱。

（二）核心成员利益共享阶段

随着家族企业的发展壮大，在经过创始人阶段之后，一般会进入核心成员利益共享阶段。家族企业越来越大，伴随着的是业务范围越来越广、股权结构越来越复杂、子公司分公司越来越多，要求必须有更多除了创始人之外的核心骨干投入家族企业的发展中，家族的其他核心成员肯定是首选。在这个阶段，公司的管理权和所有权开始慢慢分散和传承，更多的非核心家族成员或者外部成员参与到企业的日常治理和决策之中。由于参与公司事务的家族成员增多，因此治理问题比初始阶段要相对复杂。

（三）家族成员联盟壮大阶段

如果家族企业发展得越来越顺，规模越来越大，则势必会进入第三个阶段，也即家族成员联盟壮大阶段。在这个阶段，由于家族成员不断增多，通过各种方式进入家族企业的成员也日益增多，企业的治理难度将会大大增加。由于加入家族企业的人员可能来自不同的家庭，他们的年龄、辈分、阅历、能力、价值观、世界观等可能也会天差地别。进入家族企业之后，由于分工的原因，每个家族成员负责的工作、所在岗位、从事的业务领域也会有所不同。因此，他们对于整个家族企业的管理、运作，甚至是企业未来发展的方向都可能会有很多不同的意见。此时就容易发生矛盾和冲突。在这一阶段，整个家族企业的治理问题可能会呈现一种爆发式的增长，比较突出的问题可能包括：家族企业管理人员的任用、企业股权所有权的分配、股权出售的可能性、股权分红的政策、不同家族成员在企业中的分工、家族企业的发展方向等。

三、家族企业的董事会

在许多家族企业中，家族成员在家族企业的高管中占有相当大的比例。这当然有利有弊。如果家族成员很能干，做高管表现突出，那么自然对于企业的发展是有利的，家族对于企业也有更多的话语权。但如果家族成员能力与高管职位不匹配，这可能会影响非家族经理人的积极性和业绩表现。非家族经理人可能会认为，自己自始至终就是一个“打工人”，这样就很难全身心地投入家族企业的管理中。这样家族企业从家族之外吸引和留住有才能的经理人将会变得很困难。

对于董事会的成员名额，许多家族企业会理所当然地要求由家族成员担任，当然部分家族企业也会将范围扩大到一些备受信任的非家族成员。这样做也有一定的合理性，即大部分家族企业都希望企业能按照自己或整个家族的理念经营下去。

（一）董事会的职责

董事会在企业当中的作用非常重要，根据我国《公司法》第四十六条的规定，一个高效的董事会的核心职责有如下几个：

（1）召集股东会会议，并向股东会报告工作；

（2）执行股东会的决议；

（3）决定公司的经营计划和投资方案；

（4）制订公司的年度财务预算方案、决算方案；

（5）制订公司的利润分配方案和弥补亏损方案；

（6）制订公司增加或者减少注册资本以及发行公司债券的方案；

（7）制订公司合并、分立、解散或者变更公司形式的方案；

（8）决定公司内部管理机构的设置；

（9）决定聘任或者解聘公司经理及其报酬事项，并根据经理的提名决定聘任或者解聘公司副经理、财务负责人及其报酬事项；

（10）制定公司的基本管理制度。

以上是在具体事务方面的职责，董事会更重要的职责①还有以下几个：

（1）监督企业的绩效，评估首席执行官；

（2）为高级管理团队提供支持和咨询；

---

① 参见［美］兰德尔卡洛克（Randel S. Carlock）、约翰沃德（John L. Ward）：《家族企业最佳实践》，谢芳、高皓译，东方出版社 2012 年版，第 168 页。

（3）为战略规划流程作出贡献；

（4）监督家族雇员的职业和发展；

（5）将家族股东和管理团队关联起来；

（6）代表非家族相关方的需求。

概括来说，董事会的主要职责就是实施公司的整体发展战略、监督公司的人员运作、完善公司的治理结构。

（二）董事会的人员构成

根据《公司法》第四十四条的规定，有限责任公司设董事会，其成员为3～13人。第一百零八条规定，股份有限公司设董事会，其成员为5～19人。在法律规定下，家族企业可以根据公司的规模以及实际需求设立相应人数的董事会，运营规模越大、公司结构越复杂，则董事会的人数也可以相应增多，但切记不能低于公司法规定的最低限制人数，也不得高于最高人数。一般来说，大中型企业的董事会人数以5～9人为宜，小型的董事会也可以确定为3～5人。

由于家族企业的特殊属性，董事会往往几乎都是家族成员。但随着企业家“二代、三代”的“接班难”问题越来越凸显，一味地强调由家族成员组建董事会，也可能会影响企业的长远发展。在选任董事时，应当主要考察该董事的业务能力，以及在管理、经营、战略布局等方面有突出表现和卓越技能的人。同时也需要设置一定的考验期，测试他们对于企业发展作出贡献的潜能。

（三）独立董事的重要性

独立董事制度最早起源于20世纪30年代，1940年美国颁布的《投资法案》（Investment Act of 1940）[①] 是其产生的标志。该法案规定，投资公司的董事会成员中应该有不少于40%的独立人士。其制度设计的目的在于防止控股股东及管理层进行内部控制，损害公司的整体利益。独立董事对于大型家族企业的继续发展扩大具有很重要的作用。

“独立董事”一般是指符合下列条件的董事：[②]

（1）在过去5年未被公司或其关联方雇用；

---

① 载 https://www.db.com/tcr/docs/Investment_Company_Act_1940.pdf。

② 载国际金融公司，http://www.ifc.org/ifcext/corporategovernance.nsf/Content/CGTools-FamilyFounderUnlisted，最后访问时间：2021年5月4日。

（2）未在向公司或其关联方提供咨询服务的公司或其子公司任职；

（3）与公司或其关联方的大宗客户或供应商不存在关联关系；

（4）与公司、公司关联方、公司管理层没有个人服务合同关系；

（5）与接受公司或其关联方大额资助的非营利组织不存在关联关系；

（6）未在公司经理人出任董事的任何另外一家公司出任高级经理；

（7）其直系亲属目前及在过去5年里未在公司或其关联方出任高级经理；

（8）目前及在过去5年里与公司或其关联方的现任或前任审计单位不存在关联或雇佣关系；

（9）不是公司的控制人（或联合起来能够实际控制公司的一群人或实体中的一员），也不是控制人的兄弟姐妹、父母、祖父母、外祖父母、子女、姑表兄弟姐妹、姨姑叔舅、侄子外甥、侄女外甥女，或上述人员的配偶、遗孀、姻亲、后嗣、遗产受赠人、继承人（或根据信托或类似安排使上述某一人或某几个人成为唯一受益人），也不是已经死亡或无行为能力的上述人员的遗嘱执行人、遗产管理人或私人代表。

家族企业中通过设立独立董事制度，可以让这些独立董事站在更加客观的角度，对家族思维提出挑战，使公司的经营决策更加慎重科学。具体来说，独立董事在以下方面可以发挥作用：

（1）在战略和控制的问题上引入外界视角；

（2）为公司带来新的技能和知识；

（3）引入独立于家族的客观观点；

（4）在家族成员中发挥平衡作用，在某些情况下，为家族成员经理人的分歧充当客观裁判的角色；

（5）具有广泛的商业人脉关系。

四、家族治理机构

家族治理是一项复杂的工程，是一套复杂的家族成员与家族财富管理的制度。家族治理的实现，主要是有赖家族各项规章制度的配合，包括载有家族愿景与重要价值观的“家族宪章”、为家族企业或家族办公室雇用家族成员订立有关规定的“家族雇佣政策”、为家族确保企业控制权的“持股规则”等。家族治理希望达致的理想效果是在不受传统的家族复杂关系影响下，团结所有家族成员，作出符合经济和家族利益的理性决策。

（一）家族大会

家族大会就像公司的股东大会一样，是一个所有家族成员聚在一起，维护亲情、了解家族事务和探讨家族未来发展的正式平台。在家族企业的初始阶段，由于人员不多，往往也没有所谓家族大会的概念。创始人通过召开非正式家族会议的方式向家族成员阐述家族价值观，发掘新的商业点子，培养家族企业下一代领导人。但随着家族和企业都变得越来越复杂，家族成员越来越庞大，建立正式的家族大会就显得很重要了。

家族大会的主要作用如下：

（1）凝聚亲情，提升家族认同感

将所有的家族成员聚到一起，这首先是一次凝聚亲情、培养家族认同感的好机会，家人之间的凝聚力和亲情，需要通过时间、相处、陪伴一点点增加。

（2）了解家族事务

对于家族成员来说，不直接负责的家族成员，可能并不了解家族的运作、其他家族成员的贡献。通过家族大会，也可以让所有的家族成员共同交流、了解家族的事务，大至企业的运营、家族的投资，小至孩子的教育、家庭的支出等。

（3）选举家族理事会成员和通过重要文件

所有的家族成员，需要为家族利益最大化之目的，选举产生家族理事会的成员，以代表执行整个家族的重要决定。同时，家族可能会有一些重要制度，比如家族雇佣政策、家族基金使用制度、家族慈善制度等需要全体家族成员的参与和表决。

（4）谋划家族的未来

谋划家族共同利益，也是家族大会的重要内容，家族大会让所有家族成员有机会了解企业信息，并就企业的发展和其他家族问题谈自己的想法。举行这类大会，有助于将家族成员间因不平等的信息获取和其他资源获取而造成的冲突消灭于未萌芽状态。

通常来说，家族大会由全体家族成员参加，无论男女老少，都不应该被排除在这个培养感情的好时机会之外。但是，有些家族根据自身的特点，可能会设置一定的限制。如非婚生的家族成员不适宜进入家族大会；姻亲家族成员在家族大会中的权利可能会受到一定的限制等。家族大会的设立、条件等所有内容都可以由每个家族根据自身的情况进行自治。

（二）家族理事会

家族理事会的功能主要对应公司的“董事会”，也可以称之为“家族管委会”“家族执行委员会”“家族常设委员会”等，是一个大家族的重要机构。

家族理事会是由家族大会从家族成员中选举产生的，负责商议和执行家族企业事务的治理机构。理事会一般在家族达到一定规模时建立，比如 20 人以上。由于家族成员到达一定数量之后，由全体成员参与的家族大会很难进行有实质意义的讨论，也很难作出迅速的、高质量的决议，这时才需要建立家族理事会，作为代表家族大会的治理机构，从中协调家族成员与企业的利益关系。

家族理事会与家族企业董事会相辅相成，互相促进，在企业所有权、家族成员管理及企业管理层上能够互相配合和互补，促进家庭与企业的正面交流。家族理事会对于家族所发挥的作用，就好比董事会对企业所发挥的作用。家族理事会的主要工作是促进家族成员之间的沟通，协助下一代的家族成员掌握家族动态、财务和所有权事宜。家族理事会可以参照企业董事会，人员控制在 3 ~ 9 人。家族理事会的成员通常由家族大会选举产生，选举时会考虑候选人的能力及其可用于履职的时间、精力等因素。

家族理事会的功能通常体现在以下几个方面：

（1）成为家族与企业的沟通桥梁

家族理事会可以定期向家族成员宣传本家族的价值观和精神文化，通过财务业绩、管理层、策略及行业竞争动态等，让不热衷于家族事务的家族成员有机会掌握家族业务最新情况；让不直接参与家族事务的成员以及下一代年轻的家族成员了解家族企业背后的家族价值观与传统，更深入认识家族历史、其于家族企业中扮演的角色，以及家族企业能够屹立不倒的策略。家族理事会还可以向家族成员灌输所有权、管理层及家族成员身份之间的分别，让家族成员对家族有自豪感、认同感、归属感。甚至还可以协助化解各家族成员之间的矛盾和冲突，创造一个公平、有爱、温情、和睦的家庭大环境。

（2）成为家族成员的法律顾问

家族理事会可以联合相关的法律专业人士，向家族成员普及和灌输遗产规划及管理继承财产的知识，向家族成员宣传家族政策，例如家族雇用政策。在欧美国家，家族理事会还有一个重要的功能，是向家族成员普及有关遗产和遗产税的知识，指导下一代的家族成员管理继承得来的财富。

（3）成为家族成员的后备支持

比如为子孙后代的教育提供经济以及其他方面的支持；为有特殊需要的家族成员提供经济上、情感上的援助等。

（4）成为家族企业的“大管家”

家族理事会还可以把关企业的经营策略家族投资是否正确，目前在家族企业任职的董事是否勤勉尽职，为家族利益考虑，与其他外部董事相处和谐。让家族企业的董事会掌握家族成员的目标和喜好，从而协调或至少统一家族目标与家族企业的目标及策略方针。

（三）其他家族机构

大型的家族可能还需要建立其他类型的机构，以满足他们在特殊领域的利益。比如后代教育委员会，专门负责培育和管理下一代的教育问题，为下一代规划良好的教育机会。比如家族精神宣传委员会、创业支持委员会、社会交往委员会等。

五、家族慈善

慈善事业对于高净值客户所在的家族也是不可或缺的，当家族财富积累到一定程度后，可以反哺社会，预防“富贵病”的发生。综观全球，财富领先的家族一般都有自己家族的慈善事业。在美国，家族慈善尤为盛行，通常会设立家族基金会专门开展慈善事业。欧洲、拉丁美洲的富裕家族，也和很多传统宗教或慈善机构一样履行这项使命。

慈善是美国顶级家族的优良传统。美国现代慈善事业始于20世纪初。1911年，美国“钢铁大王”卡内基创立了纽约卡内基基金会，奠定了美国现代慈善事业的基础。[①] 在功成名就后，这位“钢铁大王”将几乎全部的财产捐献给社会。卡内基曾说：“在巨富中死去，是一种耻辱。”赚钱需要多大本领，花钱也就需要多大本领。捐赠不能以遗产的形式留给社会，而是要使每一分钱都最大限度地增进社会的利益。

---

① 参见《美国慈善史：从卡内基到盖茨》，载凤凰资讯网，http：//news. ifeng. com/opinion/special/gates/news/200806/0626_ 3888_ 619162. shtml，最后访问时间：2021年5月4日。

洛克菲勒家族曾是美国最富有的家族，代代有传奇人物，并且家族资产已经传承了6代，却鲜有争产问题。[①] 美国大家族之所以能够长盛不衰，除了家族精神与凝聚力外，信托与基金会发挥了作用。1913年，他创办了洛克菲勒基金会，以“促进全人类的共同富裕”为宗旨，致力于改善全世界的穷人和边缘人群的生命和生计。洛克菲勒的后代们没有整天躲在房间里计划如何守住自己的财富，而是积极地参与文化、卫生与慈善事业，将大量的资金用于建立各种基金会，让整个社会分享他们的财富。

比尔梅琳达·盖茨基金会[②]是一个具有高度影响力的慈善团体，此基金会高度关注全球健康问题，并致力于造成全球许多地区儿童早期死亡疾病的快速减少。

家族慈善事业赋予富裕家族服务他人的使命，这项任务通常使家人团结在一起，并促使家族成员从事一些比关心本身财务状况更富有意义的事情。慈善事业的管理工作是否交给家族成员或者基金会里的专业人士，具体取决于慈善事业的规模及慈善项目的复杂程度。在很多情况下，家族也会成立一个独立的基金会委员会负责监管基金会的运作，并通过基金会吸引最不可能对商业活动感兴趣的家族成员积极参与，并取得成效。

家族慈善事业及家族基金会成为企业家族和一般富裕家族可运用的家族治理机制工具，它不仅有助于达到与家族企业的经济功能完全无关的重要社会目标，更有助于通过确认非经济目标而在家族议程中占有一席之地，从而促进家族的团结。

六、家族办公室

家族办公室可以理解为一个为高净值客户及其家族提供投资管理、风险管理、法律合规、税收优化、保险、家族信托、慈善和家族治理等多方面服务的360度财富管理的机构。家族办公室的宗旨是满足高净值客户及其家族的所有财富需求，制订稳健、综合型的财富管理解决方案，帮助家族成员共同管理家族财富并传承家族财富。

---

① 参见《全球最大军火商“金主”洛克菲勒家族的财富管理体系》，载界面网，https://www.jiemian.com/article/1985683.html，最后访问时间：2021年5月4日。

② 载https://www.gatesfoundation.org/zh/，最后访问时间：2021年5月4日。

（一）家族办公室的类型

1. 单一家族办公室

单一家族办公室（Single Family Office，SFO）相当于一家私营公司，管理着一个家族的财务，专门服务于某一个家族，为其提供个性化的服务。同时，也意味着家族对SFO拥有相当程度的控制权。美国证券交易委员会（SEC）[①] 将单一家族办公室定义为“由富有家族设立的法人实体，用以进行财富管理、财富规划，以及为本家族成员提供其他服务”。

2. 联合家族办公室

联合家族办公室（Multi Family Office，MFO）为多个家族服务，这些家族彼此之间不一定存有关联关系。联合家族办公室（MFO）通常由单一家族办公室（SFO）接纳其他家族客户转变而来，实践中也存在一些由私人银行和专业人士设立的联合家族办公室。大多数联合家族办公室具有商业性质，同时出售服务给多个家族，家族之间也许并无关联。极少数是属于私人性质的，仅为少数家族提供专门服务，不对其他家族开放。

随着时间的推移，单一家族办公室可能会变成联合家族办公室。这种转变通常是单一家族办公室成功运营、促使其他家族积极进入的结果。借助联合家族办公室的结构形式，更容易实现规模经济，促成一些家族接受其他家族融入他们家族办公室的结构中。

（二）设立家族办公室的原因

对于身处财富金字塔顶端的家族，直接聘用金融机构和第三方中介机构提供服务，显然成本更低，为什么他们要单独设立家族办公室呢?

1. 隐私性考虑

成功的家族往往不希望自己的财富被大家知晓，私密性是首要考虑的因素。金融机构和第三方服务中介，尽管也有保密的义务，但由于监管、人员流动等因素，事实上家族的秘密长时间不被泄露是一件非常困难的事情。如果是家族

---

① 载 https：//www. sec. gov/edgar. shtml，最后访问时间：2021 年 5 月 4 日。

办公室，则很长一段时间都只是专职服务于这一个家族，因此保密性会更强。

2. “一站式”的服务体验

家族办公室可以提供“一站式”的服务体验，事实上家族办公室不仅提供金融投资服务，也会有专业的人员提供生活服务。家族办公室可以实现家族财富的集中化管理，根据家族的情况制订最优的战略管理计划。

3. 避免利益冲突

金融机构与家族之间也有可能存在天然的利益冲突。金融机构首先考虑的是盈利，而家族首先考虑的是财富的安全和代代相传。同时，金融机构还存在一个问题，即人员的流动常常可能会使客户不得不也跟着转移资产，这也是顶尖家族所不希望看到的。

（三）家族办公室的功能

家族办公室是高净值人群/家族的资深“管家”，一个完善的家族办公室功能，类似于财富人士的核心幕僚团，完全从客户的立场出发，多维度满足客户的需求。全面的家族办公室的功能可以分为以下 4 个部分。

1. 财富集中化管理

首先家族办公室首要的任务是管理和保护家族的资产，家族办公室的律师及财税顾问、投资顾问通过基金、信托、大额保单等不同金融及法律工具，进行财富的集中化管理，将所有的资产汇集到一张财务报表中，实时掌控整个家族的所有财富情况，并进行财务的风险管理、税务筹划、信贷管理、外汇管理、资产投资等优化配置。

2. 科学的投资理财

在投资理财方面，家族办公室需要管理家族的对外投资，将资金配置于股票、债券、固定收益产品、PE、VC、对冲基金、大宗商品、房地产、艺术品等多个资产类别中，进行中长期投资，类似于机构投资者。

3. 非金融服务

非金融服务是指家族办公室为家族成员提供教育、专业、慈善和生活服务，移民、旅行与婚丧嫁娶等组织筹办工作，还包括档案管理、礼宾服务、管家服务、子女教育、安保服务等家族日常事务。

4. 财富的保护与传承

家族资产传承长久以来都是创一代心中的难题。一方面，要合理分配到亲人子女身上，避免子女间为争夺家产产生的家庭内部矛盾，造成家族产业的破裂衰落；另一方面，要尊重子女的意愿，并在尊重子女意愿的基础上适当调整财富结构。如何实现家族财富的稳定、安全传承，是家族办公室的使命之一。

（四）国内家族办公室的发展

1. 国内家族办公室的现状

2015 年，被业界称为“中国家族办公室元年”，其中的原因之一是官方对包含“家族办公室”字样的公司开始办理注册。2015 年年初，十余家机构陆续落户青岛。在工商登记信息中，“为境内外客户提供家族财产理财咨询、家庭财富传承咨询服务、家族资产保全咨询服务、财务、财富管理咨询服务、婚姻财富规划服务、移民及跨境财富传承规划、慈善规划”等业务赫然在目，可谓青岛试水“财富管理”的创新举措。

2016 年，又有“家族办公室”在济南、宁波、苏州等地落户。目前，各大银行私人银行、各大信托公司、资产管理公司等机构，都陆续在开办类似家族办公室的机构，无论其名称如何，其目的几乎都是共同的，那就是从“以产品为中心”向“以客户为中心”，挖掘客户潜在市场，增加服务客户粘性，提高“竞争”实力，和同行赛跑。

虽然家族办公室在中国如雨后春笋般出现，但在中国目前的阶段发展，仍然比较缓慢。

2. 国内家族办公室的类型

（1）大型金融机构下的财富管理中心

这类家族办公室由传统金融机构为更好地服务超高净值家族而设立，如商业银行为客户打理境内金融资产，境外的资产通过其中国香港、新加坡以及瑞士等地的金融机构提供家族办公室的离岸服务。一般会要求客户在金融机构的资产达到一定数额，才能享受家族办公室的服务。

（2）独立的家族办公室

独立的家族办公室，目前也可以分为投资为主和事务为主两种。投资为主的家族办公室由金融专业人士辞职创办的独立家族办公室，为更好地与客户实现利益协同，最大限度地规避在金融机构中的利益冲突，其核心业务为投资管理，运用不同策略为客户量身定制资产配置方案，帮助超高净值家庭实现财富的保值增值。

由家事律师转化而来的家族办公室，通常精通和专注于婚姻和继承，核心业务为法律事务管理，包括税务筹划、遗嘱设立、债务处理、婚姻财产处理等，专注于财富传承、家族治理涉及的相关事务的解决，不擅长资产配置。[①] 由保险公司业绩优秀的代理人转型而来的家族办公室，通常会关注保障配置，习惯用保险工具解决财务问题。由信托和银行等金融机构转型而来的家族办公室，通常会关注固定收益资产、类信托资产的配置。券商经纪业务或三方理财机构转型而来的家族办公室，通常会更关注股权类、债券等投资管理。

（3）超级富豪的家族办公室

第三类是由家族企业一代或二代成员创办，他们出于对家族资产安全、信息私密性的考虑，往往会自己组建家族办公室，为自己或其他家族管理财富，比较典型的有 BAT 的创始人及其他大型房地产或制造业公司控股家族。

七、家族宪章

家族宪章之于一个家族，就像宪法之于一个国家。家族宪章，其本质上是一种适用于家族内部成员的书面文件，内容涵盖家族的源起、家族精神、家族资产、家族守则等多方面内容。中国古代家训和家族宪章，可以说是异曲同工。近现代以来，许多富豪家族开始推崇家族宪章，试图构建家族统一的价值观，为家族财富永续传承打下基础。

（一）中国古代家训

我国历史上的名门望族很多，很多家族传承超过几百年。名门望族是书香门第，都有自己的家法，有的采用训诫形式，有的采用条文形式。中国自古以

① 参见吴飞：《中国本土家族办公室有哪些新的发展趋势?》，载 http：//www. caishiv. com/insight/detail? id＝12990，最后访问时间：2021 年 5 月 4 日。

来就非常注重家族的传承和个人品德的倡导，由于深受儒家文化的影响，中国古代的家训，内容主要涉及个人品德的倡导，家训通常包括：祭祀礼仪、家长地位、尊卑之序、男女大防、兄弟关系、婚姻嫁娶、子女教育、邻里关系、社会公益等各个方面。

古代的家训多强调个人品德和行事礼仪，而较少强调财产的分配，这也与中国古代重从政、轻商业的社会大环境有关系。

举例来说，范仲淹家族，其后世传承超过800年，范氏家族的《家训百字铭》① 如下：

孝道当竭力，忠勇表丹诚；兄弟互相助，慈悲无边境。

勤读圣贤书，尊师如重亲；礼义勿疏狂，逊让敦睦邻。

敬长舆怀幼，怜恤孤寡贫；谦恭尚廉洁，绝戒骄傲情。

字纸莫乱废，须报五榖恩；作事循天理，博爱惜生灵。

处世行八德，修身奉祖神；儿孙坚心守，成家种善根。

再如，流传甚广的诸葛亮的《诫子书》："夫君子之行，静以修身，俭以养德。非淡泊无以明志，非宁静无以致远。夫学须静也，才须学也，非学无以广才，非志无以成学。淫慢则不能励精，险躁则不能治性。年与时驰，意与日去，遂成枯落，多不接世，悲守穷庐，将复何及！"

在古代，家是最基本的社会组织单位，整个社会非常注重长幼之序、身世血缘。在家里，一家之长具有绝对的权威，婚姻大事、考取功名等大事，都要听从家长的安排。若是有家族成员不遵从家族家训，不服从家长安排，轻则被罚过，重则可以被逐出家门。

古代的家训，主要是以道德说教式为主要内容，旨在为家族成员个人的品德和为人处世提供大智慧。到了近现代，家族宪章的主要目的，除了将家族的精神、家族的文化流传下去，为家族成员个人提供个人行为规范准则之外，更重要的一个功能，就是传承家族成员的财富管理能力，实现家族财富的代代相承。

（二）现代家族宪章

在近现代，家族宪章为富豪家庭所推崇。家族宪章可以为家业传承指明方

---

① 载古诗文网，https：//so. gushiwen. org/shiwenv_ e52417d345f0. aspx，最后访问时间：2021年5月4日。

向，能使家族无形的精神资产得以记载和传承。

1. 现代家族宪章的内涵

家族宪章通常是一份家族内部成员签署的用于为家族财富传承提供指导性方案的书面文件，就像一个国家的宪法，起到建国立业、提纲挈领的作用，故而取名家族宪章。近现代很多知名的家族，尤其是欧美的大家族，都采用家族宪章形式为家族提供方向性指导和为家族成员提供行为规范准则，确保家族财富可以代代传承。例如法国穆里耶兹（Mulliez）家族，十分低调，但是他们家族的欧尚超市和体育用品超市迪卡侬却广为人知。根据报道，目前穆里耶兹家族已经传承到了第五代，约有780名家族成员。[①] 虽然家族商业帝国庞大、家族成员亦十分众多，但管理上井井有条，各个成员安居乐业、安分守己。这一切都得益于家族宪章。

家族宪章是增强家族凝聚力的最好黏合剂，在统一价值观的指导下，家族成员才能齐心协力，谋求更长远的发展。

2. 古代家训与现代家族宪章的区别

与中国古代家训相比，现代家族宪章具有很明显的区别。

（1）重心的转移

古代家训，多是道德要求，追求家族个人品德和政治荣誉，鲜有关于财富积累和财富传承的描述。而现代的家族宪章多由经商的富豪家族制定，除了道德要求外，更多强调家族积累财富的智慧、传承财富的必要和决心。

（2）规范内容的扩展

古代的家训，主要是对家族成员个人的道德品质方面的约束，而现代的家族宪法，不仅有个人道德上的要求，更多的还强调个人对于家族财富传承的责任、对于家族企业的经营管理规范、对于使用和继承家族财富的限制等。

（3）法律比重的增加

现代家族宪法相较于古代家训的一个重要变化，是法律比重的增加。中国古代重刑轻民，法律对于民事责任的规范几乎是空白的。而现代法制制度越来

---

① 参见《全球最稳的豪门家族：780名家族成员和睦相处，年营收高达5000亿》，载 https：//baijiahao. baidu. com/s？ id = 1632752673451917982&wfr = spider&for = pc，最后访问时间：2021年5月4日。

越完善，一个家族如果希望实现基业永青，财富永续传承，一定要合乎法律的规定，在法律限度内行事，因此现代家族宪章有很大一部分内容是与法律相统一的。

3. 现代家族宪章的功能

家族宪章的功能主要体现在以下几个方面：

第一，家族宪章是传递家族精神和家族文化、增加家族凝聚力和归属感的重要媒介。一个家族在发展过程中形成的文化和精神，是家族最宝贵的财富，是一个家族的“根”，而家族宪章可以将一个家族的精神、文化、核心价值观等准确表达出来，使其文本化。

第二，家族宪章也是家族治理的“宪法”。家族宪章中会规定一个家族的治理规则，比如家族成员的进入和退出规则、家族的最高权力机关、家族的财富管理和使用规则、家族基金使用规则等。家族宪章就相当于一个家族内部的“宪法”，是家族的最高纲领。

第三，家族宪章也是家族成员的行为准则。家族宪章中通常会涉及家族成员的权利和义务，家庭成员一旦签署家族宪章就要受到家族宪章的约束。

第四，家族宪章是传承家族财富的重要指南。通常，家族宪章会涉及家族资产的范围界定问题、家族资产的管理和使用规则、家族接班人的培养计划、家族企业的管理准则等方面的内容，是传承家族财富的重要指南。

（三）家族宪章的主要内容

家族宪章一般包括很多内容，如家族文化、家族精神、家族治理结构、家族决策、家族企业的管理架构、家族成员的权责分配、利益分配、家族成员的雇佣政策、后代的监管、财产传承、争议与罚则、非正式纠纷解决机制、未预期事项、修订与签署等。

1. 家族文化与家族精神

家族文化与家族精神的内容，是家族宪章中最体现家族特质的部分，包括家族历史、家族精神、家族核心价值观等。

首先，家族历史的意义在于希望后代的家族成员，特别是与家族创始人相隔较为久远甚至可能未曾谋面的家族成员，能够借此对家族的历史产生感性的认识，从而对家族的长辈们和对家族宪章有更好的理解。其实中国素有撰写家谱、撰写家族故事的传承，但由于各种历史原因，该良好的传统有所中断。作为中华人民共和国成立之后的创一代，记录自己家族的历史故事，尤其是创业故事，以供后人了解知晓，还是很有必要的。

其次，家族精神通常是一个家族存续发展所必须具有的品质，例如正直、坚韧、勤奋、勇敢等。家族精神通常是创始人在创业过程中所形成的特有的品质。如果仅仅照抄一些普世的价值观，对于家族成员后代未必会有良好的教育作用。如果将家族的创业故事，提炼出家族精神，形成家族最突出的精神指引，则可以让家族后代成员更加有认同感。

最后，家族核心价值观与家族精神的侧重点略微不同，家族核心价值观的的意义更为宏观，是每个家族由自己的特性形成的富有个性的价值观，也许是一段寄语，也许是一个句子，甚至可能是一个词语。比如，有的家族的核心价值观是奋斗，有的家族的核心价值观是节俭，有的家族的核心价值观是跟从内心。

2. 家族治理结构

如同国家的法律需要由国家的立法、执法、司法、行政机关维持其运作一样，家族宪章也需要一个机构维持其运作，这个机构就是家族治理机构。

家族治理结构也是家族宪章中的重要内容。在前面一节，我们详细介绍了家族治理结构中各个机构不同的设置及相应的功能。对于家族成员庞大的家族来说，设置家族治理结构是非常有必要的。

3. 家族成员及其权利义务

家族宪法约束所有的家族成员。首先，对于什么是家族成员，是否要把某些特定的成员排除在外，这是每个家族可以自定义的。

通常而言，取得家族成员资格，是取得家族资产的受益人资格的前提条件，但并非唯一条件。确定了家族成员之后，即可针对家族成员设置其享有的权利及必须履行的义务。

家庭成员的权利一般包括：受益权，可以根据家族宪章的规定或者其他书面性文件的规定，从家族财富中获得支持；知情权，了解家族事务、参与家族活动的权利；任职权，主要指在家族治理机构中任职的权利和在家族企业中任职的权利，只要符合一定的要求，即可以参与到家族事务中；还有申诉权，许多家族特别是中国家族喜欢在家族宪章中规定，家族成员之间的纠纷不得通过诉讼途径解决，原因在于家族大到一定规模的时候，家族成员的一举一动都会被媒体捕捉，尤其是涉及婚姻关系和继承关系的，中国家族多数崇尚行事低调、不希望家丑外扬，故有此规定。

家族成员的义务主要是指家族成员在创造家族财富、守护家族财富、传承家族价值观、遵守家族行为规范、参与家族治理、维护家族团结、维护家族名誉等方面的一系列义务。成员的权利和义务通常与相应的家族资产分享机制相关联。

4. 家族资产的范围和分享规则

家族资产为一个家族提供长久发展的物质基础。首先，家族资产的范围需要由家族宪章进行界定，范围以内的由家族共享，范围以外的则由私人享有。其次，家族资产的持有和管理机制需要由家族宪章规定，任何家族成员不得擅自占有、侵吞、挪用，如果故意损毁需要负责赔偿。最后，家族资产的分享机制将由家族宪章决定。

需要注意的是，家族宪章的性质到底为何，在目前中国的法律框架下是比较模糊的。在家族成员全部签字承认放弃某些财产为全家族所有，个人不享有权益的情况下，此种放弃的效力如何，还是有待观察的，最好是要配合家族信托等工具的运用。

另外，由于“家族”并不是一个法律主体，因此，家族资产必须要有一个法律认可的主体来持有。如果家族资产是由某个家族成员个人来代家族持有，由于该家族成员个人通过法律可以直接享有对该财产的完整的占有、使用、收益、处分的权利，实践中难免还是会出现家族财产被擅自处分的风险。因此，比较好的选择是，利用家族信托的独立法律地位，来持有家族资产。

5. 家族资产的管理与传承规则

家族资产如何传承？是否传男不传女？生育了后代，是否有相应的生活基金？何种情况下可以出售家族企业？这些看似荒诞的问题，其实都是家族财富传承中常见且重要的话题。在家族宪章中，完全可以作出个性化的规定。

明确的规定才能能够起到定分止争的作用。

6. 家族宪章修订程序

如法律一样，家族宪章也有着与时俱进的需求，难以在制定之初就做到尽善尽美。但家族宪章作为一个家族的根本大法，也不适宜频繁地进行修订。所以，我们应当将家族宪章的正文内容与具体的实施细则相分离。正文部分作为总则，除非有特殊需要，否则不轻易进行修订；而家族宪章的具体实施细则，则更多地关乎于每个家族的个性化需要，例如家族接班人的培养机制、家族企业股权的出售与转让办法、家族公益慈善基金的运作办法、家族投资管理办法、家族创业管理办法等。这些内容或者由于涉及的专业性和独立性较高，或者由于牵涉较多权利与责任在家族内部和外部之间的分配与制衡，或者由于在灵活性上有特别的要求而有必要地经常性地更新，则应当按照不同的内容编制成附件，在需要修订时，仅需要就单独的附件内容进行更新或修订即可。

（四）如何制定家族宪章

家族宪章作为家族进行自我治理的基础性文件，是家族内部的“法律”，其制定过程有着一套科学、严密的方法，并非家族创始人“拍脑袋决策”的产物，而是需要家族成员们的共同努力。在现实生活中，家族宪章多是聘请专业的财富规划律师，结合家族成员的想法代为起草。

一般来说，家族创始人需要确定参与制定家族宪章的家族成员的范围，组成家族宪章工作组，一般工作组会有外聘的专业财富规划律师牵头组织。工作组的主要作用在于牵头组织和有效推进家族宪章的制定工作，询问、记录、沟通、协调各家族成员在家族宪章制定过程中的意见表达。

（五）了解服务对象

（1）为家族客户提供服务，直接对接家族客户，与客户签约，前期进行KYC尽职调查，了解需要的相关信息，进行实地调研，之后设计家族宪章，与客户讨论，并不断修改完善。

（2）对金融机构、第三方提供的家族宪章业务，由于要对接第三方，与第三方签约，相关信息也要通过第三方进行沟通接洽，一般根据第三方提供的素材信息，撰写家族宪章。

（六）服务流程与内容

家族宪章法律服务的全流程，一般可以分为以下几个阶段：

1. 访谈调研阶段

访谈调研阶段主要是围绕家族成员、家族资产、家族精神三个方面进行充分、详细的了解，以便能够了解家族整体的情况和想法。访谈调研具体可以分成三步。

第一步：了解家族的“人”与“财”。

（1）了解现有的以客户为核心的直系三代血亲、旁系三代血亲、直系三代姻亲的成员信息，包括但不限于这些成员的年龄、身份、职业、学历、婚姻、居住、健康等信息。

（2）了解每位家族成员名下目前持有的财产情况。

（3）了解家族核心经济来源（企业）的运营情况。

（4）了解目前已有的家族信托的结构及受益情况。

了解这些信息的目的是进行形式尽调并绘制家族成员结构图、家族企业结构图、家族资产分布图。

家族能够兴旺发达最重要的两个方面是“人”和“财”，这一步的主要目的就是掌握家族整体的人员情况和资产情况，并结合家族人员、资产的特点，把“人”和“财”的问题解决了，后续才能有针对性地来设计家族宪章的内容。

第二步：确定家族的治理结构和治理原则。

在明确家族的“人”与“财”之后，家族治理的核心工作也是围绕这两大因素展开。首先，我们要确定整个家族的治理结构，确立家族大会、家族委员会等核心部门的职能，然后再根据具体情况考虑是否要设立下属子委员会和职能部门。同时，家族企业/资产是支撑整个家族的财产来源，必须要经营好家族企业/资产，才能获得源源不断的财富。因此，家族的意志必须要能贯彻到家族企业中去，家族对家族企业/资产必须拥有绝对的稳定控制权，这就涉及家族治理结构如何与家族企业/资产紧密联动的问题。

第三步：确定家族宪章中的其他重要内容。

在上述最核心的制度设计方案确定之后，我们会根据家族宪章常见的几大板块及相应的内容，与客户本人逐个沟通交流，充分了解客户的想法。将家族精神、家族成员的权利义务、家族成员守则、家族宪章的修订规则等其他内容，逐一进行沟通和完善。

当然，由于家族宪章是客户家族的重要指导性文件，除了客户本人需要全程参与以外，我们也需要和家族的其他重要成员进行沟通和交流，了解其他家族成员的想法，获得其他家族成员的充分支持。

2. 资料收集阶段

在与客户访谈交流之后，我们会根据沟通情况向客户提供材料清单，客户按照材料清单的要求向我们提供相应的材料。我们针对客户提供的材料进行核实与分析，并视情况要求客户补充相关的材料。当然，这一步通常也会和第一阶段的访谈调研紧密联系在一起。

3. 家族宪章主文起草阶段

这一阶段的主要工作内容和流程如下：

（1）根据客户的想法，起草家族宪章的主文；

（2）根据客户的想法和具体情况，列出可能需要的配套文件目录；

（3）向客户交付家族宪章初稿并与客户逐条解释、讨论、反馈；

（4）根据客户的反馈继续修订家族宪章；

（5）家族宪章的定稿与校对；

（6）家族宪章的交付。

4. 配套文件的起草与落实阶段

家族宪章只是一个主文，类似国家的宪法，而宪法要贯彻实施，还要有各项配套的制度和文件，否则家族宪章也只是无源之水。家族宪章的配套文件一般包含以下文件：

（1）家族大会活动指南；

（2）家族委员会章程；

（3）家族基金管理与使用方案；

（4）各个家族执行委员会的章程；

（5）家族企业章程/合伙协议配套修订；

（6）家族成员加入/退出家族大会协议；
（7）家族内部争议解决制度；
（8）家族成员的考评制度（奖励与惩罚）；
（9）家族成员聘用制度；
（10）家族成员关于家族资产的确认承诺书；
（11）家族成员行为守则；
（12）家族教育培训制度；
（13）家族成员的婚姻协议/配偶同意函/遗嘱/意定监护协议等文件；
（14）持股家族成员股东一致行动协议/授权委托书/投票权委托等文件；
（15）其他个性化定制的文件。

5. 日常维护阶段

家族宪章与配套制度签订之后，并不是一劳永逸的，还要对实施过程中可能发现的问题进行实时记录。一些仪式感的场合如定期召开的家族大会可能也需要外部人员的配合参与和落实，它是需要进行日常维护的。

6. 定期更新和升级阶段

无论是家族内部的重大变化，还是家族外部社会形势的重大变化，都会导致家族宪章和配套制度需要根据具体情况进行更新和修订。

第五节 家族财富传承规划

一、家族财富传承综述

（一）世界的财富管理综述

世界上有很多的财富管理机构，都会不定期地出具一些国际财富的分布报告。比如 Wealth - X，它是一家美国私人财富咨询机构，定位于全球超高净值人群的财富管理与咨询，它将持有3000万美元以上净资产的个人定义为超高净值人群，每年对全球财富增长的情况和趋势进行深入的研究调查，并发布《全球超级财富报告（World Ultra Wealth Report）》，到2020年，已经连续发布了8年。

Wealth－X最新的《2020全球超级财富报告》[①] 显示，2019年，全球亿万富翁的人数大幅增加，增长了8.5%，达到2825人，超过了上一年的下降幅度并创下历史新高。2019年，全球亿万富翁的总财富超过了人口的增长，增长了10.3%，达到9.4万亿美元。

瑞信旗下的瑞信研究院（Credit Suisse Research Institute）每年也对全球51亿成年人的财富进行全面深入的分析。瑞信研究院发表的《2019全球财富报告》[②] 显示，对比2010年和2019年全球财富金字塔，站在金字塔尖端的全球高净值人群，其2019年的人数占比相较于2010年翻了近一倍，从2420万人（0.5%）增长到4700万人（0.9%），接近全球成年人人数的1%。而这1%的人口占有的财富总额约为158.3万亿美元，约占全球总财富的44%。

过去10年，全球财富创造一直集中在中国和美国。美国延续了自2008年全球金融危机以来的财富增长方式，全球40%的百万富翁来自美国，在全球前1%的富翁中也有40%来自美国。中国的财富始于较低的基础，但现在已经取代日本成为第二大百万富翁国家，中国人占全球财富榜顶端10%的份额最大。

美国依旧是超高净值人群最为集中的区域，占全球超高净值人数的48%，近年来中国的稳步发展使其取代欧洲成为全球财富增长的主要来源，并以11%的占比稳居超高净值人数第二大国的宝座。

瑞信预测，以中国、印度为首的新兴市场财富未来增长潜力大。21世纪初至今，新兴经济体财富增长势头强劲，占全球财富的份额从2000年的不到10%翻三番到2019年近30%，有望在2024年占据全球1/3的财富份额。中国在自2008年金融危机之后的10年里飞速发展，财富净值和人均财富均翻了三番以上。2019年中国财富净值达63.8万亿美元，是2010年的3.68倍，成年人的人均财富由2010年的18,018美元上涨到2019年的58,544美元。预计到2024年，

---

① 载https：//www.wealthx.com/report/the－wealth－x－billionaire－census－2020/，最后访问时间：2021年5月4日。

② 载https：//www.credit－suisse.com/about－us/en/reports－research/global－wealth－report.html，最后访问时间：2021年5月4日。

中国的财富存量将增加23万亿美元，贡献36%的增长率。

（二）中国的财富管理综述

2014年，被金融界称为中国家族财富管理元年。改革开放40年，中国的经济实现了高速发展，国民经济总量翻了近八番，2018年的GDP约是1978年的254倍。40年来，我们看到一批又一批的中国企业和中国品牌，从无到有，在浪潮来临时站在了浪潮之巅，走出国门，走向世界。经过40年的积累，“接班潮”即将涌现，创一代们普遍到了该传承的年龄。

建信信托与胡润研究院联合发布《2019中国家族财富可持续发展报告——聚焦家族信托》[①] 指出：“中国未来30年将有60万亿财富由第一代创始人传给第二代，中国大陆亿元资产超高净值家庭有11万户，比五年前增长70%，亿元资产超高净值人群平均年龄47岁。”

从外部因素来说，2008年金融危机之后，世界经济的增速开始放缓，2015年的中国股市暴跌也让大批高净值客户和投资人从狂热中清醒过来，大家意识到任何的投资行为都是存在很大风险的，投资人所期待的“期限短、风险低、收益高”的模式是不存在的，无风险高收益是不合逻辑的，必须进行投资心态和投资布局的调整。如何通过资产配置、实现良好的投资组合，兼顾短期和长期利益，分散风险，成为投资人的关键课题。

一方面，市场越来越理性化；另一方面，富豪阶层也越来越重视家族传承，中国创一代到了考虑传承的时刻，开始从资产增值向资产保值和资产安全转变。私人银行、信托公司、第三方理财机构如雨后春笋般设立家族办公室和财富管理中心，欲在家族财富管理这个蛋糕上分得一杯羹。境外的机构开始在境内设立办事处，境内的公司也开始走出去在境外设立信托公司，[②] 以求为高净值客户提供全球化、“一站式”的服务。

（三）财富管理的三个阶段

中国的财富管理虽然起步晚、时间短，但也可以分为三个阶段。财富管理

---

① 载https：//max. book118. com/html/2019/0704/8114057053002033. shtm，最后访问时间：2021年5月4日。

② 参见《诺亚财富14年：与行业共同成长》，载http：//www. noahgroup. com/n/5897，最后访问时间：2021年5月4日。

1.0 时代是行业的初创和扩张期，私人银行、信托公司、第三方理财机构等也纷纷设立家族办公室和财富管理中心，开始组织各种各样的培训、讲座进行启蒙式教育。但是该阶段财富管理机构的主要业务还是根据客户的相关属性和需求，特别是风险承受能力，为客户配置金融产品和保险产品。该阶段只是初步实现产品与风险偏好的匹配，客户对财务现状和财富目标的关注仍然较少，财富管理机构和理财师的收入来源仍主要为产品销售佣金。

财富管理 2.0 时代是行业的成熟和稳定期。高度市场化环境引发客户的财富自觉，经过 1.0 时代长期的熏陶和培训，客户开始对财富管理行业有更多的了解，开始认同财富管理的理念，也真正开始发现自身的财富管理需求，真正开始根据自身偏好及风险承担能力选择资产并主动要求配置。对金融机构来说，面对政策红利的消失与传统模式的不可持续，它们从传统的增值产品销售转向保值产品配置，继而转向产品定制，也是大势所趋。

财富管理 2.0 时代，机构开始尽可能发掘客户个性化需求并最大化满足，然而，各个机构乃至整个行业都会囿于业务经验、人才储备、管理能力、客户接受度和技术问题等因素限制，不可能直接达到为客户人生财富管理定制方案的阶段。所以，财富管理的 2.0 时代主要是针对客户的单一目标进行财富管理规划。①

该阶段的理财师和客户都已经具备了财富管理的意识和知识框架，某一专长的理财师针对客户的单一需求进行财富管理规划，通过尽可能详细的分析以确定财富管理方案，为客户提供单一的财富管理规划方案。在这一阶段，财富管理机构和理财师已经从产品的销售转向财富管理的咨询，开始为客户的财富保值和安全服务，不再是单一的增值产品销售。

财富管理的 3.0 时代，则是对客户的财富进行全方位的管理规划。3.0 时代主要强调全生命周期服务，针对客户的情况，挖掘客户的需求，全方面为客户提供财富管理的建议，例如全球资产配置、移民身份规划、节税考虑等。该建议是全面权衡安全性、流动性、价值增长性之后，针对客户的全面财务状况和长期财富目标，通过复杂而全面的变量分析为客户定制完整的家族化的财富管理方案，并为客户进行长期的资产配置和财富管理建议。

---

① 参见《中国式财富管理 2.0 时代》，载 http://www.huaxia.com/tslj/cfht/2015/07/4469130.html，最后访问时间：2021 年 5 月 4 日。

中国财富管理的3.0时代，目前正在如火如荼进行中。

（四）家族财富传承的核心

家族财富传承什么？仅仅是金钱的传递吗？当然没有这么简单。古语有云："授人以鱼不如授人以渔。"传承金钱本身，不如传承给孩子赚钱的本领。也有人说，成功必不可少的三要素是智商、情商、财商。更重要的，家族精神之传承也是家族财富传承中的核心要义。

1. 传承财富

传承财富，最简单、最直接的方式是资产的传承。房产、股权、现金，这些都是主要财富表现形式。传承物质财富主要有以下几种方法：

第一种，生前赠与。比如中国家庭，受到传统思想的影响，成家立业是人生较为重要的时刻，一般父母都会在子女结婚前后赠与一部分财富给"小家庭"，让"小家庭"可以自立。父母赠与本为好意，但如果赠与的方式不当，也有可能引起夫妻之间的矛盾。因此，在父母赠与的时候，一定要注意提前规划，否则在婚后赠与的财产，很有可能会被认定为夫妻共同财产，反而引起"小家庭"的不和谐，父母辛辛苦苦积攒的财富，也会面临在离婚时被分割的窘境。

第二种，继承。继承也是财富传承的主要途径。像欧美国家，立遗嘱是普遍的做法，但在中国，根据此前我们大数据统计课题小组①进行的统计，就连上海、深圳这样立遗嘱走在全国前列的城市，其立遗嘱的比例也不足50%，更不要说遗嘱的效力了。由于中国人自古以来对于死亡的忌讳，以及缺乏立遗嘱的意识，大部分人士并不能在自己意识清醒时就做好传承的安排，只能依赖子女的自觉和亲情，这种方式有时候并不能达到期待的效果。

2. 传承精神

传承不仅仅是财富的传承，更多的是精神、家族文化的传承。中华民族推崇儒家思想，自古以来重视家族文化，"家和万事兴"、"齐家"才能"治国、平天下"。因此，德高望重及富庶的人都更倾向于建立良好的家风，希望家族能

---

① 2020年年初，在疫情影响下，"笨鸟俱乐部"组织了全国数百名律师一起开展"全部继承大数据研究课题"。

够屹立不倒，将自己家族的文化与精神代代相传。

以曾国藩家族为例，200 多年来，自曾国藩以下 8 代人中无一“败家子”，每个子孙都声名远扬，成为一方人才。曾氏家族至今 190 余年间，已经绵延至第 8 代子孙，共培养出有名望的人才 240 余人，这 240 余人几乎都接受了高等教育，其中取得博士、硕士学位和获得院士、教授、研究员、高级工程师等职称的多达百余人，构成了一个声名远播的华夏望族。曾国藩的家训至今也为人乐道，并为很多富豪家族推崇。

在现代商业社会中，家族精神的传承依然是企业家们关注的重点。在《家族精神：李锦记传承百年的力量》一书中，作者清华大学经济管理学院宁向东教授通过对李锦记的近距离的深入研究，抽茧剥丝并精辟分析，详尽地描述了李锦记是如何从广东珠海迁到澳门，然后又是如何将总部从澳门迁至香港，以及又是如何开拓中国内地市场的。取得成功后，李锦记家族又如何通过设立家族委员会、制定家族宪章等方式，来强化和传承家族精神。

财富传承规划重点不仅是家族财富的传承，还一定要有企业家精神的传承。

3. 传承财商

除了财富和精神，赚钱的能力也很重要。赚钱的能力我们也称为“财商”。对继承人的培养计划，必须要从其个人发展、家族的需要进行设计，除了基础教育外，下一代成长还需要“财商”教育。

引导客户关注精神财富传承，尤其是子女教育问题，成了财富管理的首要任务，这其中包括如何培养继承人，如何保持正确的价值观念，如何履行社会责任和开展慈善活动等。

所谓的“财商”，其实是一种了解金钱和驾驭金钱的能力，或者说是赚钱经商的能力。在这方面，犹太人和美国人表现得特别突出，他们从小就言传身教地帮助孩子树立赚钱的观念，留下了很多故事。

中国的商人、企业家本身也有优秀的经商思维和过人之处，但受制于文化、环境的影响，很多企业家在教育子女方面缺少沟通，缺少从小的耳濡目染、言传身教，只是靠一己之力为家庭提供富足的生活，却在子女财商教育上有所欠缺。但历史已经无数次证明，要想“富过三代”，接班人的“财商”培养是特别重要的，接班人培养的最好方式莫过于父子之间、师徒之间的代代相传。

二、财富传承中的常见风险

财富传承，并不是一件一帆风顺的事情，传承的路上充满了各种各样的风险。美国 CNN 的著名主持人安德森·库珀曾经公开表示其不愿意继承母亲高达 2 亿美元的遗产，[①] 还称“这简直是一种诅咒”。库珀说：“如果知道将来会有一大笔遗产等着给我，不知道这样的人生会有什么动力，驱使我努力工作到现在的位置。”库珀出身于美国三大家族之一的范德比尔特家族，他的先祖科尼利尔斯 1877 年就留下了 1.05 亿美元的财产，著名的范德堡大学就是他的家族祖先捐赠的。由于家族留下的巨额财产，范德比尔特家族的后代们从小就生活在安逸奢华的环境中，他们生下来就有花不完的钱，对财富创造的不易根本没有概念，导致他们普遍存在不求上进，生活骄奢淫逸的问题，到了第四代，继承人之一的雷金纳德懒惰、酗酒、好色、好赌，最终将继承的财产挥霍一空。

财富传承中有各种各样的风险，我们总结了以下 10 种财富传承中的常见风险。

（一）结婚不筹划

当被问及财富投资最大的风险的时候，股神巴菲特曾直言，最大的风险是婚姻，我们亦深以为然。当然，超高净值客户的婚姻稳定性，其实要比普通民众想象的高很多，甚至离婚率要低于普通家庭。但是，与普通民众离婚不同，超高净值客户，特别是家族企业主要人员的离婚，往往会涉及众多的利益关系，牵涉面广、影响面多，甚至可能影响企业的生死，需要更为关注和筹划。单就结婚筹划来说，在中国家族企业中的重视程度并不高，“结婚不筹划”是第一个误区。这里所讲的筹划，非“感情”问题，而是在感情基础上作的财产筹划，本质上是对婚后财产属性的提前安排与筹划。

1. 哪些人需要考虑婚前筹划

首先，是不是所有人都应该在结婚前签一个婚前协议才好呢？如果在条件允许且双方都接受的情况下，我们建议每一个步入婚姻的人都应该考虑婚前筹

---

① 载《牡丹晚报》，http://epaper.hezeribao.com/shtml/mdwb/20140426/66366.shtml，最后访问时间：2021 年 5 月 4 日。

划。不过，在以下四类情况下，我们强烈建议最好要在婚前做好筹划：

（1）一方已经拥有或将要从父母处传承重大经营性财产（如股权）的；

（2）再婚家庭或“夕阳红”婚姻中有必要签署情形的；

（3）涉外婚姻中，当事人有意愿签署的；

（4）双方都有意愿实行财产“AA”制的准夫妻。

以上四种情况是我们在帮助客户进行传承规划过程中遇到最多的，特别是第一种。

第一种情况，一般指家族企业由“创一代”缔造，即将或已经传承给“接力二代”，或者“二代”通过自己的努力，已经拥有了自己的企业。在这种情况下，“二代”的婚姻对企业股权的财产性质或产生重大影响，从而导致双方经济实力悬殊。比如，在福布斯中国家族企业排行榜名列前500位的企业主，如果“二代”结婚，而股权为经营性的资产，在没有进行婚前筹划的情况下，其婚后的股权收益法定为共同共有。因此，我们建议，有此类情形的客户可以考虑作婚前筹划。

什么是“经营性”收入呢？从字面上理解是生产经营性活动中产生的收入，这种收入具有积极性，并非消极的自然增值。如果是一方婚前财产在婚后的自然增值，那么被认定为一方个人财产的可能性比较大，但如果是一方婚前财产在婚后的经营性收入，那么就会被认定为是夫妻共同财产。婚前持有的股权的婚后收益部分，就属于经营性收入。举个例子，某企业的年利润额约为150亿元，“二代”哪怕仅持有2%，理论上每天大约会有82万元的净收益，其配偶拥有一半，即每天可有41万元的净收益。这种急剧的财富积累，可能会打破“二代”夫妻之间的平衡关系，不一定是一件好事，也不一定是“创一代”希望的结果。因此，这种存在较大经营性收益的“二代”在结婚前，建议签订婚前协议。

此外，对于“夕阳红”夫妻或者再婚夫妻，如果双方此前已有过婚姻，甚至有了子女，可能家庭关系与财产关系较为复杂。为避免争议，也可以考虑进行婚前协议的筹划。

特别要强调的是，如果婚前筹划的当事人涉及不同国籍/住所地、或者是财产分布在多个国家或地区，在进行婚前协议筹划时，应考量不同司法管辖区域的法律冲突规范与适用衔接问题，以保证协议效力尽可能符合财产所在地的法律规定。

2. 婚前筹划如何做

婚前筹划的主要方式是婚前协议，但婚前筹划并不等同于婚前协议，婚前配置大额保单、家族信托、股权结构优化、赠与财产等均是婚前筹划的表现形式。

冷冰冰的“AA 制”财产协议可能让人接受起来较为困难，因此，应该结合我国《民法典》中婚姻家庭编的立法精神，在文本拟定上适度增加一些“温度”。一份好的婚前协议，应该是一份有充满爱与理解的协议，如何措辞、如何设计、如何平衡各方利益，是其精妙之处。

3. 跨境婚前筹划有何特殊之处

全球化时代，婚前筹划有不少都具有跨境性质，如一方当事人的财富是全球配置的，或一方是外国人或者有移民的规划。一个成功的婚前筹划，绝不能仅仅看到客户目前的生活状态，还要为他预见到 10 年、20 年后的生活状态，并相应地在婚前筹划中体现出来。同样以婚前协议为例，中国内地语境下的婚前协议和全球语境下的婚前协议有很大的不同。如果双方当事人都是中国内地人士，未来也不存在全球资产配置或移民的可能性，那么婚前协议考虑的法律适用就相对简单，仅考虑中国内地法律即可。中国内地法律强调婚姻当事人的自由合意，在自愿前提下，只要婚前协议不违反法律的强制性规定，法院偏向于支持。但如果有跨境因素，比如一方将来有移民规划，或者一方的财产分布于多个国家，或平时也在境外居住，那么在设计婚前协议的时候，就要考虑境外法院管辖的可能性，做到全方面的筹划。境外法院在审理时，比如中国香港、澳大利亚、美国的法院，除了协议的效力之外，可能还更强调协议的公平性、人性化。一份中国内地法院认可的婚前协议，在其他国家或地区的法域管辖下，未必得到同样的司法认定。

（二）离婚不冷静

感情好时如胶似漆，感情去时可能反目成仇。现实中因为离婚引发的家族“兵戎大战”的案例也不在少数。“离婚不冷静，事后悔一生。”

1. 以追究刑事责任作为“武器”

在离婚大战中，最不冷静的一种做法，恐怕就是动用“刑事武器”了。生命和自由是人生中最宝贵的财富。刑事责任则会剥夺一个人的生命和自由，是最严厉的追责手段。一旦国家公权力介入，则由不得双方当事人，后果难以预测，夫妻两个人这辈子恐怕都难以做到坦然相见。我们都知道某著名餐饮品牌，因离婚后财产纠纷引发了一系列刑事审判，男方被判有期徒刑 14 年，公司的其他人员也各有获刑，可谓“城门失火，殃及池鱼”，这种结果，难言有胜负。一方看似赢得了很多财产，甚至将对方送到了监狱，但这种结果，我们认为不存在真正的“赢家”。

结婚是两个人的结合，离婚却可能变成两个家族的斗争。我们也曾接待过一些情绪较为激动的当事人，扬言要让对方“下地狱”，要曝光他的“秘密”，让对方坐牢！我们一直不建议当事人动用“刑事武器”，报复的一时快感可能要用一辈子的内疚和后悔偿还，无辜的孩子、双方的家族人员，都可能会受到牵连。

2. 夫妻共同财产分割的尺度

当事人还存在的一种误区，是对共同财产分割的期待值过高，多见于股权分割中未持股的一方。我们无意打击任何婚姻中的弱势一方，只是站在实践操作角度来阐述现实的离婚纠纷中关于共同财产分割的具体情况。

有很多当事人找到我们，在问及财产分割时，经常第一句话就是：“他/她出轨了，我要他/她净身出户，所有的股票、房子、车子、存款统统都要给我。”这是现在很多人存在的一个误区：出轨即过错方，出轨方要净身出户，或者少分财产。实际上原婚姻法对于“过错”的要求还是比较高的，必须构成“重婚”“有配偶者与他人同居”“虐待”“遗弃”“家庭暴力”等情形才可以。《民法典》生效之后，除了前述法定的过错形式以外，第一千零九十一条将“其他重大过错”作为“过错”的兜底条款。但实践中出轨对于夫妻共同财产分割时的影响还是有限的，法院可能会适当照顾无过错方以及女方、孩子的利益，不过，这种“照顾”，相对还是有限的，通常情况下并不太可能达到“净身出户”的效果。

对于夫妻共同财产中的股权，实践中分割的情形可能更复杂。如果是上市公司的股票或一般的股份有限公司，分割相对简单，一般可以直接处理。有限责任公司则比较复杂，实践中法院处理也较为复杂。作为有限责任公司的控股一方，大多不愿让另一半在离婚后参与进来，即使控股一方同意，其他股东可能也不同意。因此，离婚案中，持股一方时常提出股权补偿款以求代替股权分割，但股权补偿款时常是低于非持股一方的期望数值的，非持股一方对于此种股权补偿款大都会觉得非常不公平，坚决不同意。但对于有限责任公司的股权价值来说，一是股权变现能力相对较难，二是实际经营管理有风险，而且涉及对其他股东权利的影响，实践中是个大难题。有限责任公司的股权分割成本高、分割阻力大、难度高、时间跨度大，而且股权的价值也不是那么容易变现或评估。因此，在我们代理的离婚案中，我们经常也会给非持股一方做“思想”工作、综合权衡利弊，原则性与灵活性结合处理。

3. 离婚“曝光”的尺度应妥善掌握

离婚案中，利用媒体曝光维权的多见于婚姻中的弱势一方。一方面，弱势一方往往处于财务上的弱势地位，跟对方在博弈过程中处于劣势，需要更多的资源整合“支援”；另一方面，弱势一方往往是情感性的，需要关爱、倾诉和情感支持，而媒体曝光在有些案件中，对有些当事人来说，可能是一种很好的倾诉委屈的途径。

但媒体曝光同样是一把双刃剑，可能会产生负面影响。现在的网络媒体能量很大，“人肉”一词的威力也在一次次的媒体事件中让人惊叹。所以，我们一般不建议当事人利用媒体曝光的手段，因为一不小心可能带来负面效果。同时，如果客户坚持要采用媒体曝光手段的，我们一般也建议客户要尽量模糊个人的隐私信息，防止使无辜之人陷入舆论的旋涡。

（三）担保不协商

说到担保，恐怕每个企业家都有自己的“痛”，担保也是与普通民营企业家最贴近的一个话题。特别是2020年11月26日，香港上市的某知名公司的第二大股东去世后，其家人因担保而放弃继承权的新闻，让很多企业家感到震惊和自危，对担保的法律关系的关注也更积极了。

1. 夫妻对于一方举债或对外担保的责任

关于一方对外担保是否属于夫妻共同债务的问题，应当看担保债务的具体用途。在《最高人民法院民一庭关于夫妻一方对外担保之债能否认定为夫妻共同债务的复函》（〔2015〕民一他字第9号复函）中，最高人民法院认为，夫妻一方对外担保之债不应当认定为夫妻共同债务。但在最高人民法院审理的具体案例中，也需要就具体的担保情况进行个案分析，并非“一面倒”地认为担保之债不属于夫妻共同债务。主要认定的标准为，一方对外担保之债，不应当然地认定为是夫妻双方的共同债务，除非能证明用于夫妻共同生活。

《民法典》实施后，对于夫妻一方对外担保是否属于夫妻共同债务的问题是否会有新的认定规则，仍然有待司法实践的发展。

2. 与配偶沟通签署“配偶同意函”的“技巧”

鉴于最高人民法院的答复，实践中，提供融资贷款一方也自有对策，他们的做法就是让夫妻非举债一方签属配偶同意函，或连带担保签字。一方面，企业的发展需要融资；另一方面，配偶往往不愿意配合签字，担心受牵连。针对这种情况，我们只能说，考验“真爱”的时刻到了。感情归感情，但配偶的担心是不无道理的。企业家往往只顾往前走，只顾企业的生存发展，却极少顾及家庭财产情况。女性配偶一般有更强的风险隔离意识，有更强烈的对于生活品质、孩子教育的担忧，故不愿配合签字也是能理解的。

对此，如果企业家能部分隔离家庭财富，保留一些“压箱底”的财富，部分解决家庭的后顾之忧，那么配偶在配合签署协议时可能就会少一份担忧了。实际上，最大的困难，不是筹划财富隔离方案，而是当事人的风险隔离意识。当配偶知道，即使因担保责任受牵连，家庭和孩子的生活也不会因此受到实质牵连，生活依然会有保障时，想必配偶就能容易支持并配合签字了。

所以，让配偶配合签署“配偶同意函”的关键之处，在于消除配偶的后顾之忧。如何消除配偶的后顾之忧呢？首先，最直接、最显著的手段应当是为家庭配置保险产品，但保险产品的结构设计一定要合理，否则债务隔离的效果就会大打折扣。其次，配置信托规划。在家庭财务状况良好时，设计一个信托架构，保障家庭成员衣食无忧，企业家可以更放心地投身事业，配偶也会放心支持、全力配合。实践中可以多种方式。

（四）遗嘱不安排

遗嘱不安排，是国内家族企业主存在的又一个较为重要的问题。中国人注重吉祥愿景，最忌讳死，相应地，也少有人在生前考虑遗嘱的安排。但这恰恰是最需要引起重视的，因继承纠纷引发的亲人反目为仇的案例也不在少数，而一份遗嘱或许就能挽救一个家庭的不幸和“内斗”。

1. 提前设计遗嘱可以“定分止争”

我们曾为一位客户做过一个遗嘱规划项目。陈女士是东北某企业的大股东，20 多年来经营房地产非常辛苦和不容易，家里最值钱的财富就是公司股权。客户有 2 个儿子，已各自成家，均在公司持有部分的股权，大儿子已经进入公司工作，但时间不长，二儿子尚未在公司工作。陈女士一方面想把公司传承给孩子，对股权的传承提前作出规划；另一方面仍想在生前继续控制公司。对于传承方面，结合两个儿子的现状，她的美好愿望是，希望大儿子将事业继续发扬光大，开疆拓地；希望二儿子继承已有的纯收益项目并在私募投资上有一定的发展，同时关键时刻能够帮助哥哥，兄弟齐心协力把事业发挥光大。

在了解了她的这个想法后，我们经讨论认为，遗嘱是解决问题的有效方法，但还不够。为此，我们设计了“遗嘱” + “代持” + “公司章程”的多重配套模式。

首先，客户名下的绝大部分股权，通过“生前过户 + 代持协议”的方式进行处理，客户仍直接持有一小部分公司股权，以便更顺畅地行使股东权利。其次，为陈女士夫妻双方设立遗嘱，将名下的股权作出合理的分配处理。遗嘱的具体内容两位子女并不知情，代持比例也可能不一致，因为对所有继承人平均分配股权看似公平，但可能并不利于公司的治理。最后，通过股东会、董事会决议，修改公司章程，变更家人在公司中的具体角色，达到互相协助、互相制衡的作用。

2. 意定监护补足遗嘱的缺位

根据我国法律的规定，遗嘱的生效要件之一是立遗嘱人具有完全民事行为能力，如果尚未立遗嘱，但已经完全丧失或部分丧失民事行为能力，则无法再订立遗嘱，只能通过法定继承程序分配遗产。但这并不意味着没有救济途径。事实上，即使不想立遗嘱或未立遗嘱，企业家们也可以事先通过公司章程和意定监护制度进行预防和补救。

（1）公司章程可以作出限制继承的规定

《公司法》第七十五条规定：“自然人股东死亡后，其合法继承人可以继承股东资格；但是，公司章程另有规定的除外。”

股权就其本质属性来说，既包括股东的财产权，也包括基于财产权产生的身份权即股东资格，身份权体现为股东可以对公司的事务行使表决权等有关参与公司决策的权利。就股权所具有的财产权属性而言，其作为遗产被继承是符合我国现行法律规定的。对股东资格的继承问题，公司章程可以作出规定。

此条是排除股东资格继承的除外规定，实践中的情况可能比较复杂。有时候被继承人的继承人不止一个，而且继承人与公司原有股东之间，并不一定想法一致。在这种情况下，公司可以在章程中提前约定，比如持股一定比例的股东不同意股东资格继承时，可以采取股权转让的方式继承股权中的财产权；或者约定继承的股东资格应当“一致行动”，不因继承股权份额的分散而分散；或者约定股东的权利应当委托其他股东代为行使等。

（2）发挥意定监护的作用

《民法典》第三十三条规定，具有完全民事行为能力的成年人，可以通过意定监护的方式提前选择自己的监护人。作为股东，被继承人可以在具有完全民事行为能力的时候，指定由谁担任自己丧失或部分丧失民事行为能力时的法定监护人，由法定监护人代为行使自己的权利。意定监护当然不能代替遗嘱，但也可以在一定程度上起到防止家族成员“内斗”的效果。

（五）公私不分清

公私不分清，也是实践中存在的一个认识误区。

1. 遗嘱处分要分清财产的性质

我们曾经承办过一起继承引发的纠纷，某企业家在临终前立有一份遗嘱，在遗嘱中，他不仅将自己名下的公司股权如数留给他的非婚生子，并且“指示”未来公司的董事长一职也由非婚生子担任，其他人员应当辅佐和配合。同时，考虑到非婚生子年纪轻、经验少，这位企业家还特地提到，非婚生子的股权中的投票表决权委托给公司的某副总行使。这位企业家的愿望容易理解，对于非婚生子女，生有愧欠、偏爱有加，并对他寄予厚望，希望他将企业发扬光大，但这份遗嘱却可能是无效的。

首先，企业家名下的股权属于夫妻共同财产，这位企业家的遗嘱中对股权的分配部分无效。其次，公司的董事长一职，并非企业家可以“指定”的，必须按照公司的章程并经过股东会的决议，这属于公私不分清，属于无效内容。

最后，投票表决权是具有人身性质的，在股权发生继承时，投票表决权一般归继承人所有，被继承人无法在遗嘱中对此加以约束。继承人如果是未成年人，其监护人可以代为行使相关权利。所以这位企业家遗嘱内容的合法性和可操作性，恐怕都难以保证。

抛开遗嘱的效力不说，大家可以想象，这样一份遗嘱曝光后，企业家的太太及婚生儿子、女儿是如何地气愤。最终，非婚生子女非但没有得到董事长一职，反而在公司遭受了排挤。因此，企业家在处分股权的时候，也应当特别注意夫妻共同财产的问题。首先，企业家只能处分自己的股权，而无权处分配偶的份额。其次，对于企业的经营性安排传承，则只能通过生前修订公司章程、修订公司内部经营管理文件等形式实现，而不能通过遗嘱进行处理。

2. 夫妻订立共同遗嘱须谨慎

实践中还有些“创业”夫妻希望通过共同遗嘱的方式，处分夫妻共同财产。这种方式有它的优势，能够互相制衡，但实践中也存在一定的效力风险。我们曾专门收集了全国各地法院关于共同遗嘱纠纷类的判例，研究法院的审判思路，并对共同遗嘱的操作提出一些建议。

总的来说，共同遗嘱只要体现被继承人的真实意思表示，且不违反法律、行政法规的强制性规定，共同遗嘱应当合法有效。但共同遗嘱的特殊之处在于，一方变更、撤销时，一方当事人仅可以处分自己财产的部分，而无权变更或撤销整个共同遗嘱。律师在建议订立共同遗嘱时，也应当慎重考虑。

（六）传承不统筹

父母爱子女，想将财富传承给子女，究竟应该选择什么样的方式？有一位企业家，只有一个女儿。企业家是做房地产生意的，她将 100 多套房产都登记在了女儿名下。企业家心想，女儿以后哪怕不创业，靠收租也可以吃喝无忧了。然而，令她意想不到的是，她女儿性格叛逆，瞒着她闪婚了，结婚不到 3 年，就开始闹离婚。有些没有完成过户手续或没有付清房款的房产成为双方争议的财产，官司打得一团乱麻。这件事折射的是企业家缺乏传承统筹的意识。只想着要把最宝贵的财产传承给女儿，却完全没考虑潜在继承人的能力、婚姻风险，直到出现纠纷再去解决，就比较麻烦了。

传承应当统筹规划、及早规划。目前，家族财富传承工具主要用到的“四朵金花”分别是协议、遗嘱、保险、信托。这四种工具，哪个为主，哪个为辅，可以根据继承人的接班意愿、接班能力作出不同的安排。

（七）家企不分开

企业家财富管理的第七大误区，是家企不分开。有些企业家在离婚涉及银行资金分割时，另一方拿出厚厚的一沓银行流水，要求解释巨额资金的详细用途，否则就要依法分割擅自处分的大额财产。这折射出来的背后问题是，有一部分企业家，家企不分。自己名下的银行账户，既走企业的账，也走个人的账。大部分大额的银行流水是因为代收、代付企业账款，但由于没有及时归账和处理，导致最后说不清楚。

1. 个人与企业账目混同的后果

企业账户和个人账户混同是非常危险的，不仅有经济、行政责任，甚至有刑事责任，可能涉嫌虚假出资罪、抽逃出资罪、职务侵占罪、挪用资金罪等。在离婚案件中，法院会要求证明大额支出的用途，如果无法证明，则要承担举证不利的后果，并就大额支出部分的款项，作为夫妻共同财产分割并补偿。对于整个家族来说，家企不分的后果是，如果因此导致公司独立人格被否认，整个家庭的财产可能要对企业的债务承担连带责任。

2. 利用财富筹划工具实现“家企分离”

“家企分离”是一门艺术。对此，世界首富比尔·盖茨为我们做出了很好的榜样。比尔·盖茨有自己的家族办公室，家庭财产和公司财产实行严格分离。同时，他在微软的公司股权，只占他财富总额的1/8。他能一直稳居世界首富的主要原因，就是他有一个强大的家族办公室，帮助其投资、理财、经营，实现财富的保值增值。但家族办公室的设立门槛比较高，且国内实践度不高。信托是第二种非常有效的工具，在国内可操作性也相对较强。

（八）代持不规范

我们目前也会接受不少代持项目及咨询，似乎一夜之间，大家对代持关系都重视了起来。我们此前接待了一位客户，他由于受到身份限制，故委托亲戚口头约定代持股权，而公司的实际经营人员仍为他自己。十几年来，公司越做越大，生意非常红火，不料亲戚突然过世，这位亲戚有三个子女，这三个子女又都各自成家生子。这让他陷入深深的忧虑之中，担心代持股权的安全。

对此，我们建议他先协商，重新书面确立代持关系，如果继承人不配合，再启动诉讼程序。

关于有效的代持，我们在实践操作中，认为应该从以下四个方面进行把握：

（1）书面的代持协议；

（2）完整的出资链关系；

（3）公司或其他股东确认；

（4）代持人的共有人确认。

以上四点对于有效的代持关系具有非常积极的作用，能够最大限度地确保代持关系的稳定和安全。

（九）应急不规划

应急不规划，是第九大误区。我们总是以为，现在规划还早、还来得及，但意外和明天到底哪个先来临，我们谁都不知道。因此，对意外事件的筹划，现在就是最好的时机。

1. 股东人身意外对企业的影响

应急不规划，对于正在IPO的企业来说，可能有很大的风险。因为实际控制人离世而导致IPO被否已有先例。对于企业家来说，做好应急规划非常重要。具体来说，首先应有意识地培养接班人，无论自己的孩子也好，职业经理人也好，有备选的接班人能让企业在意外来临时减少损害。另外，作为成功的企业家，一份遗嘱、一个家族信托、一套保单配置是最基本的准备，以防不测。

2. 股东“婚变”对企业的影响

除了人身意外以外，最大的意外恐怕就是婚变了。“婚变”也是著名的“土豆条款”诞生的原因之一，这个条款的出台可以折射出股东个人的婚姻对企业的巨大影响。未来在企业创投时，大股东、实际控制人、企业高管的婚姻状况，完全可能成为投资机构关注的重点之一。

当然，婚变包括离婚，也包括结婚。某上市公司第二大股东和第三大股东结婚，两个人的股份加起来总数超过了第一大股东，但公司没有披露二人结婚的信息，导致这对新婚夫妻受到证交所的处罚，好笑之余，也让我们对股东婚姻状态对公司、对其他相关人士的影响有了进一步的认识。

（十）“传人”不重视

财富传承中，最重要的，我们认为，那一定是“人”了。

我们曾经搞了一场年度沙龙分享活动，大家畅谈自己在律师转型道路上的收获和感悟，分享律师给客户做宣讲、内训业务的技巧和心得。讨论非常激烈，讲到最后，大家情绪激昂，摩拳擦掌。有一位来自香港的律师说：“大家都在谈如何保护物质财富，我觉得你们似乎误解了我们这些目标客户最根本的东西，他们最关心的其实是人的因素。”财富保护与传承的根本还在于人的成材和传承。之后，他当场拿出一套宝宝服，送给一位新婚不久的律师，并送上美好的祝福。看到这一幕，在场的每一位律师都动容了，很多女律师都热泪盈眶。

说到财富传承，没有“人”，传承的意义又为何呢？如果子女没有培养教育好，甚至没有子女，那么巨额的财富又有何意义呢？很多企业家，包括我们各行各业的人，都忙于事业、忙于创造物质财富，对于自己的孩子，又给予了多少的陪伴呢？最好的老师是父母，最好的教育是言行身教，“传人”的智慧，最值得我们好好领悟。

三、不动产的传承规划

不动产不仅是高净值客户资产的重要组成部分，也是普通民众的重要生活物资资料。不动产传承主要有三种方式：生前赠与、生前转让、不动产继承。

（一）生前赠与

父母把自己的房屋赠与自己的孩子是很常见的不动产传承方式。有一些父母，在孩子年幼时，就在购房时加上孩子的姓名；有一些父母，因为孩子结婚成家，便会将自己名下的房屋赠送给子女。父母的心意没有错，但我们需要提醒，赠与房屋时，务必要签署指定赠与协议，以免发生赠与的房屋或购房款属于子女夫妻共同财产的问题。

1. 不动产赠与的流程及材料

在办理赠与手续时，需要准备以下材料：

（1）不动产权属证书

需要提供原件，附房屋平面图 2 张，包括原房屋所有权证书、原国有土地使用权证书或土地权属来源证明材料（如果有两本及两本以上房产证，则所有房本都要提供）。

（2）申请人身份证明

需要提供居民身份证原件，无居民身份证的可以提供户口簿、军官证、士官证等；外籍人提供护照或者中国政府主管机关签发的居留证件。

（3）委托书（若有）

如果是委托他人代为申请的，还需要提供授权委托书（原件）和代理人身份证明（原件）。如果授权他人代为办理的，授权委托书必须办理公证手续。

（4）网签合同

赠与过户，除了提供书面的赠与协议外，部分城市需要经过网签的流程。

（5）直系亲属证明

通过赠与合同的方式办理过户，需额外提供直系亲属证明。如果一家三口登记是在一个户口簿上，且能够显示亲子关系的，则提供户口簿原件即可。如果户口簿无法显示，则需要出示孩子的出生证配合父母子女的身份证来证明。

上述材料系我们根据部分城市的房产交易中心的要求总结而成，在具体办理时，还是以房屋所在地的房产交易中心具体的要求为准。

2. 房屋赠与的税收

房屋赠与过户过程中涉及的税收，前文中已有详细介绍，在此不予展开，主要有个人所得税、增值税、契税和印花税。

首先，根据《财政部、国家税务总局关于个人无偿受赠房屋有关个人所得税问题的通知》（财税〔2009〕78 号），赠与房屋给直系亲属，免征 20% 的个人所得税。

其次，根据《营业税改征增值税试点过渡政策的规定》（财税〔2016〕36 号）规定："一、下列项目免征增值税：……无偿赠与配偶、父母、子女、祖父母、外祖父母、孙子女、外孙子女、兄弟姐妹……"，因此，赠与房屋给直系亲属免征增值税。

最后，房屋赠与过户主要是受赠人要缴纳契税，2021 年 9 月 1 日实施的

《契税法》的规定，房屋过户需要缴纳3%～5%的契税，目前实践中大部分是按照3%收取。

从上述规定来看，通过赠与将房屋过户给直系亲属，税负是比较低的，只有3%的契税。但需要特别注意的是，财政部、国家税务总局关于个人无偿受赠房屋有关个人所得税问题的通知（财税〔2009〕78号）同时规定：受赠人转让受赠房屋的，以其转让受赠房屋的收入减除原捐赠人取得该房屋的实际购置成本以及赠与和转让过程中受赠人支付的相关税费后的余额，为受赠人的应纳税所得额，依法计征个人所得税。受赠人转让受赠房屋价格明显偏低且无正当理由的，税务机关可以依据该房屋的市场评估价格或其他合理方式确定的价格核定其转让收入。由于受赠人取得房屋并没有支付对价，相当于取得价格为“零”，因此，受赠与人受赠房屋后，若是需要再次转让，则可能要缴纳高额的个人所得税。

（二）生前转让

除了直接赠与房屋外，现实生活中也存在大量的父母帮助子女买房、父母直接“卖房”给子女的情形。由于有限购政策，因此，买卖房屋这种方式需要满足更多的前提条件。

1. 房屋买卖的流程

通常情况下，房屋买卖的流程如下：

（1）购房资格核验（住宅类）

鉴于大部分城市都推行了限购政策，购房资格的核验成为几乎每个家庭或公民购房的前置程序。以上海为例，在看好房子准备签合同和过户之前，必须先提交购房资格的核验，具体材料见表7－7。

准备好材料提交后，一般10个工作日就可以审核完毕。购房资格的有效期为30个自然日，过期作废。

需要注意的是，上海市房屋管理局在2021年1月21日发布了最新的《关于促进本市房地产市场平稳健康发展的意见》，其中对于夫妻离异的，任何一方自夫妻离异之日起3年内购买商品住房的，其拥有住房套数按离异前家庭总套数计算。

表 7－7

类型		所需材料
沪籍家庭	居民家庭	各家庭成员身份证明、婚姻证明、户籍证明的原件和复印件，拟购房人签字的《家庭购房申请表》《购房承诺书》
	驻沪部队现役军人和现役武警家庭	各家庭成员身份证明、婚姻证明、军队团级以上政治部门出具的家庭情况证明，现役军官、武警警官的家庭成员应提供军（警）身份证和军官证或警官证的原件和复印件，拟购房人签字的《家庭购房申请表》《购房承诺书》
	持有有效《上海市工作居住证》的家庭	各家庭成员身份证明、婚姻证明、户籍证明的原件和复印件，《上海市工作居住证》，拟购房人签字的《家庭购房申请表》《购房承诺书》
非沪籍家庭		各家庭成员身份证明、婚姻证明、户籍证明的原件和复印件，有效暂住证，拟购房人签字的《家庭购房申请表》《购房承诺书》
港澳台侨家庭		各家庭成员身份证明、婚姻证明的原件和复印件，港澳人员提交有效的《港澳人员来往内地通行证》和《港澳居民身份证》或护照，华侨提交有效的《中华人民共和国护照》和国外长期居留身份证件，台湾居民提交有效的《台湾居民来往大陆通行证》，拟购房人签字的《家庭购房申请表》《购房承诺书》
外籍家庭		各家庭成员身份证明、婚姻证明的原件和复印件，外国个人提交有效的护照、中文译本公证，拟购房人签字的《家庭购房申请表》《购房承诺书》

（2）签署合同并网签备案

审核完购房资格之后，接下来就是签署合同。签署合同之后，还需要网签合同。网签合同是指买卖双方签订购房合同后，到相关房地产管理部门进行备案，并公布在网上。网签后系统会给出一个网签号，用户可以通过网签号在网上查询相关的交易内容。

网签合同实际上是房屋管理部门对交易进行初步审查的过程，办理了网签，通常就说明房产情况及交易双方的情况基本上没有问题。比如购买商品房，如果开发商不能为购房者办理网签，就说明该项目很可能手续不全，甚至没有合法手续。购买二手房也有同样的审查作用，比如有些二手房上市是受限制的，能办理网签显然就不存在这样的限制了。办理网签，还可以避免不法业主或开发商将同一房产卖给两个不同的购房者，大大减少卖方毁约的可能。

（3）地税部门核定契税

《契税法》第一条规定：“在中华人民共和国境内转移土地、房屋权属，承受的单位和个人为契税的纳税人，应当依照本条例的规定缴纳契税。”第三条规定：“契税税率为3% ~5%。契税的适用税率，由省、自治区、直辖市人民政府在前款规定的幅度内提出，报同级人民代表大会常务委员会决定，并报全国人民代表大会常务委员会和国务院备案。”

因此，核税是买卖房屋过程中必不可少的一个环节。

（4）房屋发证大厅办理房屋所有权证

经过上述所有环节之后，购房者就可以办理房屋所有权证了。

2. 房屋买卖所需的材料（以北京为例）

（1）登记申请书原件（受理窗口提供）；

（2）申请人身份证明；

（3）房屋所有权证原件；

（4）网上签约的当地市存量房买卖合同原件；

（5）买卖双方当事人约定通过专有账户划转交易结算资金的，应提交存量房交易结算资金托管凭证原件；买卖双方当事人约定自行划转交易结算资金的，应提交存量房交易结算资金自行划转声明原件；

（6）契税完税或减免税凭证原件；

（7）房屋所有权证上的房屋登记表、房屋平面图将产权人名字遮盖复印买方人数 +1 份；

（8）其他资料：

①住宅类房屋买卖的，还需提供购房资格审核时申报家庭成员的身份证明、结婚证明、户籍证明及其他材料原件；

②央产已购共有住房转移的，还应提交《在京中央单位已购公房变更通知单》原件；

③已购经济适用房、限价商品房取得契税完税凭证或房屋所有权证未满 5 年的，不得按市场价出售，确需出售的，需提交户口所在区县住房保障管理部门出具的确定符合条件的购房人的证明原件；满 5 年出售的，需提交产权人户口所在区县住房保障部门开具的放弃回购权的证明；

④补交土地出让金的证明；

⑤标准价、优惠价提交补交房价款证明或满 65 年工龄的证明原件；

⑥国有土地使用证（整宗房产的）；

⑦整宗划拨用地或者整栋楼房占用划拨土地的，提供划拨土地转让批准文件；

⑧商业配套设施转让的，还应提交按规划用途使用房屋的承诺原件。

3. 房屋买卖的税费

对于房屋买卖来说，要缴纳的税费类目有个人所得税、契税、增值税、印花税等。

（1）卖方税费

表 7－8

税费名称	收费标准	收费单位
印花税	房屋成交总额 ×0.05%（免交）	国家财税局
增值税	普通住宅 5 年内：合同价 ×5% 5 年以上：免征	国家财税局
	非普通住宅 小于等于 5 年：合同价 ×5% 5 年以上：合同与原始购入价格差额 ×5%	
个人所得税	普通住宅：购买未满 5 年（含 5 年）的房产或非家庭唯一的生活用房对外出售个人所得税为房价的 1% 或差价的 20%，满 5 年并且是家庭唯一的生活用房则免征个人所得税	国家财税局
	非普通住宅：购买未满 2 年（含 2 年）的房产或非家庭唯一的生活用房对外出售个人所得税为房价的 2% 或差价的 20%	
土地增值税	免征	国家财税局

（2）买方税费

表 7－9

税费名称	税费标准	收费单位
契税	普通住宅： 90 平方米以下（含 90 平方米）首次购房和改善居住条件按房屋成交总额 ×1% 90 平方米以上，房屋成交总额 ×1.5% 非普通住宅：房屋成交总额 ×3%	国家财税局
印花税	房屋成交总额 ×0.05%（免交）	国家财税局

（三）不动产继承

1. 继承的方式及材料

对于房屋的继承来说，实践中一共有两种方式，可以通过公证处出具一份继承权公证书，或者通过法院出具继承的调解书或判决书。当然，2016 年 7 月 5 日，司法部发出一则关于废止《司法部、建设部关于房产登记管理中加强公证的联合通知》，明确指出《司法部、建设部关于房产登记管理中加强公证的联合通知》（司公通字〔1991〕117 号）已不再适用，经商住房和城乡建设部，现决定予以废止，从此以后，房屋登记管理部门也接受继承人直接自行前往办理房屋的过户。

从我们的实践操作经验来看，以上海为例，继承人自行到房屋交易管理中心办理过户手续，而不使用公证书或者法院判决书的，只适合于家庭关系十分简单的情形，不涉及转继承和代位继承，且所需资料完备，所有继承人均能亲自到场。

图 7－3 是一份上海市某房屋交易管理中心提供的未提交公证书或法律文书的不动产继承转移登记所需资料清单。在房管局不要求提交公证书或法律文书的情况下，实质上就相当于房管局的工作人员承担了公证员或法官的审查义务。

未提交公证书或法律文书的不动产继承的转移登记

因继承取得不动产申请登记的，有关当事人申请转移登记，若不能提交经公证的材料或者生效的法律文书作为享有继承权的证明文件的，应当向登记中心提交下列材料，作为享有继承权的证明文件：

一、继承的转移登记应当提交的材料（不涉及代位继承、转继承）

序号	资料名称及提交条件	份数	是否原件	备注
1	上海市不动产转移登记申请书	1	原件	
2	申请人（代理人）身份证明	1	复印件	境内自然人应当提供身份证、户口本 香港、澳门特别行政区居民应当提供香港、澳门特别行政区身份证或者来往内地通行证 台湾居民应当提供来往大陆通行证或者旅行证 外国自然人应当提供身份证或者护照 如果当事人有原户口本、国内注销户口的证明、身份证的，应当提供 有继承人下落不明的，应当提交法院宣告失踪的材料及法院指定其财产托管人的材料。
3	不动产权证书	1	原件	分别持证的，须提交所有不动产权证书
4	＊法定继承人基本情况表	1	原件	
5	＊份额约定书	1	原件	
6	地籍图	2	原件	
7	房屋平面图	2	原件	
8	契税完税证明	1	原件	
9	被继承人的死亡证明材料 （根据具体情形六选一提交）	1	原件	被继承人因死亡注销户口证明（户口簿） 医疗机构出具的死亡医学证明（县级以上医院、卫生防疫站、疾控中心） 公安机关出具的死亡证明（所在区公安分局） 公证机构出具的死亡公证书 殡葬火化证明等材料 人民法院宣告死亡的判决书
10	被继承人的婚姻状况证明 （根据具体情形提交）	1	复印件	被继承人为已婚的，应当提供结婚证 被继承人为离异的，应当提供民政局登记的离婚证和离婚协议书，或者法院民事调解书，或者法院生效的判决书 ＊被继承人为未婚的，应由全部继承人提供被继承人单身的情况说明书 ＊被继承人为未再婚的，需由全部继承人提供被继承人未再婚情况说明书和被继承人离异或丧偶的证明
11	全部法定继承人的基本情况证明	1	原件	由被继承人所在单位人事部门、户籍所在地街道办事处或乡镇政府出具
12	＊全部法定继承人与被继承人的亲属关系证明 （根据具体情形提交）	1	原件	亲属关系公证书 继承人档案所在单位的人事部门出具的证明继承人与被继承人之间具有亲属关系的证明 基层人民政府出具的证明继承人与被继承人之间具有亲属关系的证明 公安机关出具的证明继承人与被继承人之间具有亲属关系的证明 能够证明相关亲属关系的户口簿、婚姻登记证明、收养登记证明、出生医学证明、独生子女证明 其他继承人关于其对丧偶儿媳和丧偶女婿对被继承人履行主要赡养义务的证明
13	继承人系被继承人子女，且先于被继承人死亡的，须提交：已故继承人的死亡证明和其全部晚辈直系血亲的亲属关系证明	1	原件	继承人非被继承人子女，且先于被继承人死亡的，则只需提交其死亡证明
14	继承人在被继承人死亡后死亡的，还须提交：已故继承人的死亡证明、其余部法定继承人的亲属关系证明	1	原件	参照本规则办理死亡继承人的继承
15	继承人中有放弃继承的，还须提交：＊法定继承人放弃继承权声明书	1	原件	该声明须由法定继承人本人于登记中心现场在工作人员当面签署，否则视为无效；如放弃继承权的继承人本人无法到场的，应公证委托代理人到场或者提交经公证的放弃继承权声明书
16	＊承诺书	1	原件	
存在遗嘱的，还需提交下列文件				
17	遗嘱	1	原件	包括公证遗嘱、自书遗嘱、代书遗嘱等。
18	遗嘱见证人的身份证明材料	1	复印件	遗嘱属于代书遗嘱等的（见证人需2人以上）
19	遗嘱继承人先于被继承人死亡的，还须提交：遗嘱继承人的死亡证明	1	原件	参照本收件资料表9
20	遗嘱继承人后于被继承人死亡的，还须提交：遗嘱继承人的死亡证明及其全部法定继承人的亲属关系证明	1	原件	死亡的遗嘱继承人立有遗嘱的，还需提供相关证明材料（参照本收件资料表9、12）

含＊的材料提供格式文本

二、继承的转移登记应当提交的材料（涉及代位继承、转继承）

（一）涉及代位继承或转继承的，除需提交上述材料外，代位继承的还需提交代位继承人享有被代位继承人继承权的证明文件，转继承的还需提交转继承人享有被转继承人继承权的证明文件。（具体要求同上一节）

（二）适用代位继承的条件：

1. 被代位继承人先于被继承人死亡。

2. 被代位继承人只限于被继承人的晚辈直系亲属（子女及其晚辈直系亲属）。代位继承不受辈数的限制。作为被代位继承人的被继承人的子女，不仅包括婚生子女，还包括非婚生子女、养子女和有抚养关系的继子女。

3. 代位继承人只限于被代位继承人的晚辈直系亲属（孙子女，外孙子女，曾孙子女，外曾孙子女等）。

4. 被代位继承人必须有法定的继承权。

5. 代位继承只适用于法定继承，不适用于遗嘱继承。

6. 代位继承人一般只能取得他的父亲或者母亲有权继承的遗产份额。

（三）适用转继承的条件：

1. 须在被继承人死亡后、遗产分割前继承人死亡。

2. 须继承人未丧失或放弃继承权。

3. 须由死亡继承人的继承人继承其应继承的遗产份额。

注意事项

委托书

申请人为自然人的，确需委托的应当由申请人在申请登记时与代理人共同到登记中心现场签订委托书，或提供经公证的授权委托书。

公证和认证

申请人应当使用其中文姓名或者名称，申请人提交的身份证明或者其他申请登记文件是外文的，应当提供经公证的中文译本。当事人提交的公证文书非境内公证机构作出的，还需提交经认证、确认的证明。

办件期限

自受理登记申请之日起20日内。如补件，文件补齐日为受理日。
（遇国定假日及调整公休日顺延）
继承权未经公证的转移登记，登记中心将在登记事项记载于登记簿前，在不动产登记局门户网站以及指定场所予以公告，公告期不少于三个月，公告所需时间不计算在登记办理期限内。

[illegible]（黑色部分为不动产登记工作程序）

办理契税→取号→受理→缴纳登记费用→领取收件收据→记载公示→→缮证→领证

[illegible]

周一至周日（国定假日及调整公休日除外）
上午 8:45～11:30　　下午 13:00～16:30
夏令时（6月15日-9月15日）下午 13:30～16:30

图7-3

具体来说，无论是选择自行办理，还是去公证处做继承权公证书，或者从法院获得生效的调解书或判决书，这些材料都是继承时必不可少的材料。

（1）被继承人死亡证明材料，具体来说有以下几种情况：

①被继承人因死亡注销户籍的证明；

②医疗机构出具的医学死亡证明；

③公安机关出具的死亡证明；

④公证机构出具的死亡证明；

⑤殡葬火化证明；

⑥人民法院出具的宣告死亡的文书。

（2）不动产登记信息，具体包括不动产权证书、地籍图、房屋平面图、契税完税证明等。

（3）财产约定/遗赠抚养协议。若有此类文件，会影响到遗产的份额，因此必须予以披露，若是没有，也需要所有继承人的一致认可。

（4）被继承人的婚姻情况证明，具体有以下几个：

①结婚证；

②离婚证；

③法院离婚判决书/离婚证明书；

④单身证明；

⑤丧偶证明。

（5）全部的法定继承人以及继承人与被继承人之间的亲属关系证明。

需要特别注意的是，被继承人的全部法定继承人是查明的重点，全部的法定继承人要提供自己的身份证件，以及与被继承人之间的亲属关系证明文件。

（6）若是有遗嘱，则必须将遗嘱提供。

（7）其他相关证明文件。其他相关证明文件，是指若是有继承人放弃继承的，则提供放弃继承的公证书或者当场签署的声明书。若是遗嘱为见证遗嘱的，则还要提供见证人的身份证明资料。若是涉及有继承人先于被继承人去世的，则还要查明和提供代位继承的相应资料。若是涉及继承人在被继承人之后去世的，则要查明和提供转继承的相应资料。

2. 继承的办事流程

（1）备齐材料，受理排号。

（2）受理——受理窗口申请办理并领取《受理凭证》。

（3）缴费——办理登记之后进行缴费。

（4）一般情况十几天后领证。

（5）税费。

房管局只收取登记费：住宅80元/件，非住宅550元/件。

①继承免征契税和个人所得税。根据财政部、税务总局联合发布《关于个人取得有关收入适用个人所得税应税所得项目的公告》（公告2019年第74号），对依法取得房屋产权的法定继承人、遗嘱继承人或受遗赠人不征收个人所得税。

②增值税（原营业税）

免征。根据政策，因继承取得房产的，暂免征收增值税。除此之外，因离婚财产分割，或无偿赠与直系近亲属、抚养人、赡养人，致房屋产权变更的，也暂免征收增值税。

③契税

是否征收契税，需区分房产继承人是否为“法定继承人”。

“法定继承人”是指法律规定的法定继承人，包括配偶、子女、父母、兄弟姐妹、祖父母、外祖父母。对于法定继承人不征契税；对于非法定继承人：按照房屋市场价格征收3%～5%的契税（上海为3%）。

根据《国家税务总局关于继承土地、房屋权属有关契税问题的批复》（国税函〔2004〕1036号）的规定：对于法律规定的法定继承人（包括配偶、子女、父母、兄弟姐妹、祖父母、外祖父母）继承土地、房屋权属，不征契税；如果是非法定继承人根据遗嘱承受死者生前的土地、房屋权属，属于赠与行为，应征收契税。

④土地增值税

免征。通过继承、赠与方式无偿转让房地产的行为，不征收土地增值税。

（四）三种传承方式的对比

房屋主要有继承、买卖、赠与三种过户方式，其中房屋继承只有在产权人过世后才能办理过户，房屋赠与或买卖则可以在产权人生前就立即过户。三种房屋过户方式最大的区别，同时也是高净值客户最关心的，就是过户税费的问题。主要区别如下：

1. 契税

根据2019年3月2日修订的《契税暂行条例》、《契税暂行条例细则》以及《契税法》的规定，在中华人民共和国境内转移房屋权属，承受的单位和个人为契税的纳税人，应当依法缴纳契税。转移房屋权属的行为包括买卖、赠与、交换。除此之外，《契税法》还规定了以作价投资（入股）、偿还债务、划转、奖励等方式转移土地、房屋权属的，也应当征收契税。

法定的契税税率为3%～5%，但省、自治区、直辖市可以对不同主体、不同地区、不同类型的住房的权属转移确定差别税率。

如果是房屋买卖的契税，则按照《财政部、国家税务总局、住房城乡建设部关于调整房地产交易环节契税营业税优惠政策的通知》（财税〔2016〕23号）的规定：（1）对个人购买家庭唯一住房（家庭成员范围包括购房人、配偶以及未成年子女，下同），面积为90平方米及以下的，减按1%的税率征收契税；面积为90平方米以上的，减按1.5%的税率征收契税。（2）对个人购买家庭第二套改善性住房，面积为90平方米及以下的，减按1%的税率征收契税；面积为90平方米以上的，减按2%的税率征收契税。家庭第二套改善性住房是指已拥有一套住房的家庭，购买的家庭第二套住房。（北京市、上海市、广州市、深圳市不实施该项，采用当地规定的契税税率3%）。

如果是房屋赠与的契税，根据《国家税务总局关于加强房地产交易个人无偿赠与不动产税收管理有关问题的通知》（国税发〔2006〕144号），对于个人无偿赠与不动产行为，应对受赠人全额征收契税，在缴纳契税和印花税时，纳税人须提交经税务机关审核并签字盖章的《个人无偿赠与不动产登记表》，税务机关（或其他征收机关）应在纳税人的契税和印花税完税凭证上加盖“个人无偿赠与”印章，在《个人无偿赠与不动产登记表》中签字并将该表格留存。

如果是房屋继承的契税，根据《国家税务总局关于继承土地、房屋权属有关契税问题的批复》（国税发〔2004〕1036号），（1）对于法定继承人（包括配偶、子女、父母、兄弟姐妹、祖父母、外祖父母）继承土地、房屋权属，不征契税。（2）非法定继承人根据遗嘱承受死者生前的土地、房屋权属，属于赠与行为，应征收契税。《契税法》第六条也明确了这一点。

2. 个人所得税

根据《财政部、国家税务总局关于个人无偿受赠房屋有关个人所得税问题的通知》（财税〔2009〕78 号）第二条的规定，房屋产权所有人将房屋产权无偿赠与他人的，受赠人因无偿受赠房屋取得的受赠收入，按照“偶然所得”项目计算缴纳个人所得税。按照第一条规定，对当事双方不征收个人所得税的情况为：①房屋产权所有人将房屋产权无偿赠与配偶、父母、子女、祖父母、外祖父母、孙子女、外孙子女、兄弟姐妹；②房屋产权所有人将房屋产权无偿赠与对其承担直接抚养或者赡养义务的抚养人或者赡养人；③房屋产权所有人死亡，依法取得房屋产权的法定继承人、遗嘱继承人或者受遗赠人。

因此，只有符合上述情况的房屋赠与或房屋继承才可以免征个人所得税。但需要注意的是，如果是通过赠与或继承的方式受让房屋，之后再对外出售，则还是要征收个人所得税。

如果是房屋买卖的方式，则根据《财政部、国家税务总局、建设部关于个人出售住房所得征收个人所得税有关问题的通知》（财税字〔1999〕278 号）的规定，只有对个人转让自用 5 年以上，并且是家庭唯一生活用房取得的所得，免征个人所得税。否则，个人转让住房，以其转让收入额减除财产原值和合理费用后的余额为应纳税所得额，按照“财产转让所得”项目缴纳个人所得税，税率为 20%。

3. 增值税

根据《财政部、国家税务总局、住房城乡建设部关于调整房地产交易环节契税营业税优惠政策的通知》（财税〔2016〕23 号）的规定，涉及家庭财产分割的个人无偿转让不动产、土地使用权的免征增值税。家庭财产分割，包括下列情形：离婚财产分割；无偿赠与配偶、父母、子女、祖父母、外祖父母、孙子女、外孙子女、兄弟姐妹；无偿赠与对其承担直接抚养或者赡养义务的抚养人或者赡养人；房屋产权所有人死亡，法定继承人、遗嘱继承人或者受遗赠人依法取得房屋产权。

如果是房屋买卖的方式，则按照不同的地区适用不同的规定。以上海市为例，个人将购买不足 5 年的住房对外销售的，全额征收增值税；个人将购买 5 年以上（含 5 年）的非普通住房对外销售的，按照其销售收入减去购买房屋的价款后的差额征收增值税；个人将购买 5 年以上（含 5 年）的普通住房对外销售的，免征增值税。

综上，如果是直系亲属之间，则通过房屋继承的方式，前期的税费会比较节省，但后续再次出售还是会遇到个人所得税以及增值税的问题。同时，如果未来遗产税开征，可能还会涉及遗产税的问题。无论是赠与还是买卖的方式，在交易时都会产生上述三种税费，但符合法定免征要求的亲属之间的赠与可以免征个人所得税和增值税。具体哪一种方式更适合，高净值客户还是要结合房屋的面积、套数、购房时间、当地政策等因素酌定。

我们可以通过表 7 - 10 总结不同的税费，当然涉及房屋转让的，其实际税费的缴纳是更加复杂的，涉及房屋年限和是否是唯一住房，不同条件下的税费有所差异，这里暂时简单化处理。

表 7 - 10

类别	赠与		转让		继承	
	直系亲属	非直系	普通住房	非普通住房	继承	遗赠
增值税	免税	视同转让	5.55%或免税	5.55%	免税	免税
个人所得税	免税	20%	20%	20%	免税	免税
契税	3%	3%	1% ~1.5%	1% ~3%	免税	3%

从表 7 - 9 中，我们不难看出，继承过户在这三种方式中的税费最少。

但如果不等到继承，想在生前传承给子女，在某些特定情况下，也有可能买卖是最合算的，比如下面这个案例。

陈女士准备将自己名下位于上海市的唯一住房过户给儿子，由于儿子名下已经有多套住房，未来儿子还准备将该套住房再次出售。陈女士当初购买该套住房的价格为 100 万元，已经持有该套房产 8 年。目前，该套住房的市场价格为 400 万元。

如果陈女士选择以赠与方式过户，则需缴的费用为：契税 400 × 3% = 12（万元）。子女受赠后再转让的个人所得税，假设其儿子持有 5 年以后（如不足 5 年则需要缴纳增值税及其附加）再以 500 万元的价格将该套住房出售，在出售时需要缴纳个人所得税：（500 - 100 - 12） × 20% = 77.6（万元）。合计税收负担：12 + 77.6 = 89.6（万元）。

如果陈女士选择以买卖方式过户，需要缴纳的费用为：契税 400 × 3% = 12（万元）。该套房产为陈女士唯一生活用房且持有时间超过 5 年，儿子又是直系亲属，不需要缴纳个人所得税和增值税。假设其儿子持有 5 年以后再以 500 万元的价格将该套住房出售，子女受让后再出售的个人所得税：（500 - 400 - 12） ×

20% =17.6（万元）。合计税收负担：12+17.6=29.6（万元）。

可以看出，此种情况下，买卖要比赠与更加划算。

四、企业的“二代接力”

家族企业在世界经济组织中扮演着举足轻重的角色。对所有家族企业而言，接班和继承都是一个至关重要的问题。时至今日，中国第一批创业型企业家目前平均年龄在50~60岁，接班人问题已浮上水面。与此同时，“接力二代”这个词汇也逐渐走红，中国企业家已经迎来了接班潮。

（一）“二代接力”的现状分析

惠裕全球家族智库FOTT曾经联合北京银行私人银行发布过《中国80后&90后家族继承人群像调查报告》①，该调查报告显示，多数家族企业继承人有意愿承继企业，但面临重重挑战，诸如缺乏系统的培养、企业治理结构缺陷等问题，这些都不利于家族企业的传承。

上述调研报告显示，“80”“90”后家族继承人高度独立，受过良好的教育。多数家族继承人愿意继承家族企业：35%的家族继承人已经继承了家族企业，33%的家族继承人则有意愿未来继承家族企业；近半数（47%）家族企业继承人希望或尝试将家族企业转型。在继承形式上，60%的家族继承人希望以管理者的形式继承家族企业。然而，他们的接班之路并非坦途。

多数家族继承人缺乏针对性系统化的培养是个普遍问题。调查中发现，目前仅有38%的“80”后和“90”后家族继承人表示父辈做过针对性的培养，但培养内容也较为单一，主要是出国接受教育和参与企业经营，缺乏系统的培养，由此导致家族继承人能力上的不足。在被问及希望获得哪些家族财富传承方面的培训时，领导力培养与企业管理被列为首位（62%）。

“二代”子女多有国外学习生活经历，价值观和“一代”有很大的不同，第一代企业家一生中的大部分时间贡献给了事业，对家庭的照顾少，一旦创业成功，就会发现年轻时为了创业失去很多东西。但是“二代”已经意识到这个问题，他们不希望像父辈那样早出晚归，对于上一代的缺点他们想要去弥补，对他们来说，做一个资本家比做一个企业家更好，既能兼顾到家庭和工作，又

---

① 载https：//www.jiemian.com/article/668502.html，最后访问时间：2021年5月4日。

能创造财富。

所以，对于“二代”来说，在接班后他们更希望通过财务投资实现资本积累，这种思想在国外也是如此，因为人都有惰性，这也是“富不过三代”的一个原因。

家族企业传承困难的原因无非有这几个：创始人缺少子嗣，无家族成员可继承；家族成员自有打算，不想继续经营企业；接班成员能力不足，导致企业经营困难，只得易主或者倒闭。

创始人缺少子嗣是比较少的情况，目前比较多的情况是，家族企业中的“二代”明确表示不愿意接班，不愿意担任未来的企业接班人。

第一种情况，“二代”不愿接班。因为接受了精英教育，学有专长，并且已经找到工作，他们不想丢掉自己的专业，甚至还觉得自己不是经商办企业的料。

第二种情况，“二代”能力有限，只能当个副手。虽然已在家族企业中工作了一段时间，可能还担任了部门主管或者董事，但他们并不热衷于成为未来接班人，或者遇到了严重的瓶颈和天花板，没有能力成为企业的主心骨。

第三种情况，“二代”虽然很想接班，但是能力不足，他们任性、炫富、娇生惯养，企业是他们满足自己欲望的机器，而无法带领企业走向更好的未来。

从“二代”的角度来说，他们也面临很大的外界压力。如果做好了，很多人会说这是父辈打下的基础；如果做不好，流言蜚语就多了，认为是“二代”的责任。不管做得好与不好，“二代”可能都没有功劳。社会舆论压力太大，也导致很多“二代”不愿接班，宁愿自力更生，闯出自己的一片天地。

（二）“二代接力”的三种方式

“二代接力”，并不只有接班这一种唯一的方式，实际上可以有多种方式。家族财富传承的核心是财富的传承和能力的传承。总体来说，可以有以下三种方式：

1. 股权和企业管理权的双重传承

对于大部分企业家来说，企业就是家族财富的命脉，企业经营得好坏直接决定了家族财富的多少，企业可以源源不断地为家族造血输送。所以，企业的传承尤其重要。对于一家企业来说，既要传承股权，也要传承管理权。

万X集团的传承是比较典型且非常成功的。[①] 2017年10月25日，著名浙商民营企业家鲁某球因病逝世，留下巨额资产，其中以鲁某球作为实际控制人的上市公司就有四家，包括万X钱潮（00055＊.SZ），万X德农（60037＊.SH），顺发HY（00063＊.SZ）和承德LL（00084＊.SZ）。而万X的传承并没有陷入无序之中，实际上，鲁某球在培养接班人传承方面，早就做好了打算。

1994年，万X钱潮正式在深交所上市，鲁某球完成第一代浙商的初步使命。同时，在1994年，他还高瞻远瞩，任命了年仅23岁的儿子鲁某鼎为万X集团总裁，亲手培养万X的接班人。除安排儿子鲁某鼎“接班”成为万X集团总裁之外，鲁某球还安排了大女儿和大女婿前往北京开创万X北京分公司，二女儿和二女婿被派往上海接管业务，三女儿和三女婿则远渡重洋前往美国筹建万X美国公司。

对于这种传承安排，鲁某球可谓胸藏韬略，颇有远见，直到现在都是十分英明的安排。他的传承布局脉络非常清晰，儿子掌舵，女儿女婿们则分别在异地掌管分舵，协同拓展万X的事业版图。他将三个女儿女婿和最小的独生儿子分别安排到不同地域和不同的领域，让家族成员全方位出击，为万X布局全国乃至世界奠定了基础。

另外，鲁某球也从不避讳接班和子女之间“不均等”的问题，他生前曾公开表态，对于接班人，就是推儿子鲁某鼎。鲁某鼎也不负众望，担任万X集团总裁23年以来，鲁某鼎“青出于蓝而胜于蓝”，在公司资本运作实现多元化战略方面比其父更胜一筹，万X初步完成了一个金融控股集团的版图。

2. 股权传承与职业经理人负责管理

家族继承股权，子女只作为负责任的股东和企业盈利的受益人，而管理权则交给专业人士打理，比如职业经理人。

大连万D集团董事长王某林就曾在中国企业领袖年会上表示，[②] 对于接班人问题还来得及考虑，儿子表态过不愿接班，可能交给职业经理人更好，他（王某聪）就当股东就完了。他主张：“职业经理人谁好就谁来，只要维持一个

---

① 载搜狐网，https：//www.sohu.com/a/203215144_115443，最后访问时间：2021年5月4日。

② 载搜狐网，https：//www.sohu.com/a/121505265_507288，最后访问时间：2021年5月4日。

强势董事会就可以。”通过强势的董事会，家族成员依然可以掌控公司，实现对公司发展的话语权，王某林认为，“二代”做大股东＋强势董事会＋职业经理人接班是一种比较好的模式。

著名电器企业美D也采取了家族与职业经理人共赢的模式。[①] 2012年，70岁的何某健退出美D集团（00033＊），并把“外人”方某推上前台出任董事长。在美D集团新一届董事会的10名成员中，除何某锋担任董事外，其他董事均是清一色的职业经理人。

虽然董事会是清一色的职业经理人，但何家还是绝对掌控着美D的未来。从股权结构看，何某健及其儿媳妇卢某共同持有美D控股有限责任公司100%的股份，美D控股则直接持有上市公司美的集团的股票。只要股权牢牢握在何家及何家后代的手里，即使“二代”不愿接班或不能接班，也可以妥善解决传承的问题。

3. 企业出售变现传承财富

如果“二代”无心接班，希望另起炉灶，或者“二代”没有能力管理企业，而且对财富也没有掌控力，挥霍成性，那么直接将企业出售变现，放弃企业的经营权和所有权，彻底退出，以现金或者其他形式传承，也是一种很好的方式。

如果企业后继无人，与其“烂”在自己手上，倒不如在企业的辉煌时刻，把企业卖掉套现。企业出售的案例当然也有很多，比如何某权将乐某氏卖给了达N，霍某祥把TY石化交到K牌手中，邓某在海外创立的NS公司在纳斯达克上市后不久被J公司收购，还有小H士、大Z电器、顺C、永L等，也都在企业的高光时刻卖掉了。[②]

（三）股权传承中需要注意的问题

股权的传承也有赠与、转让、继承三种方式。在股权的传承中，有许多问题是我们必须注意的。

---

① 载新浪财经，http：//finance. sina. com. cn/360desktop/leadership/crz/20120903/114613029351. shtml，最后访问时间：2021年5月4日。

② 载搜狐网，https：//business. sohu. com/20080912/n259520315. shtml，最后访问时间：2021年5月4日。

1. 股权的增值原则上应属于夫妻共同财产

无论是赠与、转让，还是继承，都会涉及夫妻共同财产问题。由于股权是一种经营性的资产，即使是婚前获得的股权，或者是指定赠与一方的财产，或者由一方单独继承的股权，该股权在婚姻关系存续期间的增值，都有可能涉及夫妻共同财产问题。

《民法典》第一千零六十二条第一款规定："夫妻在婚姻关系存续期间所得的下列财产，为夫妻的共同财产，归夫妻共同所有：（一）工资、奖金、劳务报酬；（二）生产、经营、投资的收益；（三）知识产权的收益；（四）继承或者受赠的财产，但是本法第一千零六十三条第三项规定的除外；（五）其他应当归共同所有的财产。"《民法典婚姻家庭编司法解释一》第二十五条规定："婚姻关系存续期间，下列财产属于民法典第一千零六十二条规定的'其他应当归共同所有的财产'：（一）一方以个人财产投资取得的收益；（二）男女双方实际取得或者应当取得的住房补贴、住房公积金；（三）男女双方实际取得或者应当取得的基本养老金、破产安置补偿费。"第二十六条规定："夫妻一方个人财产在婚后产生的收益，除孳息和自然增值外，应认定为夫妻共同财产。"

关于什么是自然增值，最高人民法院吴晓芳法官在《婚姻家庭案件审判实务》中曾经讲道："一方婚前的股权，在婚后通过股权置换、公司上市等原因增值了，该增值部分应为投资收益，属夫妻共同财产。"吴法官认为，股权的增值不能完全由市场决定，必定有人主观上的因素；另外，虽然看似一方的努力使股权增值，但这其中也必定含有夫妻另一方的贡献和付出，因此属于夫妻共同财产。

因此，根据法律的规定，以及最高人民法院吴晓芳法官的观点，股权在婚姻关系存续期间的收益属于投资收益，属于夫妻共同财产。

当然，实践中也有例外的案例。江苏省高级人民法院的微信公众号曾经推送过一篇苏州市虎丘区人民法院的一则案例。该案的承办法官认为："公司股权的增值主要取决于市场因素，如果另一方当事人提供的证据不足以证明对方实际参与公司的经营管理以及对公司上市进程起着积极推动作用，并付出其在婚姻存续期间主要时间和精力，那么主张将公司股份婚后增值部分及公司分红作为夫妻共同财产予以分割的，法院不予支持。"但毕竟该案还是个案，各地法院关于该问题的认定还是存在许多不确定性。

2. 外籍人士继承股权可能影响企业性质

随着时代的发展，不少高净值客户都获得了国外公民的身份，或者其子女、配偶早已完成移民变成了外国人。那么作为拥有外国身份的继承人，其继承内资企业的股权，是否会导致内资企业性质的变化呢？最近拟打算办理股权继承的小王就遇到了这样的问题。

老王早年创业与人合办公司，现在这家公司价值不菲，但老王不幸意外离世，王太太也不懂经营，故而放弃继承由儿子小王一人继承，继承权公证书都办理好了。但小王的外籍身份却让他在办理工商变更登记时遇到了困难，市场监督管理局认为，小王是外籍人，其继承后该公司会变成中外合资企业，因此需要小王履行相应的备案手续，否则不予办理。

我国对于内资公司及外资公司、中外合资公司有不同的管理规定，而且在许多方面存在不同的政策。比如税收优惠、贷款政策等。但外资的判断标准，公司法以及外商投资企业法未作出明确规定。是主体标准还是出资来源标准，实践中有争议。也即，到底应当以出资人的国籍来区分公司是否有外资进入，还是应当以出资人的实际出资来源区分公司是否有外资进入。

对此，《关于外国投资者并购境内企业的规定》第五十五条规定，境内公司的自然人股东变更国籍的，不改变该公司的企业性质。也即，不应当以出资人的国籍来区分公司的性质。若是以国籍作为区分是否属于外资企业，恐怕会出现内资企业通过股东改变国籍的方式来骗取国家对外资企业的优惠政策的问题。因此，从法律解释原则的角度，国家法规倾向于以实际出资来源作为判断企业是否有外资进入的标准。

理论上来说，外籍人士继承内资公司的股权，不应当改变公司性质，但在实践操作中，因办理股权变更登记手续，涉及市场监督管理部门的具体行政行为，在没有法院出具法律文书认定企业性质的情况下，市场监督管理部门或有不同的要求。以上海市市场监督管理局为例，我们在其官网上的公共咨询栏看到，市场监督管理局明确回复，外籍人士继承国内自然人独资企业，会导致公司性质发生变更。鉴于各地市场监督管理局可能有不同的管理规定，建议提前咨询市场监督管理局。若通过司法个案的形式确认，则将对市场监督管理局产生约束力。

3. 股权赠与一定要注明“指定赠与”

在股权的传承中，“一代”往往通过赠与的方式将股权传承给“二代”，需要注意的是，若是“二代”在婚后受赠，而“一代”又没有签署指定赠与协议表示只归“二代”一人所有，则该赠与的股权很有可能会变成“二代”的夫妻共同财产。

关于父母婚后赠与子女一方的公司股份的性质，目前实践中存在两种学术观点，最高人民法院杜法官、吴法官、程法官认为，对于婚后父母给子女赠与公司股份的并进行工商变更登记的情形，可以比照原《婚姻法司法解释（三）》第七条适用，认定一方父母只是向自己的子女赠与公司股份[①]。

但最高人民法院民一庭则认为，原《婚姻法司法解释（三）》第七条中的“不动产”定位于“土地一级房屋、林木等地上定着物”，排除父母出资为子女购买的船舶、航空器、机动车等情形。[②]

随着《民法典》以及《〈民法典〉婚姻家庭编解释（一）》的正式实施，原《婚姻法》以及相关的司法解释都已经归于无效，前述说法是否还会在未来的司法实践中继续采用，也有待相关的司法判例的检验。

从司法审判实践来看，父母婚后赠与的公司股份，如没有特别指定赠与子女一方，则一般被认定为对夫妻双方的赠与的概率比较大。

（四）股权继承所需材料和流程

股权继承，是指自然人股东死亡后由其合法继承人继承股东资格行使股东权利。《公司法》第七十五条规定：“自然人股东死亡后，其合法继承人可以继承股东资格；但是，公司章程另有规定的除外。”

办理股权继承，主要分为两步，首先需要获得继承权公证书或法院的继承调解书、判决书，其次到市场监督管理部门办理变更登记手续。

如果通过公证方式办理股权继承，需要准备以下材料：

（1）全部合法继承人的身份证明；

---

① 参见杜万华、吴晓芳、程文新：《〈关于适用婚姻法若干问题的解释（三）〉的理解与适用》，载《人民司法》2011 年第 17 期。

② 最高人民法院民事审判庭第一庭编著：《最高人民法院婚姻法司法解释（三）理解与适用》，人民法院出版社 2011 年版。

（2）被继承人的死亡证明，如火化证、医院出具的死亡证明、户口注销证明；

（3）继承人与被继承人之间的亲属关系证明；

（4）遗嘱（若有）；

（5）若继承人中有放弃继承权的，应提交其放弃继承权声明书；

（6）若继承人中有先于被继承人死亡的，应提交死亡证明及合法继承人的情况证明；

（7）公司工商登记材料；

（8）公司的股东名册；

（9）公司章程。

当然，不同的公证处可能有不同的材料要求，最好提前落实，上述只是常规需要的材料。如果到法院提起继承诉讼，所需的材料基本相同。

在获得继承权公证书或者法院判决之后，适格的继承人还要到市场监督管理局办理变更登记手续。一般来说，市场监督管理局需要以下材料：

（1）变更登记申请书（现场填写）；

（2）继承权公证书或生效法院判决书/调解书；

（3）继承人的身份证件；

（4）股东会决议；

（5）公司章程修正案。

五、流动资产的传承

除了房产和企业股权之外，以现金和股票为代表的流动资产也是传承的重点。本节讨论的现金类资产，主要是指现金、存款、股票、基金等资产。此类资产本身就是现金，或者具有很强的变现能力，在传承中需要格外注意。

一般来说，流动资产在生活中常见的传承方式是赠与和继承，父母通常直接将现金、股票等直接赠送给子女，或者以现金为子女购置资产的形式赠与子女，或者通过遗嘱或法定继承方式给予子女。

由于现金类资产的高流动性，故这类资产在传承中的风险也是最大的。

（一）现金性资产传承中的风险

现金性资产由于具有高流动性，在现实生活中的风险往往是最高的。

1. 擅自处分共同财产

现金具有高流动性，因此使用起来非常方便。现金性资产传承给子女之后，有可能配偶一方会擅自处分共同财产。现实生活中，中国也并不流行共管账户模式，掌握财产的夫妻一方将共同财产赠送给婚外异性、大肆购物挥霍资金、赌博、借款等情形也是屡见不鲜。

2. 财产性质的混同

现金性资产不仅具有高流动性，而且极易发生财产混同的风险。比如小明结婚时银行卡中有300万元，婚后3年投资理财收入100万元。随后小明又花了50万元购置车辆，那么对车辆属于小明婚前个人资产购买还是婚后共同财产购买的，就会有争议。这主要是因为小明银行卡内的资产发生了婚前、婚后财产的混同。

3. 一方挥霍或被人欺骗

现金具有高流动性，更容易被挥霍、被欺骗。例如被人借走不归还、被人骗取投资血本无归、被人带坏拿去赌博等。

4. “家企不分”导致财产混同

对于有些企业家来说，常常会犯的错误就是“家企不分”。企业账户中的资金和个人账户中的资金会有频繁的往来。这样的操作是比较危险的，涉及侵占公司资产，可能会有合规、税务等多方面的问题。如果是一人有限责任公司，则还有可能造成个人财产和公司财产的混同，个人对公司债务承担连带责任。

（二）流动资产传承的建议

1. 专户专用

对于现金性资产来说，一定要养成专户专用的好习惯，这是避免钱款来源说不清楚的最佳方式。

举例来说，婚前的收入可以用一个专门的账户保存和管理，而婚后的收入与家族支出，也专门用一个账户进行管理和使用。双方还可以开设共管账户，专门用于小家庭的财富积累和资金使用，这样子既有仪式感，又不会和婚前的财产混同。

2. 转账常备注

由于现金具有高流动性，生活中免不了要互相之间转账。为了避免财产的混同和财产性质的模糊，最好在每次转账时都备注具体的用途。如果是借款，可以简单备注“无息借款/有息借款”；如果是支付房租或者支付定金，也可以相应备注；甚至是消费，也可以备注购买物品等字样。如果是赠与子女个人的，最好也要备注“指定赠与”。备注的目的是更好地管理好自己的现金用途，防止在发生纠纷时说不清楚。

第六节 综合财富规划

一、综合财富规划的流程

（一）综合财富规划的概念

综合财富规划，是指根据客户的实际情况和实际需求，综合运用家族信托、保险、投资基金、离岸结构等工具，对私人财富的权益、税务、投资等方面作出全面的安排，为客户提供综合解决方案。

一千个家族，有一千个不同的故事，但一千个家族的需求，却总是惊人地相似。高净值客户对于综合财富规划的需求是高度相似的，不外乎财富保值增值、家族企业稳定长青、子孙后代传承有序等几大方面。但是，由于高净值客户并非专业人士，很多时候并不能清楚自己家的问题出在哪里，也不知道究竟存在哪些风险；有些怀有一个美好的家族长青的梦想，但是不知道从何下手；有些对于社会大环境充满了不安全感，想要寻求更多的避风港和安全感。他们美好愿望的实现有赖于专业人士的规划。

综合财富规划是一项系统性工程，为高净值客户提供综合财富规划的律师要根据项目的初步调查情况，组建一个业务全面、经验丰富的项目团队，一般情况下建议由3～5位不同业务方向的合伙人团队以及其他专业领域的专业人士组成。

（二）综合财富规划常见流程

通常来说，一个综合财富规划项目通常会有以下几个流程：

第一阶段：尽职调查。

在进行任何的综合财富规划之前，了解自己的客户（know your client）是必须的。只有在全面了解客户信息、掌握客户所有重要情况的基础上，出具的综合财富规划方案，才具有参考价值和实用价值。

尽职调查，通常至少应该包括以下内容：

1. 家庭情况调查

这部分内容主要是为了了解以客户为核心的直系三代血亲、三代以内旁系血亲、三代以内姻亲，以及对于客户而言，有重要意义或者曾经有过重要关系的个人。方便起见，我们将这部分人群统称为“家族成员”。

家族成员的信息对于综合财富规划方案的设计是至关重要的，财富最终是“以本为本”“为人服务”，了解每个家族成员的身份、年龄、学历、劳动能力、性格、与其他家族成员的关系等各方面的信息都是非常重要的。

2. 身份信息调查

除了家族成员之外，客户以及核心家庭成员的身份信息调查也至关重要。这里所说的身份，是指客户以及核心家族成员的身份信息，哪国国籍，是否有外国的永久居民身份或者护照，平时主要居住于哪个国家等。这些信息对于税务的筹划是至关重要的。

3. 婚姻情况调查

客户以及重要家族成员的婚姻情况调查，也是必经环节。众所周知，我国实行夫妻共同财产制，也就是说，如果夫妻之间没有签署过夫妻财产协议，那么一般来说，在婚姻关系存续期间取得的财产首先推定为夫妻共同财产。

如果婚姻关系并非在中国缔结，那么婚姻在何地缔结、双方婚后居住的情况如何、双方主要的财产位于何地、双方的身份关系如何，都是十分关键的，有可能对家族财富产生至关重要的影响。

对于一部分的高净值客户来说，有可能存在不止一次婚姻，那么前面的婚姻结束时是如何分割夫妻共同财产的，是否有潜在的未分割财产、是否可能对家族财产造成影响，也是需要我们进行全面了解以便作出进一步评估的。

4. 个人资产情况调查

客户的个人资产情况调查，是重中之重。客户及重要家族成员名下分别持有什么类型的资产、取得时间为何、取得方式为何等都是重点调查的项目。针对个人资产，我们通常会分成以下几类进行调查：

（1）不动产

对于不动产，主要调查不动产产权证、购买合同、贷款合同，购买不动产的资金来源，是否存在抵押、是否在出租等情况。

（2）交通工具

对于交通工具，主要调查机动车行驶证、登记证明、购买合同、贷款合同、资金来源、是否存在质押等情况。当然，针对部分超高净值客户，可能还会有游艇、私人飞机等非常规的交通工具，这需要结合客户的具体情况进行调查。

（3）金融资产

金融资产包括但不限于银行存款、银行理财产品、股票、债券、基金等。金融资产相对来说比较烦琐，价值一直在变动之中，很难确定具体的数额。通常来说，我们会大体了解客户持有资产的情况，比如何时投资的、投资了多少金额、上个月的现值大约为多少等情况。

（4）保单

为了了解客户及家庭成员的保单配置情况，通常我们会要求客户提供保单的投保人、被保人、受益人、投保金额、期限、保单现值、缴纳情况等方面的数据。当然，客户不一定能够提供得这么仔细完整，那么提供给我们保险公司、保单的名称和投保数额，也是一种代替方式，之后我们可以通过公开渠道了解该保单的相关情况，判断是否存在风险。

（5）家族信托

了解是否设立了家族信托，是设立在国内还是国外，目前的信托结构和信托条款如何。

5. 股权结构调查

客户名下的持股情况，这属于客户的投资财产，可能拥有集团公司、上市公司，也有可能在境外上市搭建了红筹架构，因此，我们会单独将客户的股权结构进行单独的调查。

需要注意的是，目前通过很多公开渠道都可以查到客户的持股情况，比如国家企业信息公示系统、天某查、企某查等软件。但是这些公开渠道公布的信息，也有可能是不准确的。一来可能存在同名同姓导致信息被遗漏或信息被多算的情况，二来有可能存在代持情况。因此，在通过公开渠道初步掌握客户的持股结构的情况下，仍然要进一步和客户进行核实。

有些客户会要求律师自行调取工商档案，但工商档案有时同真实情况也会有所差异。因此，在对客户的股权进行尽职调查的时候，不能完全根据工商登记的信息，务必要和客户进行确认。

在做股权结构尽职调查的时候，客户直接持股的公司是调查的重点，同时客户通过持股公司间接控股的公司也是调查的重点。另外，具有巨大潜力的间接持股公司，也需要予以关注。

6. 债务情况调查

除了财产外，客户以及核心家族成员名下的债务调查也是非常重要的，通过调查核心家族成员名下的债务可以对家族资产情况有更加客观的了解。在做债务调查的时候，通常客户核心控股公司的债务也是我们调查的重点，这主要用于判断公司的运营情况。

通常，我们会请客户提供借款合同、担保合同等信息。

在做 KYC 尽职调查的时候，需要特别注意，很多高净值客户存在代持的情况，例如房屋、现金由他人代持，借用他人的账户，替公司的高管代持部分股权/股份等。

代持财产是风险非常高的，通常客户在做代持之时，可能没有全方位进行风险管控。律师在做尽职调查的时候，一定要充分提示客户披露与代持财产相关的一切信息，以便更好地发现风险、预防风险。

第二阶段：撰写综合规划方案。

在收集了一定的信息和资料之后，就可以着手开始综合方案的撰写。综合报告可以分为客户信息、客户需求、潜在风险、方案建议四个部分撰写。在撰写综合方案的时候，以下要点应当予以注意。

1. 列明客户给出的信息和资料

我们所有的分析意见和建议，均是出自客户提供的信息和资料。一份严谨的综合报告，首先应当详细阐述客户提供给我们的信息和资料，这是我们赖以分析的数据基础。这样，在阅读综合报告时，客户也能进行核对，确认是否准确，以免发生误会。

2. 绘制私人财富规划的三张图表

为了使综合报告简洁、清晰，我们通常会在综合报告中，根据客户提供的各项信息，制作客户的家庭结构图、股权结构图、家庭资产负债表这三张图表。这三张图表对于后文的分析和建议具有非常重要的作用。

3. 充分了解客户的需求

在交流的时候，客户一般会告诉我们自己的需求。无论客户的需求是否使用了法言法语、是否全面，我们都应当首先如实记录客户的核心需求。财富综合规划方案的设计，就是围绕客户的核心需求展开的，客户的需求必须时时记在心里。很多时候，财富规划律师可能会将自己认为对的内容、自己的想法，带入客户的方案中，这可能会偏离客户最初的想法和需求，对此也要予以重视。

4. 主动进行风险揭示

在全面掌握客户的信息之后，就要客观、全面地分析潜在的风险。根据我们以往的经验，风险可能主要集中于这几个方面：婚姻变动的风险、传承外流的风险、代持效力的风险、资产安全的风险、税务风险、子女挥霍风险等。

5. 出具建议和方案

针对客户的情形和提供的信息，结合客户的需求和我们发现的风险，应当为客户设计各种可行的方案。

针对每一项具体的风险，可能有多种解决方案，我们应该客观、全面地提供，并且对各个解决方案进行优劣对比，方便客户在作决定时进行参考。

第三阶段：落实客户选择的方案。

正如前文所言，在律师完成综合规划方案之后，客户会阅读和考虑，判断何种方案是最适合的，成本最低的，风险最小的。在完成综合报告之后，我们还要根据实际情况帮助客户实施。同时根据实施的情况，以及不同家庭成员的配合程度和想法，不断进行调整。

在落实综合方案的时候，以下几个方面值得特别关注。

1. 在判断方案的优先顺序时应充分考虑“人”的因素

针对某一个具体的需求设计方案，可能会有多种方案。比如，对夫妻共同财产与个人财产混同的问题，最直接的方式可能是签署夫妻财产协议，比较麻烦的方式，则是其他“曲线救国”的方案，而且可能还未必能够隔离全部风险。

在这种情况下，律师一定要站在全局进行分析，将“人”作为最重要考量的因素。不能为了隔离全部的风险、为了达到最好的效果，选择需要另一方配合的方案，这可能反而会引起家庭内部的矛盾，人为制造一些不和谐的因素。

财富规划的最终目的是家族的和谐、稳定、繁荣，财富规划中最不可测的因素是人心，所以不一定“效果最好”的方案就是最佳方案，能以最小“代价”实现最大效果的方案，才是财富规划中的最佳方案。

2. 方案宜设计多条路径

在做综合方案时，针对一项需求或者风险，最好要设置多道“防火墙”。“防火墙”越多才更有安全感。哪怕不小心突破了一、两道“防火墙”，还有“终极防火墙”可以平衡一下。

举例来说，在设计一份协议的时候要充分考虑各种不同的情况，争取把各种漏洞都能够堵上。在运用不同的财富规划工具达到一个目的时，也可以多管齐下，不怕重复。

3. 方案实施应充分评估极端情况下的救济路径

需要特别提醒的是，在设计方案的时候，一定要评估极端情况下的救济路径，不能完全只按照当事人的要求。比如，涉及企业股权的遗嘱，应该要做出多种预案。

第四阶段：财富筹划方案的维护与修正。

虽然我们会尽可能在符合客户需求的基础上设计和落实综合方案，但中国的社会发展很快，法律、法规变化很快，昔日设计的“完美”方案，经过一段时间，可能就不再是最佳方案了。如果家族的实际情况发生了变化，客户的心态和想法发生了变化，也要根据相关的情况进行调整。因此，在完成一项综合财富规划之后，还要持续地关注家族的动态，关注法律、法规的变化，及时对财富规划方案进行维护和修正。

二、部分需求的解决方案

对于客户来说，私人财富规划需求可以分为单项的财富规划需求和综合的财富规划需求，本节我们主要通过案例的形式，分享如何为客户做单项的财富规划解决方案。以下案例的案情和姓氏纯属虚构，若有雷同，纯属巧合。

（一）案例一：黄总的代持梳理

1. 案例介绍

黄总是加拿大籍华人，在大学毕业后到加拿大留学，之后加入加拿大籍长期在加拿大工作生活。2001年，黄总在苏州成立了一家公司，由于外籍身份存在诸多不便，公司成立之初便由自己的母亲王女士作为股东代持，但母亲早于2014年去世。黄总“天真”地认为，股权是母亲代持的，归根结底还是自己的股权，所以至今尚未对母亲名下的股权进行工商变更。黄总的母亲生育有三个子女，其中大儿子（黄总的大哥）于2016年过世，二儿子（黄总的二哥）于2008年过世。黄总的母亲于2014年过世，当年黄总与母亲之间没有签署代持协议，且股权投资款也是以货款相抵的，可能找不到原始凭证。黄总找到我们，希望我们为其做代持筹划，以保障其合法权益。

在这个案例中，如果确认黄总的代持关系，只有两种途径：黄总到法院起诉要求确权或者黄总必须得到代持人的所有法定继承人的同意和配合，重新确认新的代持人或将代持的股权过户到黄总的名下。

黄总对于起诉一事非常忌讳，认为不到万不得已不要走诉讼途径，尽量通过协商解决。同时，他又表示，考虑到税收、政策、工作等各方面的问题，目前也不宜直接将公司股权收回，希望找一位亲戚朋友继续代持，然后再作下一步打算。

2. 律师建议

鉴于黄总的要求非常明确，就是要友好协商解决，且需要继续由朋友代持一段时间。因此，我们按照协商的方式，为黄总制订了如下方案：

（1）黄总与全部继承人进行接洽，并签署代持事宜的确认函

为了防止继承人拒不承认代持事实，首先就要尽快固定代持的事实。因此，我们建议黄总先和全部继承人进行沟通，将王女士生前代持股权的事情，进行披露，取得所有继承人的配合。为此，我们设计了一份确认书，由全部继承人签字。

（2）与所有继承人商议，股权由其中一位继承人全部继承

当然，仅签署代持确认书是远远不够的。为了将公司股权固定在一个继承人名下，后续再通过股权转让的方式，由黄总指定的新代持人代持，至少需要以下步骤。

首先，由全体继承人选定一名继承人，也即由继承人中的某一位，继承王女士代持的公司股权，同时让其他的法定继承人放弃继承权。其次，全部法定继承人到公证机关，其中放弃继承的继承人需要在公证员的面前签署放弃继承公司股权的声明，由一名继承人申请办理继承公司的股权。再次，选定的继承人带着继承公证书，前往市场监督管理部门进行工商变更登记，将王女士的名

字变更为选定的继承人。最后，该继承人成为公司股东之后，再按照黄总的指示将股权转让给新的代持人。

（3）黄总与新的代持人重新签订代持文件

如果放弃继承事宜能够顺利办妥，则黄总就可以与新的代持人重新签订代持配套文件，代持配套文件包括：代持协议书、出资说明函、股东权利授权委托书、股东权利行使确认函、代持人配偶声明书。

同时，我们还根据黄总和新的代持人之间已经发生的借款事实准备了配套的质押文件，包括借款合同、股权质押合同、收条。

股权代持项目的筹划，可能看起来原理简单，但是具体的实施过程却是十分繁冗复杂的。在操作本次项目时，客户曾经一度感慨："要回自己的东西，难于上青天。"公证处跑了无数次，市场监督管理局跑了无数次，还要再和各位继承人多次进行沟通协商。作为律师，我们则感慨，在如此复杂的情况下，客户还能顺利地完成代持股权的确权工作，其实已经是非常幸运了。

（二）案例二：陈太太的财富保护与传承

1. 案例介绍

陈先生和陈太太夫妻两人是彼此的初恋，大学时代自由恋爱，早年又共同创业，目前两人共同持股的房地产公司经营得相当不错，开发了诸多楼盘，在房地产界的名气也很大。陈先生和陈太太育有一子，陈太太希望儿子能够到公司接班，但儿子兴趣不大，一心想在金融行业做出一番成就，目前已经入职一家顶级基金公司。陈先生虽然希望儿子接班，但儿子不接班也可以理解，毕竟经营企业风险大，且公司虽然资产多，但连带债务也很多，愿陈先生和陈太太自己也签订了连带担保合同，不想给儿子太大的压力。

去年，陈太太无意中发现，陈先生不仅有一个相伴多年的"红颜知己"，而且和这位知己生育了一个女儿。陈太太十分痛心，希望在不被陈先生发现的情况下，首先充分保障自己和儿子的利益。

陈太太的核心需求是保障自己和儿子的利益，防止家财外流。他们的资产主要是两部分，除了公司股权外还有一些房产和现金。资产主要都在国内。

2. 律师建议

在接手该项目之后，我们对各种各样可以实现客户核心需求的工具进行了探讨。首先，在这个项目中，陈太太对于离婚的态度尚不明朗，首要目标是保障自己和儿子的利益。

（1）签署夫妻财产约定（备选）

我们的第一个方案是签署婚内的夫妻财产约定，这是最直接、明了、效果最好的方案，能够最大限度地保障陈太太的利益。但是老夫老妻二十几年，突然要签署夫妻财产约定，必然引起陈先生的警觉，必须要有一个充分且不会被陈先生怀疑的理由。签署夫妻财产约定虽然效果最好，但并不一定是最佳的方案。这一方案是否能够实施，完全取决于陈太太对陈先生的个性把握和了解。这一方案可以作为兜底的方案，也可以作为在其他条件配合下的备选方案。

（2）提前将股权传承给儿子

虽然儿子并不想接班，但是在母亲给儿子隐隐约约讲了这件事情之后，儿子便坚定地站在了母亲这一边。由于父母均是公司的股东，双方各拿出一些股权、房产提前传承给儿子，也是情理之中的事。母亲提出，应该在孩子婚前把股权和一些房产提前转给孩子，以免日后变成婚姻共同财产，对此父亲认为可以考虑。

由于孩子对"接班"并没有太大兴趣，于是提出自己只持有股权，暂时不在公司担任任何职务，先和自家公司培养感情，自己在基金公司也再多学点知识，公司的经营先全部交给父亲做，过几年之后再考虑是否回归自家公司接班的问题。

关于股权的传承，一共有两种方案。第一种是父母直接赠与股权给儿子本人。由于是直系亲属间的赠与，按照《国家税务总局关于发布〈股权转让所得个人所得税管理办法（试行）〉的公告》（国家税务总局公告 2014 年第 67 号）第十三条的规定，符合以下情形的无偿转让股权，可不征收个人所得税：继承或将股权转让给其能提供具有法律效力身份关系证明的配偶、父母、子女、祖父母、外祖父母、孙子女、外孙子女、兄弟姐妹以及对转让人承担直接抚养或者赡养义务的抚养人或者赡养人。既然可以免征个人所得税，而且父亲也十分高兴儿子有兴趣接班，父母愿意各自将一部分股权转让到儿子名下，使得儿子成为最大股东。

如果进一步考虑的话，个人直接持股具有不稳定性，如果能够将股权赠与一家由儿子主要持股的有限合伙企业或者公司，就更好了。儿子如果暂时不想参与经营，则可以担任有限合伙人，即"LP"（Limited Partner）。最好由母亲担任普通合伙人，即“GP”（General Partner）。将股权转让给一家有限合伙企业或者一家新的公司，会有税务上的负担，具体要同当地的税务部门进行沟通。因此，该方案如果直接作为第一方案，可能引起陈先生的警觉，而且有风险，不如直接转让股权更加稳妥。

（3）陈太太尝试与丈夫订立共同遗嘱

在赠与儿子部分股权和房产之后，陈先生夫妇的夫妻共同财产就会变相减少，很大一部分转化为儿子的个人财产了，即使陈太太有一天要和陈先生离婚，至少已经保住了很大一块财产。

我们给的第三个建议是尝试与丈夫订立共同遗嘱。共同遗嘱并不属于法定遗嘱类型中的一种，但是在司法实践中，只要不违反法律法规的强制性规定，也是有效的。共同遗嘱的好处是，其遗嘱可以设计成互为条件的，从而能够一定程度上限制丈夫单方撤销、修改遗嘱。

在陈先生和陈太太感情稳定、陈先生尚未披露私生女的情况下，共同遗嘱也是陈先生“表忠心”的好机会，对此陈先生比较容易接受。一旦签署了共同遗嘱，则很大程度上保全了家族资产可以顺利传承给自己的儿子。

（三）案例三：祝总的子女抚养规划

1. 案例介绍

祝总是富裕阶层，早年与原配妻子离婚后，一度有心理阴影，不想再结婚。前不久，祝总的女朋友意外怀孕，祝总仍然不想结婚，但是孩子是无辜的，现双方就共同生育子女的抚养和探视问题、孩子未来的生活、保障问题、女方未来生活的保障问题，请律师帮助解决。

2. 律师建议

在本案中，女方的核心需求是，由自己带孩子，男方保障自己抚养孩子的充足费用。祝总的核心需求是保障自己的探视权，在保障女方衣食无忧的情况下，也能够一定程度上规制女方。

（1）居住权与所有权的错位

女方提出，要一套别墅登记至自己名下，这样既有安全的保障，也便于照顾子女。但是男方担心，如果一下子将一套别墅登记在女方名下，女方暴富之后，心态可能会失衡，也无心照顾孩子。

针对此顾虑，我们提出，可以在协议中约定前期给予女方排他性的居住权，对所有权暂缓转移，待达到一定年限和条件之后，再进行所有权的交接。这样既可以给予女方期待权和安全感，同时也能解除男方的顾虑。

（2）孩子的监护与探视权的细化

在本项目中，男方对于孩子的探视权比较看重，因此，我们在协议中细化了具体的探视情形和条件。具体来说，约定了视频探视条款、见面探视条款、节假日的亲子相处条件、出国旅游条款、女方结婚或失能等特殊情况下的孩子监护权等事宜。

（3）孩子及女方权益的保障

孩子及女方权益的保障方面，我们也按照双方的意见，详细撰写了费用支付的细节。

总的来说，由于双方没有缔结婚姻关系，信任是相对缺乏的，因此协议约定得详细比较好，尽量能够把所有情形都考虑进去。未来一旦产生争议，该子女抚养协议极有可能被呈交法院，需要提前做好相应的风险管理。

（四）案例四：朱总子女的婚前财产筹划

1. 案例介绍

朱总是著名的地产商和金融投资人，早些年靠地产发家，名下拥有一家实力雄厚的地产公司，经营情况良好。近几年，朱总转型做金融投资，设立了多家资产管理公司和投资公司，开始转型做投资。朱总有个独生女儿，在美国求学期间认识了一位美籍华裔，双方准备完婚。由于国际形势不明朗，双方不确定未来到底是在美国定居还是回到中国定居，具有不确定性。朱总夫妇担心女儿吃亏，希望能够提前签署婚前协议。女儿和未婚夫也表示，可以接受婚前协议，这在美国也是比较普遍和正常的情形。

2. 工作流程

在接受本项目之后，我们将工作分为以下几个步骤：

（1）尽职调查

客户的实际情况和意愿，尤为重要，在设计婚前协议之前，必须要先和客户进行详细的沟通。尽职调查的重点应该主要集中在以下方面：

①双方目前的国籍和身份；

②双方未来的身份规划；

③双方未来的定居打算；

④双方现在和未来的收入来源；

⑤双方的财产情况和债务情况；

⑥双方对于财产和债务约定的想法；

⑦双方对于子女抚养、父母赡养的想法；

⑧双方其他特殊的需求。

尽职调查阶段其实是非常重要的，为了让客户更好地理解尽职调查的意义，更好地配合律师完成信息披露，我们通常会设计成调查问卷的形式，提前交给客户，并且会出给参考答案，引导客户如何作答。同时，我们会专门召开电话会议，向客户充分解释调查问卷中某些重点问题的含义，并且充分挖掘客户的实际想法。

同时，在尽职调查阶段或者在尽职调查阶段之前，我们通常会将项目的流程、时间预估发给客户，以期让客户有一个心理预期。

（2）邀请美国律师合作

本项目比较特殊的情况是跨境，身份跨境、资产跨境，未来双方也不确定到底要在哪个国家永久定居，有可能两个国家来回居住。婚前协议是否在中国、美国都能够适用并且有效，是至关重要的。

经过与美国律师的交流与沟通，我们发现中国与美国在婚前协议的签订程序、生效要件、内容范围上都有非常大的差异。有些在中国无法在婚前协议中约定和生效的内容，在美国却是必须约定的事项。如何协调两个版本的协议、确保两个版本的协议的一致性，成为本项目的焦点问题。

（3）中国版婚前协议的起草

中国版婚前协议，主要适用于中国的资产，未来也主要由中国的管辖并适用中国的法律。协议的核心内容是：从家族长辈处受赠的财产、继承的财产，均属于个人所有；小夫妻自己创造的财产，属于夫妻共同共有。

（4）中国版婚前协议发给美国律师审阅

虽然该版协议主要是为了预防在中国的离婚诉讼，但是该协议也有可能被使用在中国以外的国家和地区。毕竟司法管辖权是一个国家主权的体现，很多时候并不是靠“一纸协议”就可以解决的。我们希望该婚前协议即使放在美国或任何其他的国家，也能够有效。这就需要美国律师给出法律意见。

（5）审阅美国版婚前协议

美国版婚前协议，主要适用于除中国以外的财产。同理，美国版婚前协议未来也有可能在中国法院适用，也需要中国律师站在中国法律的角度论证风险，提出建议。

（6）指导签署

在确定所有文本内容之后，接下来就是指导签署，是否要签署中英双语版本，是否要在公证处签署等。

（五）案例五：张女士的家族信托计划

1. 案例介绍

张女士刚和丈夫离婚，判决3个婚生子女由张女士抚养，前夫支付夫妻共同财产分割款5亿元。张女士需要抚养3个孩子，抚养孩子已经占去了自己所有的精力，可能无心再去创业或做投资。同时张女士上面有父母，下面有3个弟弟，整个家族几乎都需要张太太的照顾。拥有这么多现金，也让张太太觉得不是很安全，张太太希望能够设立一个家族信托。

2. 服务内容

（1）帮助客户选择信托产品

目前我国有68家信托公司，推出标准型家族信托和定制型家族信托的不在少数，需要根据不同信托公司的产品选择一款最合适客户的产品。

（2）陪同客户协谈

陪同客户与几家信托公司协谈产品。

（3）代表客户审阅信托合同

代表客户审阅信托合同，对于核心条款提出一些法律意见。

三、综合财富筹划方案的实操

所谓综合财富规划，其实也就是单项财富规划需求的综合化。同样，本节将通过一个案例来说明如何帮助客户做好综合财富规划。

（一）元总家族情况介绍

元总是内地某省会城市非常有名的企业家，拥有一家上市公司和诸多产业。

元总和弟弟早年从中国澳门特区迁移到内地共同创业，经历了十分辛酸的创业史。从最开始的倒买倒卖，到成立自己的公司进行规模化运营，再到销售额突破百亿元，元总兄弟整整用了30年。在上市公司体系，元总是大股东，弟弟是第二大股东，同时，兄弟俩也有各自的投资版图。2020年，元总由于配合政府调查，数月都无法履职，所幸的是元总弟弟和元总的大儿子经验丰富，公司没有出现大问题。现在元总年事略高，身体也不太好，家庭关系又比较错综复杂，希望我们帮助其进行家族财富规划，实现家族基业永青，子孙后代可以将这份事业传承下去并发扬光大。

关于元总的家庭成员情况：元总的父亲母亲早已去世。元总共有兄弟姐妹5个，有一个弟弟、4个妹妹。4个妹妹目前均未在集团公司任职，都有各自的家庭和工作，但是4个妹妹的子女，有好几位在上市公司体系内任职。元总有过三段婚姻，与第一任太太生育有一个儿子，目前在上市公司任董事。与第二任太太生育有两个子女，一男一女，儿子也已经在上市公司崭露头角，但尚未进入核心管理层，女儿目前在海外留学。元总的现任太太，在上市公司担任财务负责人，并且与元总孕育有一对龙凤胎，目前尚年幼。元总弟弟的家庭关系也比较复杂，两段婚姻，3个子女。元总弟弟和弟弟的前妻目前是上市公司的董事，3个子女均未在上市公司任职。

关于元总名下的财产情况：元总和弟弟通过一家集团公司控制上市公司，元总是该集团公司的大股东，元总弟弟是二股东，元总弟弟的前妻是第三大股东，元总的大儿子和儿媳妇目前都是集团公司的小股东。除此之外，元总和弟弟各自都有不少其他的投资，全国各地的房产也有不少，海外也有少量资产配置。

元总创业不易，希望子孙后代能够团结一致，实现家族财产共享、基业永青。元总主张，家族成员不要因为一己之私而争夺财富，所有的财富都是整个家族的，应该共同把家族事业做大。上市公司是家族财富之源，他希望家族能够永远保持控制权，不因为家族成员的个人因素而引起风险或陷入内斗，同时也希望家族能够在现有基础上，更多关注财富的全球化配置。

（二）元总的家庭关系简图

1. 家庭关系结构图（见图7－4）

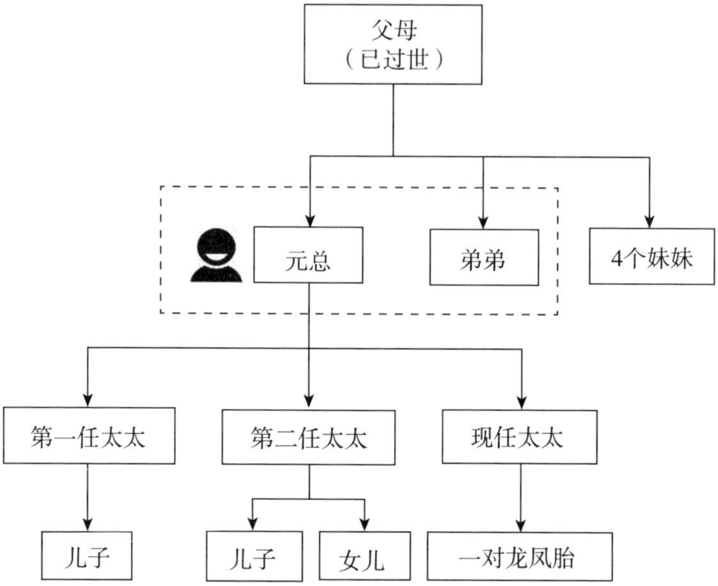

图7－4

2. 元总家族股权结构图（见图7－5）

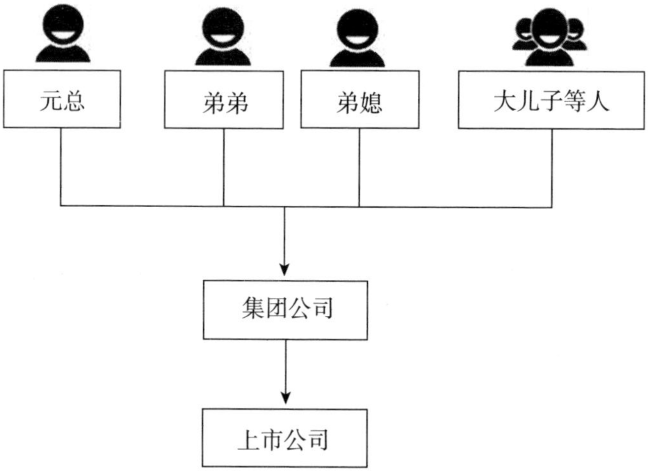

图7－5

3. 元总家族资产结构图（见图7－6）

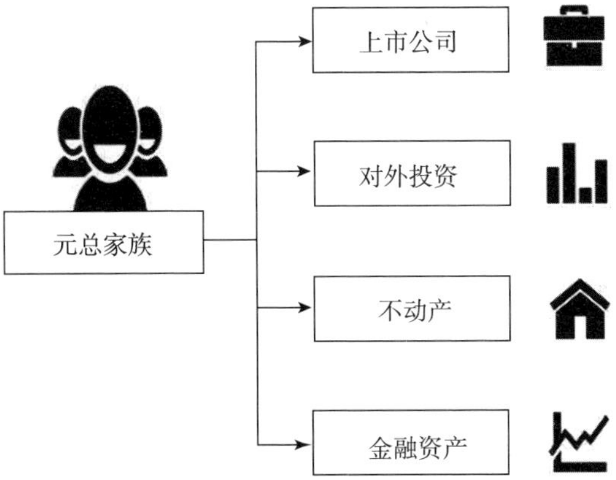

图7－6

（三）元总的需求分析

在与元总经过多轮沟通之后，我们将元总的需求归纳为以下几个方面：

1. 家族企业控制权的集中和稳定

由于元总本人和弟弟的家庭关系都比较复杂，都有数段婚姻关系和多名子女，在传承方面担心家族企业会股权分散，致使控制权不稳定，发生内斗。希望在考虑税务成本的基础上，能够帮助提前规划稳定的股权结构。

2. 家族财产的集中化管理

元总整个家族的财富可以集中化管理，目前所有家族成员名下持有的股权、房产、现金，都是属于整个家族的，要留给子孙后代。

3. 家族精神的重塑和传承

元总和弟弟创业不易，其间积累了很多精神财富，虽然两人婚姻有所坎坷，但是都和平解决了，相处还算融洽，并且子女都培养得十分出色，元总希望家族后代都能够相亲相爱，勤俭节约，共同将这个家族发扬光大。

4. 财富的海外配置

为了预防系统性风险，元总希望将目前的海外财富情况做一个统一的梳理，然后结合家族现实的情况，统筹规划移民方案和税务方案。

5. 其他可能性风险的预防

其他可能性的风险也是元总担心的，比如子女的婚姻问题，自己的健康问题，应急问题，加班人培养问题，年幼子女的抚养问题等。

（四）方案设计

针对元总的需求，我们从不同的角度为元总设计了财富规划方案。

1. 股权结构的调整和稳定

目前家族最重要的核心资产是上市公司，该上市公司又是通过集团公司控股的。集团公司的股东目前是元总、元总弟弟、元总弟弟的前妻、元总的大儿子和儿媳妇，虽然都是亲人，但是人员相对比较多，具有不稳定性。这种不稳定性主要来自婚姻和继承两个层面。从预防风险的角度出发，股权结构可以做相应的调整。

第一种方案，可以在集团公司的股东层面，不以自然人作为股东，而是以家庭为单位，设立若干个有限合伙企业。这样一来，由于家庭内部矛盾产生的股权不稳定性，主要在有限合伙企业层面解决，对上市公司的稳定性不会有直接的冲击。

当然，这一方案具有不可避免的税务成本，在股权比例以及架构设计上，需要根据当地的情况进行反复沟通和论证。

第二种方案，大股东提前通过遗嘱的方式指定股权的继承人，确保不会因为法定继承而导致股权分散、控制权不集中。

第三种方案，持股个人和妻子签署夫妻财产约定或者配偶同意函，将婚姻风险对于公司控制权的影响减小到最低。

2. 家族财富的集中管理

元总希望实现家族财富的集中管理，所有家族成员个人名下的财产，并不归其个人所有，家族成员个人仅有使用权，未来都要传承给子孙后代。这是很多高净值客户的美好愿望，希望实现家族成员的“共产主义”。但是在目前的法律框架下，“家族”尚不是一个法律上的独立主体，不可以单独持有财产，登记在家族成员个人名下的财产，在法律上依然将被视为财产持有人的个人财产/夫妻共同财产。对此主要有以下几种变通的方案：

（1）家族财产协议/代持协议的签署

持有核心家族资产的这些家族成员，应当共同签署一份家族财产协议，明确家族财产的范围，以及家族资产共享的承诺。举例来说，有些家族会规定，个人名下的一套住房属于个人资产，个人获得的工资薪金收入属于个人资产，而其他的股票、股权投资等，均属于家族的资产，即使登记在家族成员个人名下，也属于整个家族共有之资产，而非权利登记人的个人资产。在这种情况下，就可以采取签署家族财产协议的形式，明确个人资产与家族资产的界限。虽然这样一份家族财产协议在法律上可能仍然有瑕疵，但这也是对家族表示“忠诚”的一种方式，对于核心财富的持有人，仍然具有一定的道德约束力。

除此之外，也可以选择一个具有公信力的家族成员，作为家族资产的代持人，由其他家庭成员与其签订代持协议，其他家庭成员通过这种形式声明自己名下的财产均属于家族资产，并不属于自己的个人资产。

（2）境内家族信托

由于家族并不是法律意义上的独立主体，不可以单独持有资产，家族资产只能通过个人持有。个人持有资产，哪怕签署再多协议，也还是具有固有风险的，无法对抗外部的第三人。信托在可以适用的情况下，是比个人代持更好的一种方式。元总希望在法律上实现“家族持有资产”，从制度上来说，也只有信托可以实现这一功能。信托是指财产持有人将财产的所有权转让给有牌照的信托公司，并交由信托公司为了信托受益人的利益而持有的一种合同安排。在这种合同安排下，通常有三类主体，设立人、受益人和受托人。设立人即是设立信托并将财产转让给信托公司的人，受益人是设立人在信托合同中确定的可以享有信托财产利益的个人和组织，受托人即为有牌照的信托公司。

在成本可控、可接受的情况下，我们建议元总家族设立家族信托，将家族核心资产通过信托方式传承下去。

（3）资金家族信托

境内家族信托的常见形式是资金型家族信托，即属于家族所有的现金、现金性投资基金、存款，从各个家族成员名下转入信托，设立资金型的元氏家族信托。当然，家族信托的资金并不需要一步到位，刚设立时只要达到信托公司的基本要求即可，后续可以再逐步增加投入。家族信托设立后，进而可以再设立子信托，也可以设计复杂、灵活的受益分配方式。信托的功能主要有两部分：一是为所有符合要求的家族成员提供日常生活所需要的收入；二是参与家族投资公司，为家族投资公司提供资金支持，并逐步将目前家族成员持有的非上市公司股权纳入统一管理，相应地也使信托收益能够有所保证。

（4）股票家族信托

如果家族中有个人直接持有5%以下的上市公司股票，则也可以考虑设立股票家族信托。

股票装入家族信托有以下几个要点：

首先，总股本以不超过5%为宜，因为超过5%就要向证监会进行披露。

其次，装进家族信托的股票只能是全流通的股票，在其上没有权利质押。

最后，家族对于股票有长期持有的愿望。

当然，将股票转入到信托中也会有税费，具体还要进行个案沟通。

（5）非上市公司股权家族信托

家族成员名下的其他非上市公司股权，也可以通过一定方式装入家族信托之中。目前实践中的一般操作是，设立资金家族信托之后，由家族信托再设立一个特殊目的公司，通过这个公司经营和管理非上市公司股权。非上市公司股权装入家族信托的主要难点在于：第一，股权转入信托的税费成本；第二，信托公司的意愿和管理成本。

具体来说，信托公司必须要评估拟纳入信托的非上市公司股权的资产情况、经营情况、股东情况，且比较严格。对于信托公司来说，一旦非上市公司股权转入家族信托之中，就意味着信托公司将成为非上市公司的股东，成为公司的“背书人”，这使得目前信托公司对非上市公司股权纳入家族信托的要求比较高。

（6）境外家族信托

由于元总家族目前在境外也有一定的资产，分别由不同的人员持有，我们建议在境外也可以设立家族信托。境外信托可以持有位于中国境外的几乎全部财产，如现金、金融投资、境外股票账户、境外公司股权、境外房产等。通过境外信托持有财产既可以实现财富传承的灵活性（如不分配财产的所有权、控制权，仅分配财产的受益权），也可以一定程度上实现资产保护（如预防债务危机、婚变危机等）的功能。从中国税务角度上看，也具有一定的优势。如果信托的受益人是非中国税务居民，那么目前是原则上不会被中国税务机关征税的。

3. 家庭成员个人婚姻风险规划

（1）核心家族成员的婚前协议/夫妻财产约定配置

为了确保家族的资产不会受到家族成员个人婚姻风险的影响，我们建议持有核心家族资产的人员，和配偶之间签署婚前协议/夫妻财产约定。

（2）家庭成员遗产传承规划

每位家族成员名下的财产，既有属于自己的部分，也有替" 家族" 代持的财产。在签署婚前协议/夫妻财产协议的同时，我们也帮助每位家族成员订立了遗嘱。

（3）家庭成员意定监护规划

《民法典》规定，具有完全民事行为能力的成年人，可以与其近亲属、其他愿意担任监护人的个人或者组织事先协商，以书面形式确定自己的监护人。协商确定的监护人在该成年人丧失或者部分丧失民事行为能力时，履行监护职责。

重要家庭成员，倘若部分丧失或者全部丧失民事行为能力，会对公司的运营产生重大影响。为此，我们建议为重要的家庭成员设计意定监护协议将日常护理、就医治疗、财产处分、股东权利行使等不同的决定权通过意定监护协议，分别委托不同的监护人代理。

4. 家族宪章的起草和设计

元总家族是一个家庭关系相对比较复杂的家族，但好在家族成员都非常有出息，并且已经在稳步推进“一代”向“二代”的交接和传承。元总希望整个大家族日后都可以和睦相处，让创业精神永远传承下去，一起把家族发扬光大。我们建议元总设计一份家族宪章。

关于家族宪章的内容，前文已有较为详细的介绍，在此不予展开。家族宪章因为并非严苛的法律文件，因此可以有很多个性化的内容写进家族宪章中。

5. 家族意志在家族企业的贯通

家族企业是家族财富的重要来源，如何将家族意志在家族企业中很好地贯彻执行，也是家族财富传承中非常重要的话题。具体来说，将企业的意志和家族的意志无缝衔接，主要有以下几个方面的工作：

（1）家族理事会成员与集团公司股东、上市公司董事的一致性

家族理事会的成员负责整个家族的财富管理和经营，控股集团公司的股东关系到上市公司的经营决策，上市公司的董事会，上市公司的董事会负责上市公司的经营管理，这三者之间的成员组成最好具有一致性。这样可以减少沟通成本，提高工作效率，将家族意志更顺畅的贯彻到家族企业中。

因此，家族理事会的产生办法和工作制度，与家族控股公司的章程、上市公司的公司章程中，要做这样的制度设计，相互配合。

上市公司的董事会对于上市公司非常重要，负责上市公司的日常运营，一定要确保上市公司的董事会的掌控权在家族成员的手中。因此，我们在董事会选举和更换规则部分，进行了一些制度设计。

（2）家族理事会成员的选任标准要符合企业利益

家族理事会的成员非常重要，家族成员中，符合条件的家庭成员担任家族理事会成员，这个选拔的过程必须要符合家族的核心利益，家族理事会的成员与上市公司是直接挂钩的。因此，我们在家族理事会成员的选举规则层面进行了一些科学设计，确保家族核心利益能够实现。

（3）严格设立公司股权转让的限制

集团公司控制着上市公司，家族成员对于集团公司的股权转让，必须要设置严格的限制条件。比如在没有家族成员全体同意的情况下，禁止向家族现有股东以外的第三方转让股权，禁止股权向家族成员之外的人转让，除非全体股东一致同意。而持股股东之间的相互转让，也需要由其他股东一致同意，以确保家庭与家庭之间的持股比例不能轻易改变。因此，我们在集团公司的股权转让角度，也提供了一些方案。